손해평가사 1차

10개년
기출문제해설
한권으로 끝내기

시대에듀

손해평가사 ①차

10개년
기출문제해설
한권으로 끝내기

Always **with you**

사람의 인연은 길에서 우연하게 만나거나 함께 살아가는 것만을 의미하지는 않습니다.
책을 펴내는 출판사와 그 책을 읽는 독자의 만남도 소중한 인연입니다.
시대에듀는 항상 독자의 마음을 헤아리기 위해 노력하고 있습니다. 늘 독자와 함께하겠습니다.

손해평가사는 공정하고 객관적인 농업재해보험의 손해평가를 하기 위해 피해사실의 확인, 보험가액 및 손해액의 평가, 그 밖의 손해평가에 필요한 사항에 대한 업무를 수행하는 자로서 농어업재해보험법에 따라 국가자격인 손해평가사 자격을 취득해야 합니다.

지금까지 출제된 1차 시험을 분석해보면 '상법(보험편)'에서는 조문을 중심으로 손해평가사 직무에 필요한 보험관련 문제들이 출제되고 있으며, 전반적으로 기본개념문제부터 판례를 반영한 문제까지 다양하게 출제되고 있습니다. '농어업재해보험법령'에서는 손해평가사의 직무수행에 필요한 전문지식과 법률지식을 묻는 문제들이 출제되고 있습니다. '농학개론 중 재배학 및 원예작물학'에서는 재배학 및 원예학에 관한 기본지식, 재배환경 및 재배기술, 재해의 원인, 발생, 피해에 관한 사항 등 실무형 문제들이 출제되고 있습니다.

「2025 시대에듀 손해평가사 1차 10개년 기출문제해설 한권으로 끝내기」는 지금까지 출제된 모든 문제에 대한 상세한 해설을 수록하여 출제유형을 알 수 있도록 하였고, 문제와 해설을 따로 수록하여 실제시험처럼 풀어볼 수 있도록 하였습니다.

참고로, 시험과 관련하여 법령 · 고시 · 규정 등을 적용해서 정답을 구하여야 하는 문제는 시험 시행일 기준으로 시행 중인 법률 · 기준 등을 적용하여야 하므로, 가장 최근에 개정된 법령 · 고시 · 규정 등을 반영하였습니다.

아무쪼록 본서가 손해평가사 시험을 준비하는 수험생들에게 등대와 같은 지침서로서 역할을 하길 바랍니다.

대표 편저자 씀

이 책의 구성 및 특징

STEP 1   1차 시험 기출 키워드 분석

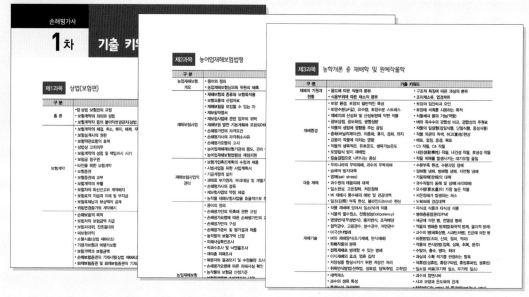

손해평가사 1차 시험 기출문제를 분석한 기출 키워드를 통해 출제경향을 파악하여 학습방향을 설정할 수 있습니다.

STEP 2   문제편과 정답 및 해설편 분리 구성

직접 문제를 풀어보며 해결할 수 있도록 문제편과 정답 및 해설편을 분리하여 구성하였습니다.

STEP 3 문제편

10개년 기출문제 및 개정법령을 반영한 기출수정문제를 수록하였습니다.

STEP 4 정답 및 해설편

최신 개정법령을 반영한 상세한 해설과 심화학습을 도와주는 TIP을 통해 학습의 능률을 높일 수 있습니다.

손해평가사란?

손해평가사는 공정하고 객관적인 손해액 산정과 보험금 지급을 위하여 농작물의 농업재해로 인한 손해에 대해 보험관련 법규와 약관을 근거로 전문적인 능력과 지식을 활용하여 보험사고를 조사 · 평가하는 일을 수행한다.

수행직무		
피해사실의 확인	보험가액 및 손해액의 평가	그 밖의 손해평가에 필요한 사항

관련기관

소관부처	운용기관	시행기관
농림축산식품부(재해보험정책과)	농업정책보험금융원(보험 2부)	한국산업인력공단

응시자격

제한 없음

※ 「농어업재해보험법」 제11조의4 제4항에 해당하는 사람은 그 처분이 있은 날부터 2년이 지나지 아니한 경우 시험에 응시할 수 없음

응시수수료 및 납부방법

1차 시험 응시수수료	2차 시험 응시수수료	납부방법
20,000원	33,000원	전자결제(신용카드, 계좌이체, 가상계좌 중 택일)

합격기준 및 합격자발표

❶ 매 과목 100점을 만점으로 하여 매 과목 40점 이상과 전 과목 평균 60점 이상인 사람을 합격자로 결정

❷ 큐넷 손해평가사 홈페이지 합격자발표 : 60일간(www.Q-Net.or.kr/site/loss)

❸ ARS (☎1666-0100) 합격자발표 : 4일간

자격증 발급

농업정책보험금융원에서 자격증 신청 및 발급업무를 수행한다.

접수방법

큐넷 손해평가사 홈페이지(www.Q-Net.or.kr/site/loss)에서 접수

시험일정

손해평가사 시험은 1차와 2차 각각 연 1회 실시됩니다. 1차 시험은 그 해의 상반기(6월)에 실시하고, 2차 시험은 그 해의 하반기(9월)에 실시합니다. 매해 시험일정은 상이하므로 상세한 시험일정은 큐넷 홈페이지를 통해 확인하시기 바랍니다.

시험과목 및 방법

구 분	시험과목	문항수	시험시간	시험방법
1차 시험	❶ 「상법」 보험편 ❷ 농어업재해보험법령(「농어업재해보험법」, 「농어업 재해보험법 시행령」 및 농림축산식품부장관이 고시하는 손해평가요령을 말한다) ❸ 농학개론 중 재배학 및 원예작물학	과목별 25문항 (총 75문항)	90분	객관식 (4지 택일형)
2차 시험	❶ 농작물재해보험 및 가축재해보험의 이론과 실무 ❷ 농작물재해보험 및 가축재해보험 손해평가의 이론과 실무	과목별 10문항 (단답형 5문항, 서술형 5문항)	120분	주관식 (단답형 및 서술형)

※ 시험과 관련하여 법령·고시·규정 등을 적용해서 정답을 구하여야 하는 문제는 시험 시행일 기준으로 시행 중인 법률·기준 등을 적용하여 그 정답을 구하여야 함
※ 제8회 시험부터 2차 시험은 농업정책보험금융원에서 등재하는 「농업재해보험·손해평가의 이론과 실무」를 기준으로 출제 및 채점

손해평가사 1차 시험 시행현황

연 도	대 상	응 시	응시율	합 격	합격률
2015	5,684명	4,002명	70.4%	1,865명	46.6%
2016	3,655명	2,879명	78.8%	1,761명	61.2%
2017	3,240명	2,374명	73.3%	1,444명	60.8%
2018	3,716명	2,594명	69.8%	1,949명	75.1%
2019	6,614명	3,901명	59.0%	2,486명	63.7%
2020	9,752명	8,193명	84.0%	5,748명	70.2%
2021	15,385명	13,230명	86.0%	9,508명	71.9%
2022	15,796명	13,361명	84.6%	9,067명	67.9%
2023	16,903명	14,107명	83.5%	10,830명	76.8%
2024	17,871명	14,037명	78.6%	9,343명	66.6%

〈자료출처 : 한국산업인력공단, Q-net 홈페이지〉

이 책의 차례

AGRICULTURE INSURANCE CLAIM ADJUSTER

손해평가사
1차
기출문제해설

손해평가사 1차 시험문제(문제편)

손해평가사 1차 시험문제(정답 및 해설편)

문제편

손해평가사 1차 시험문제

1차 기출 키워드 분석 〈자료 : 2015~2024년 시험문제〉

제1과목 상법(보험편)

구 분	기출 키워드
총 론	• 앞 상법 보험편의 규정 • 보험계약의 법적 성격 • 보험계약의 의의와 성립 • 보험계약의 선의성 • 보험계약자 등의 불이익변경금지(상법 제663조) • 보험계약 관계자
보험계약	• 보험계약의 체결, 취소, 해지, 해제, 무효 • 보험대리상 등의 권한 • 보험설계사의 권한 • 상법상 보험사고 • 보험약관조항의 효력 • 보험약관의 교부·설명의무 • 상법상 고지의무 • 고지의무위반으로 인한 계약해지 • 보험계약의 성립 및 책임개시 시기 • 보험사고발생의 통지의무 • 보험금 청구권 • 보험금의 지급과 반환 • 타인을 위한 보험계약 • 자기를 위한 보험계약 • 보험증권 • 보험증권내용의 정부에 관한 이의기간 • 보험증권의 교부 • 위험변경증가의 통지의무 • 보험계약의 부활 • 위험이 현저하게 변경된 경우 • 보험자의 파산선고와 계약해지 • 임의해지 • 보험료의 지급과 지체 및 부지급 • 보험료의 감액청구 및 반환청구 • 보험료체납과 보상액의 공제 • 보험사고의 발생과 법률관계 • 위험변경증가와 계약해지 • 보험계약의 해지와 특별위험의 소멸
손해보험	• 손해보험의 목적 • 손해보험계약의 낙부통지 • 보험자의 보험금액 지급 • 보험자의 책임과 면책사유 • 보험자대위, 잔존물대위 • 제3자에 대한 보험대위 • 피보험이익 • 보험사고의 객관적 확정 • 소멸시효(상법 제662조) • 손해의 방지와 경감을 위한 비용 • 기평가보험과 미평가보험 • 보험가액과 보험금액 • 손해보험증권의 기재사항(상법 제666조) • 화재보험증권 및 화재보험증권의 기재사항 • 보험목적의 양도 • 중복보험, 초과보험, 일부보험 • 손해액의 산정기준 • 보험자의 손해보상의무 • 손해보상시 보험료의 지급을 받지 아니한 잔액이 있는 경우 • 보험계약자 및 피보험자의 손해방지의무 • 화재보험계약 • 화재보험계약과 재보험계약 • 화재보험계약의 연대책임 • 화재보험자가 보상할 손해 • 집합보험 • 가계보험의 약관조항 • 재보험계약

구 분	기출 키워드	
농업재해보험 개요	• 용어의 정의 • 농업재해보험심의회 위원의 해촉	• 농업재해보험심의회의 심의사항 • 농업재해보험심의회 및 분과위원회
재해보험사업	• 재해보험의 종류와 보험목적물 • 보험요율의 산정자료 • 재해보험을 모집할 수 있는 자 • 재보험약정서 • 재보험사업에 관한 업무의 위탁 • 재해보험 발전 기본계획에 포함되어야 하는 사항 • 손해평가인의 자격요건 • 손해평가사의 자격취소사유 • 손해평가요령의 고시 • 농어업재해재보험기금의 용도, 관리·운용, 결산 • 농어업재해보험법령상 재정지원	• 재해보험의 요율산정 • 재해보험 가입자의 기준 • 재해보험사업을 할 수 있는 자 • 기금결산보고서의 첨부서류 • 행정구역 단위 • 보험금 수급권 및 보험금의 압류금지 • 손해평가인 업무의 정지 및 위촉의 해지 • 손해평가사의 정기교육 • 손해평가사의 자격시험 • 분쟁조정
재해보험사업의 관리	• 보험가입촉진계획의 수립과 제출 • 시범사업을 위한 사업계획서 • 기금계정의 설치 • 과태료 부가권자, 부과대상 및 개별기준 • 손해평가사의 감독 • 재보험사업의 약정 체결 • 농작물 재해보험사업을 효율적으로 추진하기 위하여 수행하는 업무	• 보험가입촉진계획에 포함되어야 할 사항 • 시범사업의 실시 • 손해평가사의 벌칙기준 • 회계구분 • 손해평가인의 개별 처분기준 • 재보험 약정에 포함되는 사항
농업재해보험 손해평가요령	• 용어의 정의 • 손해평가인의 위촉에 관한 규정 • 손해평가요령에 따른 손해평가인의 교육 • 손해평가반의 구성 • 손해평가준비 및 평가결과 제출 • 농작물의 보험가액 산정 • 피해사실확인조사 • 착과수조사 및 낙엽률조사 • 재파종 피해조사 • 복분자의 결과모지 및 수정불량 조사 • 손해평가요령에 따른 피해사실 확인 • 농작물의 보험금 산정기준 • 보험목적물별 손해평가의 단위 • 특정위험방식 "인삼"의 조사시기 및 보험금 산정 • 종합위험방식 "벼"의 보장 범위 • 종합위험방식 수확감소보장에서 "벼"의 보험금 산정 • 종합위험방식 "마늘"의 재파종보험금 산정 • 농작물의 품목별·재해별·시기별 손해수량 조사방법 • 적과전 종합위험방식 상품의 낙과피해조사 • 적과전 종합위험방식 상품 "사과"의 손해수량 조사방법 • 적과전 종합위험방식 상품 "사과"의 「6월 1일~적과전」 생육시기에 해당되는 재해 • 적과전 종합위험방식 상품 "단감"의 「6월 1일~적과전」 생육시기에 해당되는 재해 • 수확감소보장 및 과실손해보장의 「수확전」 조사내용과 조사시기 • 농업시설물의 보험가액 및 손해액 산정 • 가축의 보험가액 및 손해액 산정	• 손해평가인의 손해평가 업무 • 손해평가인 위촉의 취소사유 • 손해평가요령에 따른 교차손해평가 • 손해평가반 구성에서 배제하여야 하는 경우 • 손해평가결과의 검증 • 농업시설물의 보험가액 산정방법 • 오디의 과실손해조사 • 재이앙(재직파) 피해조사 • 재정식조사 • 보험목적물별 보상하는 병충해 및 질병규정 • 손해평가요령에 따른 농업재해보험의 종류 • 과실손해보장 보험금 산정시 피해율 • 농작물의 보험가액 산정

농학개론 중 재배학 및 원예작물학

구 분	기출 키워드	
재배의 기원과 현황	• 용도에 따른 작물의 분류 • 식용부위에 따른 채소의 분류	• 구조적 특징에 따른 과실의 분류 • 조미채소류, 엽경채류
재배환경	• 토양 환경, 토양의 일반적인 특성 • 토양수분(pF값), 요수량, 토양수분 스트레스 • 재배지의 산성화 및 산성토양에 약한 작물 • 광보상점, 광포화점, 광합성량 • 작물의 생장에 영향을 주는 광질 • 춘화(버널리제이션), 이춘화, 휴지, 경화, 좌지 • 강풍이 작물에 미치는 영향 • 작물의 생육적온, 유효온도, 생육가능온도 • 토양침식 방지 재배법 • 칼슘결핍으로 나타나는 증상	• 토양의 입단파괴 요인 • 토양에 석회를 시용하는 목적 • 식물체내 물의 기능(역할) • 벼와 옥수수의 광합성 비교, 광합성의 주원료 • 작물의 일장형(장일식물, 단일식물, 중성식물) • 작물 외관의 착색, 하고(夏枯)현상 • 배토, 멀칭, 중경, 복토 • C3 작물, C4 작물 • 내한성(耐寒性) 작물, 내건성 작물, 호냉성 작물 • 작물 피해를 발생시키는 대기오염 물질
각종 재해	• 우리나라의 우박피해, 과수의 우박피해 • 습해의 방지대책 • 염해(salt stress) • 과수원의 태풍피해 대책 • 일소현상, 고온장해, 저온장해 • 벼 재배시 풍수해의 예방 및 경감대책 • 일조(日照) 부족 현상, 블라인드(blind) 현상	• 수분부족 환경, 수분과잉 장해 • 장해형 냉해, 병해형 냉해, 지연형 냉해 • 가뭄피해(한해)의 대책 • 과수작물의 동해 및 상해(서리피해) • 요수량(要水量)이 가장 높은 작물 • 저온장해가 발생하는 채소 • 도복피해 경감대책
재배기술	• 작물 재배에 있어서 질소(N)의 작용 • 식물의 필수원소, 전형성능(totipotency) • 영양번식(무성번식), 종자번식, 조직배양 • 점적관수, 고랑관수, 분수관수, 저면관수 • 미국선녀벌레 • 벼의 재배양식(조기재배, 만식재배) • 화훼작물의 분류 • 접목재배로 방제할 수 있는 병해 • 이식재배의 효과, 염류 집적 • 저장성을 향상시키기 위한 저장전 처리 • 취목번식방법(선취법, 성토법, 당목취법, 고취법)	• 자식성 식물과 타식성 식물 • 병해충종합관리(IPM) • 세균에 의한 병, 전염성 병해 • 작물의 병해충 방제법(화학적 방제, 물리적 방제) • 과수의 병(배화상병, 사과탄저병), 진균에 의한 병 • 파종방법(조파, 산파, 점파, 적파) • 작물의 번식방법(접목, 삽목, 취목, 분주) • 수발아, 출수, 맹아, 최아 • 과실의 수확 적기를 판정하는 항목 • 작휴법(성휴법, 휴립구파법, 휴립휴파법, 평휴법) • 질소질 비료(유기태 질소, 무기태 질소)
원예작물	• 새싹채소 • 과수의 생육 특성 • 휴면타파 처리방법 • 과수원 토양관리 방법(초생법) • 과실의 성숙과 저장 • 과수작물의 생리장해 • 과채류의 결실 조절방법 • 광중단(암기중단) 현상 • 로제트(rosette) 현상 • 절화의 수명연장방법	• 과수의 엽면시비 • 사과 모양과 온도와의 관계 • 탄질비(C/N ratio) 및 엽과비(leaf/fruit ratio) • 식물호르몬(옥신, 지베렐린, 에틸렌)의 작용 • 호흡급등형 과실, 호흡비급등형 과실 • 과수재배시 봉지씌우기의 목적 • 토마토의 생리장해 • 과수 및 화훼재배에 이용되는 생장조절물질 • 절화의 수확 및 관리 • 종자춘화형 및 녹식물춘화형
농업시설	• 작물의 육묘관리, 육묘의 필요성 • 수경재배(무토양재배), 고설재배 • 시설재배용 피복재의 조건 • 유리온실의 규격(동고, 간고, 측고) • 온실형의 종류(벤로형)	• 플러그육묘, 육묘용 상토 • 담액수경, 박막수경(NFT), 암면경, 펄라이트경 • 시설 내의 환경 특이성 • 시설원예의 자재(피복자재, 골격자재), 무적필름 • 시설재배에 사용되는 기화냉방법

2015년도 제1회 손해평가사 1차 시험문제

수험번호		시험과목	문항수	시험시간
감독확인		① 「상법」 보험편 ② 농어업재해보험법령 ③ 농학개론 중 재배학 및 원예작물학	과목별 25문항	90분
성 명				

[수험자 유의사항]

① 답안카드에 기재된 '수험자 유의사항 및 답안카드 작성시 유의사항'을 준수하시기 바랍니다.

② 수험자 교육시간에 감독위원 안내 또는 방송(유의사항)에 따라 답안카드에 수험번호를 기재 마킹하고, 배부된 시험지의 인쇄상태 확인 후 형별 기재란에 표시된 형별(A형 공통)을 확인하여야 합니다.

③ 답안카드는 국가전문자격 공통 표준형으로 문제번호가 1번부터 125번까지 인쇄되어 있습니다. 답안 마킹시에는 반드시 시험문제지의 문제번호와 동일한 번호에 마킹하여야 합니다.

④ 답안카드 기재·마킹시에는 반드시 검은색 사인펜을 사용하여야 합니다.
   ※ 지워지는 펜 사용 불가

⑤ 채점은 전산 자동 판독 결과에 따르므로 유의사항을 지키지 않거나(검은색 사인펜 미사용) 수험자의 부주의(답안카드 기재·마킹 착오, 불완전한 마킹·수정, 예비마킹, 형별 마킹 착오 등)로 판독불능, 중복판독 등 불이익이 발생할 경우 수험자 책임으로 이의제기를 하더라도 받아들여지지 않습니다.

⑥ 답안을 잘못 작성했을 경우, 답안카드 교체 및 수정테이프 사용가능(단, 답안 이외 수험번호 등 인적사항은 수정불가)하며, 재작성에 따른 시험시간은 별도로 부여하지 않음
   ※ 수정테이프 이외 수정액 및 스티커 등은 사용 불가

⑦ 시험문제가 Q-net 홈페이지(http://www.q-net.or.kr)내 손해평가사 홈페이지(자료실⇒문제지 내려받기)에 공개될 예정이오니 참고하시기 바랍니다.

○ 답안 작성 기준

   제1차 시험의 답안은 시험시행일에 시행되고 있는 관련 법령 등을 기준으로 작성하여야 합니다.

상법(보험편)

01 보험계약의 선의성을 유지하기 위한 제도로 옳지 않은 것은?

① 보험자의 보험약관 설명의무
② 보험계약자의 손해방지의무
③ 보험계약자의 중요사항 고지의무
④ 인위적 보험사고에 대한 보험자면책

02 타인을 위한 보험계약의 보험계약자가 피보험자의 동의를 얻어야 할 수 있는 것은?

① 보험증권교부청구권
② 보험사고발생 전 보험계약해지권
③ 특별위험 소멸에 따른 보험료감액청구권
④ 보험계약 무효에 따른 보험료반환청구권

03 보험약관의 조항 중 그 효력이 인정되지 않는 것은?

① 보험계약 체결일 기준 1월 전부터 보험기간이 시작되기로 하는 조항
② 보험증권교부일로부터 2월 이내에 증권내용에 이의를 할 수 있도록 하는 조항
③ 약관 설명의무위반시 보험계약자가 1월 이내에 계약을 취소할 수 있도록 하는 조항
④ 보험계약자의 보험료반환청구권의 소멸시효기간을 3년으로 하는 조항

04 보험대리상이 갖는 권한으로 옳지 않은 것은?

① 보험자 명의의 보험계약체결권
② 보험계약자에 대한 위험변경증가권
③ 보험계약자에 대한 보험증권교부권
④ 보험계약자로부터의 보험료수령권

05 보험계약자가 보험료의 감액을 청구할 수 있는 경우에 해당하는 것은?

① 보험계약 무효시 보험계약자와 피보험자가 선의이며 중대한 과실이 없는 경우
② 보험계약 무효시 보험계약자와 보험수익자가 선의이며 중대한 과실이 없는 경우
③ 특별한 위험의 예기로 보험료를 정한 때에 그 위험이 보험기간 중 소멸한 경우
④ 보험사고발생 전의 임의해지시 미경과보험료에 대해 다른 약정이 없는 경우

06 보험료에 관한 설명으로 옳지 않은 것은?

① 보험계약자는 계약 체결 후 지체 없이 보험료의 전부 또는 최초보험료를 지급하여야 한다.
② 보험계약자의 최초보험료 미지급시 다른 약정이 없는 한 계약 성립 후 2월의 경과로 그 계약은 해제된 것으로 본다.
③ 계속보험료 미지급으로 보험자가 계약을 해지하기 위해서는 보험계약자에게 상당기간을 정하여 그 기간 내에 지급할 것을 최고하여야 한다.
④ 타인을 위한 보험의 경우 보험계약자의 보험료 지급 지체시 보험자는 그 타인에게 보험료 지급을 최고하지 않아도 계약을 해지할 수 있다.

07 보험계약 부활에 관한 설명으로 옳은 것은?

① 보험계약자의 고지의무위반으로 보험자가 보험계약을 해지하여야 한다.
② 보험계약자의 최초보험료 미지급으로 보험자가 보험계약을 해지하여야 한다.
③ 보험계약자가 연체보험료에 법정이자를 더하여 보험자에게 지급하여야 한다.
④ 보험자가 보험계약을 해지하고 해지환급금을 지급하지 않았어야 한다.

08 보험계약자의 고지의무위반으로 인한 보험자의 계약해지권에 관한 설명으로 옳은 것은?

① 고지의무위반 사실이 보험사고의 발생에 영향을 미치지 않은 경우 보험자는 계약을 해지하더라도 보험금을 지급할 책임이 있다.
② 보험자는 보험사고발생 전에 한하여 해지권을 행사할 수 있다.
③ 보험자가 계약을 해지할 경우 보험금을 지급할 책임이 없으며, 이미 지급한 보험금에 대해서는 반환을 청구할 수 없다.
④ 보험자는 고지의무위반 사실을 안 날로부터 3월 내에 해지권을 행사할 수 있다.

위험의 변경증가에 관한 설명으로 옳은 것을 모두 고른 것은?

ㄱ. 위험변경증가 통지의무는 보험계약자 또는 피보험자가 부담한다.
ㄴ. 보험계약자의 위험변경증가 통지의무는 피보험자의 행위로 인한 위험변경의 경우에 한한다.
ㄷ. 보험자는 위험변경증가 통지를 받은 때로부터 1월 이내에 보험료의 증액을 청구할 수 있다.
ㄹ. 보험자는 위험변경증가의 사실을 안 날로부터 6월 이내에 한하여 계약을 해지할 수 있다.

① ㄱ, ㄴ   ② ㄱ, ㄷ
③ ㄴ, ㄹ   ④ ㄷ, ㄹ

10 보험료의 지급과 보험자의 책임개시에 관한 설명으로 옳지 않은 것은?

① 보험설계사는 보험자가 작성한 영수증을 보험계약자에게 교부하는 경우에만 보험료수령권이 있다.
② 보험자의 책임은 당사자간에 다른 약정이 없으면 최초보험료를 지급 받은 때로부터 개시한다.
③ 보험료불가분의 원칙에 의해 보험계약자는 다른 약정이 있더라도 일시에 보험료를 지급하여야 한다.
④ 보험자의 보험료청구권은 2년간 행사하지 아니하면 시효의 완성으로 소멸한다.

11 재보험계약에 관한 설명으로 옳지 않은 것은?

① 재보험계약은 원보험계약의 효력에 영향을 미치지 않는다.
② 화재보험에 관한 규정을 준용한다.
③ 재보험자의 제3자에 대한 대위권행사가 인정된다.
④ 보험계약자의 불이익변경금지원칙은 적용되지 않는다.

12 보험자의 보험금 지급과 면책사유에 관한 설명으로 옳은 것은?

① 보험금은 당사자간에 특약이 있는 경우라도 금전 이외의 현물로 지급할 수 없다.

② 보험자의 보험금 지급은 보험사고발생의 통지를 받은 후 10일 이내에 지급할 보험금액을 정하고 10일 이후에 이를 지급하여야 한다.

③ 보험의 목적인 과일의 자연 부패로 인하여 발생한 손해에 대해서 보험자는 보험금을 지급하여야 한다.

④ 건물을 특약 없는 화재보험에 가입한 보험계약에서 홍수로 건물이 멸실된 경우 보험자는 보험금을 지급하지 않아도 된다.

13 고지의무에 관한 설명으로 옳지 않은 것은?

① 보험설계사는 고지수령권을 가진다.

② 보험자가 서면으로 질문한 사항은 중요한 사항으로 추정한다.

③ 고지의무를 부담하는 자는 보험계약자와 피보험자이다.

④ 고지의무자의 고의 또는 중대한 과실로 부실의 고지를 한 경우 고지의무위반이 된다.

14 보험자의 손해보상의무에 관한 설명으로 옳지 않은 것은?

① 손해보험계약의 보험자는 보험사고로 인하여 생길 피보험자의 재산상의 손해를 보상할 책임이 있다.

② 보험자의 보험금 지급의무는 2년의 단기시효로 소멸한다.

③ 화재보험계약의 목적을 건물의 소유권으로 한 경우 보험사고로 인하여 피보험자가 얻을 임대료수입은 특약이 없는 한 보험자가 보상할 손액에 산입하지 않는다.

④ 신가보험은 손해보험의 이득금지원칙에도 불구하고 인정된다.

15 손해보험계약에서의 피보험이익에 관한 설명으로 옳지 않은 것은?

① 피보험이익은 보험의 도박화를 방지하는 기능이 있다.

② 피보험이익은 적법한 것이어야 한다.

③ 피보험이익은 보험자의 책임범위를 정하는 표준이 된다.

④ 동일한 건물에 대하여 소유권자와 저당권자는 각자 독립한 보험계약을 체결할 수 없다.

16 기평가보험과 미평가보험에 관한 설명으로 옳지 않은 것은?

① 기평가보험이란 보험계약 체결시 당사자간에 피보험이익의 평가에 관하여 미리 합의한 보험을 말한다.
② 기평가보험의 경우 당사자간에 보험가액을 정한 때에는 그 가액은 사고발생시의 가액으로 정한 것으로 추정한다.
③ 기평가보험의 경우 협정보험가액이 사고발생시의 가액을 현저하게 초과할 때에는 협정보험가액을 보험가액으로 한다.
④ 보험계약 체결시 당사자간에 보험가액을 정하지 아니한 경우에는 사고발생시의 가액을 보험가액으로 한다.

17 중복보험에 관한 설명으로 옳은 것을 모두 고른 것은?

> ㄱ. 중복보험계약이 동시에 체결된 경우든 다른 때에 체결된 경우든 각 보험자는 각자의 보험금액의 한도에서 연대책임을 진다.
> ㄴ. 중복보험의 경우 보험자 1인에 대한 권리의 포기는 다른 보험자의 권리의무에 영향을 미치지 않는다.
> ㄷ. 중복보험계약이 보험계약자의 사기로 인하여 체결된 때에는 그 계약은 무효가 되므로 보험자는 그 사실을 안 때까지의 보험료를 청구할 수 없다.

① ㄱ, ㄴ   ② ㄱ, ㄷ
③ ㄴ, ㄷ   ④ ㄱ, ㄴ, ㄷ

18 보험가액에 관한 설명으로 옳은 것은?

① 보험자의 계약상의 최고보상한도로서의 의미를 가진다.
② 일부보험은 어느 경우에도 보험자가 보험가액을 한도로 실제손해를 보상할 책임을 진다.
③ 피보험이익을 금전으로 평가한 가액을 의미한다.
④ 보험가액은 보험금액과 항상 일치한다.

19 손해보험에서 손해액을 산정하는 기준으로 옳지 않은 것은?

① 보험자가 보상할 손해액은 그 손해가 발생한 때와 곳의 가액에 의하여 산정한다.

② 다른 약정이 있으면 신품가액에 의하여 손해액을 산정할 수 있다.

③ 손해액 산정 비용은 보험계약자의 부담으로 한다.

④ 다른 약정이 없으면 보험자가 보상할 손해액에는 피보험자가 얻을 이익을 산입하지 않는다.

20 보험의 목적에 보험자의 담보위험으로 인한 손해가 발생한 후 그 목적이 보험자의 비담보위험으로 멸실된 경우 보험자의 보상책임은?

① 보험자는 모든 책임에서 면책된다.

② 보험자의 담보위험으로 인한 손해만 보상한다.

③ 보험자의 비담보위험으로 인한 손해만 보상한다.

④ 보험자는 멸실된 손해 전체를 보상한다.

21 보험계약자 및 피보험자의 손해방지의무에 관한 설명으로 옳지 않은 것은?

① 손해의 방지와 경감을 위하여 노력하여야 한다.

② 손해방지와 경감을 위하여 필요 또는 유익하였던 비용과 보상액이 보험금액을 초과한 경우 보험자가 이를 부담한다.

③ 보험사고발생을 전제로 하므로 보험사고가 발생하면 생기는 것이다.

④ 보험자가 책임을 지지 않는 손해에 대해서도 손해방지의무를 부담한다.

22 손해보험에 관한 설명으로 옳지 않은 것은?

① 보험의 목적의 성질 및 하자로 인한 손해는 보험자가 보상할 책임이 있다.

② 피보험이익은 적어도 사고발생시까지 확정할 수 있는 것이어야 한다.

③ 보험자가 손해를 보상할 경우에 보험료의 지급을 받지 않은 잔액이 있으면 이를 공제할 수 있다.

④ 경제적 가치를 평가할 수 있는 이익은 피보험이익이 된다.

23 잔존물대위에 관한 설명으로 옳은 것은?

① 보험의 목적 일부가 멸실한 경우 발생한다.
② 보험금액의 전부를 지급하여야 보험자가 잔존물대위권을 취득할 수 있다.
③ 일부보험의 경우에는 잔존물대위가 인정되지 않는다.
④ 보험자는 잔존물에 대한 물권변동의 절차를 밟아야 대위권을 취득할 수 있다.

24 일부보험에 관한 설명으로 옳지 않은 것은?

① 보험금액이 보험가액보다 작아야 한다.
② 다른 약정이 없으면 보험자는 보험금액의 보험가액에 대한 비율에 따라 보상책임을 진다.
③ 특약이 없는 경우 보험기간 중에 물가상승으로 보험가액이 증가한 때에는 일부보험으로 판단하지 않는다.
④ 다른 약정이 없으면 손해방지비용에 대해서도 비례보상주의를 따른다.

25 화재보험에 관한 설명으로 옳지 않은 것은?

① 보험자는 화재로 인한 손해의 감소에 필요한 조치로 인하여 생긴 손해를 보상할 책임이 있다.
② 연소작용에 의하지 아니한 열의 작용으로 인한 손해는 보험자의 보상책임이 없다.
③ 화재로 인한 손해는 상당인과관계가 있어야 한다.
④ 화재 진화를 위해 살포한 물로 보험목적이 훼손된 손해는 보상하지 않는다.

26 농어업재해보험법상 농업재해보험심의회의 심의사항이 아닌 것은?

① 재해보험 상품의 인가
② 재해보험 목적물의 선정
③ 재해보험에서 보상하는 재해의 범위
④ 농어업재해재보험사업에 대한 정부의 책임범위

27 다음 설명에 해당되는 용어는?

> 보험가입자의 재산 피해에 따른 손해가 발생한 경우 보험에서 최대로 보상할 수 있는 한도액으로서 보험가입자와 보험사업자간에 약정한 금액

① 보험료
② 보험금
③ 보험가입금액
④ 손해액

28 농어업재해보험법상 재해보험의 종류가 아닌 것은?

① 농기계재해보험
② 농작물재해보험
③ 양식수산물재해보험
④ 가축재해보험

29 현행 농작물재해보험에서 보상하는 보험목적물의 범위가 아닌 것은?　　　기출수정

① 옥수수
② 복분자
③ 고구마
④ 마늘

30 재해보험에서 보상하는 재해의 범위 중 보험목적물 "벼"에서 보상하는 병충해가 아닌 것은?

① 흰잎마름병
② 잎집무늬마름병
③ 줄무늬잎마름병
④ 벼멸구

31 농어업재해보험법령상 재해보험 요율산정에 관한 설명으로 옳지 않은 것은?

① 재해보험사업자가 산정한다.
② 보험목적물별 또는 보상방식별로 산정한다.
③ 객관적이고 합리적인 통계자료를 기초로 산정한다.
④ 시·군·자치구 또는 읍·면·동 행정구역 단위까지 산정한다.

32 농어업재해보험법령상 농작물재해보험 손해평가인으로 위촉될 수 있는 자의 자격요건이 아닌 것은?

① 「농수산물품질관리법」에 따른 농산물품질관리사
② 재해보험 대상 농작물을 3년 이상 경작한 경력이 있는 농업인
③ 재해보험 대상 농작물 분야에서 「국가기술자격법」에 따른 기사 이상의 자격을 소지한 사람
④ 공무원으로 지방자치단체에서 농작물재배 분야에 관한 연구·지도 업무를 3년 이상 담당한 경력이 있는 사람

33 농어업재해보험법상 손해평가사의 자격 취소에 해당되는 자만을 모두 고른 것은? 기출수정

ㄱ. 손해평가사의 직무를 게을리 하였다고 인정되는 사람
ㄴ. 손해평가사의 자격을 거짓 또는 부정한 방법으로 취득한 사람
ㄷ. 거짓으로 손해평가를 한 사람
ㄹ. 다른 사람에게 손해평가사의 명의를 사용하게 한 사람

① ㄱ, ㄴ   ② ㄱ, ㄷ, ㄹ
③ ㄴ, ㄷ, ㄹ   ④ ㄱ, ㄴ, ㄷ, ㄹ

34 농어업재해보험법상 손해평가사의 업무가 아닌 것은?

① 피해발생의 통지
② 피해사실의 확인
③ 손해액의 평가
④ 보험가액의 평가

35 농어업재해보험법령상 재해보험사업자가 재해보험사업을 원활히 수행하기 위하여 필요한 경우로서 보험모집 및 손해평가 등 재해보험 업무의 일부를 위탁할 수 있는 대상이 아닌 자는?

① 「산림조합법」에 따라 설립된 품목별 산림조합
② 「농업협동조합법」에 따라 설립된 농업협동조합중앙회
③ 「보험업법」 제187조에 따라 손해사정을 업으로 하는 자
④ 「농업협동조합법」에 따라 설립된 지역축산업협동조합

36 농어업재해보험법상 재해보험 가입자 또는 사업자에 대한 정부의 재정지원에 관한 설명으로 옳지 않은 것은?

① 재해보험가입자가 부담하는 보험료의 일부를 지원할 수 있다.
② 재해보험사업자가 재해보험가입자에게 지급하는 보험금의 일부를 지원할 수 있다.
③ 재해보험사업자의 재해보험의 운영 및 관리에 필요한 비용의 전부 또는 일부를 지원할 수 있다.
④ 「풍수해보험법」에 따른 풍수해보험에 가입한 자가 동일한 보험목적물을 대상으로 재해보험에 가입한 경우는 보험료를 지원하지 아니한다.

37 농어업재해보험법상 재해보험사업을 효율적으로 추진하기 위한 농림축산식품부의 업무(업무를 위탁한 경우를 포함한다)로 볼 수 없는 것은?

① 재해보험 요율의 승인
② 재해보험 상품의 연구 및 보급
③ 손해평가인력의 육성
④ 손해평가기법의 연구·개발 및 보급

38 농어업재해보험법상 과태료의 부과대상이 아닌 것은?

① 재해보험사업자가 「보험업법」을 위반하여 보험안내를 한 경우
② 재해보험사업자가 아닌 자가 「보험업법」을 위반하여 보험안내를 한 경우
③ 손해평가사가 고의로 진실을 숨기거나 거짓으로 손해평가를 한 경우
④ 재해보험사업자가 농림축산식품부에 관계서류 제출을 거짓으로 한 경우

39 다음 (   ) 안에 해당되지 않는 자는?

> 농업재해보험 손해평가요령에서 규정하고 있는 "손해평가"라 함은 「농어업재해보험법」 제2조 제1호에 따른 피해가 발생한 경우 법 제11조 및 제11조의3에 따라 (   ), (   ) 또는 (   )가(이) 그 피해사실을 확인하고 평가하는 일련의 과정을 말한다.

① 손해평가사
② 손해사정사
③ 손해평가인
④ 손해평가보조인

40 농업재해보험 손해평가요령에 따른 손해평가인 위촉의 취소 및 해지에 관한 설명으로 옳지 않은 것은?

① 거짓 또는 그 밖의 부정한 방법으로 손해평가인으로 위촉된 자에 대해서는 그 위촉을 취소하여야 한다.
② 손해평가업무를 수행하면서 「개인정보보호법」을 위반하여 재해보험가입자의 개인정보를 누설한 자는 그 위촉을 해지할 수 있다.
③ 재해보험사업자는 위촉을 취소하는 때에는 해당 손해평가인에게 청문을 실시하여야 한다.
④ 재해보험사업자는 업무의 정지를 명하고자 하는 때에는 해당 손해평가인에 대한 청문을 생략할 수 있다.

41 농업재해보험 손해평가요령에서 규정하고 있는 손해평가인 위촉에 관한 설명으로 옳지 않은 것은?

① 재해보험사업자는 손해평가 업무를 원활히 수행하게 하기 위하여 손해평가보조인을 운용할 수 있다.
② 재해보험사업자의 업무를 위탁받은 자는 손해평가보조인을 운용할 수 있다.
③ 재해보험사업자가 손해평가인을 위촉한 경우에는 그 자격을 표시할 수 있는 손해평가인증을 발급하여야 한다.
④ 재해보험사업자는 보험가입자 수 등에도 불구하고 보험사업비용을 고려하여 손해평가인 위촉규모를 최소화하여야 한다.

42 농어재해보험 손해평가요령에 규정된 재해보험사업자가 손해평가인으로 위촉된 자에 대해 실시하는 정기교육 실시기준으로 옳은 것은? 기출수정

① 월 1회 이상

② 월 2회 이상

③ 연 1회 이상

④ 연 2회 이상

43 농업재해보험 손해평가요령에 따른 종합위험방식 상품의 조사내용 중 "재파종 피해조사"에 해당되는 품목은?

① 양파

② 감자

③ 마늘

④ 콩

44 농업재해보험 손해평가요령에 따른 적과전 종합위험방식 상품 "사과"의 「6월 1일~적과전」 생육시기에 해당되는 재해로 옳지 않은 것은? 기출수정

① 태풍(강풍)

② 우박

③ 집중호우

④ 가을동상해

45 적과전 종합위험방식 과실손해보장 중 "배"의 경우 다음 조건에 해당되는 보험금은? 기출수정

- 가입가격 1만원/kg
- 자기부담감수량 900kg
- 가입수확량 8,000kg
- 미보상감수량 0kg
- 적과종료 이후 누적감수량 4,000kg

① 3,100만원

② 3,200만원

③ 3,900만원

④ 4,000만원

46 농업재해보험 손해평가요령에 따른 농작물의 보험가액 산정에 관한 설명으로 옳은 것은?

① 특정위험방식 보험가액은 적과후 착과수조사를 통해 산정한 가입수확량에 보험가입 당시의 단위당 가입가격을 곱하여 산정한다.

② 종합위험방식 보험가액은 보험증권에 기재된 보험목적물의 가입수확량에 보험가입 당시의 단위당 가입가격을 곱하여 산정한다.

③ 적과전 종합위험방식의 보험가액은 적과후 착과수조사를 통해 산정한 기준수확량에 보험가입 당시의 단위당 가입가격을 곱하여 산정한다.

④ 나무손해보장의 보험가액은 기재된 보험목적물이 나무인 경우로 최종 보험사고발생시의 해당 농지 내에 심어져 있는 전체 나무 수(피해 나무 수 포함)에 보험가입 당시의 나무당 가입가격을 곱하여 산정한다.

47 농업재해보험 손해평가요령에 따른 손해평가결과 검정에 관한 설명으로 옳은 것은? 기출수정

① 재해보험사업자 및 농어업재해보험사업의 관리를 위탁받은 기관(이하 "사업관리위탁기관"이라 한다)은 손해평가반이 실시한 손해평가결과를 확인하고자 하는 경우에는 손해평가를 실시한 전체 보험목적물에 대하여 검증조사를 하여야 한다.

② 농림축산식품부장관은 재해보험사업자로 하여금 검증조사를 하게 할 수 있으며, 재해보험사업자는 특별한 사유가 없는 한 이에 응하여야 한다.

③ 재해보험사업자는 검증조사결과 현저한 차이가 발생되어 재조사가 불가피하다고 판단될 경우라도 해당 손해평가반이 조사한 전체 보험목적물에 대하여 재조사를 할 수 없다.

④ 보험가입자가 정당한 사유 없이 검증조사를 거부하는 경우 검증조사반은 검증조사결과 작성을 생략하고 재해보험사업자에게 제출하지 않아도 된다.

48 농업재해보험 손해평가요령에 따른 피해사실 확인 내용으로 옳은 것은? 기출수정

① 손해평가반은 보험책임기간에 관계없이 발생한 피해에 대해서는 재해보험사업자에게 피해발생을 통지하여야 한다.

② 재해보험사업자는 손해평가반으로 하여금 일정기간을 정하여 보험목적물의 피해사실을 확인하게 하여야 한다.

③ 재해보험사업자는 손해평가반으로 하여금 일정기간을 정하여 보험목적물의 손해평가를 실시하게 하여야 한다.

④ 손해평가반이 손해평가를 실시할 때에는 재해보험사업자가 해당 보험가입자의 보험계약사항 중 손해평가와 관련된 사항을 손해평가반에게 통보하여야 한다.

49 농업재해보험 손해평가요령에 따른 보험목적물별 손해평가 단위로 옳지 않은 것은?

① 벼 – 농가별
② 사과 – 농지별
③ 돼지 – 개별가축별
④ 비닐하우스 – 보험가입 목적물별

50 농업재해보험 손해평가요령에 따른 농업시설물의 보험가액 및 손해액 산정과 관련하여 옳지 않은 것은?

① 보험가액은 보험사고가 발생한 때와 곳에서 평가한다.
② 보험가액은 피해목적물의 재조달가액에서 내용연수에 따른 감가상각률을 적용하여 계산한 감가상각액을 차감하여 산정한다.
③ 손해액은 보험사고가 발생한 때와 곳에서 산정한 피해목적물의 원상복구비용을 말한다.
④ 보험가입 당시 보험가액 및 손해액 산정방식에 대해서는 보험가입자와 재해보험사업자가 별도로 정할 수 없다.

51 농업상 용도에 의한 작물의 분류로 옳지 않은 것은?

① 공예작물　　　　　　　　② 사료작물
③ 주형작물　　　　　　　　④ 녹비작물

52 토양의 물리적 특성이 아닌 것은?

① 보수성　　　　　　　　② 환원성
③ 통기성　　　　　　　　④ 배수성

53 토양의 입단파괴 요인은?

① 경운 및 쇄토　　　　　　② 유기물 사용
③ 토양 피복　　　　　　　④ 두과작물 재배

54 토양수분에 관한 설명으로 옳지 않은 것은?

① 결합수는 식물이 흡수·이용할 수 없다.
② 물은 수분포텐셜(water potential)이 높은 곳에서 낮은 곳으로 이동한다.
③ 중력수는 pF 7.0 정도로 중력에 의해 지하로 흡수되는 수분이다.
④ 토양수분장력은 토양입자가 수분을 흡착하여 유지하려는 힘이다.

55

다음 (   ) 안에 들어갈 내용을 순서대로 옳게 나열한 것은?

> 식물의 생육이 가능한 온도를 (   )(이)라고 한다. 배추, 양배추, 상추는 (   ) 채소로 분류되고,
> (   )는 종자 때부터 저온에 감응하여 화아분화가 되며, (   )는 고온에 의해 화아분화가 이루어진다.

① 생육적온, 호온성, 배추, 상추
② 유효온도, 호냉성, 배추, 상추
③ 생육적온, 호냉성, 상추, 양배추
④ 유효온도, 호온성, 상추, 배추

56

이앙 및 수확시기에 따른 벼의 재배양식에 관한 설명이다. (   ) 안에 들어갈 내용으로 옳은 것은?

> • (   )는 조생종을 가능한 한 일찍 파종, 육묘하고 조기에 이앙하여 조기에 벼를 수확하는 재배형이다.
> • (   )는 앞작물이 있거나 병충해회피 등의 이유로 보통기재배에 비해 모내기가 현저히 늦은 재배형
>   이다.

① 조생재배, 만생재배
② 조식재배, 만기재배
③ 조생재배, 만기재배
④ 조기재배, 만식재배

57

식물의 종자가 발아한 후 또는 줄기의 생장점이 발육하고 있을 때 일정기간의 저온을 거침으로써 화아가 형성되는 현상은?

① 휴지
② 춘화
③ 경화
④ 좌지

58 한계일장이 없어 일정조건에 관계없이 개화하는 중성식물은?

① 상추
② 국화
③ 딸기
④ 고추

59 다음 설명에 해당되는 해충은?

- 알 상태로 눈 기부에서 월동하고 연(年) 10세대 정도 발생하며 잎 뒷면에서 가해한다.
- 사과나무에서 잎을 뒤로 말리게 하고 심하면 조기낙엽을 발생시킨다.

① 사과혹진딧물
② 복숭아심식나방
③ 사과굴나방
④ 조팝나무진딧물

60 작물의 병해충 방제법 중 경종적 방제에 관한 설명으로 옳은 것은?

① 적극적인 방제기술이다.
② 윤작과 무병종묘재배가 포함된다.
③ 친환경농업에는 적용되지 않는다.
④ 병이 발생한 후에 더욱 효과적인 방제기술이다.

61 작물의 취목번식 방법 중에서 가지의 선단부를 휘어서 묻는 방법은?

① 선취법
② 성토법
③ 당목취법
④ 고취법

62 일소현상에 관한 설명으로 옳은 것은?

① 시설재배시 차광막을 설치하여 일소를 경감시킬 수 있다.
② 겨울철 직사광선에 의해 원줄기나 원가지의 남쪽 수피 부위에 피해를 주는 경우는 일소로 진단하지 않는다.
③ 개심자연형 나무에서는 배상형 나무에 비해 더 많이 발생한다.
④ 과수원이 평지에 위치할 때 동향의 과수원이 서향의 과수원보다 일소가 더 많이 발생한다.

63 벼 재배시 풍수해의 예방 및 경감 대책으로 옳지 않은 것은?

① 내도복성 품종으로 재배한다.
② 밀식재배를 한다.
③ 태풍이 지나간 후 살균제를 살포한다.
④ 침·관수된 논은 신속히 배수시킨다.

64 과수작물의 동해 및 상해(서리피해)에 관한 설명으로 옳지 않은 것은?

① 배나무의 경우 꽃이 일찍 피는 따뜻한 지역에서 늦서리 피해가 많이 일어난다.
② 핵과류에서 늦서리 피해에 민감하다.
③ 꽃눈이 잎눈보다 내한성이 강하다.
④ 서리를 방지하는 방법에는 방상팬 이용, 톱밥 및 왕겨 태우기 등이 있다.

65 벼 담수표면 산파재배시 도복에 관한 설명으로 옳은 것은?

① 벼 무논골뿌림재배에 비해 도복이 경감된다.
② 도복경감제를 살포하면 벼의 하위절간장이 짧아져서 도복이 경감된다.
③ 질소질 비료를 다량 시비하면 도복이 경감된다.
④ 파종 직후에 1회 낙수를 강하게 해주면 도복이 경감된다.

66 우리나라 우박피해에 관한 설명으로 옳지 않은 것은?

① 전국적으로 7~8월에 집중적으로 발생한다.
② 과실 또는 새가지에 타박상이나 열상 등을 일으킨다.
③ 비교적 단시간에 많은 피해를 일으키고, 피해지역이 국지적인 경우가 많다.
④ 그물(방포망)을 나무에 씌워 피해를 경감시킬 수 있다.

67 일반적으로 딸기와 감자의 무병주 생산을 위한 방법은?

① 자가수정
② 종자번식
③ 타가수정
④ 조직배양

68 과채류의 결실 조절방법으로 모두 고른 것은?

> ㄱ. 적과
> ㄴ. 적화
> ㄷ. 인공수분

① ㄱ   ② ㄱ, ㄴ
③ ㄴ, ㄷ   ④ ㄱ, ㄴ, ㄷ

69 다음은 식물호르몬인 에틸렌에 관한 설명이다. 옳은 것을 모두 고른 것은?

> ㄱ. 원예작물의 숙성호르문이다.
> ㄴ. 무색 무취의 가스형태이다.
> ㄷ. 에테폰이 분해될 때 발생된다.
> ㄹ. AVG(aminoethoxyvinyl glycine)처리에 의해 발생이 촉진된다.

① ㄱ   ② ㄴ, ㄷ
③ ㄱ, ㄴ, ㄷ   ④ ㄱ, ㄴ, ㄷ, ㄹ

70 호흡비급등형 과실인 것은?

① 사과　　　　　　　　　② 자두
③ 포도　　　　　　　　　④ 복숭아

71 다음 중 생육에 적합한 토양 pH가 가장 낮은 것은?

① 블루베리나무
② 무화과나무
③ 감나무
④ 포도나무

72 과수원의 토양표면 관리법 중 초생법의 장점이 아닌 것은?

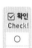

① 토양의 입단화가 촉진된다.
② 지력유지에 도움이 된다.
③ 토양침식과 양분유실을 방지한다.
④ 유목기에 양분경합이 일어나지 않는다.

73 절화의 수명연장방법으로 옳지 않은 것은?

① 화병의 물에 살균제와 당을 첨가한다.
② 산성물(pH 3.2~3.5)에 침지한다.
③ 에틸렌을 엽면 살포한다.
④ 줄기 절단부를 수초간 열탕처리한다.

74 작물의 시설재배에서 연질피복재만을 고른 것은?

ㄱ. 폴리에틸렌필름
ㄴ. 에틸렌아세트산필름
ㄷ. 폴리에스테르필름
ㄹ. 불소수지필름

① ㄱ, ㄴ
② ㄱ, ㄹ
③ ㄴ, ㄷ
④ ㄷ, ㄹ

75 작물의 시설재배에 사용되는 기화냉방법이 아닌 것은?

① 팬 앤드 패드(fan & pad)
② 팬 앤드 미스트(fan & mist)
③ 팬 앤드 포그(fan & fog)
④ 팬 앤드 덕트(fan & duct)

우리가 쓰는 것 중
가장 값비싼 것은 시간이다.

- 테오프라스토스 -

2016년도 제2회 손해평가사 1차 시험문제

수험번호		시험과목	문항수	시험시간
감독확인		① 「상법」 보험편 ② 농어업재해보험법령 ③ 농학개론 중 재배학 및 원예작물학	과목별 25문항	90분
성 명				

상법(보험편)

01 보험약관의 중요한 내용에 대한 보험자의 설명의무가 발생하지 않는 경우를 모두 고른 것은?
(다툼이 있으면 판례에 따름)

> ㄱ. 설명의무의 이행 여부가 보험계약의 체결 여부에 영향을 미치지 않는 경우
> ㄴ. 보험약관에 정하여진 사항이 거래상 일반적이고 공통된 것이어서 보험계약자가 별도의 설명 없이
>   도 충분히 예상할 수 있었던 사항인 경우
> ㄷ. 보험계약자의 대리인이 그 약관의 내용을 충분히 잘 알고 있는 경우

① ㄷ
② ㄱ, ㄴ
③ ㄴ, ㄷ
④ ㄱ, ㄴ, ㄷ

02 보험증권에 관한 설명으로 옳지 않은 것은?

① 보험계약자가 보험료의 전부 또는 최초의 보험료를 지급하지 아니한 때에는 보험자의 보험증
   권교부의무가 발생하지 않는다.
② 기존의 보험계약을 변경한 경우에는 보험자는 그 보험증권에 그 사실을 기재함으로써 보험증
   권의 교부에 갈음할 수 있다.
③ 보험계약의 당사자는 보험증권의 교부가 있은 날로부터 10일 내에 한하여 그 증권내용의 정부
   에 관한 이의를 할 수 있음을 약정할 수 있다.
④ 보험계약자의 청구에 의하여 보험증권을 재교부하는 경우 그 증권작성의 비용은 보험계약자
   가 부담한다.

03 보험대리상이 아니면서 특정한 보험자를 위하여 계속적으로 보험계약의 체결을 중개하는 자가
행사할 수 있는 권한으로 옳은 것은?

① 보험자가 작성한 영수증을 보험계약자에게 교부하지 않고 보험계약자로부터 보험료를 수령할
   수 있는 권한
② 보험계약자로부터 보험계약의 청약에 관한 의사표시를 수령할 수 있는 권한
③ 보험계약자에게 보험계약의 체결에 관한 의사표시를 할 수 있는 권한
④ 보험자가 작성한 보험증권을 보험계약자에게 교부할 수 있는 권한

04 보험계약의 해지와 특별위험의 소멸에 관한 설명으로 옳은 것은?

① 타인을 위한 보험계약의 경우 보험증권을 소지하지 않은 보험계약자는 그 타인의 동의를 얻지 않은 경우에도 보험사고가 발생하기 전에는 언제든지 계약의 전부 또는 일부를 해지할 수 있다.

② 보험사고의 발생으로 보험자가 보험금액을 지급한 때에도 보험금액이 감액되지 아니하는 보험의 경우에는 보험계약자는 그 사고발생 후에도 보험계약을 해지할 수 있다.

③ 보험사고가 발생하기 전에 보험계약의 전부 또는 일부를 해지하는 경우에 보험계약자는 당사자간에 다른 약정이 없으면 미경과보험료의 반환을 청구할 수 없다.

④ 보험계약의 당사자가 특별한 위험을 예기하여 보험료의 액을 정한 경우에 보험기간 중 그 예기한 위험이 소멸한 때에도 보험계약자는 그 후의 보험료의 감액을 청구할 수 없다.

05 보험계약의 부활에 관하여 (   )에 들어갈 내용으로 옳은 것은?

> (   )되고 해지환급금이 지급되지 아니한 경우에 보험계약자는 일정한 기간 내에 연체보험료에 약정이자를 붙여 보험자에게 지급하고 그 계약의 부활을 청구할 수 있다.

① 위험변경증가의 통지의무위반으로 인하여 보험계약이 해지

② 고지의무위반으로 인하여 보험계약이 해지

③ 계속보험료의 불지급으로 인하여 보험계약이 해지

④ 보험계약의 전부가 무효로

06 보험료의 지급과 지체에 관한 설명으로 옳지 않은 것은?

① 보험료는 보험계약자만이 지급의무를 부담하므로 특정한 타인을 위한 보험의 경우에 보험계약자가 보험료의 지급을 지체한 때에는 보험자는 그 타인에 대한 최고 없이도 그 계약을 해지할 수 있다.

② 보험자의 책임은 당사자간에 다른 약정이 없으면 최초의 보험료의 지급을 받은 때로부터 개시한다.

③ 보험계약자가 보험료를 지급하지 아니하는 경우에는 다른 약정이 없는 한 계약 성립 후 2월이 경과하면 그 계약은 해제된 것으로 본다.

④ 계속보험료가 약정한 시기에 지급되지 아니한 때에는 보험자는 상당한 기간을 정하여 보험계약자에게 최고하고 그 기간 내에 지급되지 아니한 때에는 그 계약을 해지할 수 있다.

07 보험계약의 성질이 아닌 것은?

① 낙성계약
② 무상계약
③ 불요식계약
④ 선의계약

08 (   )에 들어갈 내용이 순서대로 올바르게 연결된 것은?

ㄱ. 보험자가 보험계약자로부터 보험계약의 청약과 함께 보험료 상당액의 전부 또는 일부의 지급을 받은 때에는 다른 약정이 없으면 (   ) 그 상대방에 대하여 낙부의 통지를 발송하여야 한다.
ㄴ. 보험자가 보험약관의 교부·설명 의무를 위반한 경우 보험계약자는 보험계약이 성립한 날부터 (   ) 그 계약을 취소할 수 있다.
ㄷ. 보험자는 보험계약이 성립한 때에는 (   ) 보험증권을 작성하여 보험계약자에게 교부하여야 한다.

① 30일 내에 – 3개월 이내에 – 지체 없이
② 30일 내에 – 30일 내에 – 지체 없이
③ 지체 없이 – 3개월 이내에 – 30일 내에
④ 지체 없이 – 30일 내에 – 30일 내에

09 손해보험계약에서의 보험가액에 관한 설명으로 옳지 않은 것은?

① 초과보험에서 보험가액은 계약 당시의 가액에 의하여 정한다.
② 일부보험이란 보험가액의 일부를 보험에 붙인 경우를 말한다.
③ 당사자간에 보험가액을 정하지 아니한 때에는 사고발생시의 가액을 보험가액으로 한다.
④ 기평가보험에서의 보험가액이 사고발생시의 가액을 현저하게 초과할 때에는 계약 당시에 정한 보험가액으로 한다.

10 손해보험계약에 관한 설명으로 옳지 않은 것은?

① 피보험자도 손해방지의무를 부담한다.
② 보험자는 손해의 방지와 경감을 위하여 필요 또는 유익하였던 비용과 보상액이 보험금액을 초과하는 경우에도 이를 부담한다.
③ 보험목적의 양도 사실의 통지의무는 양도인만이 부담한다.
④ 보험자는 보험목적의 하자로 인한 손해를 보상할 책임이 없다.

11 손해보험에서 보험가액과 보험금액과의 관계에 관한 설명으로 옳지 않은 것은?

① 보험금액이 보험계약의 목적의 가액을 현저하게 초과한 때에 보험자는 보험금액의 감액을 청구할 수 있지만, 보험계약자는 보험료의 감액을 청구할 수 없다.
② 일부보험의 경우에 보험계약의 당사자들은 보험자가 보험금액의 보험가액에 대한 비율과 상관없이 보험금액의 한도 내에서 그 손해를 보상할 책임이 있다는 약정을 할 수 있다.
③ 중복보험에서 수인의 보험자 중 1인에 대하여 피보험자가 권리를 포기하여도 다른 보험자의 권리의무에 영향을 미치지 않는다.
④ 중복보험에서 보험자가 각자의 보험금액의 한도에서 연대책임을 지는 경우 각 보험자의 보상책임은 각자의 보험금액의 비율에 따른다.

12 손해보험계약에 관한 설명으로 옳은 것은?

① 피보험이익은 반드시 금전으로 산정할 수 있어야 하는 것은 아니다.
② 보험사고로 인하여 상실된 피보험자가 얻을 이익은 당사자간에 다른 약정이 없으면 보험자가 보상할 손해액에 산입한다.
③ 피보험이익은 보험의 목적을 의미한다.
④ 보험자는 보험의 목적인 기계의 자연적 소모로 인한 손해에 대하여는 보상책임이 없다.

13 고지의무에 관한 설명으로 옳은 것은?

① 보험자는 보험대리상의 고지수령권을 제한할 수 없다.
② 보험자가 서면으로 질문한 사항은 중요한 고지사항으로 간주된다.
③ 보험계약자는 고지의무가 있다.
④ 보험자는 보험사고발생 전에 한하여 고지의무위반을 이유로 하여 해지할 수 있다.

14 위험변경증가의 통지의무에 관한 설명으로 옳지 않은 것은?

① 보험자는 보험계약자 또는 피보험자가 위험변경증가의 통지의무를 고의 또는 중과실로 해태한 경우에만 그 통지의무위반을 이유로 계약을 해지할 수 있다.

② 보험기간 중에 보험계약자는 사고발생의 위험의 현저한 증가 사실을 안 때에는 지체 없이 보험자에게 통지하여야 한다.

③ 보험기간 중에 피보험자는 사고발생의 위험의 현저한 변경 사실을 안 때에는 지체 없이 보험자에게 통지하여야 한다.

④ 보험자가 피보험자로부터 위험변경증가의 통지를 받은 때에는 1월 내에 보험료의 증액을 청구하거나 계약을 해지할 수 있다.

15 소멸시효기간이 다른 하나는?

① 보험금청구권
② 보험료청구권
③ 보험료의 반환청구권
④ 적립금의 반환청구권

16 보험약관의 교부·설명의무에 관한 설명으로 옳은 것을 모두 고른 것은?

> ㄱ. 보험약관에 기재되어 있는 보험료와 그 지급방법, 보험자의 면책사유는 보험자가 보험계약을 체결할 때 보험계약자에게 설명하여야 하는 중요한 내용에 해당한다.
> ㄴ. 보험자는 보험계약이 성립하면 지체 없이 보험약관을 보험계약자에게 교부하여야 하나, 그 보험계약자가 보험료의 전부나 최초보험료를 지급하지 아니한 때에는 보험약관을 교부하지 않아도 된다.
> ㄷ. 보험계약이 성립한 날로부터 2개월이 경과한 시점이라면 보험자가 상법상 보험약관의 교부·설명의무를 위반한 경우에도 그 계약을 취소할 수 없다.

① ㄱ
② ㄷ
③ ㄱ, ㄴ
④ ㄴ, ㄷ

17 손해보험에 관한 설명으로 옳은 것은?

① 집합된 물건을 일괄하여 보험의 목적으로 한 때에는 그 목적에 속한 물건이 보험기간 중 수시로 교체된 경우에도 보험사고의 발생시에 현존하는 물건은 보험의 목적에 포함된 것으로 한다.

② 보험계약자는 불특정의 타인을 위하여는 보험계약을 체결할 수 없다.

③ 손해가 피보험자와 생계를 같이 하는 가족의 고의로 인하여 발생한 경우에 보험금의 전부를 지급한 보험자는 그 지급한 금액의 한도에서 그 가족에 대한 피보험자의 권리를 취득하지 못한다.

④ 타인을 위한 보험에서 보험계약자가 보험료의 지급을 지체한 때에는 그 타인이 그 권리를 포기하여도 그 타인은 보험료를 지급하여야 한다.

18 손해보험에 있어서 보험사고와 보험금 지급에 관한 설명으로 옳지 않은 것은?

① 피보험자는 보험사고의 발생을 안 때에는 지체 없이 보험자에게 그 통지를 발송하여야 한다.

② 보험자는 보험금액의 지급에 관하여 약정기간이 없는 경우는 보험사고발생의 통지를 받은 날로부터 10일 내에 피보험자 또는 보험수익자에게 보험금액을 지급하여야 한다.

③ 보험사고가 보험계약자의 중대한 과실로 인하여 생긴 때에는 보험자는 보험금액을 지급할 책임이 없다.

④ 보험사고가 전쟁으로 인하여 생긴 때에는 당사자간에 다른 약정이 없으면 보험자는 보험금액을 지급할 책임이 없다.

19 손해보험증권에 반드시 기재해야 하는 사항이 아닌 것은?

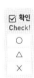

① 보험의 목적

② 보험자의 설립연월일

③ 보험료와 그 지급방법

④ 무효와 실권의 사유

20 일부보험에 있어서 일부손해가 발생하여 비례보상원칙을 적용한 결과에 관한 설명으로 옳지 않은 것은?

① 손해액은 보험가액보다 적다.
② 보험가액은 보상액보다 크다.
③ 보상액은 손해액보다 적다.
④ 보험금액은 보험가액보다 크다.

21 보험대리상이 갖는 권한이 아닌 것은?

① 보험계약자로부터 보험료를 수령할 수 있는 권한
② 보험계약자로부터 보험계약의 취소에 관한 의사표시를 수령할 수 있는 권한
③ 보험자로부터 보험금을 수령할 수 있는 권한
④ 보험계약자에게 보험계약의 변경에 관한 의사표시를 할 수 있는 권한

22 손해보험에서 손해액 산정에 관한 설명으로 옳은 것은?

① 당사자간에 다른 약정이 없으면 보험자가 보상할 손해액은 그 손해가 발생한 때와 곳의 가액에 의한다.
② 손해가 발생한 때와 곳의 가액보다 신품가액이 작은 경우에는 당사자간에 다른 약정이 없으면 신품가액에 따라 손해액을 산정하여야 한다.
③ 손해액의 산정에 관한 비용은 보험계약자의 부담으로 한다.
④ 보험사고로 인하여 상실된 피보험자의 보수는 당사자간에 다른 약정이 없으면 보험자가 보상할 손해액에 산입한다.

23 상법 제681조(보험목적에 관한 보험대위)의 내용이다. (   )에 들어갈 내용을 순서대로 올바르게 연결된 것은?

> 보험의 목적의 (   )가 멸실한 경우에 보험금액의 (   )를 지급한 보험자는 그 목적에 대한 피보험자의 권리를 취득한다. 그러나 보험가액의 (   )를 보험에 붙인 경우에는 보험자가 취득할 권리는 보험금액의 보험가액에 대한 비율에 따라 이를 정한다.

① 전부 또는 일부 – 일부 – 전부
② 전부 – 일부 – 일부
③ 전부 또는 일부 – 일부 – 일부
④ 전부 – 전부 – 일부

24 보험계약에 관한 설명으로 옳지 않은 것은?

① 보험계약은 그 계약 전의 어느 시기를 보험기간의 시기로 할 수 있다.
② 대리인에 의하여 보험계약을 체결한 경우에 대리인이 안 사유는 그 본인이 안 것과 동일한 것으로 한다.
③ 보험자가 손해를 보상할 경우에 보험료의 지급을 받지 아니한 잔액은 그 지급기일이 도래한 이후에만 보상할 금액에서 공제할 수 있다.
④ 보험자는 보험사고로 인하여 부담할 책임에 대하여 다른 보험자와 재보험계약을 체결할 수 있다.

25 화재보험에 관한 설명으로 옳지 않은 것은?

① 건물을 보험의 목적으로 한 때에는 그 소재지, 구조와 용도를 화재보험증권에 기재하여야 한다.
② 보험자는 화재의 소방에 따른 손해를 보상할 책임이 있다.
③ 보험자는 화재의 손해의 감소에 필요한 조치로 인한 손해를 보상할 책임이 있다.
④ 동산은 화재보험의 목적으로 할 수 없다.

26 농어업재해보험법령상 농업재해보험심의회 및 회의에 관한 설명으로 옳지 않은 것은?

① 심의회는 위원장 및 부위원장 각 1명을 포함한 21명 이내의 위원으로 구성한다.
② 위원장은 심의회의 회의를 소집하며, 그 의장이 된다.
③ 심의회의 회의는 재적위원 5분의 1 이상의 요구가 있을 때 또는 위원장이 필요하다고 인정할 때에 소집한다.
④ 심의회의 회의는 재적위원 과반수의 출석으로 개의(開議)하고, 출석위원 과반수의 찬성으로 의결한다.

27 농어업재해보험법상 다음 설명에 해당되는 용어는?

> 보험가입자에게 재해로 인한 재산 피해에 따른 손해가 발생한 경우 보험가입자와 보험사업자간의 약정에 따라 보험사업자가 보험가입자에게 지급하는 금액

① 보험료
② 손해평가액
③ 보험가입금액
④ 보험금

28 농어업재해보험법상 재해보험의 종류와 보험목적물로 옳지 않은 것은?

① 농작물재해보험 : 농작물 및 농업용 시설물
② 임산물재해보험 : 임산물 및 임업용 시설물
③ 축산물재해보험 : 축산물 및 축산시설물
④ 양식수산물재해보험 : 양식수산물 및 양식시설물

29 농업재해보험 손해평가요령에 따른 손해평가인의 업무에 해당하는 것을 모두 고른 것은?

> ㄱ. 보험가액 평가
> ㄴ. 손해액 평가
> ㄷ. 보험금 산정

① ㄱ   ② ㄱ, ㄴ
③ ㄱ, ㄷ   ④ ㄴ, ㄷ

30 농어업재해보험법령상 손해평가인으로 위촉될 수 없는 자는?

① 재해보험 대상 농작물을 6년간 경작한 경력이 있는 농업인
② 공무원으로 농촌진흥청에서 농작물재배 분야에 관한 연구·지도 업무를 2년간 담당한 경력이 있는 사람
③ 교원으로 고등학교에서 농작물재배 분야 관련 과목을 6년간 교육한 경력이 있는 사람
④ 조교수 이상으로 「고등교육법」 제2조에 따른 학교에서 농작물재배 관련학을 5년간 교육한 경력이 있는 사람

31 농어업재해보험법상 손해평가사의 자격 취소사유에 해당되는 자를 모두 고른 것은?

> ㄱ. 손해평가사의 자격을 부정한 방법으로 취득한 사람
> ㄴ. 거짓으로 손해평가를 한 사람
> ㄷ. 손해평가사의 직무를 수행하면서 부적절한 행위를 하였다고 인정되는 사람
> ㄹ. 다른 사람에게 손해평가사의 자격증을 대여한 사람

① ㄱ, ㄴ   ② ㄷ, ㄹ
③ ㄱ, ㄴ, ㄹ   ④ ㄴ, ㄷ, ㄹ

32 농어업재해보험법령상 내용으로 옳지 않은 것은?

① 재해보험가입자가 재해보험에 가입된 보험목적물을 양도하는 경우 그 양수인은 재해보험계약에 관한 양도인의 권리 및 의무를 승계한 것으로 추정하지 않는다.
② 재해보험의 보험금을 지급받을 권리는 압류할 수 없다. 다만, 보험목적물이 담보로 제공된 경우에는 그러하지 아니하다.
③ 재해보험사업자는 재해보험사업을 원활히 수행하기 위하여 필요한 경우에는 보험모집 및 손해평가 등 재해보험 업무의 일부를 대통령령으로 정하는 자에게 위탁할 수 있다.
④ 농림축산식품부장관은 손해평가사의 손해평가 능력 및 자질 향상을 위하여 교육을 실시할 수 있다.

33 농어업재해보험법상 재정지원에 관한 내용이다. (   )에 들어갈 용어를 순서대로 나열한 것은?

> 정부는 예산의 범위에서 재해보험가입자가 부담하는 (   )의 일부와 재해보험사업자의 (   )의 운영 및 관리에 필요한 비용(이하 "운영비"라 한다)의 전부 또는 일부를 지원할 수 있다. 이 경우 지방자치단체는 예산의 범위에서 재해보험가입자가 부담하는 (   )의 일부를 추가로 지원할 수 있다.

① 재해보험, 보험료, 재해보험
② 보험료, 재해보험, 보험료
③ 보험금, 재해보험, 보험금
④ 보험가입액, 보험료, 보험가입액

34 농어업재해보험법상 재해보험을 모집할 수 있는 자가 아닌 것은?

① 수협중앙회 및 그 회원조합의 임직원
② 산림조합중앙회 및 그 회원조합의 임직원
③ 「산림조합법」 제48조의 공제규정에 따른 공제모집인으로서 농림축산식품부장관이 인정하는 자
④ 「보험업법」 제83조(모집할 수 있는 자) 제1항에 따라 보험을 모집할 수 있는 자

35 농어업재해보험법상 농어업재해재보험기금의 용도에 해당하지 않는 것은?

① 재해보험가입자가 부담하는 보험료의 일부 지원
② 제20조 제2항 제2호에 따른 재보험금의 지급
③ 제22조 제2항에 따른 차입금의 원리금 상환
④ 기금의 관리·운용에 필요한 경비(위탁경비를 포함한다)의 지출

36 농어업재해보험법령상 기금의 관리·운용 등에 관한 내용으로 옳은 것을 모두 고른 것은?

> ㄱ. 기금수탁관리자는 기금의 관리 및 운용을 명확히 하기 위하여 기금을 다른 회계와 구분하여 회계 처리하여야 한다.
> ㄴ. 기금수탁관리자는 회계연도마다 기금결산보고서를 작성하여 다음 회계연도 2월 말일까지 농림축산식품부장관 및 해양수산부장관에게 제출하여야 한다.
> ㄷ. 기금수탁관리자는 회계연도마다 기금결산보고서를 작성한 후 심의회의 심의를 거쳐 다음 회계연도 2월 말일까지 기획재정부장관에게 제출하여야 한다.

① ㄱ   ② ㄱ, ㄴ
③ ㄱ, ㄷ   ④ ㄴ, ㄷ

37 농어업재해보험법령상 농림축산식품부장관으로부터 재보험사업에 관한 업무의 위탁을 받을 수 있는 자는?

① 「보험업법」에 따른 보험회사
② 「농업·농촌 및 식품산업기본법」 제63조의2 제1항에 따라 설립된 농업정책보험금융원
③ 「정부출연연구기관 등의 설립·운영 및 육성에 관한 법률」 제8조에 따라 설립된 연구기관
④ 「공익법인의 설립·운영에 관한 법률」 제4조에 따라 농림축산식품부장관 또는 해양수산부장 관의 허가를 받아 설립된 공익법인

38 농업재해보험 손해평가요령에 따른 보험목적물별 손해평가 단위로 옳은 것은?

① 사과 : 농지별
② 벼 : 필지별
③ 가축 : 개별축사별
④ 농업시설물 : 지번별

39 종합위험방식 중 "인삼 해가림시설"의 경우 다음 조건에 해당되는 보험금은?

- 보험가입금액 : 800만원
- 보험가액 : 1,000만원
- 손해액 : 500만원
- 자기부담금 : 100만원

① 300만원
② 320만원
③ 350만원
④ 400만원

40 농업재해보험 손해평가요령에 따른 손해수량 조사방법 중 「적과후~수확기종료」 생육시기에 태풍으로 인하여 발생한 낙엽피해에 대하여 낙엽피해정도 조사를 하는 과수 품목은? 기출+정

① 사과
② 배
③ 감귤
④ 단감

41 농업재해보험 손해평가요령에 따른 농작물 및 농업시설물의 보험가액 산정 방법으로 옳은 것은?

① 특정위험방식은 적과전 착과수조사를 통해 산정한 기준수확량에 보험가입 당시의 단위당 가입가격을 곱하여 산정한다.
② 적과전 종합위험방식은 보험증권에 기재된 보험목적물의 평년수확량에 보험가입 당시의 단위당 가입가격을 곱하여 산정한다.
③ 종합위험방식은 적과후 착과수조사를 통해 산정한 기준수확량에 보험가입 당시의 단위당 가입가격을 곱하여 산정한다.
④ 농업시설물에 대한 보험가액은 보험사고가 발생한 때와 곳에서 평가한 피해목적물의 재조달가액에서 내용연수에 따른 감가상각률을 적용하여 계산한 감가상각액을 차감하여 산정한다.

42 농업재해보험 손해평가요령에 관한 내용이다. (   )에 들어갈 용어는?

> (   )라 함은 「농어업재해보험법」 제2조 제1호에 따른 피해가 발생한 경우 법 제11조 및 제11조의3에 따라 손해평가인, 손해평가사 또는 손해사정사가 그 피해사실을 확인하고 평가하는 일련의 과정을 말한다.

① 피해조사   ② 손해평가

③ 검증조사   ④ 현지조사

43 농업재해보험 손해평가요령에 따른 손해평가인의 위촉 및 교육에 관한 설명으로 옳지 않은 것은?

`기출수정`

① 재해보험사업자는 손해평가인으로 위촉된 자를 대상으로 2년마다 1회 이상의 보수교육을 실시하여야 한다.

② 재해보험사업자는 농어업재해보험이 실시되는 시·군·자치구별 보험가입자의 수 등을 고려하여 적정 규모의 손해평가인을 위촉할 수 있다.

③ 재해보험사업자는 손해평가인을 위촉한 경우에는 그 자격을 표시할 수 있는 손해평가인증을 발급하여야 한다.

④ 재해보험사업자 및 재해보험사업자의 업무를 위탁받은 자는 손해평가보조인을 운용할 수 있다.

44 농업재해보험 손해평가요령에 따른 손해평가인 위촉의 취소 사유에 해당되지 않는 자는?

① 파산선고를 받은 자로서 복권되지 아니한 자

② 손해평가인 위촉이 취소된 후 1년이 경과되지 아니한 자

③ 거짓 그 밖의 부정한 방법으로 손해평가인으로 위촉된 자

④ 「농어업재해보험법」 제30조에 의하여 벌금 이상의 형을 선고받고 그 집행이 종료되거나 집행이 면제된 날로부터 3년이 경과된 자

45 농업재해보험 손해평가요령에 따른 손해평가준비 및 평가결과 제출에 관한 내용이다. (   )에 들어갈 숫자는?

> 재해보험사업자는 보험가입자가 손해평가반의 손해평가결과에 대하여 설명 또는 통지를 받은 날로부터 (   )일 이내에 손해평가가 잘못되었음을 증빙하는 서류 또는 사진 등을 제출하는 경우 재해보험사업자는 다른 손해평가반으로 하여금 재조사를 실시하게 할 수 있다.

① 5
② 7
③ 10
④ 14

46 농업재해보험 손해평가요령에 따른 손해평가반 구성으로 잘못된 것은?

① 손해평가인 1인을 포함하여 3인으로 구성
② 손해사정사 1인을 포함하여 4인으로 구성
③ 손해평가인 1인과 손해평가사 1인을 포함하여 5인으로 구성
④ 손해평가보조인 5인으로 구성

47 농업재해보험 손해평가요령에 따른 손해평가결과의 검증조사에 관한 설명으로 옳은 것은?

기출수정

① 재해보험사업자 및 농어업재해보험사업의 관리를 위탁받은 기관(이하 "사업관리위탁기관"이라 한다)은 손해평가결과를 확인하기 위하여 손해평가를 미실시한 보험목적물 중에서 일정수를 임의 추출하여 검증조사를 할 수 있다.
② 농림축산식품부장관은 재해보험사업자로 하여금 검증조사를 하게 할 수 있으며, 재해보험사업자는 이에 반드시 응하여야 한다.
③ 검증조사결과 현저한 차이가 발생되어 재조사가 불가피하다고 판단될 경우 해당 손해평가반이 조사한 전체 보험목적물에 대하여 재조사를 할 수 있다.
④ 보험가입자가 정당한 사유 없이 검증조사를 거부하는 경우 검증조사반은 검증조사가 불가능하여 손해평가 결과를 확인할 수 없다는 사실을 보험사업자에게 통지한 후 검증조사결과를 작성하여 제출하여야 한다.

48 농어업재해보험법상 재해보험사업자가 재해보험사업의 회계를 다른 회계와 구분하지 않고 회계 처리한 경우에 해당하는 벌칙은?

① 300만원 이하의 과태료

② 500만원 이하의 과태료

③ 500만원 이하의 벌금

④ 1년 이하의 징역 또는 1,000만원 이하의 벌금

49 손해평가인이 업무수행과 관련하여 「개인정보보호법」, 「신용정보의 이용 및 보호에 관한 법률」 등 정보보호와 관련된 법령을 위반한 경우, 재해보험사업자가 손해평가인에게 명할 수 있는 최대 업무 정지기간은?

① 6개월

② 1년

③ 2년

④ 3년

50 농어업재해보험법상 농업재해보험사업의 효율적 추진을 위하여 농림축산식품부장관이 수행하는 업무가 아닌 것은?

① 재해보험사업의 관리 · 감독

② 재해보험 상품의 개발 및 보험요율의 산정

③ 손해평가인력의 육성

④ 손해평가기법의 연구 · 개발 및 보급

51 추파 일년초에 속하는 화훼작물은?

① 팬지
② 맨드라미
③ 샐비어
④ 칸나

52 식물체내 물의 기능으로 옳지 않은 것은?

① 세포의 팽압 형성
② 감수분열 촉진
③ 양분 흡수와 이동의 용매
④ 물질의 합성과 분해과정 매개

53 (   )에 들어갈 내용은?

> 작물의 광합성에 의한 이산화탄소의 흡수량과 호흡에 의한 이산화탄소의 방출량이 같은 지점의 광도
> 를 (   )이라 한다.

① 광반응점
② 광보상점
③ 광순화점
④ 광포화점

54 단일일장(short day length) 조건에서 개화 억제를 위해 야간에 보광을 실시하는 작물은?

① 장미
② 가지
③ 국화
④ 토마토

55 건물 1g을 생산하는데 필요한 수분량인 요수량(要水量)이 가장 높은 작물은?

① 기장
② 옥수수
③ 밀
④ 호박

56 종자번식에서 자연교잡률이 4% 이하인 자식성 작물에 속하는 것은?

① 토마토
② 양파
③ 매리골드
④ 베고니아

57 작물의 병해충 방제법 중 생물적 방제에 해당하는 것은?

① 윤작 등 작부체계의 변경
② 멀칭 및 자외선 차단필름 활용
③ 천적 곤충 이용
④ 태양열 소독

58 해충과 천적의 관계가 바르게 짝지어지지 않은 것은?

① 잎응애류 – 칠레이리응애
② 진딧물류 – 온실가루이
③ 총채벌레류 – 애꽃노린재
④ 굴파리류 – 굴파리좀벌

59 (   )에 들어갈 내용을 순서대로 바르게 나열한 것은?

• 작물이 생육하고 있는 중에 이랑 사이의 흙을 그루 밑에 긁어모아 주는 것을 (   )(이)라고 한다.
• 짚이나 건초를 깔아 작물이 생육하고 있는 토양 표면을 피복해 주는 것을 (   )(이)라고 한다.

① 중경, 멀칭
② 배토, 복토
③ 배토, 멀칭
④ 중경, 복토

60 영양번식(무성번식)에 관한 설명으로 옳지 않은 것은?

① 과수의 결실연령을 단축시킬 수 있다.
② 모주의 유전형질이 똑같이 후대에 계승된다.
③ 번식체의 취급이 간편하고 수송 및 저장이 용이하다.
④ 종자번식이 불가능한 작물의 번식수단이 된다.

61 작휴법 중 성휴법에 관한 설명으로 옳은 것은?

① 이랑을 세우고 낮은 고랑에 파종하는 방식
② 이랑을 보통보다 넓고 크게 만드는 방식
③ 이랑을 세우고 이랑 위에 파종하는 방식
④ 이랑을 평평하게 하여 이랑과 고랑의 높이가 같게 하는 방식

62 작물 생육기간 중 수분부족 환경에 노출될 때 일어나는 반응을 모두 고른 것은?

> ㄱ. 기공폐쇄
> ㄴ. 앱시스산(ABA) 합성 촉진
> ㄷ. 엽면적 증가

① ㄱ   ② ㄱ, ㄴ
③ ㄴ, ㄷ   ④ ㄱ, ㄴ, ㄷ

63 작물 재배 중 온도의 영향에 관한 설명으로 옳은 것은?

① 조직 내에 결빙이 생겨 탈수로 인한 피해가 발생하는 것을 냉해라고 한다.
② 세포내 유기물 생성이 증가하면 에너지 소비가 심해져 내열성은 감소한다.
③ 춘화작용은 처리기간과 상관없이 온도의 영향을 받는다.
④ 탄소동화작용의 최적온도 범위는 호흡작용보다 낮다.

64 토양습해 예방대책으로 옳은 것은?

① 내습성 품종 선택
② 고랑 파종
③ 미숙유기물 사용
④ 밀식 재배

65 작물 피해를 발생시키는 대기오염 물질이 아닌 것은?

① 아황산가스
② 이산화탄소
③ 오존
④ 불화수소

66 염해(salt stress)에 관한 설명으로 옳지 않은 것은?

① 토양수분의 증발량이 강수량보다 많을 때 발생할 수 있다.
② 시설재배시 비료의 과용으로 생기게 된다.
③ 토양의 수분포텐셜이 높아진다.
④ 토양수분 흡수가 어려워지고 작물의 영양소 불균형을 초래한다.

67 강풍이 작물에 미치는 영향으로 옳지 않은 것은?

① 상처로 인한 호흡률 증가
② 매개곤충의 활동저하로 인한 수정률 감소
③ 기공폐쇄로 인한 광합성률 감소
④ 병원균 감소로 인한 병해충 피해 약화

68 채소작물 중 조미채소류가 아닌 것은?

① 마늘
② 고추
③ 생강
④ 배추

69 과수의 엽면시비에 관한 설명으로 옳지 않은 것은?

① 뿌리가 병충해 또는 침수 피해를 받았을 때 실시할 수 있다.
② 비료의 흡수율을 높이기 위해 전착제를 첨가하여 살포한다.
③ 잎의 윗면보다는 아랫면에 살포하여 흡수율을 높게 한다.
④ 고온기에는 살포농도를 높여 흡수율을 높게 한다.

70 과수와 그 생육특성이 바르게 짝지어지지 않은 것은?

① 사과나무 – 교목성 온대과수
② 블루베리나무 – 관목성 온대과수
③ 참다래나무 – 덩굴성 아열대과수
④ 온주밀감나무 – 상록성 아열대과수

71 과수 재배조건이 과실의 성숙과 저장에 미치는 영향으로 옳지 않은 것은?

① 질소를 과다시용하면 과실의 크기가 비대해지고 저장성도 높아진다.
② 토양수분이 지나치게 많으면 이상숙성 현상이 일어나 저장성이 떨어진다.
③ 평균기온이 높은 해에는 과실의 성숙이 빨라지므로 조기수확을 통해 저장 중 품질을 유지
할 수 있다.
④ 생장 후기에 흐린 날이 많으면 저장 중 생리장해가 발생하기 쉽다.

72 과수재배시 봉지씌우기의 목적이 아닌 것은?

① 과실에 발생하는 병충해를 방제한다.
② 생산비를 절감하고 해거리를 유도한다.
③ 과피의 착색도를 향상시켜 상품성을 높인다.
④ 농약이 직접 과실에 부착되지 않도록 하여 상품성을 높인다.

73 화훼재배에 이용되는 생장조절물질에 관한 설명으로 옳은 것은?

① 루톤(rootone)은 옥신(auxin)계 생장조절물질로 발근을 촉진한다.
② 에테폰(ethephon)은 에틸렌 발생을 위한 기체 화합물로 아나나스류의 화아분화를 억제한다.
③ 지베렐린(gibberellin) 처리는 국화의 줄기신장을 억제한다.
④ 시토키닌(cytokinin)은 옥신류와 상보작용을 통해 측지발생을 억제한다.

74 ( )에 들어갈 내용으로 옳은 것은?

조직배양은 식물의 세포, 조직, 또는 기관이 완전한 식물체로 만들어질 수 있다는 ( )에 기반을 둔 것이다.

① 전형성능
② 유성번식
③ 발아세
④ 결실률

75 시설원예 피복자재의 조건으로 옳지 않은 것은?

① 열전도율이 낮아야 한다.
② 겨울철 보온성이 커야 한다.
③ 외부 충격에 강해야 한다.
④ 광투과율이 낮아야 한다.

2017년도 제3회 손해평가사 1차 시험문제

수험번호		시험과목	문항수	시험시간
감독확인		① 「상법」 보험편 ② 농어업재해보험법령 ③ 농학개론 중 재배학 및 원예작물학	과목별 25문항	90분
성 명				

상법(보험편)

01 보험계약의 법적 성격으로 옳은 것은 몇 개인가?

선의계약성, 유상계약성, 요식계약성, 사행계약성

① 1개   ② 2개

③ 3개   ④ 4개

02 상법상 보험약관의 교부·설명의무에 관한 설명으로 옳지 않은 것은?

① 상법에 따르면 약관에 없는 사항은 비록 보험계약상 중요한 내용일지라도 설명할 의무가 없다.
② 보험자가 해당 보험계약 약관의 중요사항을 충분히 설명한 경우에도 해당 보험계약의 약관을 교부하여야 한다.
③ 보험자가 보험증권을 교부한 경우에는 따로 보험약관을 교부하지 않아도 된다.
④ 보험자가 보험약관의 교부·설명의무를 위반한 경우 보험계약자는 보험계약이 성립한 날부터 3개월 이내에 그 계약을 취소할 수 있다.

03 보험계약에 관한 설명으로 옳지 않은 것은?

① 손해보험계약의 경우 보험자가 보험계약자로부터 보험계약의 청약과 함께 보험료 상당액의 전부를 지급받은 때에는 다른 약정이 없으면 30일 내에 그 상대방에 대하여 낙부의 통지를 발송하여야 한다.
② 보험계약은 청약과 승낙뿐만 아니라 보험료 지급이 이루어진 때에 성립한다.
③ 손해보험계약의 경우 보험자가 보험계약자로부터 보험계약의 청약과 함께 보험료 상당액의 전부를 지급 받은 경우에 그 청약을 승낙하기 전에 보험계약에서 정한 보험사고가 생긴 때에는 그 청약을 거절할 사유가 없는 한 보험자는 보험계약상의 책임을 진다.
④ 보험자가 낙부의 통지기간 내에 낙부의 통지를 해태한 때에는 승낙한 것으로 본다.

04 타인을 위한 보험계약에 관한 설명으로 옳은 것은?

① 타인을 위한 보험계약의 타인은 따로 수익의 의사표시를 하지 않은 경우에도 그 이익을 받는다.

② 타인을 위한 보험계약에서 그 타인은 불특정 다수이어야 한다.

③ 손해보험계약의 경우에 그 타인의 위임이 없는 때에는 보험계약자는 이를 보험자에게 고지하여야 하나, 그 고지가 없는 때에도 타인이 그 보험계약이 체결된 사실을 알지 못하였다는 사유로 보험자에게 대항할 수 있다.

④ 타인은 어떠한 경우에도 보험료를 지급하고 보험계약을 유지할 수 없다.

05 보험계약의 당사자간에 다른 약정이 없는 경우 보험자의 책임개시 시기는?

① 최초의 보험료의 지급을 받은 때로부터 개시한다.

② 보험계약자의 청약에 대하여 보험자가 승낙하여 계약이 성립한 때로부터 개시한다.

③ 보험사고발생 사실이 통지된 때로부터 개시한다.

④ 보험자가 재보험에 가입하여 보험자의 보험금 지급 위험에 대한 보장이 확보된 때로부터 개시한다.

06 다음 설명 중 옳지 않은 것은?

① 보험계약은 그 계약 전의 어느 시기를 보험기간의 시기로 할 수 있다.

② 건물에 대한 화재보험계약 체결시에 이미 건물이 화재로 전소하는 사고가 발생한 경우 당사자 쌍방과 피보험자가 이를 알지 못한 때에는 그 계약은 무효가 아니다.

③ 보험증권을 멸실 또는 현저하게 훼손한 때에는 보험계약자는 보험자에 대하여 증권의 재교부를 청구할 수 있다.

④ 보험증권내용의 정부에 관한 이의기간은 약관에서 15일 이내로 정해야 한다.

07 다음 설명 중 옳지 않은 것은?

① 타인을 위한 보험계약의 경우에는 보험계약자는 그 타인의 동의를 얻지 아니하거나 보험증권을 소지하지 아니하면 그 계약을 해지하지 못한다.

② 자기를 위한 보험계약의 경우 보험사고가 발생하기 전 보험계약의 당사자는 언제든지 계약의 전부 또는 일부를 해지할 수 있다.

③ 보험사고의 발생으로 보험자가 보험금액을 지급한 때에도 보험금액이 감액되지 아니하는 보험의 경우에는 보험계약자는 그 사고발생 후에도 보험계약을 해지할 수 있다.

④ 보험사고발생 전에 보험계약을 해지한 보험계약자는 당사자간에 다른 약정이 없으면 미경과 보험료의 반환을 청구할 수 있다.

08 보험료 부지급에 관한 설명으로 옳지 않은 것은?

① 계약 성립 후 2월 이내에 제1회 보험료를 지급하지 아니하는 경우에는 다른 약정이 없는 한 그 계약은 해제된 것으로 본다.

② 보험계약자가 계속보험료의 지급을 지체한 경우에 보험자는 상당한 기간을 정하여 이행을 최고하여야 하고, 그 최고기간 내에 지급되지 아니한 때에는 그 계약을 해지할 수 있다.

③ 특정한 타인을 위한 보험의 경우에 보험계약자가 계속보험료의 지급을 지체한 때에는 보험자는 그 타인에게도 상당한 기간을 정하여 보험료의 지급을 최고한 후가 아니면 그 계약을 해지하지 못한다.

④ 대법원 전원합의체 판결에 의하면 약관에서 제2회 분납보험료가 그 지급유예기간까지 납입되지 아니하였음을 이유로 상법 소정의 최고절차를 거치지 않고, 막바로 보험계약이 실효됨을 규정한 이른바 실효약관은 유효하다.

09 다음 설명 중 옳은 것을 모두 고른 것은?

ㄱ. 보험자가 서면으로 질문한 사항은 중요한 사항으로 간주하므로 보험계약자는 그 중요성을 다툴 수 없다.

ㄴ. 보험계약자뿐만 아니라 피보험자도 고지의무를 진다.

ㄷ. 고지의무위반의 요건으로 보험계약자 또는 피보험자의 고의 또는 중대한 과실은 필요 없다.

ㄹ. 보험자가 계약 당시에 고지의무위반 사실을 알았거나 중대한 과실로 인하여 알지 못한 때에는 고지의무위반을 이유로 계약을 해지할 수 없다.

① ㄱ, ㄴ   ② ㄴ, ㄷ

③ ㄴ, ㄹ   ④ ㄷ, ㄹ

10 위험변경증가시의 통지와 보험계약해지에 관한 설명으로 옳지 않은 것은?

① 보험기간 중에 피보험자가 사고발생의 위험이 현저하게 변경 또는 증가된 사실을 안 때에는 지체 없이 보험자에게 통지하여야 한다.

② 보험기간 중에 보험계약자의 고의로 사고발생의 위험이 현저하게 변경 또는 증가된 때에는 보험자는 그 사실을 안 날로부터 1월 내에 계약을 해지할 수 있다.

③ 보험기간 중에 피보험자의 중대한 과실로 인하여 사고발생의 위험이 현저하게 변경 또는 증가된 때에는 보험자는 그 사실을 안 날부터 1월 내에 계약을 해지할 수 있다.

④ 보험기간 중에 피보험자의 고의로 인하여 사고발생의 위험이 현저하게 변경 또는 증가된 경우에는 보험자는 계약을 해지할 수 없다.

11 보험계약해지 등에 관한 설명으로 옳은 것은?

① 보험사고가 발생한 후라도 보험자가 계속보험료의 지급 지체를 이유로 보험계약을 해지하였을 때에는 보험자는 보험금을 지급할 책임이 있다.

② 고지의무를 위반한 사실이 보험사고발생에 영향을 미치지 아니하였음이 증명된 경우, 보험자는 보험금을 지급할 책임이 있다.

③ 보험계약자의 중대한 과실로 인하여 사고발생의 위험이 현저하게 변경 또는 증가되어 계약을 해지한 경우, 보험자는 언제나 보험금을 지급할 책임이 있다.

④ 보험계약자가 위험변경증가시의 통지의무를 위반하여 보험자가 보험계약을 해지한 경우, 보험자는 언제나 이미 지급한 보험금의 반환을 청구할 수 있다.

12 재보험계약에 관한 설명으로 옳지 않은 것은?

① 보험자는 보험사고로 인하여 부담할 책임에 대하여 다른 보험자와 재보험계약을 체결할 수 있다.

② 재보험은 원보험자가 인수한 위험의 전부 또는 일부를 분산시키는 기능을 한다.

③ 재보험계약의 전제가 되는 최초로 체결된 보험계약을 원보험계약 또는 원수보험계약이라 한다.

④ 재보험계약은 원보험계약의 효력에 영향을 미친다.

13 손해보험에서 보험자의 보험금액 지급과 면책사유에 관한 설명으로 옳지 않은 것은?

① 보험자는 보험금액의 지급에 관하여 약정기간이 있는 경우에는 그 기간 내에 피보험자에게 보험금액을 지급하여야 한다.

② 보험자는 보험금액의 지급에 관하여 약정기간이 없는 경우에는 보험사고발생의 통지를 받은 후 지체 없이 지급할 보험금액을 정하고, 그 정하여진 날부터 10일 내에 피보험자에게 보험금액을 지급하여야 한다.

③ 보험사고가 보험계약자 또는 피보험자의 중대한 과실로 인하여 생긴 때에는 보험자는 언제나 보험금액을 지급할 책임이 있다.

④ 보험사고가 전쟁 기타의 변란으로 인하여 생긴 때에는 당사자간에 다른 약정이 없으면 보험자는 보험금액을 지급할 책임이 없다.

14 상법 제662조(소멸시효)에 관한 설명으로 옳은 것을 모두 고른 것은?

> ㄱ. 보험금청구권은 3년간 행사하지 아니하면 시효의 완성으로 소멸한다.
> ㄴ. 보험료반환청구권은 3년간 행사하지 아니하면 시효의 완성으로 소멸한다.
> ㄷ. 적립금의 반환청구권은 2년간 행사하지 아니하면 시효의 완성으로 소멸한다.
> ㄹ. 보험료청구권은 2년간 행사하지 아니하면 시효의 완성으로 소멸한다.

① ㄱ, ㄴ, ㄷ   ② ㄱ, ㄴ, ㄹ
③ ㄱ, ㄷ, ㄹ   ④ ㄴ, ㄷ, ㄹ

15 화재보험계약에 관한 설명으로 옳지 않은 것은?

① 보험자가 손해를 보상함에 있어서 화재와 손해간에 상당인과관계는 필요하지 않다.

② 보험자는 화재의 소방에 필요한 조치로 인하여 생긴 손해를 보상할 책임이 있다.

③ 보험자는 화재 발생시 손해의 감소에 필요한 조치로 인하여 생긴 손해를 보상할 책임이 있다.

④ 화재보험계약은 화재로 인하여 생긴 손해를 보상할 것을 목적으로 하는 손해보험계약이다.

16 보험계약자 등의 불이익변경금지에 관한 설명으로 옳지 않은 것은?

① 불이익변경금지는 보험자와 보험계약자의 관계에서 계약의 교섭력이 부족한 보험계약자 등을 보호하기 위한 것이다.
② 상법 보험편의 규정은 가계보험에서 당사자간의 특약으로 보험계약자의 불이익으로 변경하지 못한다.
③ 상법 보험편의 규정은 가계보험에서 당사자간의 특약으로 피보험자의 불이익으로 변경하지 못한다.
④ 재보험은 당사자의 특약으로 보험계약자의 불이익으로 변경할 수 없다.

17 화재보험증권에 기재하여야 할 사항으로 옳은 것을 모두 고른 것은?

ㄱ. 보험의 목적
ㄴ. 보험계약 체결 장소
ㄷ. 동산을 보험의 목적으로 한 때에는 그 존치한 장소의 상태와 용도
ㄹ. 피보험자의 주소, 성명 또는 상호
ㅁ. 보험계약자의 주민등록번호

① ㄱ, ㄴ, ㄷ   ② ㄱ, ㄷ, ㄹ
③ ㄴ, ㄷ, ㅁ   ④ ㄴ, ㄹ, ㅁ

18 집합보험에 관한 설명으로 옳지 않은 것은?

① 집합보험이란 경제적으로 독립한 여러 물건의 집합물을 보험의 목적으로 한 보험을 말한다.
② 집합된 물건을 일괄하여 보험의 목적으로 한 때에는 피보험자의 사용인의 물건도 보험의 목적에 포함된 것으로 본다.
③ 집합된 물건을 일괄하여 보험의 목적으로 한 때에는 그 목적에 속한 물건이 보험기간 중에 수시로 교체된 경우에도 보험계약 체결시에 존재한 물건은 보험의 목적에 포함된 것으로 한다.
④ 집합된 물건을 일괄하여 보험의 목적으로 한 때에는 피보험자의 가족의 물건도 보험의 목적에 포함된 것으로 본다.

19 중복보험에 관한 설명으로 옳은 것은?

① 중복보험에서 보험금액의 총액이 보험가액을 초과한 경우 보험자는 각자의 보험금액의 한도에서 연대책임을 진다.
② 피보험이익이 다를 경우에도 중복보험이 성립할 수 있다.
③ 중복보험에서 수인의 보험자 중 1인에 대한 권리의 포기는 다른 보험자의 권리의무에 영향을 미친다.
④ 중복보험이 성립하기 위해서는 보험계약자가 동일하여야 한다.

20 손해보험계약에 관한 설명으로 옳지 않은 것은?

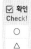

① 손해보험은 정액보험으로만 운영된다.
② 손해보험계약은 피보험자의 손해의 발생을 요소로 한다.
③ 손해보험계약의 보험자는 보험사고로 인하여 생길 피보험자의 재산상의 손해를 보상할 책임이 있다.
④ 보험사고의 성질은 손해보험증권의 필수적 기재사항이다.

21 보험가액에 관한 설명으로 옳은 것은?

① 당사자간에 보험가액을 정한 때에는 그 가액은 보험기간 개시시의 가액으로 정한 것으로 추정한다.
② 미평가보험의 경우 사고발생시의 가액을 보험가액으로 한다.
③ 보험가액은 변동되지 않는다.
④ 기평가보험에서 보험가액이 사고발생시의 가액을 현저하게 초과할 때에는 보험기간 개시시의 가액을 보험가액으로 한다.

22 초과보험에 관한 설명으로 옳지 않은 것은?

① 초과보험이 성립하기 위해서는 보험금액이 보험계약의 목적의 가액을 현저하게 초과하여야 한다.
② 보험가액이 보험기간 중에 현저하게 감소한 경우에 보험자 또는 보험계약자는 보험료와 보험금액의 감액을 청구할 수 있다.
③ 보험계약자의 사기로 인하여 체결된 초과보험계약은 무효로 한다.
④ 초과보험의 효과로서 보험료 감액 청구에 따른 보험료의 감액은 소급효가 있다.

23 보험자대위에 관한 설명으로 옳지 않은 것은?

확인
Check!
○
△
×

① 실손보상의 원칙을 구현하기 위한 제도이다.

② 일부보험의 경우에도 잔존물대위가 인정된다.

③ 잔존물대위는 보험의 목적의 일부가 멸실한 경우에도 성립한다.

④ 보험금을 일부 지급한 경우 피보험자의 권리를 해하지 않는 범위 내에서 청구권대위가 인정된다.

24 일부보험에 관한 설명으로 옳지 않은 것은?

확인
Check!
○
△
×

① 일부보험에 관한 상법의 규정은 강행규정으로 당사자간 다른 약정으로 손해보상액을 보험금액의 한도로 변경할 수 없다.

② 일부보험의 경우 당사자간에 다른 약정이 없는 때에는 보험자는 보험금액의 보험가액에 대한 비율에 따라 보상할 책임을 진다.

③ 일부보험은 보험계약자가 보험료를 절약할 목적 등으로 활용된다.

④ 일부보험은 보험가액의 일부를 보험에 붙인 보험이다.

25 손해액의 산정기준에 관한 설명으로 옳은 것을 모두 고른 것은?

확인
Check!
○
△
×

> ㄱ. 보험자가 보상할 손해액은 그 손해가 발생한 때와 곳의 가액에 의하여 산정하는 것을 원칙으로 한다.
> ㄴ. 보험자가 보상할 손해액에 관하여 당사자간에 다른 약정이 있는 때에는 신품가액에 의하여 손해액을 산정할 수 있다.
> ㄷ. 손해액의 산정에 관한 비용은 보험자가 부담한다.

① ㄱ

② ㄱ, ㄴ

③ ㄱ, ㄷ

④ ㄱ, ㄴ, ㄷ

26 농어업재해보험법령상 가축재해보험의 목적물이 아닌 것은?

① 소
② 오리
③ 개
④ 타조

27 농어업재해보험법령상 재해보험사업의 약정을 체결하려는 자가 농림축산식품부장관 또는 해양수산부장관에게 제출하여야 하는 서류에 해당하지 않는 것은?

① 정관
② 사업방법서
③ 보험약관
④ 보험요율의 산정자료

28 농어업재해보험법령상 재해보험의 종류에 따른 보험가입자의 기준에 해당하지 않는 것은?

① 농작물재해보험 : 농업재해보험심의회를 거쳐 농림축산식품부장관이 고시하는 농작물을 재배하는 개인
② 임산물재해보험 : 농업재해보험심의회를 거쳐 농림축산식품부장관이 고시하는 임산물을 재배하는 법인
③ 가축재해보험 : 농업재해보험심의회를 거쳐 농림축산식품부장관이 고시하는 가축을 사육하는 개인
④ 양식수산물재해보험 : 중앙 수산업·어촌정책심의회를 거쳐 해양수산부장관이 고시하는 자연수산물을 채취하는 법인

29 농어업재해보험법령상 가축재해보험의 손해평가인으로 위촉될 수 있는 자격요건을 갖춘 자는?

① 「수의사법」에 따른 수의사
② 농촌진흥청에서 가축사육분야에 관한 연구·지도 업무를 1년간 담당한 공무원
③ 「수산업협동조합법」에 따른 중앙회와 조합의 임직원으로 수산업지원 관련 업무를 3년간 담당한 경력이 있는 사람
④ 재해보험 대상 가축을 3년간 사육한 경력이 있는 농업인

30 「농어업재해보험법령」상 손해평가사의 시험에 관한 설명으로 옳은 것은?

① 손해평가사 자격이 취소된 사람은 그 취소 처분이 있은 날부터 2년이 지나지 아니한 경우 손해평가사 자격시험에 응시하지 못한다.
② 「보험업법」에 따른 손해사정사에 대하여는 손해평가사 제1차 시험을 면제할 수 없다.
③ 농림축산식품부장관은 손해평가사의 수급(需給)상 필요와 무관하게 손해평가사 자격시험을 매년 1회 실시하여야 한다.
④ 손해평가인으로 위촉된 기간이 3년 이상인 사람으로서 손해평가업무를 수행한 경력이 있는 사람은 손해평가사 제2차 시험의 일부과목을 면제한다.

31 「농어업재해보험법」상 손해평가사가 그 직무를 게을리 하거나 직무를 수행하면서 부적절한 행위를 하였다고 인정될 경우, 농림축산식품부장관이 손해평가사에게 명할 수 있는 업무정지의 최장 기간은?

① 6개월
② 1년
③ 2년
④ 3년

32 「농어업재해보험법」상 손해평가사의 자격 취소의 사유에 해당하지 않는 것은?　기출수정

① 손해평가사가 다른 사람에게 자격증을 대여한 경우
② 손해평가사가 정당한 사유 없이 손해평가 업무를 거부한 경우
③ 손해평가사가 다른 사람에게 손해평가사의 명의를 사용하게 한 경우
④ 손해평가사가 그 자격을 부정한 방법으로 취득한 경우

33 농어업재해보험법령의 내용으로 옳지 않은 것은?

① 보험가입자는 재해로 인한 사고의 예방을 위하여 노력하여야 한다.
② 보험목적물이 담보로 제공된 경우에도 재해보험의 보험금을 지급받을 권리는 압류할 수 없다.
③ 재해보험가입자가 재해보험에 가입된 보험목적물을 양도하는 경우 그 양수인은 재해보험계약에 관한 양도인의 권리 및 의무를 승계한 것으로 추정한다.
④ 재해보험사업자는 손해평가인으로 위촉된 사람에 대하여 보험에 관한 기초지식, 보험약관 및 손해평가요령 등에 관한 실무교육을 하여야 한다.

34 농업재해보험 손해평가요령에 따른 손해평가반 구성에 포함될 수 있는 자를 모두 고른 것은?

| ㄱ. 손해평가인 | ㄴ. 손해평가사 |
| ㄷ. 재물손해사정사 | ㄹ. 신체손해사정사 |

① ㄱ, ㄴ
② ㄴ, ㄷ
③ ㄱ, ㄴ, ㄷ
④ ㄱ, ㄴ, ㄷ, ㄹ

35 농어업재해보험법상 회계구분에 관한 내용이다. (   )에 들어갈 용어는?

(   )은(는) 재해보험사업의 회계를 다른 회계와 구분하여 회계처리함으로써 손익관계를 명확히 하여야 한다.

① 손해평가사
② 농림축산식품부장관
③ 재해보험사업자
④ 지방자치단체의 장

36 농어업재해보험법에서 사용하는 용어의 정의로 옳지 않은 것은?

① "농어업재해보험"이란 농어업재해로 발생하는 재산 피해에 따른 손해를 보상하기 위한 보험을 말한다.

② "보험료"란 보험가입자와 보험사업자간의 약정에 따라 보험가입자가 보험사업자에게 내야하는 금액을 말한다.

③ "보험가입금액"이란 보험가입자의 재산 피해에 따른 손해가 발생한 경우 보험에서 최대로 보상할 수 있는 한도액으로서 보험가입자와 보험사업자간에 약정한 금액을 말한다.

④ "보험금"이란 보험가입자에게 재해로 인한 재산 피해에 따른 손해가 발생한 경우 그 정도에 따라 정부가 보험가입자에게 지급하는 금액을 말한다.

37 농어업재해보험법령상 농림축산식품부장관이 재보험에 가입하려는 재해보험사업자와 재보험약정 체결시 포함되어야 할 사항으로 옳지 않은 것은?

① 재보험수수료

② 정부가 지급하여야 할 보험금

③ 농어업재해재보험기금의 운용수익금

④ 재해보험사업자가 정부에 내야 할 보험료

38 농어업재해보험법령상 농어업재해재보험기금의 관리·운용에 관한 설명으로 옳지 않은 것은?

① 기금은 농림축산식품부장관이 해양수산부장관과 협의하여 관리·운용한다.

② 농림축산식품부장관은 기획재정부장관과 협의를 거쳐 기금의 관리·운용에 관한 사무의 전부를 농업정책보험금융원에 위탁할 수 있다.

③ 기금수탁관리자는 회계연도마다 기금결산보고서를 작성하여 다음 회계연도 2월 15일까지 농림축산식품부장관 및 해양수산부장관에게 제출하여야 한다.

④ 농림축산식품부장관은 해양수산부장관과 협의하여 기금의 여유자금을 「은행법」에 따른 은행에의 예치의 방법으로 운용할 수 있다.

39 농어업재해보험법령상 재정지원에 관한 설명으로 옳은 것은?

① 정부는 재해보험가입자가 부담하는 보험료와 재해보험사업자의 재해보험의 운영 및 관리에 필요한 비용을 지원하여야 한다.
② 지방자치단체는 재해보험사업자의 운영비를 추가로 지원하여야 한다.
③ 농림축산식품부장관·해양수산부장관 및 지방자치단체의 장은 보험료의 일부를 재해보험가입자에게 지급하여야 한다.
④ 「풍수해보험법」에 따른 풍수해보험에 가입한 자가 동일한 보험목적물을 대상으로 재해보험에 가입할 경우에는 정부가 재정지원을 하지 아니한다.

40 농어업재해보험법상 농림축산식품부장관이 농작물 재해보험사업을 효율적으로 추진하기 위하여 수행하는 업무로 옳지 않은 것은?

① 피해 관련 분쟁조정
② 손해평가인력의 육성
③ 재해보험 상품의 연구 및 보급
④ 손해평가기법의 연구·개발 및 보급

41 농어업재해보험법상 농작물재해보험에 관한 손해평가사 업무로 옳지 않은 것은?

① 손해액 평가
② 보험가액 평가
③ 피해사실 확인
④ 손해평가인증의 발급

42 농어업재해보험법령상 재해보험사업자가 수립하는 보험가입촉진계획에 포함되어야 할 사항에 해당하지 않는 것은?

① 농어업재해재보험기금 관리·운용계획
② 해당 연도의 보험상품 운영계획
③ 보험상품의 개선·개발계획
④ 전년도의 성과분석 및 해당 연도의 사업계획

43 농업재해보험 손해평가요령에 따른 손해평가 업무를 원활히 수행하기 위하여 손해평가보조인을 운용할 수 있는 자를 모두 고른 것은?

> ㄱ. 재해보험사업자
> ㄴ. 재해보험사업자의 업무를 위탁받은 자
> ㄷ. 손해평가를 요청한 보험가입자
> ㄹ. 재해발생 지역의 지방자치단체

① ㄱ
② ㄷ
③ ㄱ, ㄴ
④ ㄱ, ㄷ, ㄹ

44 농업재해보험 손해평가요령에 따른 농작물의 손해평가 단위는?

① 농가별
② 농지별
③ 필지(지번)별
④ 품종별

45 농업재해보험 손해평가요령에 따른 손해평가인 위촉의 취소 사유에 해당하지 않는 것은?

① 업무수행과 관련하여 「개인정보보호법」을 위반한 경우
② 위촉 당시 피성년후견인이었음이 판명된 경우
③ 거짓 그 밖의 부정한 방법으로 손해평가인으로 위촉된 경우
④ 「농어업재해보험법」 제30조에 의하여 벌금 이상의 형을 선고받고 그 집행이 종료된 날로부터 2년이 경과되지 않은 경우

46 농업재해보험 손해평가요령에 따른 보험가액 산정에 관한 설명으로 옳지 않은 것은?

① 농작물의 생산비보장 보험가액은 작물별로 보험가입 당시 정한 보험가액을 기준으로 산정한다. 다만, 보험가액에 영향을 미치는 가입면적 등이 가입 당시와 다를 경우 변경할 수 있다.
② 나무손해보장 보험가액은 기재된 보험목적물이 나무인 경우로 최초 보험사고발생시의 해당 농지 내에 심어져 있는 과실생산이 가능한 나무에서 피해 나무를 제외한 수에 보험가입 당시의 나무당 가입가격을 곱하여 산정한다.
③ 가축에 대한 보험가액은 보험사고가 발생한 때와 곳에서 평가한 보험목적물의 수량에 적용가격을 곱하여 산정한다.
④ 농업시설물에 대한 보험가액은 보험사고가 발생한 때와 곳에서 평가한 피해목적물의 재조달가액에서 내용연수에 따른 감가상각률을 적용하여 계산한 감가상각액을 차감하여 산정한다.

47 농업재해보험 손해평가요령상 농작물의 품목별·재해별·시기별 손해수량 조사방법 중 적과전 종합위험방식 상품 "사과"에 관한 기술이다. (　　)에 들어갈 내용으로 옳은 것은? 기출수정

생육시기	재 해	조사시기	조사내용
적과후 ~ 수확기 종료	보상하는 재해	사고접수 후 지체 없이	(　　)

① 유과타박률조사
② 적과후 착과수조사
③ 낙과피해조사
④ 수확전 착과피해조사

48 농업재해보험 손해평가요령에 따른 손해평가준비 및 평가결과 제출에 관한 설명으로 옳지 않은 것은?

☑ 확인
Check!
○
△
×

① 손해평가반은 손해평가결과를 기록할 수 있도록 현지조사서를 직접 마련해야 한다.

② 손해평가반은 보험가입자가 정당한 사유 없이 서명을 거부하는 경우 보험가입자에게 손해평가 결과를 통지한 후 서명 없이 현지조사서를 재해보험사업자에게 제출하여야 한다.

③ 손해평가반은 보험가입자가 정당한 사유 없이 손해평가를 거부하여 손해평가를 실시하지 못한 경우에는 그 피해를 인정할 수 없는 것으로 평가한다는 사실을 보험가입자에게 통지한 후 현지조사서를 재해보험사업자에게 제출하여야 한다.

④ 재해보험사업자는 보험가입자가 손해평가반의 손해평가결과에 대하여 설명 또는 통지를 받은 날로부터 7일 이내에 손해평가가 잘못되었음을 증빙하는 서류 또는 사진 등을 제출하는 경우 다른 손해평가반으로 하여금 재조사를 실시하게 할 수 있다.

49 농업재해보험 손해평가요령상 농작물의 품목별·재해별·시기별 손해수량 조사방법 중 종합위험방식 상품인 "벼"에만 해당하는 조사내용으로 옳은 것은?

☑ 확인
Check!
○
△
×

① 피해사실확인조사

② 재이앙(재직파)조사

③ 경작불능조사

④ 수확량조사

50 농업재해보험 손해평가요령상 농작물의 보험금 산정기준에 따른 종합위험방식 수확감소보장 "양파"의 경우, 다음의 조건으로 산정한 보험금은?

☑ 확인
Check!
○
△
×

- 보험가입금액 : 1,000만원
- 자기부담비율 : 20%
- 가입수확량 : 10,000kg
- 평년수확량 : 20,000kg
- 수확량 : 5,000kg
- 미보상감수량 : 1,000kg

① 300만원　　　　　　② 400만원

③ 500만원　　　　　　④ 600만원

51 과수 분류시 인과류에 속하는 것은?

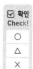

① 자두
② 포도
③ 감귤
④ 사과

52 작물 재배에 있어서 질소(N)에 관한 설명으로 옳지 않은 것은?

① 질산태(NO_3^-)와 암모늄태(NH_4^+)로 식물에 흡수된다.
② 작물체 건물 중의 많은 함량을 차지하는 중요한 무기성분이다.
③ 콩과작물은 질소 시비량이 적고, 벼과작물은 시비량이 많다.
④ 결핍증상은 늙은 조직보다 어린 생장점에서 먼저 나타난다.

53 작물 재배시 건조해의 대책으로 옳지 않은 것은?

① 중경제초
② 질소비료 과용
③ 내건성 작물 및 품종 선택
④ 증발억제제 살포

54 재배시 산성토양에 가장 약한 작물은?

① 벼
② 콩
③ 감자
④ 수박

55 작물 재배시 습해의 대책이 아닌 것은?

① 배수
② 토양 개량
③ 황산근비료 사용
④ 내습성 작물과 품종 선택

56 작물의 필수원소는?

① 염소(Cl)
② 규소(Si)
③ 코발트(Co)
④ 나트륨(Na)

57 작물 재배시 하고(夏枯)현상으로 옳지 않은 것은?

① 화이트클로버는 피해가 크고, 레드클로버는 피해가 경미하다.
② 다년생인 북방형 목초에서 여름철에 생장이 현저히 쇠퇴하는 현상이다.
③ 고온, 건조, 장일, 병충해, 잡초무성의 원인으로 발생한다.
④ 대책으로는 관개, 혼파, 방목이 있다.

58 다음이 설명하는 냉해는?

> ㄱ. 냉온에 대한 저항성이 약한 시기인 감수분열기에 저온에 노출되어 수분수정이 안 되어 불임현상이
>   초래되는 냉해를 말한다.
> ㄴ. 냉온에 의한 생육부진으로 외부 병균의 침입에 대한 저항성이 저하되어 병이 발생하는 냉해를
>   말한다.

	ㄱ	ㄴ
①	지연형 냉해	병해형 냉해
②	병해형 냉해	혼합형 냉해
③	장해형 냉해	병해형 냉해
④	혼합형 냉해	장해형 냉해

59 다음에서 내한성(耐寒性)이 가장 강한 작물(A)과 가장 약한 작물(B)은?

① A : 사과
　 B : 서양배
② A : 사과
　 B : 유럽계 포도
③ A : 복숭아
　 B : 서양배
④ A : 복숭아
　 B : 유럽계 포도

60 장일일장 조건에서 개화가 유도·촉진되는 작물을 모두 고른 것은?

| ㄱ. 상추 | ㄴ. 고추 |
| ㄷ. 딸기 | ㄹ. 시금치 |

① ㄱ, ㄴ
② ㄱ, ㄹ
③ ㄴ, ㄷ
④ ㄷ, ㄹ

61 작물 외관의 착색에 관한 설명으로 옳지 않은 것은?

① 작물 재배시 광이 없을 때에는 에티올린(Etiolin)이라는 담황색 색소가 형성되어 황백화현상을 일으킨다.
② 엽채류에서는 적색광과 청색광에서 엽록소의 형성이 가장 효과적이다.
③ 작물 재배시 광이 부족하면 엽록소의 형성이 저해된다.
④ 과일의 안토시안은 비교적 고온에서 생성이 조장되며, 볕이 잘 쬘 때에 착색이 좋아진다.

62 우리나라의 과수 우박피해에 관한 설명으로 옳은 것은?

> ㄱ. 피해 시기는 주로 착과기와 성숙기에 해당된다.
> ㄴ. 다음해의 안정적인 결실을 위해 피해과원의 모든 과실을 제거한다.
> ㄷ. 피해 후 2차적으로 병해를 발생시키는 간접적인 피해를 유발하기도 한다.

① ㄱ, ㄴ   ② ㄱ, ㄷ

③ ㄴ, ㄷ   ④ ㄱ, ㄴ, ㄷ

63 과수원의 태풍피해 대책으로 옳지 않은 것은?

① 방풍림으로 교목과 관목의 혼합 식재가 효과적이다.

② 방풍림은 바람의 방향과 직각 방향으로 심는다.

③ 과수원 내의 빈 공간 확보는 태풍피해를 경감시켜 준다.

④ 왜화도가 높은 대목은 지주 결속으로 피해를 줄여준다.

64 사과 과원에서 병해충종합관리(IPM)에 해당되지 않는 것은?

① 응애류 천적 제거

② 성페로몬 이용

③ 초생재배 실시

④ 생물농약 활용

65 다음 설명의 영양번식 방법은?

> • 양취법(楊取法)이라고도 한다.
> • 오래된 가지를 발근시켜 떼어낼 때 사용한다.
> • 발근시키고자 하는 부분에 미리 박피를 해준다.

① 성토법(盛土法)   ② 선취법(先取法)

③ 고취법(高取法)   ④ 당목취법(撞木取法)

66 다음의 과수원 토양관리 방법은?

- 과수원 관리가 쉽다.
- 양분용탈이 발생한다.
- 토양침식으로 입단형성이 어렵다.

① 초생재배   ② 피복재배

③ 부초재배   ④ 청경재배

67 작물의 육묘에 관한 설명으로 옳지 않은 것은?

① 수확기 및 출하기를 앞당길 수 있다.
② 육묘용 상토의 pH는 낮을수록 좋다.
③ 노지정식 전 경화과정(Hardening)이 필요하다.
④ 육묘와 재배의 분업화가 가능하다.

68 호냉성 채소작물은?

① 상추, 가지
② 시금치, 고추
③ 오이, 토마토
④ 양배추, 딸기

69 작물의 생육과정에서 칼슘결핍에 의해 나타나는 증상으로만 짝지어진 것은?

① 배추 잎끝마름증상, 토마토 배꼽썩음증상
② 토마토 배꼽썩음증상, 장미 로제트증상
③ 장미 로제트증상, 고추 청고증상
④ 고추 청고증상, 배추 잎끝마름증상

70 채소작물 재배시 에틸렌에 의한 현상이 아닌 것은?

① 토마토 열매의 엽록소 분해를 촉진한다.
② 가지의 꼭지에서 이층(離層)형성을 촉진한다.
③ 아스파라거스의 육질 연화를 촉진한다.
④ 상추의 갈색 반점을 유발한다.

71 시설 내의 온도를 낮추기 위해 시설의 벽면 위 또는 아래에서 실내로 세무(細霧)를 분사시켜 시설 상부에 설치된 풍량형 환풍기로 공기를 뽑아내는 냉각방법은?

① 팬 앤드 포그
② 팬 앤드 패드
③ 팬 앤드 덕트
④ 팬 앤드 팬

72 화훼작물의 플러그묘 생산에 관한 옳은 설명을 모두 고른 것은?

ㄱ. 좁은 면적에서 대량육묘가 가능하다.
ㄴ. 최적의 생육조건으로 다양한 규격묘 생산이 가능하다.
ㄷ. 노동집약적이며, 관리가 용이하다.
ㄹ. 정밀기술이 요구된다.

① ㄱ, ㄴ, ㄷ   ② ㄱ, ㄴ, ㄹ
③ ㄱ, ㄷ, ㄹ   ④ ㄴ, ㄷ, ㄹ

73 화훼작물의 진균병이 아닌 것은?

① *Fusarium* 에 의한 시들음병
② *Botrytis* 에 의한 잿빛곰팡이병
③ *Xanthomonas* 에 의한 잎반점병
④ *Colletotrichum* 에 의한 탄저병

74 다음 과수 접목법의 분류기준은?

절접, 아접, 할접, 혀접, 호접

① 접목부위에 따른 분류
② 접목장소에 따른 분류
③ 접목시기에 따른 분류
④ 접목방법에 따른 분류

75 다음이 설명하는 시설재배용 플라스틱 피복재는?

- 보온성이 떨어진다.
- 광투과율이 높고 연질피복재이다.
- 표면에 먼지가 잘 부착되지 않는다.
- 약품에 대한 내성이 크고 가격이 싸다.

① 폴리에틸렌(PE)필름
② 염화비닐(PVC)필름
③ 에틸렌아세트산(EVA)필름
④ 폴리에스터(PET)필름

2018년도 제4회 손해평가사 1차 시험문제

수험번호		시험과목	문항수	시험시간
감독확인		① 「상법」 보험편	과목별 25문항	90분
성 명		② 농어업재해보험법령		
		③ 농학개론 중 재배학 및 원예작물학		

[수험자 유의사항]

① 답안카드에 기재된 '수험자 유의사항 및 답안카드 작성시 유의사항'을 준수하시기 바랍니다.

② 수험자 교육시간에 감독위원 안내 또는 방송(유의사항)에 따라 답안카드에 수험번호를 기재 마킹하고, 배부된 시험지의 인쇄상태 확인 후 형별 기재란에 표시된 형별(A형 공통)을 확인하여야 합니다.

③ 답안카드는 국가전문자격 공통 표준형으로 문제번호가 1번부터 125번까지 인쇄되어 있습니다. 답안 마킹시에는 반드시 시험문제지의 문제번호와 동일한 번호에 마킹하여야 합니다.

④ 답안카드 기재·마킹시에는 반드시 검은색 사인펜을 사용하여야 합니다.
   ※ 지워지는 펜 사용 불가

⑤ 채점은 전산 자동 판독 결과에 따르므로 유의사항을 지키지 않거나(검은색 사인펜 미사용) 수험자의 부주의(답안카드 기재·마킹 착오, 불완전한 마킹·수정, 예비마킹, 형별 마킹 착오 등)로 판독불능, 중복판독 등 불이익이 발생할 경우 수험자 책임으로 이의제기를 하더라도 받아들여지지 않습니다.

⑥ 답안을 잘못 작성했을 경우, 답안카드 교체 및 수정테이프 사용가능(단, 답안 이외 수험번호 등 인적사항은 수정불가)하며, 재작성에 따른 시험시간은 별도로 부여하지 않음
   ※ 수정테이프 이외 수정액 및 스티커 등은 사용 불가

⑦ 시험문제가 Q-net 홈페이지(http://www.q-net.or.kr)내 손해평가사 홈페이지(자료실⇒문제지 내려받기)에 공개될 예정이오니 참고하시기 바랍니다.

○ 답안 작성 기준

   제1차 시험의 답안은 시험시행일에 시행되고 있는 관련 법령 등을 기준으로 작성하여야 합니다.

01 보험계약에 관한 설명으로 옳지 않은 것은?

① 보험계약은 보험자의 청약에 대하여 보험계약자가 승낙함으로써 이루어진다.
② 보험계약은 보험자의 보험금 지급책임이 우연한 사고의 발생에 달려 있으므로 사행계약의 성질을 갖는다.
③ 보험계약의 효력발생에 특별한 요식행위를 요하지 않는다.
④ 상법 보험편의 보험계약에 관한 규정은 그 성질에 반하지 아니하는 범위에서 상호보험에 준용한다.

02 보험약관의 교부 · 설명의무에 관한 설명으로 옳은 것을 모두 고른 것은? (다툼이 있으면 판례에 따름)

> ㄱ. 고객이 약관의 내용을 충분히 잘 알고 있는 경우에는 보험자가 고객에게 그 약관의 내용을 따로 설명하지 않아도 되나, 그러한 따로 설명할 필요가 없는 특별한 사정은 이를 주장하는 보험자가 입증하여야 한다.
> ㄴ. 약관에 정하여진 중요한 사항이라면 설사 거래상 일반적이고 공통된 것이어서 보험계약자가 별도의 설명 없이도 충분히 예상할 수 있었던 사항이라 할지라도 보험자는 설명의무를 부담한다.
> ㄷ. 약관의 내용이 이미 법령에 의하여 정하여진 것을 되풀이 하는 것에 불과한 경우에는 고객에게 이를 따로 설명하지 않아도 된다.

① ㄱ
② ㄱ, ㄴ
③ ㄱ, ㄷ
④ ㄱ, ㄴ, ㄷ

03 보험증권에 관한 설명으로 옳은 것은?

① 보험기간을 정한 때에는 그 시기와 종기는 상법상 손해보험증권의 기재사항에 해당하지 않는다.

② 기존의 보험계약을 연장하는 경우에 보험자는 그 보험증권에 그 사실을 기재함으로써 보험증권의 교부에 갈음할 수 있다.

③ 보험계약의 당사자는 보험증권의 교부가 있은 날로부터 2주간 내에 한하여 그 증권내용의 정부에 관한 이의를 할 수 있음을 약정할 수 있다.

④ 보험증권을 현저하게 훼손한 때에는 보험계약자는 보험자에 대하여 증권의 재교부를 청구할 수 있는데 그 증권작성의 비용은 보험자의 부담으로 한다.

04 보험계약에 관한 설명으로 옳지 않은 것은?

① 보험계약 당사자 쌍방과 피보험자가 보험계약 당시 보험사고가 발생할 수 없는 것임을 알고 있었던 때에는 그 계약은 무효로 한다.

② 대리인에 의하여 보험계약을 체결한 경우에 대리인이 안 사유는 그 본인이 안 것과 동일한 것으로 한다.

③ 보험계약은 그 계약 전의 어느 시기를 보험기간의 시기로 할 수 있다.

④ 보험계약 당시에 보험사고가 이미 발생한 때에는 당사자 쌍방과 피보험자가 이를 알지 못한 때에도 그 계약은 무효이다.

05 보험대리상 등의 권한에 관한 설명으로 옳은 것은?

① 보험계약자로부터 청약, 고지, 통지, 해지, 취소 등 보험계약에 관한 의사표시를 수령할 수 있는 보험대리상의 권한을 보험자가 제한한 경우 보험자는 그 제한을 이유로 선의의 보험계약자에게 대항하지 못한다.

② 보험자는 보험계약자로부터 보험료를 수령할 수 있는 보험대리상의 권한을 제한할 수 없다.

③ 특정한 보험자를 위하여 계속적으로 보험계약의 체결을 중개하는 자라 할지라도 보험대리상이 아니면 보험자가 작성한 보험증권을 보험계약자에게 교부할 수 있는 권한이 없다.

④ 보험대리상은 보험계약자에게 보험계약의 체결, 변경, 해지 등 보험계약에 관한 의사표시를 할 수 있는 권한이 없다.

06 상법(보험편)에 관한 설명이다. 옳지 않은 것은 몇 개인가?

• 계속보험료가 약정한 시기에 지급되지 아니한 때에는 보험자는 다른 절차 없이 바로 그 계약을 해지할 수 있다.
• 보험계약의 당사자가 특별한 위험을 예기하여 보험료의 액을 정한 경우에 보험기간 중 그 예기한 위험이 소멸한 때에는 보험계약자는 그 후의 보험료의 감액을 청구할 수 있다.
• 보험기간 중에 보험계약자 또는 피보험자가 사고발생의 위험이 현저하게 변경 또는 증가된 사실을 안 때에는 지체 없이 보험자에게 통지하여야 한다.

① 0개 ② 1개
③ 2개 ④ 3개

07 고지의무에 관한 설명으로 옳지 않은 것은?

① 보험계약 당시에 보험계약자 또는 피보험자가 고의 또는 중대한 과실로 인하여 중요한 사항을 부실의 고지를 한 때에는 보험자는 그 사실을 안 날로부터 3년 내에 계약을 해지할 수 있다.
② 보험자가 서면으로 질문한 사항은 중요한 사항으로 추정한다.
③ 손해보험의 피보험자는 고지의무자에 해당한다.
④ 보험자가 계약 당시에 고지의무위반의 사실을 알았거나 중대한 과실로 인하여 알지 못한 때에는 보험자는 그 계약을 해지할 수 없다.

08 B는 A의 위임을 받아 A를 위하여 자신의 명의로 보험자 C와 손해보험계약을 체결하였다(단, B는 C에게 A를 위한 계약임을 명시하였고, A에게는 피보험이익이 존재함). 다음 설명으로 옳지 않은 것은? (다툼이 있으면 판례에 따름)

① A는 당연히 보험계약의 이익을 받는 자이므로, 특별한 사정이 없는 한 B의 동의 없이 보험금 지급청구권을 행사할 수 있다.
② B가 파산선고를 받은 경우 A가 그 권리를 포기하지 아니하는 한 A도 보험료를 지급할 의무가 있다.
③ 만일 A의 위임이 없었다면 B는 이를 C에게 고지하여야 한다.
④ A는 위험변경증가의 통지의무를 부담하지 않는다.

09 상법(보험편)에 관한 설명으로 옳은 것은?

① 보험사고가 발생하기 전에 보험계약의 전부 또는 일부를 해지하는 경우에 보험계약자는 당사자간에 다른 약정이 없으면 미경과보험료의 반환을 청구할 수 없다.

② 보험계약자는 계약 체결 후 지체 없이 보험료의 전부 또는 제1회 보험료를 지급하여야 하며, 보험계약자가 이를 지급하지 아니하는 경우에는 다른 약정이 없는 한 계약 성립 후 2월이 경과하면 그 계약은 해제된 것으로 본다.

③ 고지의무위반으로 인하여 보험계약이 해지되고 해지환급금이 지급되지 아니한 경우에 보험계약자는 일정한 기간 내에 연체보험료에 약정이자를 붙여 보험자에게 지급하고 그 계약의 부활을 청구할 수 있다.

④ 보험계약의 일부가 무효인 경우에는 보험계약자와 피보험자에게 중대한 과실이 있어도 보험자에 대하여 보험료 일부의 반환을 청구할 수 있다.

10 위험변경증가의 통지와 보험계약해지에 관한 설명으로 옳지 않은 것은?

① 보험기간 중에 보험계약자 또는 피보험자가 사고발생의 위험이 현저하게 변경 또는 증가된 사실을 안 때에는 지체 없이 보험자에게 통지하여야 한다.

② 보험자가 위험변경증가의 통지를 받은 때에는 1월 내에 보험료의 증액을 청구하거나 계약을 해지할 수 있다.

③ 위험변경증가의 통지를 해태한 때에는 보험자는 그 사실을 안 날로부터 1월 내에 한하여 계약을 해지할 수 있다.

④ 보험사고가 발생한 후라도 보험자가 위험변경통지의 해태로 계약을 해지하였을 때에는 보험금을 지급할 책임이 없고, 이미 지급한 보험금의 반환도 청구할 수 없다.

11 보험사고발생의 통지의무에 관한 설명으로 옳지 않은 것은?

① 보험사고발생의 통지의무자가 보험사고의 발생을 안 때에는 지체 없이 보험자에게 그 통지를 발송하여야 한다.

② 보험사고발생의 통지의무자는 보험계약자 또는 피보험자나 보험수익자이다.

③ 통지의 방법으로는 구두, 서면 등이 가능하다.

④ 보험자는 보험계약자가 보험사고발생의 통지의무를 해태하여 증가된 손해라도 이를 포함하여 보상할 책임이 있다.

12 보험자의 보험금액 지급과 면책에 관한 설명으로 옳지 않은 것은?

① 약정기간이 없는 경우에는 보험자는 보험사고발생의 통지를 받은 후 지체 없이 지급할 보험금액을 정하여야 한다.

② 보험자가 보험금액을 정하면 정하여진 날부터 10일 내에 보험금액을 지급하여야 한다.

③ 보험사고가 전쟁 기타의 변란으로 인하여 생긴 때에는 보험자의 보험금액 지급책임에 대하여 당사자간에 다른 약정을 할 수 없다.

④ 보험사고가 보험계약자의 고의 또는 중대한 과실로 인하여 생긴 때에는 보험자는 보험금액을 지급할 책임이 없다.

13 상법 제662조(소멸시효)에 관한 설명으로 옳지 않은 것은?

① 보험료의 반환청구권은 2년간 행사하지 아니하면 시효의 완성으로 소멸한다.

② 적립금의 반환청구권은 3년간 행사하지 아니하면 시효의 완성으로 소멸한다.

③ 보험금청구권은 3년간 행사하지 아니하면 시효의 완성으로 소멸한다.

④ 보험료청구권은 2년간 행사하지 아니하면 시효의 완성으로 소멸한다.

14 상법 제663조(보험계약자 등의 불이익변경금지)에 관한 설명으로 옳지 않은 것은?

① 상법 보험편의 규정은 가계보험에서 당사자간의 특약으로 피보험자의 불이익으로 변경하지 못한다.

② 상법 보험편의 규정은 재보험에서 당사자간의 특약으로 피보험자의 불이익으로 변경하지 못한다.

③ 상법 보험편의 규정은 가계보험에서 당사자간의 특약으로 보험계약자의 불이익으로 변경하지 못한다.

④ 상법 보험편의 규정은 해상보험에서 당사자간의 특약으로 피보험자의 불이익으로 변경할 수 있다.

15 상법 제666조(손해보험증권)의 기재사항으로 옳은 것을 모두 고른 것은?

> ㄱ. 보험사고의 성질
> ㄴ. 무효와 실권의 사유
> ㄷ. 보험증권의 작성지와 그 작성연월일
> ㄹ. 보험계약자의 주민등록번호

① ㄱ

② ㄴ, ㄹ

③ ㄱ, ㄴ, ㄷ

④ ㄴ, ㄷ, ㄹ

16 초과보험에 관한 설명으로 옳은 것은?

① 초과보험은 보험계약 목적의 가액이 보험금액을 현저하게 초과한 보험이다.

② 보험계약자의 사기로 인하여 체결된 때의 초과보험은 무효로 한다.

③ 초과보험에서 보험료의 감액은 소급하여 그 효력이 있다.

④ 보험가액이 보험기간 중에 현저하게 감소된 때에는 초과보험에 관한 규정이 적용되지 않는다.

17 기평가보험과 미평가보험에 관한 설명으로 옳지 않은 것은?

① 당사자간에 보험계약 체결시 보험가액을 미리 약정하는 보험은 기평가보험이다.

② 기평가보험에서 보험가액은 사고발생시의 가액으로 정한 것으로 추정한다. 그러나 그 가액이 사고발생시의 가액을 현저하게 초과할 때에는 사고발생시의 가액을 보험가액으로 한다.

③ 미평가보험이란 보험사고의 발생 이전에는 보험가액을 산정하지 않고, 그 이후에 산정하는 보험을 말한다.

④ 미평가보험은 보험계약 체결 당시의 가액을 보험가액으로 한다.

18 재보험에 관한 설명으로 옳지 않은 것은? (다툼이 있으면 판례에 따름)

① 재보험에 대하여도 제3자에 대한 보험자대위가 적용된다.
② 재보험은 원보험자가 인수한 위험의 전부 또는 일부를 분산시키는 기능을 한다.
③ 재보험계약은 원보험계약의 효력에 영향을 미친다.
④ 재보험자는 손해보험의 원보험자와 재보험계약을 체결할 수 있다.

19 중복보험에 관한 설명으로 옳지 않은 것은?

① 동일한 보험계약의 목적과 동일한 사고에 관하여 수개의 보험계약이 동시에 또는 순차로 체결된 경우에 그 보험가액의 총액이 보험금액을 초과한 때에는 보험자는 각자의 보험금액의 한도에서 연대책임을 진다.
② 중복보험의 경우 보험자 1인에 대한 피보험자의 권리의 포기는 다른 보험자의 권리의무에 영향을 미치지 않는다.
③ 중복보험의 경우에는 보험계약자는 각 보험자에 대하여 각 보험계약의 내용을 통지하여야 한다.
④ 사기에 의한 중복보험계약은 무효이나 보험자는 그 사실을 안 때까지의 보험료를 청구할 수 있다.

20 일부보험에 관한 설명으로 옳지 않은 것은?

① 일부보험이란 보험금액이 보험가액에 미달하는 보험을 말한다.
② 일부보험은 계약 체결 당시부터 의식적으로 약정하는 경우도 있고, 계약 성립 후 물가의 인상으로 인하여 자연적으로 발생하는 경우도 있다.
③ 일부보험에서는 보험자의 보상책임에 관하여 당사자간에 다른 약정을 할 수 없다.
④ 의식적 일부보험의 여부는 계약 체결시의 보험가액을 기준으로 판단한다.

21 손해보험에서 손해액 산정에 관한 설명으로 옳지 않은 것은?

① 보험자가 보상할 손해액은 그 손해가 발생한 때와 곳의 가액에 의하여 산정한다. 그러나 당사자간에 다른 약정이 있는 때에는 그 신품가액에 의하여 손해액을 산정할 수 있다.
② 보험자가 손해를 보상할 경우에 보험료의 지급을 받지 아니한 잔액이 있어도 보상할 금액에서 이를 공제할 수 없다.
③ 손해보상은 원칙적으로 금전으로 하지만 당사자의 합의로 손해의 전부 또는 일부를 현물로 보상할 수 있다.
④ 손해액의 산정에 관한 비용은 보험자의 부담으로 한다.

22 화재보험에 관한 설명으로 옳지 않은 것은?

① 화재보험계약의 보험자는 화재로 인하여 생긴 손해를 보상할 책임이 있다.
② 화재보험자는 화재의 소방 또는 손해의 감소에 필요한 조치로 인하여 생긴 손해를 보상할 책임이 있다.
③ 화재보험증권에는 동산을 보험의 목적으로 한 때에는 그 존치한 장소의 상태와 용도를 기재하여야 한다.
④ 집합된 물건을 일괄하여 화재보험의 목적으로 하여도 피보험자의 사용인의 물건은 보험의 목적에 포함되지 않는다.

23 손해보험에 관한 설명으로 옳은 것을 모두 고른 것은?

ㄱ. 보험의 목적의 성질, 하자 또는 자연소모로 인한 손해는 보험자가 이를 보상할 책임이 없다.
ㄴ. 피보험자가 보험의 목적을 양도한 때에는 양수인은 보험계약 상의 권리와 의무를 승계한 것으로 추정한다.
ㄷ. 보험의 목적의 양도인 또는 양수인은 보험자에 대하여 지체 없이 보험목적의 양도 사실을 통지하여야 한다.
ㄹ. 손해의 방지와 경감을 위하여 보험계약자와 피보험자의 필요 또는 유익하였던 비용과 보상액이 보험금액을 초과한 경우에는 보험자가 이를 부담하지 아니한다.

① ㄱ
② ㄱ, ㄹ
③ ㄱ, ㄴ, ㄷ
④ ㄴ, ㄷ, ㄹ

24 보험목적에 관한 보험대위에 관한 설명으로 옳지 않은 것은?

① 약관에 보험자의 대위권 포기를 정할 수 있다.
② 보험금액의 일부를 지급한 보험자도 그 목적에 대한 피보험자의 권리를 취득한다.
③ 보험가액의 일부를 보험에 붙인 경우에는 보험자가 취득할 권리는 보험금액의 보험가액에 대한 비율에 따라 이를 정한다.
④ 사고를 당한 보험목적에 대하여 피보험자가 가지고 있던 권리는 법률 규정에 의하여 보험자에게 이전되는 것으로 물권변동의 절차를 요하지 않는다.

25 화재보험에 관한 설명으로 옳지 않은 것은?

① 집합된 물건을 일괄하여 화재보험의 목적으로 하여도 피보험자의 가족의 물건은 화재보험의 목적에 포함되지 않는다.
② 집합된 물건을 일괄하여 화재보험의 목적으로 한 때에는 그 목적에 속한 물건이 보험기간 중에 수시로 교체된 경우에도 보험사고의 발생시에 현존하는 물건은 화재보험의 목적에 포함된 것으로 한다.
③ 건물을 화재보험의 목적으로 한 때에는 그 소재지, 구조와 용도는 화재보험증권의 기재사항이다.
④ 유가증권은 화재보험증권에 기재하여 화재보험의 목적으로 할 수 있다.

26 농어업재해보험법상 용어에 관한 설명이다. (   )에 들어갈 내용은?

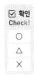

> "시범사업"이란 농어업재해보험사업을 전국적으로 실시하기 전에 보험의 효용성 및 보험 실시 가능성 등을 검증하기 위하여 일정기간 (   )에서 실시하는 보험사업을 말한다.

① 보험대상 지역
② 재해 지역
③ 담당 지역
④ 제한된 지역

27 농어업재해보험법령상 농업재해보험심의회 위원을 해촉할 수 있는 사유로 명시된 것이 아닌 것은?

① 심신장애로 인하여 직무를 수행할 수 없게 된 경우
② 직무와 관련 없는 비위사실이 있는 경우
③ 품위손상으로 인하여 위원으로 적합하지 아니하다고 인정되는 경우
④ 위원 스스로 직무를 수행하는 것이 곤란하다고 의사를 밝히는 경우

28 농어업재해보험법상 손해평가사의 자격 취소사유에 해당하지 않는 것은?

① 손해평가사의 자격을 거짓 또는 부정한 방법으로 취득한 사람
② 거짓으로 손해평가를 한 사람
③ 다른 사람에게 손해평가사 자격증을 대여한 사람
④ 업무수행 능력과 자질이 부족한 사람

29 농어업재해보험법령상 재해보험에 관한 설명으로 옳지 않은 것은?　기출수정

① 재해보험의 종류는 농작물재해보험, 임산물재해보험, 가축재해보험 및 양식수산물재해보험으로 한다.
② 재해보험에서 보상하는 재해의 범위는 해당 재해의 발생 빈도, 피해 정도 및 객관적인 손해평가방법 등을 고려하여 재해보험의 종류별로 대통령령으로 정한다.
③ 보험목적물의 구체적인 범위는 농업재해보험심의회 또는 중앙 수산업·어촌정책심의회를 거치지 않고 농업정책보험금융원장이 고시한다.
④ 자연재해, 조수해(鳥獸害), 화재 및 보험목적물별로 농림축산식품부장관이 정하여 고시하는 병충해는 농작물·임산물 재해보험이 보상하는 재해의 범위에 해당한다.

30 농어업재해보험법상 보험료율의 산정에 관한 내용이다. (　　)에 들어갈 용어는?

> 농림축산식품부장관 또는 해양수산부장관과 재해보험사업의 약정을 체결한 자는 재해보험의 보험료율을 객관적이고 합리적인 통계자료를 기초로 하여 보험목적물별 또는 보상방식별로 산정하되, 행정구역 단위 또는 (　　)로 산정하여야 한다.

① 지역 단위
② 권역 단위
③ 보험목적물 단위
④ 보험금액 단위

31 농어업재해보험법령상 양식수산물재해보험 손해평가인으로 위촉될 수 있는 자격요건에 해당하지 않는 자는?

① 「농수산물품질관리법」에 따른 수산물품질관리사
② 「수산생물질병관리법」에 따른 수산질병관리사
③ 「국가기술자격법」에 따른 수산양식기술사
④ 조교수로서 「고등교육법」 제2조에 따른 학교에서 수산물양식 관련학을 2년간 교육한 경력이 있는 자

32 농어업재해보험법령상 재해보험사업자가 보험모집 및 손해평가 등 재해보험 업무의 일부를 위탁할 수 있는 자에 해당하지 않는 것은?

① 「보험업법」 제187조에 따라 손해사정을 업으로 하는 자
② 「농업협동조합법」에 따라 설립된 지역농업협동조합
③ 「수산업협동조합법」에 따라 설립된 지구별 수산업협동조합
④ 농어업재해보험 관련 업무를 수행할 목적으로 농림축산식품부장관의 허가를 받아 설립된 영리법인

33 농어업재해보험법령상 농업재해보험심의회 및 분과위원회에 관한 설명으로 옳지 않은 것은?

① 심의회는 위원장 및 부위원장 각 1명을 포함한 21명 이내의 위원으로 구성한다.
② 심의회의 회의는 재적위원 3분의 1 이상의 출석으로 개의(開議)하고, 출석위원 과반수의 찬성으로 의결한다.
③ 분과위원장 및 분과위원은 심의회의 위원 중에서 전문적인 지식과 경험 등을 고려하여 위원장이 지명한다.
④ 분과위원회의 회의는 위원장 또는 분과위원장이 필요하다고 인정할 때에 소집한다.

34 농어업재해보험법령상 농어업재해재보험기금의 기금수탁관리자가 농림축산식품부장관 및 해양수산부장관에게 제출해야 하는 기금결산보고서에 첨부해야 할 서류로 옳은 것을 모두 고른 것은?

ㄱ. 결산 개요	ㄴ. 수입지출결산
ㄷ. 재무제표	ㄹ. 성과보고서

① ㄱ, ㄴ
② ㄴ, ㄷ
③ ㄱ, ㄷ, ㄹ
④ ㄱ, ㄴ, ㄷ, ㄹ

35 농어업재해보험법령상 농어업재해재보험기금에 관한 설명으로 옳지 않은 것은?

① 기금 조성의 재원에는 재보험금의 회수 자금도 포함된다.

② 농림축산식품부장관은 해양수산부장관과 협의하여 기금의 수입과 지출을 명확히 하기 위하여 한국은행에 기금계정을 설치하여야 한다.

③ 농림축산식품부장관은 해양수산부장관과 협의를 거쳐 기금의 관리·운용에 관한 사무의 일부를 농업정책보험금융원에 위탁할 수 있다.

④ 농림축산식품부장관은 기금의 관리·운용에 관한 사무를 위탁한 경우에는 해양수산부장관과 협의하여 소속 공무원 중에서 기금지출원과 기금출납원을 임명한다.

36 농어업재해보험법상 손해평가사가 거짓으로 손해평가를 한 경우에 해당하는 벌칙기준은?

① 1년 이하의 징역 또는 500만원 이하의 벌금

② 1년 이하의 징역 또는 1,000만원 이하의 벌금

③ 2년 이하의 징역 또는 1,000만원 이하의 벌금

④ 2년 이하의 징역 또는 2,000만원 이하의 벌금

37 농어업재해보험법령상 농어업재해재보험기금의 결산에 관한 내용이다. (   )에 들어갈 내용을 순서대로 옳게 나열한 것은?

- 기금수탁관리자는 회계연도마다 기금결산보고서를 작성하여 다음 회계연도 (ㄱ)까지 농림축산식품부장관 및 해양수산부장관에게 제출하여야 한다.
- 농림축산식품부장관은 해양수산부장관과 협의하여 기금수탁관리자로부터 제출받은 기금결산보고서를 검토한 후 심의회의 회의를 거쳐 다음 회계연도 (ㄴ)까지 기획재정부장관에게 제출하여야 한다.

	ㄱ	ㄴ
①	1월 31일	2월 말일
②	1월 31일	6월 30일
③	2월 15일	2월 말일
④	2월 15일	6월 30일

38 농어업재해보험법령상 보험가입촉진계획의 수립과 제출 등에 관한 내용이다. (　　)에 들어갈 내용을 순서대로 옳게 나열한 것은?

> 재해보험사업자는 농어업재해보험 가입 촉진을 위해 수립한 보험가입촉진계획을 해당 연도 (　　)까지 (　　)에게 제출하여야 한다.

① 1월 31일, 농업정책보험금융원장
② 1월 31일, 농림축산식품부장관 또는 해양수산부장관
③ 2월 말일, 농업정책보험금융원장
④ 2월 말일, 농림축산식품부장관 또는 해양수산부장관

39 농어업재해보험법령상 과태료 부과의 개별기준에 관한 설명으로 옳은 것은?

① 재해보험사업자의 발기인이 법 제18조에서 적용하는 「보험업법」 제133조에 따른 검사를 기피한 경우 : 200만원
② 법 제29조에 따른 보고 또는 관계 서류 제출을 거짓으로 한 경우 : 200만원
③ 법 제10조 제2항에서 준용하는 「보험업법」 제97조 제1항을 위반하여 보험계약의 모집에 관한 금지행위를 한 경우 : 500만원
④ 법 제10조 제2항에서 준용하는 「보험업법」 제95조를 위반하여 보험안내를 한 자로서 재해보험사업자가 아닌 경우 : 1,000만원

40 농업재해보험 손해평가요령에 따른 종합위험방식 상품에서 "수확감소보장 및 과실손해보장"의 「수확전」 조사내용과 조사시기를 바르게 연결한 것은? [기출수정]

① 피해사실확인조사 – 결실완료 후
② 이앙(직파)불능피해조사 – 수정완료 후
③ 경작불능조사 – 사고접수 후 지체 없이
④ 재이앙(재직파)조사 – 이앙 한계일(7. 31) 이후

41 농업재해보험 손해평가요령에 따른 손해수량 조사방법과 관련하여 적과전 종합위험방식 상품 "단감"의 「6월 1일~적과전」 생육시기에 해당되는 재해를 모두 고른 것은? 기출수정

ㄱ. 우박	ㄴ. 지진
ㄷ. 가을동상해	ㄹ. 집중호우

① ㄱ, ㄴ
② ㄴ, ㄷ
③ ㄱ, ㄴ, ㄹ
④ ㄱ, ㄷ, ㄹ

42 농업재해보험 손해평가요령에 따른 농업재해보험의 종류에 해당하는 것을 모두 고른 것은?

ㄱ. 농작물재해보험	ㄴ. 양식수산물재해보험
ㄷ. 임산물재해보험	ㄹ. 가축재해보험

① ㄱ, ㄴ
② ㄱ, ㄹ
③ ㄱ, ㄷ, ㄹ
④ ㄴ, ㄷ, ㄹ

43 농업재해보험 손해평가요령에 따른 손해평가인 정기교육의 세부내용으로 명시되어 있지 않은 것은?

① 손해평가의 절차 및 방법
② 농업재해보험의 종류별 약관
③ 풍수해보험에 관한 기초지식
④ 피해유형별 현지조사표 작성 실습

44 농어업재해보험법 및 농업재해보험 손해평가요령에 따른 교차손해평가에 관한 내용으로 옳지 않은 것은?

① 교차손해평가를 위해 손해평가반을 구성할 경우 손해평가사 2인 이상이 포함되어야 한다.
② 교차손해평가의 절차·방법 등에 필요한 사항은 농림축산식품부장관 또는 해양수산부장관이 정한다.
③ 재해보험사업자는 교차손해평가가 필요한 경우 재해보험 가입규모, 가입분포 등을 고려하여 교차손해평가 대상 시·군·구(자치구를 말한다)를 선정하여야 한다.
④ 재해보험사업자는 교차손해평가 대상지로 선정한 시·군·구(자치구를 말한다) 내에서 손해 평가 경력, 타 지역 조사 가능여부 등을 고려하여 교차손해평가를 담당할 지역손해평가인을 선발하여야 한다.

45 농업재해보험 손해평가요령에 따른 보험목적물별 손해평가 단위를 바르게 연결한 것은?

ㄱ. 소 : 개별가축별
ㄴ. 벌 : 개체별
ㄷ. 농작물 : 농지별
ㄹ. 농업시설물 : 보험가입 농가별

① ㄱ, ㄴ ② ㄱ, ㄷ
③ ㄴ, ㄹ ④ ㄷ, ㄹ

46 농업재해보험 손해평가요령에 따른 농작물의 보험금 산정에서 종합위험방식 "벼"의 보장 범위가 아닌 것은?

① 생산비보장
② 수확불능보장
③ 이앙·직파불능보장
④ 경작불능보장

47 농업재해보험 손해평가요령에 따른 종합위험방식 「과실손해보장」에서 "오디"의 경우 다음 조건으로 산정한 보험금은?

• 보험가입금액 : 500만원
• 자기부담비율 : 20%
• 미보상감수결실수 : 20개
• 조사결실수 : 40개
• 평년결실수 : 200개

① 100만원 ② 200만원
③ 250만원 ④ 300만원

48 농업재해보험 손해평가요령에 따른 종합위험방식 상품 「수확전」 "복분자"에 해당하는 조사내용은?

① 결과모지 및 수정불량조사
② 결실수조사
③ 피해과실수조사
④ 재파종피해조사

49 농업재해보험 손해평가요령에 따른 적과전 종합위험방식 상품 "사과, 배, 단감, 떫은감"의 조사 방법으로서 전수조사가 명시된 조사내용은? 〔기출+정〕

① 낙과피해조사
② 착과피해조사
③ 적과후 착과수조사
④ 피해사실확인조사

50 농업재해보험 손해평가요령에 따른 적과전 종합위험방식 「과실손해보장」에서 "사과"의 경우 다음 조건으로 산정한 보험금은? 〔기출+정〕

- 가입가격 : 1만원/kg
- 자기부담감수량 : 1,100kg
- 기준수확량 : 20,000kg
- 미보상감수량 : 0kg
- 적과종료 이후 누적감수량 : 5,000kg

① 2,000만원
③ 4,900만원

② 3,900만원
④ 5,000만원

51 과실의 구조적 특징에 따른 분류로 옳은 것은?

① 인과류 – 사과, 배
② 핵과류 – 밤, 호두
③ 장과류 – 복숭아, 자두
④ 각과류 – 포도, 참다래

52 다음이 설명하는 번식방법은?

> ㄱ. 번식하고자 하는 모수의 가지를 잘라 다른 나무 대목에 붙여 번식하는 방법
> ㄴ. 영양기관인 잎, 줄기, 뿌리를 모체로부터 분리하여 상토에 꽂아 번식하는 방법

	ㄱ	ㄴ
①	삽목	접목
②	취목	삽목
③	접목	분주
④	접목	삽목

53 다음 A농가가 실시한 휴면타파 처리는?

> 경기도에 있는 A농가에서는 작년에 콩의 발아율이 낮아 생산량 감소로 경제적 손실을 보았다. 금년에 콩 종자의 발아율을 높이기 위해 휴면타파 처리를 하여 손실을 만회할 수 있었다.

① 훈증 처리
② 콜히친 처리
③ 토마토톤 처리
④ 종피파상 처리

54 병해충의 물리적 방제방법이 아닌 것은?

① 천적곤충
② 토양가열
③ 증기소독
④ 유인포살

55 다음이 설명하는 채소는?

- 무, 치커리, 브로콜리 종자를 주로 이용한다.
- 재배기간이 짧고 무공해로 키울 수 있다.
- 이식 또는 정식과정 없이 재배할 수 있다.

① 조미채소
② 뿌리채소
③ 새싹채소
④ 과일채소

56 A농가가 오이의 성 결정시기에 받은 영농지도는?

지난해 처음으로 오이를 재배했던 A농가에서 오이의 암꽃 수가 적어 주변 농가보다 생산량이 적었다. 올해 지역 농업기술센터의 영농지도를 받은 후 오이의 암꽃 수가 지난해 보다 많아져 생산량이 증가되었다.

① 고온 및 단일 환경으로 관리
② 저온 및 장일 환경으로 관리
③ 저온 및 단일 환경으로 관리
④ 고온 및 장일 환경으로 관리

57 토마토의 생리장해에 관한 설명이다. 생리장해와 처방방법을 옳게 묶은 것은?

> 칼슘의 결핍으로 과실의 선단이 수침상(水浸狀)으로 썩게 된다.

① 공동과 – 엽면시비
② 기형과 – 약제 살포
③ 배꼽썩음과 – 엽면시비
④ 줄썩음과 – 약제 살포

58 다음이 설명하는 것은?

> • 벼의 결실기에 종실이 이삭에 달린 채로 싹이 트는 것을 말한다.
> • 태풍으로 벼가 도복이 되었을 때 고온·다습 조건에서 자주 발생한다.

① 출수(出穗)
② 수발아(穗發芽)
③ 맹아(萌芽)
④ 최아(催芽)

59 토양에 석회를 시용하는 주요 목적은?

① 토양 피복
② 토양 수분 증가
③ 산성 토양 개량
④ 토양생물 활성 증진

60 다음 설명이 틀린 것은?

① 동해는 물의 빙점보다 낮은 온도에서 발생한다.
② 일소현상, 결구장해, 조기추대는 저온장해 증상이다.
③ 온대과수는 내동성이 강한 편이나, 열대과수는 내동성이 약하다.
④ 서리피해 방지로 톱밥 및 왕겨 태우기가 있다.

61 다음과 관련되는 현상은?

> A농가는 지난해 노지에 국화를 심고 가을에 절화를 수확하여 출하하였다. 재배지 주변의 가로등이 밤에 켜져 있어 주변 국화의 꽃눈분화가 억제되어 개화가 되지 않아 경제적 손실을 입었다.

① 도장 현상   ② 광중단 현상
③ 순멎이 현상   ④ 블라스팅 현상

62 B씨가 저장한 화훼는?

> B씨가 화훼류를 수확하여 4℃ 저장고에 2주간 저장한 후 출하·유통하려 하였더니 저장전과 달리 저온장해가 발생하였다.

① 장미   ② 금어초
③ 카네이션   ④ 안스리움

63 시설원예 자재에 관한 설명으로 옳지 않은 것은?

① 피복자재는 열전도율이 높아야 한다.
② 피복자재는 외부 충격에 강해야 한다.
③ 골격자재는 내부식성이 강해야 한다.
④ 골격자재는 철재 및 경합금재가 사용된다.

64 작물 재배시 습해 방지대책으로 옳지 않은 것은?

☑ 확인
Check!
○
△
✕

① 배수
② 토양개량
③ 증발억제제 살포
④ 내습성 작물 선택

65 다음이 설명하는 현상은?

☑ 확인
Check!
○
△
✕

> • 온도자극에 의해 화아분화가 촉진되는 것을 말한다.
> • 추파성 밀 종자를 저온에 일정기간 둔 후 파종하면 정상적으로 출수할 수 있다.

① 춘화 현상
② 경화 현상
③ 추대 현상
④ 하고 현상

66 토양입단 파괴요인을 모두 고른 것은?

☑ 확인
Check!
○
△
✕

> ㄱ. 유기물 사용 ㄴ. 피복작물 재배
> ㄷ. 비와 바람 ㄹ. 경운

① ㄱ, ㄴ ② ㄱ, ㄹ
③ ㄴ, ㄷ ④ ㄷ, ㄹ

67 토양 수분을 pF값이 낮은 것부터 옳게 나열한 것은?

> ㄱ. 결합수
> ㄴ. 모관수
> ㄷ. 흡착수

① ㄱ - ㄴ - ㄷ   ② ㄴ - ㄱ - ㄷ
③ ㄴ - ㄷ - ㄱ   ④ ㄷ - ㄴ - ㄱ

68 사과 모양과 온도와의 관계를 설명한 것이다. (　　)에 들어갈 내용을 순서대로 나열한 것은?

> 생육 초기에는 (　　)생장이, 그 후에는 (　　)생장이 왕성하므로 따뜻한 지방에서는 후기 생장이
> 충분히 이루어져 과실이 대체로 (　　)모양이 된다.

편원형

장원형

① 종축, 횡축, 편원형
② 종축, 횡축, 장원형
③ 횡축, 종축, 편원형
④ 횡축, 종축, 장원형

69 우리나라의 우박 피해에 관한 설명으로 옳지 않은 것은?

① 사과, 배의 착과기와 성숙기에 많이 발생한다.
② 돌발적이고 단기간에 큰 피해가 발생한다.
③ 지리적 조건과 관계없이 광범위하게 분포한다.
④ 수관 상부에 그물을 씌워 피해를 경감시킬 수 있다.

70 다음이 설명하는 것은?

• 경작지 표면의 흙을 그루 주변에 모아 주는 것을 말한다.
• 일반적으로 잡초 방지, 도복 방지, 맹아 억제 등의 목적으로 실시한다.

① 멀칭　　　　　　　　② 배토
③ 중경　　　　　　　　④ 쇄토

71 과수작물에서 무기양분의 불균형으로 발생하는 생리장해는?

① 일소
② 동록
③ 열과
④ 고두병

72 다음이 설명하는 해충과 천적의 연결이 옳은 것은?

• 즙액을 빨아 먹고, 표면에 배설물을 부착시켜 그을음병을 유발시킨다.
• 고추의 전 생육기간에 걸쳐 발생하며 CMV 등 바이러스를 옮기는 매개충이다.

① 진딧물 – 진디벌
② 잎응애류 – 칠레이리응애
③ 잎굴파리 – 굴파리좀벌
④ 총채벌레 – 애꽃노린재

73 작물의 로제트(rosette) 현상을 타파하기 위한 생장조절물질은?

① 옥신
② 지베렐린
③ 에틸렌
④ 아브시스산

74 과수재배시 일조(日照) 부족 현상은?

① 신초 웃자람
② 꽃눈 형성 촉진
③ 과실 비대 촉진
④ 사과 착색 촉진

75 다음 피복재 중 보온성이 가장 높은 연질필름은?

① 폴리에틸렌(PE)필름
② 염화비닐(PVC)필름
③ 불소계수지(ETFE)필름
④ 에틸렌아세트산비닐(EVA)필름

2019년도 제5회 손해평가사 1차 시험문제

수험번호		시험과목	문항수	시험시간
감독확인		① 「상법」보험편	과목별	90분
성 명		② 농어업재해보험법령 ③ 농학개론 중 재배학 및 원예작물학	25문항	

[수험자 유의사항]

① 답안카드에 기재된 '수험자 유의사항 및 답안카드 작성시 유의사항'을 준수하시기 바랍니다.

② 수험자 교육시간에 감독위원 안내 또는 방송(유의사항)에 따라 답안카드에 수험번호를 기재 마킹하고, 배부된 시험지의 인쇄상태 확인 후 형별 기재란에 표시된 형별(A형 공통)을 확인하여야 합니다.

③ 답안카드는 국가전문자격 공통 표준형으로 문제번호가 1번부터 125번까지 인쇄되어 있습니다. 답안 마킹시에는 반드시 시험문제지의 문제번호와 동일한 번호에 마킹하여야 합니다.

④ 답안카드 기재·마킹시에는 반드시 검은색 사인펜을 사용하여야 합니다.
   ※ 지워지는 펜 사용 불가

⑤ 채점은 전산 자동 판독 결과에 따르므로 유의사항을 지키지 않거나(검은색 사인펜 미사용) 수험자의 부주의(답안카드 기재·마킹 착오, 불완전한 마킹·수정, 예비마킹, 형별 마킹 착오 등)로 판독불능, 중복판독 등 불이익이 발생할 경우 수험자 책임으로 이의제기를 하더라도 받아들여지지 않습니다.

⑥ 답안을 잘못 작성했을 경우, 답안카드 교체 및 수정테이프 사용가능(단, 답안 이외 수험번호 등 인적사항은 수정불가)하며, 재작성에 따른 시험시간은 별도로 부여하지 않음
   ※ 수정테이프 이외 수정액 및 스티커 등은 사용 불가

⑦ 시험문제가 Q-net 홈페이지(http://www.q-net.or.kr)내 손해평가사 홈페이지(자료실⇒문제지 내려받기)에 공개될 예정이오니 참고하시기 바랍니다.

○ 답안 작성 기준
   제1차 시험의 답안은 시험시행일에 시행되고 있는 관련 법령 등을 기준으로 작성하여야 합니다.

상법(보험편)

01 보험계약에 관한 설명으로 옳지 않은 것은? (다툼이 있으면 판례에 따름)

① 보험계약은 당사자 일방이 약정한 보험료를 지급하고, 상대방은 일정한 보험금이나 그 밖의 급여를 지급할 것을 약정함으로써 효력이 발생한다.

② 보험계약은 당사자 사이의 청약과 승낙의 의사합치에 의하여 성립한다.

③ 보험계약은 요물계약이다.

④ 보험계약은 부합계약의 일종이다.

02 상법상 보험약관의 교부·설명의무에 관한 내용으로 옳은 것은? (다툼이 있으면 판례에 따름)

① 보험약관이 계약 당사자에 대하여 구속력을 갖는 것은 계약 당사자 사이에서 계약내용에 포함시키기로 합의하였기 때문이다.

② 보험계약이 성립한 후 3월 이내에 보험계약자는 보험자의 보험약관 교부·설명의무위반을 이유로 그 계약을 철회할 수 있다.

③ 보험자의 보험약관 교부·설명의무위반시 보험계약자는 해당 계약을 소급해서 무효로 할 수 있는데, 그 권리의 행사시점은 보험사고발생시부터이다.

④ 보험자는 보험계약을 체결한 후에 보험계약자에게 중요한 사항을 설명하여야 한다.

03 타인을 위한 보험에 관한 설명으로 옳지 않은 것은?

① 보험계약자는 위임을 받아 특정의 타인을 위하여 보험계약을 체결할 수 있다.
② 보험계약자는 위임을 받지 아니하고 불특정의 타인을 위하여 보험계약을 체결할 수 있다.
③ 타인을 위한 손해보험계약의 경우에 그 타인의 위임이 없는 때에는 이를 보험자에게 고지하여야 한다.
④ 타인을 위한 보험계약의 경우에 그 타인은 수익의 의사표시를 하여야 그 계약의 이익을 받게 된다.

04 보험증권에 관한 설명으로 옳지 않은 것은?

① 보험자는 보험계약이 성립한 때에는 지체 없이 보험증권을 작성하여 보험계약자에게 교부하여야 한다. 그러나 보험계약자가 보험료의 전부 또는 최초의 보험료를 지급하지 아니한 때에는 그러하지 아니하다.
② 기존의 보험계약을 연장하거나 변경한 경우에 보험자는 그 보험증권에 그 사실을 기재함으로써 보험증권의 교부에 갈음할 수 없다.
③ 보험계약의 당사자는 보험증권의 교부가 있은 날로부터 일정한 기간 내에 한하여 그 증권내용의 정부에 관한 이의를 할 수 있음을 약정할 수 있다. 이 기간은 1월을 내리지 못한다.
④ 보험증권을 멸실 또는 현저하게 훼손한 때에는 보험계약자는 보험자에 대하여 증권의 재교부를 청구할 수 있다. 그 증권작성의 비용은 보험계약자의 부담으로 한다.

05 보험계약 등에 관한 설명으로 옳지 않은 것은?

① 보험계약은 그 계약 전의 어느 시기를 보험기간의 시기로 할 수 있다.
② 보험계약 당시에 보험사고가 이미 발생하였거나 또는 발생할 수 없는 것인 때에는 그 계약은 무효로 한다. 그러나 당사자 쌍방과 피보험자가 이를 알지 못한 때에는 그러하지 아니하다.
③ 대리인에 의하여 보험계약을 체결한 경우에 대리인이 안 사유는 그 본인이 안 것과 동일한 것으로 한다.
④ 최초보험료 지급 지체에 따라 보험계약이 해지된 경우 보험계약자는 그 계약의 부활을 청구할 수 있다.

06 보험대리상 등의 권한에 관한 설명으로 옳은 것은?

① 보험대리상은 보험계약자로부터 보험료를 수령할 권한이 없다.
② 보험대리상의 권한에 대한 일부 제한이 가능하고, 이 경우 보험자는 선의의 제3자에 대하여 대항할 수 있다.
③ 보험대리상은 보험계약자에게 보험계약의 체결, 변경, 해지 등 보험계약에 관한 의사표시를 할 수 있는 권한이 있다.
④ 보험대리상이 아니면서 특정한 보험자를 위하여 계속적으로 보험계약의 체결을 중개하는 자는 보험계약자로부터 고지를 수령할 수 있는 권한이 있다.

07 보험계약에 관한 내용으로 옳은 것을 모두 고른 것은?

> ㄱ. 보험계약의 당사자가 특별한 위험을 예기하여 보험료의 액을 정한 경우에 보험기간 중 그 예기한 위험이 소멸한 때에는 보험계약자는 그 후의 보험료의 감액을 청구할 수 있다.
> ㄴ. 보험계약의 전부 또는 일부가 무효인 경우에 보험계약자와 피보험자가 선의이며, 중대한 과실이 없는 때에는 보험자에 대하여 보험료의 전부 또는 일부의 반환을 청구할 수 있다.
> ㄷ. 보험사고가 발생하기 전 보험계약자나 보험자는 언제든지 보험계약을 해지할 수 있다.
> ㄹ. 타인을 위한 보험계약의 경우에는 보험계약자는 그 타인의 동의를 얻지 아니 하거나 보험증권을 소지하지 아니하면 그 계약을 해지하지 못한다.

① ㄱ, ㄴ, ㄷ   ② ㄱ, ㄴ, ㄹ
③ ㄱ, ㄷ, ㄹ   ④ ㄴ, ㄷ, ㄹ

08 고지의무위반으로 인한 계약해지에 관한 내용으로 옳지 않은 것은?

① 보험자가 보험계약 당시에 보험계약자나 피보험자의 고지의무위반 사실을 경미한 과실로 알지 못했던 때라도 계약을 해지할 수 없다.
② 보험계약 당시에 피보험자가 중대한 과실로 부실의 고지를 한 경우에 보험자는 해지권을 행사할 수 있다.
③ 보험자가 보험계약 당시에 보험계약자나 피보험자의 고지의무위반 사실을 알았던 경우에는 계약을 해지할 수 없다.
④ 보험계약 당시에 보험계약자가 고의로 중요한 사항을 고지하지 아니한 경우 보험자는 해지권을 행사할 수 있다.

다음 설명 중 옳은 것은?

① 상법상 보험계약자 또는 피보험자는 보험자가 서면으로 질문한 사항에 대하여만 답변하면 된다.

② 상법에 따르면 보험기간 중에 보험계약자 등의 고의로 인하여 사고발생의 위험이 현저하게 증가된 때에는 보험자는 계약 체결일로부터 3년 이내에 한하여 계약을 해지할 수 있다.

③ 보험자는 보험금액의 지급에 관하여 약정기간이 없는 경우에는 보험사고발생의 통지를 받은 후 지체 없이 보험금액을 지급하여야 한다.

④ 보험자가 파산의 선고를 받은 때에는 보험계약자는 계약을 해지할 수 있다.

10 **2년간 행사하지 아니하면 시효의 완성으로 소멸하는 것은 모두 몇 개인가?**

> • 보험금청구권
> • 보험료반환청구권
> • 보험료청구권
> • 적립금반환청구권

① 1개 　　　　　　　　　　　② 2개

③ 3개 　　　　　　　　　　　④ 4개

11 **다음 설명 중 옳은 것은?**

① 손해보험계약의 보험자가 보험계약의 청약과 함께 보험료 상당액의 전부를 지급 받은 때에는 다른 약정이 없으면 2주 이내에 낙부의 통지를 발송하여야 한다.

② 손해보험계약의 보험자가 보험계약의 청약과 함께 보험료 상당액의 일부를 지급 받은 때에 상법이 정한 기간 내에 낙부의 통지를 해태한 때에는 승낙한 것으로 추정한다.

③ 손해보험계약의 보험자가 보험계약의 청약과 함께 보험료 상당액의 전부를 지급 받은 때에 다른 약정이 없으면 상법이 정한 기간 내에 낙부의 통지를 해태한 때에는 승낙한 것으로 본다.

④ 손해보험계약의 보험자가 청약과 함께 보험료 상당액의 전부를 받은 경우에 언제나 보험계약 상의 책임을 진다.

12 가계보험의 약관조항으로 허용될 수 있는 것은?

① 약관설명의무위반시 계약 성립일부터 1개월 이내에 보험계약자가 계약을 취소할 수 있도록 한 조항
② 보험증권의 교부가 있은 날로부터 2주 내에 한하여 그 증권내용의 정부에 관한 이의를 할 수 있도록 한 조항
③ 해지환급금을 반환한 경우에도 그 계약의 부활을 청구할 수 있도록 한 조항
④ 고지의무를 위반한 사실이 보험사고발생에 영향을 미치지 아니하였음이 증명된 경우에도 보험자의 보험금 지급책임을 면하도록 한 조항

13 다음 설명 중 옳지 않은 것은?

① 손해보험계약의 보험자는 보험사고로 인하여 생길 피보험자의 재산상의 손해를 보상할 책임이 있다.
② 손해보험증권에는 보험증권의 작성지와 그 작성연월일을 기재하여야 한다.
③ 보험사고로 인하여 상실된 피보험자가 얻을 이익이나 보수는 당사자간에 다른 약정이 없으면 보험자가 보상할 손해액에 산입하지 아니한다.
④ 집합된 물건을 일괄하여 보험의 목적으로 한 때에는 그 목적에 속한 물건이 보험기간 중에 수시로 교체된 경우에도 보험계약의 체결시에 현존한 물건은 보험의 목적에 포함된 것으로 한다.

14 초과보험에 관한 설명으로 옳지 않은 것은?

① 보험금액이 보험계약 당시의 보험계약의 목적의 가액을 현저히 초과한 때를 말한다.
② 보험자 또는 보험계약자는 보험료와 보험금액의 감액을 청구할 수 있다.
③ 보험료의 감액은 보험계약 체결시에 소급하여 그 효력이 있으나, 보험금액의 감액은 장래에 대하여만 그 효력이 있다.
④ 보험계약자의 사기로 인하여 체결된 초과보험계약은 무효이며, 보험자는 그 사실을 안 때까지의 보험료를 청구할 수 있다.

15 상법상 기평가보험과 미평가보험에 관한 설명으로 옳은 것은?

① 당사자간에 보험가액을 정하지 아니한 때에는 계약 체결시의 가액을 보험가액으로 한다.
② 당자자간에 보험가액을 정한 때 그 가액이 사고발생시의 가액을 현저하게 초과할 때에는 사고발생시의 가액을 보험가액으로 한다.
③ 당사자간에 보험가액을 정한 때에는 그 가액은 계약 체결시의 가액으로 정한 것으로 추정한다.
④ 당사자간에 보험가액을 정한 때에는 그 가액은 사고발생시의 가액을 정한 것으로 본다.

16 피보험이익에 관한 설명으로 옳지 않은 것은?

① 우리 상법은 손해보험뿐만 아니라 인보험에서도 피보험이익이 있을 것을 요구한다.
② 상법은 피보험이익을 보험계약의 목적이라고 표현하며, 보험의 목적과는 다르다.
③ 밀수선이 압류되어 입을 경제적 손실은 피보험이익이 될 수 없다.
④ 보험계약의 동일성을 판단하는 표준이 된다.

17 상법상 당사자간에 다른 약정이 있으면 허용되는 것을 모두 고른 것은?

ㄱ. 보험사고가 전쟁 기타 변란으로 인하여 생긴 때의 위험을 담보하는 것
ㄴ. 최초의 보험료의 지급이 없는 때에도 보험자의 책임이 개시되도록 하는 것
ㄷ. 사고발생 전 임의해지시 미경과보험료의 반환을 청구하지 않기로 하는 것
ㄹ. 특정한 타인을 위한 보험의 경우에 보험계약자가 보험료의 지급을 지체한 때에는 보험자가 보험계약자에게만 최고하고, 그의 지급이 없는 경우 그 계약을 해지하기로 하는 것

① ㄱ, ㄴ　　　　　　　　　② ㄴ, ㄷ
③ ㄱ, ㄴ, ㄷ　　　　　　　④ ㄱ, ㄷ, ㄹ

18 중복보험에 관한 설명으로 옳은 것은?

① 동일한 보험계약의 목적과 동일한 사고에 관하여 수개의 보험계약이 동시에 또는 순차로 체결된 경우에 그 보험금액의 총액이 보험가액을 현저히 초과한 경우에만 상법상 중복보험에 해당한다.

② 동일한 보험계약의 목적과 동일한 사고에 관하여 수개의 보험계약을 체결하는 경우에는 보험계약자는 각 보험자에 대하여 각 보험계약의 내용을 통지하여야 한다.

③ 중복보험의 경우 보험자 1인에 대한 피보험자의 권리의 포기는 다른 보험자의 권리의무에 영향을 미친다.

④ 보험자는 보험가액의 한도에서 연대책임을 진다.

19 다음 (   )에 들어갈 용어로 옳은 것은?

(ㄱ)의 일부를 보험에 붙인 경우에는 보험자는 (ㄴ)의 (ㄷ)에 대한 비율에 따라 보상할 책임을 진다. 그러나 당사자간에 다른 약정이 있는 때에는 보험자는 (ㄹ)의 한도 내에서 그 손해를 보상할 책임을 진다.

	ㄱ	ㄴ	ㄷ	ㄹ
①	보험금액	보험가액	보험금액	보험금
②	보험금액	보험금액	보험가액	보험가액
③	보험가액	보험가액	보험금액	보험가액
④	보험가액	보험금액	보험가액	보험금액

20 손해액의 산정기준 등에 관한 설명으로 옳은 것은?

① 보험의 목적에 관하여 보험자가 부담할 손해가 생긴 경우에는 그 후 그 목적이 보험자가 부담하지 아니하는 보험사고의 발생으로 인하여 멸실된 때에도 보험자는 이미 생긴 손해를 보상할 책임을 면하지 못한다.

② 당사자간에 다른 약정이 있는 때에도 이득금지의 원칙상 신품가액에 의하여 손해액을 산정할 수는 없다.

③ 보험자가 보상할 손해액은 보험계약이 체결된 때와 곳의 가액에 의하여 산정한다.

④ 손해액의 산정에 관한 비용은 보험계약자의 부담으로 한다.

21 다음 (   )에 들어갈 상법 규정으로 옳은 것은?

> 상법 제679조(보험목적의 양도)
> ① 피보험자가 보험의 목적을 양도한 때에는 양수인은 보험계약상의 권리와 의무를 승계한 것으로 추정한다.
> ② 제1항의 경우에 보험의 목적의 (   )은 보험자에 대하여 지체 없이 그 사실을 통지하여야 한다.

① 양도인
② 양수인
③ 양도인과 양수인
④ 양도인 또는 양수인

22 손해방지의무 등에 관한 상법 규정의 설명으로 옳은 것은?

① 피보험자뿐만 아니라 보험계약자도 손해방지의무를 부담한다.
② 손해방지비용과 보상액의 합계액이 보험금액을 초과한 때에는 보험자의 지시에 의한 경우에만 보험자가 이를 부담한다.
③ 상법은 피보험자는 보험자에 대하여 손해방지비용의 선급을 청구할 수 있다고 규정한다.
④ 손해의 방지와 경감을 위하여 유익하였던 비용은 보험자가 이를 부담하지 않는다.

23 제3자에 대한 보험자대위에 관한 설명으로 옳지 않은 것은?

① 손해가 제3자의 행위로 인하여 발생한 경우에 보험금을 지급한 보험자는 그 지급한 금액의 한도에서 그 제3자에 대한 보험계약자 또는 피보험자의 권리를 취득한다.
② 보험자가 보상할 보험금의 일부를 지급한 경우에는 피보험자의 권리를 침해하지 아니하는 범위에서 그 권리를 행사할 수 있다.
③ 보험계약자나 피보험자의 제3자에 대한 권리가 그와 생계를 같이 하는 가족에 대한 것인 경우 보험자는 그 권리를 취득하지 못한다. 다만, 손해가 그 가족의 과실로 인하여 발생한 경우에는 그러하지 아니하다.
④ 보험계약에서 담보하지 아니하는 손해에 해당하여 보험금 지급의무가 없음에도 보험자가 피보험자에게 보험금을 지급한 경우라면, 보험자대위가 인정되지 않는다.

24 보험자가 손해를 보상할 경우에 보험료의 지급을 받지 아니한 잔액이 있는 경우, 상법 규정으로 옳은 것은?

① 보상할 금액을 전액 지급한 후 그 지급기일이 도래한 때 보험자는 잔액의 상환을 청구할 수 있다.

② 그 지급기일이 도래하지 아니한 때라도 보상할 금액에서 이를 공제할 수 있다.

③ 그 지급기일이 도래하지 아니한 때라면 보상할 금액에서 이를 공제할 수 없다.

④ 상법은 보험소비자의 보호를 위하여 어떠한 경우에도 보상할 금액에서 이를 공제할 수 없다고 규정한다.

25 화재보험에 관한 설명으로 옳지 않은 것은?

① 건물을 보험의 목적으로 한 때에는 그 소재지, 구조와 용도를 화재보험증권에 기재하여야 한다.

② 동산을 보험의 목적으로 한 때에는 그 존치한 장소의 상태와 용도를 화재보험증권에 기재하여야 한다.

③ 보험가액을 정한 때에는 그 가액을 화재보험증권에 기재하여야 한다.

④ 보험계약자의 주소와 성명 또는 상호는 화재보험증권의 기재사항이 아니다.

26 농어업재해보험법령상 재보험사업에 관한 설명으로 옳은 것은?

① 정부는 재해보험에 관한 재보험사업을 할 수 없다.
② 재보험수수료 등 재보험 약정에 포함되어야 할 사항은 농림축산식품부령에서 정하고 있다.
③ 재보험약정서에는 재보험금의 지급에 관한 사항뿐 아니라 분쟁에 관한 사항도 포함되어야 한다.
④ 농림축산식품부장관이 재보험사업에 관한 업무의 일부를 농업정책보험금융원에 위탁하는 경우에는 해양수산부장관과의 협의를 요하지 않는다.

27 농어업재해보험법령상 농어업재해재보험기금에 관한 설명이다. (　　)에 들어갈 내용을 순서대로 옳게 나열한 것은?

> 농림축산식품부장관은 (ㄱ)과 협의하여 법 제21조에 따른 농어업재해재보험기금의 수입과 지출을 명확히 하기 위하여 한국은행에 (ㄴ)을 설치하여야 한다.

	ㄱ	ㄴ
①	기획재정부장관	보험계정
②	기획재정부장관	기금계정
③	해양수산부장관	보험계정
④	해양수산부장관	기금계정

28 농어업재해보험법 시행령에서 정하고 있는 다음 사항에 대한 과태료 부과기준액을 모두 합한 금액은?

> • 법 제10조 제2항에서 준용하는 「보험업법」 제95조를 위반하여 보험안내를 한 자로서 재해보험사업자가 아닌 경우
> • 법 제29조에 따른 보고 또는 관계서류 제출을 하지 아니하거나 보고 또는 관계서류 제출을 거짓으로 한 경우
> • 법 제10조 제2항에서 준용하는 「보험업법」 제97조 제1항을 위반하여 보험계약의 체결 또는 모집에 관한 금지행위를 한 경우

① 1,000만원 ② 1,100만원
③ 1,200만원 ④ 1,300만원

29 농어업재해보험법령과 농업재해보험 손해평가요령상 다음의 설명 중 옳지 않은 것은?

① 손해평가사나 손해사정사가 아닌 경우에는 손해평가인이 될 수 없다.
② 농업재해보험 손해평가요령은 농림축산식품부고시의 형식을 갖추고 있다.
③ 가축재해보험도 농업재해보험의 일종이다.
④ 손해평가보조인이라 함은 손해평가 업무를 보조하는 자를 말한다.

30 농어업재해보험법령상 "시범사업"을 하기 위해 재해보험사업자가 농림축산식품부장관에게 제출하여야 하는 사업계획서 내용에 해당하는 것을 모두 고른 것은?

> ㄱ. 사업지역 및 사업기간에 관한 사항
> ㄴ. 보험상품에 관한 사항
> ㄷ. 보험계약사항 등 전반적인 사업운영 실적에 관한 사항
> ㄹ. 그 밖에 금융감독원장이 필요하다고 인정하는 사항

① ㄱ, ㄴ ② ㄱ, ㄷ
③ ㄴ, ㄷ ④ ㄴ, ㄹ

31 농업재해보험 손해평가요령상 손해평가인의 업무가 아닌 것은?

① 손해액 평가
② 보험가액 평가
③ 보험료의 평가
④ 피해사실 확인

32 농업재해보험 손해평가요령상 손해평가인의 교육에 관한 설명으로 옳지 않은 것은?

① 재해보험사업자는 위촉된 손해평가인을 대상으로 농업재해보험에 관한 손해평가의 방법 및 절차의 실무교육을 실시하여야 한다.
② 피해유형별 현지조사표 작성실습은 손해평가인 정기교육의 내용이다.
③ 손해평가인 정기교육시 농업재해보험에 관한 기초지식의 교육내용에는 농어업재해보험법 제정 배경 및 조문별 주요내용 등이 포함된다.
④ 위촉된 손해평가인의 실무교육시 재해보험사업자에 대하여 손해평가인은 교육비를 지급한다.

33 농업재해보험 손해평가요령상 재해보험사업자가 손해평가인 업무의 정지나 위촉의 해지를 할 수 있는 사항에 관한 설명으로 옳지 않은 것은?

① 손해평가인이 농업재해보험 손해평가요령의 규정을 위반한 경우 위촉을 해지할 수 있다.
② 손해평가인이 농어업재해보험법에 따른 명령을 위반한 때 3개월간 업무의 정지를 명할 수 있다.
③ 부정한 방법으로 손해평가인으로 위촉된 경우 위촉을 해지할 수 있다.
④ 업무수행과 관련하여 동의를 받지 않고 개인정보를 수집하여 「개인정보보호법」을 위반한 경우 3개월간 업무의 정지를 명할 수 있다.

34 농업재해보험 손해평가요령상 손해평가반 구성에 관한 설명으로 옳은 것은?

① 손해평가인은 법에 따른 손해평가를 하는 경우 손해평가반을 구성하고 손해평가반별로 평가 일정계획을 수립하여야 한다.
② 자기가 모집하지 않았더라도 자기와 생계를 같이하는 친족이 모집한 보험계약이라면 해당자는 그 보험계약에 관한 손해평가의 손해평가반 구성에서 배제되어야 한다.
③ 자기가 가입하였어도 자기가 모집하지 않은 보험계약이라면 해당자는 그 보험계약에 관한 손해평가의 손해평가반 구성에 참여할 수 있다.
④ 손해평가반에는 손해평가인, 손해평가사, 손해사정사에 해당하는 자를 2인 이상 포함시켜야 한다.

35 농어업재해보험법상 농어업재해에 해당하지 않는 것은?

① 농작물에 발생하는 자연재해
② 임산물에 발생하는 병충해
③ 농업용 시설물에 발생하는 화재
④ 농어촌 주민의 주택에 발생하는 화재

36 농어업재해보험법령상 농업재해보험심의회의 심의사항에 해당하는 것을 모두 고른 것은?

> ㄱ. 재해보험목적물의 선정에 관한 사항
> ㄴ. 재해보험사업에 대한 재정지원에 관한 사항
> ㄷ. 손해평가의 방법과 절차에 관한 사항

① ㄱ, ㄴ
③ ㄴ, ㄷ
② ㄱ, ㄷ
④ ㄱ, ㄴ, ㄷ

37 농어업재해보험법령상 재해보험사업에 관한 내용으로 옳지 않은 것은?

① 재해보험사업을 하려는 자는 기획재정부장관과 재해보험사업의 약정을 체결하여야 한다.
② 재해보험의 종류는 농작물재해보험, 임산물재해보험, 가축재해보험 및 양식수산물재해보험으로 한다.
③ 재해보험에 가입할 수 있는 자는 농림업, 축산업, 양식수산업에 종사하는 개인 또는 법인으로 한다.
④ 재해보험에서 보상하는 재해의 범위는 해당 재해의 발생 빈도, 피해 정도 및 객관적인 손해평가방법 등을 고려하여 재해보험의 종류별로 대통령령으로 정한다.

38 농어업재해보험법령상 재해보험사업을 할 수 없는 자는?

① 「수산업협동조합법」에 따른 수산업협동조합중앙회
② 「새마을금고법」에 따른 새마을금고중앙회
③ 「보험업법」에 따른 보험회사
④ 「산림조합법」에 따른 산림조합중앙회

39 농어업재해보험법령상 재해보험사업 및 보험료율의 산정에 관한 설명으로 옳지 않은 것은?

① 재해보험사업의 약정을 체결하려는 자는 보험료 및 책임준비금 산출방법서 등을 농림축산식품부장관 또는 해양수산부장관에게 제출하여야 한다.
② 재해보험사업자는 보험료율을 객관적이고 합리적인 통계자료를 기초로 산정하여야 한다.
③ 보험료율은 보험목적물별 또는 보상방식별로 산정한다.
④ 보험료율은 대한민국 전체를 하나의 단위로 산정하여야 한다.

40 농어업재해보험법령상 재해보험을 모집할 수 있는 자가 아닌 것은?

① 「수산업협동조합법」에 따라 설립된 수협은행의 임직원
② 「수산업협동조합법」의 공제규약에 따른 공제모집인으로서 해양수산부장관이 인정하는 자
③ 「산림조합법」에 따른 산림조합중앙회의 임직원
④ 「보험업법」 제83조 제1항에 따라 보험을 모집할 수 있는 자

41 농어업재해보험법령상 손해평가사에 관한 설명으로 옳지 않은 것은?

① 농림축산식품부장관은 공정하고 객관적인 손해평가를 촉진하기 위하여 손해평가사 제도를 운영한다.
② 손해평가사 자격이 취소된 사람은 그 취소 처분이 있은 날부터 2년이 지나지 아니한 경우 손해평가사 자격시험에 응시하지 못한다.
③ 손해평가사 자격시험의 제1차 시험은 선택형으로 출제하는 것을 원칙으로 하되, 단답형 또는 기입형을 병행할 수 있다.
④ 보험목적물 또는 관련 분야에 관한 전문 지식과 경험을 갖추었다고 인정되는 대통령령으로 정하는 기준에 해당하는 사람에게는 손해평가사 자격시험 과목의 전부를 면제할 수 있다.

42 농어업재해보험법령상 손해평가에 관한 설명으로 옳지 않은 것은?

① 재해보험사업자는 손해평가인을 위촉하여 손해평가를 담당하게 할 수 있다.
② 농림축산식품부장관 또는 해양수산부장관은 손해평가인간의 손해평가에 관한 기술·정보의 교환을 지원할 수 있다.
③ 농림축산식품부장관 또는 해양수산부장관은 손해평가인이 공정하고 객관적인 손해평가를 수행할 수 있도록 분기별 1회 이상 정기교육을 실시하여야 한다.
④ 농림축산식품부장관 또는 해양수산부장관은 손해평가요령을 고시하려면 미리 금융위원회와 협의하여야 한다.

43 농어업재해보험법령상 재정지원에 관한 내용으로 옳지 않은 것은?

① 정부는 예산의 범위에서 재해보험사업자의 재해보험의 운영 및 관리에 필요한 비용의 전부 또는 일부를 지원할 수 있다.

② 「풍수해보험법」에 따른 풍수해보험에 가입한 자가 동일한 보험목적물을 대상으로 재해보험에 가입할 경우에는 정부가 재정지원을 하지 아니한다.

③ 보험료와 운영비의 지원 방법 및 지원 절차 등에 필요한 사항은 대통령령으로 정한다.

④ 지방자치단체는 예산의 범위에서 재해보험가입자가 부담하는 보험료의 일부를 추가로 지원할 수 있으며, 지방자치단체의 장은 지원 금액을 재해보험가입자에게 지급하여야 한다.

44 농업재해보험 손해평가요령상 손해평가준비 및 평가결과 제출에 관한 설명으로 옳지 않은 것은?

① 재해보험사업자는 손해평가반이 실시한 손해평가결과를 기록할 수 있는 현지조사서를 마련해야 한다.

② 손해평가반은 보험가입자가 정당한 사유 없이 손해평가를 거부하여 손해평가를 실시하지 못한 경우에는 그 피해를 인정할 수 없는 것으로 평가한다는 사실을 보험가입자에게 통지한 후 현지조사서를 재해보험사업자에게 제출하여야 한다.

③ 보험가입자가 정당한 사유 없이 손해평가반이 작성한 현지조사서에 서명을 거부한 경우에는 손해평가반은 그 피해를 인정할 수 없는 것으로 평가한다는 현지조사서를 작성하여 재해보험사업자에게 제출하여야 한다.

④ 보험가입자가 손해평가반의 손해평가결과에 대하여 설명 또는 통지를 받은 날로부터 7일 이내에 손해평가가 잘못되었음을 증빙하는 서류 또는 사진 등을 제출하는 경우 재해보험사업자는 다른 손해평가반으로 하여금 재조사를 실시하게 할 수 있다.

45 농업재해보험 손해평가요령상 보험목적물별 손해평가의 단위로 옳은 것을 모두 고른 것은?

ㄱ. 벌 : 벌통 단위	ㄴ. 벼 : 농지별
ㄷ. 돼지 : 개별축사별	ㄹ. 농업시설물 : 보험가입 농가별

① ㄱ, ㄴ
② ㄱ, ㄷ
③ ㄴ, ㄹ
④ ㄷ, ㄹ

46 농업재해보험 손해평가요령상 농작물의 보험가액 산정에 관한 설명이다. (   )에 들어 갈 내용으로 옳은 것은?

> (   ) 보험가액은 보험증권에 기재된 보험목적물의 평년수확량에 보험가입 당시의 단위당 가입가격을 곱하여 산정한다. 다만, 보험가액에 영향을 미치는 가입면적, 주수, 수령, 품종 등이 가입 당시와 다를 경우 변경할 수 있다.

① 종합위험방식
② 적과전 종합위험방식
③ 생산비보장
④ 특정위험방식

47 농어업재해보험법령상 정부의 재정지원에 관한 설명이다. (   )에 들어갈 내용으로 옳은 것은?

> 보험료 또는 운영비의 지원 금액을 지급받으려는 재해보험사업자는 농림축산식품부장관 또는 해양수산부장관이 정하는 바에 따라 (   )나 운영비 사용계획서를 농림축산식품부장관 또는 해양수산부장관에게 제출하여야 한다.

① 현지조사서
② 재해보험 가입현황서
③ 보험료 사용계획서
④ 기금결산보고서

48 농업재해보험 손해평가요령상 농업시설물의 보험가액 산정에 관한 설명이다. (   )에 들어갈 내용으로 옳은 것은?

> 농업시설물에 대한 보험가액은 보험사고가 발생한 때와 곳에서 평가한 피해목적물의 (   )에서 내용연수에 따른 감가상각률을 적용하여 계산한 감가상각액을 차감하여 산정한다.

① 재조달가액
② 보험가입금액
③ 원상복구비용
④ 손해액

49 농업재해보험 손해평가요령상 종합위험방식 상품에서 조사내용으로 「수확전 사고조사」를 하는 품목은? 기출수정

① 복분자

② 오디

③ 감귤(온주밀감류)

④ 단감

50 농업재해보험 손해평가요령상 적과전 종합위험방식 상품 중 「보험계약 체결일~적과전」 생육시기에 우박으로 인한 손해수량의 조사내용인 것은? 기출수정

① 나무피해조사

② 피해사실확인조사

③ 낙엽피해조사

④ 수확량조사

51 과실의 구조적 특징에 따른 분류로 옳은 것은?

① 인과류 – 사과, 자두
② 핵과류 – 복숭아, 매실
③ 장과류 – 포도, 체리
④ 각과류 – 밤, 키위

52 토양 입단 형성에 부정적 영향을 주는 것은?

① 나트륨 이온 첨가
② 유기물 시용
③ 콩과작물 재배
④ 피복작물 재배

53 작물 재배에 있어서 질소에 관한 설명으로 옳은 것은?

① 벼과작물에 비해 콩과작물은 질소 시비량을 늘여주는 것이 좋다.
② 질산이온(NO_3^-)으로 식물에 흡수된다.
③ 결핍증상은 노엽(老葉)보다 유엽(幼葉)에서 먼저 나타난다.
④ 암모니아태 질소비료는 석회와 함께 시용하는 것이 효과적이다.

54 식물체내 물의 기능을 모두 고른 것은?

ㄱ. 양분 흡수의 용매	ㄴ. 세포의 팽압 유지
ㄷ. 식물체의 항상성 유지	ㄹ. 물질 합성과정의 매개

① ㄱ, ㄴ
② ㄱ, ㄷ, ㄹ
③ ㄴ, ㄷ, ㄹ
④ ㄱ, ㄴ, ㄷ, ㄹ

55 토양 습해대책으로 옳지 않은 것은?

① 밭의 고랑재배
② 땅속 배수시설 설치
③ 습답의 이랑재배
④ 토양개량제 사용

56 작물 재배시 한해(旱害) 대책을 모두 고른 것은?

ㄱ. 중경제초
ㄴ. 밀식재배
ㄷ. 토양입단 조성

① ㄱ, ㄴ
② ㄱ, ㄷ
③ ㄴ, ㄷ
④ ㄱ, ㄴ, ㄷ

57 다음 (   )에 들어갈 내용을 순서대로 옳게 나열한 것은?

과수작물의 동해 및 서리피해에서 (   )의 경우 꽃이 일찍 피는 따뜻한 지역에서 늦서리 피해가 많이 일어난다. 최근에는 온난화의 영향으로 개화기가 빨라져 (   )에서 서리피해가 빈번하게 발생한다. (   )은 상층의 더운 공기를 아래로 불어내려 과수원의 기온 저하를 막아주는 방법이다.

① 사과나무, 장과류, 살수법
② 배나무, 핵과류, 송풍법
③ 배나무, 인과류, 살수법
④ 사과나무, 각과류, 송풍법

58 작물의 생육적온에 관한 설명으로 옳지 않은 것은?

① 대사작용에 따라 적온이 다르다.
② 발아 후 생육단계별로 적온이 있다.
③ 품종에 따른 차이가 존재한다.
④ 주간과 야간의 적온은 동일하다.

59 다음 (   )의 내용을 순서대로 옳게 나열한 것은?

> 광보상점은 광합성에 의한 이산화탄소 (   )과 호흡에 의한 이산화탄소 (   )이 같은 지점이다.
> 그리고 내음성이 (   ) 작물은 (   ) 작물보다 광보상점이 높다.

① 방출량, 흡수량, 약한, 강한
② 방출량, 흡수량, 강한, 약한
③ 흡수량, 방출량, 약한, 강한
④ 흡수량, 방출량, 강한, 약한

60 우리나라 우박 피해로 옳은 것을 모두 고른 것은?

> ㄱ. 전국적으로 7월에 집중적으로 발생한다.
> ㄴ. 돌발적이고 단기간에 큰 피해가 발생한다.
> ㄷ. 피해지역이 비교적 좁은 범위에 한정된다.
> ㄹ. 피해과원의 모든 과실을 제거하여 이듬해 결실률을 높인다.

① ㄱ, ㄹ
③ ㄴ, ㄷ, ㄹ
② ㄴ, ㄷ
④ ㄱ, ㄴ, ㄷ, ㄹ

61 다음이 설명하는 재해는?

> 시설 재배시 토양수분의 증발량이 관수량보다 많을 때 주로 발생하며, 비료성분의 집적으로 작물의 토양수분 흡수가 어려워지고 영양소 불균형을 초래한다.

① 한해   ② 습해

③ 염해   ④ 냉해

62 과수재배에 이용되는 생장조절물질에 관한 설명으로 옳지 않은 것은?

① 삽목시 발근촉진제로 옥신계 물질을 사용한다.
② 사과나무 적과제로 옥신계 물질을 사용한다.
③ 씨없는 포도를 만들 때 지베렐린을 사용한다.
④ 사과나무 낙과방지제로 시토키닌계 물질을 사용한다.

63 다음이 설명하는 것은?

> 낙엽과수는 가을 노화기간에 자연적인 기온 저하와 함께 내한성 증대를 위해 점진적으로 저온에 노출되어야 한다.

① 경화   ② 동화

③ 적화   ④ 춘화

64 재래육묘에 비해 플러그육묘의 장점이 아닌 것은?

① 노동·기술집약적이다.
② 계획생산이 가능하다.
③ 정식 후 생장이 빠르다.
④ 기계화 및 자동화로 대량생산이 가능하다.

65 육묘 재배의 이유가 아닌 것은?

① 과채류 재배시 수확기를 앞당길 수 있다.
② 벼 재배시 감자와 1년 2작이 가능하다.
③ 봄 결구배추 재배시 추대를 유도할 수 있다.
④ 맥류 재배시 생육촉진으로 생산량 증가를 기대할 수 있다.

66 삽목번식에 관한 설명으로 옳지 않은 것은?

① 과수의 결실연령을 단축시킬 수 있다.
② 모주의 유전형질이 후대에 똑같이 계승된다.
③ 종자번식이 불가능한 작물의 번식수단이 된다.
④ 수세를 조절하고 병해충 저항성을 높일 수 있다.

67 담배모자이크 바이러스의 주요 피해작물이 아닌 것은?

① 가지
② 사과
③ 고추
④ 배추

68 식용부위에 따른 분류에서 엽경채류가 아닌 것은?

① 시금치
② 미나리
③ 마늘
④ 오이

69 다음 (   )의 내용을 순서대로 옳게 나열한 것은?

저온에 의하여 꽃눈형성이 유기되는 것을 (   )라 말하며, 당근·양배추 등은 (   )으로 식물체가
일정한 크기에 도달해야만 저온에 감응하여 화아분화가 이루어진다.

① 춘화, 종자춘화형

② 이춘화, 종자춘화형

③ 춘화, 녹식물춘화형

④ 이춘화, 녹식물춘화형

70 다음 두 농가가 재배하고 있는 품목은?

- **A농가** : 과실이 자람에 따라 서서히 호흡이 저하되다 성숙기를 지나 완숙이 진행되는 전환기에 호흡
  이 일시적으로 상승하는 과실
- **B농가** : 성숙기가 되어도 특정한 변화가 일어나지 않는 과실

	A농가	B농가
①	사과	블루베리
②	살구	키위
③	포도	바나나
④	자두	복숭아

71 도로건설로 야간 조명이 늘어나는 지역에서 개화 지연에 대한 대책이 필요한 화훼작물은?

① 국화, 시클라멘

② 장미, 페튜니아

③ 금어초, 제라늄

④ 칼랑코에, 포인세티아

72 A농가에서 실수로 2℃에 저장하여 저온장해를 받게 될 품목은?

① 장미
② 백합
③ 극락조화
④ 국화

73 A농가의 하우스 오이 재배시 낙과가 발생하였다. B손해평가사가 주요 원인으로 조사할 항목은?

① 유인끈
② 재배방식
③ 일조량
④ 탄산시비

74 시설재배에서 연질피복재가 아닌 것은?

① 폴리에틸렌필름
② 폴리에스테르필름
③ 염화비닐필름
④ 에틸렌아세트산비닐필름

75 수경재배에 사용 가능한 원수는?

① 철분 함량이 높은 물
② 나트륨, 염소의 함량이 100ppm 이상인 물
③ 산도가 pH 7에 가까운 물
④ 중탄산 함량이 100ppm 이상인 물

2020년도 제6회 손해평가사 1차 시험문제

수험번호		시험과목	문항수	시험시간
감독확인		① 「상법」 보험편 ② 농어업재해보험법령 ③ 농학개론 중 재배학 및 원예작물학	과목별 25문항	90분
성 명				

상법(보험편)

01 보험계약의 의의와 성립에 관한 설명으로 옳지 않은 것은?

① 보험계약의 성립은 특별한 요식행위를 요하지 않는다.
② 보험계약의 사행계약성으로 인하여 상법은 도덕적 위험을 방지하고자 하는 다수의 규정을 두고 있다.
③ 보험자가 상법에서 정한 낙부통지 기간 내에 통지를 해태한 때에는 청약을 거절한 것으로 본다.
④ 보험계약은 쌍무·유상계약이다.

02 다음 (   )에 들어갈 기간으로 옳은 것은?

> 보험자가 파산의 선고를 받은 때에는 보험계약자는 계약을 해지할 수 있으며, 해지하지 아니한 보험계약은 파산선고 후 (   )을 경과한 때에는 그 효력을 잃는다.

① 10일   ② 1월
③ 3월   ④ 6월

03 일부보험에 관한 설명으로 옳지 않은 것은?

① 일부보험은 보험금액이 보험가액에 미달하는 보험이다.
② 특약이 없을 경우, 일부보험에서 보험자는 보험금액의 보험가액에 대한 비율에 따라 보상할 책임을 진다.
③ 일부보험에 관하여 당사자간에 다른 약정이 있는 때에는 보험자는 실제 발생한 손해 전부를 보상할 책임을 진다.
④ 일부보험은 당사자의 의사와 상관없이 발생할 수 있다.

04 손해액의 산정에 관한 설명으로 옳지 않은 것은?

① 보험자가 보상할 손해액은 그 손해가 발생한 때와 곳의 가액에 의하여 산정하는 것이 원칙이다.
② 손해액 산정에 관하여 당사자간에 다른 약정이 있는 때에는 신품가액에 의하여 산정할 수 있다.
③ 특약이 없는 한 보험자가 보상할 손해액에는 보험사고로 인하여 상실된 피보험자가 얻을 이익이나 보수를 산입하지 않는다.
④ 손해액 산정에 필요한 비용은 보험자와 보험계약자가 공동으로 부담한다.

05 보험자가 손해를 보상할 경우에 보험료의 지급을 받지 아니한 잔액이 있을 경우와 관련하여 상법 제677조(보험료 체납과 보상액의 공제)의 내용으로 옳은 것은?

① 보험자는 보험계약에 대한 납입최고 및 해지예고 통보를 하지 않고도 보험계약을 해지 수 있다.
② 보험자는 보상할 금액에서 지급기일이 도래하지 않은 보험료는 공제할 수 없다.
③ 보험자는 보험금 전부에 대한 지급을 거절할 수 있다.
④ 보험자는 보상할 금액에서 지급기일이 도래한 보험료를 공제할 수 있다.

06 보험계약에 관한 설명으로 옳은 것은?

① 보험의 목적의 성질, 하자 또는 자연소모로 인한 손해는 보험자가 보상할 책임이 없다.
② 피보험자가 보험의 목적을 양도한 때에는 양수인은 보험계약상의 권리와 의무를 승계한 것으로 간주한다.
③ 손해방지의무는 보험계약자에게만 부과되는 의무이다.
④ 보험의 목적이 양도된 경우 보험의 목적의 양도인 또는 양수인은 보험자에 대하여 30일 이내에 그 사실을 통지하여야 한다.

07 보험목적에 관한 보험대위(잔존물대위)의 설명으로 옳지 않은 것은?

① 일부보험에서도 보험금액의 보험가액에 대한 비율에 따라 잔존물대위권을 취득할 수 있다.
② 잔존물대위가 성립하기 위해서는 보험목적의 전부가 멸실하여야 한다.
③ 피보험자는 보험자로부터 보험금을 지급받기 전에는 잔존물을 임의로 처분할 수 있다.
④ 잔존물에 대한 권리가 보험자에게 이전되는 시점은 보험자가 보험금액을 전부 지급하고, 물권변동 절차를 마무리한 때이다.

08 화재보험에 관한 설명으로 옳지 않은 것은? (다툼이 있으면 판례에 따름)

① 화재보험에서는 일반적으로 위험개별의 원칙이 적용된다.
② 화재가 발생한 건물의 철거비와 폐기물처리비는 화재와 상당인과관계가 있는 건물수리비에 포함된다.
③ 화재보험계약의 보험자는 화재로 인하여 생긴 손해를 보상할 책임이 있다.
④ 보험자는 화재의 소방 또는 손해의 감소에 필요한 조치로 인하여 생긴 손해에 대해서도 보상할 책임이 있다.

09 화재보험증권에 관한 설명으로 옳은 것은?

① 화재보험증권의 교부는 화재보험계약의 성립요건이다.
② 화재보험증권은 불요식증권의 성질을 가진다.
③ 화재보험계약에서 보험가액을 정했다면 이를 화재보험증권에 기재하여야 한다.
④ 건물을 화재보험의 목적으로 한 경우에는 건물의 소재지, 구조와 용도는 화재보험증권의 법정 기재사항이 아니다.

10 집합보험에 관한 설명으로 옳은 것은? (다툼이 있으면 판례에 따름)

① 집합보험에서는 피보험자의 가족과 사용인의 물건도 보험의 목적에 포함된다.
② 집합보험 중에서 보험의 목적이 특정되어 있는 것을 담보하는 보험을 총괄보험이라고 하며, 보험목적의 일부 또는 전부가 수시로 교체될 것을 예정하고 있는 보험을 특정보험이라 한다.
③ 집합된 물건을 일괄하여 보험의 목적으로 한 때에는 그 목적에 속한 물건이 보험기간 중에 수시로 교체된 경우에 보험사고의 발생시에 현존한 물건에 대해서는 보험의 목적에서 제외된 것으로 한다.
④ 집합보험에서 보험목적의 일부에 대해서 고지의무위반이 있는 경우, 보험자는 원칙적으로 계약 전체를 해지할 수 있다.

11 보험계약의 성립에 관한 설명으로 옳지 않은 것은?

① 보험계약은 보험계약자의 청약과 이에 대한 보험자의 승낙으로 성립한다.
② 보험계약자로부터 청약을 받은 보험자는 보험료 지급 여부와 상관없이 청약일로부터 30일 이내에 승낙의사표시를 발송하여야 한다.
③ 보험자의 승낙의사표시는 반드시 서면으로 할 필요는 없다.
④ 보험자가 보험계약자로부터 보험계약의 청약과 함께 보험료 상당액의 전부 또는 일부를 받은 경우에 그 청약을 승낙하기 전에 보험계약에서 정한 보험사고가 생긴 때에는 그 청약을 거절할 사유가 없는 한 보험자는 보험계약상의 책임을 진다.

12 타인을 위한 보험에 관한 설명으로 옳은 것은?

① 보험계약자는 위임을 받아야만 특정한 타인을 위하여 보험계약을 체결할 수 있다.
② 타인을 위한 손해보험계약의 경우에 보험계약자는 그 타인의 서면위임을 받아야만 보험자와 계약을 체결할 수 있다.
③ 타인을 위한 손해보험계약의 경우에 보험계약자가 그 타인에게 보험사고의 발생으로 생긴 손해의 배상을 한 때에는 타인의 권리를 해하지 않는 범위 내에서 보험자에게 보험금액의 지급을 청구할 수 있다.
④ 타인을 위해서 보험계약을 체결한 보험계약자는 보험자에게 보험료를 지급할 의무가 없다.

13 보험증권의 교부에 관한 내용으로 옳은 것을 모두 고른 것은?

> ㄱ. 보험계약이 성립하고 보험계약자가 최초의 보험료를 지급했다면 보험자는 지체 없이 보험증권을 작성하여 보험계약자에게 교부하여야 한다.
> ㄴ. 보험증권을 현저하게 훼손한 때에는 보험계약자는 보험증권의 재교부를 청구할 수 있다. 이 경우에 증권작성비용은 보험자의 부담으로 한다.
> ㄷ. 기존의 보험계약을 연장한 경우에는 보험자는 그 사실을 보험증권에 기재하여 보험증권의 교부에 갈음할 수 있다.

① ㄱ, ㄴ   ② ㄱ, ㄷ
③ ㄴ, ㄷ   ④ ㄱ, ㄴ, ㄷ

14 보험사고의 객관적 확정의 효과에 관한 설명으로 옳은 것은?

① 보험계약 당시에 보험사고가 이미 발생하였더라도 그 계약은 무효로 하지 않는다.
② 보험계약 당시에 보험사고가 발생할 수 없는 것이라도 그 계약은 무효로 하지 않는다.
③ 보험계약 당시에 보험사고가 이미 발생하였지만 보험수익자가 이를 알지 못한 때에는 그 계약은 무효로 하지 않는다.
④ 보험계약 당시에 보험사고가 발생할 수 없는 것이었지만 당사자 쌍방과 피보험자가 그 사실을 몰랐다면 그 계약은 무효로 하지 않는다.

15 보험대리상이 아니면서 특정한 보험자를 위하여 계속적으로 보험계약의 체결을 중개하는 자의 권한을 모두 고른 것은?

> ㄱ. 보험자가 작성한 보험증권을 보험계약자에게 교부할 수 있는 권한
> ㄴ. 보험자가 작성한 영수증 교부를 조건으로 보험계약자로부터 보험료를 수령할 수 있는 권한
> ㄷ. 보험계약자로부터 보험계약의 취소의 의사표시를 수령할 수 있는 권한
> ㄹ. 보험계약자에게 보험계약의 체결에 관한 의사표시를 할 수 있는 권한

① ㄱ, ㄴ   ② ㄱ, ㄷ
③ ㄴ, ㄷ   ④ ㄷ, ㄹ

16 임의해지에 관한 설명으로 옳지 않은 것은?

① 보험계약자는 원칙적으로 보험사고가 발생하기 전에는 언제든지 계약의 전부 또는 일부를 해지할 수 있다.

② 보험사고가 발생하기 전이라도 타인을 위한 보험의 경우에 보험계약자는 그 타인의 동의를 얻지 못하거나 보험증권을 소지하지 않은 경우에는 계약의 전부 또는 일부를 해지할 수 없다.

③ 보험사고의 발생으로 보험자가 보험금액을 지급한 때에도 보험금액이 감액되지 아니하는 보험의 경우에는 보험계약자는 그 사고발생 후에도 보험계약을 해지할 수 없다.

④ 보험사고발생 전에 보험계약자가 계약을 해지하는 경우, 당사자 사이의 특약으로 미경과보험료의 반환을 제한할 수 있다.

17 보험계약자 甲은 보험자 乙과 손해보험계약을 체결하면서 계약에 관한 사항을 고지하지 않았다. 이에 대한 보험자 乙의 상법상 계약해지권에 관한 설명으로 옳은 것은?

① 甲의 고지의무위반 사실에 대한 乙의 계약해지권은 계약 체결일로부터 최대 1년 내에 한하여 행사할 수 있다.

② 乙은 甲의 중과실을 이유로 상법상 보험계약해지권을 행사할 수 없다.

③ 乙의 계약해지권은 甲이 고지의무를 위반했다는 사실을 계약 당시에 乙이 알 수 있었는지 여부와 상관없이 행사할 수 있다.

④ 甲이 고지하지 않은 사실이 계약과 관련하여 중요하지 않은 것이라면 乙은 상법상 고지의무위반을 이유로 보험계약을 해지할 수 없다.

18 보험계약자 甲은 보험자 乙과 보험계약을 체결하면서 일정한 보험료를 매월 균등하게 10년간 지급하기로 약정하였다. 이에 관한 설명으로 옳지 않은 것은?

① 甲은 약정한 최초의 보험료를 계약 체결 후 지체 없이 납부하여야 한다.

② 甲이 계약이 성립한 후에 2월이 경과하도록 최초의 보험료를 지급하지 아니하면, 그 계약은 법률에 의거해 효력을 상실한다. 이에 관한 당사자간의 특약은 계약의 효력에 영향을 미치지 않는다.

③ 甲이 계속보험료를 약정한 시기에 지급하지 아니하여 乙이 보험계약을 해지하려면 상당한 기간을 정하여 甲에게 최고하여야 한다.

④ 甲이 계속보험료를 지급하지 않아서 乙이 계약해지권을 적법하게 행사하였더라도 해지환급금이 지급되지 않았다면 甲은 일정한 기간 내에 연체보험료에 약정이자를 붙여 乙에게 지급하고 그 계약의 부활을 청구할 수 있다.

19 위험변경증가와 계약해지에 관한 설명으로 옳은 것을 모두 고른 것은?

> ㄱ. 위험변경증가의 통지를 해태한 때에는 보험자는 그 사실을 안 날부터 1월 내에 보험료의 증액을 청구하거나 계약을 해지할 수 있다.
>
> ㄴ. 보험계약자 등의 고의나 중과실로 인하여 위험이 현저하게 변경 또는 증가된 때에는 보험자는 그 사실을 안 날부터 1월 내에 보험료의 증액을 청구하거나 계약을 해지할 수 있다.
>
> ㄷ. 보험사고가 발생한 후라도 보험사가 위험변경증가에 따라 계약을 해지하였을 때에는 보험금을 지급할 책임이 없고, 이미 지급한 보험금의 반환을 청구할 수 있다. 다만, 위험이 현저하게 변경되거나 증가된 사실이 보험사고발생에 영향을 미치지 아니하였음이 증명된 경우에는 보험금을 지급할 책임이 있다.

① ㄱ, ㄴ   ② ㄱ, ㄷ
③ ㄴ, ㄷ   ④ ㄱ, ㄴ, ㄷ

20 다음은 중복보험에 관한 설명이다. (　)에 들어갈 용어로 옳은 것은?

> 동일한 보험계약의 목적과 동일한 사고에 관하여 수개의 보험계약이 동시에 또는 순차로 체결된 경우에 그 (ㄱ)의 총액이 (ㄴ)을 초과한 때에는 보험자는 각자의 (ㄷ)의 한도에서 연대책임을 진다.

	ㄱ	ㄴ	ㄷ
①	보험금액	보험가액	보험금액
②	보험금액	보험가액	보험가액
③	보험료	보험가액	보험금액
④	보험료	보험금액	보험금액

21 청구권에 관한 소멸시효 기간으로 옳지 않은 것은?

① 보험금청구권 : 3년
② 보험료청구권 : 3년
③ 적립금반환청구권 : 3년
④ 보험료반환청구권 : 3년

22 손해보험에 관한 설명으로 옳지 않은 것은?

① 보험자는 보험사고로 인하여 생길 보험계약자의 재산상의 손해를 보상할 책임이 있다.

② 금전으로 산정할 수 있는 이익에 한하여 보험계약의 목적으로 할 수 있다.

③ 보험계약의 목적은 상법 보험편 손해보험 장에서 규정하고 있으나, 인보험 장에서는 그러하지 아니하다.

④ 중복보험의 경우에 보험자 1인에 대한 권리의 포기는 다른 보험자의 권리의무에 영향을 미치지 아니한다.

23 초과보험에 관한 설명으로 옳지 않은 것은?

① 보험금액이 보험계약의 목적의 가액을 현저하게 초과한 경우에 성립한다.

② 보험가액이 보험기간 중 현저하게 감소된 때에도 초과보험에 관한 규정이 적용된다.

③ 보험계약자 또는 보험자는 보험료와 보험금액의 감액을 청구할 수 있으나, 보험료의 감액은 장래에 대하여서만 그 효력이 있다.

④ 계약이 보험계약자의 사기로 인하여 체결된 때에는 보험자는 그 사실을 안 날로부터 1월 내에 계약을 해지할 수 있다.

24 손해보험증권의 법정 기재사항이 아닌 것은?

① 보험의 목적

② 보험금액

③ 보험료의 산출방법

④ 무효와 실권의 사유

25 보험가액에 관한 설명으로 옳지 않은 것은?

① 당사자간에 보험가액을 정한 때에는 그 가액은 사고발생시의 가액으로 정한 것으로 추정한다.

② 당사자간에 정한 보험가액이 사고발생시의 가액을 현저하게 초과할 때에는 그 원인에 따라 당사자간에 정한 보험가액과 사고발생시의 가액 중 협의하여 보험가액을 정한다.

③ 상법상 초과보험을 판단하는 보험계약의 목적의 가액은 계약 당시의 가액에 의하여 정하는 것이 원칙이다.

④ 당사자간에 보험가액을 정하지 아니한 때에는 사고발생시의 가액을 보험가액으로 한다.

26 농어업재해보험법령상 농림축산식품부장관 또는 해양수산부장관이 재해보험사업을 하려는 자와 재해보험사업의 약정을 체결할 때에 포함되어야 하는 사항이 아닌 것은?

① 약정기간에 관한 사항
② 재해보험사업의 약정을 체결한 자가 준수하여야 할 사항
③ 국가에 대한 재정지원에 관한 사항
④ 약정의 변경 · 해지 등에 관한 사항

27 농어업재해보험법상 농어업재해에 관한 설명이다. (   )에 들어갈 내용을 순서대로 옳게 나열한 것은?

"농어업재해"란 농작물 · 임산물 · 가축 및 농업용 시설물에 발생하는 자연재해 · 병충해 · (ㄱ) · 질병 또는 화재와 양식수산물 및 어업용 시설물에 발생하는 자연재해 · 질병 또는 (ㄴ)를 말한다.

	ㄱ	ㄴ
①	지진	조수해(鳥獸害)
②	조수해(鳥獸害)	풍수해
③	조수해(鳥獸害)	화재
④	지진	풍수해

28 농어업재해보험법령상 농업재해보험심의회에 관한 설명으로 옳지 않은 것은?　기출수정

① 심의회는 위원장 및 부위원장 각 1명을 포함한 21명 이내의 위원으로 구성한다.
② 심의회의 위원장은 농림축산식품부장관으로 하고, 부위원장은 위원 중에서 호선(互選)한다.
③ 심의회의 회의는 재적위원 3분의 1 이상의 요구가 있을 때 또는 위원장이 필요하다고 인정할 때에 소집한다.
④ 심의회의 회의는 재적위원 과반수의 출석으로 개의(開議)하고, 출석위원 과반수의 찬성으로 의결한다.

29

농어업재해보험법령상 보험료율의 산정에 있어서 기준이 되는 행정구역 단위가 아닌 것은?

① 특별시
② 광역시
③ 자치구
④ 리·동

30

농어업재해보험법령상 양식수산물재해보험의 손해평가인으로 위촉될 수 있는 자격요건을 갖추지 않은 자는?

① 재해보험 대상 양식수산물을 3년 동안 양식한 경력이 있는 어업인
②「고등교육법」제2조에 따른 전문대학에서 보험 관련 학과를 졸업한 사람
③「수산생물질병관리법」에 따른 수산질병관리사
④「농수산물품질관리법」에 따른 수산물품질관리사

31

농어업재해보험법령상 재해보험사업에 관한 내용으로 옳지 않은 것은?

① 재해보험의 종류는 농작물재해보험, 임산물재해보험, 가축재해보험 및 양식수산물재해보험으로 한다.
② 재해보험에서 보상하는 재해의 범위는 해당 재해의 발생 범위, 피해 정도 및 주관적인 손해평가방법 등을 고려하여 재해보험의 종류별로 대통령령으로 정한다.
③ 정부는 재해보험에서 보상하는 재해의 범위를 확대하기 위하여 노력하여야 한다.
④ 가축재해보험에서 보상하는 재해의 범위는 자연재해, 화재 및 보험목적물별로 농림축산식품부장관이 정하여 고시하는 질병이다.

32

농어업재해보험법상 손해평가사의 감독에 관한 내용이다. (   )에 들어갈 숫자는?

> 농림축산식품부장관은 손해평가사가 그 직무를 게을리 하거나 직무를 수행하면서 부적절한 행위를 하였다고 인정하면 (   )년 이내의 기간을 정하여 업무의 정지를 명할 수 있다.

① 1   ② 2
③ 3   ④ 5

33 농어업재해보험법상 손해평가사의 자격 취소사유로 명시되지 않은 것은? 기출+정

① 손해평가사의 자격을 거짓 또는 부정한 방법으로 취득한 사람
② 업무정지 기간 중에 손해평가 업무를 수행한 사람
③ 거짓으로 손해평가를 한 사람
④ 다른 사람에게 손해평가사의 명의를 사용하게 하거나 자격증을 대여한 사람

34 농어업재해보험법령상 재정지원에 관한 설명으로 옳은 것은?

① 정부는 예산의 범위에서 재해보험사업자가 지급하는 보험금의 일부를 지원할 수 있다.
②「풍수해보험법」에 따른 풍수해보험에 가입한 자가 동일한 보험목적물을 대상으로 재해보험에 가입할 경우에는 정부가 재정지원을 하여야 한다.
③ 재해보험의 운영에 필요한 지원 금액을 지급받으려는 재해보험사업자는 농림축산식품부장관 또는 해양수산부장관이 정하는 바에 따라 재해보험 가입현황서나 운영비 사용계획서를 농림축산식품부장관 또는 해양수산부장관에게 제출하여야 한다.
④ 농림축산식품부장관·해양수산부장관이 예산의 범위에서 지원하는 재정지원의 경우 그 지원 금액을 재해보험가입자에게 지급하여야 한다.

35 농어업재해보험법상 분쟁조정에 관한 내용이다. (   )에 들어갈 법률로 옳은 것은? 기출+정

> 재해보험과 관련된 분쟁의 조정(調停)은 (   ) 제33조부터 제43조까지의 규정에 따른다.

① 보험업법
② 풍수해보험법
③ 금융소비자 보호에 관한 법률
④ 화재로 인한 재해보상과 보험가입에 관한 법률

36 농업재해보험 손해평가요령상 용어의 정의로 옳지 않은 것은?

① "농업재해보험"이란 「농어업재해보험법」 제4조에 따른 농작물재해보험, 임산물재해보험 및 양식수산물재해보험을 말한다.

② "손해평가인"이라 함은 「농어업재해보험법」 제11조 제1항과 농어업재해보험법 시행령 제12조 제1항에서 정한 자 중에서 재해보험사업자가 위촉하여 손해평가업무를 담당하는 자를 말한다.

③ "손해평가보조인"이라 함은 「농어업재해보험법」에 따라 손해평가인, 손해평가사 또는 손해사정사가 그 피해사실을 확인하고 평가하는 업무를 보조하는 자를 말한다.

④ "손해평가사"라 함은 「농어업재해보험법」 제11조의4 제1항에 따른 자격시험에 합격한 자를 말한다.

37 농어업재해보험법령상 농어업재해재보험기금을 조성하기 위한 재원으로 옳지 않은 것은?

기출수정

① 재해보험사업자가 정부에 낸 보험료

② 재보험금의 회수 자금

③ 기금의 운용수익금과 그 밖의 수입금

④ 재해보험가입자가 약정에 따라 재해보험사업자에게 내야 하는 금액

38 농어업재해보험법령상 시범사업의 실시에 관한 설명으로 옳은 것은?

① 기획재정부장관이 신규 보험상품을 도입하려는 경우 재해보험사업자와의 협의를 거치지 않고 시범사업을 할 수 있다.

② 재해보험사업자가 시범사업을 하려면 사업계획서를 농림축산식품부장관에게 제출하고 기획재정부장관과 협의하여야 한다.

③ 재해보험사업자는 시범사업이 끝나면 정부의 재정지원에 관한 사항이 포함된 사업결과보고서를 제출하여야 한다.

④ 농림축산식품부장관 또는 해양수산부장관은 시범사업의 사업결과보고서를 받으면 그 사업결과를 바탕으로 신규 보험상품의 도입 가능성 등을 검토·평가하여야 한다.

39 농어업재해보험법령상 농림축산식품부장관이 해양수산부장관과 협의하여 농어업재해재보험기금의 수입과 지출에 관한 사무를 수행하게 하기 위하여 소속 공무원 중에서 임명하는 자에 해당하지 않는 것은?

① 기금수입징수관

② 기금출납원

③ 기금지출관

④ 기금재무관

40 농어업재해보험법령상 농림축산식품부장관 또는 해양수산부장관으로부터 보험상품의 운영 및 개발에 필요한 통계자료의 수집ㆍ관리업무를 위탁받아 수행할 수 있는 자를 모두 고른 것은?

> ㄱ. 「수산업협동조합법」에 따른 수협은행
> ㄴ. 「보험업법」에 따른 보험회사
> ㄷ. 농업정책보험금융원
> ㄹ. 지방자치단체의 장

① ㄱ, ㄴ
② ㄴ, ㄷ
③ ㄷ, ㄹ
④ ㄱ, ㄴ, ㄷ

41 농어업재해보험법령상 고의로 진실을 숨기거나 거짓으로 손해평가를 한 손해평가인과 손해평가사에게 부과될 수 있는 벌칙이 아닌 것은?

① 징역 6월

② 과태료 2,000만원

③ 벌금 500만원

④ 벌금 1,000만원

42 농업재해보험 손해평가요령상 손해평가인의 위반행위 중 1차 위반행위에 대한 개별 처분기준의 종류가 다른 것은?

① 고의로 진실을 숨기거나 거짓으로 손해평가를 한 경우
② 검증조사 결과 부당·부실 손해평가로 확인된 경우
③ 현장조사 없이 보험금 산정을 위해 손해평가행위를 한 경우
④ 정당한 사유 없이 손해평가반 구성을 거부하는 경우

43 농어업재해보험법령상 재해보험사업자가 재해보험사업을 원활히 수행하기 위하여 재해보험 업무의 일부를 위탁할 수 있는 자에 해당하지 않는 것은?

① 「농업협동조합법」에 따라 설립된 지역농업협동조합·지역축산업협동조합 및 품목별·업종별 협동조합
② 「산림조합법」에 따라 설립된 지역산림조합 및 품목별·업종별 산림조합
③ 「보험업법」 제187조에 따라 손해사정을 업으로 하는 자
④ 농어업재해보험 관련 업무를 수행할 목적으로 「민법」 제32조에 따라 기획재정부장관의 허가를 받아 설립된 영리법인

44 농업재해보험 손해평가요령상 손해평가에 관한 설명으로 옳지 않은 것은?

① 교차손해평가에 있어서도 평가인력 부족 등으로 신속한 손해평가가 불가피하다고 판단되는 경우에는 손해평가반구성에 지역손해평가인을 배제할 수 있다.
② 손해평가 단위와 관련하여 농지란 하나의 보험가입금액에 해당하는 토지로 필지(지번) 등과 관계없이 농작물을 재배하는 하나의 경작지를 말한다.
③ 손해평가반이 손해평가를 실시할 때에는 재해보험사업자가 해당 보험가입자의 보험계약 사항 중 손해평가와 관련된 사항을 해당 지방자치단체에 통보하여야 한다.
④ 보험가입자가 정당한 사유 없이 검증조사를 거부하는 경우 검증조사반은 검증조사가 불가능하여 손해평가 결과를 확인할 수 없다는 사실을 보험가입자에게 통지한 후 검증조사결과를 작성하여 재해보험사업자에게 제출하여야 한다.

45 농업재해보험 손해평가요령상 종합위험방식 상품(농업수입보장 포함)의 「수확전」 생육시기에 "오디"의 과실손해조사 시기로 옳은 것은?

① 결실완료 후
② 수정완료 후
③ 조사가능일
④ 사고접수 후 지체 없이

46 농업재해보험 손해평가요령 제10조(손해평가준비 및 평가결과 제출)의 일부이다. (　　)에 들어 갈 내용을 순서대로 옳게 나열한 것은?

재해보험사업자는 보험가입자가 손해평가반의 손해평가 결과에 대하여 설명 또는 통지를 (ㄱ)로부터 (ㄴ) 이내에 손해평가가 잘못되었음을 증빙하는 서류 또는 사진 등을 제출하는 경우 재해보험사업자는 다른 손해평가반으로 하여금 재조사를 실시하게 할 수 있다.

	ㄱ	ㄴ
①	받은 날	7일
②	받은 다음 날	7일
③	받은 날	10일
④	받은 다음 날	10일

47 농업재해보험 손해평가요령상 "손해평가업무방법서" 및 "농업재해보험 손해평가요령의 재검토 기한"에 관한 설명이다. (　　)에 들어갈 내용을 순서대로 옳게 나열한 것은? [기출수정]

- (ㄱ)은(는) 이 요령의 효율적인 운용 및 시행을 위하여 필요한 세부적인 사항을 규정한 손해평가업 무방법서를 작성하여야 한다.
- 농림축산식품부장관은 이 고시에 대하여 2024년 1월 1일 기준으로 매 (ㄴ)이 되는 시점마다 그 타당성을 검토하여 개선 등의 조치를 하여야 한다.

	ㄱ	ㄴ
①	손해평가반	2년
②	재해보험사업자	2년
③	손해평가반	3년
④	재해보험사업자	3년

48 농업재해보험 손해평가요령상 농작물의 보험가액 산정에 관한 설명으로 옳지 않은 것을 모두 고른 것은?

> ㄱ. 인삼의 특정위험방식 보험가액은 적과후 착과수조사를 통해 산정한 기준수확량에 보험가입 당시의 단위당 가입가격을 곱하여 산정한다.
> ㄴ. 적과전 종합위험방식의 보험가액은 적과후 착과수조사를 통해 산정한 기준수확량에 보험가입 당시의 단위당 가입가격을 곱하여 산정한다.
> ㄷ. 종합위험방식 보험가액은 특별한 사정이 없는 한 보험증권에 기재된 보험목적물의 평년수확량에 최초 보험사고발생시의 단위당 가입가격을 곱하여 산정한다.

① ㄱ
② ㄷ
③ ㄱ, ㄷ
④ ㄴ, ㄷ

49 농어업재해보험법령과 농업재해보험 손해평가요령상 손해평가 및 손해평가인에 관한 설명으로 옳지 않은 것은?

① 농어업재해보험법의 구성 및 조문별 주요내용은 농림축산식품부장관 또는 해양수산부장관이 실시하는 손해평가인 정기교육의 세부내용에 포함된다.
② 손해평가인이 적법한 절차에 따라 위촉이 취소된 후 3년이 되었다면 새로이 손해평가인으로 위촉될 수 있다.
③ 재해보험사업자로부터 소정의 절차에 따라 손해평가 업무의 일부를 위탁받은 자는 손해평가보조인을 운용할 수 없다.
④ 재해보험사업자는 손해평가인의 업무의 정지를 명하고자 하는 때에는 손해평가인이 청문에 응하지 않는 경우가 아닌 한 청문을 실시하여야 한다.

50 농업재해보험 손해평가요령상 적과전 종합위험방식 상품(사과, 배, 단감, 떫은감)의 「6월 1일～적과전」 생육시기에 해당되는 재해가 아닌 것은? (단, 적과종료 이전 특정위험 5종 한정보장 특약 가입건에 한함)

① 일소
② 화재
③ 지진
④ 강풍

51 인과류에 해당하는 것은?

① 과피가 밀착·건조하여 껍질이 딱딱해진 과실
② 성숙하면서 씨방벽 전체가 다육질로 되는 과즙이 많은 과실
③ 과육의 내부에 단단한 핵을 형성하여 이 속에 종자가 있는 과실
④ 꽃받기의 피층이 발달하여 과육 부위가 되고 씨방은 과실 안쪽에 위치하여 과심 부위가 되는 과실

52 산성 토양에 관한 설명으로 옳은 것은?

① 토양 용액에 녹아 있는 수소 이온은 치환 산성 이온이다.
② 석회를 시용하면 산성 토양을 교정할 수 있다.
③ 토양 입자로부터 치환성 염기의 용탈이 억제되면 토양이 산성화된다.
④ 콩은 벼에 비해 산성 토양에 강한 편이다.

53 작물 생육에 영향을 미치는 토양 환경에 관한 설명으로 옳지 않은 것은?

① 유기물을 투입하면 지력이 증진된다.
② 사양토는 점토에 비해 통기성이 낮다.
③ 토양이 입단화 되면 보수성과 통기성이 개선된다.
④ 깊이갈이를 하면 토양의 물리성이 개선된다.

54 가뭄이 지속될 때 작물의 잎에 나타날 수 있는 특징으로 옳지 않은 것은?

① 엽면적이 감소한다.
② 증산이 억제된다.
③ 광합성이 촉진된다.
④ 조직이 치밀해진다.

55 A농가가 작물에 나타나는 토양 습해를 줄이기 위해 실시할 수 있는 대책으로 옳은 것을 모두 고른 것은?

ㄱ. 이랑재배
ㄴ. 표층 시비
ㄷ. 토양개량제 시용

① ㄱ, ㄴ　　　　　　　　　② ㄱ, ㄷ
③ ㄴ, ㄷ　　　　　　　　　④ ㄱ, ㄴ, ㄷ

56 A농가가 과수작물 재배시 동해를 예방하기 위해 실시할 수 있는 조치가 아닌 것은?

① 과실 수확전 토양에 질소를 시비한다.
② 과다하게 결실이 되지 않도록 적과를 실시한다.
③ 배수 관리를 통해 토양의 과습을 방지한다.
④ 강전정을 피하고 분지 각도를 넓게 한다.

57 작물 생육의 일정한 시기에 저온을 경과해야 개화가 일어나는 현상은?

① 경화
② 순화
③ 춘화
④ 분화

58 벼와 옥수수의 광합성을 비교한 내용으로 옳지 않은 것은?

① 옥수수는 벼에 비해 광포화점이 높은 광합성 특성을 보인다.
② 옥수수는 벼에 비해 온도가 높을수록 광합성이 유리하다.
③ 옥수수는 벼에 비해 이산화탄소 보상점이 높은 광합성 특성을 보인다.
④ 옥수수는 벼에 비해 수분 공급이 제한된 조건에서 광합성이 유리하다.

59 종자나 눈이 휴면에 들어가면서 증가하는 식물호르몬은?

① 옥신(auxin)
② 시토키닌(cytokinin)
③ 지베렐린(gibberellin)
④ 아브시스산(abscisic acid)

60 과수작물의 조류(鳥類) 피해방지 대책으로 옳지 않은 것은?

① 방조망 설치
② 페로몬 트랩 설치
③ 폭음기 설치
④ 광반사물 설치

61 강풍으로 인해 작물에 나타나는 생리적 반응을 모두 고른 것은?

> ㄱ. 세포 팽압 증대
> ㄴ. 기공 폐쇄
> ㄷ. 작물 체온 저하

① ㄱ, ㄴ　　　　　　　　② ㄱ, ㄷ
③ ㄴ, ㄷ　　　　　　　　④ ㄱ, ㄴ, ㄷ

62 육묘용 상토에 이용하는 경량 혼합 상토 중 유기물 재료는?

① 버미큘라이트(vermiculite)
② 피트모스(peatmoss)
③ 펄라이트(perlite)
④ 제올라이트(zeolite)

63 작물을 육묘한 후 이식재배하여 얻을 수 있는 효과를 모두 고른 것은?

> ㄱ. 수량 증대
> ㄴ. 토지 이용률 증대
> ㄷ. 뿌리 활착 증진

① ㄱ, ㄴ　　　　　　　　② ㄱ, ㄷ
③ ㄴ, ㄷ　　　　　　　　④ ㄱ, ㄴ, ㄷ

64 다음 ( )에 들어갈 내용으로 옳은 것은?

> 포도 · 무화과 등에서와 같이 생장이 중지되어 약간 굳어진 상태의 가지를 삽목하는 것을 (ㄱ)이라 하고, 사과 · 복숭아 · 감귤 등에서와 같이 1년 미만의 연한 새순을 이용하여 삽목하는 것을 (ㄴ)이라고 한다.

	ㄱ	ㄴ
①	신초삽	숙지삽
②	신초삽	일아삽
③	숙지삽	일아삽
④	숙지삽	신초삽

65 형태에 따른 영양 번식 기관과 작물이 바르게 짝지어진 것은?

① 괴경 – 감자
② 인경 – 글라디올러스
③ 근경 – 고구마
④ 구경 – 양파

66 A농가가 요소 엽면시비를 하고자 하는 이유가 아닌 것은?

① 신속하게 영양을 공급하여 작물 생육을 회복시키고자 할 때
② 토양 해충의 피해를 받아 뿌리의 기능이 크게 저하되었을 때
③ 강우 등으로 토양의 비료 성분이 유실되었을 때
④ 작물의 생식 생장을 촉진하고자 할 때

67 해충 방제에 이용되는 천적을 모두 고른 것은?

ㄱ. 애꽃노린재류	ㄴ. 콜레마니진디벌
ㄷ. 칠레이리응애	ㄹ. 점박이응애

① ㄱ, ㄹ
③ ㄴ, ㄷ, ㄹ
② ㄱ, ㄴ, ㄷ
④ ㄱ, ㄴ, ㄷ, ㄹ

68 세균에 의해 작물에 발생하는 병해는?

① 궤양병
② 탄저병
③ 역병
④ 노균병

69 시설 내에서 광 부족이 지속될 때 나타날 수 있는 박과 채소 작물의 생육 반응은?

① 낙화 또는 낙과의 발생이 많아진다.
② 잎이 짙은 녹색을 띤다.
③ 잎이 작고 두꺼워진다.
④ 줄기의 마디 사이가 짧고 굵어진다.

70 백합과에 속하는 다년생 작물로 순을 이용하는 채소는?

① 셀러리
② 아스파라거스
③ 브로콜리
④ 시금치

71 사과 과실에 봉지씌우기를 하여 얻을 수 있는 효과를 모두 고른 것은?

ㄱ. 당도 증진	ㄴ. 병해충 방지
ㄷ. 과피 착색 증진	ㄹ. 동록 방지

① ㄱ, ㄴ, ㄷ
② ㄱ, ㄴ, ㄹ
③ ㄱ, ㄷ, ㄹ
④ ㄴ, ㄷ, ㄹ

72 과실의 수확 적기를 판정하는 항목으로 옳은 것을 모두 고른 것은?

> ㄱ. 만개 후 일수
> ㄴ. 당산비
> ㄷ. 단백질 함량

① ㄱ, ㄴ   ② ㄱ, ㄷ
③ ㄴ, ㄷ   ④ ㄱ, ㄴ, ㄷ

73 절화의 수확 및 수확 후 관리 기술에 관한 설명으로 옳지 않은 것은?

① 스탠더드 국화는 꽃봉오리가 1/2 정도 개화하였을 때 수확하여 출하한다.
② 장미는 조기에 수확할수록 꽃목굽음이 발생하기 쉽다.
③ 글라디올러스는 수확 후 눕혀서 저장하면 꽃이 구부러지지 않는다.
④ 카네이션은 수확 후 에틸렌 작용 억제제를 사용하면 절화 수명을 연장할 수 있다.

74 토양재배에 비해 무토양재배의 장점이 아닌 것은?

① 배지의 완충능이 높다.
② 연작재배가 가능하다.
③ 자동화가 용이하다.
④ 청정재배가 가능하다.

75 시설 내의 환경 특이성에 관한 설명으로 옳지 않은 것은?

① 위치에 따라 온도 분포가 다르다.
② 위치에 따라 광 분포가 불균일하다.
③ 노지에 비해 토양의 염류 농도가 낮아지기 쉽다.
④ 노지에 비해 토양이 건조해지기 쉽다.

2021년도 제7회 손해평가사 1차 시험문제

수험번호		시험과목	문항수	시험시간
감독확인		① 「상법」 보험편 ② 농어업재해보험법령 ③ 농학개론 중 재배학 및 원예작물학	과목별 25문항	90분
성 명				

[수험자 유의사항]

① 답안카드에 기재된 '수험자 유의사항 및 답안카드 작성시 유의사항'을 준수하시기 바랍니다.

② 수험자 교육시간에 감독위원 안내 또는 방송(유의사항)에 따라 답안카드에 수험번호를 기재 마킹하고, 배부된 시험지의 인쇄상태 확인 후 형별 기재란에 표시된 형별(A형 공통)을 확인하여야 합니다.

③ 답안카드는 국가전문자격 공통 표준형으로 문제번호가 1번부터 125번까지 인쇄되어 있습니다. 답안 마킹시에는 반드시 시험문제지의 문제번호와 동일한 번호에 마킹하여야 합니다.

④ 답안카드 기재·마킹시에는 반드시 검은색 사인펜을 사용하여야 합니다.
　※ 지워지는 펜 사용 불가

⑤ 채점은 전산 자동 판독 결과에 따르므로 유의사항을 지키지 않거나(검은색 사인펜 미사용) 수험자의 부주의(답안카드 기재·마킹 착오, 불완전한 마킹·수정, 예비마킹, 형별 마킹 착오 등)로 판독불능, 중복판독 등 불이익이 발생할 경우 수험자 책임으로 이의제기를 하더라도 받아들여지지 않습니다.

⑥ 답안을 잘못 작성했을 경우, 답안카드 교체 및 수정테이프 사용가능(단, 답안 이외 수험번호 등 인적사항은 수정불가)하며, 재작성에 따른 시험시간은 별도로 부여하지 않음
　※ 수정테이프 이외 수정액 및 스티커 등은 사용 불가

⑦ 시험문제가 Q-net 홈페이지(http://www.q-net.or.kr)내 손해평가사 홈페이지(자료실 ⇒ 문제지 내려받기)에 공개될 예정이오니 참고하시기 바랍니다.

○ 답안 작성 기준
　제1차 시험의 답안은 시험시행일에 시행되고 있는 관련 법령 등을 기준으로 작성하여야 합니다.

01 보험계약에 관한 설명으로 옳지 않은 것은?

① 보험계약은 유상·쌍무계약이다.
② 보험계약은 보험자의 청약에 대하여 보험계약자가 승낙함으로써 성립한다.
③ 보험계약은 보험자의 보험금 지급책임이 우연한 사고의 발생에 달려 있으므로 사행계약의 성질을 갖는다.
④ 보험계약은 부합계약이다.

02 상법상 보험에 관한 설명으로 옳은 것은?

① 보험증권의 멸실로 보험계약자가 증권의 재교부를 청구한 경우 증권의 작성비용은 보험자의 부담으로 한다.
② 보험기간의 시기는 보험계약 이후로만 하여야 한다.
③ 보험계약 당시에 보험사고가 이미 발생하였을 경우 당사자 쌍방과 피보험자가 이를 알지 못하였어도 그 계약은 무효이다.
④ 보험계약의 당사자는 보험증권의 교부가 있은 날로부터 일정한 기간 내에 한하여 그 증권내용의 정부(正否)에 관한 이의를 할 수 있음을 약정할 수 있다.

03 타인을 위한 보험에 관한 설명으로 옳은 것은?

① 보험계약자는 위임을 받지 아니하면 특정의 타인을 위하여 보험계약을 체결할 수 없다.
② 타인을 위한 보험계약의 경우에 그 타인은 수익의 의사표시를 하여야 그 계약의 이익을 받을 수 있다.
③ 보험계약자가 불특정의 타인을 위한 보험을 그 타인의 위임 없이 체결할 경우에는 이를 보험자에게 고지할 필요가 없다.
④ 타인을 위한 보험계약의 경우 보험계약자가 보험료의 지급을 지체한 때에는 그 타인이 그 권리를 포기하지 아니하는 한 그 타인도 보험료를 지급할 의무가 있다.

04 보험대리상 등의 권한에 관한 설명으로 옳지 않은 것은?

① 보험대리상은 보험계약자로부터 보험계약에 관한 청약의 의사표시를 수령할 수 있다.
② 보험자는 보험계약자로부터 보험료를 수령할 수 있는 보험대리상의 권한을 제한할 수 있다.
③ 보험대리상은 보험계약자에게 보험계약에 관한 해지의 의사표시를 할 수 없다.
④ 보험대리상이 아니면서 특정한 보험자를 위하여 계속적으로 보험계약의 체결을 중개하는 자는 보험계약자로부터 보험계약에 관한 취소의 의사표시를 수령할 수 없다.

05 보험계약의 해지에 관한 설명으로 옳지 않은 것은?

① 보험계약자가 보험계약을 전부 해지했을 때에는 언제든지 미경과보험료의 반환을 청구할 수 있다.
② 타인을 위한 보험의 경우를 제외하고, 보험사고가 발생하기 전에는 보험계약자는 언제든지 보험계약의 전부를 해지할 수 있다.
③ 타인을 위한 보험계약의 경우 보험사고가 발생하기 전에는 그 타인의 동의를 얻으면 그 계약을 해지할 수 있다.
④ 보험금액이 지급된 때에도 보험금액이 감액되지 아니하는 보험의 경우에는 보험계약자는 그 사고발생 후에도 보험계약을 해지할 수 있다.

06 보험료의 지급과 지체의 효과에 관한 설명으로 옳은 것은?

① 보험계약자는 계약 체결 후 지체 없이 보험료의 전부 또는 제1회 보험료를 지급하여야 한다.
② 계속보험료가 약정한 시기에 지급되지 아니한 때에는 보험자는 상당한 기간을 정하여 보험계약자에게 최고하고, 그 기간 내에 지급되지 아니한 때에는 그 계약은 해지된 것으로 본다.
③ 특정한 타인을 위한 보험의 경우에 보험계약자가 보험료의 지급을 지체한 때에는 보험자는 그 계약을 해제 또는 해지할 수 있다.
④ 보험계약자가 최초보험료를 지급하지 아니한 경우에는 다른 약정이 없는 한 계약 성립 후 1월이 경과하면 그 계약은 해제된 것으로 본다.

07 고지의무에 관한 설명으로 옳지 않은 것은?

① 고지의무를 부담하는 자는 보험계약상의 보험계약자 또는 보험수익자이다.

② 보험계약자가 고의로 중요한 사항을 고지하지 아니한 경우, 보험자는 계약 체결일로부터 1월이 된 시점에는 계약을 해지할 수 있다.

③ 보험자가 계약 당시에 보험계약자의 고지의무위반 사실을 알았을 때에는 계약을 해지할 수 없다.

④ 보험계약자가 중대한 과실로 중요한 사항을 고지하지 아니한 경우, 보험자는 계약 체결일로부터 5년이 경과한 시점에는 계약을 해지할 수 없다.

08 보험약관에 관한 설명으로 옳은 것을 모두 고른 것은? (다툼이 있으면 판례에 따름)

> ㄱ. 보통보험약관이 계약 당사자에 대하여 구속력을 가지는 것은 보험계약 당사자 사이에서 계약내용에 포함시키기로 합의하였기 때문이다.
> ㄴ. 보험자가 약관의 교부·설명의무를 위반한 경우에 보험계약이 성립한 날부터 3개월 이내에는 피보험자 또는 보험수익자도 그 계약을 해지할 수 있다.
> ㄷ. 약관의 내용이 이미 법령에 의하여 정하여진 것을 되풀이 하는 정도에 불과한 경우, 보험자는 고객에게 이를 따로 설명하지 않아도 된다.

① ㄱ, ㄴ ② ㄱ, ㄷ
③ ㄴ, ㄷ ④ ㄱ, ㄴ, ㄷ

09 위험변경증가의 통지와 계약해지에 관한 설명으로 옳은 것은?

① 보험기간 중에 피보험자가 사고발생의 위험이 현저하게 변경 또는 증가된 사실을 안 때에는 지체 없이 보험자에게 통지하여야 한다.

② 보험계약 체결 직전에 보험계약자가 사고발생의 위험이 변경 또는 증가된 사실을 안 때에는 지체 없이 보험자에게 통지하여야 한다.

③ 보험기간 중에 위험변경증가의 통지를 받은 때에는 보험자는 3개월 내에 보험료의 증액을 청구할 수 있다.

④ 보험기간 중에 위험변경증가의 통지를 받은 때에는 보험자는 3개월 내에 계약을 해지할 수 있다.

10 보험사고발생의 통지의무에 관한 설명으로 옳은 것은?

① 상법은 보험사고발생의 통지의무위반시 보험자의 계약해지권을 규정하고 있다.

② 보험계약자는 보험사고의 발생을 안 때에는 상당한 기간 내에 보험자에게 그 통지를 발송하여야 한다.

③ 피보험자가 보험사고발생의 통지의무를 해태함으로 인하여 손해가 증가된 때에는 보험자는 그 증가된 손해를 보상할 책임이 없다.

④ 보험수익자는 보험사고발생의 통지의무자에 포함되지 않는다.

11 보험계약자 등의 고의나 중과실로 인한 위험증가와 계약해지에 관한 설명으로 옳지 않은 것은? (다툼이 있으면 판례에 따름)

① 보험기간 중에 보험계약자의 중대한 과실로 인하여 사고발생의 위험이 현저하게 증가된 때에는 보험자는 그 사실을 안 날부터 1월 내에 보험료의 증액을 청구할 수 있다.

② 위험의 현저한 변경이나 증가된 사실과 보험사고발생과의 사이에 인과관계가 부존재한다는 점에 관한 주장·입증책임은 보험자 측에 있다.

③ 보험기간 중에 피보험자의 고의로 인하여 사고발생의 위험이 현저하게 증가된 때에는 보험자는 그 사실을 안 날부터 1월 내에 계약을 해지할 수 있다.

④ 사고발생의 위험이 현저하게 변경 또는 증가된 사실이라 함은 그 변경 또는 증가된 위험이 보험계약의 체결 당시에 존재하고 있었다면 보험자가 보험계약을 체결하지 않았거나 적어도 그 보험료로는 보험을 인수하지 않았을 것으로 인정되는 정도의 것을 말한다.

12 보험자의 계약해지와 보험금청구권에 관한 설명으로 옳은 것을 모두 고른 것은?

> ㄱ. 보험사고발생 후라도 보험계약자의 계속보험료 지급 지체를 이유로 보험자가 계약을 해지하였을 때에는 보험금을 지급할 책임이 있다.
> ㄴ. 보험사고발생 후에 보험계약자가 고지의무를 위반한 사실이 보험사고발생에 영향을 미치지 아니하였음이 증명된 경우에는 보험자는 보험금을 지급할 책임이 있다.
> ㄷ. 보험수익자의 중과실로 인하여 사고발생의 위험이 현저하게 변경되거나 증가된 사실이 보험사고발생에 영향을 미치지 아니하였음이 증명된 경우에는 보험자는 보험금을 지급할 책임이 있다.

① ㄷ

② ㄱ, ㄴ

③ ㄴ, ㄷ

④ ㄱ, ㄴ, ㄷ

13 손해보험에 관한 설명으로 옳지 않은 것은? (단, 다른 약정이 없음을 전제로 함)

① 보험사고로 인하여 상실된 피보험자가 얻을 보수는 보험자가 보상할 손해액에 산입하여야 한다.

② 보험계약은 금전으로 산정할 수 있는 이익에 한하여 보험계약의 목적으로 할 수 있다.

③ 무효와 실권의 사유는 손해보험증권의 기재사항이다.

④ 당사자간에 보험가액을 정하지 아니한 때에는 사고발생시의 가액을 보험가액으로 한다.

14 보험금액의 지급에 관한 설명으로 옳지 않은 것은? (다툼이 있으면 판례에 따름)

① 보험금액의 지급에 관하여 약정기간이 있는 경우, 보험자는 그 기간 내에 보험금액을 지급하여야 한다.

② 보험금액의 지급에 관하여 약정기간이 없는 경우, 보험자는 보험사고발생의 통지를 받은 후 지체 없이 지급할 보험금액을 정하여야 한다.

③ 보험금액의 지급에 관하여 약정기간이 없는 경우, 보험금액이 정하여진 날부터 1월 내에 보험수익자에게 보험금액을 지급하여야 한다.

④ 보험계약자의 동의 없이 보험자와 피보험자 사이에 한 보험금 지급기한 유예의 합의는 유효하다.

15 상법 제662조(소멸시효)에 관한 설명으로 옳은 것은?

① 보험금청구권은 2년간 행사하지 아니하면 시효의 완성으로 소멸한다.

② 보험료의 반환청구권은 3년간 행사하지 아니하면 시효의 완성으로 소멸한다.

③ 보험료청구권은 1년간 행사하지 아니하면 시효의 완성으로 소멸한다.

④ 적립금의 반환청구권은 2년간 행사하지 아니하면 시효의 완성으로 소멸한다.

16 보험계약자 등의 불이익변경금지에 관한 설명으로 옳지 않은 것은?

① 상법 보험편의 규정은 당사자간의 특약으로 피보험자의 이익으로 변경하지 못한다.
② 상법 보험편의 규정은 당사자간의 특약으로 보험수익자의 불이익으로 변경하지 못한다.
③ 해상보험의 경우 보험계약자 등의 불이익변경금지 규정은 적용되지 아니한다.
④ 재보험의 경우 보험계약자 등의 불이익변경금지 규정은 적용되지 아니한다.

17 중복보험에 관한 설명으로 옳은 것을 모두 고른 것은?

> ㄱ. 중복보험의 경우 보험자 1인에 대한 권리의 포기는 다른 보험자의 권리의무에 영향을 미치지 않는다.
> ㄴ. 중복보험계약을 체결하는 경우에는 보험계약자는 각 보험자에 대하여 각 보험계약의 내용을 통지하여야 한다.
> ㄷ. 중복보험에서 보험금액의 총액이 보험가액을 초과한 때에는 보험자는 각자의 보험금액의 한도에서 연대책임을 진다.

① ㄱ
② ㄱ, ㄴ
③ ㄴ, ㄷ
④ ㄱ, ㄴ, ㄷ

18 甲은 보험가액이 2억원인 건물에 대하여 보험금액을 1억원으로 하는 손해보험에 가입하였다. 이에 관한 설명으로 옳지 않은 것은? (단, 다른 약정이 없음을 전제로 함)

① 일부보험에 해당한다.
② 전손(全損)인 경우에는 보험자는 1억원을 지급한다.
③ 1억원의 손해가 발생한 경우에는 보험자는 1억원을 지급한다.
④ 8천만원의 손해가 발생한 경우에는 보험자는 4천만원을 지급한다.

19 일부보험에 관한 설명으로 옳은 것은?

① 계약 체결의 시점에 의도적으로 보험가액보다 낮게 보험금액을 약정하는 것은 허용되지 않는다.
② 일부보험에 관한 상법의 규정은 강행규정이다.
③ 일부보험의 경우에는 잔존물대위가 인정되지 않는다.
④ 일부보험에 있어서 일부손해가 발생하여 비례보상원칙을 적용하면 손해액은 보상액보다 크다.

20 손해액 산정에 관한 설명으로 옳지 않은 것은?

① 보험사고로 인하여 상실된 피보험자가 얻을 이익은 당사자간에 다른 약정이 없으면 보험자가 보상할 손해액에 산입하지 아니한다.
② 당사자간에 다른 약정이 있는 때에는 신품가액에 의하여 보험자가 보상할 손해액을 산정할 수 있다.
③ 손해액 산정에 필요한 비용은 보험자와 보험계약자 및 보험수익자가 공동으로 부담한다.
④ 손해보상은 원칙적으로 금전으로 하지만 당사자의 합의로 손해의 전부 또는 일부를 현물로 보상할 수 있다.

21 손해보험에 관한 설명으로 옳지 않은 것은?

① 보험자가 손해를 보상할 경우에 보험료의 지급을 받지 아니한 잔액이 있으면 그 지급기일이 도래하지 아니한 때라도 보상할 금액에서 이를 공제할 수 있다.
② 보험계약자가 손해의 방지와 경감을 위하여 필요 또는 유익하였던 비용과 보상액이 보험금액을 초과한 경우에는 보험자는 보험금액의 한도 내에서 이를 부담한다.
③ 보험의 목적에 관하여 보험자가 부담할 손해가 생긴 경우에는 그 후 그 목적이 보험자가 부담하지 아니하는 보험사고의 발생으로 인하여 멸실된 때에도 보험자는 이미 생긴 손해를 보상할 책임을 면하지 못한다.
④ 보험의 목적의 자연소모로 인한 손해는 보험자가 이를 보상할 책임이 없다.

22 보험대위에 관한 설명으로 옳은 것은? (다툼이 있으면 판례에 따름)

① 손해가 제3자의 행위로 인하여 발생한 경우에 보험금을 지급하기 전이라도 보험자는 그 제3자에 대한 보험계약자의 권리를 취득한다.

② 잔존물대위가 성립하기 위해서는 보험목적의 전부가 멸실하여야 한다.

③ 잔존물에 대한 권리가 보험자에게 이전되는 시점은 보험자가 보험금액을 전부 지급하고, 물권변동 절차를 마무리한 때이다.

④ 재보험에 대하여는 제3자에 대한 보험자대위가 적용되지 않는다.

23 화재보험에 관한 설명으로 옳은 것은? (다툼이 있으면 판례에 따름)

① 화재가 발생한 건물을 수리하면서 지출한 철거비와 폐기물처리비는 화재와 상당인과관계가 있는 건물수리비에는 포함되지 않는다.

② 피보험자가 화재 진화를 위해 살포한 물로 보험목적이 훼손된 손해는 보상하지 않는다.

③ 불에 탈 수 있는 목조교량은 화재보험의 목적이 될 수 없다.

④ 보험자가 손해를 보상함에 있어서 화재와 손해간에 상당인과관계가 필요하다.

24 건물을 화재보험의 목적으로 한 경우 화재보험증권의 법정 기재사항이 아닌 것은?

① 건물의 소재지, 구조와 용도

② 보험가액을 정한 때에는 그 가액

③ 보험기간을 정한 때에는 그 시기와 종기

④ 설계감리법인의 주소와 성명 또는 상호

25 집합보험에 관한 설명으로 옳은 것은?

① 피보험자의 가족의 물건은 보험의 목적에 포함되지 않는 것으로 한다.

② 피보험자의 사용인의 물건은 보험의 목적에 포함되지 않는 것으로 한다.

③ 보험의 목적에 속한 물건이 보험기간 중에 수시로 교체된 경우에는 보험사고의 발생시에 현존한 물건이라도 보험의 목적에 포함되지 않는 것으로 한다.

④ 집합보험이란 경제적으로 독립한 여러 물건의 집합물을 보험의 목적으로 한 보험을 말한다.

26 농어업재해보험법상 용어의 설명으로 옳지 않은 것은?

① "농어업재해보험"은 농어업재해로 발생하는 인명 및 재산 피해에 따른 손해를 보상하기 위한 보험을 말한다.
② "어업재해"란 양식수산물 및 어업용 시설물에 발생하는 자연재해·질병 또는 화재를 말한다.
③ "농업재해"란 농작물·임산물·가축 및 농업용 시설물에 발생하는 자연재해·병충해·조수해(鳥獸害)·질병 또는 화재를 말한다.
④ "보험료"란 보험가입자와 보험사업자간의 약정에 따라 보험가입자가 보험사업자에게 내야 하는 금액을 말한다.

27 농어업재해보험법상 재해보험사업을 할 수 없는 자는?

① 「농업협동조합법」에 따른 농업협동조합중앙회
② 「수산업협동조합법」에 따른 수산업협동조합중앙회
③ 「보험업법」에 따른 보험회사
④ 「산림조합법」에 따른 산림조합중앙회

28 농어업재해보험법상 재해보험에 관한 설명으로 옳지 않은 것은?

① 재해보험에 가입할 수 있는 자는 농림업, 축산업, 양식수산업에 종사하는 개인 또는 법인으로 하고, 구체적인 보험가입자의 기준은 대통령령으로 정한다.
② 「산림조합법」의 공제규정에 따른 공제모집인으로서 산림조합중앙회장이나 그 회원조합장이 인정하는 자는 재해보험을 모집할 수 있다.
③ 재해보험사업자는 사고 예방을 위하여 보험가입자가 납입한 보험료의 일부를 되돌려 줄 수 있다.
④ 「수산업협동조합법」에 따른 조합이 그 조합원에게 재해보험의 보험료 일부를 지원하는 경우에는 「보험업법」상 해당 보험계약의 체결 또는 모집과 관련한 특별이익의 제공으로 본다.

29 농어업재해보험법령상 손해평가에 관한 설명으로 옳은 것은?

① 재해보험사업자는 「보험업법」에 따른 손해평가인에게 손해평가를 담당하게 할 수 있다.

② 「고등교육법」에 따른 전문대학에서 임산물재배 관련 학과를 졸업한 사람은 손해평가인으로 위촉될 자격이 인정된다.

③ 농림축산식품부장관은 손해평가사가 공정하고 객관적인 손해평가를 수행할 수 있도록 연 1회 이상 정기교육을 실시하여야 한다.

④ 농림축산식품부장관 또는 해양수산부장관은 손해평가요령을 고시하려면 미리 금융위원회와 협의하여야 한다.

30 농어업재해보험법상 손해평가사에 관한 설명으로 옳은 것은?

① 농림축산식품부장관과 해양수산부장관은 공정하고 객관적인 손해평가를 촉진하기 위하여 손해평가사 제도를 운영한다.

② 임산물재해보험에 관한 피해사실의 확인은 손해평가사가 수행하는 업무에 해당하지 않는다.

③ 손해평가사 자격이 취소된 사람은 그 처분이 있는 날부터 3년이 지나지 아니한 경우 손해평가사 자격시험에 응시하지 못한다.

④ 손해평가사는 다른 사람에게 그 자격증을 대여해서는 아니 되나, 손해평가사 자격증의 대여를 알선하는 것은 허용된다.

31 농어업재해보험법상 농림축산식품부장관이 손해평가사 자격을 취소하여야 하는 대상을 모두 고른 것은?

ㄱ. 업무정지 기간 중에 손해평가 업무를 수행한 사람
ㄴ. 업무 수행과 관련하여 향응을 제공받은 사람
ㄷ. 손해평가사의 자격을 부정한 방법으로 취득한 사람
ㄹ. 손해평가요령을 준수하지 않고 손해평가를 한 사람

① ㄱ, ㄴ

② ㄱ, ㄷ

③ ㄴ, ㄹ

④ ㄷ, ㄹ

32 농어업재해보험법령상 보험금 수급권에 관한 설명으로 옳은 것은?

① 재해보험사업자는 보험금을 현금으로 지급하여야 하나, 불가피한 사유가 있을 때에는 수급권자의 신청이 없더라도 수급권자 명의의 계좌로 입금할 수 있다.

② 재해보험가입자가 재해보험에 가입된 보험목적물을 양도하는 경우 그 양수인은 재해보험계약에 관한 양도인의 권리 및 의무를 승계한다.

③ 재해보험의 보험목적물이 담보로 제공된 경우에는 보험금을 지급받을 권리를 압류할 수 있다.

④ 농작물의 재생산에 직접적으로 소요되는 비용의 보장을 목적으로 보험금수급전용계좌로 입금된 보험금의 경우 그 2분의 1에 해당하는 액수 이하의 금액에 관하여는 채권을 압류할 수 있다.

33 농어업재해보험법령상 재해보험사업자가 재해보험 업무의 일부를 위탁할 수 있는 자가 아닌 것은?

① 「농업협동조합법」에 따라 설립된 지역축산업협동조합

② 「농업·농촌 및 식품산업기본법」에 따라 설립된 농업정책보험금융원

③ 「산림조합법」에 따라 설립된 품목별·업종별 산림조합

④ 「보험업법」에 따라 손해사정을 업으로 하는 자

34 농어업재해보험법상 재정지원에 관한 설명으로 옳은 것은?

① 정부는 예산의 범위에서 재해보험가입자가 부담하는 보험료의 전부 또는 일부를 지원할 수 있다.

② 지방자치단체는 예산의 범위에서 재해보험사업자의 재해보험의 운영 및 관리에 필요한 비용의 전부 또는 일부를 지원할 수 있다.

③ 농림축산식품부장관은 정부의 보험료 지원 금액을 재해보험가입자에게 지급하여야 한다.

④ 「풍수해보험법」에 따른 풍수해보험에 가입한 자가 동일한 보험목적물을 대상으로 재해보험에 가입할 경우에는 정부가 재정지원을 하지 아니한다.

35 농어업재해보험법령상 재보험사업 및 농어업재해재보험기금(이하 "기금"이라 함)에 관한 설명으로 옳지 않은 것은?

① 기금은 기금의 관리·운용에 필요한 경비의 지출에 사용할 수 없다.
② 농림축산식품부장관은 해양수산부장관과 협의하여 기금의 수입과 지출을 명확히 하기 위하여 한국은행에 기금계정을 설치하여야 한다.
③ 재보험금의 회수 자금은 기금 조성의 재원에 포함된다.
④ 정부는 재해보험에 관한 재보험사업을 할 수 있다.

36 농어업재해보험법상 농어업재해재보험기금(이하 "기금"이라 함)에 관한 설명으로 옳지 않은 것은?

① 기금은 농림축산식품부장관이 해양수산부장관과 협의하여 관리·운용한다.
② 농림축산식품부장관은 해양수산부장관과 협의를 거쳐 기금의 관리·운용에 관한 사무의 일부를 농업정책보험금융원에 위탁할 수 있다.
③ 농림축산식품부장관은 해양수산부장관과 협의하여 기금의 수입과 지출에 관한 사무를 수행하게 하기 위하여 소속 공무원 중에서 기금수입징수관 등을 임명한다.
④ 농림축산식품부장관이 농업정책보험금융원의 임원 중에서 임명한 기금지출원인행위담당임원은 기금지출관의 업무를 수행한다.

37 농어업재해보험법령상 보험가입촉진계획에 포함되어야 하는 사항을 모두 고른 것은?

| ㄱ. 전년도의 성과분석 및 해당 연도의 사업계획 |
| ㄴ. 해당 연도의 보험상품 운영계획 |
| ㄷ. 농어업재해보험 교육 및 홍보계획 |

① ㄱ, ㄴ
② ㄱ, ㄷ
③ ㄴ, ㄷ
④ ㄱ, ㄴ, ㄷ

38 농어업재해보험법상 벌칙에 관한 설명이다. ( )에 들어갈 내용은?

> 「보험업법」제98조에 따른 금품 등을 제공(같은 조 제3호의 경우에는 보험금 지급의 약속을 말한다)한 자 또는 이를 요구하여 받은 보험가입자는 (ㄱ)년 이하의 징역 또는 (ㄴ)천만원 이하의 벌금에 처한다.

① ㄱ : 1, ㄴ : 1

② ㄱ : 1, ㄴ : 3

③ ㄱ : 3, ㄴ : 3

④ ㄱ : 3, ㄴ : 5

39 농업재해보험 손해평가요령상 손해평가인 위촉에 관한 규정이다. ( )에 들어갈 내용은?

> 재해보험사업자는 피해 발생시 원활한 손해평가가 이루어지도록 농업재해보험이 실시되는 ( )별 보험가입자의 수 등을 고려하여 적정 규모의 손해평가인을 위촉할 수 있다.

① 시·도

② 읍·면·동

③ 시·군·자치구

④ 특별자치도·특별자치시

40 농업재해보험 손해평가요령상 손해평가인 정기교육의 세부내용에 명시적으로 포함되어 있지 않은 것은?

① 농어업재해보험법 제정 배경

② 손해평가 관련 민원사례

③ 피해유형별 보상사례

④ 농업재해보험 상품 주요내용

41 농업재해보험 손해평가요령상 재해보험사업자가 손해평가인에 대하여 위촉을 취소하여야 하는 경우는?

① 피성년후견인이 된 때

② 업무수행과 관련하여 「개인정보보호법」 등 정보보호와 관련된 법령을 위반한 때

③ 업무수행상 과실로 손해평가의 신뢰성을 약화시킨 경우

④ 현지조사서를 허위로 작성한 경우

42 농업재해보험 손해평가요령상 손해평가사 甲을 손해평가반 구성에서 배제하여야 하는 경우를 모두 고른 것은?

☑ 확인
Check!

○
△
✕

> ㄱ. 甲의 이해관계자가 가입한 보험계약에 관한 손해평가
> ㄴ. 甲의 이해관계자가 모집한 보험계약에 관한 손해평가
> ㄷ. 甲의 이해관계자가 실시한 손해평가에 대한 검증조사

① ㄱ, ㄴ   ② ㄱ, ㄷ

③ ㄴ, ㄷ   ④ ㄱ, ㄴ, ㄷ

43 농업재해보험 손해평가요령상 손해평가에 관한 설명으로 옳지 <u>않은</u> 것은?   기출수정

☑ 확인
Check!

○
△
✕

① 손해평가반은 손해평가인, 손해평가사, 손해사정사 중 어느 하나에 해당하는 자로 구성하며, 5인 이내로 한다.

② 교차손해평가에 있어서 거대재해 발생 등으로 신속한 손해평가가 불가피하다고 판단되는 경우에도 손해평가반 구성에 지역손해평가인을 포함하여야 한다.

③ 재해보험사업자는 손해평가반이 실시한 손해평가결과를 기록할 수 있도록 현지조사서를 마련하여야 한다.

④ 손해평가반이 손해평가를 실시할 때에는 재해보험사업자가 해당 보험가입자의 보험계약사항 중 손해평가와 관련된 사항을 손해평가반에게 통보하여야 한다.

44 농업재해보험 손해평가요령상 손해평가결과 검증에 관한 설명으로 옳지 <u>않은</u> 것은?

☑ 확인
Check!

○
△
✕

① 검증조사결과 현저한 차이가 발생된 경우 해당 손해평가반이 조사한 전체 보험목적물에 대하여 검증조사를 하여야 한다.

② 보험가입자가 정당한 사유 없이 검증조사를 거부하는 경우 검증조사반은 검증조사가 불가능하여 손해평가결과를 확인할 수 없다는 사실을 보험가입자에게 통지한 후 검증조사결과를 작성하여 재해보험사업자에게 제출하여야 한다.

③ 재해보험사업자 및 농어업재해보험사업의 관리를 위탁받은 기관(이하 "사업관리위탁기관"이라 한다)은 손해평가반이 실시한 손해평가결과를 확인하기 위하여 손해평가를 실시한 보험목적물 중에서 일정수를 임의 추출하여 검증조사를 할 수 있다.

④ 농림축산식품부장관은 재해보험사업자로 하여금 검증조사를 하게 할 수 있다.

손해평가사

1차

2021년도 제7회

45 농업재해보험 손해평가요령상 보험목적물별 손해평가 단위이다. ( )에 들어갈 내용은?

> • 농작물 : (ㄱ)
> • 가축(단, 벌은 제외) : (ㄴ)
> • 농업시설물 : (ㄷ)

① ㄱ : 농지별,　　　ㄴ : 축사별,　　　ㄷ : 보험가입 목적물별
② ㄱ : 품종별,　　　ㄴ : 축사별,　　　ㄷ : 보험가입자별
③ ㄱ : 농지별,　　　ㄴ : 개별가축별,　ㄷ : 보험가입 목적물별
④ ㄱ : 품종별,　　　ㄴ : 개별가축별,　ㄷ : 보험가입자별

46 농업재해보험 손해평가요령상 종합위험방식 수확감소보장에서 "벼"의 경우, 다음의 조건으로 산정한 보험금은?

> • 보험가입금액 : 100만원
> • 자기부담비율 : 20%
> • 평년수확량 : 1,000kg
> • 수확량 : 500kg
> • 미보상감수량 : 50kg

① 10만원　　　　　　　　　　② 20만원
③ 25만원　　　　　　　　　　④ 45만원

47 농업재해보험 손해평가요령상 종합위험방식 "마늘"의 조기파종보험금 산정에 관한 내용이다. ( )에 들어갈 내용은?　　　　기출수정

> 보험가입금액 × ( )% × 표준출현 피해율
> 단, 10a당 출현주수가 30,000주보다 작고, 10a당 30,000주 이상으로 재파종한 경우에 한함

① 10　　　　　　　　　　　② 20
③ 25　　　　　　　　　　　④ 35

48 농업재해보험 손해평가요령에 따른 종합위험방식 상품의 조사내용 중 "재정식조사"에 해당되는 품목은?

① 벼

② 콩

③ 양배추

④ 양파

49 농업재해보험 손해평가요령상 농작물의 품목별·재해별·시기별 손해수량 조사방법 중 적과전 종합위험방식 "떫은감"에 관한 기술이다. (　　)에 들어갈 내용은? 기출수정

생육시기	재해	조사내용	조사시기	조사방법
적과후 ~ 수확기 종료	가을동상해	(ㄱ)	(ㄴ)	• 달려있는 과실 중 재해로 인한 피해과실수를 조사 - (ㄱ)는 보험약관에서 정한 과실피해분류기준에 따라 구분하여 조사 • 조사방법 : 표본조사

① ㄱ : 피해사실 확인 조사, ㄴ : 사고접수 후 지체 없이

② ㄱ : 피해사실 확인 조사, ㄴ : 수확 직전

③ ㄱ : 착과피해조사, 　　ㄴ : 사고접수 후 지체 없이

④ ㄱ : 착과피해조사, 　　ㄴ : 수확 직전

50 농업재해보험 손해평가요령상 가축 및 농업시설물의 보험가액 및 손해액 산정에 관한 설명으로 옳은 것은?

① 가축에 대한 보험가액은 보험사고가 발생한 때와 곳에서 평가한 보험목적물의 수량에 적용가격을 곱한 후 감가상각액을 차감하여 산정한다.

② 보험가입 당시 보험가입자와 재해보험사업자가 가축에 대한 보험가액 및 손해액 산정방식을 별도로 정한 경우에는 그 방법에 따른다.

③ 농업시설물에 대한 보험가액은 보험사고가 발생한 때와 곳에서 평가한 재조달가액으로 한다.

④ 농업시설물에 대한 손해액은 보험사고가 발생한 때와 곳에서 산정한 피해목적물 수량에 적용가격을 곱하여 산정한다.

51 채소의 식용부위에 따른 분류 중 화채류에 속하는 것은?

① 양배추
② 브로콜리
③ 우엉
④ 고추

52 작물의 건물량을 생산하는데 필요한 수분량을 말하는 요수량이 가장 작은 것은?

① 호박
② 기장
③ 완두
④ 오이

53 수분과잉장해에 관한 설명으로 옳지 않은 것은?

① 생장이 쇠퇴하며 수량도 감소한다.
② 건조 후에 수분이 많이 공급되면 열과 등이 나타난다.
③ 뿌리의 활력이 높아진다.
④ 식물이 웃자라게 된다.

54 고온장해에 관한 증상으로 옳지 않은 것은?

① 발아불량
② 품질저하
③ 착과불량
④ 추대지연

55
다음에서 설명하는 냉해로 올바르게 짝지어진 것은?

ㄱ. 작물생육기간 중 특히 냉온에 대한 저항성이 약한 시기에 저온의 접촉으로 뚜렷한 피해를 받게 되는 냉해

ㄴ. 오랜 기간 동안 냉온이나 일조 부족으로 생육이 늦어지고 등숙이 충분하지 못해 감수를 초래하게 되는 냉해

① ㄱ : 지연형 냉해, ㄴ : 장해형 냉해
② ㄱ : 접촉형 냉해, ㄴ : 감수형 냉해
③ ㄱ : 장해형 냉해, ㄴ : 지연형 냉해
④ ㄱ : 피해형 냉해, ㄴ : 장기형 냉해

56
C4 작물이 아닌 것은?

① 보리
② 사탕수수
③ 수수
④ 옥수수

57
작물의 일장형에 관한 설명으로 옳지 않은 것은?

① 보통 16~18시간의 장일조건에서 개화가 유도, 촉진되는 식물을 장일식물이라고 하며, 시금치, 완두, 상추, 양파, 감자 등이 있다.
② 보통 8~10시간의 단일조건에서 개화가 유도, 촉진되는 식물을 단일식물이라고 하며, 가지, 콩, 오이, 호박 등이 있다.
③ 일장의 영향을 받지 않는 식물을 중성식물이라고 하며 토마토, 당근, 강낭콩 등이 있다.
④ 좁은 범위에서만 화성이 유도, 촉진되는 식물을 정일식물 또는 중간식물이라고 한다.

58 과수원의 바람 피해에 관한 설명으로 옳지 않은 것은?

① 강풍은 증산작용을 억제하여 광합성을 촉진한다.
② 강풍은 매개곤충의 활동을 저하시켜 수분과 수정을 방해한다.
③ 작물의 열을 빼앗아 작물체온을 저하시킨다.
④ 해안지방은 염분 피해를 받을 수 있다.

59 식물의 필수원소 중 엽록소의 구성성분으로 다양한 효소반응에 관여하는 것은?

① 아연(Zn)
② 몰리브덴(Mo)
③ 칼슘(Ca)
④ 마그네슘(Mg)

60 염류 집적에 대한 대책이 아닌 것은?

① 흡비작물 재배
② 무기물 시용
③ 심경과 객토
④ 담수 처리

61 정식기에 가까워지면 묘를 외부환경에 미리 노출시켜 적응시키는 것은?

① 춘화
② 동화
③ 이화
④ 경화

62 벼의 수발아에 관한 설명으로 옳지 않은 것은?

① 결실기에 종실이 이삭에 달린 채로 싹이 트는 것을 말한다.
② 결실기의 벼가 우기에 도복이 되었을 때 자주 발생한다.
③ 조생종이 만생종보다 수발아가 잘 발생한다.
④ 휴면성이 강한 품종이 약한 것보다 수발아가 잘 발생한다.

63 다음이 설명하는 번식 방법으로 올바르게 짝지어진 것은?

> ㄱ. 식물의 잎, 줄기, 뿌리를 모체로부터 분리하여 상토에 꽂아 번식하는 방법
> ㄴ. 뿌리 부근에서 생겨난 포기나 부정아를 나누어 번식하는 방법

① ㄱ : 삽목, ㄴ : 분주
② ㄱ : 취목, ㄴ : 삽목
③ ㄱ : 삽목, ㄴ : 접목
④ ㄱ : 접목, ㄴ : 분주

64 육묘에 관한 설명으로 옳지 않은 것은?

① 직파에 비해 종자가 절약된다.
② 토지이용도가 낮아진다.
③ 직파에 비해 발아가 균일하다.
④ 수확기 및 출하기를 앞당길 수 있다.

65 한계일장보다 짧을 때 개화하는 식물끼리 올바르게 짝지어진 것은?

① 국화, 포인세티아
② 장미, 시클라멘
③ 카네이션, 페튜니아
④ 금잔화, 금어초

66 4℃에 저장시 저온장해가 발생하는 절화류로 짝지어진 것은?

① 장미, 카네이션
② 백합, 금어초
③ 극락조화, 안스리움
④ 국화, 글라디올러스

67 채소 작물의 온도 적응성에 따른 분류가 같은 것끼리 짝지어진 것은?

① 가지, 무
② 고추, 마늘
③ 딸기, 상추
④ 오이, 양파

68 저장성을 향상시키기 위한 저장전 처리에 관한 설명으로 옳지 않은 것은?

① 수박은 고온기 수확시 품온이 높아 바로 수송할 경우 부패하기 쉬우므로 예냉을 실시한다.
② 감자는 수확시 생긴 상처를 빨리 아물게 하기 위해 큐어링을 실시한다.
③ 마늘은 휴면이 끝나면 싹이 자라 상품성이 저하될 수 있으므로 맹아 억제 처리를 한다.
④ 결구배추는 수분 손실을 줄이기 위해 수확한 후 바로 저장고에 넣어 보관한다.

69 식물 분류학적으로 같은 과(科)에 속하지 않는 것은?

① 배
② 블루베리
③ 복숭아
④ 복분자

70 멀칭의 목적으로 옳은 것은?

① 휴면 촉진
② 단일 촉진
③ 잡초발생 억제
④ 단위결과 억제

71 물리적 병충해 방제방법을 모두 고른 것은?

ㄱ. 토양 가열　　　　　　　ㄴ. 천적 곤충 이용
ㄷ. 증기 소독　　　　　　　ㄹ. 윤작 등 작부체계의 변경

① ㄱ, ㄷ　　　　　　　　　② ㄱ, ㄹ
③ ㄴ, ㄷ　　　　　　　　　④ ㄴ, ㄹ

72 다음이 설명하는 온실형은?

• 처마가 높고 폭이 좁은 양쪽 지붕형 온실을 연결한 형태이다.
• 토마토, 파프리카(착색단고추) 등 과채류 재배에 적합하다.

① 양쪽 지붕형
② 터널형
③ 벤로형
④ 쓰리쿼터형

73 과수에서 세균에 의한 병으로만 나열한 것은?

① 근두암종병, 화상병, 궤양병
② 근두암종병, 탄저병, 부란병
③ 화상병, 탄저병, 궤양병
④ 화상병, 근두암종병, 부란병

74 다음 피복재 중 투과율이 가장 높은 연질필름은?

① 염화비닐(PVC)필름
② 불소계수지(ETFE)필름
③ 에틸렌아세트산비닐(EVA)필름
④ 폴리에틸렌(PE)필름

75 담액수경의 특징에 관한 설명으로 옳은 것은?

① 산소 공급 장치를 설치해야 한다.
② 베드의 바닥에 일정한 구배를 만들어 양액이 흐르게 해야 한다.
③ 배지로는 펄라이트와 암면 등이 사용된다.
④ 베드를 높이 설치하여 작업효율을 높일 수 있다.

2022년도 제8회 손해평가사 1차 시험문제

수험번호		시험과목	문항수	시험시간
감독확인		① 「상법」 보험편	과목별	90분
성 명		② 농어업재해보험법령 ③ 농학개론 중 재배학 및 원예작물학	25문항	

[수험자 유의사항]

① 답안카드에 기재된 '수험자 유의사항 및 답안카드 작성시 유의사항'을 준수하시기 바랍니다.

② 수험자 교육시간에 감독위원 안내 또는 방송(유의사항)에 따라 답안카드에 수험번호를 기재 마킹하고, 배부된 시험지의 인쇄상태 확인 후 형별 기재란에 표시된 형별(A형 공통)을 확인하여야 합니다.

③ 답안카드는 국가전문자격 공통 표준형으로 문제번호가 1번부터 125번까지 인쇄되어 있습니다. 답안 마킹시에는 반드시 시험문제지의 문제번호와 동일한 번호에 마킹하여야 합니다.

④ 답안카드 기재·마킹시에는 반드시 검은색 사인펜을 사용하여야 합니다.
   ※ 지워지는 펜 사용 불가

⑤ 채점은 전산 자동 판독 결과에 따르므로 유의사항을 지키지 않거나(검은색 사인펜 미사용) 수험자의 부주의(답안카드 기재·마킹 착오, 불완전한 마킹·수정, 예비마킹, 형별 마킹 착오 등)로 판독불능, 중복판독 등 불이익이 발생할 경우 수험자 책임으로 이의제기를 하더라도 받아들여지지 않습니다.

⑥ 답안을 잘못 작성했을 경우, 답안카드 교체 및 수정테이프 사용가능(단, 답안 이외 수험번호 등 인적사항은 수정불가)하며, 재작성에 따른 시험시간은 별도로 부여하지 않음
   ※ 수정테이프 이외 수정액 및 스티커 등은 사용 불가

⑦ 시험문제가 Q-net 홈페이지(http://www.q-net.or.kr)내 손해평가사 홈페이지(자료실⇒문제지 내려받기)에 공개될 예정이오니 참고하시기 바랍니다.

○ 답안 작성 기준

   제1차 시험의 답안은 시험시행일에 시행되고 있는 관련 법령 등을 기준으로 작성하여야 합니다.

01 상법상 손해보험계약에 관한 설명으로 옳은 것은?

① 피보험자는 보험계약에서 정한 불확정한 사고가 발생한 경우 보험금의 지급을 보험자에게 청구할 수 없다.
② 보험자가 보험계약자로부터 보험계약의 청약과 함께 보험료 상당액의 전부 또는 일부의 지급을 받은 때는 다른 약정이 없으면 30일 이내에 낙부통지를 발송해야 한다.
③ 보험자는 보험사고가 발생한 경우 보험금이 아닌 형태의 보험급여를 지급할 것을 약정할 수 없다.
④ 보험기간의 시기(始期)는 보험계약 체결시점과 같아야 한다.

02 甲보험회사의 화재보험약관에는 보험계약자에게 설명해야 하는 중요한 내용을 포함하고 있으나 甲회사가 이를 설명하지 않고 보험계약을 체결하였다. 이에 관한 설명으로 옳지 않은 것은? (다툼이 있으면 판례에 따름)

① 보험계약이 성립한 날로부터 1개월이 된 시점이라면 보험계약자는 보험계약을 취소할 수 있다.
② 甲보험회사는 화재보험약관을 보험계약자에게 교부해야 한다.
③ 보험계약이 성립한 날로부터 4개월이 된 시점이라면 보험계약자는 보험계약을 취소할 수 없다.
④ 보험계약자가 보험계약을 취소하지 않았다면 甲보험회사는 중요한 약관조항을 계약의 내용으로 주장할 수 있다.

03 상법상 보험증권에 관한 설명으로 옳은 것은?

① 보험계약자가 보험증권을 멸실한 경우에는 보험자에 대하여 증권의 재교부를 청구할 수 있으며, 그 증권 작성의 비용은 보험계약자가 부담한다.
② 기존의 보험계약을 변경한 경우 보험자는 그 보험증권에 그 사실을 기재함으로써 보험증권의 교부에 갈음할 수 없다.
③ 타인을 위한 보험계약이 성립된 경우에는 보험자는 그 타인에게 보험증권을 교부해야 한다.
④ 보험계약자가 최초의 보험료를 지급하지 아니한 경우에도 보험계약이 성립한 때에는 보험자는 지체 없이 보험증권을 작성하여 보험계약자에게 교부하여야 한다.

04

타인을 위한 손해보험계약(보험회사 A, 보험계약자 B, 타인 C)에서 보험사고의 객관적 확정이 있는 경우 그 보험계약의 효력에 관한 설명으로 옳지 않은 것은?

① 보험계약 당시에 보험사고가 이미 발생하였음을 B가 알고서 보험계약을 체결하였다면 그 계약은 무효이다.

② 보험계약 당시에 보험사고가 이미 발생하였음을 A와 B가 알았을지라도 C가 알지 못했다면 그 계약은 유효하다.

③ 보험계약 당시에 보험사고가 발생할 수 없음을 A가 알면서도 보험계약을 체결하였다면 그 계약은 무효이다.

④ 보험계약 당시에 보험사고가 발생할 수 없음을 A, B, C가 알지 못한 때에는 그 계약은 유효하다.

05

상법상 보험대리상 등에 관한 설명으로 옳은 것은 모두 몇 개인가?

> • 보험대리상은 보험계약자로부터 보험료를 수령할 수 있는 권한을 갖는다.
> • 보험대리상이 아니면서 특정한 보험자를 위하여 계속적으로 보험계약의 체결을 중개하는 자는 보험자가 작성한 보험증권을 보험계약자에게 교부할 수 있는 권한을 갖는다.
> • 대리인에 의하여 보험계약을 체결한 경우 대리인이 안 사유는 그 본인이 안 것과 동일한 것으로 한다.
> • 보험자는 보험대리상이 보험계약자로부터 청약, 고지, 통지 등 보험계약에 관한 의사표시를 수령할 수 있는 권한을 제한할 수 없다.

① 1개   ② 2개

③ 3개   ④ 4개

06

상법상 보험계약자가 보험자와 보험료를 분납하기로 약정한 경우에 관한 설명으로 옳지 않은 것은?

① 보험계약 체결 후 보험계약자가 제1회 보험료를 지급하지 아니한 경우, 다른 약정이 없는 한 계약 성립 후 2월이 경과하면 보험계약은 해제된 것으로 본다.

② 계속보험료가 연체된 경우 보험자는 즉시 그 계약을 해지할 수는 없다.

③ 계속보험료가 연체된 경우 보험대리상이 아니면서 특정한 보험자를 위하여 계속적으로 보험계약의 체결을 중개하는 자는 보험계약자에 대해 해지의 의사표시를 할 수 있는 권한이 있다.

④ 보험대리상이 아니면서 특정한 보험자를 위하여 계속적으로 보험계약의 체결을 중개하는 자는 보험자가 작성한 영수증을 보험계약자에게 교부하는 경우에 한하여 보험료를 수령할 권한이 있다.

07 상법상 특정한 타인(이하 "A"라고 함)을 위한 손해보험계약에 관한 설명으로 옳은 것은?

① 보험계약자는 A의 동의를 얻지 아니하거나 보험증권을 소지하지 아니하면 그 계약을 해지하지 못한다.

② A가 보험계약에 따른 이익을 받기 위해서는 이익을 받겠다는 의사표시를 하여야 한다.

③ 보험계약자가 계속보험료의 지급을 지체한 때에는 보험자는 A에게 보험료 지급을 최고하지 않아도 보험계약을 해지할 수 있다.

④ 보험계약자가 A를 위해 보험계약을 체결하려면 A의 위임을 받아야 한다.

08 상법상 손해보험계약의 부활에 관한 설명으로 옳지 않은 것은?

① 제1회 보험료의 지급이 이루어지지 않아 보험계약이 해제된 경우 보험계약자는 보험계약의 부활을 청구할 수 있다.

② 계속보험료의 연체로 인하여 보험계약이 해지되고 해지환급금이 지급되지 아니한 경우 보험계약자는 보험계약의 부활을 청구할 수 있다.

③ 계속보험료의 연체로 인하여 보험계약이 해지된 경우 보험계약자가 보험계약의 부활을 청구하려면 연체보험료에 약정이자를 붙여 보험자에게 지급해야 한다.

④ 보험계약자가 상법상의 요건을 갖추어 계약의 부활을 청구하는 경우 보험자는 30일 이내에 낙부통지를 발송해야 한다.

09 상법상 고지의무에 관한 설명으로 옳은 것은?

① 타인을 위한 손해보험계약에서 그 타인은 고지의무를 부담하지 않는다.

② 보험자가 서면으로 질문한 사항은 중요한 사항으로 본다.

③ 고지의무자가 고의 또는 중과실로 중요한 사항을 불고지 또는 부실고지 한 사실을 보험자가 보험계약 체결 직후 알게 된 경우, 보험자가 그 사실을 안 날로부터 1월이 경과하면 보험계약을 해지할 수 없다.

④ 고지의무자가 고의 또는 중과실로 중요한 사항을 불고지 또는 부실고지한 경우 보험자가 계약 당시에 그 사실을 알았을지라도 보험자는 보험계약을 해지할 수 있다.

10 보험기간 중 사고발생의 위험이 현저하게 변경된 경우에 관한 설명으로 옳은 것을 모두 고른 것은?

> ㄱ. 보험수익자가 이 사실을 안 때에는 지체 없이 보험자에게 통지하여야 한다.
> ㄴ. 보험자가 보험계약자로부터 위험변경의 통지를 받은 때로부터 2월이 경과하면 계약을 해지할 수 없다.
> ㄷ. 보험수익자의 고의로 인하여 위험이 현저하게 변경된 때에는 보험자는 보험료의 증액을 청구할 수 있다.
> ㄹ. 피보험자의 중대한 과실로 인하여 위험이 현저하게 변경된 때에는 보험자는 계약을 해지할 수 없다.

① ㄱ, ㄴ
② ㄴ, ㄷ
③ ㄷ, ㄹ
④ ㄱ, ㄴ, ㄷ, ㄹ

11 보험계약의 해지에 관한 설명으로 옳지 않은 것은? (다툼이 있으면 판례에 따름)

① 보험자가 파산의 선고를 받은 때에는 보험계약자는 계약을 해지할 수 있다.
② 보험자가 보험기간 중에 사고발생의 위험이 현저하게 증가하여 보험계약을 해지한 경우 이미 지급한 보험금의 반환을 청구할 수 없다.
③ 보험자가 파산의 선고를 받은 경우 해지하지 아니한 보험계약은 파산선고 후 3월을 경과한 때에는 그 효력을 잃는다.
④ 보험자가 보험기간 중 사고발생의 위험이 현저하게 변경되었음을 이유로 계약을 해지하려는 경우 그 사실을 입증하여야 한다.

12 상법상 보험사고의 발생에 따른 보험자의 책임에 관한 설명으로 옳은 것은?

① 보험수익자가 보험사고의 발생을 안 때에는 보험자에게 그 통지를 할 의무가 없다.
② 보험사고가 보험계약자의 고의로 인하여 생긴 때에는 보험자는 보험금액을 지급할 책임이 없다.
③ 보험자는 보험금액의 지급에 관하여 약정기간이 없는 경우 지급할 보험금액이 정하여진 날로부터 5일내에 지급하여야 한다.
④ 보험자의 책임은 당사자간에 다른 약정이 없으면 보험계약자가 보험계약의 체결을 청약한 때로부터 개시한다.

13 상법 보험편에 관한 설명으로 옳지 않은 것은? (다툼이 있으면 판례에 따름)

① 재보험에서는 당사자간의 특약에 의하여 상법 보험편의 규정을 보험계약자의 불이익으로 변경할 수 있다.

② 보험계약자 등의 불이익변경 금지원칙은 보험계약자와 보험자가 서로 대등한 경제적 지위에서 계약조건을 정하는 기업보험에 있어서는 그 적용이 배제된다.

③ 상법 보험편의 규정은 그 성질에 반하지 아니하는 범위에서 공제에도 준용된다.

④ 상법 보험편의 규정은 약관에 의하여 피보험자나 보험수익자의 이익으로 변경할 수 없다.

14 상법상 손해보험증권에 기재되어야 하는 사항으로 옳은 것은 모두 몇 개인가?

- 보험수익자의 주소, 성명 또는 상호
- 무효의 사유
- 보험사고의 성질
- 보험금액

① 1개   ② 2개
③ 3개   ④ 4개

15 상법상 손해보험에 관한 설명으로 옳지 않은 것은?

① 당사자간에 보험가액을 정한 때에는 그 가액은 사고발생시의 가액으로 정한 것으로 본다.

② 당사자는 약정에 의하여 보험사고로 인하여 상실된 피보험자가 얻을 보수를 보험자가 보상할 손해액에 산입할 수 있다.

③ 화재보험의 보험자는 화재의 소방 또는 손해의 감소에 필요한 조치로 인하여 생긴 손해를 보상할 책임이 있다.

④ 보험계약은 금전으로 산정할 수 있는 이익에 한하여 보험계약의 목적으로 할 수 있다.

16 손해보험에서의 보험가액에 관한 설명으로 옳은 것은?

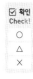
① 초과보험에 있어서 보험계약의 목적의 가액은 사고발생시의 가액에 의하여 정한다.

② 보험금액이 보험계약의 목적의 가액을 현저하게 초과한 때에는 보험계약자는 소급하여 보험료의 감액을 청구할 수 있다.

③ 보험가액이 보험계약 당시가 아닌 보험기간 중에 현저하게 감소된 때에는 보험자는 보험료와 보험금액의 감액을 청구할 수 없다.

④ 초과보험이 보험계약자의 사기로 인하여 체결된 때에는 그 계약은 무효이며, 보험자는 그 사실을 안 때까지의 보험료를 청구할 수 있다.

17 상법상 소멸시효에 관하여 ( )에 들어갈 내용으로 옳은 것은?

> 보험금청구권은 (ㄱ)년간, 보험료청구권은 (ㄴ)년간, 적립금의 반환청구권은 (ㄷ)년간 행사하지 아니하면 시효의 완성으로 소멸한다.

① ㄱ : 2, ㄴ : 3, ㄷ : 2

② ㄱ : 2, ㄴ : 3, ㄷ : 3

③ ㄱ : 3, ㄴ : 2, ㄷ : 3

④ ㄱ : 3, ㄴ : 3, ㄷ : 2

18 상법상 중복보험에 관한 설명으로 옳지 않은 것은?

① 보험계약자가 중복보험의 체결 사실을 보험자에게 통지하지 아니한 경우 보험자는 보험계약을 취소할 수 있다.

② 중복보험을 체결한 경우 보험계약자는 각 보험자에 대하여 각 보험계약의 내용을 통지하여야 한다.

③ 중복보험이라 함은 동일한 보험계약의 목적과 동일한 사고에 관하여 수개의 보험계약이 동시에 또는 순차로 체결된 경우를 말한다.

④ 중복보험은 하나의 보험계약을 수인의 보험자와 체결한 공동보험과 구별된다.

19 다음 사례에 관한 설명으로 옳은 것은? (단, 다른 약정이 없고, 보험사고 당시 보험가액은 보험계약 당시와 동일한 것으로 전제함)

> 〈사례 1〉 甲은 보험가액이 3억원인 자신의 아파트를 보험목적으로 하여 A보험회사 및 B보험회사와 보험금액을 3억원으로 하는 화재보험계약을 각각 체결하였다.
>
> 〈사례 2〉 乙은 보험가액이 10억원인 자신의 건물을 보험목적으로 하여 C보험회사와 보험금액을 5억원으로 하는 화재보험계약을 체결하였다.

① 화재로 인하여 甲의 아파트가 전부 소실된 경우 甲은 A와 B로부터 각각 3억원의 보험금을 수령할 수 있다.

② 화재로 인하여 甲의 아파트가 전부 소실된 경우 甲이 A에 대한 보험금 청구를 포기하였다면 甲에게 보험금 3억원을 지급한 B는 A에 대해 구상금을 청구할 수 없다.

③ 화재로 인하여 乙의 건물에 5억원의 손해가 발생한 경우 C는 乙에게 5억원을 보험금으로 지급하여야 한다.

④ 화재로 인하여 甲의 아파트가 전부 소실된 경우 A는 甲에 대하여 3억원의 한도에서 B와 연대책임을 부담한다.

20 화재보험에 있어서 보험자의 보상의무에 관한 설명으로 옳지 않은 것은? (다툼이 있으면 판례에 따름)

① 보험사고의 발생은 보험금 지급을 청구하는 보험계약자 등이 입증해야 한다.

② 보험자의 보험금 지급의무는 보험기간 내에 보험사고가 발생하고 그 보험사고의 발생으로 인하여 피보험자의 피보험이익에 손해가 생기면 성립된다.

③ 손해란 피보험이익의 전부 또는 일부가 멸실됐거나 감손된 것을 말한다.

④ 보험의 목적에 관하여 보험자가 부담할 손해가 생긴 경우에는 그 후 그 목적이 보험자가 부담하지 아니하는 보험사고의 발생으로 인하여 멸실된 때에는 보험자는 이미 생긴 손해를 보상할 책임을 면한다.

21 상법상 손해보험에서 손해액의 산정기준 등에 관한 설명으로 옳지 않은 것은?

☑ 확인
Check!
○
△
×

① 보험자가 보상할 손해액은 그 손해가 발생한 때와 곳의 가액에 의하여 산정하는 것이 원칙이다.
② 손해액의 산정에 관한 비용은 보험계약자의 부담으로 한다.
③ 보험자가 손해를 보상할 경우에 보험료의 지급을 받지 아니한 잔액이 있으면 그 지급기일이 도래하지 아니한 때라도 보상할 금액에서 이를 공제할 수 있다.
④ 보험자는 약정에 따라 신품가액에 의하여 손해액을 산정할 수 있다.

22 상법상 손해보험에 있어 보험자의 면책 사유로 옳은 것을 모두 고른 것은?

☑ 확인
Check!
○
△
×

ㄱ. 보험의 목적의 성질로 인한 손해
ㄴ. 보험의 목적의 하자로 인한 손해
ㄷ. 보험의 목적의 자연소모로 인한 손해
ㄹ. 보험사고가 보험계약자의 고의 또는 중대한 과실로 인하여 생긴 경우

① ㄱ, ㄴ
② ㄴ, ㄷ
③ ㄷ, ㄹ
④ ㄱ, ㄴ, ㄷ, ㄹ

23 상법상 손해보험에서 손해방지의무에 관한 설명으로 옳지 않은 것은? (다툼이 있으면 판례에 따름)

☑ 확인
Check!
○
△
×

① 손해방지의무의 주체는 보험계약자와 피보험자이다.
② 손해방지를 위하여 필요 또는 유익하였던 비용은 보험자가 부담한다.
③ 손해방지를 위하여 필요 또는 유익하였던 비용과 보상액이 보험금액을 초과한 경우에는 보험금액의 한도에서만 보험자가 이를 부담한다.
④ 피보험자가 손해방지의무를 고의 또는 중과실로 위반한 경우 보험자는 손해방지의무위반과 상당인과관계가 있는 손해에 대하여 배상을 청구할 수 있다.

24 보험목적에 관한 보험대위에 관한 설명이다. (　　)에 들어갈 내용으로 옳은 것은?

> 보험의 목적의 전부가 멸실한 경우에 (ㄱ)의 (ㄴ)를 지급한 보험자는 그 목적에 대한 (ㄷ)의 권리를 취득한다. 그러나 (ㄹ)의 일부를 보험에 붙인 경우에는 보험자가 취득할 권리는 보험금액의 보험가액에 대한 비율에 따라 이를 정한다.

① ㄱ : 보험금액, ㄴ : 전부, ㄷ : 피보험자, ㄹ : 보험가액
② ㄱ : 보험금액, ㄴ : 일부, ㄷ : 보험계약자, ㄹ : 보험금액
③ ㄱ : 보험가액, ㄴ : 일부, ㄷ : 피보험자, ㄹ : 보험가액
④ ㄱ : 보험가액, ㄴ : 전부, ㄷ : 피보험자, ㄹ : 보험가액

25 제3자에 대한 보험대위에 관한 설명으로 옳지 않은 것은? (다툼이 있으면 판례에 따름)

① 제3자에 대한 보험대위의 취지는 이득금지 원칙의 실현과 부당한 면책의 방지에 있다.
② 보험자는 피보험자와 생계를 같이 하는 가족에 대한 피보험자의 권리는 취득하지 못하는 것이 원칙이다.
③ 보험금을 지급한 보험자는 그 지급한 금액의 한도에서 그 제3자에 대한 피보험자의 권리를 취득한다.
④ 보험약관상 보험자가 면책되는 사고임에도 불구하고 보험자가 보험금을 지급한 경우 피보험자의 제3자에 대한 권리를 대위취득 할 수 있다.

26 농어업재해보험법상 재해보험 발전 기본계획에 포함되어야 하는 사항으로 명시되지 않은 것은?

① 재해보험의 종류별 가입률 제고 방안에 관한 사항
② 손해평가인의 정기교육에 관한 사항
③ 재해보험사업에 대한 지원 및 평가에 관한 사항
④ 재해보험의 대상 품목 및 대상 지역에 관한 사항

27 농어업재해보험법상 농업재해보험심의회의 심의사항에 해당되는 것을 모두 고른 것은?

> ㄱ. 재해보험에서 보상하는 재해의 범위에 관한 사항
> ㄴ. 손해평가의 방법과 절차에 관한 사항
> ㄷ. 농어업재해재보험사업에 대한 정부의 책임범위에 관한 사항
> ㄹ. 농어업재해재보험사업 관련 자금의 수입과 지출의 적정성에 관한 사항

① ㄱ, ㄴ 　　　　　　　② ㄴ, ㄷ
③ ㄱ, ㄷ, ㄹ 　　　　　④ ㄱ, ㄴ, ㄷ, ㄹ

28 농어업재해보험법상 재해보험을 모집할 수 있는 자에 해당하지 않는 것은?

① 산림조합중앙회의 임직원
② 「수산업협동조합법」에 따라 설립된 수협은행의 임직원
③ 「산림조합법」 제48조의 공제규정에 따른 공제모집인으로서 농림축산식품부장관이 인정하는 자
④ 「보험업법」 제83조 제1항에 따라 보험을 모집할 수 있는 자

29 농어업재해보험법상 손해평가 등에 관한 설명으로 옳은 것은?

① 재해보험사업자는 동일 시·군·구 내에서 교차손해평가를 수행할 수 없다.
② 농림축산식품부장관은 손해평가인이 공정하고 객관적인 손해평가를 수행할 수 있도록 연 1회 이상 정기교육을 실시하여야 한다.
③ 농림축산식품부장관이 손해평가요령을 정한 뒤 이를 고시하려면 미리 금융위원회의 인가를 거쳐야 한다.
④ 농림축산식품부장관은 손해평가인간의 손해평가에 관한 기술·정보의 교환을 금지하여야 한다.

30 농어업재해보험법령상 손해평가사의 자격 취소사유로 명시되지 않은 것은?

① 손해평가사의 자격을 거짓 또는 부정한 방법으로 취득한 경우
② 거짓으로 손해평가를 한 경우
③ 업무수행과 관련하여 보험계약자로부터 향응을 제공받은 경우
④ 법 제11조의4 제7항을 위반하여 손해평가사 명의의 사용이나 자격증의 대여를 알선한 경우

31 농어업재해보험법령상 보험금의 압류 금지에 관한 조문의 일부이다. (   )에 들어갈 내용은?

법 제12조 제2항에서 "대통령령으로 정하는 액수"란 다음 각 호의 구분에 따른 보험금 액수를 말한다.
1. 농작물·임산물·가축 및 양식수산물의 재생산에 직접적으로 소요되는 비용의 보장을 목적으로 법 제11조의7 제1항 본문에 따라 보험금수급전용계좌로 입금된 보험금 : 입금된 (ㄱ)
2. 제1호 외의 목적으로 법 제11조의7 제1항 본문에 따라 보험금수급전용계좌로 입금된 보험금 : 입금된 (ㄴ)에 해당하는 액수

① ㄱ : 보험금의 2분의 1,   ㄴ : 보험금의 3분의 1
② ㄱ : 보험금의 2분의 1,   ㄴ : 보험금의 3분의 2
③ ㄱ : 보험금 전액,   ㄴ : 보험금의 3분의 1
④ ㄱ : 보험금 전액,   ㄴ : 보험금의 2분의 1

32 농어업재해보험법령상 재해보험사업자가 보험모집 및 손해평가 등 재해보험 업무의 일부를 위탁할 수 있는 자에 해당하지 않는 것은?

① 「농업협동조합법」에 따라 설립된 지역농업협동조합
② 「수산업협동조합법」에 따라 설립된 지구별 수산업협동조합
③ 「보험업법」 제187조에 따라 손해사정을 업으로 하는 자
④ 농어업재해보험 관련 업무를 수행할 목적으로 「민법」에 따라 설립된 영리법인

33 농어업재해보험법상 재정지원에 관한 설명으로 옳지 않은 것은?

① 정부는 재해보험사업자의 재해보험의 운영 및 관리에 필요한 비용의 전부를 지원하여야 한다.
② 지방자치단체는 예산의 범위에서 재해보험가입자가 부담하는 보험료의 일부를 추가로 지원할 수 있다.
③ 「풍수해보험법」에 따른 풍수해보험에 가입한 자가 동일한 보험목적물을 대상으로 재해보험에 가입할 경우에는 정부가 재정지원을 하지 아니한다.
④ 법 제19조 제1항에 따른 보험료와 운영비의 지원 방법 및 지원 절차 등에 필요한 사항은 대통령령으로 정한다.

34 농어업재해보험법령상 손해평가인의 자격요건에 관한 내용의 일부이다. (   )에 들어갈 숫자는?

「학점인정 등에 관한 법률」 제8조에 따라 전문대학의 보험 관련 학과 졸업자와 같은 수준 이상의 학력이 있다고 인정받은 사람이나 「고등교육법」 제2조에 따른 학교에서 (ㄱ)학점(보험 관련 과목 학점이 (ㄴ)학점 이상이어야 한다) 이상을 이수한 사람 등 제7호에 해당하는 사람과 같은 수준 이상의 학력이 있다고 인정되는 사람

① ㄱ : 60, ㄴ : 40
② ㄱ : 60, ㄴ : 45
③ ㄱ : 80, ㄴ : 40
④ ㄱ : 80, ㄴ : 45

35 농어업재해보험법상 농어업재해재보험기금의 재원에 포함되는 것을 모두 고른 것은?

ㄱ. 재해보험가입자가 재해보험사업자에게 내야 할 보험료의 회수 자금
ㄴ. 정부, 정부 외의 자 및 다른 기금으로부터 받은 출연금
ㄷ. 농어업재해보험기금의 운용수익금
ㄹ. 「농어촌구조개선 특별회계법」 제5조 제2항 제7호에 따라 농어촌구조개선 특별회계의 농어촌특별세사업계정으로부터 받은 전입금

① ㄱ, ㄴ, ㄷ
② ㄱ, ㄴ, ㄹ
③ ㄱ, ㄷ, ㄹ
④ ㄴ, ㄷ, ㄹ

36 농어업재해보험법령상 농어업재해재보험기금(이하 "기금"이라 한다)에 관한 설명으로 옳은 것은?

① 농림축산식품부장관은 행정안전부장관과 협의를 거쳐 기금의 관리·운용에 관한 사무의 일부를 농업정책보험금융원에 위탁할 수 있다.
② 농림축산식품부장관은 기금의 수입과 지출을 명확히 하기 위하여 농업정책보험금융원에 기금계정을 설치하여야 한다.
③ 기금의 관리·운용에 필요한 경비의 지출은 기금의 용도에 해당한다.
④ 기금은 농림축산식품부장관이 환경부장관과 협의하여 관리·운용한다.

37 농어업재해보험법상 보험사업의 관리에 관한 설명으로 옳지 않은 것은?

① 농림축산식품부장관 또는 해양수산부장관은 재해보험사업을 효율적으로 추진하기 위하여 손해평가인력의 육성 업무를 수행한다.
② 농림축산식품부장관은 손해평가사의 업무정지 처분을 하는 경우 청문을 하지 않아도 된다.
③ 농림축산식품부장관은 손해평가사 자격시험의 실시 및 관리에 관한 업무를 「한국산업인력공단법」에 따른 한국산업인력공단에 위탁할 수 있다.
④ 정부는 농어업인의 재해대비의식을 고양하고 재해보험의 가입을 촉진하기 위하여 교육·홍보 및 보험가입자에 대한 정책자금 지원, 신용보증 지원 등을 할 수 있다.

38 농어업재해보험법상 손해평가사의 자격을 취득하지 아니하고 그 명의를 사용하거나 자격증을 대여받은 자에게 부과될 수 있는 벌칙은?

① 과태료 5백만원
② 벌금 2천만원
③ 징역 6월
④ 징역 2년

39 농업재해보험 손해평가요령상 용어의 정의에 관한 내용의 일부이다. (　　)에 들어갈 내용은?

> "(　　)"(이)라 함은 「농어업재해보험법」 제11조 제1항과 「농어업재해보험법 시행령」 제12조 제1항에서 정한 자 중에서 재해보험사업자가 위촉하여 손해평가 업무를 담당하는 자를 말한다.

① 손해평가인
② 손해평가사
③ 손해사정사
④ 손해평가보조인

40 농업재해보험 손해평가요령상 손해평가 업무로 명시되지 않은 것은?

기출수정

① 보험가액 평가
② 보험료율 산정
③ 피해사실 확인
④ 손해액 평가

41 농업재해보험 손해평가요령상 손해평가인의 위촉과 교육에 관한 설명으로 옳은 것은?

① 손해평가인 정기교육의 세부내용 중 농업재해보험 상품 주요내용은 농업재해보험에 관한 기초지식에 해당한다.
② 손해평가인 정기교육의 세부내용에 피해유형별 현지조사표 작성 실습은 포함되지 않는다.
③ 재해보험사업자 및 「농어업재해보험법」 제14조에 따라 손해평가 업무를 위탁받은 자는 손해평가 업무를 원활히 수행하기 위하여 손해평가보조인을 운용할 수 있다.
④ 실무교육에 참여하는 손해평가인은 재해보험사업자에게 교육비를 납부하여야 한다.

42 농업재해보험 손해평가요령상 손해평가인 위촉의 취소에 관한 설명이다. (   )에 들어갈 내용은?

> 재해보험사업자는 손해평가인이 「농어업재해보험법」 제30조에 의하여 벌금 이상의 형을 선고받고 그 집행이 종료(집행이 종료된 것으로 보는 경우를 포함한다)되거나 집행이 면제된 날로부터 (ㄱ)년 이 경과되지 아니한 자 또는 (ㄴ) 기간 중에 손해평가업무를 수행한 자인 경우 그 위촉을 취소하여야 한다.

① ㄱ : 1, ㄴ : 자격정지
② ㄱ : 2, ㄴ : 업무정지
③ ㄱ : 1, ㄴ : 업무정지
④ ㄱ : 3, ㄴ : 자격정지

43 농업재해보험 손해평가요령상 손해평가반 구성에 관한 설명으로 옳은 것은?

① 자기가 실시한 손해평가에 대한 검증조사 및 재조사에 해당하는 손해평가의 경우 해당자를 손해평가반 구성에서 배제하여야 한다.
② 자기가 가입하였어도 자기가 모집하지 않은 보험계약에 관한 손해평가의 경우 해당자는 손해평가반 구성에 참여할 수 있다.
③ 손해평가인은 손해평가를 하는 경우에는 손해평가반을 구성하고 손해평가반별로 평가일정계획을 수립하여야 한다.
④ 손해평가반은 손해평가인을 3인 이상 포함하여 7인 이내로 구성한다.

44 농업재해보험 손해평가요령상 손해평가준비 및 평가결과 제출에 관한 설명으로 옳은 것은?

① 손해평가반은 재해보험사업자가 실시한 손해평가결과를 기록할 수 있도록 현지조사서를 마련하여야 한다.
② 손해평가반은 손해평가를 실시하기 전에 현지조사서를 재해보험사업자에게 배부하고 손해평가에 임하여야 한다.
③ 손해평가반은 보험가입자가 7일 이내에 손해평가가 잘못되었음을 증빙하는 서류 등을 제출하는 경우 다른 손해평가반으로 하여금 재조사를 실시하게 할 수 있다.
④ 손해평가반은 보험가입자가 정당한 사유 없이 손해평가를 거부하여 손해평가를 실시하지 못한 경우에는 그 피해를 인정할 수 없는 것으로 평가한다는 사실을 보험가입자에게 통지한 후 현지조사서를 재해보험사업자에게 제출하여야 한다.

45 농업재해보험 손해평가요령상 손해평가결과 검증에 관한 설명으로 옳은 것은?

① 재해보험사업자 및 농어업재해보험사업의 관리를 위탁받은 기관(이하 "사업관리위탁기관"이라 한다)은 손해평가반이 실시한 손해평가결과를 확인하기 위하여 손해평가를 실시한 보험목적물 중에서 일정수를 임의 추출하여 검증조사를 할 수 있다.

② 손해평가반은 농림축산식품부장관으로 하여금 검증조사를 하게 할 수 있다.

③ 손해평가결과와 임의 추출조사의 결과에 차이가 발생하면 해당 손해평가반이 조사한 전체 보험목적물에 대하여 재조사를 하여야 한다.

④ 보험가입자가 검증조사를 거부하는 경우 검증조사반은 손해평가 검증을 강제할 수 있다는 사실을 보험가입자에게 통지하여야 한다.

46 농업재해보험 손해평가요령상 특정위험방식 중 "인삼"의 경우, 다음의 조건으로 산정한 보험금은?

• 보험가입금액 : 1,000만원	• 보험가액 : 1,000만원
• 피해율 : 50%	• 자기부담비율 : 20%

① 200만원 ② 300만원
③ 500만원 ④ 700만원

47 농업재해보험 손해평가요령상 종합위험방식 「이앙·직파불능보장」에서 "벼"의 경우, 보험가입금액이 1,000만원이고 보험가액이 1,500만원이라면 산정한 보험금은? (단, 다른 사정은 고려하지 않음)

① 100만원 ② 150만원
③ 250만원 ④ 375만원

48 농업재해보험 손해평가요령상 종합위험방식 상품의 조사내용 중 "착과수조사"에 해당되는 품목은? 기출수정

① 사과
② 감귤(온주밀감류)
③ 자두
④ 단감

49 농업재해보험 손해평가요령상 농작물의 품목별·재해별·시기별 손해수량 조사방법 중 종합위험방식 상품에 관한 표의 일부이다. (   )에 들어갈 내용은?

생육시기	재 해	조사내용	조사시기	조사방법	비 고
수확 시작 후 ~ 수확 종료	태풍(강풍), 우박	(ㄱ)	사고접수 후 지체 없이	전체 열매수(전체 개화수) 및 수확 가능 열매수 조사 •6월 1일~6월 20일 사고 건에 한함 •조사방법 : 표본조사	(ㄴ)만 해당

① ㄱ : 과실손해조사, ㄴ : 복분자
② ㄱ : 과실손해조사, ㄴ : 무화과
③ ㄱ : 수확량조사, ㄴ : 복분자
④ ㄱ : 수확량조사, ㄴ : 무화과

50 농업재해보험 손해평가요령상 농업시설물의 보험가액 및 손해액 산정에 관한 설명이다. (   )에 들어갈 내용은?

> • 농업시설물에 대한 보험가액은 보험사고가 발생한 때와 곳에서 평가한 피해목적물의 (ㄱ)에서 내용연수에 따른 감가상각률을 적용하여 계산한 감가상각액을 (ㄴ)하여 산정한다.
> • 농업시설물에 대한 손해액은 보험사고가 발생한 때와 곳에서 산정한 피해목적물의 (ㄷ)을 말한다.

① ㄱ : 시장가격, ㄴ : 곱, ㄷ : 시장가격
② ㄱ : 시장가격, ㄴ : 차감, ㄷ : 원상복구비용
③ ㄱ : 재조달가액, ㄴ : 곱, ㄷ : 시장가격
④ ㄱ : 재조달가액, ㄴ : 차감, ㄷ : 원상복구비용

51 작물 분류학적으로 과명(family name)별 작물의 연결이 옳은 것은?

① 백합과 – 수선화
② 가지과 – 감자
③ 국화과 – 들깨
④ 장미과 – 블루베리

52 토양침식이 우려될 때 재배법으로 옳지 않은 것은?

① 점토함량이 높은 식토 경지에서 재배한다.
② 토양의 입단화를 유지한다.
③ 경사지에서는 계단식 재배를 한다.
④ 녹비작물로 초생재배를 한다.

53 토양의 생화학적 환경에 관한 내용이다. (   )에 들어갈 내용으로 옳은 것은?

> 높은 강우 또는 관수량의 토양에서는 용탈작용으로 토양의 (ㄱ)가 촉진되고, 이 토양에서는 아연과 망간의 흡수율이 (ㄴ)진다. 반면, 탄질비가 높은 유기물 토양에서는 미생물 밀도가 높아져 부숙시 토양 질소함량이 (ㄷ)하게 된다.

① ㄱ : 산성화, ㄴ : 높아, ㄷ : 감소
② ㄱ : 염기화, ㄴ : 낮아, ㄷ : 증가
③ ㄱ : 염기화, ㄴ : 높아, ㄷ : 감소
④ ㄱ : 산성화, ㄴ : 낮아, ㄷ : 증가

54 토양수분 스트레스를 줄이기 위한 재배방법으로 옳지 않은 것은?

① 요수량이 낮은 품종을 재배한다.
② 칼륨결핍이 발생하지 않도록 재배한다.
③ 질소과용이 발생하지 않도록 한다.
④ 밭 재배시 재식밀도를 높여 준다.

55 내건성 작물의 생육특성을 모두 고른 것은?

> ㄱ. 기공 크기의 증가
> ㄴ. 지상부보다 근권부 발달
> ㄷ. 낮은 호흡에 따른 저장물질의 소실 감소

① ㄱ, ㄴ   ② ㄱ, ㄷ
③ ㄴ, ㄷ   ④ ㄱ, ㄴ, ㄷ

56 다음 ( )에 들어갈 내용으로 옳은 것은?

> 저온에서 일정기간 이상 경과하게 되면 식물체내 화아분화가 유기되는 것을 (ㄱ)라 말하며, 이 후 25~30℃에 3~4주 정도 노출시켜 이미 받은 저온감응을 다시 상쇄시키는 것을 (ㄴ)라 한다.

① ㄱ : 춘화, ㄴ : 일비
② ㄱ : 이춘화, ㄴ : 춘화
③ ㄱ : 춘화, ㄴ : 이춘화
④ ㄱ : 이춘화, ㄴ : 일비

57 A손해평가사가 어떤 농가에게 다음과 같은 조언을 하고 있다. 다음 (   )에 들어갈 내용으로 옳은 것은?

> • 농가 : 저희 농가의 딸기가 최근 2℃ 이하에서 생육스트레스를 받았습니다.
> • A : 딸기의 (ㄱ)를 잘 이해해야 합니다. 그리고 30℃를 넘지 않도록 관리해야 됩니다.
> • 농가 : 그럼, 30℃는 딸기 생육의 (ㄴ)라고 생각해도 되는군요.

① ㄱ : 생육가능온도, ㄴ : 최적적산온도
② ㄱ : 생육최적온도, ㄴ : 최적한계온도
③ ㄱ : 생육가능온도, ㄴ : 최고한계온도
④ ㄱ : 생육최적온도, ㄴ : 최고적산온도

58 광도가 증가함에 따라 작물의 광합성이 증가하는데 일정 수준 이상에 도달하게 되면 더 이상 증가하지 않는 지점은?

① 광순화점
② 광보상점
③ 광반응점
④ 광포화점

59 과수재배에 있어 생장조절물질에 관한 설명으로 옳지 않은 것은?

① 지베렐린 – 포도의 숙기촉진과 과실비대에 이용
② 루톤분제 – 대목용 삽목 번식시 발근 촉진
③ 아브시스산 – 휴면 유도
④ 에틸렌 – 과실의 낙과 방지

60 도복 피해를 입은 작물에 대한 피해 경감대책으로 옳지 않은 것은?

① 왜성품종 선택
② 질소질 비료 사용
③ 맥류에서의 높은 복토
④ 밀식재배 지양

61 정식기에 어린 묘를 외부환경에 미리 적응시켜 순화시키는 과정은?

① 경화
② 왜화
③ 이화
④ 동화

62 무성생식에 비해 종자번식이 갖는 상업적 장점이 아닌 것은?

① 대량생산 용이
② 결실연령 단축
③ 원거리이동 용이
④ 우량종 개발

63 P손해평가사는 '가지'의 종자발아율이 낮아 고민하고 있는 육묘 농가를 방문하였다. 이 농가에서 잘못 적용한 영농법은?

① 보수성이 좋은 상토를 사용하였다.
② 통기성이 높은 상토를 사용하였다.
③ 광투과가 높도록 상토를 복토하였다.
④ pH가 교정된 육묘용 상토를 사용하였다.

64 토양 표면을 피복해 주는 멀칭의 효과가 아닌 것은?

① 잡초 억제
② 로제트 발생
③ 토양수분 조절
④ 지온 조절

65 경종적 방제차원의 병충해 방제가 아닌 것은?

① 내병성 품종선택
② 무병주 묘 이용
③ 콜히친 처리
④ 접목재배

66 농가에서 널리 이용하는 엽삽에 유리한 작물이 아닌 것은?

① 렉스베고니아
② 글록시니아
③ 페페로미아
④ 메리골드

67 화훼작물에 있어 진균에 의한 병이 아닌 것은?

① 잘록병
② 역병
③ 잿빛곰팡이병
④ 무름병

68 '잎들깨'를 생산하는 농가에서 생산량 증대를 위해 야간 인공조명을 설치하였다. 이 야간 조명으로 인하여 옆 농가에서 피해가 있을 법한 작물은?

① 장미
② 칼랑코에
③ 페튜니아
④ 금잔화

69 오이의 암꽃 수를 증가시킬 수 있는 육묘 관리법은?

① 지베렐린 처리
② 질산은 처리
③ 저온 단일 조건
④ 고온 장일 조건

70 다음의 해충 방제법은?

친환경농산물을 생산하는 농가가 최근 엽채류에 해충이 발생하여 제충국에서 살충성분('피레트린')을 추출 및 살포하여 진딧물 해충을 방제하였다.

① 화학적 방제법
② 물리적 방제법
③ 페로몬 방제법
④ 생물적 방제법

71 다음이 설명하는 과수의 병은?

- 기공이나 상처 및 표피를 뚫고 작물내 침입
- 일정기간 또는 일생을 기생하면서 병 유발
- 시들음, 부패 등의 병징 발견

① 포도 근두암종병
② 사과 탄저병
③ 감귤 궤양병
④ 대추나무 빗자루병

72 과수의 결실에 관한 설명으로 옳지 않은 것은?

① 타가수분을 위해 수분수는 20% 내외로 혼식한다.
② 탄질비(C/N ratio)가 높을수록 결실률이 높아진다.
③ 꽃가루관의 신장은 저온조건에서 빨라지므로 착과율이 높아진다.
④ 엽과비(leaf/fruit ratio)가 높을수록 과실의 크기가 커진다.

73 종자춘화형에 속하는 작물은?

① 양파, 당근
② 당근, 배추
③ 양파, 무
④ 배추, 무

74 A농가가 선택한 피복재는?

A농가는 재배시설의 피복재에 물방울이 맺혀 광투과율의 저하와 병해 발생이 증가하였다. 그래서 계면활성제가 처리된 필름을 선택하여 필름의 표면장력을 낮춤으로써 물방울의 맺힘 문제를 해결하였다.

① 광파장변환필름
② 폴리에틸렌필름
③ 해충기피필름
④ 무적필름

75 다음이 설명하는 재배법은?

• 양액재배 베드를 허리높이까지 설치
• 딸기 '설향' 재배에 널리 활용
• 재배 농가의 노동환경 개선 및 청정재배사 관리

① 고설재배
② 토경재배
③ 고랭지재배
④ NFT재배

2023년도 제9회 손해평가사 1차 시험문제

수험번호		시험과목	문항수	시험시간
감독확인		① 「상법」보험편 ② 농어업재해보험법령 ③ 농학개론 중 재배학 및 원예작물학	과목별 25문항	90분
성　　명				

[수험자 유의사항]

① 답안카드에 기재된 '수험자 유의사항 및 답안카드 작성시 유의사항'을 준수하시기 바랍니다.

② 수험자 교육시간에 감독위원 안내 또는 방송(유의사항)에 따라 답안카드에 수험번호를 기재 마킹하고, 배부된 시험지의 인쇄상태 확인 후 형별 기재란에 표시된 형별(A형 공통)을 확인하여야 합니다.

③ 답안카드는 국가전문자격 공통 표준형으로 문제번호가 1번부터 125번까지 인쇄되어 있습니다. 답안 마킹시에는 반드시 시험문제지의 문제번호와 동일한 번호에 마킹하여야 합니다.

④ 답안카드 기재·마킹시에는 반드시 검은색 사인펜을 사용하여야 합니다.

　※ 지워지는 펜 사용 불가

⑤ 채점은 전산 자동 판독 결과에 따르므로 유의사항을 지키지 않거나(검은색 사인펜 미사용) 수험자의 부주의(답안카드 기재·마킹 착오, 불완전한 마킹·수정, 예비마킹, 형별 마킹 착오 등)로 판독불능, 중복판독 등 불이익이 발생할 경우 수험자 책임으로 이의제기를 하더라도 받아들여지지 않습니다.

⑥ 답안을 잘못 작성했을 경우, 답안카드 교체 및 수정테이프 사용가능(단, 답안 이외 수험번호 등 인적사항은 수정불가)하며, 재작성에 따른 시험시간은 별도로 부여하지 않음

　※ 수정테이프 이외 수정액 및 스티커 등은 사용 불가

⑦ 시험문제가 Q-net 홈페이지(http://www.q-net.or.kr)내 손해평가사 홈페이지(자료실⇒문제지 내려받기)에 공개될 예정이오니 참고하시기 바랍니다.

○ 답안 작성 기준

　제1차 시험의 답안은 시험시행일에 시행되고 있는 관련 법령 등을 기준으로 작성하여야 합니다.

상법(보험편)

01 상법상 보험자가 보험계약자로부터 손해보험계약의 청약과 함께 보험료 상당액의 전부 또는 일부를 받은 경우 이 보험계약에 관한 설명으로 옳지 않은 것은?

① 보험계약은 낙성계약이므로 보험자가 승낙하면 성립한다.
② 다른 약정이 없으면 보험자는 30일 내에 보험계약자에 대하여 낙부의 통지를 발송하여야 한다.
③ 보험자가 상법이 정하는 낙부의 통지기간 내에 그 통지를 해태한 때에는 승낙한 것으로 본다.
④ 승낙하기 전에 발생한 보험사고에 대해서 청약을 거절할 사유가 있더라도 보험자는 보험계약상의 책임을 진다.

02 상법상 타인을 위한 보험에 관한 설명으로 옳지 않은 것은?

① 보험계약자는 보험자에 대하여 보험료를 지급할 의무가 있다.
② 보험계약자는 위임을 받지 아니하고 타인을 위하여 보험계약을 체결할 수 있다.
③ 타인은 계약 성립시 특정되어야 한다.
④ 보험계약자가 파산선고를 받은 때에는 그 타인이 그 권리를 포기하지 아니하는 한 그 타인도 보험료를 지급할 의무가 있다.

03 상법상 보험증권에 관한 설명으로 옳은 것은?

① 기존의 보험계약을 변경한 경우 보험자는 그 보험증권에 그 사실을 기재함으로써 보험증권의 교부에 갈음할 수 있다.
② 보험자는 보험계약자의 청약이 있는 경우 보험료의 지급 여부와 상관없이 지체 없이 보험증권을 작성하여 보험계약자에게 교부하여야 한다.
③ 보험계약의 당사자는 보험증권의 교부가 있은 날부터 14일 내에 한하여 그 증권내용의 정부(正否)에 관한 이의를 할 수 있음을 약정할 수 있다.
④ 보험계약자가 보험증권을 멸실한 경우 보험계약자는 보험자에게 증권의 재교부를 청구할 수 있으며, 그 증권작성의 비용은 보험자의 부담으로 한다.

04 상법상 보험사고 등에 관한 설명으로 옳지 않은 것은?

① 보험계약은 그 계약 전의 어느 시기를 보험기간의 시기(始期)로 할 수 있다.

② 보험계약 당시에 보험사고가 발생할 수 없음이 객관적으로 확정된 경우 당사자 쌍방과 피보험 자가 이를 알았는지 여부에 관계없이 그 계약은 무효로 한다.

③ 자기를 위한 보험계약에서 보험사고가 발생하기 전에는 언제든지 보험계약자는 계약의 전부 또는 일부를 해지할 수 있다.

④ 피보험자는 보험사고의 발생을 안 때에는 지체 없이 보험자에게 그 통지를 발송하여야 한다.

05 甲은 보험대리상이 아니면서 특정한 보험자 乙을 위하여 계속적으로 보험계약의 체결을 중개하는 자로서 丙이 乙과 보험계약을 체결하도록 중개하였다. 甲의 권한에 관한 설명으로 옳지 않은 것은?

① 甲은 자신이 작성한 영수증을 丙에게 교부하는 경우 丙으로부터 보험료를 수령할 권한이 있다.

② 甲은 乙이 작성한 보험증권을 丙에게 교부할 수 있는 권한이 있다.

③ 甲은 丙으로부터 청약, 고지, 통지, 해지, 취소 등 보험계약에 관한 의사표시를 수령할 수 있는 권한이 없다.

④ 甲은 丙에게 보험계약의 체결, 변경, 해지 등 보험계약에 관한 의사표시를 할 수 있는 권한이 없다.

06 상법상 보험료의 지급 및 반환 등에 관한 설명으로 옳은 것은?

① 보험사고가 발생하기 전에 보험계약자가 계약을 해지한 경우 당사자간에 약정을 한 경우에 한해 보험계약자는 미경과보험료의 반환을 청구할 수 있다.

② 보험계약자가 계약 체결 후 제1회 보험료를 지급하지 아니하는 경우 다른 약정이 없는 한 보험자가 계약 성립 후 2월 이내에 그 계약을 해제하지 않으면 그 계약은 존속한다.

③ 계속보험료가 약정한 시기에 지급되지 아니한 때에는 보험자는 보험계약자에 대하여 최고 없이 그 계약을 해지할 수 있다.

④ 특정한 타인을 위한 보험의 경우에 보험계약자가 보험료의 지급을 지체한 때에는 보험자는 그 타인에게 상당한 기간을 정하여 보험료의 지급을 최고한 후가 아니면 그 계약을 해제 또는 해지하지 못한다.

07

상법상 보험계약자가 부활을 청구할 수 있는 경우는 모두 몇 개인가? (단, 어느 경우든 해지환급금은 지급되지 않음)

> • 보험계약자가 계속보험료를 지급하지 않아 보험자가 계약을 해지한 경우
> • 피보험자의 고지의무위반을 이유로 보험자가 계약을 해지한 경우
> • 위험이 현저하게 변경되어 보험자가 계약을 해지한 경우
> • 위험이 현저하게 증가하여 보험자가 계약을 해지한 경우

① 1개   ② 2개
③ 3개   ④ 4개

08

상법상 고지의무에 관한 설명으로 옳은 것은?

① 보험수익자는 고지의무를 부담한다.
② 보험계약 당시에 고지의무와 관련 보험자가 서면으로 질문한 사항은 중요한 사항으로 의제한다.
③ 고지의무자의 고지의무위반을 이유로 보험자가 계약을 해지한 경우 보험자는 이미 받은 보험료의 전부를 반환하여야 한다.
④ 고지의무자가 고지의무를 위반한 사실이 보험사고발생에 영향을 미치지 아니하였음이 증명된 경우 보험자는 보험금을 지급할 책임이 있다.

09

상법상 보험계약 관련 소멸시효의 기간으로 옳은 것은?

① 보험금청구권 : 2년
② 보험료청구권 : 3년
③ 보험료의 반환청구권 : 2년
④ 적립금의 반환청구권 : 3년

10 상법상 손해보험증권에 관한 설명으로 옳지 않은 것은?

① 보험사고의 성질을 기재하여야 한다.

② 보험증권의 작성지를 기재하여야 한다.

③ 보험계약자가 기명날인하여야 한다.

④ 무효와 실권의 사유를 기재하여야 한다.

11 상법상 초과보험에 관한 설명으로 옳은 것은?

① 보험자 또는 보험계약자는 보험료와 보험금액의 감액을 청구할 수 있다.

② 보험계약자가 청구한 보험료의 감액은 계약 체결일부터 소급하여 그 효력이 있다.

③ 보험가액이 보험기간 중에 현저하게 감소된 때에도 보험계약자는 보험료의 감액을 청구할 수 없다.

④ 보험계약자의 사기로 인하여 체결된 초과보험의 경우 보험자는 그 계약을 체결한 날부터 1월 내에 계약을 해지할 수 있다.

12 상법상 보험가액에 관한 설명으로 옳지 않은 것은?

① 보험가액이란 피보험이익을 금전적으로 산정 또는 평가한 액수이다.

② 당사자간에 보험가액을 정한 때에는 그 가액은 사고발생시의 가액으로 정한 것으로 본다.

③ 당사자간에 보험가액을 정하지 아니한 때에는 사고발생시의 가액을 보험가액으로 한다.

④ 기평가보험에서 당사자간에 정한 보험가액이 사고발생시의 가액을 현저하게 초과할 때에는 사고발생시의 가액을 보험가액으로 한다.

13 상법상 손해보험계약에서 보험금액의 지급에 관한 설명으로 옳지 않은 것은?

① 보험자는 보험금액의 지급에 관하여 약정기간이 있는 경우에는 그 기간 내에 지급할 보험금액을 정하여야 한다.

② 보험사고가 전쟁으로 인하여 생긴 때에도 당사자간에 다른 약정이 없으면 보험자는 보험금액을 지급할 책임이 있다.

③ 보험사고가 피보험자의 중대한 과실로 인하여 생긴 때에는 보험자는 보험금액을 지급할 책임이 없다.

④ 보험자는 보험금액의 지급에 관하여 약정기간이 없는 경우에는 보험사고 발생의 통지를 받은 후 지체 없이 지급할 보험금액을 정하고 그 정하여진 날부터 10일 내에 피보험자에게 보험금액을 지급하여야 한다.

14 상법 제663조(보험계약자 등의 불이익변경금지) 규정이다. (   )에 들어갈 내용은?

> 이 편의 규정은 당사자간의 특약으로 보험계약자 또는 피보험자나 보험수익자의 불이익으로 변경하지 못한다. 그러나 (ㄱ) 및 (ㄴ) 기타 이와 유사한 보험의 경우에는 그러하지 아니하다.

① ㄱ : 책임보험,   ㄴ : 해상보험
② ㄱ : 책임보험,   ㄴ : 화재보험
③ ㄱ : 재보험,   ㄴ : 해상보험
④ ㄱ : 재보험,   ㄴ : 화재보험

15 상법상 보험기간 중에 사고발생의 위험이 현저하게 변경 또는 증가된 경우에 관한 설명으로 옳은 것은?

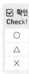

① 보험수익자가 사고발생의 위험이 현저하게 변경된 사실을 안 때에는 지체 없이 보험자에게 통지하여야 한다.

② 통지의무자가 사고발생의 위험이 현저하게 증가된 사실의 통지를 해태한 때에는 보험자는 그 사실을 안 날부터 3월 내에 한하여 계약을 해지할 수 있다.

③ 보험수익자의 중대한 과실로 인하여 사고발생의 위험이 현저하게 증가된 때에는 보험자는 그 사실을 안 날부터 2월 내에 계약을 해지할 수 있다.

④ 보험자가 사고발생의 위험변경증가의 통지를 받은 때에는 1월 내에 보험료의 증액을 청구할 수 있다.

16 상법상 보험계약해지 및 보험사고발생에 관한 설명으로 옳지 않은 것은?

① 보험자가 파산의 선고를 받은 때에는 보험계약자는 계약을 해지할 수 있다.
② 보험수익자는 보험사고의 발생을 안 때에는 지체 없이 보험계약자에게 그 통지를 발송하여야 한다.
③ 보험계약자가 사고발생의 통지의무를 해태함으로 인하여 손해가 증가된 때에는 보험자는 그 증가된 손해를 보상할 책임이 없다.
④ 보험자의 파산선고에도 불구하고 보험계약자가 해지하지 아니한 보험계약은 파산선고 후 3월을 경과한 때에는 그 효력을 잃는다.

17 상법상 손해보험에 관한 설명으로 옳은 것은?

① 보험자는 보험사고로 인하여 생길 보험수익자의 재산상의 손해를 보상할 책임이 있다.
② 보험사고로 인하여 상실된 피보험자가 얻을 이익이나 보수는 보험자가 보상할 손해액에 산입한다.
③ 대리인에 의하여 손해보험계약을 체결한 경우에 대리인이 안 사유는 그 본인이 안 것과 동일한 것으로 할 수 없다.
④ 보험계약은 금전으로 산정할 수 있는 이익에 한하여 보험계약의 목적으로 할 수 있다.

18 상법상 손해보험에서 중복보험에 관한 설명으로 옳지 않은 것은?

① 중복보험은 동일한 보험계약의 목적과 동일한 사고에 관하여 수개의 보험계약이 동시에 또는 순차로 체결되는 방식으로 성립할 수 있다.
② 중복보험에서 그 보험금액의 총액이 보험가액을 초과한 때에는 보험자는 각자의 보험금액의 한도에서 연대책임을 지며, 이 경우 각 보험자의 보상책임은 각자의 보험금액의 비율에 따른다.
③ 보험계약자의 사기로 인하여 중복보험 계약이 체결된 경우 보험자는 그 사실을 안 때까지의 보험료를 청구할 수 없다.
④ 보험자 1인에 대한 권리의 포기는 다른 보험자의 권리의무에 영향을 미치지 아니한다.

19 상법상 손해보험에서 일부보험에 관한 설명으로 옳은 것은?

① 일부보험이란 보험가액이 보험금액에 미달되는 경우를 말한다.

② 당사자간에 다른 약정이 없는 한 보험자는 보험가액의 보험금액에 대한 비율에 따라 보상할 책임을 진다.

③ 보험자는 보험금액의 한도 내에서 그 손해를 전부 보상할 책임을 지는 내용의 약정을 할 수 있다.

④ 전부보험계약 체결 후 물가등귀로 인하여 보험가액이 현저히 인상되더라도 일부보험은 발생하지 아니한다.

20 상법상 손해보험에서 손해액의 산정기준 등에 관한 설명으로 옳지 않은 것은?

① 보험자가 보상할 손해액의 산정에 관한 비용은 보험자의 부담으로 한다.

② 당사자간에 다른 약정이 없는 경우 보험자가 보상할 손해액은 그 손해가 발생한 때의 보험계약 체결지의 가액에 의하여 산정한다.

③ 당사자간의 약정에 의하여 보험의 목적의 신품가액에 의하여 손해액을 산정할 수 있다.

④ 보험의 목적의 성질, 하자 또는 자연소모로 인한 손해는 보험자가 이를 보상할 책임이 없다.

21 甲이 자기 소유 건물에 대하여 A보험회사와 화재보험을 체결한 경우에 관한 설명으로 옳지 않은 것은?

① A보험회사가 甲으로부터 보험료의 지급을 받지 아니한 잔액이 있더라도 그 지급기일이 아직 도래하지 아니한 때에는, A보험회사는 甲에게 손해를 보상할 경우에 보상할 금액에서 그 잔액을 공제하여서는 아니 된다.

② A보험회사는 보험사고로 인하여 부담할 책임에 대하여 다른 보험자와 재보험계약을 체결할 수 있다.

③ 甲이 보험의 목적인 건물을 乙에게 양도한 때에는 乙은 보험계약상의 권리와 의무를 승계한 것으로 추정한다.

④ 甲이 보험의 목적인 건물을 乙에게 양도한 경우 甲 또는 乙은 A보험회사에 대하여 지체 없이 그 사실을 통지하여야 한다.

22 다음 사례와 관련하여 손해방지의무 등에 관한 설명으로 옳지 않은 것은?

> 甲은 乙이 소유한 창고(시가 1억원)에 대하여 A보험회사와 화재보험계약(보험금액 1억원)을 체결하였다. 이후 보험기간 중 해당 창고에 화재가 발생하였는데 화재사고 당시 甲은 창고의 연소로 인한 손해방지를 위한 비용을 1천만원 지출하였고, 乙은 창고의 연소로 인한 손해의 경감을 위하여 비용을 3천만원 지출하였다.

① 甲과 乙모두 손해의 방지와 경감을 위하여 노력하여야 한다.
② 甲이 지출한 1천만원이 손해방지를 위하여 필요하였던 비용일 경우 A보험회사는 甲이 지출한 1천만원의 비용을 부담한다.
③ 乙이 지출한 3천만원이 손해경감을 위하여 유익하였던 비용일 경우 A보험회사는 乙이 지출한 3천만원의 비용을 부담한다.
④ 위 사고로 인하여 乙에 대한 보상액이 8천만원으로 책정될 경우 A보험회사는 甲 및 乙이 지출한 비용과 보상액을 합쳐서 1억원의 한도에서 부담한다.

23 다음 사례와 관련하여 보험자대위에 관한 설명으로 옳은 것은?

> 보리 농사를 대규모로 영위하는 甲은 금년에 수확하여 팔고남은 보리를 자신의 창고에 보관하면서, 해당 보리 재고를 보험목적으로 하고 자신을 피보험자로 하는 화재보험계약을 A보험회사와 체결하였다. 그런데 甲의 창고를 방문한 乙이 화재를 일으켰고 그 결과 위 보리 재고가 전소되었다. 이에 A보험회사는 甲에게 보험금을 전액 지급하였다.

① 중과실로 화재를 일으킨 乙이 甲의 이웃집 친구일 경우, A보험회사는 乙에게 보험금 지급사실의 통지를 발송하는 시점에 乙에 대한 甲의 권리를 취득한다.
② 경과실로 화재를 일으킨 乙이 甲의 거래처 지인일 경우, A보험회사는 그 지급한 금액의 한도에서 乙에 대한 甲의 권리를 취득한다.
③ 중과실로 화재를 일으킨 乙이 甲과 생계를 달리 하는 자녀일 경우, A보험회사는 乙에 대한 甲의 권리를 취득하지 못한다.
④ 고의로 방화한 乙이 甲과 생계를 같이 하는 배우자일 경우, A보험회사는 乙에 대한 甲의 권리를 취득하지 못한다.

24 상법상 화재보험계약에 관한 설명으로 옳지 않은 것은?

① 보험자는 화재와 상당인과관계에 있는 손해를 보상하여야 한다.
② 보험자는 화재의 소방 또는 손해의 감소에 필요한 조치로 인하여 생긴 손해를 보상할 책임이 있다.
③ 동일한 건물에 관한 화재보험계약일 경우 그 소유자와 담보권자가 갖는 피보험이익은 같다.
④ 연소 작용이 아닌 열의 작용으로 발생한 손해는 보험자가 보상하지 아니한다.

25 상법상 집합된 물건을 일괄하여 화재보험의 목적으로 한 경우 해당 화재보험에 관한 설명으로 옳은 것을 모두 고른 것은?

> ㄱ. 집합된 물건에 피보험자의 가족의 물건이 있는 경우 해당 물건도 보험의 목적에 포함된 것으로 한다.
> ㄴ. 집합된 물건에 피보험자의 사용인의 물건이 있는 경우 그 보험은 그 사용인을 위하여서도 체결한 것으로 본다.
> ㄷ. 보험의 목적에 속한 물건이 보험기간 중에 수시로 교체된 경우 보험계약의 체결시에 현존한 물건은 그 보험의 목적에 포함된 것으로 한다.

① ㄱ, ㄴ   ② ㄱ, ㄷ
③ ㄴ, ㄷ   ④ ㄱ, ㄴ, ㄷ

26 농어업재해보험법상 용어의 정의로 옳지 않은 것은?

① "농업재해"란 농작물·임산물·가축 및 농업용 시설물에 발생하는 자연재해·병충해·조수해(鳥獸害)·질병 또는 화재를 말한다.

② "농어업재해보험"이란 농어업재해로 발생하는 재산 피해에 따른 손해를 보상하기 위한 보험을 말한다.

③ "보험금"이란 보험가입자와 보험사업자간의 약정에 따라 보험가입자가 보험사업자에게 내야 하는 금액을 말한다.

④ "보험가입금액"이란 보험가입자의 재산 피해에 따른 손해가 발생한 경우 보험에서 최대로 보상할 수 있는 한도액으로서 보험가입자와 보험사업자간에 약정한 금액을 말한다.

27 농어업재해보험법령상 농업재해보험심의회에 관한 설명으로 옳지 않은 것은?

① 심의회는 위원장 및 부위원장 각 1명을 포함한 21명 이내의 위원으로 구성한다.

② 심의회의 위원장은 농림축산식품부장관이 위촉한다.

③ 심의회는 그 심의 사항을 검토·조정하고, 심의회의 심의를 보조하게 하기 위하여 심의회에 분과위원회를 둔다.

④ 심의회의 회의는 재적위원 과반수의 출석으로 개의(開議)하고, 출석위원 과반수의 찬성으로 의결한다.

28 농어업재해보험법상 재해보험에 관한 설명으로 옳지 않은 것은?

① 재해보험에서 보상하는 재해의 범위는 해당 재해의 발생 빈도, 피해 정도 및 객관적인 손해평가방법 등을 고려하여 재해보험의 종류별로 대통령령으로 정한다.

② 양식수산업에 종사하는 법인은 재해보험에 가입할 수 없다.

③ 「수산업협동조합법」에 따른 수산업협동조합중앙회는 재해보험사업을 할 수 있다.

④ 정부는 재해보험에서 보상하는 재해의 범위를 확대하기 위하여 노력하여야 한다.

29 농어업재해보험법상 보험료율의 산정에 관한 내용이다. ( )에 들어갈 용어는?

> 농림축산식품부장관 또는 해양수산부장관과 재해보험사업의 약정을 체결한 자는 재해보험의 보험료율을 객관적이고 합리적인 통계자료를 기초로 하여 (ㄱ) 또는 (ㄴ)로 산정하되, 행정구역과 권역의 구분에 따른 단위로 산정하여야 한다.

① ㄱ : 보험목적물별,　ㄴ : 보상방식별
② ㄱ : 보상방식별,　　ㄴ : 보험종류별
③ ㄱ : 보험종류별,　　ㄴ : 보험가입금액별
④ ㄱ : 보험가입금액별, ㄴ : 보험료별

30 농어업재해보험법령상 농작물재해보험 손해평가인의 자격요건에 관한 내용의 일부이다. ( )에 들어갈 숫자는?

> 「보험업법」에 따른 보험회사의 임직원이나 「농업협동조합법」에 따른 중앙회와 조합의 임직원으로 영농 지원 또는 보험·공제 관련 업무를 (ㄱ)년 이상 담당하였거나 손해평가 업무를 (ㄴ)년 이상 담당한 경력이 있는 사람

① ㄱ : 2, ㄴ : 1
② ㄱ : 1, ㄴ : 2
③ ㄱ : 3, ㄴ : 2
④ ㄱ : 2, ㄴ : 3

31 농어업재해보험법령상 손해평가사의 시험 등에 관한 설명으로 옳은 것은?

① 금융감독원에서 손해사정 관련 업무에 2년 종사한 경력이 있는 사람에게는 손해평가사 자격시험 과목의 일부를 면제할 수 있다.
② 농림축산식품부장관은 부정한 방법으로 시험에 응시한 사람에 대하여는 그 시험을 정지시키고 그 처분 사실을 14일 이내에 알려야 한다.
③ 농림축산식품부장관은 시험에서 부정한 행위를 한 사람에 대하여는 그 시험을 취소하고 그 처분 사실을 7일 이내에 알려야 한다.
④ 손해평가사는 다른 사람에게 그 명의를 사용하게 하거나 다른 사람에게 그 자격증을 대여해서는 아니 된다.

32 농어업재해보험법령상 손해평가사의 자격 취소사유에 해당하지 않은 것은?

① 심신장애로 인하여 직무를 수행할 수 없게 된 경우
② 거짓으로 손해평가를 한 경우
③ 업무정지 기간 중에 손해평가 업무를 수행한 경우
④ 손해평가사의 자격을 거짓 또는 부정한 방법으로 취득한 경우

33 농어업재해보험법상 재해보험사업에 관한 설명으로 옳은 것은?

① 농림축산식품부장관은 손해평가사가 그 직무를 수행하면서 부적절한 행위를 하였다고 인정하면 1년 이상의 기간을 정하여 업무의 정지를 명할 수 있다.
② 재해보험사업자는 정보통신장애나 그 밖에 대통령령으로 정하는 불가피한 사유로 보험금을 보험금수급계좌로 이체할 수 없을 때에는 현금으로 보험금을 지급할 수 있다.
③ 보험목적물이 담보로 제공된 경우에는 이를 압류할 수 없다.
④ 재해보험가입자가 재해보험에 가입된 보험목적물을 양도하는 경우 재해보험계약에 관한 양도인의 의무는 그 양수인에게 승계되지 않는다.

34 농어업재해보험법령상 재보험 약정에 포함되는 사항을 모두 고른 것은?

> ㄱ. 재보험 약정의 변경·해지 등에 관한 사항
> ㄴ. 재보험 책임범위에 관한 사항
> ㄷ. 재보험금 지급 및 분쟁에 관한 사항

① ㄱ, ㄴ
② ㄱ, ㄷ
③ ㄴ, ㄷ
④ ㄱ, ㄴ, ㄷ

35 농어업재해보험법상 과태료 부과대상인 것은?

① 거짓으로 손해평가를 한 손해평가사
② 재해보험을 모집할 수 없는 자로서 모집을 한 자
③ 다른 사람에게 손해평가사 자격증을 대여한 손해평가사
④ 농림축산식품부장관이 재해보험사업에 관한 업무처리 상황을 보고하게 하였으나 보고하지 아니한 재해보험사업자

36 농어업재해보험법령상 농어업재해재보험기금에 관한 사항으로 농림축산식품부장관과 해양수산 부장관이 협의하여 하는 것이 아닌 것은?

① 기금의 설치
② 기금의 관리·운용
③ 기금의 부담으로 금융기관으로부터 자금을 차입하는 것
④ 기금의 결산

37 농어업재해보험법령상 보험사업의 관리에 관한 설명으로 옳은 것은?

① 농림축산식품부장관 또는 해양수산부장관은 손해평가사제도 운용 관련 업무를 농업정책보험 금융원에 위탁할 수 있다.
② 정부가 하는 재해보험 가입 촉진을 위한 조치로서 신용보증 지원을 할 수 없다.
③ 농림축산식품부장관은 손해평가인의 자격요건에 대하여 매년 그 타당성을 검토하여야 한다.
④ 농림축산식품부장관은 보험가입촉진계획을 매년 수립한다.

38 농업재해보험 손해평가요령상 손해평가반의 구성에 관한 설명으로 옳지 않은 것은?

① 손해평가반은 재해보험사업자가 구성한다.
②「보험업법」제186조에 따른 손해사정사는 손해평가반에 포함될 수 있다.
③ 손해평가인 2인과 손해평가보조인 3인으로는 손해평가반을 구성할 수 없다.
④ 자기 또는 이해관계자가 모집한 보험계약에 관한 손해평가에 대하여는 해당자를 손해평가반 구성에서 배제하여야 한다.

39 농업재해보험 손해평가요령상 손해평가인에 관한 설명으로 옳지 않은 것은? 기출+정

① 손해평가인은 농업재해보험이 실시되는 시·군·자치구별 보험가입자의 수 등을 고려하여 적정 규모로 위촉할 수 있다.

② 손해평가인증은 농림축산식품부장관 또는 해양수산부장관이 발급한다.

③ 재해보험사업자는 손해평가 업무를 원활히 수행하기 위하여 손해평가보조인을 운용할 수 있다.

④ 재해보험사업자는 실무교육을 받는 손해평가인에 대하여 소정의 교육비를 지급할 수 있다.

40 농업재해보험 손해평가요령상 농업재해보험의 종류에 해당하지 않는 것은?

① 농작물재해보험

② 양식수산물재해보험

③ 가축재해보험

④ 임산물재해보험

41 농업재해보험 손해평가요령상 손해평가인의 업무에 해당하는 것은?

① 피해사실 확인

② 재해보험사업의 약정 체결

③ 보험료율의 산정

④ 재해보험상품의 연구와 보급

42 농업재해보험 손해평가요령상 손해평가인 위촉의 취소사유에 해당하는 것은? 기출+정

① 업무수행과 관련하여 「개인정보보호법」을 위반한 경우

② 업무수행과 관련하여 보험사업자로부터 금품 또는 향응을 제공받은 경우

③ 손해평가인이 피성년후견인이 된 경우

④ 손해평가인 위촉이 취소된 후 3년이 경과한 때에 다시 손해평가인으로 위촉된 경우

43 농업재해보험 손해평가요령상 교차손해평가에 관한 설명으로 옳지 않은 것은?

① 평가인력 부족 등으로 신속한 손해평가가 불가피하다고 판단되는 경우 손해평가반의 구성에 지역손해평가인을 포함시키지 않을 수 있다.
② 교차손해평가를 위해 손해평가반을 구성할 경우 농업재해보험 손해평가요령에 따라 선발된 지역손해평가인 2인 이상이 포함되어야 한다.
③ 재해보험사업자가 교차손해평가를 담당할 지역손해평가인을 선발할 때 타지역 조사가능 여부는 고려사항이다.
④ 재해보험사업자는 교차손해평가가 필요한 경우 재해보험 가입규모, 가입분포 등을 고려하여 교차손해평가 대상 시·군·구를 선정하여야 한다.

44 농업재해보험 손해평가요령상 손해평가결과 검증에 관한 설명으로 옳지 않은 것은?

① 농림축산식품부장관은 재해보험사업자로 하여금 검증조사를 하게 할 수 있으며, 재해보험사업자는 특별한 사유가 없는 한 이에 응하여야 한다.
② 보험가입자가 정당한 사유 없이 검증조사를 거부하는 경우 검증조사반은 검증조사가 불가능하여 손해평가 결과를 확인할 수 없다는 사실을 지체 없이 농림축산식품부장관에게 보고하여야 한다.
③ 검증조사결과 현저한 차이가 발생되어 재조사가 불가피하다고 판단될 경우에는 해당 손해평가반이 조사한 전체 보험목적물에 대하여 재조사를 할 수 있다.
④ 재해보험사업자 및 농어업재해보험사업의 관리를 위탁받은 기관(이하 "사업관리위탁기관"이라 한다)은 손해평가반이 실시한 손해평가 결과를 확인하기 위하여 손해평가를 실시한 보험목적물 중에서 일정수를 임의 추출하여 검증조사를 할 수 있다.

45 농업재해보험 손해평가요령상 보험목적물별 손해평가 단위로 옳은 것을 모두 고른 것은?

> ㄱ. 농작물 : 농지별(농지라 함은 하나의 보험가입금액에 해당하는 토지로 필지에 따라 구획된 경작지를 말함)
> ㄴ. 가축 : 개별가축별(단, 벌은 벌통 단위)
> ㄷ. 농업시설물 : 보험가입 목적물별

① ㄱ, ㄴ
② ㄱ, ㄷ
③ ㄴ, ㄷ
④ ㄱ, ㄴ, ㄷ

46 농업재해보험 손해평가요령상 '농작물의 품목별·재해별·시기별 손해수량 조사방법' 중 '특정위험방식 상품(인삼)'에 관한 것으로 (   )에 들어갈 내용은?

생육시기	재 해	조사내용	조사시기
보험기간	태풍(강풍)	수확량 조사	( )

① 수확 직전

② 사고접수 후 지체 없이

③ 수확완료 후 보험 종기 전

④ 피해 확인이 가능한 시기

47 농업재해보험 손해평가요령상 종합위험방식의 과실손해보장 보험금 산정시 피해율로 옳지 않은 것은? 기출+수정

① 감귤(온주밀감류) : (등급내 피해과실수 + 등급외 피해과실수 × 50%) ÷ 기준과실수 × (1 − 미보상비율)

② 복분자 : 고사결과모지수 ÷ 평년결과모지수

③ 오디 : (평년결실수 − 조사결실수 − 미보상감수결실수) ÷ 평년결실수

④ 7월 31일 이전에 사고가 발생한 무화과 : (1 − 수확전 사고피해율) × 경과비율 × 결과지피해율

48 농업재해보험 손해평가요령상 가축의 보험가액 및 손해액 산정 등에 관한 설명으로 옳은 것은?

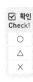

① 가축에 대한 보험가액은 보험사고가 발생한 때와 곳에서 평가한 보험목적물의 수량에 시장가격을 곱하여 산정한다.

② 가축에 대한 손해액 산정시 보험가입 당시 보험가입자와 재해보험사업자가 별도로 정한 방법은 고려하지 않는다.

③ 가축에 대한 보험가액 산정시 보험목적물에 대한 감가상각액을 고려해야 한다.

④ 가축에 대한 손해액은 보험사고가 발생한 때와 곳에서 폐사 등 피해를 입은 보험목적물의 수량에 적용가격을 곱하여 산정한다.

49 농업재해보험 손해평가요령상 농작물의 보험가액 산정에 관한 설명이다. (   )에 들어갈 내용은?

> 적과전 종합위험방식의 보험가액은 적과후 착과수조사를 통해 산정한 (ㄱ)에 보험가입 당시의 단위
> 당 (ㄴ)을 곱하여 산정한다.

① ㄱ : 기준수확량, ㄴ : 가입가격
② ㄱ : 보장수확량, ㄴ : 가입가격
③ ㄱ : 기준수확량, ㄴ : 시장가격
④ ㄱ : 보장수확량, ㄴ : 시장가격

50 농업재해보험 손해평가요령에 관한 설명으로 옳은 것은?

① 농림축산식품부장관은 요령에 대하여 매년 그 타당성을 검토하여 개선 등의 조치를 하여야
한다.
② 농업시설물에 대한 손해액은 보험사고가 발생한 때와 곳에서 산정한 피해목적물의 원상복구
비용을 말한다.
③ 농업시설물에 대한 보험가액은 보험사고가 발생한 때와 곳에서 평가한 피해목적물의 재조달
가액으로 한다.
④ 농림축산식품부장관은 요령의 효율적인 운용 및 시행을 위하여 필요한 세부적인 사항을 규정
한 손해평가업무방법서를 작성하여야 한다.

51 작물 분류학적으로 가지과에 해당하는 것을 모두 고른 것은?

ㄱ. 고추   ㄴ. 토마토
ㄷ. 감자   ㄹ. 딸기

① ㄱ, ㄹ   ② ㄱ, ㄴ, ㄷ
③ ㄴ, ㄷ, ㄹ   ④ ㄱ, ㄴ, ㄷ, ㄹ

52 콩과작물의 작황부족으로 어려움을 겪고 있는 농가를 찾은 A손해평가사의 재배지에 대한 판단으로 옳은 것은?

• 작물의 칼슘 부족증상이 발생했다.
• 근류균 활력이 떨어졌다.
• 작물의 망간 장해가 발생했다.

① 재배지의 온도가 높다.
② 재배지에 질소가 부족하다.
③ 재배지의 일조량이 부족하다.
④ 재배지가 산성화되고 있다.

53 작물의 질소에 관한 내용이다. (   )에 들어갈 내용을 순서대로 옳게 나열한 것은?

작물재배에서 (   )작물에 비해 (   )작물은 질소 시비량을 늘려 주는 것이 좋으며, 잎의 질소 결핍 증상은 (   )보다 (   )에서 먼저 나타난다.

① 콩과, 벼과, 유엽, 성엽
② 벼과, 콩과, 유엽, 성엽
③ 콩과, 벼과, 성엽, 유엽
④ 벼과, 콩과, 성엽, 유엽

54 한해피해 조사를 마친 A손해평가사가 농가에 설명한 작물내 물의 역할로 옳은 것은 몇 개인가?

- 물질 합성과정의 매개
- 양분 흡수의 용매
- 세포의 팽압 유지
- 체내의 항상성 유지

① 1개　　　　　　　　　　　　　② 2개
③ 3개　　　　　　　　　　　　　④ 4개

55 과수작물의 서리피해에 관한 내용이다. 밑줄 친 부분이 옳은 것을 모두 고른 것은?

최근 지구온난화에 따른 기상이변으로 개화기가 빠른 (ㄱ)핵과류에서 피해가 빈번하게 발생한다. 특히, 과수원이 (ㄴ)강이나 저수지 옆에 있을 때 발생률이 높다. 따라서 일부 농가에서는 상층의 더운 공기를 아래로 불어내려 과수원의 기온 저하를 막아주는 (ㄷ)송풍법을 사용하고 있다.

① ㄱ　　　　　　　　　　　　　② ㄱ, ㄴ
③ ㄴ, ㄷ　　　　　　　　　　　　④ ㄱ, ㄴ, ㄷ

56 작물의 생장에 영향을 주는 광질에 관한 내용이다. ( )에 들어갈 내용을 순서대로 옳게 나열한 것은?

가시광선 중에서 ( )은 광합성·광주기성·광발아성 종자의 발아를 주도하는 중요한 광선이다. 근적외선은 식물의 신장을 촉진하여 적색광과 근적외선의 비가 ( ) 절간신장이 촉진되어 초장이 커진다.

① 청색광, 작으면　　　　　　　　② 적색광, 크면
③ 적색광, 작으면　　　　　　　　④ 청색광, 크면

57 생육적온이 달라 동일 재배사에서 함께 재배할 경우 재배효율이 떨어지는 조합은?

① 상추, 고추
② 당근, 시금치
③ 가지, 호박
④ 오이, 토마토

58 소비자의 기호 변화로 씨가 없는 샤인머스캣 포도가 인기를 모으고 있다. 샤인머스캣을 무핵화하고 과립비대를 위해 처리하는 생장조절물질은?

① 아브시스산
② 지베렐린
③ 옥신
④ 에틸렌

59 저온자극을 통해 화아분화가 촉진되는 작물이 아닌 것은?

① 양파
② 상추
③ 배추
④ 무

60 식물의 생육과정에서 강풍의 외부환경에 따른 영향으로 옳지 않은 것은?

① 화분매개곤충의 활동을 억제한다.
② 상처를 유발하여 호흡량을 증가시킨다.
③ 증산작용은 억제되나 광합성은 촉진된다.
④ 상처를 통한 병해충의 발생을 촉진한다.

61 식물의 종자 또는 눈이 휴면에 들어가면서 증가하는 것은?

① 호흡량
② 옥신
③ 지베렐린
④ 아브시스산

62 시설재배 농가를 찾은 A손해평가사의 육묘에 관한 조언으로 옳지 않은 것은?

① 출하기 조절이 가능하다.
② 유기질 육묘상토로 피트모스를 추천하였다.
③ 단위면적당 생산량을 증가시킬 수 있다.
④ 공간활용도를 높이기 위해 이동식 벤치보다 고정식 벤치를 추천하였다.

63 수박재배 농가에서 대목을 사용하는 접목재배로 방제할 수 있는 것은?

① 덩굴쪼김병
② 애꽃노린재
③ 진딧물
④ 잎오갈병

64 최종 적과 후 우박피해를 입은 사과농가의 대처로 옳은 것을 모두 고른 것은?

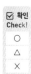

• A농가 – 피해 정도가 심한 가지에는 도포제를 발라준다.
• B농가 – 수세가 강한 피해 나무에 질소 엽면시비를 한다.
• C농가 – 90% 이상의 과실이 피해를 입은 나무의 과실은 모두 제거한다.
• D농가 – 병해충 방제를 위해 살균제를 살포한다.

① A, C
② A, D
③ B, C
④ B, D

65 다음은 벼의 수발아에 관한 내용이다. (   )에 들어갈 내용을 순서대로 옳게 나열한 것은?

> 수발아는 (   )에 종실이 이삭에 달린 채로 싹이 트는 것을 말하며, 벼가 우기에 도복이 되었을 때 자주 발생한다. 또한 (   )이 (   )보다 수발아가 잘 발생한다.

① 수잉기, 조생종, 만생종
② 결실기, 조생종, 만생종
③ 수잉기, 만생종, 조생종
④ 결실기, 만생종, 조생종

66 전염성 병해가 아닌 것은?

① 토마토 배꼽썩음병
② 벼 깨씨무늬병
③ 배추 무름병
④ 사과나무 화상병

67 0℃에서 저장할 경우 저온장해가 발생하는 채소만을 나열한 것은?

① 배추, 무
② 마늘, 양파
③ 당근, 시금치
④ 가지, 토마토

68 다음 (   )에 들어갈 필수원소에 관한 내용을 순서대로 옳게 나열한 것은?

> (   )원소인 (   )은 엽록소의 구성성분으로 부족시 잎이 황화된다.

① 다량, 마그네슘
② 다량, 몰리브덴
③ 미량, 마그네슘
④ 미량, 몰리브덴

69 자가수분으로 수분수가 필요 없는 과수는?

① 신고 배
③ 캠벨얼리 포도

② 후지 사과
④ 미백도 복숭아

70 다음 설명에 해당하는 해충은?

- 흡즙성 해충이다.
- 포도나무 가지와 잎을 주로 가해한다.
- 약충이 하얀 솜과 같은 왁스 물질로 덮여 있다.

① 꽃매미
③ 포도유리나방

② 미국선녀벌레
④ 포도호랑하늘소

71 장미의 블라인드 현상의 직접적인 원인은?

① 수분 부족
③ 일조량 부족

② 칼슘 부족
④ 근권부 산소 부족

72 근경으로 영양번식을 하는 화훼작물은?

① 칸나, 독일붓꽃
② 시클라멘, 다알리아
③ 튤립, 글라디올러스
④ 백합, 라넌큘러스

73 유리온실내 지면으로부터 용마루까지의 길이를 나타내는 용어는?

① 간고
② 동고
③ 측고
④ 헌고

74 베드의 바닥에 일정한 크기의 기울기로 얇은 막상의 양액이 흘러 순환하도록 하고 그 위에 작물의 뿌리 일부가 닿게 하여 재배하는 방식은?

① 매트재배
② 심지재배
③ NFT재배
④ 담액재배

75 시설재배에서 필름의 가시광선 투과율이 큰 것부터 작은 것 순으로 옳게 나타낸 것은?

① PE > EVA > PVC
② EVA > PE > PVC
③ PE > PVC > EVA
④ PVC > PE > EVA

당신이 뛸 경우, 당신은 질지도 모른다.

만약 뛰지 않는다면, 당신은 확실히 진다.

- 제시 잭슨 -

2024년도 제10회 손해평가사 1차 시험문제

수험번호		시험과목	문항수	시험시간
감독확인		① 「상법」 보험편	과목별	90분
성 명		② 농어업재해보험법령 ③ 농학개론 중 재배학 및 원예작물학	25문항	

[수험자 유의사항]

① 답안카드에 기재된 '수험자 유의사항 및 답안카드 작성시 유의사항'을 준수하시기 바랍니다.

② 수험자 교육시간에 감독위원 안내 또는 방송(유의사항)에 따라 답안카드에 수험번호를 기재 마킹하고, 배부된 시험지의 인쇄상태 확인 후 형별 기재란에 표시된 형별(A형 공통)을 확인하여야 합니다.

③ 답안카드는 국가전문자격 공통 표준형으로 문제번호가 1번부터 125번까지 인쇄되어 있습니다. 답안 마킹시에는 반드시 시험문제지의 문제번호와 동일한 번호에 마킹하여야 합니다.

④ 답안카드 기재·마킹시에는 반드시 검은색 사인펜을 사용하여야 합니다.
   ※ 지워지는 펜 사용 불가

⑤ 채점은 전산 자동 판독 결과에 따르므로 유의사항을 지키지 않거나(검은색 사인펜 미사용) 수험자의 부주의(답안카드 기재·마킹 착오, 불완전한 마킹·수정, 예비마킹, 형별 마킹 착오 등)로 판독불능, 중복판독 등 불이익이 발생할 경우 수험자 책임으로 이의제기를 하더라도 받아들여지지 않습니다.

⑥ 답안을 잘못 작성했을 경우, 답안카드 교체 및 수정테이프 사용가능(단, 답안 이외 수험번호 등 인적사항은 수정불가)하며, 재작성에 따른 시험시간은 별도로 부여하지 않음
   ※ 수정테이프 이외 수정액 및 스티커 등은 사용 불가

⑦ 시험문제가 Q-net 홈페이지(http://www.q-net.or.kr)내 손해평가사 홈페이지(자료실⇒문제지 내려받기)에 공개될 예정이오니 참고하시기 바랍니다.

○ 답안 작성 기준

　　제1차 시험의 답안은 시험시행일에 시행되고 있는 관련 법령 등을 기준으로 작성하여야 합니다.

01 상법상 보험계약 관계자에 관한 설명으로 옳지 않은 것은?

① 손해보험의 보험자는 보험사고가 발생한 경우 보험금 지급의무를 지는 자이다.
② 손해보험의 보험계약자는 자기명의로 보험계약을 체결하고 보험료 지급의무를 지는 자이다.
③ 손해보험의 피보험자는 피보험이익의 주체로서 보험사고가 발생한 때에 보험금을 받을 자이다.
④ 손해보험의 보험수익자는 보험사고가 발생한 때에 보험금을 지급받을 자로 지정된 자이다.

02 상법상 보험계약의 체결에 관한 설명으로 옳은 것은?

① 보험계약은 청약과 승낙에 의한 합의와 보험증권의 교부로 성립한다.
② 기존의 보험계약을 연장하거나 변경한 경우에는 보험자는 그 보험증권에 그 사실을 기재함으로써 보험증권의 교부에 갈음할 수 있다.
③ 보험자는 보험계약이 성립된 후 보험계약자에게 보험약관을 교부하고, 그 약관의 중요한 내용을 설명하여야 한다.
④ 보험자가 보험계약자로부터 보험계약의 청약과 함께 보험료 상당액의 전부 또는 일부의 지급을 받은 때에는 계약이 성립한 것으로 본다.

03 상법상 보험증권에 관한 설명으로 옳지 않은 것은?

① 타인을 위한 보험계약이 성립된 경우에는 보험자는 그 타인에게 보험증권을 교부해야 한다.
② 보험계약의 당사자는 보험증권의 교부가 있는 날로부터 일정한 기간 내에 한하여 그 증권내용의 정부(正否)에 관한 이의를 할 수 있음을 약정할 수 있다. 이 기간은 1월을 내리지 못한다.
③ 보험증권을 멸실 또는 현저하게 훼손한 때에는 보험계약자는 보험자에 대하여 증권의 재교부를 청구할 수 있고, 그 증권작성의 비용은 보험계약자의 부담으로 한다.
④ 보험자는 보험계약이 성립한 때에는 지체 없이 보험증권을 작성하여 보험계약자에게 교부하여야 한다.

04 보험설계사가 가진 상법상 권한으로 옳은 것은?

① 보험계약자로부터 고지에 관한 의사표시를 수령할 수 있는 권한
② 보험계약자에게 영수증을 교부하지 않고 보험료를 수령할 수 있는 권한
③ 보험자가 작성한 보험증권을 보험계약자에게 교부할 수 있는 권한
④ 보험계약자로부터 통지에 관한 의사표시를 수령할 수 있는 권한

05 상법상 보험료에 관한 설명으로 옳은 것을 모두 고른 것은?

> ㄱ. 보험계약의 당사자가 특별한 위험을 예기하여 보험료의 액을 정한 경우에 보험기간 중 그 예기한 위험이 소멸한 때에는 보험계약자는 그 후의 보험료의 감액을 청구할 수 있다.
> ㄴ. 보험계약의 전부 또는 일부가 무효인 경우에 보험계약자와 피보험자가 선의이며 중대한 과실이 없는 때에는 보험자에 대하여 보험료의 전부 또는 일부의 반환을 청구할 수 있다.
> ㄷ. 보험계약자는 계약 체결 후 지체 없이 보험료의 전부 또는 제1회 보험료를 지급하여야 하며, 이를 지급하지 아니하는 경우에는 보험자는 다른 약정이 없는 한 계약 성립 후 2월이 경과하면 그 계약을 해제할 수 있다.
> ㄹ. 계속보험료가 약정한 시기에 지급되지 아니한 때에는 보험자는 상당한 기간을 정하여 보험계약자에게 최고하고, 그 기간 내에 지급되지 아니한 때에는 그 계약은 해지된 것으로 본다.

① ㄱ, ㄴ
② ㄱ, ㄷ
③ ㄴ, ㄹ
④ ㄷ, ㄹ

06 甲이 乙소유의 농장에 대해 乙의 허락 없이 乙을 피보험자로 하여 A보험회사와 화재보험계약을 체결한 경우, 그 법률관계에 관한 설명으로 옳지 않은 것은?

① 보험계약 체결시 A보험회사가 서면으로 질문한 사항은 중요한 사항으로 추정한다.
② 보험사고가 발생하기 전에는 甲은 언제든지 계약의 전부 또는 일부를 해지할 수 있다.
③ 甲이 乙의 위임이 없음을 A보험회사에게 고지하지 않은 때에는 乙이 그 보험계약이 체결된 사실을 알지 못하였다는 사유로 A보험회사에게 대항하지 못한다.
④ 보험계약 당시에 甲 또는 乙이 고의 또는 중대한 과실로 인하여 중요한 사항을 고지하지 아니하거나 부실의 고지를 한 때에는 A보험회사는 그 사실을 안 날로부터 1월 내에, 계약을 체결한 날로부터 3년 내에 한하여 계약을 해지할 수 있다.

07 상법상 보험사고에 관한 설명으로 옳지 않은 것은?

① 보험계약 당시에 보험사고가 이미 발생하였거나 또는 발생할 수 없는 것인 때에는 그 계약은 무효로 한다.
② 보험계약 당시에 보험사고가 발생할 수 없는 것이었지만 당사자 쌍방과 피보험자가 이를 알지 못한 때에는 그 계약은 유효하다.
③ 보험사고의 발생으로 보험자가 보험금액을 지급한 때에도 보험금액이 감액되지 아니하는 보험의 경우에는 보험계약자는 그 사고발생 후에도 보험계약을 해지할 수 있다.
④ 보험사고가 발생하기 전에 보험계약을 해지한 보험계약자는 미경과보험료의 반환을 청구할 수 없다.

08 상법상 보험대리상의 권한을 모두 고른 것은?

ㄱ. 보험료수령권한	ㄴ. 고지수령권한
ㄷ. 보험계약의 해지권한	ㄹ. 보험금수령권한

① ㄱ, ㄴ, ㄷ   ② ㄱ, ㄴ, ㄹ
③ ㄱ, ㄷ, ㄹ   ④ ㄴ, ㄷ, ㄹ

09 보험기간 중에 보험사고의 발생 위험이 현저하게 변경 또는 증가된 경우의 법률관계에 관한 설명으로 옳은 것은?

① 보험수익자의 고의로 인하여 사고발생의 위험이 현저하게 증가된 때에는 보험자는 그 사실을 안 날로부터 1월 내에 보험계약을 해지할 수 있을 뿐이고, 보험료의 증액을 청구할 수는 없다.
② 보험계약자가 지체 없이 위험변경증가의 통지를 한 때에는 보험자는 1월 내에 보험료 증액을 청구할 수 있을 뿐이고 보험계약을 해지할 수는 없다.
③ 보험계약자가 위험변경증가의 통지를 해태한 때에는 보험자는 그 사실을 안 날로부터 1월 내에 한하여 계약을 해지할 수 있다.
④ 타인을 위한 손해보험의 타인이 사고발생 위험이 현저하게 변경 또는 증가된 사실을 알게 된 경우 이를 보험자에게 통지할 의무는 없다.

10 보험사고가 발생한 경우 그 법률관계에 관한 설명으로 옳지 않은 것은?

① 보험수익자가 보험사고의 발생을 안 때에는 지체 없이 보험자에게 그 통지를 발송하여야 한다.

② 보험계약자가 보험사고의 발생을 알았음에도 지체 없이 보험자에게 그 통지를 발송하지 않은 경우 보험자는 계약을 해지할 수 있다.

③ 보험계약 당사자간에 다른 약정이 없으면 최초보험료를 보험자가 지급받은 때로부터 보험자의 책임이 개시된다.

④ 위험이 현저하게 변경 또는 증가된 사실이 보험사고발생에 영향을 미친 경우, 보험자가 위험 변경증가의 통지를 못 받았음을 이유로 유효하게 계약을 해지하면 보험금을 지급할 책임이 없다.

11 보험자의 보험금액의 지급에 관한 설명으로 옳지 않은 것은?

① 보험수익자의 중과실로 인하여 보험사고가 생긴 때에는 보험자는 보험금액을 지급할 책임이 없다.

② 보험계약자의 고의로 보험사고가 생긴 때에는 보험자는 보험금액을 지급할 책임이 없다.

③ 보험금액의 지급에 관하여 약정기간이 없는 경우에는 보험자는 보험사고발생의 통지를 받은 후 지체 없이 지급할 보험금액을 정해야 한다.

④ 보험자가 파산선고를 받았으나 보험계약자가 계약을 해지하지 않은 채 3월이 경과한 후에 보험사고가 발생하여도 보험자는 보험금액 지급책임이 있다.

12 甲은 자기 소유의 건물에 대해 A보험회사와 화재보험계약을 체결하였고, A보험회사는 이 화재보험계약으로 인하여 부담할 책임에 대하여 B보험회사와 재보험계약을 체결한 경우 그 법률관계에 관한 설명으로 옳은 것은?

① 화재보험계약의 보험기간 개시 전에 화재가 발생한 경우 B보험회사는 A보험회사에게 보험금 지급의무가 없다.

② 甲의 고의로 화재보험계약의 보험기간 중에 화재가 발생한 경우 B보험회사는 A보험회사에게 보험금 지급의무가 있다.

③ A보험회사의 B보험회사에 대한 보험금청구권은 1년간 행사하지 아니하면 시효의 완성으로 소멸한다.

④ B보험회사의 A보험회사에 대한 보험료청구권은 6개월간 행사하지 아니하면 시효의 완성으로 소멸한다.

13 가계보험의 약관조항 중 상법상 불이익변경금지원칙에 위반되지 않는 것은?

① 보험계약자가 계약 체결시 과실 없이 중요한 사항을 불고지한 경우에도 보험자의 해지권을 인정한 약관조항
② 보험료청구권의 소멸시효기간을 단축하는 약관조항
③ 보험수익자가 보험계약 체결시 고지의무를 부담하도록 하는 약관조항
④ 보험사고발생 전이지만 일정한 기간 동안 보험계약자의 계약 해지를 금지하는 약관조항

14 상법상 손해보험증권에 기재해야 할 사항으로 옳지 않은 것은?

① 피보험자의 주민등록번호
② 보험기간을 정한 경우 그 시기와 종기
③ 보험료와 그 지급방법
④ 무효와 실권의 사유

15 상법상 물건보험의 보험가액에 관한 설명으로 옳지 않은 것은?

① 보험가액과 보험금액은 일치하지 않을 수 있다.
② 보험계약 당사자간에 보험가액을 정하지 아니한 때에는 사고발생시의 가액을 보험가액으로 한다.
③ 보험계약의 당사자간에 보험가액을 정한 경우 그 가액이 사고발생시의 가액을 현저하게 초과할 경우 보험계약은 무효이다.
④ 보험계약의 당사자간에 보험가액을 정한 경우 그 가액은 사고발생시의 가액으로 정한 것으로 추정한다.

16 상법상 초과보험에 관한 설명으로 옳은 것을 모두 고른 것은?

ㄱ. 보험계약자의 사기에 의하여 보험금액이 보험가액을 현저하게 초과하는 보험계약이 체결된 경우 보험기간 중에 보험사고가 발생하면 보험자는 보험가액의 한도 내에서 보험금 지급의무가 있다.

ㄴ. 보험계약 체결 이후 보험기간 중에 보험가액이 보험금액에 비해 현저하게 감소된 때에는 보험자 또는 보험계약자는 보험료와 보험금액의 감액을 청구할 수 있다.

ㄷ. 보험계약 체결 이후 보험기간 중에 보험가액이 보험금액에 비해 현저하게 감소된 때에는 보험자 또는 보험계약자는 보험계약을 취소할 수 있다.

ㄹ. 보험계약자의 사기에 의하여 보험금액이 보험가액을 현저하게 초과하는 계약이 체결된 경우 보험자는 그 사실을 안 때까지의 보험료를 청구할 수 있다.

① ㄱ, ㄷ   ② ㄱ, ㄹ

③ ㄴ, ㄷ   ④ ㄴ, ㄹ

17 甲이 가액이 10억원인 자기 소유의 재산에 대해 A, B보험회사와 보험기간이 동일하고, 보험금액 10억원인 화재보험계약을 순차적으로 각각 체결한 경우 그 법률관계에 관한 설명으로 옳지 않은 것은? (甲의 사기는 없었음)

① 만약 甲이 사기에 의하여 두 개의 화재보험계약을 체결하였다면 보험계약은 무효이다.

② 보험기간 중 화재가 발생하여 甲의 재산이 전소되어 10억원의 손해를 입은 경우 甲은 A, B보험회사에게 각각 5억까지 보험금청구권을 행사할 수 있다.

③ 甲은 B보험회사와 화재보험계약을 체결할 때 A보험회사와의 화재보험계약의 내용을 통지할 의무가 있다.

④ 甲이 A보험회사에 대한 권리를 포기하더라도 B보험회사의 권리의무에 영향을 미치지 않는다.

18 손해보험의 목적에 관한 설명으로 옳은 것은?

① 피보험자가 보험의 목적을 양도한 때에는 양수인은 보험계약상의 권리와 의무를 승계한 것으로 본다.

② 금전으로 산정할 수 있는 이익에 한하여 보험의 목적으로 할 수 있다.

③ 보험의 목적에 관하여 보험자가 부담할 손해가 생긴 경우에는 그 후 그 목적이 보험자가 부담하지 아니하는 보험사고의 발생으로 인하여 멸실된 때에도 보험자는 이미 생긴 손해를 보상할 책임을 면하지 못한다.

④ 보험의 목적의 성질, 하자 또는 자연소모로 인한 손해는 보험자가 이를 보상할 책임이 있다.

19 손해보험에서 손해액의 산정에 관한 설명으로 옳은 것은?

① 보험자가 보상할 손해액은 보험계약을 체결한 때와 곳의 가액에 의하여 산정한다.

② 보험사고로 인하여 상실된 피보험자가 얻을 이익이나 보수는 보험자가 보상할 손해액에 산입하여야 한다.

③ 손해액의 산정에 관한 비용은 보험계약자의 부담으로 한다.

④ 당사자간에 다른 약정이 있는 때에는 그 신품가액에 의하여 손해액을 산정할 수 있다.

20 보험자가 손해를 보상할 때에 보험료의 지급을 받지 아니한 잔액이 있는 경우에 관한 설명으로 옳은 것은?

① 보험자는 보험료의 지급을 받지 아니한 잔액이 있으면 보험계약을 즉시 해지할 수 있다.

② 보험자는 지급기일이 도래하였으나 지급받지 않은 보험료 잔액을 보상할 금액에서 공제하여야 한다.

③ 보험자는 지급받지 않은 보험료 잔액이 있으면 그 지급기일이 도래하지 아니한 때라도 보상할 금액에서 이를 공제할 수 있다.

④ 보험자는 지급기일이 도래한 보험료 잔액의 지급이 있을 때까지 그 손해보상을 전부 거절할 수 있다.

21 상법상 손해방지의무에 관한 설명으로 옳은 것은? (다툼이 있으면 판례에 따름)

① 손해방지의무는 보험계약자는 부담하지 않고 피보험자만 부담하는 의무이다.
② 손해방지의무의 이행을 위하여 필요 또는 유익하였던 비용과 보상액이 보험금액을 초과한 경우라도 보험자가 이를 부담한다.
③ 손해방지의무는 보험사고가 발생하기 이전에 부담하는 의무이다.
④ 손해방지의무의 이행을 위하여 필요 또는 유익하였던 비용은 실제로 손해의 방지와 경감에 유효하게 영향을 준 경우에만 보험자가 이를 부담한다.

22 보험목적에 관한 보험대위(잔존물대위)의 설명으로 옳지 않은 것은?

① 보험의 목적의 전부가 멸실한 경우에 보험대위가 인정된다.
② 피보험자가 보험자로부터 보험금액의 전부를 지급받은 후에는 잔존물을 임의로 처분할 수 없다.
③ 일부보험의 경우에는 잔존물대위가 인정되지 않는다.
④ 보험자가 보험금액의 전부를 지급한 때 잔존물에 대한 권리는 물권변동절차 없이 보험자에게 이전된다.

23 화재보험자가 보상할 손해에 관한 설명으로 옳은 것을 모두 고른 것은?

> ㄱ. 화재가 발생한 건물의 철거비와 폐기물처리비
> ㄴ. 화재의 소방 또는 손해의 감소에 필요한 조치로 인하여 생긴 손해
> ㄷ. 화재로 인하여 다른 곳에 옮겨놓은 물건의 도난으로 인한 손해

① ㄱ, ㄴ   ② ㄱ, ㄷ
③ ㄴ, ㄷ   ④ ㄱ, ㄴ, ㄷ

24 화재보험에 관한 설명으로 옳지 않은 것은?

① 건물을 보험의 목적으로 한 때에는 그 소재지, 구조와 용도를 화재보험증권에 기재하여야 한다.

② 동산을 보험의 목적으로 한 때에는 그 존치한 장소의 상태와 용도를 화재보험증권에 기재하여야 한다.

③ 동일한 건물에 대하여 소유권자와 저당권자는 각각 다른 피보험이익을 가지므로, 각자는 독립한 화재보험계약을 체결할 수 있다.

④ 건물을 보험의 목적으로 한 때 그 보험가액의 일부를 보험에 붙인 경우, 당사자간에 다른 약정이 없다면 보험자는 보험금액의 한도 내에서 그 손해를 보상할 책임을 진다.

25 집합보험에 관한 설명으로 옳지 않은 것은?

① 집합보험은 집합된 물건을 일괄하여 보험의 목적으로 한다.

② 보험의 목적에 속한 물건이 보험기간 중에 수시로 교체된 경우에도 보험계약의 체결시에 현존한 물건은 보험의 목적에 포함된 것으로 한다.

③ 피보험자의 가족과 사용인의 물건도 보험의 목적에 포함된 것으로 한다.

④ 보험의 목적에 피보험자의 가족의 물건이 포함된 경우, 그 보험은 피보험자의 가족을 위하여서도 체결한 것으로 본다.

농어업재해보험법령

26 농어업재해보험법령상 농업재해보험심의회(이하 '심의회')에 관한 설명으로 옳지 않은 것은?

① 심의회의 위원장은 농림축산식품부차관으로 하고, 부위원장은 위원 중에서 농림축산식품부차관이 지명한다.
② 심의회의 회의는 재적위원 과반수의 출석으로 개의(開議)하고, 출석위원 과반수의 찬성으로 의결한다.
③ 심의회는 위원장 및 부위원장 각 1명을 포함한 21명 이내의 위원으로 구성한다.
④ 심의회의 회의는 재적위원 3분의 1 이상의 요구가 있을 때 또는 위원장이 필요하다고 인정할 때에 소집한다.

27 농어업재해보험법령상 재해보험의 종류 등에 관한 설명으로 옳지 않은 것은?

① 재해보험의 종류는 농작물재해보험, 임산물재해보험, 가축재해보험 및 양식수산물재해보험으로 한다.
② 가축재해보험의 보험목적물은 가축 및 축산시설물이다.
③ 양식수산물재해보험과 관련된 사항은 농림축산식품부장관이 관장한다.
④ 정부는 보험목적물의 범위를 확대하기 위하여 노력하여야 한다.

28 농어업재해보험법령상 재해보험사업을 할 수 있는 자를 모두 고른 것은?

ㄱ. 「수산업협동조합법」에 따른 수산업협동조합중앙회
ㄴ. 「산림조합법」에 따른 산림조합중앙회
ㄷ. 「보험업법」에 따른 보험회사
ㄹ. 「새마을금고법」에 따른 새마을금고중앙회

① ㄱ, ㄹ
② ㄱ, ㄴ, ㄷ
③ ㄴ, ㄷ, ㄹ
④ ㄱ, ㄴ, ㄷ, ㄹ

29 농어업재해보험법령상 손해평가사의 정기교육에 관한 설명이다. (   )에 들어갈 숫자로 옳은 것은?

> • 농림축산식품부장관 또는 해양수산부장관은 손해평가인이 공정하고 객관적인 손해평가를 수행할 수 있도록 연 (ㄱ)회 이상 정기교육을 실시하여야 한다.
> • 정기교육의 교육시간은 (ㄴ)시간 이상으로 한다.

① ㄱ : 1, ㄴ : 4
② ㄱ : 1, ㄴ : 5
③ ㄱ : 2, ㄴ : 4
④ ㄱ : 2, ㄴ : 6

30 농어업재해보험법령상 손해평가사의 자격취소 사유에 해당하는 위반행위를 한 경우, 1회 위반시에는 자격취소를 하지 않고 시정명령을 하는 경우는?

① 손해평가사의 자격을 거짓 또는 부정한 방법으로 취득한 경우
② 거짓으로 손해평가를 한 경우
③ 다른 사람에게 손해평가사의 명의를 사용하게 하거나 그 자격증을 대여한 경우
④ 업무정지 기간 중에 손해평가 업무를 수행한 경우

31 농어업재해보험법령상 보험금 수급권 등에 관한 설명으로 옳지 않은 것은?

① 재해보험의 보험목적물이 담보로 제공된 경우 보험금을 지급받을 권리는 압류할 수 없다.
② 재해보험사업자는 정보통신장애로 보험금을 보험금수급계좌로 이체할 수 없을 때에는 현금 지급 등 대통령령으로 정하는 바에 따라 보험금을 지급할 수 있다.
③ 보험금수급전용계좌의 해당 금융기관은 「농어업재해보험법」에 따른 보험금만이 보험금수급 전용계좌에 입금되도록 관리하여야 한다.
④ 재해보험가입자가 재해보험에 가입된 보험목적물을 양도하는 경우 그 양수인은 재해보험계약에 관한 양도인의 권리 및 의무를 승계한 것으로 추정한다.

32 농어업재해보험법령상 재해보험사업자가 재해보험 업무의 일부를 위탁할 수 있는 자에 해당하지 않는 자는?

① 「수산업협동조합법」에 따라 설립된 수산물가공 수산업협동조합
② 「농업협동조합법」에 따라 설립된 품목별·업종별 협동조합
③ 「산림조합법」에 따라 설립된 지역산림조합
④ 「보험업법」 제83조 제1항에 따라 보험을 모집할 수 있는 자

33 농어업재해보험법령상 재정지원에 관한 설명으로 옳은 것은?

① 정부는 예산의 범위에서 재해보험가입자가 부담하는 보험료의 전부를 지원할 수 있다.
② 지방자치단체는 정부의 재정지원 외에 예산의 범위에서 재해보험사업자의 재해보험의 운영 및 관리에 필요한 비용 일부를 추가로 지원할 수 있다.
③ 지방자치단체의 장은 정부의 재정지원 외에 보험료의 일부를 추가 지원하려는 경우 재해보험 가입현황서와 보험가입자의 기준 등을 확인하여 보험료의 지원금액을 결정·지급한다.
④ 「풍수해·지진재해보험법」에 따른 풍수해·지진재해보험에 가입한 자가 동일한 보험목적물을 대상으로 재해보험에 가입할 경우에는 정부가 재정지원을 할 수 있다.

34 농어업재해보험법령상 농림축산식품부장관이 농어업재해재보험기금(이하 '기금')의 관리·운용에 관한 사무를 농업정책보험금융원에 위탁한 경우 기금의 관리·운용에 관한 설명으로 옳지 않은 것은?

① 농림축산식품부장관은 해양수산부장관과 협의하여 농업정책보험금융원의 임원 중에서 기금수입담당임원과 기금지출원인행위담당임원을 임명하여야 한다.
② 기금수입담당임원은 기금수입징수관의 업무를, 기금지출원인행위담당임원은 기금지출관의 업무를 담당한다.
③ 농림축산식품부장관은 해양수산부장관과 협의하여 농업정책보험금융원의 직원 중에서 기금지출원과 기금출납원을 임명하여야 한다.
④ 기금출납원은 기금출납공무원의 업무를 수행한다.

35 농어업재해보험법령상 농어업재해보험사업의 관리에 관한 설명으로 옳지 않은 것은?

① 농림축산식품부장관 또는 해양수산부장관은 보험상품의 운영 및 개발에 필요한 통계자료를 수집·관리하여야 한다.

② 농림축산식품부장관 및 해양수산부장관은 보험상품의 운영 및 개발에 필요한 통계의 수집·관리, 조사·연구 등에 관한 업무를 대통령령으로 정하는 자에게 위탁할 수 있다.

③ 재해보험사업자는 농어업재해보험 가입 촉진을 위하여 보험가입촉진계획을 3년 단위로 수립하여 농림축산식품부장관 또는 해양수산부장관에게 제출하여야 한다.

④ 농림축산식품부장관이 손해평가사의 자격 취소를 하려면 청문을 하여야 한다.

36 농어업재해보험법령상 재보험사업 및 농어업재해재보험기금(이하 '기금')에 관한 설명으로 옳지 않은 것은?

① 정부는 재해보험에 관한 재보험사업을 할 수 있다.

② 농림축산식품부장관은 해양수산부장관과 협의를 거쳐 재보험사업에 관한 업무의 일부를 농업정책보험금융원에 위탁할 수 있다.

③ 농림축산식품부장관은 해양수산부장관과 협의하여 공동으로 재보험사업에 필요한 재원에 충당하기 위하여 기금을 설치한다.

④ 농림축산식품부장관은 해양수산부장관과 협의하여 기금의 수입과 지출을 명확하게 하기 위하여 대통령령으로 정하는 시중 은행에 기금계정을 설치하여야 한다.

37 농어업재해보험법령상 "재해보험사업자는 재해보험사업의 회계를 다른 회계와 구분하여 회계처리함으로써 손익관계를 명확히 하여야 한다."라는 규정을 위반하여 회계를 처리한 자에 대한 벌칙은?

① 500만원 이하의 과태료

② 500만원 이하의 벌금

③ 1,000만원 이하의 벌금

④ 1년 이하의 징역

38 농어업재해보험법령상 과태료 부과권자가 금융위원회인 경우는?

① 「보험업법」 제133조에 따른 검사를 거부·방해 또는 기피한 재해보험사업자의 임원에게 과태료를 부과하는 경우
② 「보험업법」 제95조를 위반하여 보험안내를 한 자로서 재해보험사업자가 아닌 자에게 과태료를 부과하는 경우
③ 「보험업법」 제97조 제1항을 위반하여 보험계약의 체결 또는 모집에 관한 금지행위를 한 자에게 과태료를 부과하는 경우
④ 재해보험사업에 관한 업무 처리 상황의 보고 또는 관계 서류 제출을 하지 아니하거나 보고 또는 관계 서류 제출을 거짓으로 한 자에게 과태료를 부과하는 경우

39 농어업재해보험법령상 용어의 정의에 따를 때 "보험가입자와 보험사업자간의 약정에 따라 보험가입자가 보험사업자에게 내야 하는 금액"은?

① 보험금
② 보험료
③ 보험가액
④ 보험가입금액

40 농업재해보험 손해평가요령상 손해평가인의 손해평가 업무에 관한 설명으로 옳지 않은 것은?

① 손해평가인은 피해사실 확인, 보험료율의 산정 등의 업무를 수행한다.
② 재해보험사업자가 손해평가인을 위촉한 경우에는 그 자격을 표시할 수 있는 손해평가인증을 발급하여야 한다.
③ 재해보험사업자는 손해평가인을 대상으로 농업재해보험에 관한 기초지식, 보험상품 및 약관 등 손해평가에 필요한 실무교육을 실시하여야 한다.
④ 재해보험사업자는 실무교육을 받는 손해평가인에 대하여 소정의 교육비를 지급할 수 있다.

41 농업재해보험 손해평가요령상 손해평가인 위촉 취소에 관한 설명이다. (   )에 들어갈 내용으로 옳은 것은?

> 재해보험사업자는 손해평가인이 「농어업재해보험법」 제30조에 의하여 벌금 이상의 형을 선고받고 그 집행이 종료되거나 집행이 면제된 날로부터 (ㄱ)이 경과되지 아니한 자, 위촉이 취소된 후 (ㄴ)이 경과되지 아니한 자 또는 (ㄷ) 기간 중에 손해평가업무를 수행한 자에 해당되거나 위촉 당시에 해당하는 자이었음이 판명된 때에는 그 위촉을 취소하여야 한다.

① ㄱ : 2년, ㄴ : 2년, ㄷ : 업무정지
② ㄱ : 2년, ㄴ : 3년, ㄷ : 업무정지
③ ㄱ : 3년, ㄴ : 2년, ㄷ : 자격정지
④ ㄱ : 3년, ㄴ : 3년, ㄷ : 자격정지

42 농업재해보험 손해평가요령상 손해평가반에 관한 설명으로 옳지 않은 것은?

① 재해보험사업자는 손해평가를 하는 경우 손해평가반을 구성하고 손해평가반별로 평가일정계획을 수립하여야 한다.
② 손해평가반은 손해평가인, 손해평가사, 손해사정사, 손해평가보조인 중 어느 하나에 해당하는 자로 구성한다.
③ 손해평가반은 5인 이내로 구성한다.
④ 손해평가반이 손해평가를 실시할 때에는 재해보험사업자가 해당 보험가입자의 보험계약사항 중 손해평가와 관련된 사항을 손해평가반에게 통보하여야 한다.

43 농어업재해보험법 및 농업재해보험 손해평가요령상 교차손해평가에 관한 설명으로 옳지 않은 것을 모두 고른 것은?

> ㄱ. 교차손해평가란 공정하고 객관적인 손해평가를 위하여 재해보험사업자 상호간에 농어업재해로 인한 손해를 교차하여 평가하는 것을 말한다.
> ㄴ. 동일 시·군·구(자치구를 말한다) 내에서는 교차손해평가를 수행할 수 없다.
> ㄷ. 교차손해평가를 위해 손해평가반을 구성할 때, 거대재해 발생으로 신속한 손해평가가 불가피하다고 판단되는 경우에는 지역손해평가인을 포함하지 않을 수 있다.

① ㄱ, ㄴ   ② ㄱ, ㄷ
③ ㄴ, ㄷ   ④ ㄱ, ㄴ, ㄷ

44 농업재해보험 손해평가요령상 손해평가결과 검증에 관한 설명으로 옳은 것은?

① 재해보험사업자 이외의 자는 검증조사를 할 수 없다.

② 손해평가반이 실시한 손해평가결과를 확인하기 위하여 검증조사를 할 때 손해평가를 실시한 보험목적물 중에서 일정수를 임의 추출하여 검증조사를 하여서는 아니 된다.

③ 검증조사결과 현저한 차이가 발생되어 재조사가 불가피하다고 판단될 경우에는 해당 손해평가반이 조사한 전체 보험목적물에 대하여 재조사를 할 수 있다.

④ 보험가입자가 정당한 사유 없이 검증조사를 거부하는 경우 검증조사반은 검증조사가 불가능하여 손해평가결과를 확인할 수 없다는 사실을 재해보험사업자에게 통지한 후 검증조사결과를 작성하여 농림축산식품부장관에게 제출하여야 한다.

45 농업재해보험 손해평가요령상 보험목적물별 손해평가 단위가 농지인 경우에 관한 설명으로 옳은 것은? (단, 농지는 하나의 보험가입금액에 해당하는 토지임)

① 농작물을 재배하는 하나의 경작지의 필지가 2개 이상인 경우에는 하나의 농지가 될 수 없다.

② 농작물을 재배하는 하나의 경작지가 농로에 의해 구획된 경우 구획된 토지는 각각 하나의 농지로 한다.

③ 농작물을 재배하는 하나의 경작지의 지번이 2개 이상인 경우에는 하나의 농지가 될 수 없다.

④ 경사지에서 보이는 돌담 등으로 구획되어 있는 면적이 극히 작은 것은 동일 작업 단위 등으로 정리하여 하나의 농지에 포함할 수 있다.

46 농업재해보험 손해평가요령상 농작물의 보험가액 산정에 관한 조문의 일부이다. (   )에 들어갈 내용으로 옳은 것은?

> 적과전 종합위험방식의 보험가액은 적과후착과수(달린 열매 수)조사를 통해 산정한 (   )수확량에 보험가입 당시의 단위당 가입가격을 곱하여 산정한다.

① 평년　　　　　　　　　　② 기준
③ 피해　　　　　　　　　　④ 적용

47 농업재해보험 손해평가요령상 종합위험방식의 과실손해보장 보험금 산정을 위한 피해율 계산식이 "고사결과모지수 ÷ 평년결과모지수"인 농작물은?

① 오디   ② 감귤

③ 무화과   ④ 복분자

48 농업재해보험 손해평가요령상 농작물의 품목별·재해별·시기별 손해수량 조사방법 중 종합위험방식 상품에 관한 표의 일부이다. (   )에 들어갈 농작물에 해당하지 않는 것은?

② 수확감소보장·과실손해보장 및 농업수입보장

생육 시기	재 해	조사내용	조사시기	조사방법	비 고
수확전	보상하는 재해 전부	경작불능 조사	사고접수 후 지체 없이	해당 농지의 피해면적비율 또는 보험목적인 식물체 피해율 조사	( )만 해당

① 벼   ② 밀

③ 차(茶)   ④ 복분자

49 농업재해보험 손해평가요령상 가축의 보험가액 및 손해액 산정에 관한 설명이다. (   )에 들어갈 내용으로 옳은 것은?

> • 가축에 대한 보험가액은 보험사고가 발생한 때와 곳에서 평가한 보험목적물의 수량에 (ㄱ)을 곱하여 산정한다.
> • 가축에 대한 손해액은 보험사고가 발생한 때와 곳에서 폐사 등 피해를 입은 보험목적물의 수량에 (ㄴ)을 곱하여 산정한다.

① ㄱ : 시장가격, ㄴ : 시장가격

② ㄱ : 시장가격, ㄴ : 적용가격

③ ㄱ : 적용가격, ㄴ : 시장가격

④ ㄱ : 적용가격, ㄴ : 적용가격

50 농업재해보험 손해평가요령상 농업시설물의 손해액 산정에 관한 설명이다. (　　)에 들어갈 내용으로 옳은 것은?

> 보험가입 당시 보험가입자와 재해보험사업자가 손해액 산정 방식을 별도로 정한 경우를 제외하고는, 농업시설물에 대한 손해액은 보험사고가 발생한 때와 곳에서 산정한 피해목적물의 (　　)을 말한다.

① 감가상각액
② 재조달가액
③ 보험가입금액
④ 원상복구비용

51 작물의 분류에서 공예작물에 해당하는 것을 모두 고른 것은?

ㄱ. 목화 ㄴ. 아마
ㄷ. 모시풀 ㄹ. 수세미

① ㄱ, ㄹ ② ㄱ, ㄴ, ㄷ
③ ㄴ, ㄷ, ㄹ ④ ㄱ, ㄴ, ㄷ, ㄹ

52 장기간 재배한 시설내 토양의 일반적인 특성으로 옳지 않은 것은?

① 강우의 차단으로 염류농도가 높다.
② 노지에 비해 염류집적으로 토양 pH가 낮아진다.
③ 연작장해가 발생하기 쉽다.
④ 답압과 잦은 관수로 토양통기가 불량하다.

53 토양 환경에 관한 설명으로 옳은 것은?

① 사양토는 점토에 비해 통기성이 낮다.
② 토양이 입단화되면 보수성이 감소된다.
③ 퇴비를 투입하면 지력이 감소된다.
④ 깊이갈이를 하면 토양의 물리성이 개선된다.

54 작물의 요수량에 관한 설명으로 옳은 것은?

① 작물의 건물 1kg을 생산하는데 소비되는 수분량(g)을 말한다.
② 내건성이 강한 작물이 약한 작물보다 요수량이 더 많다.
③ 호박은 기장에 비해 요수량이 높다.
④ 요수량이 작은 작물은 생육 중 많은 양의 수분을 요구한다.

55 플라스틱 파이프나 튜브에 미세한 구멍을 뚫어 물이 소량씩 흘러나와 근권부의 토양에 집중적으로 관수하는 방법은?

① 점적관수   ② 분수관수
③ 고랑관수   ④ 저면급수

56 다음 (   )에 들어갈 내용을 순서대로 옳게 나열한 것은?

> 작물에서 저온장해의 초기 증상은 지질성분의 이중층으로 구성된 (   )에서 상전환이 일어나며 지질성분에 포함된 포화지방산의 비율이 상대적으로 (   )수록 저온에 강한 경향이 있다.

① 세포막, 높을   ② 세포벽, 높을
③ 세포막, 낮을   ④ 세포벽, 낮을

57 식물 생육에서 광에 관한 설명으로 옳지 않은 것은?

① 광포화점은 상추보다 토마토가 더 높다.
② 광보상점은 글록시니아보다 초롱꽃이 더 낮다.
③ 광포화점이 낮은 작물은 고온기에 차광을 해주어야 한다.
④ 광도가 증가할수록 작물의 광합성량이 비례적으로 계속 증가한다.

58 A지역에서 2차생장에 의한 벌마늘 피해가 일어났다. 이와 같은 현상이 일어나는 원인이 아닌 것은?

① 겨울철 이상고온
② 2~3월경의 잦은 강우
③ 흐린 날씨에 의한 일조량 감소
④ 흰가루병 조기출현

59 다음이 설명하는 식물호르몬은?

- 극성수송 물질이다.
- 합성물질로 4-CPA, 2,4-D 등이 있다.
- 측근 및 부정근의 형성을 촉진한다.

① 옥신
② 지베렐린
③ 시토키닌
④ 아브시스산

60 공기의 조성성분 중 광합성의 주원료이며, 호흡에 의해 발생되는 것은?

① 이산화탄소
② 질소
③ 산소
④ 오존

61 채소 육묘에 관한 설명으로 옳은 것을 모두 고른 것은?

> ㄱ. 직파에 비해 종자가 절약된다.
> ㄴ. 토지이용도가 높아진다.
> ㄷ. 수확기 및 출하기를 앞당길 수 있다.
> ㄹ. 유묘기의 환경관리 및 병해충 방지가 어렵다.

① ㄱ, ㄷ
② ㄴ, ㄹ
③ ㄱ, ㄴ, ㄷ
④ ㄱ, ㄴ, ㄷ, ㄹ

62 파종방법 중 조파(드릴파)에 관한 설명으로 옳은 것은?

① 포장 전면에 종자를 흩어 뿌리는 방법이다.
② 뿌림 골을 만들고 그곳에 줄지어 종자를 뿌리는 방법이다.
③ 일정한 간격을 두고 하나 내지 여러 개의 종자를 띄엄띄엄 파종하는 방법이다.
④ 점파할 때 한 곳에 여러 개의 종자를 파종하는 방법이다.

63 다음이 설명하는 취목 번식방법으로 올바르게 짝지어진 것은?

> ㄱ. 고무나무와 같은 관상 수목에서 줄기나 가지를 땅속에 휘어 묻을 수 없는 경우에 높은 곳에서 발근시켜 취목하는 방법
> ㄴ. 모식물의 기부에 새로운 측지가 나오게 한 후 끝이 보일 정도로 흙을 덮어서 뿌리가 내리면 잘라서 번식시키는 방법

① ㄱ : 고취법, ㄴ : 성토법
② ㄱ : 보통법, ㄴ : 고취법
③ ㄱ : 고취법, ㄴ : 선취법
④ ㄱ : 선취법, ㄴ : 성토법

64 다음은 탄질비(C/N율)에 관한 내용이다. (   )에 들어갈 내용을 순서대로 옳게 나열한 것은?

> 작물체내의 탄수화물과 질소의 비율을 C/N율이라 하며, 과수재배에서 환상박피를 함으로써 환상박피
> 윗부분의 C/N율이 (   ), (   )이/가 (   )된다.

① 높아지면, 영양생장, 촉진
② 낮아지면, 영양생장, 억제
③ 높아지면, 꽃눈분화, 촉진
④ 낮아지면, 꽃눈분화, 억제

65 질소비료의 유효성분 중 유기태 질소가 아닌 것은?

① 단백태 질소
② 시안아미드태 질소
③ 질산태 질소
④ 아미노태 질소

66 채소 작물에서 진균에 의한 병끼리 짝지어진 것은?

① 역병, 모잘록병
② 노균병, 무름병
③ 균핵병, 궤양병
④ 탄저병, 근두암종병

67 식용부위에 따른 분류에서 화채류끼리 짝지어진 것은?

① 양배추, 시금치
② 죽순, 아스파라거스
③ 토마토, 파프리카
④ 브로콜리, 콜리플라워

68 다음이 설명하는 과수의 병은?

- 세균에 의한 병
- 전염성이 강하고, 5∼6월경 주로 발생
- 꽃, 잎, 줄기 등이 검게 변하며 서서히 고사

① 대추나무 빗자루병   ② 포도 갈색무늬병
③ 배 화상병   ④ 사과 부란병

69 블루베리 작물에 관한 설명으로 옳지 않은 것은?

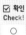

① 과실은 포도와 유사하게 일정기간의 비대정체기를 가진다.
② pH 5 정도의 산성토양에서 생육이 불량하다.
③ 묘목을 키우는 방법에는 삽목, 취목, 조직배양 등이 있다.
④ 한줄기 신장지에 작은 꽃자루가 있고 여기에 꽃이 붙는 단일화서이다.

70 호흡급등형 과실인 것은?

① 포도
② 딸기
③ 사과
④ 감귤

71 절화 장미의 수명연장을 위해 자당을 사용하는 주된 목적은?

① pH 조절
② 미생물 억제
③ 과산화물가(POV) 증가
④ 양분 공급

72 관목성 화목류끼리 짝지어진 것은?

① 철쭉, 목련, 산수유
② 라일락, 배롱나무, 이팝나무
③ 장미, 동백나무, 노각나무
④ 진달래, 무궁화, 개나리

73 온실의 처마가 높고 폭이 좁은 양지붕형 온실을 연결한 형태의 온실형은?

① 둥근 지붕형
② 벤로형
③ 터널형
④ 쓰리쿼터형

74 다음이 설명하는 양액 재배방식은?

> • 고형배지를 사용하지 않음
> • 베드의 바닥에 일정한 기울기를 만들어 양액을 흘려보내는 방식
> • 뿌리의 일부는 공중에 노출하고, 나머지는 양액에 닿게 하여 재배

① 담액수경　　　　　　　　　② 박막수경
③ 암면경　　　　　　　　　　④ 펄라이트경

75 시설원예 피복자재에 관한 설명으로 옳지 않은 것은?

① 연질필름 중 PVC필름의 보온성이 가장 낮다.
② PE필름, PVC필름, EVA필름은 모두 연질필름이다.
③ 반사필름, 부직포는 커튼보온용 추가피복에 사용된다.
④ 한랭사는 차광피복재로 사용된다.

정답 및 해설편

손해평가사 1차 시험문제

상법(보험편)

---

01 보험계약의 선의성을 유지하기 위한 제도로 옳지 않은 것은?

① 보험자의 보험약관 설명의무

② 보험계약자의 손해방지의무

③ 보험계약자의 중요사항 고지의무

④ 인위적 보험사고에 대한 보험자면책

정답 ①

해설

> 보험계약의 선의성이란 보험계약의 당사자간에 최대의 선의를 요한다는 뜻이다. 이는 보험계약이 갖는 사행성이라는 특성에 따라 도박화를 방지하기 위한 보험계약 특유의 성격이라고 할 수 있다.
> 따라서, 보험계약의 선의성을 유지하기 위한 법적 장치는 다음과 같다.
> • 보험계약자의 중요사항 고지의무
> • 위험의 변경증가시의 통지의무
> • 보험계약자의 손해방지의무
> • 인위적 보험사고(고의·중과실 사고)에 대한 보험자면책
> • 사기로 인한 초과보험이나 중복보험시 보험계약의 무효화

02 타인을 위한 보험계약의 보험계약자가 피보험자의 동의를 얻어야 할 수 있는 것은?

① 보험증권교부청구권

② 보험사고발생 전 보험계약해지권

③ 특별위험 소멸에 따른 보험료감액청구권

④ 보험계약 무효에 따른 보험료반환청구권

정답 ②

해설

> 타인을 위한 보험계약의 경우에 보험계약자는 그 타인의 동의를 얻지 아니하거나 보험증권을 소지하지 아니하면 그 계약을 해지하지 못한다(상법 제649조 제1항). 즉 보험사고발생 전 보험계약은 피보험자의 동의를 얻어야 해지할 수 있다.

03 보험약관의 조항 중 그 효력이 인정되지 않는 것은?

① 보험계약 체결일 기준 1월 전부터 보험기간이 시작되기로 하는 조항
② 보험증권교부일로부터 2월 이내에 증권내용에 이의를 할 수 있도록 하는 조항
③ 약관 설명의무위반시 보험계약자가 1월 이내에 계약을 취소할 수 있도록 하는 조항
④ 보험계약자의 보험료반환청구권의 소멸시효기간을 3년으로 하는 조항

정답 ③

해설

- 상법 제663조는 당사자간의 특약으로 보험계약자 등 불이익변경금지의 원칙이라는 상대적 강행법규성을 인정하여 약관의 내용에 상법의 규정보다 보험계약자 등에게 불이익한 조항을 두게 되면 그 한도 안에서 약관의 규정은 무효가 된다고 본다.
- 상법 제638조의3 제2항에서 약관 설명의무위반시 보험계약자는 보험계약이 성립한 날로부터 3개월 이내에 그 계약을 취소할 수 있다고 하였으므로 1월 이내로 정해진 보험약관의 경우는 효력이 인정되지 않는다.

04 보험대리상이 갖는 권한으로 옳지 않은 것은?

① 보험자 명의의 보험계약체결권
② 보험계약자에 대한 위험변경증가권
③ 보험계약자에 대한 보험증권교부권
④ 보험계약자로부터의 보험료수령권

정답 ②

해설

보험대리상의 권한(상법 제646조의2 제1항)
1. 보험계약자로부터 보험료를 수령할 수 있는 권한
2. 보험자가 작성한 보험증권을 보험계약자에게 교부할 수 있는 권한
3. 보험계약자로부터 청약, 고지, 통지, 해지, 취소 등 보험계약에 관한 의사표시를 수령할 수 있는 권한
4. 보험계약자에게 보험계약의 체결, 변경, 해지 등 보험계약에 관한 의사표시를 할 수 있는 권한

05 보험계약자가 보험료의 감액을 청구할 수 있는 경우에 해당하는 것은?

① 보험계약 무효시 보험계약자와 피보험자가 선의이며 중대한 과실이 없는 경우
② 보험계약 무효시 보험계약자와 보험수익자가 선의이며 중대한 과실이 없는 경우
③ 특별한 위험의 예기로 보험료를 정한 때에 그 위험이 보험기간 중 소멸한 경우
④ 보험사고발생 전의 임의해지시 미경과보험료에 대해 다른 약정이 없는 경우

정답 ③

해설

보험계약의 당사자가 특별한 위험을 예기하여 보험료의 액을 정한 경우에 보험기간 중 그 예기한 위험이 소멸한 때에는 보험계약자는 그 후의 보험료의 감액을 청구할 수 있다(상법 제647조).

06 보험료에 관한 설명으로 옳지 않은 것은?

① 보험계약자는 계약 체결 후 지체 없이 보험료의 전부 또는 최초보험료를 지급하여야 한다.

② 보험계약자의 최초보험료 미지급시 다른 약정이 없는 한 계약 성립 후 2월의 경과로 그 계약은 해제된 것으로 본다.

③ 계속보험료 미지급으로 보험자가 계약을 해지하기 위해서는 보험계약자에게 상당기간을 정하여 그 기간 내에 지급할 것을 최고하여야 한다.

④ 타인을 위한 보험의 경우 보험계약자의 보험료 지급 지체시 보험자는 그 타인에게 보험료 지급을 최고하지 않아도 계약을 해지할 수 있다.

정답 ④

해설

특정한 타인을 위한 보험의 경우에 보험계약자가 보험료의 지급을 지체한 때에는 보험자는 그 타인에게도 상당한 기간을 정하여 보험의 지급을 최고한 후가 아니면 그 계약을 해제 또는 해지하지 못한다(상법 제650조 제3항).

①·② 상법 제650조 제1항
③ 상법 제650조 제2항

07 보험계약 부활에 관한 설명으로 옳은 것은?

① 보험계약자의 고지의무위반으로 보험자가 보험계약을 해지하여야 한다.

② 보험계약자의 최초보험료 미지급으로 보험자가 보험계약을 해지하여야 한다.

③ 보험계약자가 연체보험료에 법정이자를 더하여 보험자에게 지급하여야 한다.

④ 보험자가 보험계약을 해지하고 해지환급금을 지급하지 않았어야 한다.

정답 ④

해설

④ 상법 제650조의2
①·②·③ 계속보험료 미지급으로 보험계약이 해지되고 해지환급금이 지급되지 아니한 경우에 보험계약자는 일정한 기간 내에 연체보험료에 약정이자를 붙여 보험자에게 지급하고 그 계약의 부활을 청구할 수 있다(상법 제650조의2).

08 **보험계약자의 고지의무위반으로 인한 보험자의 계약해지권에 관한 설명으로 옳은 것은?**

① 고지의무위반 사실이 보험사고의 발생에 영향을 미치지 않은 경우 보험자는 계약을 해지하더라도 보험금을 지급할 책임이 있다.

② 보험자는 보험사고발생 전에 한하여 해지권을 행사할 수 있다.

③ 보험자가 계약을 해지할 경우 보험금을 지급할 책임이 없으며, 이미 지급한 보험금에 대해서는 반환을 청구할 수 없다.

④ 보험자는 고지의무위반 사실을 안 날로부터 3월 내에 해지권을 행사할 수 있다.

정답 ①

해설

① · ③ 보험사고가 발생한 후라도 보험자가 제650조(보험료 부지급으로 인한 계약해지), 제651조(고지의무위반으로 인한 계약해지), 제652조(위험변경증가의 통지의무 해태로 인한 계약해지) 및 제653조(보험계약자 등의 고의나 중과실로 인한 위험증가에 따른 계약해지)에 따라 계약을 해지하였을 때에는 보험금을 지급할 책임이 없고, 이미 지급한 보험금의 반환을 청구할 수 있다. 다만, <u>고지의무를 위반한 사실 또는 위험이 현저하게 변경되거나 증가된 사실이 보험사고발생에 영향을 미치지 아니하였음이 증명된 경우에는 보험금을 지급할 책임이 있다</u>(상법 제655조).

② 보험자는 <u>보험사고발생 전 · 후를 불문하고</u> 고지의무위반을 이유로 하여 해지할 수 있다.

④ 보험자는 고지의무위반 사실을 <u>안 날로부터 1월 내에,</u> 계약을 <u>체결한 날로부터 3년 내에</u> 한하여 계약을 해지할 수 있다(상법 제651조 참조).

09 **위험의 변경증가에 관한 설명으로 옳은 것을 모두 고른 것은?**

ㄱ. 위험변경증가 통지의무는 보험계약자 또는 피보험자가 부담한다.
ㄴ. 보험계약자의 위험변경증가 통지의무는 피보험자의 행위로 인한 위험변경의 경우에 한한다.
ㄷ. 보험자는 위험변경증가 통지를 받은 때로부터 1월 이내에 보험료의 증액을 청구할 수 있다.
ㄹ. 보험자는 위험변경증가의 사실을 안 날로부터 6월 이내에 한하여 계약을 해지할 수 있다.

① ㄱ, ㄴ   ② ㄱ, ㄷ
③ ㄴ, ㄹ   ④ ㄷ, ㄹ

정답 ②

해설

ㄱ. (○) 상법 제652조 제1항
ㄴ. (×) 보험계약자의 위험변경증가 통지의무는 보험계약자 또는 피보험자의 행위로 인한 것이 아니어야 한다.
ㄷ. (○) 상법 제652조 제2항
ㄹ. (×) 보험자는 위험변경증가의 사실을 안 날로부터 1월 내에 한하여 계약을 해지할 수 있다.

10 보험료의 지급과 보험자의 책임개시에 관한 설명으로 옳지 않은 것은?

① 보험설계사는 보험자가 작성한 영수증을 보험계약자에게 교부하는 경우에만 보험료수령권이 있다.

② 보험자의 책임은 당사자간에 다른 약정이 없으면 최초보험료를 지급 받은 때로부터 개시한다.

③ 보험료불가분의 원칙에 의해 보험계약자는 다른 약정이 있더라도 일시에 보험료를 지급하여야 한다.

④ 보험자의 보험료청구권은 2년간 행사하지 아니하면 시효의 완성으로 소멸한다.

정답 ③

해설

보험료의 지급은 보험료불가분의 원칙에 의해 일시납이 원칙이지만 다른 약정이 있으면 당사자의 편의를 위해 분할 지급할 수 있다(상법 제650조 제1항 참조).

판례	서울고등법원 2005.8.25. 선고 2004나46801 판결

보험료불가분의 원칙은 원래 해상보험에서 보험에서 출발한 강학상의 개념으로서, 보험료는 그 산출을 위한 위험측정상의 단위가 되는 보험료기간에 생기는 위험률에 따라 산정되기 때문에 보험료기간에 해당하는 보험료는 관념적으로 하나가 되는 것이므로, 중도에 보험계약의 효력이 소멸하더라도 보험자는 보험료기간에 대한 보험료 전부를 취득하게 되고, 따라서 미경과한 기간에 대한 보험료를 반환할 의무가 없다는 것을 뜻한다. 우리 상법상으로는 보험료불가분의 원칙을 모든 보험에 적용되는 대원칙이라고 할 수는 없고, 결국 미경과보험료의 환급 문제는 보험계약의 형태, 약관의 규정 및 보험계약이 종료된 원인 등을 고려하여 합리적으로 판단하여야 할 것이다.

11 재보험계약에 관한 설명으로 옳지 않은 것은?

① 재보험계약은 원보험계약의 효력에 영향을 미치지 않는다.

② 화재보험에 관한 규정을 준용한다.

③ 재보험자의 제3자에 대한 대위권행사가 인정된다.

④ 보험계약자의 불이익변경금지원칙은 적용되지 않는다.

정답 ②

해설

우리 상법은 <u>책임보험의 규정</u>을 그 성질에 반하지 아니하는 범위에서 재보험계약에 준용한다(상법 제726조 참조).

12 보험자의 보험금 지급과 면책사유에 관한 설명으로 옳은 것은?

① 보험금은 당사자간에 특약이 있는 경우라도 금전 이외의 현물로 지급할 수 없다.

② 보험자의 보험금 지급은 보험사고발생의 통지를 받은 후 10일 이내에 지급할 보험금액을 정하고 10일 이후에 이를 지급하여야 한다.

③ 보험의 목적인 과일의 자연 부패로 인하여 발생한 손해에 대해서 보험자는 보험금을 지급하여야 한다.

④ 건물을 특약 없는 화재보험에 가입한 보험계약에서 홍수로 건물이 멸실된 경우 보험자는 보험금을 지급하지 않아도 된다.

정답 ④

해설

보험사고로 인하여 상실된 피보험자가 얻을 이익이나 보수는 당사자간에 다른 약정이 없으면 보험자가 보상할 손해액에 산입하지 아니한다(상법 제667조). 즉 화재보험의 목적인 건물이 홍수로 인해 멸실되었으므로 당사자간에 특약이 없다면 보험자는 보상책임을 지지 않는다.

① 보험금은 금전으로 지급하는 것이 원칙이나 당사자 사이에 특약이 있는 경우에는 <u>현물급여 또는 다른 급여(예 의료행위) 등의 방법으로도 할 수 있다.</u>

② 보험자는 보험금액의 지급에 관하여 약정기간이 있는 경우에는 그 기간 내에 약정기간이 없는 경우에는 보험사고발생의 통지를 받은 후 지체 없이 지급할 보험금액을 정하고 그 정하여진 날부터 10일 내에 피보험자 또는 보험수익자에게 보험금액을 지급하여야 한다(상법 제658조).

③ 보험의 목적의 성질, 하자 또는 <u>자연소모로 인한 손해는 보험자가 이를 보상할 책임이 없다</u>(상법 제678조).

13 고지의무에 관한 설명으로 옳지 않은 것은?

① 보험설계사는 고지수령권을 가진다.

② 보험자가 서면으로 질문한 사항은 중요한 사항으로 추정한다.

③ 고지의무를 부담하는 자는 보험계약자와 피보험자이다.

④ 고지의무자의 고의 또는 중대한 과실로 부실의 고지를 한 경우 고지의무위반이 된다.

정답 ①

해설

보험설계사는 보험사업자를 위하여 보험계약의 체결을 중개하는 자로서 고지의무의 당사자가 아니므로 고지수령권을 가지지 않는다.

14 보험자의 손해보상의무에 관한 설명으로 옳지 않은 것은?

① 손해보험계약의 보험자는 보험사고로 인하여 생길 피보험자의 재산상의 손해를 보상할 책임이 있다.

② 보험자의 보험금 지급의무는 2년의 단기시효로 소멸한다.

③ 화재보험계약의 목적을 건물의 소유권으로 한 경우 보험사고로 인하여 피보험자가 얻을 임대료수입은 특약이 없는 한 보험자가 보상할 손액에 산입하지 않는다.

④ 신가보험은 손해보험의 이득금지원칙에도 불구하고 인정된다.

정답 ②

해설

> 보험자의 보험금 지급의무는 3년의 시효로 소멸한다.

15 손해보험계약에서의 피보험이익에 관한 설명으로 옳지 않은 것은?

① 피보험이익은 보험의 도박화를 방지하는 기능이 있다.

② 피보험이익은 적법한 것이어야 한다.

③ 피보험이익은 보험자의 책임범위를 정하는 표준이 된다.

④ 동일한 건물에 대하여 소유권자와 저당권자는 각자 독립한 보험계약을 체결할 수 없다.

정답 ④

해설

> 피보험이익이 다르면 동일한 목적물에 대한 보험계약이라도 별개의 보험계약이 된다. 동일한 건물에 대하여 소유권자와 저당권자는 각자 다른 피보험이익을 가지므로 독립한 보험계약을 체결할 수 있다.

16 기평가보험과 미평가보험에 관한 설명으로 옳지 않은 것은?

① 기평가보험이란 보험계약 체결시 당사자간에 피보험이익의 평가에 관하여 미리 합의한 보험을 말한다.

② 기평가보험의 경우 당사자간에 보험가액을 정한 때에는 그 가액은 사고발생시의 가액으로 정한 것으로 추정한다.

③ 기평가보험의 경우 협정보험가액이 사고발생시의 가액을 현저하게 초과할 때에는 협정보험가액을 보험가액으로 한다.

④ 보험계약 체결시 당사자간에 보험가액을 정하지 아니한 경우에는 사고발생시의 가액을 보험가액으로 한다.

정답 ③

기평가보험의 경우 협정보험가액이 사고발생시의 가액을 현저하게 초과할 때에는 사고발생시의 가액을 보험가액으로 한다(상법 제670조 참조).

17 중복보험에 관한 설명으로 옳은 것을 모두 고른 것은?

ㄱ. 중복보험계약이 동시에 체결된 경우든 다른 때에 체결된 경우든 각 보험자는 각자의 보험금액의 한도에서 연대책임을 진다.
ㄴ. 중복보험의 경우 보험자 1인에 대한 권리의 포기는 다른 보험자의 권리의무에 영향을 미치지 않는다.
ㄷ. 중복보험계약이 보험계약자의 사기로 인하여 체결된 때에는 그 계약은 무효가 되므로 보험자는 그 사실을 안 때까지의 보험료를 청구할 수 없다.

① ㄱ, ㄴ
② ㄱ, ㄷ
③ ㄴ, ㄷ
④ ㄱ, ㄴ, ㄷ

정답 ①

해설

ㄱ. (○) 상법 제672조 제1항
ㄴ. (○) 상법 제673조
ㄷ. (×) 중복보험계약이 보험계약자의 사기로 인하여 체결된 때에는 그 계약은 무효로 한다. 그러나 보험자는 그 사실을 안 때까지의 보험료를 청구할 수 있다(상법 제672조 제3항, 제669조 제4항).

18 보험가액에 관한 설명으로 옳은 것은?

① 보험자의 계약상의 최고보상한도로서의 의미를 가진다.
② 일부보험은 어느 경우에도 보험자가 보험가액을 한도로 실제손해를 보상할 책임을 진다.
③ 피보험이익을 금전으로 평가한 가액을 의미한다.
④ 보험가액은 보험금액과 항상 일치한다.

정답 ③

해설

① 보험금액은 보험자가 발생한 손해의 보상을 위하여 지급하기로 한 계약상의 최고한도를 말한다.
② 일부보험의 경우에 당사자간에 다른 약정이 있는 때에는 보험자는 보험금액의 한도 내에서 그 손해를 보상할 책임을 진다(상법 제674조 단서).
④ 보험가액은 피보험이익을 금전으로 평가한 가액으로 법률상 최고보상한도이다. 보험계약을 체결할 때 손해의 보상을 위하여 지급하기로 한 계약상 최고보상한도인 보험금액과는 구별된다.

19 손해보험에서 손해액을 산정하는 기준으로 옳지 않은 것은?

① 보험자가 보상할 손해액은 그 손해가 발생한 때와 곳의 가액에 의하여 산정한다.

② 다른 약정이 있으면 신품가액에 의하여 손해액을 산정할 수 있다.

③ 손해액 산정 비용은 보험계약자의 부담으로 한다.

④ 다른 약정이 없으면 보험자가 보상할 손해액에는 피보험자가 얻을 이익을 산입하지 않는다.

정답 ③

해설

손해액의 산정에 관한 비용은 <u>보험자의 부담</u>으로 한다(상법 제676조 제2항).

20 보험의 목적에 보험자의 담보위험으로 인한 손해가 발생한 후 그 목적이 보험자의 비담보위험으로 멸실된 경우 보험자의 보상책임은?

① 보험자는 모든 책임에서 면책된다.

② 보험자의 담보위험으로 인한 손해만 보상한다.

③ 보험자의 비담보위험으로 인한 손해만 보상한다.

④ 보험자는 멸실된 손해 전체를 보상한다.

정답 ②

해설

보험의 목적에 관하여 보험자가 부담할 손해가 생긴 경우에는 그 후 그 목적이 보험자가 부담하지 아니하는 보험사고의 발생으로 인하여 멸실된 때에도 보험자는 이미 생긴 손해를 보상할 책임을 면하지 못한다(상법 제675조).

21 보험계약자 및 피보험자의 손해방지의무에 관한 설명으로 옳지 않은 것은?

① 손해의 방지와 경감을 위하여 노력하여야 한다.

② 손해방지와 경감을 위하여 필요 또는 유익하였던 비용과 보상액이 보험금액을 초과한 경우 보험자가 이를 부담한다.

③ 보험사고발생을 전제로 하므로 보험사고가 발생하면 생기는 것이다.

④ 보험자가 책임을 지지 않는 손해에 대해서도 손해방지의무를 부담한다.

정답 ④

해설

손해방지의무는 보험자가 담보하고 있는 손해에 한한다.

22 손해보험에 관한 설명으로 옳지 않은 것은?

① 보험의 목적의 성질 및 하자로 인한 손해는 보험자가 보상할 책임이 있다.

② 피보험이익은 적어도 사고발생시까지 확정할 수 있는 것이어야 한다.

③ 보험자가 손해를 보상할 경우에 보험료의 지급을 받지 않은 잔액이 있으면 이를 공제할 수 있다.

④ 경제적 가치를 평가할 수 있는 이익은 피보험이익이 된다.

정답 ①

해설

보험의 목적의 성질, 하자 또는 자연소모로 인한 손해는 보험자가 이를 보상할 책임이 없다(상법 제678조).

23 잔존물대위에 관한 설명으로 옳은 것은?

① 보험의 목적 일부가 멸실한 경우 발생한다.

② 보험금액의 전부를 지급하여야 보험자가 잔존물대위권을 취득할 수 있다.

③ 일부보험의 경우에는 잔존물대위가 인정되지 않는다.

④ 보험자는 잔존물에 대한 물권변동의 절차를 밟아야 대위권을 취득할 수 있다.

정답 ②

해설

①·②·③ 보험의 목적의 전부가 멸실한 경우에 <u>보험금액의 전부를 지급한 보험자는 그 목적에 대한 피보험자의 권리를 취득한다</u>. 그러나 보험가액의 일부를 보험에 붙인 경우에는 보험자가 취득할 권리는 보험금액의 보험가액에 대한 비율에 따라 이를 정한다(상법 제681조).

④ 보험자대위는 당사자의 의사표시에 따른 양도행위의 효과가 아니라 법률상 인정한 당연한 효과로서 대위의 요건이 충족되면 당사자의 의사표시와 상관없이 당연히 권리가 보험자에게 이전된다. 따라서 <u>잔존물대위에서도 인도·등기를 요하는 물권변동의 절차 없이도 채무자 또는 그 밖의 제3자에게 대항할 수 있다.</u>

24 일부보험에 관한 설명으로 옳지 않은 것은?

① 보험금액이 보험가액보다 작아야 한다.

② 다른 약정이 없으면 보험자는 보험금액의 보험가액에 대한 비율에 따라 보상책임을 진다.

③ 특약이 없는 경우 보험기간 중에 물가상승으로 보험가액이 증가한 때에는 일부보험으로 판단하지 않는다.

④ 다른 약정이 없으면 손해방지비용에 대해서도 비례보상주의를 따른다.

정답 ③

해설

일부보험은 보험금액이 보험가액에 미달하는 경우, 즉 보험가액의 일부를 보험에 붙인 물건보험을 말한다. 계약 성립 후 물가상승으로 보험가액이 높아짐으로써 자연적으로 발생하는 경우도 일부보험으로 본다.

25 화재보험에 관한 설명으로 옳지 않은 것은?

① 보험자는 화재로 인한 손해의 감소에 필요한 조치로 인하여 생긴 손해를 보상할 책임이 있다.

② 연소작용에 의하지 아니한 열의 작용으로 인한 손해는 보험자의 보상책임이 없다.

③ 화재로 인한 손해는 상당인과관계가 있어야 한다.

④ 화재 진화를 위해 살포한 물로 보험목적이 훼손된 손해는 보상하지 않는다.

정답 ④

해설

보험자는 화재의 소방 또는 손해의 감소에 필요한 조치로 인하여 생긴 손해를 보상할 책임이 있다(상법 제684조).

26 농어업재해보험법상 농업재해보험심의회의 심의사항이 아닌 것은?

① 재해보험 상품의 인가
② 재해보험 목적물의 선정
③ 재해보험에서 보상하는 재해의 범위
④ 농어업재해재보험사업에 대한 정부의 책임범위

정답 ①

해설

농업재해보험심의회의 심의사항(법 제3조 제1항) 〈2023.10.31. 개정〉
1. 법 제2조의3(재해보험 등의 심의) 각 호의 사항
　• 재해보험에서 보상하는 재해의 범위에 관한 사항
　• 재해보험사업에 대한 재정지원에 관한 사항
　• 손해평가의 방법과 절차에 관한 사항
　• 농어업재해재보험사업에 대한 정부의 책임범위에 관한 사항
　• 재보험사업 관련 자금의 수입과 지출의 적정성에 관한 사항
　• 그 밖에 농업재해보험심의회의 위원장 또는 중앙 수산업·어촌정책심의회의 위원장이 재해보험 및 재보
　　험에 관하여 회의에 부치는 사항
2. 재해보험 목적물의 선정에 관한 사항
3. 기본계획의 수립·시행에 관한 사항
4. 다른 법령에서 심의회의 심의사항으로 정하고 있는 사항

27 다음 설명에 해당되는 용어는?

> 보험가입자의 재산 피해에 따른 손해가 발생한 경우 보험에서 최대로 보상할 수 있는 한도액으로서
> 보험가입자와 보험사업자간에 약정한 금액

① 보험료
② 보험금
③ 보험가입금액
④ 손해액

정답 ③

③ 농어업재해보험법 제2조 제3호
① "보험료"란 보험가입자와 보험사업자간의 약정에 따라 보험가입자가 보험사업자에게 내야 하는 금액을 말한다(농어업재해보험법 제2조 제4호).
② "보험금"이란 보험가입자에게 재해로 인한 재산 피해에 따른 손해가 발생한 경우 보험가입자와 보험사업자 간의 약정에 따라 보험사업자가 보험가입자에게 지급하는 금액을 말한다(농어업재해보험법 제2조 제5호).
④ "손해액"이란 보험자(보험사업자)가 보상해야 할 보험사고로 인한 손해의 금액을 말한다.

28 농어업재해보험법상 재해보험의 종류가 아닌 것은?

① 농기계재해보험
② 농작물재해보험
③ 양식수산물재해보험
④ 가축재해보험

정답 ①

해설

재해보험의 종류(농어업재해보험법 제4조)
재해보험의 종류는 농작물재해보험, 임산물재해보험, 가축재해보험 및 양식수산물재해보험으로 한다. 이 중 농작물재해보험, 임산물재해보험 및 가축재해보험과 관련된 사항은 농림축산식품부장관이, 양식수산물재해보험과 관련된 사항은 해양수산부장관이 각각 관장한다.

29 현행 농작물재해보험에서 보상하는 보험목적물의 범위가 아닌 것은? **기출수정**

① 옥수수
② 복분자
③ 고구마
④ 마늘

정답 ②

해설

복분자는 임산물재해보험에서 보상하는 보험목적물이다.
※ 이 문제는 농어업재해보험법 규정에서 삭제되고, 그 내용이 농림축산식품부고시 제2023-36호(2023.5.15., 일부개정)로 이관되어 문제를 수정하였다.

30 재해보험에서 보상하는 재해의 범위 중 보험목적물 "벼"에서 보상하는 병충해가 아닌 것은?

① 흰잎마름병
② 잎집무늬마름병
③ 줄무늬잎마름병
④ 벼멸구

정답 ②

해설

농업재해보험의 보험목적물별 보상하는 병충해 및 질병규정 제2조([별표] 참조)

보험종류	보험목적물	구 분	보상하는 재해의 범위
농작물 재해보험	벼	병해	흰잎마름병, 줄무늬잎마름병, 도열병, 깨씨무늬병, 세균성벼알마름병
		충해	벼멸구, 먹노린재

31 농어업재해보험법령상 재해보험 요율산정에 관한 설명으로 옳지 않은 것은?

① 재해보험사업자가 산정한다.
② 보험목적물별 또는 보상방식별로 산정한다.
③ 객관적이고 합리적인 통계자료를 기초로 산정한다.
④ 시·군·자치구 또는 읍·면·동 행정구역 단위까지 산정한다.

정답 ④

해설

농림축산식품부장관 또는 해양수산부장관과 재해보험사업의 약정을 체결한 자(이하 "재해보험사업자"라 한
다)는 재해보험의 보험료율을 객관적이고 합리적인 통계자료를 기초로 하여 보험목적물별 또는 보상방식별로
산정하되, 다음 각 호의 구분에 따른 단위로 산정하여야 한다(농어업재해보험법 제9조 제1항).
1. **행정구역 단위** : 특별시·광역시·도·특별자치도 또는 시(특별자치시와 「제주특별자치도 설치 및 국제자
   유도시 조성을 위한 특별법」 제10조 제2항에 따라 설치된 행정시를 포함한다)·군·자치구. 다만, 「보험업
   법」 제129조에 따른 보험료율 산출의 원칙에 부합하는 경우에는 자치구가 아닌 구·읍·면·동 단위로도
   보험료율을 산정할 수 있다.
2. **권역 단위** : 농림축산식품부장관 또는 해양수산부장관이 행정구역 단위와는 따로 구분하여 고시하는 지역
   단위

32 농어업재해보험법령상 농작물재해보험 손해평가인으로 위촉될 수 있는 자의 자격요건이 아닌 것은?

① 「농수산물품질관리법」에 따른 농산물품질관리사

② 재해보험 대상 농작물을 3년 이상 경작한 경력이 있는 농업인

③ 재해보험 대상 농작물 분야에서 「국가기술자격법」에 따른 기사 이상의 자격을 소지한 사람

④ 공무원으로 지방자치단체에서 농작물재배 분야에 관한 연구·지도 업무를 3년 이상 담당한 경력이 있는 사람

정답 ②

해설

재해보험 대상 농작물을 <u>5년 이상</u> 경작한 경력이 있는 농업인이어야 한다(농어업재해보험법 시행령 [별표 2] 참조).

33 농어업재해보험법상 손해평가사의 자격 취소에 해당되는 자만을 모두 고른 것은? `기출수정`

> ㄱ. 손해평가사의 직무를 게을리 하였다고 인정되는 사람
> ㄴ. 손해평가사의 자격을 거짓 또는 부정한 방법으로 취득한 사람
> ㄷ. 거짓으로 손해평가를 한 사람
> ㄹ. 다른 사람에게 손해평가사의 명의를 사용하게 한 사람

① ㄱ, ㄴ   ② ㄱ, ㄷ, ㄹ

③ ㄴ, ㄷ, ㄹ   ④ ㄱ, ㄴ, ㄷ, ㄹ

정답 ③

해설

손해평가사의 자격 취소(농어업재해보험법 제11조의5 제1항)
농림축산식품부장관은 다음 각 호의 어느 하나에 해당하는 사람에 대하여 손해평가사 자격을 취소할 수 있다. 다만, 제1호 및 제5호에 해당하는 경우에는 자격을 취소하여야 한다.
1. 손해평가사의 자격을 거짓 또는 부정한 방법으로 취득한 사람
2. 거짓으로 손해평가를 한 사람
3. 다른 사람에게 손해평가사의 명의를 사용하게 하거나 그 자격증을 대여한 사람
4. 손해평가사 명의의 사용이나 자격증의 대여를 알선한 사람
5. 업무정지 기간 중에 손해평가 업무를 수행한 사람

34 농어업재해보험법상 손해평가사의 업무가 아닌 것은?

① 피해발생의 통지
② 피해사실의 확인
③ 손해액의 평가
④ 보험가액의 평가

정답 ①

해설

손해평가사의 업무(농어업재해보험법 제11조의3)
손해평가사는 농작물재해보험 및 가축재해보험에 관하여 다음 각 호의 업무를 수행한다.
1. 피해사실의 확인
2. 보험가액 및 손해액의 평가
3. 그 밖의 손해평가에 필요한 사항

35 농어업재해보험법령상 재해보험사업자가 재해보험사업을 원활히 수행하기 위하여 필요한 경우로서 보험모집 및 손해평가 등 재해보험 업무의 일부를 위탁할 수 있는 대상이 아닌 자는?

①「산림조합법」에 따라 설립된 품목별 산림조합
②「농업협동조합법」에 따라 설립된 농업협동조합중앙회
③「보험업법」제187조에 따라 손해사정을 업으로 하는 자
④「농업협동조합법」에 따라 설립된 지역축산업협동조합

정답 ②

해설

업무위탁(농어업재해보험법 제14조, 동법 시행령 제13조)
재해보험사업자는 재해보험사업을 원활히 수행하기 위하여 필요한 경우에는 보험모집 및 손해평가 등 재해보험 업무의 일부를 다음의 대통령령으로 정하는 자에게 위탁할 수 있다.
1.「농업협동조합법」에 따라 설립된 지역농업협동조합·지역축산업협동조합 및 품목별·업종별 협동조합
2.「산림조합법」에 따라 설립된 지역산림조합 및 품목별·업종별 산림조합
3.「수산업협동조합법」에 따라 설립된 지구별 수산업협동조합, 업종별 수산업협동조합, 수산물가공 수산업협동조합 및 수협은행
4.「보험업법」제187조에 따라 손해사정을 업으로 하는 자
5. 농어업재해보험 관련 업무를 수행할 목적으로「민법」제32조에 따라 농림축산식품부장관 또는 해양수산부장관의 허가를 받아 설립된 비영리법인 〈2023.9.26. 개정〉

36 농어업재해보험법상 재해보험 가입자 또는 사업자에 대한 정부의 재정지원에 관한 설명으로 옳지 않은 것은?

① 재해보험가입자가 부담하는 보험료의 일부를 지원할 수 있다.

② 재해보험사업자가 재해보험가입자에게 지급하는 보험금의 일부를 지원할 수 있다.

③ 재해보험사업자의 재해보험의 운영 및 관리에 필요한 비용의 전부 또는 일부를 지원할 수 있다.

④ 「풍수해보험법」에 따른 풍수해보험에 가입한 자가 동일한 보험목적물을 대상으로 재해보험에 가입한 경우는 보험료를 지원하지 아니한다.

정답 ②

해설

재해보험사업자의 재해보험의 운영 및 관리에 필요한 비용(이하 "운영비"라 한다)의 전부 또는 일부를 지원할 수 있지만, 재해보험사업자가 재해보험가입자에게 지급하는 보험금의 일부를 지원한다는 규정은 없다.
①·③ 농어업재해보험법 제19조 제1항
④ 농어업재해보험법 제19조 제3항

37 농어업재해보험법상 재해보험사업을 효율적으로 추진하기 위한 농림축산식품부의 업무(업무를 위탁한 경우를 포함한다)로 볼 수 없는 것은?

① 재해보험 요율의 승인

② 재해보험 상품의 연구 및 보급

③ 손해평가인력의 육성

④ 손해평가기법의 연구·개발 및 보급

정답 ①

해설

농림축산식품부장관 또는 해양수산부장관은 재해보험사업을 효율적으로 추진하기 위하여 다음 각 호의 업무를 수행한다(농어업재해보험법 제25조의2 제1항).
1. 재해보험사업의 관리·감독
2. 재해보험 상품의 연구 및 보급
3. 재해 관련 통계 생산 및 데이터베이스 구축·분석
4. 손해평가인력의 육성
5. 손해평가기법의 연구·개발 및 보급

38 농어업재해보험법상 과태료의 부과대상이 아닌 것은?

① 재해보험사업자가 「보험업법」을 위반하여 보험안내를 한 경우

② 재해보험사업자가 아닌 자가 「보험업법」을 위반하여 보험안내를 한 경우

③ 손해평가사가 고의로 진실을 숨기거나 거짓으로 손해평가를 한 경우

④ 재해보험사업자가 농림축산식품부에 관계서류 제출을 거짓으로 한 경우

[정답] ③

[해설]

손해평가사가 고의로 진실을 숨기거나 거짓으로 손해평가를 한 경우는 1년 이하의 징역 또는 1천만원 이하의 벌금에 처한다(농어업재해보험법 제30조 제2항 제2호 참조).
① 1천만원 이하의 과태료(농어업재해보험법 제32조 제1항)
②·④ 500만원 이하의 과태료(농어업재해보험법 제32조 제3항)

39 다음 (   ) 안에 해당되지 않는 자는?

> 농업재해보험 손해평가요령에서 규정하고 있는 "손해평가"라 함은 「농어업재해보험법」 제2조 제1호에 따른 피해가 발생한 경우 법 제11조 및 제11조의3에 따라 (   ), (   ) 또는 (   )가(이) 그 피해사실을 확인하고 평가하는 일련의 과정을 말한다.

① 손해평가사
② 손해사정사
③ 손해평가인
④ 손해평가보조인

[정답] ④

[해설]

"손해평가"라 함은 「농어업재해보험법」 제2조 제1호에 따른 피해가 발생한 경우 법 제11조 및 제11조의3에 따라 (손해평가인), (손해평가사) 또는 (손해사정사)가 그 피해사실을 확인하고 평가하는 일련의 과정을 말한다(농업재해보험 손해평가요령 제2조 제1호).

40 농업재해보험 손해평가요령에 따른 손해평가인 위촉의 취소 및 해지에 관한 설명으로 옳지 않은 것은?

① 거짓 또는 그 밖의 부정한 방법으로 손해평가인으로 위촉된 자에 대해서는 그 위촉을 취소하여야 한다.
② 손해평가업무를 수행하면서 「개인정보보호법」을 위반하여 재해보험가입자의 개인정보를 누설한 자는 그 위촉을 해지할 수 있다.
③ 재해보험사업자는 위촉을 취소하는 때에는 해당 손해평가인에게 청문을 실시하여야 한다.
④ 재해보험사업자는 업무의 정지를 명하고자 하는 때에는 해당 손해평가인에 대한 청문을 생략할 수 있다.

[정답] ④

재해보험사업자는 위촉을 취소하거나 업무의 정지를 명하고자 하는 때에는 손해평가인에게 청문을 실시하여야 한다(농업재해보험 손해평가요령 제6조 제3항).

41 농업재해보험 손해평가요령에서 규정하고 있는 손해평가인 위촉에 관한 설명으로 옳지 않은 것은?

기출수정

① 재해보험사업자는 손해평가 업무를 원활히 수행하게 하기 위하여 손해평가보조인을 운용할 수 있다.
② 재해보험사업자의 업무를 위탁받은 자는 손해평가보조인을 운용할 수 있다.
③ 재해보험사업자가 손해평가인을 위촉한 경우에는 그 자격을 표시할 수 있는 손해평가인증을 발급하여야 한다.
④ 재해보험사업자는 보험가입자 수 등에도 불구하고 보험사업비용을 고려하여 손해평가인 위촉 규모를 최소화하여야 한다.

④

재해보험사업자는 피해 발생시 원활한 손해평가가 이루어지도록 농업재해보험이 실시되는 시·군·자치구별 보험가입자의 수 등을 고려하여 <u>적정 규모의</u> 손해평가인을 위촉할 수 있다(농업재해보험 손해평가요령 제4조 제2항).

42 농어재해보험 손해평가요령에 규정된 재해보험사업자가 손해평가인으로 위촉된 자에 대해 실시하는 정기교육 실시기준으로 옳은 것은?

기출수정

① 월 1회 이상
② 월 2회 이상
③ 연 1회 이상
④ 연 2회 이상

③

농림축산식품부장관 또는 해양수산부장관은 손해평가인이 공정하고 객관적인 손해평가를 수행할 수 있도록 <u>연 1회 이상 정기교육</u>을 실시하여야 한다(농어업재해보험법 제11조 제5항).

43 농업재해보험 손해평가요령에 따른 종합위험방식 상품의 조사내용 중 "재파종조사"에 해당되는 품목은?

① 양파

② 감자

③ 마늘

④ 콩

정답 ③

해설

재파종조사(농업재해보험 손해평가요령 [별표 2] 참조)
- **조사시기** : 사고접수 후 지체 없이
- **조사방법** : 해당 농지에 보상하는 손해로 인하여 재파종이 필요한 면적 또는 면적비율 조사
- **품목** : 마늘만 해당

44 농업재해보험 손해평가요령에 따른 적과전 종합위험방식 상품 "사과"의 「6월 1일~적과전」 생육시기에 해당되는 재해로 옳지 않은 것은? **기출+정**

① 태풍(강풍)

② 우박

③ 집중호우

④ 가을동상해

정답 ④

해설

적과전 종합위험방식 상품 "사과"의 「6월 1일~적과전」 생육시기에 해당되는 재해(농업재해보험 손해평가요령 [별표 2] 참조)

생육시기	재 해	조사내용	조사시기	조사방법	비 고
보험계약체결일 ~ 적과전	보상하는 재해 전부	피해사실 확인조사	사고접수 후 지체 없이	보상하는 재해로 인한 피해발생 여부를 조사	피해사실이 명백한 경우 생략 가능
	우박		사고접수 후 지체 없이	• 우박으로 인한 유과(어린과실) 및 꽃(눈) 등의 타박비율을 조사 • 조사방법 : 표본조사	적과종료 이전 특정위험 5종 한정보장 특약 가입건에 한함
6월 1일 ~ 적과전	태풍(강풍), 우박, 집중호우, 화재, 지진		사고접수 후 지체 없이	• 보상하는 재해로 발생한 낙엽피해 정도를 조사 ※ 단감·떫은감에 대해서만 실시 • 조사방법 : 표본조사	

45 적과전 종합위험방식 과실손해보장 중 "배"의 경우 다음 조건에 해당되는 보험금은?

기출수정

> • 가입가격 1만원/kg
> • 가입수확량 8,000kg
> • 적과종료 이후 누적감수량 4,000kg
> • 자기부담감수량 900kg
> • 미보상감수량 0kg

① 3,100만원
② 3,200만원
③ 3,900만원
④ 4,000만원

정답 ①

해설

> 적과전 종합위험방식 "배" 상품의 보험금 산정(농업재해보험 손해평가요령 [별표 1])
> 보험금 = (적과종료 이후 누적감수량 – 자기부담감수량) × 가입가격
> = (4,000kg – 900kg) × 1만원/kg
> = 3,100kg × 1만원/kg
> = 3,100만원

46 농업재해보험 손해평가요령에 따른 농작물의 보험가액 산정에 관한 설명으로 옳은 것은?

기출수정

① 특정위험방식 보험가액은 적과후 착과수조사를 통해 산정한 가입수확량에 보험가입 당시의 단위당 가입가격을 곱하여 산정한다.
② 종합위험방식 보험가액은 보험증권에 기재된 보험목적물의 가입수확량에 보험가입 당시의 단위당 가입가격을 곱하여 산정한다.
③ 적과전 종합위험방식의 보험가액은 적과후 착과수(달린 열매 수)조사를 통해 산정한 기준수확량에 보험가입 당시의 단위당 가입가격을 곱하여 산정한다.
④ 나무손해보장의 보험가액은 기재된 보험목적물이 나무인 경우로 최종 보험사고발생시의 해당 농지 내에 심어져 있는 전체 나무 수(피해 나무 수 포함)에 보험가입 당시의 나무당 가입가격을 곱하여 산정한다.

정답 ③

해설

> ③ 농업재해보험 손해평가요령 제13조 제1항 제2호
> ① 특정위험방식 보험가액은 적과후 착과수조사를 통해 산정한 <u>기준수확량</u>에 보험가입 당시의 단위당 가입가격을 곱하여 산정한다(농업재해보험 손해평가요령 제13조 제1항 제1호).
> ② 종합위험방식 보험가액은 보험증권에 기재된 보험목적물의 <u>평년수확량</u>에 보험가입 당시의 단위당 가입가격을 곱하여 산정한다(농업재해보험 손해평가요령 제13조 제1항 제3호).
> ④ 나무손해보장의 보험가액은 기재된 보험목적물이 나무인 경우로 최초 보험사고발생시의 해당 농지 내에 심어져 있는 <u>과실생산이 가능한 나무 수</u>(피해 나무 수 포함)에 보험가입 당시의 나무당 가입가격을 곱하여 산정한다(농업재해보험 손해평가요령 제13조 제1항 제5호).

47 농업재해보험 손해평가요령에 따른 손해평가결과 검정에 관한 설명으로 옳은 것은? [기출+정]

① 재해보험사업자 및 농어업재해보험사업의 관리를 위탁받은 기관(이하 "사업관리위탁기관"이라 한다)은 손해평가반이 실시한 손해평가결과를 확인하고자 하는 경우에는 손해평가를 실시한 전체 보험목적물에 대하여 검증조사를 하여야 한다.

② 농림축산식품부장관은 재해보험사업자로 하여금 검증조사를 하게 할 수 있으며, 재해보험사업자는 특별한 사유가 없는 한 이에 응하여야 한다.

③ 재해보험사업자는 검증조사결과 현저한 차이가 발생되어 재조사가 불가피하다고 판단될 경우라도 해당 손해평가반이 조사한 전체 보험목적물에 대하여 재조사를 할 수 없다.

④ 보험가입자가 정당한 사유 없이 검증조사를 거부하는 경우 검증조사반은 검증조사결과 작성을 생략하고 재해보험사업자에게 제출하지 않아도 된다.

정답 ②

해설

② 농업재해보험 손해평가요령 제11조 제2항
① 재해보험사업자 및 농어업재해보험사업의 관리를 위탁받은 기관(이하 "사업관리위탁기관"이라 한다)은 손해평가반이 실시한 손해평가결과를 확인하기 위하여 손해평가를 실시한 보험목적물 중에서 일정수를 임의 추출하여 검증조사를 할 수 있다(농업재해보험 손해평가요령 제11조 제1항).
③ 검증조사결과 현저한 차이가 발생되어 재조사가 불가피하다고 판단될 경우에는 해당 손해평가반이 조사한 전체 보험목적물에 대하여 재조사를 할 수 있다(농업재해보험 손해평가요령 제11조 제3항).
④ 보험가입자가 정당한 사유 없이 검증조사를 거부하는 경우 검증조사반은 검증조사가 불가능하여 손해평가 결과를 확인할 수 없다는 사실을 보험가입자에게 통지한 후 검증조사결과를 작성하여 재해보험사업자에게 제출하여야 한다(농업재해보험 손해평가요령 제11조 제4항).

48 농업재해보험 손해평가요령에 따른 피해사실 확인 내용으로 옳은 것은? [기출+정]

① 손해평가반은 보험책임기간에 관계없이 발생한 피해에 대해서는 재해보험사업자에게 피해발생을 통지하여야 한다.

② 재해보험사업자는 손해평가반으로 하여금 일정기간을 정하여 보험목적물의 피해사실을 확인하게 하여야 한다.

③ 재해보험사업자는 손해평가반으로 하여금 일정기간을 정하여 보험목적물의 손해평가를 실시하게 하여야 한다.

④ 손해평가반이 손해평가를 실시할 때에는 재해보험사업자가 해당 보험가입자의 보험계약사항 중 손해평가와 관련된 사항을 손해평가반에게 통보하여야 한다.

정답 ④

> ①·④ 손해평가반이 손해평가를 실시할 때에는 재해보험사업자가 해당 보험가입자의 보험계약사항 중 손해평
> 가와 관련된 사항을 손해평가반에게 통보하여야 한다(농업재해보험 손해평가요령 제9조 제2항).
> ②·③ 보험가입자가 보험책임기간 중에 피해발생 통지를 한 때에는 재해보험사업자는 손해평가반으로 하여
> 금 지체 없이 보험목적물의 피해사실을 확인하고 손해평가를 실시하게 하여야 한다(농업재해보험 손해평
> 가요령 제9조 제1항).

49 농업재해보험 손해평가요령에 따른 보험목적물별 손해평가 단위로 옳지 않은 것은?

① 벼 – 농가별
② 사과 – 농지별
③ 돼지 – 개별가축별
④ 비닐하우스 – 보험가입 목적물별

정답 ①

해설

> 보험목적물별 손해평가 단위(농업재해보험 손해평가요령 제12조 제1항)
> 1. **농작물** : 농지별
> 2. **가축** : 개별가축별(단, 벌은 벌통 단위)
> 3. **농업시설물** : 보험가입 목적물별

50 농업재해보험 손해평가요령에 따른 농업시설물의 보험가액 및 손해액 산정과 관련하여 옳지 않은 것은?

① 보험가액은 보험사고가 발생한 때와 곳에서 평가한다.
② 보험가액은 피해목적물의 재조달가액에서 내용연수에 따른 감가상각률을 적용하여 계산한 감가상각액을 차감하여 산정한다.
③ 손해액은 보험사고가 발생한 때와 곳에서 산정한 피해목적물의 원상복구비용을 말한다.
④ 보험가입 당시 보험가액 및 손해액 산정방식에 대해서는 보험가입자와 재해보험사업자가 별도로 정할 수 없다.

정답 ④

해설

> 보험가입 당시 보험가입자와 재해보험사업자가 보험가액 및 손해액 산정 방식을 <u>별도로 정한 경우에는 그
> 방법에 따른다</u>(농업재해보험 손해평가요령 제15조 제3항).
>
> ①·② 농업재해보험 손해평가요령 제15조 제1항
> ③ 농업재해보험 손해평가요령 제15조 제2항

51 농업상 용도에 의한 작물의 분류로 옳지 않은 것은?

① 공예작물   ② 사료작물

③ 주형작물   ④ 녹비작물

정답 ③

해설

주형작물은 <u>생태적 특성에 따른 분류</u>로서 벼, 맥류 등과 같이 하나하나의 식물체가 각각 포기를 형성하는 작물을 말한다.

TIP 용도에 따른 작물의 분류

식용작물(식량작물)		벼, 밀, 옥수수
공예작물 (특용작물)	유료	참깨, 들깨, 땅콩, 옥수수, 유채 등
	섬유료	목화, 삼, 모시 등
	전분료	고구마, 감자 등
	약료	박하, 인삼 등
	기타	기호료(담배, 차), 당료(사탕무), 염료(쪽)
사료작물(녹비작물)		옥수수, 귀리 등
원예작물		채소, 과수, 화훼 및 관상식물

52 토양의 물리적 특성이 아닌 것은?

① 보수성   ② 환원성

③ 통기성   ④ 배수성

정답 ②

해설

환원성은 일정한 온도에서 여러 가지 광석들이 일산화탄소나 수소에 의해 환원되는 능력이나 성질을 말한다. 이러한 성질은 물리적 특성이라기보다는 <u>화학적 특성</u>에 가깝다.

TIP 토양의 물리적 특성

보수성, 통기성, 배수성은 토양의 물리적 성질로서, 이들 인자는 토성(土性), 토양구조, 토양입단(粒團)의 정도에 따라서 달라진다.

53 토양의 입단파괴 요인은?

① 경운 및 쇄토
② 유기물 시용
③ 토양 피복
④ 두과작물 재배

[정답] ①

[해설]
유기물을 시용하거나, 두과작물을 재배하고, 토양을 피복하는 것은 입단형성에 효과적이지만, 경운 및 쇄토는 입단을 파괴한다.

54 토양수분에 관한 설명으로 옳지 않은 것은?

① 결합수는 식물이 흡수·이용할 수 없다.
② 물은 수분포텐셜(water potential)이 높은 곳에서 낮은 곳으로 이동한다.
③ 중력수는 pF 7.0 정도로 중력에 의해 지하로 흡수되는 수분이다.
④ 토양수분장력은 토양입자가 수분을 흡착하여 유지하려는 힘이다.

[정답] ③

[해설]
중력수는 토양 대공극에 있는 물로 토양에 보유되는 힘이 약하여 중력에 의해 지하로 흘러내리는 물을 말하며, pF 2.7 이하이다.

55 다음 (   ) 안에 들어갈 내용을 순서대로 옳게 나열한 것은?

식물의 생육이 가능한 온도를 (   )(이)라고 한다. 배추, 양배추, 상추는 (   ) 채소로 분류되고, (   )는 종자 때부터 저온에 감응하여 화아분화가 되며, (   )는 고온에 의해 화아분화가 이루어진다.

① 생육적온, 호온성, 배추, 상추
② 유효온도, 호냉성, 배추, 상추
③ 생육적온, 호냉성, 상추, 양배추
④ 유효온도, 호온성, 상추, 배추

[정답] ②

해설

식물의 생육이 가능한 온도를 (유효온도)라고 한다. 배추, 양배추, 상추는 (호냉성) 채소로 분류되고, (배추)는 종자 때부터 저온에 감응하여 화아분화가 되며, (상추)는 고온에 의해 화아분화가 이루어진다.

TIP	생육적온에 따른 작물의 분류

발아나 생육에 적합한 온도 범위가 어느 정도인지에 따라 작물을 분류하는 방법이다.
• 호냉성(저온성) 작물 : 가을에 파종하는 밀이나 보리, 상추, 배추 등과 같이 비교적 저온에서 잘 자라는 작물
• 호온성(고온성) 작물 : 벼, 콩, 토마토, 고추, 수박 등과 같이 비교적 높은 온도에서 잘 자라는 작물

56 이앙 및 수확시기에 따른 벼의 재배양식에 관한 설명이다. (   ) 안에 들어갈 내용으로 옳은 것은?

• (   )는 조생종을 가능한 한 일찍 파종, 육묘하고 조기에 이앙하여 조기에 벼를 수확하는 재배형이다.
• (   )는 앞작물이 있거나 병충해회피 등의 이유로 보통기재배에 비해 모내기가 현저히 늦은 재배형이다.

① 조생재배, 만생재배
② 조식재배, 만기재배
③ 조생재배, 만기재배
④ 조기재배, 만식재배

정답 ④

해설

• (조기재배)는 조생종을 가능한 한 일찍 파종, 육묘하고 조기에 이앙하여 조기에 벼를 수확하는 재배형이다.
• (만식재배)는 앞작물이 있거나 병충해회피 등의 이유로 보통기재배에 비해 모내기가 현저히 늦은 재배형이다.

TIP	보통기재배

농작물은 파종하거나 이식하는 시기에 따라 조기재배, 보통기재배, 만식재배 등으로 나뉘는데 보통기재배는 농작물을 제철에 파종하거나 이식하여 재배하는 양식이다.

57 식물의 종자가 발아한 후 또는 줄기의 생장점이 발육하고 있을 때 일정기간의 저온을 거침으로써 화아가 형성되는 현상은?

① 휴지
② 춘화
③ 경화
④ 좌지

정답 ②

··

식물체가 생육의 일정시기(주로 초기)에 저온에 의하여 화성, 즉 화아의 분화·발육이 유도·촉진되거나 또는
생육의 일정시기에 일정기간 인위적인 저온에 의해서 화성을 유도·촉진하는 것을 <u>춘화(버널리제이션)</u>라고
한다.

① 휴지란 배양세포가 증식 능력을 가진 상태로 증식 정지 상태에 들어가는 것을 말한다.
③ 경화란 작물 또는 종자를 저온, 고온, 건조 환경 하에서 내동성, 내염성, 내건성을 증대시키기 위한 처리를
말한다.
④ 좌지란 보통 가을에 파종하는 맥류를 이듬해 봄 늦게 파종하여 잎만 자라다가 출수하지 못하고 주저앉고
마는 현상을 말한다.

58 한계일장이 없어 일정조건에 관계없이 개화하는 중성식물은?

① 상추 ② 국화
③ 딸기 ④ 고추

④

··

상추는 장일식물, 딸기와 국화는 단일식물이다.

TIP 장일식물과 단일식물
• **장일식물** : 꽃을 피우는데 한계일장보다 긴 일장조건이 필요한 식물 • **단일식물** : 꽃을 피우는데 한계일장 이하의 일장조건이 필요한 식물

59 다음 설명에 해당되는 해충은?

• 알 상태로 눈 기부에서 월동하고 연(年) 10세대 정도 발생하며 잎 뒷면에서 가해한다.
• 사과나무에서 잎을 뒤로 말리게 하고 심하면 조기낙엽을 발생시킨다.

① 사과혹진딧물 ② 복숭아심식나방
③ 사과굴나방 ④ 조팝나무진딧물

①

사과혹진딧물은 사과나무의 초기에 문제가 되는 해충으로, 신초가 나오는 5월초부터 피해를 입힌다. 초기에 어린잎을 가해할 경우 잎이 앞뒤로 말리지만 전개된 잎을 가해할 경우 잎의 양쪽이 중앙부의 엽맥을 중심으로 뒤쪽을 향해 세로로 말리며, 그 속에서 무리지어 가해한다. 연(年) 10세대 정도 경과하고 알 상태로 가지의 눈 기부, 잔가지의 교차점, 조피 등에서 월동한다.

② **복숭아심식나방의 피해** : 부화한 유충이 뚫고 들어간 과실의 피해 구멍은 바늘로 찌른 정도로 작으며, 거기서 즙액이 나와 이슬방울처럼 맺혔다가 시간이 지나면 말라붙어 흰가루 같이 보이며, 피해 구멍은 약간 부풀게 된다. 과피 부분의 비교적 얕은 부분을 먹고 다니므로 그 흔적이 선상으로 착색이 되고, 약간 기형과로 되며, 점차로 과심부까지 도달하는 경우가 있다.

③ **사과굴나방의 피해** : 알에서 부화한 유충이 잎의 내부로 잠입해서 무각유충기에는 선상으로 다니며 섭식하나 유각유충기에는 타원형 굴모양으로 가해하여 그 부분의 잎 뒤가 오그라든다.

④ **조팝나무진딧물의 피해** : 어린가지에 집단으로 발생하여도 눈에 띄게 사과의 생육에는 별다른 영향을 주지 않는다. 5월 하순에서 6월 중순까지 신초 선단의 어린잎에 많이 발생하며, 밀도가 급증하면 배설물인 감로가 잎이나 과실을 오염시키고 그을음병균이 되어 검게 더러워진다.

60 작물의 병해충 방제법 중 경종적 방제에 관한 설명으로 옳은 것은?

① 적극적인 방제기술이다.

② 윤작과 무병종묘재배가 포함된다.

③ 친환경농업에는 적용되지 않는다.

④ 병이 발생한 후에 더욱 효과적인 방제기술이다.

②

경종적 방제
병해충, 잡초의 생태적 특징을 이용하여 작물의 재배조건을 변경(윤작 등)시키고, 내충·내병성 품종의 이용, 토양관리의 개선 등에 의하여 병충해, 잡초의 발생을 억제하여 피해를 경감시키는 방법이다. 이 방법은 생태적 특징을 이용하기 때문에 화학적 방제법과 같이 적극적인 방제기술이라 할 수 없으나, 친환경농업에 적용할 수 있고, 병이 발생하기 전에 더욱 효과적이다.

61 작물의 취목번식 방법 중에서 가지의 선단부를 휘어서 묻는 방법은?

① 선취법

② 성토법

③ 당목취법

④ 고취법

①

② 성토법은 어미 나무를 잘라 여러 개의 가지가 나오게 한 다음, 새 가지에 흙을 복돋아 쌓고 발근시킨
후 뿌리와 함께 가지를 떼어내어 새 개체를 만드는 식물의 번식방법이다.

③ 당목취법은 가지를 수평으로 묻고, 각 마디에서 발생하는 새 가지를 발근시켜 한가지에서 여러개 취목하는
방법이다.

④ 고취법은 큰 나무의 가지를 취목하고자 할 때 실시되는 방법이며, 정원에 식재된 나무의 짜임새 있는
가지의 부분을 취목하고자 할 때 실시되는 방법이다.

62 일소현상에 관한 설명으로 옳은 것은?

① 시설재배시 차광막을 설치하여 일소를 경감시킬 수 있다.

② 겨울철 직사광선에 의해 원줄기나 원가지의 남쪽 수피 부위에 피해를 주는 경우는 일소로
진단하지 않는다.

③ 개심자연형 나무에서는 배상형 나무에 비해 더 많이 발생한다.

④ 과수원이 평지에 위치할 때 동향의 과수원이 서향의 과수원보다 일소가 더 많이 발생한다.

일소현상이란 식물이나 작물에 맺히는 물방울이 렌즈 작용을 하게 되어 작물체가 타들어가는 현상을 말한다.
따라서 햇볕을 막는 차광막으로 일소를 경감시킬 수 있다.

② 겨울철 밤에 동결되었던 조직이 낮에 직사광선에 의하여 나무의 온도가 급격하게 변함에 따라 원줄기나
원가지의 남쪽 수피부위에 피해를 주는 현상도 일소에 포함시키기도 한다.

③ 일소의 발생은 수형과도 관계가 있어 배상형 나무는 개심자연형 나무보다 더 많이 발생하고, 주지의 분지
각도가 넓을수록 많이 발생한다.

④ 과수원이 평지에 위치할 때 서향의 과수원이 동향의 과수원보다 일소가 더 많이 발생한다.

63 벼 재배시 풍수해의 예방 및 경감 대책으로 옳지 않은 것은?

① 내도복성 품종으로 재배한다.

② 밀식재배를 한다.

③ 태풍이 지나간 후 살균제를 살포한다.

④ 침·관수된 논은 신속히 배수시킨다.

밀식재배를 하면 작물이 밀생하게 되고, 이로 인하여 통풍, 통광이 불량하여 연약하게 생장하므로 풍수해에
약해지게 된다.

64 과수작물의 동해 및 상해(서리피해)에 관한 설명으로 옳지 않은 것은?

① 배나무의 경우 꽃이 일찍 피는 따뜻한 지역에서 늦서리 피해가 많이 일어난다.

② 핵과류에서 늦서리 피해에 민감하다.

③ 꽃눈이 잎눈보다 내한성이 강하다.

④ 서리를 방지하는 방법에는 방상팬 이용, 톱밥 및 왕겨 태우기 등이 있다.

정답 ③

해설

일반적으로 <u>잎눈이 꽃눈보다 내한성이 강하다</u>. 동해나 서리피해의 경우 발육 정도에 따라 차이가 있지만 개화 전까지는 내한성이 비교적 강하고 개화 직전부터 낙화 후 1주까지는 가장 약하다.

65 벼 담수표면 산파재배시 도복에 관한 설명으로 옳은 것은?

① 벼 무논골뿌림재배에 비해 도복이 경감된다.

② 도복경감제를 살포하면 벼의 하위절간장이 짧아져서 도복이 경감된다.

③ 질소질 비료를 다량 시비하면 도복이 경감된다.

④ 파종 직후에 1회 낙수를 강하게 해주면 도복이 경감된다.

정답 ②

해설

① 담수표면 산파재배는 벼 뿌리가 표층에 많이 분포되어 있어 토양의 줄기 지지력이 작아서 뿌리 도복이 발생하기 쉽다.

③ 질소질 비료를 다량 시비하면 벼가 과번무(포개진 상태가 너무 과함)되어 병충해 피해를 받기 쉽고, 도복의 위험성이 커진다.

④ 파종 직후에는 뿌리가 잘 활착할 수 있도록 5~7일 정도 담수관리를 하는 것이 좋다.

66 우리나라 우박피해에 관한 설명으로 옳지 않은 것은?

① 전국적으로 7~8월에 집중적으로 발생한다.

② 과실 또는 새가지에 타박상이나 열상 등을 일으킨다.

③ 비교적 단시간에 많은 피해를 일으키고, 피해지역이 국지적인 경우가 많다.

④ 그물(방포망)을 나무에 씌워 피해를 경감시킬 수 있다.

정답 ①

해설

우박은 주로 늦봄부터 여름으로 접어드는 5~6월과 여름에서 가을로 접어드는 9~10월에 많다. 우박은 잘 내리는 곳이 대체로 정해져 있다. 한국에서는 낙동강 상류지역이 가장 많고, 다음은 청천강, 한강의 순이다.

67 일반적으로 딸기와 감자의 무병주 생산을 위한 방법은?

① 자가수정　　　　　　　　　② 종자번식
③ 타가수정　　　　　　　　　④ 조직배양

정답 ④

해설

조직배양은 단기간내 급속대량증식 및 생장점 배양의 무병주 생산을 주목적으로 한다.
※ **무병주 생산** : 바이러스가 없는 상태의 작물 생산

① 자가수정은 자기의 화분이 자기의 암술에 수분되어 수정하는 것이다.
② 종자번식은 유성번식이라고도 하며, 종자를 이용하여 개체를 증식시키는 방법이다.
③ 타가수정은 곤충, 바람, 새, 동물 등에 의해 수정하는 것이다.

68 과채류의 결실 조절방법으로 모두 고른 것은?

ㄱ. 적과
ㄴ. 적화
ㄷ. 인공수분

① ㄱ　　　　　　　　　　　② ㄱ, ㄴ
③ ㄴ, ㄷ　　　　　　　　　④ ㄱ, ㄴ, ㄷ

정답 ④

해설

ㄱ. **적과** : 과실의 착생수가 과다할 때에 여분의 것을 어릴 때에 적재하는 것, 해거리를 방지하고 크고 올바른 모양의 과실을 수확하기 위하여 알맞은 양의 과실만 남기고 따버리는 것이다.
ㄴ. **적화** : 꽃을 따내는 것, 꽃 솎음이라고도 한다.
ㄷ. **인공수분** : 인공으로 수분시키는 것이다. 과수는 자기 꽃가루를 거부하는 성질이 있어서 친화성이 있는 다른 나무를 섞어 심고 방화곤충에 의한 수분작용이 있어야 결실되는데 수분수가 부족하거나 개화기에 기상이 불량하여 방화곤충이 활동하지 못하면 결실이 불량해 지므로 이러한 경우 인력으로 과수의 꽃에 꽃가루를 묻혀주어 결실이 잘 되도록 하는 방법이다.

69 다음은 식물호르몬인 에틸렌에 관한 설명이다. 옳은 것을 모두 고른 것은?

> ㄱ. 원예작물의 숙성호르몬이다.
> ㄴ. 무색 무취의 가스형태이다.
> ㄷ. 에테폰이 분해될 때 발생된다.
> ㄹ. AVG(aminoethoxyvinyl glycine)처리에 의해 발생이 촉진된다.

① ㄱ

② ㄴ, ㄷ

③ ㄱ, ㄴ, ㄷ

④ ㄱ, ㄴ, ㄷ, ㄹ

정답 ③

해설

ㄹ. AVG(aminoethoxyvinyl glycine)는 에틸렌의 합성을 저해하는 물질이다.

TIP	에틸렌(Ethylene)

- 에틸렌은 화학적 구조가 매우 간단한 기체이다($CH_2 = CH_2$).
- 공기보다 질량이 가벼워 식물조직에서 확산되어 나옴으로써 세포 사이와 공기 중으로 퍼져 식물의 노화 촉진 등의 여러 가지 효과를 가져온다. 예를 들면, 과일의 숙성, 개화와 꽃의 노화, 낙엽 현상 등을 일으킨다.

70 호흡 비급등형 과실인 것은?

① 사과

② 자두

③ 포도

④ 복숭아

정답 ③

해설

호흡비급등형 과실이란 성숙과 숙성 과정에서 호흡의 변화가 없는 과실을 말한다. 호흡비급등형 과실에는 포도, 감귤, 오렌지, 레몬 등이 있다.

TIP	호흡급등형 과실

성숙과 숙성 과정에서는 호흡이 급격하게 증가하는 과실로 사과, 자두, 복숭아, 참다래, 멜론 등이 있다.

71 다음 중 생육에 적합한 토양 pH가 가장 낮은 것은?

① 블루베리나무
② 무화과나무
③ 감나무
④ 포도나무

정답 ①

해설

블루베리나무 재배에 적합한 토양은 pH 4.5 정도이며, 무화과나무는 pH 6.2~7.3, 감나무는 pH 5.5~6.5, 포도나무는 pH 5.5~7.7이다.

72 과수원의 토양표면 관리법 중 초생법의 장점이 아닌 것은?

① 토양의 입단화가 촉진된다.
② 지력유지에 도움이 된다.
③ 토양침식과 양분유실을 방지한다.
④ 유목기에 양분경합이 일어나지 않는다.

정답 ④

해설

초생법이란 1년생 또는 다년생 목초를 인위적으로 파종하여 재배하거나 자연적으로 자란 잡초를 그대로 이용하는 방법을 말한다.
초생법은 토양의 입단화를 촉진시키고, 토양침식과 양분유실을 방지하며, 지력유지에 도움이 되는 장점이 있다. 그러나 경토가 얕은 토양에서나 건조가 심한 토양에서는 풀과의 사이에 서로 양분과 수분 쟁탈이 일어나게 된다.

73 절화의 수명연장방법으로 옳지 않은 것은?

① 화병의 물에 살균제와 당을 첨가한다.
② 산성물(pH 3.2~3.5)에 침지한다.
③ 에틸렌을 엽면 살포한다.
④ 줄기 절단부를 수초간 열탕처리한다.

정답 ③

해설

에틸렌은 식물호르몬의 일종으로 과실의 성숙이나 엽채류의 황색화 등 식물조직의 성숙·노화를 촉진하는 작용을 한다. 즉 에틸렌을 엽면에 살포할 경우 절화의 노화를 촉진할 수 있다.

74 작물의 시설재배에서 연질피복재만을 고른 것은?

> ㄱ. 폴리에틸렌필름
> ㄴ. 에틸렌아세트산필름
> ㄷ. 폴리에스테르필름
> ㄹ. 불소수지필름

① ㄱ, ㄴ   ② ㄱ, ㄹ

③ ㄴ, ㄷ   ④ ㄷ, ㄹ

정답 ①

해설

시설재배에 사용되는 연질피복재는 폴리에틸렌필름과 에틸렌아세트산필름이다.
폴리에스테르필름과 불소수지필름은 경질피복재이다.

75 작물의 시설재배에 사용되는 기화냉방법이 아닌 것은?

① 팬 앤드 패드(fan & pad)
② 팬 앤드 미스트(fan & mist)
③ 팬 앤드 포그(fan & fog)
④ 팬 앤드 덕트(fan & duct)

정답 ④

해설

팬 앤드 덕트(fan & duct)가 아니라 덕트(duct)를 이용하는 방식이다. 이 방식은 덕트(duct)를 사용하여 벤치 하단부로 패드를 통과한 습공기를 공급하여 증발냉각시키는 방법이다.

① **팬 앤드 패드(fan & pad)** : 물의 증발냉각력을 이용한 온실냉각법의 하나로서 온실의 가장자리 또는 측벽 부에 물을 흘려 물기를 흡착한 패드를 설치하고 반대쪽의 벽부에 설치한 팬의 흡인에 의해서 패드를 통한 외기를 실내로 집어넣음으로써 실내를 냉각하는 방법이다.
② **팬 앤드 미스트(fan & mist)** : 온실 벽면 한쪽에 분무실을 설치하고 그 분무실에 안개를 뿜을 수 있도록 노즐을 달고 다른쪽 벽에는 배출 핀을 달아 실내의 고온을 배출함으로 인해 분무실의 차가운 습기를 흡입 하여 실내의 온도를 내리는 방법이다.
③ **팬 앤드 포그(fan & fog)** : 이 방식은 시설의 벽면위 또는 아래에 흡기창을 만들고 여기에 세무를 분무하는 노즐을 장치하고 용마루에 잇대어 풍량형 환풍기를 설치하여 실내공기를 뽑아내면 외부공기가 이 흡기창 을 통하여 유입된다. 순간적으로 기화가 일어나 실내공기를 냉각시키는 방법이다.

상법(보험편)

---

01 보험약관의 중요한 내용에 대한 보험자의 설명의무가 발생하지 않는 경우를 모두 고른 것은?
(다툼이 있으면 판례에 따름)

> ㄱ. 설명의무의 이행 여부가 보험계약의 체결 여부에 영향을 미치지 않는 경우
> ㄴ. 보험약관에 정하여진 사항이 거래상 일반적이고 공통된 것이어서 보험계약자가 별도의 설명 없이
>   도 충분히 예상할 수 있었던 사항인 경우
> ㄷ. 보험계약자의 대리인이 그 약관의 내용을 충분히 잘 알고 있는 경우

① ㄷ
② ㄱ, ㄴ
③ ㄴ, ㄷ
④ ㄱ, ㄴ, ㄷ

정답 ④

해설

> ㄱ. 어떤 보험계약의 당사자 사이에서 이러한 명시·설명의무가 제대로 이행되었더라도 그러한 사정이 그
>   보험계약의 체결 여부에 영향을 미치지 아니하였다고 볼 만한 특별한 사정이 인정된다면 비록 보험사고의
>   내용이나 범위를 정한 보험약관이라고 하더라도 이러한 명시·설명의무의 대상이 되는 보험계약의 중요
>   한 내용으로 볼 수 없다(대법원 2005.10.7. 선고 2005다28808 판결).
> ㄴ. 보험약관에 정하여진 사항이라고 하더라도 거래상 일반적이고 공통된 것이어서 보험계약자가 별도의 설
>   명 없이도 충분히 예상할 수 있었던 사항이거나 이미 법령에 의하여 정하여진 것을 되풀이하거나 부연하
>   는 정도에 불과한 사항이라면 그러한 사항에 대하여서까지 보험자에게 명시·설명의무가 인정된다고
>   할 수 없다(대법원 2003.5.30. 선고 2003다15556 판결).
> ㄷ. 보험약관의 중요한 내용에 해당하는 사항이라고 하더라도 보험계약자나 그 대리인이 그 내용을 충분히
>   잘 알고 있는 경우에는 당해 약관이 바로 계약 내용이 되어 당사자에 대하여 구속력을 갖는 것이므로,
>   보험자로서는 보험계약자 또는 그 대리인에게 약관의 내용을 따로 설명할 필요가 없다(대법원 2005.8.25.
>   선고 2004다18903 판결).

02 보험증권에 관한 설명으로 옳지 않은 것은?

① 보험계약자가 보험료의 전부 또는 최초의 보험료를 지급하지 아니한 때에는 보험자의 보험증권교부의무가 발생하지 않는다.

② 기존의 보험계약을 변경한 경우에는 보험자는 그 보험증권에 그 사실을 기재함으로써 보험증권의 교부에 갈음할 수 있다.

③ 보험계약의 당사자는 보험증권의 교부가 있은 날로부터 10일 내에 한하여 그 증권내용의 정부에 관한 이의를 할 수 있음을 약정할 수 있다.

④ 보험계약자의 청구에 의하여 보험증권을 재교부하는 경우 그 증권작성의 비용은 보험계약자가 부담한다.

정답 ③

해설

보험계약의 당사자는 보험증권의 교부가 있은 날로부터 일정한 기간 내에 한하여 그 증권내용의 정부에 관한 이의를 할 수 있음을 약정할 수 있다. 이 <u>기간은 1월을 내리지 못한다</u>(상법 제641조).

① 상법 제640조 제1항
② 상법 제640조 제2항
④ 상법 제642조

03 보험대리상이 아니면서 특정한 보험자를 위하여 계속적으로 보험계약의 체결을 중개하는 자가 행사할 수 있는 권한으로 옳은 것은?

① 보험자가 작성한 영수증을 보험계약자에게 교부하지 않고 보험계약자로부터 보험료를 수령할 수 있는 권한

② 보험계약자로부터 보험계약의 청약에 관한 의사표시를 수령할 수 있는 권한

③ 보험계약자에게 보험계약의 체결에 관한 의사표시를 할 수 있는 권한

④ 보험자가 작성한 보험증권을 보험계약자에게 교부할 수 있는 권한

정답 ④

해설

보험대리상이 아니면서 특정한 보험자를 위하여 계속적으로 보험계약의 체결을 중개하는 자는 보험대리상 등의 권한 중 <u>보험계약자로부터 보험료를 수령할 수 있는 권한</u>(보험자가 작성한 영수증을 보험계약자에게 교부하는 경우만 해당한다) 및 <u>보험자가 작성한 보험증권을 보험계약자에게 교부할 수 있는 권한</u>이 있다(상법 제646조의2 제3항).

04 보험계약의 해지와 특별위험의 소멸에 관한 설명으로 옳은 것은?

① 타인을 위한 보험계약의 경우 보험증권을 소지하지 않은 보험계약자는 그 타인의 동의를 얻지 않은 경우에도 보험사고가 발생하기 전에는 언제든지 계약의 전부 또는 일부를 해지할 수 있다.

② 보험사고의 발생으로 보험자가 보험금액을 지급한 때에도 보험금액이 감액되지 아니하는 보험의 경우에는 보험계약자는 그 사고발생 후에도 보험계약을 해지할 수 있다.

③ 보험사고가 발생하기 전에 보험계약의 전부 또는 일부를 해지하는 경우에 보험계약자는 당사자간에 다른 약정이 없으면 미경과보험료의 반환을 청구할 수 없다.

④ 보험계약의 당사자가 특별한 위험을 예기하여 보험료의 액을 정한 경우에 보험기간 중 그 예기한 위험이 소멸한 때에도 보험계약자는 그 후의 보험료의 감액을 청구할 수 없다.

정답 ②

해설

② 상법 제649조 제2항
① 타인을 위한 보험계약의 경우에는 보험계약자는 그 타인의 동의를 얻지 아니하거나 보험증권을 소지하지 아니하면 그 계약을 <u>해지하지 못한다</u>(상법 제649조 제1항).
③ 보험계약자는 당사자간에 다른 약정이 없으면 미경과보험료의 반환을 <u>청구할 수 있다</u>(상법 제649조 제2항).
④ 보험계약의 당사자가 특별한 위험을 예기하여 보험료의 액을 정한 경우에 보험기간 중 그 예기한 위험이 소멸한 때에는 보험계약자는 그 후의 보험료의 감액을 <u>청구할 수 있다</u>(상법 제647조).

05 보험계약의 부활에 관하여 (   )에 들어갈 내용으로 옳은 것은?

(   )되고 해지환급금이 지급되지 아니한 경우에 보험계약자는 일정한 기간 내에 연체보험료에 약정이자를 붙여 보험자에게 지급하고 그 계약의 부활을 청구할 수 있다.

① 위험변경증가의 통지의무위반으로 인하여 보험계약이 해지
② 고지의무위반으로 인하여 보험계약이 해지
③ 계속보험료의 불지급으로 인하여 보험계약이 해지
④ 보험계약의 전부가 무효로

정답 ③

해설

<u>계속보험료가 약정한 시기에 지급되지 아니한 때에는</u> 보험자는 상당한 기간을 정하여 보험계약자에게 최고하고 그 기간 내에 지급되지 아니한 때에는 그 계약을 해지할 수 있다(상법 제650조 제2항). 이에 따라 <u>보험계약이 해지되고</u> 해지환급금이 지급되지 아니한 경우에 보험계약자는 일정한 기간 내에 연체보험료에 약정이자를 붙여 보험자에게 지급하고 그 계약의 부활을 청구할 수 있다(상법 제650조의2).

06 보험료의 지급과 지체에 관한 설명으로 옳지 않은 것은?

① 보험료는 보험계약자만이 지급의무를 부담하므로 특정한 타인을 위한 보험의 경우에 보험계약자가 보험료의 지급을 지체한 때에는 보험자는 그 타인에 대한 최고 없이도 그 계약을 해지할 수 있다.

② 보험자의 책임은 당사자간에 다른 약정이 없으면 최초의 보험료의 지급을 받은 때로부터 개시한다.

③ 보험계약자가 보험료를 지급하지 아니하는 경우에는 다른 약정이 없는 한 계약 성립 후 2월이 경과하면 그 계약은 해제된 것으로 본다.

④ 계속보험료가 약정한 시기에 지급되지 아니한 때에는 보험자는 상당한 기간을 정하여 보험계약자에게 최고하고 그 기간 내에 지급되지 아니한 때에는 그 계약을 해지할 수 있다.

정답 ①

해설

특정한 타인을 위한 보험의 경우에 보험계약자가 보험료의 지급을 지체한 때에는 보험자는 그 타인에게도 상당한 기간을 정하여 <u>보험료의 지급을 최고한 후가 아니면</u> 그 계약을 해제 또는 해지하지 못한다(상법 제650조 제3항).

② 상법 제656조
③ 상법 제650조 제1항
④ 상법 제650조 제2항

07 보험계약의 성질이 아닌 것은?

① 낙성계약
② 무상계약
③ 불요식계약
④ 선의계약

정답 ②

해설

보험계약은 보험사고의 발생을 전제로 보험계약자의 보험료 지급에 대하여 보험자는 일정한 보험금액, 기타의 급여를 지급할 것을 약정하므로 <u>유상계약</u>이다.

08 ( )에 들어갈 내용이 순서대로 올바르게 연결된 것은?

> ㄱ. 보험자가 보험계약자로부터 보험계약의 청약과 함께 보험료 상당액의 전부 또는 일부의 지급을 받은 때에는 다른 약정이 없으면 ( ) 그 상대방에 대하여 낙부의 통지를 발송하여야 한다.
>
> ㄴ. 보험자가 보험약관의 교부·설명 의무를 위반한 경우 보험계약자는 보험계약이 성립한 날부터 ( ) 그 계약을 취소할 수 있다.
>
> ㄷ. 보험자는 보험계약이 성립한 때에는 ( ) 보험증권을 작성하여 보험계약자에게 교부하여야 한다.

① 30일 내에 – 3개월 이내에 – 지체 없이

② 30일 내에 – 30일 내에 – 지체 없이

③ 지체 없이 – 3개월 이내에 – 30일 내에

④ 지체 없이 – 30일 내에 – 30일 내에

정답 ①

해설

> ㄱ. 보험자가 보험계약자로부터 보험계약의 청약과 함께 보험료 상당액의 전부 또는 일부의 지급을 받은 때에는 다른 약정이 없으면 (30일 내에) 그 상대방에 대하여 낙부의 통지를 발송하여야 한다(상법 제638조의2 제1항).
>
> ㄴ. 보험자가 보험약관의 교부·설명 의무를 위반한 경우 보험계약자는 보험계약이 성립한 날부터 (3개월 이내에) 그 계약을 취소할 수 있다(상법 제638조의3 제2항).
>
> ㄷ. 보험자는 보험계약이 성립한 때에는 (지체 없이) 보험증권을 작성하여 보험계약자에게 교부하여야 한다(상법 제640조 제1항).

09 손해보험계약에서의 보험가액에 관한 설명으로 옳지 않은 것은?

① 초과보험에서 보험가액은 계약 당시의 가액에 의하여 정한다.

② 일부보험이란 보험가액의 일부를 보험에 붙인 경우를 말한다.

③ 당사자간에 보험가액을 정하지 아니한 때에는 사고발생시의 가액을 보험가액으로 한다.

④ 기평가보험에서의 보험가액이 사고발생시의 가액을 현저하게 초과할 때에는 계약 당시에 정한 보험가액으로 한다.

정답 ④

해설

> 기평가보험에서 당사자간에 보험가액을 정한 때에는 그 가액은 사고발생시의 가액으로 정한 것으로 추정한다. 그러나 그 가액이 사고발생시의 가액을 현저하게 초과할 때에는 <u>사고발생시의 가액</u>을 보험가액으로 한다(상법 제670조).

10 손해보험계약에 관한 설명으로 옳지 않은 것은?

① 피보험자도 손해방지의무를 부담한다.

② 보험자는 손해의 방지와 경감을 위하여 필요 또는 유익하였던 비용과 보상액이 보험금액을 초과하는 경우에도 이를 부담한다.

③ 보험목적의 양도 사실의 통지의무는 양도인만이 부담한다.

④ 보험자는 보험목적의 하자로 인한 손해를 보상할 책임이 없다.

[정답] ③

[해설]
> 피보험자가 보험의 목적을 양도한 때에는 양수인은 보험계약상의 권리와 의무를 승계한 것으로 추정한다. 이 경우에 보험의 목적의 <u>양도인 또는 양수인</u>은 보험자에 대하여 지체 없이 그 사실을 통지하여야 한다(상법 제679조 제1항, 제2항).
>
> ①·② 상법 제680조 제1항
> ④ 상법 제678조

11 손해보험에서 보험가액과 보험금액과의 관계에 관한 설명으로 옳지 않은 것은?

① 보험금액이 보험계약의 목적의 가액을 현저하게 초과한 때에 보험자는 보험금액의 감액을 청구할 수 있지만, 보험계약자는 보험료의 감액을 청구할 수 없다.

② 일부보험의 경우에 보험계약의 당사자들은 보험자가 보험금액의 보험가액에 대한 비율과 상관없이 보험금액의 한도 내에서 그 손해를 보상할 책임이 있다는 약정을 할 수 있다.

③ 중복보험에서 수인의 보험자 중 1인에 대하여 피보험자가 권리를 포기하여도 다른 보험자의 권리의무에 영향을 미치지 않는다.

④ 중복보험에서 보험자가 각자의 보험금액의 한도에서 연대책임을 지는 경우 각 보험자의 보상책임은 각자의 보험금액의 비율에 따른다.

[정답] ①

[해설]
> 보험금액이 보험계약의 목적의 가액을 현저하게 초과한 때에는 <u>보험자 또는 보험계약자는</u> 보험료와 보험금액의 감액을 <u>청구할 수 있다</u>. 그러나 보험료의 감액은 장래에 대하여서만 그 효력이 있다(상법 제669조 제1항).
>
> ② 상법 제674조
> ③ 상법 제673조
> ④ 상법 제672조 제1항

12 손해보험계약에 관한 설명으로 옳은 것은?

① 피보험이익은 반드시 금전으로 산정할 수 있어야 하는 것은 아니다.
② 보험사고로 인하여 상실된 피보험자가 얻을 이익은 당사자간에 다른 약정이 없으면 보험자가 보상할 손해액에 산입한다.
③ 피보험이익은 보험의 목적을 의미한다.
④ 보험자는 보험의 목적인 기계의 자연적 소모로 인한 손해에 대하여는 보상책임이 없다.

정답 ④

해설

보험의 목적의 성질, 하자 또는 자연소모로 인한 손해는 보험자가 이를 보상할 책임이 없다(상법 제678조).

① 보험계약은 <u>금전으로 산정할 수 있는 이익</u>에 한하여 보험계약의 목적으로 할 수 있다(상법 제668조).
② 보험사고로 인하여 상실된 피보험자가 얻을 이익이나 보수는 당사자간에 다른 약정이 없으면 보험자가 보상할 손해액에 <u>산입하지 아니한다</u>(상법 제667조).
③ 피보험이익은 '<u>보험계약의 목적</u>'을 의미한다.

13 고지의무에 관한 설명으로 옳은 것은?

① 보험자는 보험대리상의 고지수령권을 제한할 수 없다.
② 보험자가 서면으로 질문한 사항은 중요한 고지사항으로 간주된다.
③ 보험계약자는 고지의무가 있다.
④ 보험자는 보험사고발생 전에 한하여 고지의무위반을 이유로 하여 해지할 수 있다.

정답 ③

해설

고지의무자는 보험계약자와 피보험자이며, 대리인에 의해 보험계약이 체결된 경우에는 그 대리인도 포함한다.

① 고지수령권자는 보험자와 보험대리상이며, 보험자는 보험대리상의 고지수령권을 <u>제한할 수 있다</u>(상법 제646조의2 제2항).
② 보험자가 서면으로 질문한 사항은 중요한 사항으로 <u>추정한다</u>(상법 제651조의2).
④ 보험자는 <u>보험사고발생 전·후를 불문</u>하고 고지의무위반을 이유로 하여 해지할 수 있다.

14 위험변경증가의 통지의무에 관한 설명으로 옳지 않은 것은?

① 보험자는 보험계약자 또는 피보험자가 위험변경증가의 통지의무를 고의 또는 중과실로 해태한 경우에만 그 통지의무위반을 이유로 계약을 해지할 수 있다.

② 보험기간 중에 보험계약자는 사고발생의 위험의 현저한 증가 사실을 안 때에는 지체 없이 보험자에게 통지하여야 한다.

③ 보험기간 중에 피보험자는 사고발생의 위험의 현저한 변경 사실을 안 때에는 지체 없이 보험자에게 통지하여야 한다.

④ 보험자가 피보험자로부터 위험변경증가의 통지를 받은 때에는 1월 내에 보험료의 증액을 청구하거나 계약을 해지할 수 있다.

정답 ①

해설

①·④ 보험기간 중에 보험계약자, 피보험자 또는 보험수익자의 <u>고의 또는 중대한 과실</u>로 인하여 사고발생의 <u>위험이 현저하게 변경 또는 증가된 때</u>에는 보험자는 그 사실을 안 날부터 1월 내에 보험료의 증액을 청구하거나 계약을 해지할 수 있다(상법 제653조).

②·③ 보험기간 중에 보험계약자 또는 피보험자가 사고발생의 위험이 현저하게 변경 또는 증가된 사실을 안 때에는 지체 없이 보험자에게 통지하여야 한다. 이를 해태한 때에는 보험자는 그 사실을 안 날로부터 1월 내에 한하여 계약을 해지할 수 있다(상법 제652조 제1항).

15 소멸시효기간이 다른 하나는?

① 보험금청구권
② 보험료청구권
③ 보험료의 반환청구권
④ 적립금의 반환청구권

정답 ②

해설

보험금청구권은 3년간, 보험료 또는 적립금의 반환청구권은 3년간, 보험료청구권은 2년간 행사하지 아니하면 시효의 완성으로 소멸한다(상법 제662조).

16 보험약관의 교부·설명의무에 관한 설명으로 옳은 것을 모두 고른 것은?

> ㄱ. 보험약관에 기재되어 있는 보험료와 그 지급방법, 보험자의 면책사유는 보험자가 보험계약을 체결할 때 보험계약자에게 설명하여야 하는 중요한 내용에 해당한다.
> ㄴ. 보험자는 보험계약이 성립하면 지체 없이 보험약관을 보험계약자에게 교부하여야 하나, 그 보험계약자가 보험료의 전부나 최초보험료를 지급하지 아니한 때에는 보험약관을 교부하지 않아도 된다.
> ㄷ. 보험계약이 성립한 날로부터 2개월이 경과한 시점이라면 보험자가 상법상 보험약관의 교부·설명의무를 위반한 경우에도 그 계약을 취소할 수 없다.

① ㄱ
② ㄷ
③ ㄱ, ㄴ
④ ㄴ, ㄷ

정답 ①

해설

> ㄱ. (○) 보험계약자에게 설명하여야 하는 '중요한 내용'이란 보험료의 금액과 그 지급방법, 보험금액, 보험기간, 보험사고의 내용, 보험계약의 해지사유, 보험회사의 면책사유 등 고객의 이해관계에 중대한 영향을 미치는 사항으로서 사회통념상 그 사항의 알고 모름이 계약 체결 여부에 영향을 줄 수 있는 사항을 말한다.
> ㄴ. (✕) 보험증권의 교부에 대한 설명이다. 보험자는 보험계약이 성립한 때에는 지체 없이 보험증권을 작성하여 보험계약자에게 교부하여야 한다. 그러나 보험계약자가 보험료의 전부 또는 최초의 보험료를 지급하지 아니한 때에는 그러하지 아니하다(상법 제640조 제1항).
> ㄷ. (✕) 보험자가 보험약관의 교부·설명의무를 위반한 경우 보험계약자는 보험계약이 성립한 날부터 <u>3개월 이내</u>에 그 계약을 취소할 수 있다(상법 제638조의3 제2항).

17 손해보험에 관한 설명으로 옳은 것은?

① 집합된 물건을 일괄하여 보험의 목적으로 한 때에는 그 목적에 속한 물건이 보험기간 중 수시로 교체된 경우에도 보험사고의 발생시에 현존하는 물건은 보험의 목적에 포함된 것으로 한다.
② 보험계약자는 불특정의 타인을 위하여는 보험계약을 체결할 수 없다.
③ 손해가 피보험자와 생계를 같이 하는 가족의 고의로 인하여 발생한 경우에 보험금의 전부를 지급한 보험자는 그 지급한 금액의 한도에서 그 가족에 대한 피보험자의 권리를 취득하지 못한다.
④ 타인을 위한 보험에서 보험계약자가 보험료의 지급을 지체한 때에는 그 타인이 그 권리를 포기하여도 그 타인은 보험료를 지급하여야 한다.

정답 ①

① 상법 제687조
② 보험계약자는 위임을 받거나 위임을 받지 아니하고 특정 또는 불특정의 타인을 위하여 보험계약을 <u>체결할 수 있다</u>(상법 제639조 제1항).
③ 보험계약자나 피보험자의 권리가 그와 생계를 같이 하는 가족에 대한 것인 경우 보험자는 그 권리를 취득하지 못한다. 다만, 손해가 그 <u>가족의 고의로 인하여 발생한 경우</u>에는 그러하지 아니하다(상법 제682조 제2항).
④ 타인을 위한 보험에서 보험계약자가 파산선고를 받거나 보험료의 지급을 지체한 때에는 그 타인이 그 <u>권리를 포기하지 아니하는 한</u> 그 타인도 보험료를 지급할 의무가 있다(상법 제639조 제3항).

18 손해보험에 있어서 보험사고와 보험금 지급에 관한 설명으로 옳지 않은 것은?

① 피보험자는 보험사고의 발생을 안 때에는 지체 없이 보험자에게 그 통지를 발송하여야 한다.
② 보험자는 보험금액의 지급에 관하여 약정기간이 없는 경우는 보험사고발생의 통지를 받은 날로부터 10일 내에 피보험자 또는 보험수익자에게 보험금액을 지급하여야 한다.
③ 보험사고가 보험계약자의 중대한 과실로 인하여 생긴 때에는 보험자는 보험금액을 지급할 책임이 없다.
④ 보험사고가 전쟁으로 인하여 생긴 때에는 당사자간에 다른 약정이 없으면 보험자는 보험금액을 지급할 책임이 없다.

보험자는 보험금액의 지급에 관하여 약정기간이 있는 경우에는 그 기간 내에, 약정기간이 없는 경우에는 보험사고발생의 통지를 받은 후 <u>지체 없이 지급할 보험금액을 정하고 그 정하여진 날부터 10일 내에</u> 피보험자 또는 보험수익자에게 보험금액을 지급하여야 한다(상법 제658조).

① 상법 제657조 제1항
③ 상법 제659조 제1항
④ 상법 제660조

19 손해보험증권에 반드시 기재해야 하는 사항이 아닌 것은?

① 보험의 목적
② 보험자의 설립연월일
③ 보험료와 그 지급방법
④ 무효와 실권의 사유

··

손해보험증권의 기재사항(상법 제666조)
손해보험증권에는 다음의 사항을 기재하고 보험자가 기명날인 또는 서명하여야 한다.
1. 보험의 목적
2. 보험사고의 성질
3. 보험금액
4. 보험료와 그 지급방법
5. 보험기간을 정한 때에는 그 시기와 종기
6. 무효와 실권의 사유
7. 보험계약자의 주소와 성명 또는 상호
8. 피보험자의 주소, 성명 또는 상호
9. 보험계약의 연월일
10. 보험증권의 작성지와 그 작성연월일

20 일부보험에 있어서 일부손해가 발생하여 비례보상원칙을 적용한 결과에 관한 설명으로 옳지 않은 것은?

① 손해액은 보험가액보다 적다.
② 보험가액은 보상액보다 크다.
③ 보상액은 손해액보다 적다.
④ 보험금액은 보험가액보다 크다.

[정답] ④

[해설]
··

일부보험의 경우 보험자는 보험금액의 보험가액에 대한 비율에 따라 보상할 책임을 지므로, 보험금액은 보험가액보다 미달하여야 한다(보험금액 < 보험가액).

21 보험대리상이 갖는 권한이 아닌 것은?

① 보험계약자로부터 보험료를 수령할 수 있는 권한
② 보험계약자로부터 보험계약의 취소에 관한 의사표시를 수령할 수 있는 권한
③ 보험자로부터 보험금을 수령할 수 있는 권한
④ 보험계약자에게 보험계약의 변경에 관한 의사표시를 할 수 있는 권한

[정답] ③

> 보험대리상 등의 권한(상법 제646조의2 제1항)
> 1. 보험계약자로부터 보험료를 수령할 수 있는 권한
> 2. 보험자가 작성한 보험증권을 보험계약자에게 교부할 수 있는 권한
> 3. 보험계약자로부터 청약, 고지, 통지, 해지, 취소 등 보험계약에 관한 의사표시를 수령할 수 있는 권한
> 4. 보험계약자에게 보험계약의 체결, 변경, 해지 등 보험계약에 관한 의사표시를 할 수 있는 권한

22 손해보험에서 손해액 산정에 관한 설명으로 옳은 것은?

① 당사자간에 다른 약정이 없으면 보험자가 보상할 손해액은 그 손해가 발생한 때와 곳의 가액에 의한다.

② 손해가 발생한 때와 곳의 가액보다 신품가액이 작은 경우에는 당사자간에 다른 약정이 없으면 신품가액에 따라 손해액을 산정하여야 한다.

③ 손해액의 산정에 관한 비용은 보험계약자의 부담으로 한다.

④ 보험사고로 인하여 상실된 피보험자의 보수는 당사자간에 다른 약정이 없으면 보험자가 보상할 손해액에 산입한다.

정답 ①

해설

> ① 상법 제676조 제1항
> ② 당사자간에 다른 약정이 있는 때에는 그 신품가액에 의하여 손해액을 산정할 수 있다(상법 제676조 제1항).
> ③ 손해액의 산정에 관한 비용은 보험자의 부담으로 한다(상법 제676조 제2항).
> ④ 보험사고로 인하여 상실된 피보험자가 얻을 이익이나 보수는 당사자간에 다른 약정이 없으면 보험자가 보상할 손해액에 산입하지 아니한다(상법 제667조).

23 상법 제681조(보험목적에 관한 보험대위)의 내용이다. (　　)에 들어갈 내용을 순서대로 올바르게 연결된 것은?

> 보험의 목적의 (　　)가 멸실한 경우에 보험금액의 (　　)를 지급한 보험자는 그 목적에 대한 피보험자의 권리를 취득한다. 그러나 보험가액의 (　　)를 보험에 붙인 경우에는 보험자가 취득할 권리는 보험금액의 보험가액에 대한 비율에 따라 이를 정한다.

① 전부 또는 일부 – 일부 – 전부

② 전부 – 일부 – 일부

③ 전부 또는 일부 – 일부 – 일부

④ 전부 – 전부 – 일부

정답 ④

보험목적에 관한 보험대위(상법 제681조)
보험의 목적의 (전부)가 멸실한 경우에 보험금액의 (전부)를 지급한 보험자는 그 목적에 대한 피보험자의 권리를 취득한다. 그러나 보험가액의 (일부)를 보험에 붙인 경우에는 보험자가 취득할 권리는 보험금액의 보험가액에 대한 비율에 따라 이를 정한다.

24 보험계약에 관한 설명으로 옳지 않은 것은?

① 보험계약은 그 계약 전의 어느 시기를 보험기간의 시기로 할 수 있다.
② 대리인에 의하여 보험계약을 체결한 경우에 대리인이 안 사유는 그 본인이 안 것과 동일한 것으로 한다.
③ 보험자가 손해를 보상할 경우에 보험료의 지급을 받지 아니한 잔액은 그 지급기일이 도래한 이후에만 보상할 금액에서 공제할 수 있다.
④ 보험자는 보험사고로 인하여 부담할 책임에 대하여 다른 보험자와 재보험계약을 체결할 수 있다.

정답 ③

해설

보험자가 손해를 보상할 경우에 보험료의 지급을 받지 아니한 잔액이 있으면 그 <u>지급기일이 도래하지 아니한</u> 때라도 보상할 금액에서 이를 공제할 수 있다(상법 제677조).

① 상법 제643조
② 상법 제646조
④ 상법 제661조

25 화재보험에 관한 설명으로 옳지 않은 것은?

① 건물을 보험의 목적으로 한 때에는 그 소재지, 구조와 용도를 화재보험증권에 기재하여야 한다.
② 보험자는 화재의 소방에 따른 손해를 보상할 책임이 있다.
③ 보험자는 화재의 손해의 감소에 필요한 조치로 인한 손해를 보상할 책임이 있다.
④ 동산은 화재보험의 목적으로 할 수 없다.

정답 ④

해설

화재보험의 목적은 보험사고의 객체로서 <u>동산뿐만 아니라 부동산도 그 대상에 포함될 수 있다</u>(상법 제685조).

① 상법 제685조 제1호
② 상법 제684조
③ 상법 제684조

26 농어업재해보험법령상 농업재해보험심의회 및 회의에 관한 설명으로 옳지 않은 것은?

① 심의회는 위원장 및 부위원장 각 1명을 포함한 21명 이내의 위원으로 구성한다.

② 위원장은 심의회의 회의를 소집하며, 그 의장이 된다.

③ 심의회의 회의는 재적위원 5분의 1 이상의 요구가 있을 때 또는 위원장이 필요하다고 인정할 때에 소집한다.

④ 심의회의 회의는 재적위원 과반수의 출석으로 개의(開議)하고, 출석위원 과반수의 찬성으로 의결한다.

정답 ③

해설

심의회의 회의는 재적위원 <u>3분의 1 이상</u>의 요구가 있을 때 또는 위원장이 필요하다고 인정할 때에 소집한다(농어업재해보험법 시행령 제3조 제2항).

① 농어업재해보험법 제3조 제2항
② 농어업재해보험법 시행령 제3조 제1항
④ 농어업재해보험법 시행령 제3조 제3항

27 농어업재해보험법상 다음 설명에 해당되는 용어는?

보험가입자에게 재해로 인한 재산 피해에 따른 손해가 발생한 경우 보험가입자와 보험사업자간의 약정에 따라 보험사업자가 보험가입자에게 지급하는 금액

① 보험료　　　　　　　　　　② 손해평가액
③ 보험가입금액　　　　　　　④ 보험금

정답 ④

해설

"보험금"이란 보험가입자에게 재해로 인한 재산 피해에 따른 손해가 발생한 경우 보험가입자와 보험사업자간의 약정에 따라 보험사업자가 보험가입자에게 지급하는 금액을 말한다(농어업재해보험법 제2조 제5호).

① "보험료"란 보험가입자와 보험사업자간의 약정에 따라 보험가입자가 보험사업자에게 내야 하는 금액을 말한다(농어업재해보험법 제2조 제4호).
② "손해평가액"이란 농업재해에 따른 피해가 발생한 경우 손해평가인, 손해평가사 또는 손해사정사가 그 피해사실을 확인하고 평가한 손해액을 말한다.
③ "보험가입금액"이란 보험가입자의 재산 피해에 따른 손해가 발생한 경우 보험에서 최대로 보상할 수 있는 한도액으로서 보험가입자와 보험사업자간에 약정한 금액을 말한다(농어업재해보험법 제2조 제3호).

28 농어업재해보험법상 재해보험의 종류와 보험목적물로 옳지 않은 것은?

① 농작물재해보험 : 농작물 및 농업용 시설물
② 임산물재해보험 : 임산물 및 임업용 시설물
③ 축산물재해보험 : 축산물 및 축산시설물
④ 양식수산물재해보험 : 양식수산물 및 양식시설물

정답 ③

해설

재해보험의 종류와 보험목적물(농어업재해보험법 제4조, 제5조)
- **농작물재해보험** : 농작물 및 농업용 시설물
- **임산물재해보험** : 임산물 및 임업용 시설물
- **가축재해보험** : 가축 및 축산시설물
- **양식수산물재해보험** : 양식수산물 및 양식시설물

29 농업재해보험 손해평가요령에 따른 손해평가인의 업무에 해당하는 것을 모두 고른 것은?

ㄱ. 보험가액 평가
ㄴ. 손해액 평가
ㄷ. 보험금 산정

① ㄱ
② ㄱ, ㄴ
③ ㄱ, ㄷ
④ ㄴ, ㄷ

정답 ②

해설

ㄷ. 보험금 산정은 손해사정사의 업무에 해당된다.

TIP **손해평가 업무(농업재해보험 손해평가요령 제3조)**

손해평가시 손해평가인, 손해평가사, 손해사정사는 다음 각 호의 업무를 수행한다.
1. 피해사실 확인
2. 보험가액 및 손해액 평가
3. 그 밖에 손해평가에 관하여 필요한 사항

30 농어업재해보험법령상 손해평가인으로 위촉될 수 없는 자는?

① 재해보험 대상 농작물을 6년간 경작한 경력이 있는 농업인
② 공무원으로 농촌진흥청에서 농작물재배 분야에 관한 연구·지도 업무를 2년간 담당한 경력이 있는 사람
③ 교원으로 고등학교에서 농작물재배 분야 관련 과목을 6년간 교육한 경력이 있는 사람
④ 조교수 이상으로 「고등교육법」 제2조에 따른 학교에서 농작물재배 관련학을 5년간 교육한 경력이 있는 사람

정답 ②

해설

손해평가인으로 위촉될 수 있는 자는 공무원으로 농림축산식품부, 농촌진흥청, 통계청 또는 지방자치단체나 그 소속기관에서 농작물재배 분야에 관한 연구·지도, 농산물 품질관리 또는 농업 통계조사 업무를 3년 이상 담당한 경력이 있는 사람이어야 한다(농어업재해보험법 시행령 [별표 2]).

31 농어업재해보험법상 손해평가사의 자격 취소사유에 해당되는 자를 모두 고른 것은?

ㄱ. 손해평가사의 자격을 부정한 방법으로 취득한 사람
ㄴ. 거짓으로 손해평가를 한 사람
ㄷ. 손해평가사의 직무를 수행하면서 부적절한 행위를 하였다고 인정되는 사람
ㄹ. 다른 사람에게 손해평가사의 자격증을 대여한 사람

① ㄱ, ㄴ
② ㄷ, ㄹ
③ ㄱ, ㄴ, ㄹ
④ ㄴ, ㄷ, ㄹ

정답 ③

해설

ㄷ. 농림축산식품부장관은 손해평가사가 그 직무를 게을리하거나 직무를 수행하면서 부적절한 행위를 하였다고 인정하면 1년 이내의 기간을 정하여 업무의 정지를 명할 수 있다(농어업재해보험법 제11조의6 제1항).

TIP	손해평가사의 자격 취소(농어업재해보험법 제11조의5 제1항)

농림축산식품부장관은 다음 각 호의 어느 하나에 해당하는 사람에 대하여 손해평가사 자격을 취소할 수 있다. 다만, 제1호 및 제5호에 해당하는 경우에는 자격을 취소하여야 한다.
1. 손해평가사의 자격을 거짓 또는 부정한 방법으로 취득한 사람
2. 거짓으로 손해평가를 한 사람
3. 다른 사람에게 손해평가사의 명의를 사용하게 하거나 그 자격증을 대여한 사람
4. 손해평가사 명의의 사용이나 자격증의 대여를 알선한 사람
5. 업무정지 기간 중에 손해평가 업무를 수행한 사람

32 농어업재해보험법령상 내용으로 옳지 않은 것은?

① 재해보험가입자가 재해보험에 가입된 보험목적물을 양도하는 경우 그 양수인은 재해보험계약에 관한 양도인의 권리 및 의무를 승계한 것으로 추정하지 않는다.

② 재해보험의 보험금을 지급받을 권리는 압류할 수 없다. 다만, 보험목적물이 담보로 제공된 경우에는 그러하지 아니하다.

③ 재해보험사업자는 재해보험사업을 원활히 수행하기 위하여 필요한 경우에는 보험모집 및 손해평가 등 재해보험 업무의 일부를 대통령령으로 정하는 자에게 위탁할 수 있다.

④ 농림축산식품부장관은 손해평가사의 손해평가 능력 및 자질 향상을 위하여 교육을 실시할 수 있다.

정답 ①

해설

재해보험가입자가 재해보험에 가입된 보험목적물을 양도하는 경우 그 양수인은 재해보험계약에 관한 양도인의 권리 및 의무를 승계한 것으로 <u>추정한다</u>(농어업재해보험법 제13조).

② 농어업재해보험법 제12조 제1항
③ 농어업재해보험법 제14조
④ 농어업재해보험법 시행령 제12조의8

33 농어업재해보험법상 재정지원에 관한 내용이다. (   )에 들어갈 용어를 순서대로 나열한 것은?

> 정부는 예산의 범위에서 재해보험가입자가 부담하는 (   )의 일부와 재해보험사업자의 (   )의 운영 및 관리에 필요한 비용(이하 "운영비"라 한다)의 전부 또는 일부를 지원할 수 있다. 이 경우 지방자치단체는 예산의 범위에서 재해보험가입자가 부담하는 (   )의 일부를 추가로 지원할 수 있다.

① 재해보험, 보험료, 재해보험
② 보험료, 재해보험, 보험료
③ 보험금, 재해보험, 보험금
④ 보험가입액, 보험료, 보험가입액

정답 ②

해설

정부는 예산의 범위에서 재해보험가입자가 부담하는 (보험료)의 일부와 재해보험사업자의 (재해보험)의 운영 및 관리에 필요한 비용(이하 "운영비"라 한다)의 전부 또는 일부를 지원할 수 있다. 이 경우 지방자치단체는 예산의 범위에서 재해보험가입자가 부담하는 (보험료)의 일부를 추가로 지원할 수 있다(농어업재해보험법 제19조 제1항).

34 농어업재해보험법상 재해보험을 모집할 수 있는 자가 아닌 것은?

① 수협중앙회 및 그 회원조합의 임직원

② 산림조합중앙회 및 그 회원조합의 임직원

③ 「산림조합법」 제48조의 공제규정에 따른 공제모집인으로서 농림축산식품부장관이 인정하는 자

④ 「보험업법」 제83조(모집할 수 있는 자) 제1항에 따라 보험을 모집할 수 있는 자

정답 ③

해설

재해보험을 모집할 수 있는 자(농어업재해보험법 제10조 제1항)
1. 산림조합중앙회와 그 회원조합의 임직원, 수협중앙회와 그 회원조합 및 「수산업협동조합법」에 따라 설립된 수협은행의 임직원
2. 「수산업협동조합법」 제60조의 공제규약에 따른 공제모집인으로서 수협중앙회장 또는 그 회원조합장이 인정하는 자
3. 「산림조합법」 제48조의 공제규정에 따른 공제모집인으로서 <u>산림조합중앙회장이나 그 회원조합장이 인정하는 자</u>
4. 「보험업법」 제83조 제1항에 따라 보험을 모집할 수 있는 자

35 농어업재해보험법상 농어업재해재보험기금의 용도에 해당하지 않는 것은?

① 재해보험가입자가 부담하는 보험료의 일부 지원

② 제20조 제2항 제2호에 따른 재보험금의 지급

③ 제22조 제2항에 따른 차입금의 원리금 상환

④ 기금의 관리·운용에 필요한 경비(위탁경비를 포함한다)의 지출

정답 ①

해설

농어업재해재보험기금의 용도(농어업재해보험법 제23조)
1. 제20조 제2항 제2호에 따른 재보험금의 지급
2. 제22조 제2항에 따른 차입금의 원리금 상환
3. 기금의 관리·운용에 필요한 경비(위탁경비를 포함한다)의 지출
4. 그 밖에 농림축산식품부장관이 해양수산부장관과 협의하여 재보험사업을 유지·개선하는 데에 필요하다고 인정하는 경비의 지출

36 농어업재해보험법령상 기금의 관리·운용 등에 관한 내용으로 옳은 것을 모두 고른 것은?

> ㄱ. 기금수탁관리자는 기금의 관리 및 운용을 명확히 하기 위하여 기금을 다른 회계와 구분하여 회계
> 처리하여야 한다.
> ㄴ. 기금수탁관리자는 회계연도마다 기금결산보고서를 작성하여 다음 회계연도 2월 말일까지 농림축
> 산식품부장관 및 해양수산부장관에게 제출하여야 한다.
> ㄷ. 기금수탁관리자는 회계연도마다 기금결산보고서를 작성한 후 심의회의 심의를 거쳐 다음 회계연
> 도 2월 말일까지 기획재정부장관에게 제출하여야 한다.

① ㄱ   ② ㄱ, ㄴ

③ ㄱ, ㄷ   ④ ㄴ, ㄷ

정답 ①

해설

> ㄱ. (○) 기금의 관리·운용을 위탁받은 농업정책보험금융원(이하 "기금수탁관리자"라 한다)은 기금의 관리
> 및 운용을 명확히 하기 위하여 기금을 다른 회계와 구분하여 회계처리하여야 한다(농어업재해보험법 시
> 행령 제18조 제2항).
> ㄴ. (×) 기금수탁관리자는 회계연도마다 기금결산보고서를 작성하여 다음 회계연도 2월 15일까지 농림축산
> 식품부장관 및 해양수산부장관에게 제출하여야 한다(농어업재해보험법 시행령 제19조 제1항).
> ㄷ. (×) 농림축산식품부장관은 해양수산부장관과 협의하여 기금수탁관리자로부터 제출받은 기금결산보고서
> 를 검토한 후 심의회의 심의를 거쳐 다음 회계연도 2월 말일까지 기획재정부장관에게 제출하여야 한다(농
> 어업재해보험법 시행령 제19조 제2항).

37 농어업재해보험법령상 농림축산식품부장관으로부터 재보험사업에 관한 업무의 위탁을 받을 수
있는 자는?

① 「보험업법」에 따른 보험회사
② 「농업·농촌 및 식품산업기본법」 제63조의2 제1항에 따라 설립된 농업정책보험금융원
③ 「정부출연연구기관 등의 설립·운영 및 육성에 관한 법률」 제8조에 따라 설립된 연구기관
④ 「공익법인의 설립·운영에 관한 법률」 제4조에 따라 농림축산식품부장관 또는 해양수산부장
관의 허가를 받아 설립된 공익법인

정답 ②

해설

> 농림축산식품부장관은 해양수산부장관과 협의를 거쳐 재보험사업에 관한 업무의 일부를 「농업·농촌 및 식
> 품산업기본법」 제63조의2 제1항에 따라 설립된 농업정책보험금융원에 위탁할 수 있다(농어업재해보험법 제
> 20조 제3항).

38 농업재해보험 손해평가요령에 따른 보험목적물별 손해평가 단위로 옳은 것은?

① 사과 : 농지별

② 벼 : 필지별

③ 가축 : 개별축사별

④ 농업시설물 : 지번별

①

보험목적물별 손해평가 단위(농업재해보험 손해평가요령 제12조)
1. **농작물** : 농지별
2. **가축** : 개별가축별(단, 벌은 벌통 단위)
3. **농업시설물** : 보험가입 목적물별

> **TIP** 농지
>
> '농지'라 함은 하나의 보험가입금액에 해당하는 토지로 필지(지번) 등과 관계없이 농작물을 재배하는 하나의 경작지를 말한다.

39 종합위험방식 중 "인삼 해가림시설"의 경우 다음 조건에 해당되는 보험금은?

- 보험가입금액 : 800만원
- 보험가액 : 1,000만원
- 손해액 : 500만원
- 자기부담금 : 100만원

① 300만원   ② 320만원

③ 350만원   ④ 400만원

②

보험가입금액이 보험가액보다 작을 때 보험금 산정식
(손해액 − 자기부담금) × (보험가입금액 ÷ 보험가액)
= (500만원 − 100만원) × (800만원 ÷ 1,000만원)
= 320만원

40 농업재해보험 손해평가요령에 따른 손해수량 조사방법 중「적과후~수확기종료」생육시기에 태풍으로 인하여 발생한 낙엽피해에 대하여 낙엽피해정도 조사를 하는 과수 품목은? 기출+정

① 사과 ② 배
③ 감귤 ④ 단감

정답 ④

해설

「적과후~수확기종료」낙엽률조사(농업재해보험 손해평가요령 [별표 2] 참고)
• 낙엽피해정도 조사
• 단감·떫은감에 대해서만 실시
• 조사방법 : 표본조사

41 농업재해보험 손해평가요령에 따른 농작물 및 농업시설물의 보험가액 산정 방법으로 옳은 것은?

① 특정위험방식은 적과전 착과수조사를 통해 산정한 기준수확량에 보험가입 당시의 단위당 가입가격을 곱하여 산정한다.

② 적과전 종합위험방식은 보험증권에 기재된 보험목적물의 평년수확량에 보험가입 당시의 단위당 가입가격을 곱하여 산정한다.

③ 종합위험방식은 적과후 착과수조사를 통해 산정한 기준수확량에 보험가입 당시의 단위당 가입가격을 곱하여 산정한다.

④ 농업시설물에 대한 보험가액은 보험사고가 발생한 때와 곳에서 평가한 피해목적물의 재조달가액에서 내용연수에 따른 감가상각률을 적용하여 계산한 감가상각액을 차감하여 산정한다.

정답 ④

해설

④ 농업재해보험 손해평가요령 제15조 제1항
① 특정위험방식의 보험가액은 적과후 착과수조사를 통해 산정한 기준수확량에 보험가입 당시의 단위당 가입가격을 곱하여 산정한다(농업재해보험 손해평가요령 제13조 제1항 제1호).
② 적과전 종합위험방식의 보험가액은 적과후 착과수(달린 열매 수)조사를 통해 산정한 기준수확량에 보험가입 당시의 단위당 가입가격을 곱하여 산정한다(농업재해보험 손해평가요령 제13조 제1항 제2호).
③ 종합위험방식의 보험가액은 보험증권에 기재된 보험목적물의 평년수확량에 보험가입 당시의 단위당 가입가격을 곱하여 산정한다(농업재해보험 손해평가요령 제13조 제1항 제3호).

42 농업재해보험 손해평가요령에 관한 내용이다. (   )에 들어갈 용어는?

> (   )라 함은 「농어업재해보험법」 제2조 제1호에 따른 피해가 발생한 경우 법 제11조 및 제11조의3에 따라 손해평가인, 손해평가사 또는 손해사정사가 그 피해사실을 확인하고 평가하는 일련의 과정을 말한다.

① 피해조사
② 손해평가
③ 검증조사
④ 현지조사

정답 ②

해설

(손해평가)라 함은 「농어업재해보험법」 제2조 제1호에 따른 피해가 발생한 경우 법 제11조 및 제11조의3에 따라 손해평가인, 손해평가사 또는 손해사정사가 그 피해사실을 확인하고 평가하는 일련의 과정을 말한다(농업재해보험 손해평가요령 제2조 제1호).

43 농업재해보험 손해평가요령에 따른 손해평가인의 위촉 및 교육에 관한 설명으로 옳지 않은 것은?

[기출수정]

① 재해보험사업자는 손해평가인으로 위촉된 자를 대상으로 2년마다 1회 이상의 보수교육을 실시하여야 한다.
② 재해보험사업자는 농어업재해보험이 실시되는 시·군·자치구별 보험가입자의 수 등을 고려하여 적정 규모의 손해평가인을 위촉할 수 있다.
③ 재해보험사업자는 손해평가인을 위촉한 경우에는 그 자격을 표시할 수 있는 손해평가인증을 발급하여야 한다.
④ 재해보험사업자 및 재해보험사업자의 업무를 위탁받은 자는 손해평가보조인을 운용할 수 있다.

정답 ①

해설

재해보험사업자는 손해평가인으로 위촉된 자를 대상으로 <u>3년마다 1회</u> 이상의 보수교육을 실시하여야 한다(농업재해보험 손해평가요령 제5조 제2항).
※ 이 규정은 농림축산식품부고시 제2017-107호(2017.12.11., 일부개정)에서 삭제되었다.

② 농업재해보험 손해평가요령 제4조 제2항
③ 농업재해보험 손해평가요령 제4조 제1항
④ 농업재해보험 손해평가요령 제4조 제3항

44 농업재해보험 손해평가요령에 따른 손해평가인 위촉의 취소사유에 해당되지 않는 자는?

① 파산선고를 받은 자로서 복권되지 아니한 자

② 손해평가인 위촉이 취소된 후 1년이 경과되지 아니한 자

③ 거짓 그 밖의 부정한 방법으로 손해평가인으로 위촉된 자

④ 「농어업재해보험법」 제30조에 의하여 벌금 이상의 형을 선고받고 그 집행이 종료되거나 집행이 면제된 날로부터 3년이 경과된 자

정답 ④

해설

「농어업재해보험법」 제30조에 의하여 벌금 이상의 형을 선고받고 그 집행이 종료되거나 집행이 면제된 날로부터 2년이 경과되지 아니한 자가 취소 사유에 해당된다(농업재해보험 손해평가요령 제6조 제1항 제3호).

45 농업재해보험 손해평가요령에 따른 손해평가준비 및 평가결과 제출에 관한 내용이다. (   )에 들어갈 숫자는?

> 재해보험사업자는 보험가입자가 손해평가반의 손해평가결과에 대하여 설명 또는 통지를 받은 날로부터 (   )일 이내에 손해평가가 잘못되었음을 증빙하는 서류 또는 사진 등을 제출하는 경우 재해보험사업자는 다른 손해평가반으로 하여금 재조사를 실시하게 할 수 있다.

① 5

② 7

③ 10

④ 14

정답 ②

해설

재해보험사업자는 보험가입자가 손해평가반의 손해평가결과에 대하여 설명 또는 통지를 받은 날로부터 (7)일 이내에 손해평가가 잘못되었음을 증빙하는 서류 또는 사진 등을 제출하는 경우 재해보험사업자는 다른 손해평가반으로 하여금 재조사를 실시하게 할 수 있다(농업재해보험 손해평가요령 제10조 제5항).

46 농업재해보험 손해평가요령에 따른 손해평가반 구성으로 잘못된 것은?

① 손해평가인 1인을 포함하여 3인으로 구성

② 손해사정사 1인을 포함하여 4인으로 구성

③ 손해평가인 1인과 손해평가사 1인을 포함하여 5인으로 구성

④ 손해평가보조인 5인으로 구성

정답 ④

해설

손해평가반의 구성(농업재해보험 손해평가요령 제8조 제2항)
손해평가반은 다음 각 호의 어느 하나에 해당하는 자로 구성하여 5인 이내로 한다.
1. 손해평가인
2. 손해평가사
3. 「보험업법」제186조에 따른 손해사정사

47 농업재해보험 손해평가요령에 따른 손해평가결과의 검증조사에 관한 설명으로 옳은 것은?

기출수정

① 재해보험사업자 및 농어업재해보험사업의 관리를 위탁받은 기관(이하 "사업관리위탁기관"이라 한다)은 손해평가결과를 확인하기 위하여 손해평가를 미실시한 보험목적물 중에서 일정수를 임의 추출하여 검증조사를 할 수 있다.
② 농림축산식품부장관은 재해보험사업자로 하여금 검증조사를 하게 할 수 있으며, 재해보험사업자는 이에 반드시 응하여야 한다.
③ 검증조사결과 현저한 차이가 발생되어 재조사가 불가피하다고 판단될 경우 해당 손해평가반이 조사한 전체 보험목적물에 대하여 재조사를 할 수 있다.
④ 보험가입자가 정당한 사유 없이 검증조사를 거부하는 경우 검증조사반은 검증조사가 불가능하여 손해평가 결과를 확인할 수 없다는 사실을 보험사업자에게 통지한 후 검증조사결과를 작성하여 제출하여야 한다.

정답 ③

해설

③ 농업재해보험 손해평가요령 제11조 제3항
① 재해보험사업자 및 농어업재해보험사업의 관리를 위탁받은 기관(이하 "사업관리위탁기관"이라 한다)은 손해평가반이 실시한 손해평가결과를 확인하기 위하여 손해평가를 실시한 보험목적물 중에서 일정수를 임의 추출하여 검증조사를 할 수 있다(농업재해보험 손해평가요령 제11조 제1항).
② 농림축산식품부장관은 재해보험사업자로 하여금 검증조사를 하게 할 수 있으며, 재해보험사업자는 특별한 사유가 없는 한 이에 응하여야 하고, 그 결과를 농림축산식품부장관에게 제출하여야 한다(농업재해보험 손해평가요령 제11조 제2항).
④ 보험가입자가 정당한 사유 없이 검증조사를 거부하는 경우 검증조사반은 검증조사가 불가능하여 손해평가 결과를 확인할 수 없다는 사실을 보험가입자에게 통지한 후 검증조사결과를 작성하여 재해보험사업자에게 제출하여야 한다(농업재해보험 손해평가요령 제11조 제4항).

48 농어업재해보험법상 재해보험사업자가 재해보험사업의 회계를 다른 회계와 구분하지 않고 회계 처리한 경우에 해당하는 벌칙은?

① 300만원 이하의 과태료
② 500만원 이하의 과태료
③ 500만원 이하의 벌금
④ 1년 이하의 징역 또는 1,000만원 이하의 벌금

정답 ③

해설
재해보험사업의 회계를 다른 회계와 구분하지 않고 회계를 처리한 자는 500만원 이하의 벌금에 처한다(농어 업재해보험법 제30조 제3항).

49 손해평가인이 업무수행과 관련하여 「개인정보보호법」, 「신용정보의 이용 및 보호에 관한 법률」 등 정보보호와 관련된 법령을 위반한 경우, 재해보험사업자가 손해평가인에게 명할 수 있는 최대 업무 정지기간은?

① 6개월
② 1년
③ 2년
④ 3년

정답 ①

해설
재해보험사업자는 손해평가인이 업무수행과 관련하여 「개인정보보호법」, 「신용정보의 이용 및 보호에 관한 법률」 등 정보보호와 관련된 법령을 위반한 때에는 6개월 이내의 기간을 정하여 그 업무의 정지를 명하거나 그 위촉을 해지할 수 있다(농업재해보험 손해평가요령 제6조 제2항 제3호).

50 농어업재해보험법상 농업재해보험사업의 효율적 추진을 위하여 농림축산식품부장관이 수행하는 업무가 아닌 것은?

① 재해보험사업의 관리 · 감독
② 재해보험 상품의 개발 및 보험요율의 산정
③ 손해평가인력의 육성
④ 손해평가기법의 연구 · 개발 및 보급

정답 ②

해설

농림축산식품부장관 또는 해양수산부장관은 재해보험사업을 효율적으로 추진하기 위하여 다음 각 호의 업무를 수행한다(농어업재해보험법 제25조의2 제1항).
1. 재해보험사업의 관리 · 감독
2. 재해보험 상품의 연구 및 보급
3. 재해 관련 통계 생산 및 데이터베이스 구축 · 분석
4. 손해평가인력의 육성
5. 손해평가기법의 연구 · 개발 및 보급

51 추파 일년초에 속하는 화훼작물은?

① 팬지
② 맨드라미
③ 샐비어
④ 칸나

정답 ①

해설

추파 일년초는 한해살이 화초로 가을에 파종하여 이듬해 꽃을 피우는 화훼작물이다.
예 팬지, 금잔화, 시네라리아 등

②·③ 맨드라미와 샐비어는 춘파 일년초로 봄에 파종하여 이듬해 꽃을 피우는 화훼작물이다.
④ 칸나는 알뿌리화초로 여러해살이 화초에 해당된다.

52 식물체내 물의 기능으로 옳지 않은 것은?

① 세포의 팽압 형성
② 감수분열 촉진
③ 양분 흡수와 이동의 용매
④ 물질의 합성과 분해과정 매개

정답 ②

해설

식물체내 물의 기능
• 식물체의 구성물질
• 양분 흡수와 이동의 용매
• 세포의 팽압 유지
• 물질의 합성과 분해과정에서 용매역할
• 각종 효소활성의 촉매작용
• 증산을 통한 식물체의 온도유지

53 ( )에 들어갈 내용은?

> 작물의 광합성에 의한 이산화탄소의 흡수량과 호흡에 의한 이산화탄소의 방출량이 같은 지점의 광도를 ( )이라 한다.

① 광반응점 ② 광보상점
③ 광순화점 ④ 광포화점

정답 ②

해설
....

광보상점은 식물체의 광합성에 의해 이산화탄소의 흡수량과 호흡에 의한 이산화탄소의 방출량이 같아져서 식물체가 외부 공기 중에서 실질적으로 흡수하는 이산화탄소의 양이 0이 되는 광의 강도를 말한다.
※ **광포화점** : 식물의 광합성 속도가 더 이상 증가하지 않을 때의 빛의 세기를 말한다.

54 단일일장(short day length) 조건에서 개화 억제를 위해 야간에 보광을 실시하는 작물은?

① 장미 ② 가지
③ 국화 ④ 토마토

정답 ③

해설
....

단일식물은 암기가 길어야 개화하는데 야간에 보광을 실시하면 개화가 억제된다. 단일식물은 국화, 벼, 콩, 옥수수, 나팔꽃, 목화 등이 대표적이다.

① 장미는 장일상태(보통 16~18시간 조명)에서 개화하는 장일식물이다.
②·④ 가지와 토마토는 낮과 밤의 길이와 상관없이 개화하는 중성식물이다.

55 건물 1g을 생산하는데 필요한 수분량인 요수량(要水量)이 가장 높은 작물은?

① 기장 ② 옥수수
③ 밀 ④ 호박

정답 ④

해설
....

요수량
호박 > 완두 > 오이 > 감자 > 귀리 > 보리 > 밀 > 옥수수 > 수수 > 기장

56 종자번식에서 자연교잡률이 4% 이하인 자식성 작물에 속하는 것은?

① 토마토   ② 양파

③ 매리골드   ④ 베고니아

정답 ①

해설

> 자식성 작물에는 토마토, 가지, 고추, 벼, 보리, 밀, 콩, 땅콩, 아마 등이 있다.

TIP	**자식성 식물과 타식성 식물**

같은 식물체에서 생긴 정세포와 난세포가 수정하는 것을 자가수정 또는 자식이라 하고 서로 다른 개체의 정세포와 난세포가 만나 수정되는 것을 타가수정 또는 타식이라고 한다. 자식에 의해 번식하는 식물을 자식성 식물(self-fertilization)이라 하고, 그 반대를 타식성 식물(cross-fertilization)이라 한다.

자식성 식물	• 곡류 : 벼, 보리, 밀, 조, 수수, 귀리 등 • 콩류 : 대두, 팥, 완두, 땅콩, 강낭콩 등 • 채소 : 토마토, 가지, 고추, 갓 등 • 과수 : 복숭아, 포도(일부), 귤(일부) 등 • 기타 : 참깨, 담배, 아마, 목화, 서양유채 등
타식성 식물	• 자웅이주 : 시금치, 호프, 아스파라거스, 삼, 파파야 등 • 자웅동주 : 옥수수, 감, 딸기, 밤, 호두, 오이, 수박 등 • 양성화 웅예선숙 : 양파, 마늘, 셀러리, 치자 등 • 양성화 자가불화합성 : 배추, 무, 양배추, 뽕나무, 차, 메밀, 호밀, 고구마, 사과, 일본배, 서양배 등

57 작물의 병해충 방제법 중 생물적 방제에 해당하는 것은?

① 윤작 등 작부체계의 변경

② 멀칭 및 자외선 차단필름 활용

③ 천적 곤충 이용

④ 태양열 소독

정답 ③

해설

> 생물적 방제는 해충의 천적을 이용하는 방법으로 가장 환경 친화적인 방법이다.
>
> ① 재배적 방제방법
> ②·④ 기계적·물리적 방제방법

58 해충과 천적의 관계가 바르게 짝지어지지 않은 것은?

① 잎응애류 – 칠레이리응애
② 진딧물류 – 온실가루이
③ 총채벌레류 – 애꽃노린재
④ 굴파리류 – 굴파리좀벌

[정답] ②

[해설]

진딧물 천적에는 기생성인 진디벌과 포식성인 파리류(*Aphidoletes aphidimyza*), 무당벌레(*Harmonia axyridis*), 풀잠자리(*Chrysoperla spp.*) 등이 있다.

※ 온실가루이의 천적에는 온실가루이좀벌(*Encarsia formosa*)이 가장 널리 이용되고 있다.

59 (   )에 들어갈 내용을 순서대로 바르게 나열한 것은?

- 작물이 생육하고 있는 중에 이랑 사이의 흙을 그루 밑에 긁어모아 주는 것을 (   )(이)라고 한다.
- 짚이나 건초를 깔아 작물이 생육하고 있는 토양 표면을 피복해 주는 것을 (   )(이)라고 한다.

① 중경, 멀칭
② 배토, 복토
③ 배토, 멀칭
④ 중경, 복토

[정답] ③

[해설]

- 작물이 생육하고 있는 중에 이랑 사이의 흙을 그루 밑에 긁어모아 주는 것을 (**배토**)라 한다.
- 짚이나 건초를 깔아 작물이 생육하고 있는 토양 표면을 피복해 주는 것을 (**멀칭**)이라 한다.
- 씨뿌리기나 옮겨심기를 한 후 작물이 심겨진 골 사이의 흙을 갈거나 쪼아 주는 것을 **중경(매기)**이라 한다.
- 뿌린 종자 위에 흙을 덮는 것을 **복토**라 한다.

60 영양번식(무성번식)에 관한 설명으로 옳지 않은 것은?

① 과수의 결실연령을 단축시킬 수 있다.
② 모주의 유전형질이 똑같이 후대에 계승된다.
③ 번식체의 취급이 간편하고 수송 및 저장이 용이하다.
④ 종자번식이 불가능한 작물의 번식수단이 된다.

[정답] ③

번식체의 취급이 간편하고 수송 및 저장이 용이한 것은 <u>종자번식(유성번식)</u>의 장점이다.

| TIP | 영양번식(무성번식)과 종자번식(유성번식) |

구 분	영양번식(무성번식)	종자번식(유성번식)
정의	잎, 줄기, 뿌리의 일부를 분리하여 독립된 식물체로 만드는 방법	암수 생식세포를 만들어 번식하는 방법(생식세포의 수정)
특징	• 교잡을 하지 않기 때문에 유전적 성질이 그대로 보존된다. • 어버이와 똑같은 품종을 짧은 기간에 대량 생산할 수 있다. • 종자번식이 불가능한 경우에 유일한 번식 수단이 된다. • 초기 생장이 빠르고, 개화와 과수의 결실연령을 단축시킬 수 있다. • 일시에 많은 식물을 번식하고자 할 경우 영양번식법이 사용된다.	• 종자결실이 안 되는 식물에 사용되는 번식법이다. • 번식체의 취급이 간편하고 수송 및 저장이 용이하다. • 다양한 유전적 특징을 가지는 자손이 생겨난다. • 환경변화에 잘 적응한다. 즉 종족 유지에 유리하다. • 성장이 느리고, 개화와 결실이 장기간 걸리는 경우가 있다.

61 작휴법 중 성휴법에 관한 설명으로 옳은 것은?

① 이랑을 세우고 낮은 고랑에 파종하는 방식
② 이랑을 보통보다 넓고 크게 만드는 방식
③ 이랑을 세우고 이랑 위에 파종하는 방식
④ 이랑을 평평하게 하여 이랑과 고랑의 높이가 같게 하는 방식

정답 ②

해설

성휴법은 이랑을 보통보다 넓고 크게 만드는 방식이다.

① 휴립구파법
③ 휴립휴파법
④ 평휴법

62 작물 생육기간 중 수분부족 환경에 노출될 때 일어나는 반응을 모두 고른 것은?

> ㄱ. 기공폐쇄
> ㄴ. 앱시스산(ABA) 합성 촉진
> ㄷ. 엽면적 증가

① ㄱ
② ㄱ, ㄴ
③ ㄴ, ㄷ
④ ㄱ, ㄴ, ㄷ

정답 ②

해설
....

수분부족시 뿌리에서 앱시스산(abscissic acid, ABA) 합성이 촉진되어 잎으로 이동하여 기공을 폐쇄함으로써 증산을 억제한다. 또한 수분부족은 팽압 저하로 엽면적을 감소시킨다.

63 작물 재배 중 온도의 영향에 관한 설명으로 옳은 것은?

① 조직 내에 결빙이 생겨 탈수로 인한 피해가 발생하는 것을 냉해라고 한다.
② 세포내 유기물 생성이 증가하면 에너지 소비가 심해져 내열성은 감소한다.
③ 춘화작용은 처리기간과 상관없이 온도의 영향을 받는다.
④ 탄소동화작용의 최적온도 범위는 호흡작용보다 낮다.

정답 ④

해설
....

탄소동화작용의 최적온도 범위는 20~30℃이고, 호흡작용의 최적온도 범위는 45~50℃이다.

① 조직 내에 결빙이 생겨 탈수로 인한 피해가 발생하는 것을 동해라고 한다. 냉해란 낮은 기온 또는 낮은 수온의 결과로 수확량이 감소되는 기상장해를 말한다.
② 작물이 열해에 견디는 성질을 내열성이라고 하는데, 세포내 유기물 생성이 증가하면 내열성은 증가한다.
③ 춘화작용은 생육의 일정시기(주로 초기)에 일정기간 인위적인 저온을 주어 화성을 유도·촉진시키는 것이다.

64 토양습해 예방대책으로 옳은 것은?

① 내습성 품종 선택
② 고랑 파종
③ 미숙유기물 사용
④ 밀식 재배

정답 ①

토양습해 예방대책
- **배수** : 배수는 습해의 기본 대책이다.
- **정지** : 밭에서는 휴립휴파를 하고, 습답에서는 휴립재배를 한다.
- **토양개량** : 세사를 객토하거나, 부식·토양개량제를 사용하여 입단을 조성하고 투수·투기를 좋게 한다.
- **작물 및 품종의 선택** : 내습성인 작물과 품종을 선택한다.
- **시비** : 미숙유기물과 황산근비료의 시용을 피한다.
- **기타** : 과산화석회(CaO_2)를 시용한다.

65 작물 피해를 발생시키는 대기오염 물질이 아닌 것은?

① 아황산가스
② 이산화탄소
③ 오존
④ 불화수소

정답 ②

해설

이산화탄소는 대기의 0.03% 농도로 존재하며, 광합성을 수행하여 작물의 생장을 촉진한다.
① 아황산가스는 가장 대표적인 대기오염물질로 광합성 속도를 크게 저하시키고 줄기·잎을 퇴색시킨다.
③ 오존은 잎을 황백화~적색화시키며, 암갈색의 점상반점이 생기게 한다.
④ 불화수소(HF)는 독성이 가장 강하며, 잎의 끝이나 가장자리를 백변시킨다.

66 염해(salt stress)에 관한 설명으로 옳지 않은 것은?

① 토양수분의 증발량이 강수량보다 많을 때 발생할 수 있다.
② 시설재배시 비료의 과용으로 생기게 된다.
③ 토양의 수분포텐셜이 높아진다.
④ 토양수분 흡수가 어려워지고 작물의 영양소 불균형을 초래한다.

정답 ③

해설

염해(salt stress)
토양 중 염류농도가 증가하게 되면, 염류의 과도한 축적으로 인해 식물체내의 수분포텐셜보다 토양의 수분포텐셜이 낮아진다.

TIP 수분포텐셜
물이 이동하는데 사용할 수 있는 에너지량

67 강풍이 작물에 미치는 영향으로 옳지 않은 것은?

① 상처로 인한 호흡률 증가

② 매개곤충의 활동저하로 인한 수정률 감소

③ 기공폐쇄로 인한 광합성률 감소

④ 병원균 감소로 인한 병해충 피해 약화

정답 ④

해설

강풍이 작물에 미치는 영향
- 과수에 상처를 입히고, 낙화를 유발한다.
- 기공폐쇄로 광합성률이 감소한다.
- 꿀벌 등 수정매개곤충의 활동저하로 수정률이 감소한다.
- 비닐하우스를 파손시킨다.
- 정식된 작물에 저온 피해를 유발한다.
- 태풍(강풍) 후에는 병해충 피해가 우려된다.

68 채소작물 중 조미채소류가 아닌 것은?

① 마늘　　　　　　　　　　② 고추

③ 생강　　　　　　　　　　④ 배추

정답 ④

해설

조미(양념)채소는 음식에 맛을 내는데 쓰이는 채소로 마늘, 고추, 생강, 양파, 파(대파, 쪽파) 등이 있다.

69 과수의 엽면시비에 관한 설명으로 옳지 않은 것은?

① 뿌리가 병충해 또는 침수 피해를 받았을 때 실시할 수 있다.

② 비료의 흡수율을 높이기 위해 전착제를 첨가하여 살포한다.

③ 잎의 윗면보다는 아랫면에 살포하여 흡수율을 높게 한다.

④ 고온기에는 살포농도를 높여 흡수율을 높게 한다.

정답 ④

해설

고온기에는 엽면시비를 피한다. 또한 살포농도가 높으면 잎이 타는 부작용이 있으므로 규정 농도를 잘 지켜야 하며, 대략 0.1~0.3%이다.

70 과수와 그 생육특성이 바르게 짝지어지지 않은 것은?

① 사과나무 - 교목성 온대과수
② 블루베리나무 - 관목성 온대과수
③ 참다래나무 - 덩굴성 아열대과수
④ 온주밀감나무 - 상록성 아열대과수

정답 ③

해설

참다래나무(키위)는 포도처럼 덩굴성 식물이지만 아열대과수가 아니라 온대과수이다.

71 과수 재배조건이 과실의 성숙과 저장에 미치는 영향으로 옳지 않은 것은?

① 질소를 과다시용하면 과실의 크기가 비대해지고 저장성도 높아진다.
② 토양수분이 지나치게 많으면 이상숙성 현상이 일어나 저장성이 떨어진다.
③ 평균기온이 높은 해에는 과실의 성숙이 빨라지므로 조기수확을 통해 저장 중 품질을 유지할 수 있다.
④ 생장 후기에 흐린 날이 많으면 저장 중 생리장해가 발생하기 쉽다.

정답 ①

해설

질소를 과다시용하면 가지와 잎의 생장에만 동화양분이 대부분 소비되어 식물체가 웃자라고, 꽃눈형성과 과실이 불량하게 된다.

72 과수재배시 봉지씌우기의 목적이 아닌 것은?

① 과실에 발생하는 병충해를 방제한다.
② 생산비를 절감하고 해거리를 유도한다.
③ 과피의 착색도를 향상시켜 상품성을 높인다.
④ 농약이 직접 과실에 부착되지 않도록 하여 상품성을 높인다.

정답 ②

해설

봉지씌우기는 수작업으로 이루어지기 때문에 생산비가 증가하는 단점이 있지만, 병해충의 피해 방지, 과피의 착색도 향상, 과피가 약한 열과성 품종(특히 천도)의 열과 방지, 과육이 깨끗한 과실 생산, 농약 등으로 오염되는 것을 방지하기 위해 실시한다.

73 화훼재배에 이용되는 생장조절물질에 관한 설명으로 옳은 것은?

① 루톤(rootone)은 옥신(auxin)계 생장조절물질로 발근을 촉진한다.

② 에테폰(ethephon)은 에틸렌 발생을 위한 기체 화합물로 아나나스류의 화아분화를 억제한다.

③ 지베렐린(gibberellin) 처리는 국화의 줄기신장을 억제한다.

④ 시토키닌(cytokinin)은 옥신류와 상보작용을 통해 측지발생을 억제한다.

정답 ①

해설

루톤(rootone)은 옥신(auxin)을 이용하는 대표적인 생장조절물질로 발근을 촉진한다.

② 에테폰(ethephon)은 식물의 노화를 촉진하는 에틸렌(ethylene)을 생성함으로써 아나나스류의 화아분화를 유도한다.

③ 지베렐린(gibberellin) 처리는 국화의 줄기신장을 촉진한다.

④ 시토키닌(cytokinin)은 옥신류와 상보작용을 통해 측지발생을 촉진한다.

74 (   )에 들어갈 내용으로 옳은 것은?

조직배양은 식물의 세포, 조직, 또는 기관이 완전한 식물체로 만들어질 수 있다는 (   )에 기반을 둔 것이다.

① 전형성능

② 유성번식

③ 발아세

④ 결실률

정답 ①

해설

조직배양은 식물의 일부 조직을 무균적으로 배양해 조직 자체의 증식 생장 및 각종 조직, 기관의 분화 발달에 의해 개체를 육성하는 방법이다. 즉 식물의 **전형성능(totipotency)**을 이용하여 무균상태에서 식물조직의 세포, 조직, 기관, 배 등 식물체의 일부를 이용하여 완전한 식물체를 얻는 것을 의미한다.

75 시설원예 피복자재의 조건으로 옳지 않은 것은?

① 열전도율이 낮아야 한다.

② 겨울철 보온성이 커야 한다.

③ 외부 충격에 강해야 한다.

④ 광투과율이 낮아야 한다.

[정답] ④

[해설]

피복자재는 열전도율이 낮고, 광투과율이 높아야 한다.

상법(보험편)

01 보험계약의 법적 성격으로 옳은 것은 몇 개인가?

선의계약성, 유상계약성, 요식계약성, 사행계약성

① 1개   ② 2개

③ 3개   ④ 4개

정답 ③

해설

보험계약은 청약과 승낙이라는 당사자 쌍방의 의사표시의 합치만으로 성립하고(낙성계약), 그 의사표시에는 특별한 방식이 필요 없으므로 **불요식계약**이다.
- 보험계약은 사법상의 신의성실의 원칙에 기초하고 있으므로, **선의계약성**이 요구된다.
- 보험계약은 보험사고의 발생을 전제로 보험계약자의 보험료 지급에 대하여 보험자가 일정한 보험금액, 기타의 급여를 지급할 것을 약정하므로 **유상계약**이다.
- 보험계약은 우연한 사고의 발생으로 인하여 보험금액의 지급 또는 그 액수가 정하여지므로 **사행계약**이다.

02 상법상 보험약관의 교부·설명의무에 관한 설명으로 옳지 않은 것은?

① 상법에 따르면 약관에 없는 사항은 비록 보험계약상 중요한 내용일지라도 설명할 의무가 없다.

② 보험자가 해당 보험계약 약관의 중요사항을 충분히 설명한 경우에도 해당 보험계약의 약관을 교부하여야 한다.

③ 보험자가 보험증권을 교부한 경우에는 따로 보험약관을 교부하지 않아도 된다.

④ 보험자가 보험약관의 교부·설명의무를 위반한 경우 보험계약자는 보험계약이 성립한 날부터 3개월 이내에 그 계약을 취소할 수 있다.

정답 ③

> 상법 제640조에 의하면 보험자는 보험계약이 성립한 때에는 지체 없이 보험증권을 작성하여 보험계약자에게 교부하여야 한다고 규정하고 있으며, 상법 제638조의3 제1항에 의하면 보험자는 보험계약을 체결할 때에 보험계약자에게 보험약관을 교부하고 그 약관의 중요한 내용을 설명하여야 한다고 규정하고 있다. 따라서 보험자는 보험계약자에 보험증권을 교부한 경우에도 보험약관의 교부의무는 면제되지 않는다.

03 보험계약에 관한 설명으로 옳지 않은 것은?

① 손해보험계약의 경우 보험자가 보험계약자로부터 보험계약의 청약과 함께 보험료 상당액의 전부를 지급받은 때에는 다른 약정이 없으면 30일 내에 그 상대방에 대하여 낙부의 통지를 발송하여야 한다.

② 보험계약은 청약과 승낙뿐만 아니라 보험료 지급이 이루어진 때에 성립한다.

③ 손해보험계약의 경우 보험자가 보험계약자로부터 보험계약의 청약과 함께 보험료 상당액의 전부를 지급 받은 경우에 그 청약을 승낙하기 전에 보험계약에서 정한 보험사고가 생긴 때에는 그 청약을 거절할 사유가 없는 한 보험자는 보험계약상의 책임을 진다.

④ 보험자가 낙부의 통지기간 내에 낙부의 통지를 해태한 때에는 승낙한 것으로 본다.

정답 ②

> 보험계약은 청약과 승낙이라는 당사자 쌍방의 의사표시의 합치만으로 성립하고, 아무런 급여를 요하지 않으므로 낙성계약이다.
>
> ① 상법 제638조의2 제1항
> ③ 상법 제638조의2 제3항
> ④ 상법 제638조의2 제2항

04 타인을 위한 보험계약에 관한 설명으로 옳은 것은?

① 타인을 위한 보험계약의 타인은 따로 수익의 의사표시를 하지 않은 경우에도 그 이익을 받는다.

② 타인을 위한 보험계약에서 그 타인은 불특정 다수이어야 한다.

③ 손해보험계약의 경우에 그 타인의 위임이 없는 때에는 보험계약자는 이를 보험자에게 고지하여야 하나, 그 고지가 없는 때에도 타인이 그 보험계약이 체결된 사실을 알지 못하였다는 사유로 보험자에게 대항할 수 있다.

④ 타인은 어떠한 경우에도 보험료를 지급하고 보험계약을 유지할 수 없다.

정답 ①

해설

타인(피보험자 또는 보험수익자)은 수익의 의사를 표시하지 않더라도 당연히 그 계약의 이익을 받으므로, 보험사고가 발생하면 직접 보험자에 대하여 보험금, 그 밖의 급여청구권을 갖는다(상법 제639조 제2항).

② 보험계약자는 위임을 받거나 위임을 받지 아니하고 <u>특정 또는 불특정의 타인</u>을 위하여 보험계약을 체결할 수 있다(상법 제639조 제1항).

③ 손해보험계약의 경우에 그 타인의 위임이 없는 때에는 보험계약자는 이를 보험자에게 고지하여야 하고, 그 고지가 없는 때에는 타인이 그 보험계약이 체결된 사실을 알지 못하였다는 사유로 보험자에게 <u>대항하지 못한다</u>(상법 제639조 제1항).

④ 보험계약자가 파산선고를 받거나 보험료의 지급을 지체한 때에는 그 타인이 그 권리를 포기하지 아니하는 한 그 <u>타인도 보험료를 지급할 의무가 있다</u>(상법 제639조 제3항).

05 보험계약의 당사자간에 다른 약정이 없는 경우 보험자의 책임개시 시기는?

① 최초의 보험료의 지급을 받은 때로부터 개시한다.

② 보험계약자의 청약에 대하여 보험자가 승낙하여 계약이 성립한 때로부터 개시한다.

③ 보험사고발생 사실이 통지된 때로부터 개시한다.

④ 보험자가 재보험에 가입하여 보험자의 보험금 지급 위험에 대한 보장이 확보된 때로부터 개시한다.

정답 ①

해설

보험자의 책임은 당사자간에 다른 약정이 없으면 <u>최초의 보험료의 지급을 받은 때로부터</u> 개시한다(상법 제656조).

06 다음 설명 중 옳지 않은 것은?

① 보험계약은 그 계약 전의 어느 시기를 보험기간의 시기로 할 수 있다.

② 건물에 대한 화재보험계약 체결시에 이미 건물이 화재로 전소하는 사고가 발생한 경우 당사자 쌍방과 피보험자가 이를 알지 못한 때에는 그 계약은 무효가 아니다.

③ 보험증권을 멸실 또는 현저하게 훼손한 때에는 보험계약자는 보험자에 대하여 증권의 재교부를 청구할 수 있다.

④ 보험증권내용의 정부에 관한 이의기간은 약관에서 15일 이내로 정해야 한다.

정답 ④

해설

보험증권내용의 정부에 관한 이의기간은 "<u>1월을 내리지 못한다</u>"고 규정(상법 제641조)되어 있으므로, 15일 이내로 정해야 한다는 약관 규정은 옳지 않다.

07 다음 설명 중 옳지 않은 것은?

① 타인을 위한 보험계약의 경우에는 보험계약자는 그 타인의 동의를 얻지 아니하거나 보험증권을 소지하지 아니하면 그 계약을 해지하지 못한다.

② 자기를 위한 보험계약의 경우 보험사고가 발생하기 전 보험계약의 당사자는 언제든지 계약의 전부 또는 일부를 해지할 수 있다.

③ 보험사고의 발생으로 보험자가 보험금액을 지급한 때에도 보험금액이 감액되지 아니하는 보험의 경우에는 보험계약자는 그 사고발생 후에도 보험계약을 해지할 수 있다.

④ 보험사고발생 전에 보험계약을 해지한 보험계약자는 당사자간에 다른 약정이 없으면 미경과 보험료의 반환을 청구할 수 있다.

정답 ②

해설

보험사고가 발생하기 전에는 <u>보험계약자는 언제든지 계약의 전부 또는 일부를 해지할 수 있다</u>(상법 제649조 제1항). 그러나 <u>보험계약의 당사자 중 보험자는 언제든지 해지할 수 없다</u>.

① 상법 제649조 제1항
③ 상법 제649조 제2항
④ 상법 제649조 제3항

08 보험료 부지급에 관한 설명으로 옳지 않은 것은?

① 계약 성립 후 2월 이내에 제1회 보험료를 지급하지 아니하는 경우에는 다른 약정이 없는 한 그 계약은 해제된 것으로 본다.

② 보험계약자가 계속보험료의 지급을 지체한 경우에 보험자는 상당한 기간을 정하여 이행을 최고하여야 하고, 그 최고기간 내에 지급되지 아니한 때에는 그 계약을 해지할 수 있다.

③ 특정한 타인을 위한 보험의 경우에 보험계약자가 계속보험료의 지급을 지체한 때에는 보험자는 그 타인에게도 상당한 기간을 정하여 보험료의 지급을 최고한 후가 아니면 그 계약을 해지하지 못한다.

④ 대법원 전원합의체 판결에 의하면 약관에서 제2회 분납보험료가 그 지급유예기간까지 납입되지 아니하였음을 이유로 상법 소정의 최고절차를 거치지 않고, 막바로 보험계약이 실효됨을 규정한 이른바 실효약관은 유효하다.

정답 ④

대법원 전원합의체 판결에 의하면 보험계약자에게 상법 제650조의 최고절차를 무시하고 지급유예기간 경과 후에 보험계약이 자동실효 됨을 규정한 실효약관은 <u>보험계약자 등에게 불이익하게 변경된 조항(상법 제663 조)이기 때문에 무효이다.</u> 그러므로 보험자는 상법 제650조의 최고절차를 이행해야 한다.

① 상법 제650조 제1항
② 상법 제650조 제2항
③ 상법 제650조 제3항

09 다음 설명 중 옳은 것을 모두 고른 것은?

> ㄱ. 보험자가 서면으로 질문한 사항은 중요한 사항으로 간주하므로 보험계약자는 그 중요성을 다툴
> 수 없다.
> ㄴ. 보험계약자뿐만 아니라 피보험자도 고지의무를 진다.
> ㄷ. 고지의무위반의 요건으로 보험계약자 또는 피보험자의 고의 또는 중대한 과실은 필요 없다.
> ㄹ. 보험자가 계약 당시에 고지의무위반 사실을 알았거나 중대한 과실로 인하여 알지 못한 때에는
> 고지의무위반을 이유로 계약을 해지할 수 없다.

① ㄱ, ㄴ   ② ㄴ, ㄷ
③ ㄴ, ㄹ   ④ ㄷ, ㄹ

ㄱ. (✕) 보험자가 서면으로 질문한 사항은 중요한 사항으로 <u>추정</u>하므로 보험계약자는 그 중요성을 <u>다툴 수 있다</u>(상법 제651조의2).
ㄴ. (○) 보험계약법상 보험계약자뿐만 아니라 피보험자도 고지의무를 진다(상법 제651조).
ㄷ. (✕) 고지의무위반의 요건은 보험계약자 또는 피보험자의 <u>고의 또는 중대한 과실로 인한 것</u>이어야 한다(상법 제651조). 여기서 고의란 해의(害意)가 아니고 중요한 사실에 관하여 알면서 고지하지 아니하거나 허위인 줄 알면서 고지하지 않는 것을 말하며, 중대한 과실이란 보험계약자 등이 조금만 주위를 기울였다면 그 사실의 중요성과 고지의 당위성을 알았을 것을 부주의로 불고지, 부실고지를 한 것을 말한다.
ㄹ. (○) 보험자가 계약 당시에 그 사실을 알았거나 중대한 과실로 인하여 알지 못한 때에는 계약을 해지할 수 없다(상법 제651조).

10 위험변경증가시의 통지와 보험계약해지에 관한 설명으로 옳지 않은 것은?

① 보험기간 중에 피보험자가 사고발생의 위험이 현저하게 변경 또는 증가된 사실을 안 때에는 지체 없이 보험자에게 통지하여야 한다.

② 보험기간 중에 보험계약자의 고의로 사고발생의 위험이 현저하게 변경 또는 증가된 때에는 보험자는 그 사실을 안 날로부터 1월 내에 계약을 해지할 수 있다.

③ 보험기간 중에 피보험자의 중대한 과실로 인하여 사고발생의 위험이 현저하게 변경 또는 증가된 때에는 보험자는 그 사실을 안 날부터 1월 내에 계약을 해지할 수 있다.

④ 보험기간 중에 피보험자의 고의로 인하여 사고발생의 위험이 현저하게 변경 또는 증가된 경우에는 보험자는 계약을 해지할 수 없다.

정답 ④

해설

②·③·④ 보험기간 중에 보험계약자, 피보험자 또는 보험수익자의 고의 또는 중대한 과실로 인하여 사고발생의 위험이 현저하게 변경 또는 증가된 때에는 보험자는 그 사실을 안 날부터 1월 내에 보험료의 증액을 청구하거나 <u>계약을 해지할 수 있다</u>(상법 제653조).
① 상법 제652조 제1항

11 보험계약해지 등에 관한 설명으로 옳은 것은?

① 보험사고가 발생한 후라도 보험자가 계속보험료의 지급 지체를 이유로 보험계약을 해지하였을 때에는 보험자는 보험금을 지급할 책임이 있다.

② 고지의무를 위반한 사실이 보험사고발생에 영향을 미치지 아니하였음이 증명된 경우, 보험자는 보험금을 지급할 책임이 있다.

③ 보험계약자의 중대한 과실로 인하여 사고발생의 위험이 현저하게 변경 또는 증가되어 계약을 해지한 경우, 보험자는 언제나 보험금을 지급할 책임이 있다.

④ 보험계약자가 위험변경증가시의 통지의무를 위반하여 보험자가 보험계약을 해지한 경우, 보험자는 언제나 이미 지급한 보험금의 반환을 청구할 수 있다.

정답 ②

....

고지의무를 위반한 사실 또는 위험이 현저하게 변경되거나 증가된 사실이 보험사고발생에 영향을 미치지
아니하였음이 증명된 경우에는 보험금을 지급할 책임이 있다(상법 제655조).

① 보험사고가 발생한 후라도 보험자가 계속보험료의 지급 지체를 이유로 보험계약을 해지하였을 때에는
보험자는 보험금을 지급할 책임이 <u>없다</u>(상법 제655조).
③ 보험계약자의 중대한 과실로 인하여 사고발생의 위험이 현저하게 변경 또는 증가되어 계약을 해지한 경우,
보험자는 보험금을 지급할 책임이 <u>없다</u>(상법 제655조).
④ <u>언제나 이미 지급한 보험금의 반환을 청구할 수 있는 것이 아니다.</u> 위험의 현저한 변경 또는 증가된 사실이
보험사고발생과 인과관계가 없음이 증명된 경우에 보험자는 보험금 지급의무를 부담해야 하기 때문이다
(상법 제655조 단서).

12 재보험계약에 관한 설명으로 옳지 않은 것은?

① 보험자는 보험사고로 인하여 부담할 책임에 대하여 다른 보험자와 재보험계약을 체결할 수
있다.
② 재보험은 원보험자가 인수한 위험의 전부 또는 일부를 분산시키는 기능을 한다.
③ 재보험계약의 전제가 되는 최초로 체결된 보험계약을 원보험계약 또는 원수보험계약이라 한다.
④ 재보험계약은 원보험계약의 효력에 영향을 미친다.

[정답] ④

[해설] ....

재보험계약은 법률상으로 원보험계약과는 구별되는 독립된 계약이므로, 원보험계약의 효력에 영향을 미치지
아니한다(상법 제661조).

13 손해보험에서 보험자의 보험금액 지급과 면책사유에 관한 설명으로 옳지 않은 것은?

① 보험자는 보험금액의 지급에 관하여 약정기간이 있는 경우에는 그 기간 내에 피보험자에게
보험금액을 지급하여야 한다.
② 보험자는 보험금액의 지급에 관하여 약정기간이 없는 경우에는 보험사고발생의 통지를 받은
후 지체 없이 지급할 보험금액을 정하고, 그 정하여진 날부터 10일 내에 피보험자에게 보험금
액을 지급하여야 한다.
③ 보험사고가 보험계약자 또는 피보험자의 중대한 과실로 인하여 생긴 때에는 보험자는 언제나
보험금액을 지급할 책임이 있다.
④ 보험사고가 전쟁 기타의 변란으로 인하여 생긴 때에는 당사자간에 다른 약정이 없으면 보험자
는 보험금액을 지급할 책임이 없다.

[정답] ③

> 보험사고가 보험계약자 또는 피보험자나 보험수익자의 고의 또는 중대한 과실로 인하여 생긴 때에는 보험자는 보험금액을 지급할 <u>책임이 없다</u>(상법 제659조 제1항).
>
> ① · ② 상법 제658조
> ④ 상법 제660조

14 상법 제662조(소멸시효)에 관한 설명으로 옳은 것을 모두 고른 것은?

> ㄱ. 보험금청구권은 3년간 행사하지 아니하면 시효의 완성으로 소멸한다.
> ㄴ. 보험료반환청구권은 3년간 행사하지 아니하면 시효의 완성으로 소멸한다.
> ㄷ. 적립금의 반환청구권은 2년간 행사하지 아니하면 시효의 완성으로 소멸한다.
> ㄹ. 보험료청구권은 2년간 행사하지 아니하면 시효의 완성으로 소멸한다.

① ㄱ, ㄴ, ㄷ   ② ㄱ, ㄴ, ㄹ
③ ㄱ, ㄷ, ㄹ   ④ ㄴ, ㄷ, ㄹ

정답 ②

> 보험금청구권은 3년간, 보험료 또는 적립금의 반환청구권은 3년간, 보험료청구권은 2년간 행사하지 아니하면 시효의 완성으로 소멸한다(상법 제662조).

15 화재보험계약에 관한 설명으로 옳지 않은 것은?

① 보험자가 손해를 보상함에 있어서 화재와 손해간에 상당인과관계는 필요하지 않다.
② 보험자는 화재의 소방에 필요한 조치로 인하여 생긴 손해를 보상할 책임이 있다.
③ 보험자는 화재 발생시 손해의 감소에 필요한 조치로 인하여 생긴 손해를 보상할 책임이 있다.
④ 화재보험계약은 화재로 인하여 생긴 손해를 보상할 것을 목적으로 하는 손해보험계약이다.

정답 ①

> 화재보험계약에서 보험자는 화재로 인한 직접적인 손해뿐만 아니라, 인과관계가 있는 간접손해에 대하여도 책임을 진다. 즉 보험자가 보상할 손해의 범위에 관하여는 <u>화재와 손해와의 사이에 상당인과관계가 있어야 한다</u>는 것이 통설이다.
>
> ② · ③ 상법 제684조
> ④ 상법 제683조

16 보험계약자 등의 불이익변경금지에 관한 설명으로 옳지 않은 것은?

① 불이익변경금지는 보험자와 보험계약자의 관계에서 계약의 교섭력이 부족한 보험계약자 등을 보호하기 위한 것이다.

② 상법 보험편의 규정은 가계보험에서 당사자간의 특약으로 보험계약자의 불이익으로 변경하지 못한다.

③ 상법 보험편의 규정은 가계보험에서 당사자간의 특약으로 피보험자의 불이익으로 변경하지 못한다.

④ 재보험은 당사자의 특약으로 보험계약자의 불이익으로 변경할 수 없다.

정답 ④

해설

화재보험 및 해상보험 기타 이와 유사한 보험의 경우에는 보험계약자 등의 불이익변경금지원칙이 적용되지 않는다(상법 제663조). 즉 재보험은 당사자의 특약으로 보험계약자의 불이익으로 <u>변경할 수 있다</u>.

17 화재보험증권에 기재하여야 할 사항으로 옳은 것을 모두 고른 것은?

ㄱ. 보험의 목적
ㄴ. 보험계약 체결 장소
ㄷ. 동산을 보험의 목적으로 한 때에는 그 존치한 장소의 상태와 용도
ㄹ. 피보험자의 주소, 성명 또는 상호
ㅁ. 보험계약자의 주민등록번호

① ㄱ, ㄴ, ㄷ ② ㄱ, ㄷ, ㄹ
③ ㄴ, ㄷ, ㅁ ④ ㄴ, ㄹ, ㅁ

정답 ②

해설

화재보험증권의 기재사항(상법 제685조)
화재보험증권에는 <u>제666조에</u> 게기한 사항 외에 다음의 사항을 기재하여야 한다.
1. 건물을 보험의 목적으로 한 때에는 그 소재지, 구조와 용도
2. <u>동산을 보험의 목적으로 한 때에는 그 존치한 장소의 상태와 용도</u>
3. 보험가액을 정한 때에는 그 가액

1. <u>보험의 목적</u>
2. 보험사고의 성질
3. 보험금액
4. 보험료와 그 지급방법
5. 보험기간을 정한 때에는 그 시기와 종기
6. 무효와 실권의 사유
7. 보험계약자의 주소와 성명 또는 상호
8. <u>피보험자의 주소, 성명 또는 상호</u>
9. 보험계약의 연월일
10. 보험증권의 작성지와 그 작성연월일

18 집합보험에 관한 설명으로 옳지 않은 것은?

① 집합보험이란 경제적으로 독립한 여러 물건의 집합물을 보험의 목적으로 한 보험을 말한다.
② 집합된 물건을 일괄하여 보험의 목적으로 한 때에는 피보험자의 사용인의 물건도 보험의 목적에 포함된 것으로 본다.
③ 집합된 물건을 일괄하여 보험의 목적으로 한 때에는 그 목적에 속한 물건이 보험기간 중에 수시로 교체된 경우에도 보험계약 체결시에 존재한 물건은 보험의 목적에 포함된 것으로 한다.
④ 집합된 물건을 일괄하여 보험의 목적으로 한 때에는 피보험자의 가족의 물건도 보험의 목적에 포함된 것으로 본다.

정답 ③

해설

집합된 물건을 일괄하여 보험의 목적으로 한 때에는 그 목적에 속한 물건이 보험기간 중에 수시로 교체된 경우에도 <u>보험사고의 발생시에 현존한 물건</u>은 보험의 목적에 포함된 것으로 한다(상법 제687조).

19 중복보험에 관한 설명으로 옳은 것은?

① 중복보험에서 보험금액의 총액이 보험가액을 초과한 경우 보험자는 각자의 보험금액의 한도에서 연대책임을 진다.
② 피보험이익이 다를 경우에도 중복보험이 성립할 수 있다.
③ 중복보험에서 수인의 보험자 중 1인에 대한 권리의 포기는 다른 보험자의 권리의무에 영향을 미친다.
④ 중복보험이 성립하기 위해서는 보험계약자가 동일하여야 한다.

정답 ①

중복보험은 동일한 보험계약의 목적과 동일한 사고에 관하여 수개의 보험계약이 동시에 또는 순차로 체결된 경우에 그 보험금액의 총액이 보험가액을 초과한 때에는 보험자는 각자의 보험금액의 한도에서 연대책임을 진다(상법 제672조 제1항).

② 피보험이익(보험계약의 목적)이 동일해야 중복보험이 성립할 수 있다.
③ 중복보험에서 수인의 보험자 중 1인에 대한 권리의 포기는 다른 보험자의 권리의무에 영향을 미치지 아니한다(상법 제673조).
④ 중복보험이 성립하기 위해서는 수인의 보험자와 수개의 보험계약이 체결되어야 하는데, 이때 보험계약자가 동일할 필요는 없으나, 피보험자는 동일하여야 한다.

20 손해보험계약에 관한 설명으로 옳지 않은 것은?

① 손해보험은 정액보험으로만 운영된다.
② 손해보험계약은 피보험자의 손해의 발생을 요소로 한다.
③ 손해보험계약의 보험자는 보험사고로 인하여 생길 피보험자의 재산상의 손해를 보상할 책임이 있다.
④ 보험사고의 성질은 손해보험증권의 필수적 기재사항이다.

정답 ①

해설

손해보험은 보험사고발생시에 보험가액과 보험금액의 한도 내에서 보상액이 결정되는 부정액보험인 반면, 생명보험은 보험사고발생시에 계약상의 일정한 금액을 지급하는 정액보험이다.

21 보험가액에 관한 설명으로 옳은 것은?

① 당사자간에 보험가액을 정한 때에는 그 가액은 보험기간 개시시의 가액으로 정한 것으로 추정한다.
② 미평가보험의 경우 사고발생시의 가액을 보험가액으로 한다.
③ 보험가액은 변동되지 않는다.
④ 기평가보험에서 보험가액이 사고발생시의 가액을 현저하게 초과할 때에는 보험기간 개시시의 가액을 보험가액으로 한다.

정답 ②

당사자간에 보험가액을 정하지 아니한 때에는 사고발생시의 가액을 보험가액으로 한다(상법 제671조).

① 당사자간에 보험가액을 정한 때에는 그 가액은 <u>사고발생시의 가액</u>으로 정한 것으로 추정한다(상법 제670조).
③ 보험가액은 피보험이익을 금전으로 평가한 가액으로, 원칙적으로 언제나 <u>일정한 것이 아니다</u>.
④ 기평가보험에서 보험가액이 사고발생시의 가액을 현저하게 초과할 때에는 <u>사고발생시의 가액</u>을 보험가액으로 한다(상법 제670조 단서).

22 초과보험에 관한 설명으로 옳지 않은 것은?

① 초과보험이 성립하기 위해서는 보험금액이 보험계약의 목적의 가액을 현저하게 초과하여야 한다.
② 보험가액이 보험기간 중에 현저하게 감소한 경우에 보험자 또는 보험계약자는 보험료와 보험금액의 감액을 청구할 수 있다.
③ 보험계약자의 사기로 인하여 체결된 초과보험계약은 무효로 한다.
④ 초과보험의 효과로서 보험료 감액 청구에 따른 보험료의 감액은 소급효가 있다.

정답 ④

해설

보험료의 감액은 <u>장래에 대하여서만</u> 그 효력이 있다(상법 제669조 제1항 단서).

23 보험자대위에 관한 설명으로 옳지 않은 것은?

① 실손보상의 원칙을 구현하기 위한 제도이다.
② 일부보험의 경우에도 잔존물대위가 인정된다.
③ 잔존물대위는 보험의 목적의 일부가 멸실한 경우에도 성립한다.
④ 보험금을 일부 지급한 경우 피보험자의 권리를 해하지 않는 범위 내에서 청구권대위가 인정된다.

정답 ③

해설

보험의 목적의 전부가 멸실한 경우에 보험금액의 전부를 지급한 보험자는 그 목적에 대한 피보험자의 권리를 취득한다(상법 제681조). 즉 잔존물대위는 <u>보험의 목적이 전부멸실, 즉 전손되어야 한다</u>.

24 일부보험에 관한 설명으로 옳지 않은 것은?

① 일부보험에 관한 상법의 규정은 강행규정으로 당사자간 다른 약정으로 손해보상액을 보험금액의 한도로 변경할 수 없다.

② 일부보험의 경우 당사자간에 다른 약정이 없는 때에는 보험자는 보험금액의 보험가액에 대한 비율에 따라 보상할 책임을 진다.

③ 일부보험은 보험계약자가 보험료를 절약할 목적 등으로 활용된다.

④ 일부보험은 보험가액의 일부를 보험에 붙인 보험이다.

정답 ①

해설

보험가액의 일부를 보험에 붙인 경우에는 보험자는 보험금액의 보험가액에 대한 비율에 따라 보상할 책임을 진다. 그러나 당사자간에 <u>다른 약정이 있는 때에는</u> 보험자는 보험금액의 한도 내에서 그 손해를 보상할 책임을 진다(상법 제674조). 즉 일부보험에 관한 상법의 규정은 <u>임의규정</u>으로 당사자간 다른 약정으로 손해보상액을 보험금액의 한도로 <u>변경할 수 있다.</u>

25 손해액의 산정기준에 관한 설명으로 옳은 것을 모두 고른 것은?

> ㄱ. 보험자가 보상할 손해액은 그 손해가 발생한 때와 곳의 가액에 의하여 산정하는 것을 원칙으로 한다.
> ㄴ. 보험자가 보상할 손해액에 관하여 당사자간에 다른 약정이 있는 때에는 신품가액에 의하여 손해액을 산정할 수 있다.
> ㄷ. 손해액의 산정에 관한 비용은 보험자가 부담한다.

① ㄱ

② ㄱ, ㄴ

③ ㄱ, ㄷ

④ ㄱ, ㄴ, ㄷ

정답 ④

해설

ㄱ. (○) 보험자가 보상할 손해액은 그 손해가 발생한 때와 곳의 가액에 의하여 산정한다(상법 제676조 제1항).
ㄴ. (○) 당사자간에 다른 약정이 있는 때에는 그 신품가액에 의하여 손해액을 산정할 수 있다(상법 제676조 제1항 단서).
ㄷ. (○) 손해액의 산정에 관한 비용은 보험자의 부담으로 한다(상법 제676조 제2항).

26 농어업재해보험법령상 가축재해보험의 목적물이 아닌 것은?

① 소   ② 오리

③ 개   ④ 타조

정답 ③

해설

가축재해보험의 목적물

가축재해보험	소·말·돼지·닭·오리·꿩·메추리·칠면조·사슴·거위·타조·양·벌·토끼·오소리·관상조
	위 가축의 축사(부대시설 포함)

TIP	농업재해보험에서 보상하는 보험목적물의 범위	
재해보험의 종류	**보험목적물**	
농작물재해보험	사과·배·포도·단감·감귤·복숭아·참다래·자두·감자·콩·양파·고추·옥수수·고구마·마늘·매실·벼·오디·차·느타리버섯·양배추·밀·유자·무화과·메밀·인삼·브로콜리·양송이버섯·새송이버섯·배추·무·파·호박·당근·팥·살구·시금치·보리·귀리·시설봄감자·양상추·시설(수박·딸기·토마토·오이·참외·풋고추·호박·국화·장미·멜론·파프리카·부추·시금치·상추·배추·가지·파·무·백합·카네이션·미나리·쑥갓)	
	위 농작물의 재배시설(부대시설 포함)	
임산물재해보험	떫은감·밤·대추·복분자·표고버섯·오미자·호두	
	위 임산물의 재배시설(부대시설 포함)	
가축재해보험	소·말·돼지·닭·오리·꿩·메추리·칠면조·사슴·거위·타조·양·벌·토끼·오소리·관상조(觀賞鳥)	
	위 가축의 축사(부대시설 포함)	

27 농어업재해보험법령상 재해보험사업의 약정을 체결하려는 자가 농림축산식품부장관 또는 해양수산부장관에게 제출하여야 하는 서류에 해당하지 않는 것은?

① 정관   ② 사업방법서

③ 보험약관   ④ 보험요율의 산정자료

정답 ④

약정을 체결하려는 자는 다음의 서류를 농림축산식품부장관 또는 해양수산부장관에게 제출하여야 한다(농어업재해보험법 제8조 제3항, 동법 시행령 제10조 제3항).
1. 사업방법서, 보험약관, 보험료 및 책임준비금산출방법서
2. 그 밖에 대통령령으로 정하는 서류(정관)

28 농어업재해보험법령상 재해보험의 종류에 따른 보험가입자의 기준에 해당하지 않는 것은?

① 농작물재해보험 : 농업재해보험심의회를 거쳐 농림축산식품부장관이 고시하는 농작물을 재배하는 개인
② 임산물재해보험 : 농업재해보험심의회를 거쳐 농림축산식품부장관이 고시하는 임산물을 재배하는 법인
③ 가축재해보험 : 농업재해보험심의회를 거쳐 농림축산식품부장관이 고시하는 가축을 사육하는 개인
④ 양식수산물재해보험 : 중앙 수산업·어촌정책심의회를 거쳐 해양수산부장관이 고시하는 자연수산물을 채취하는 법인

정답 ④

해설

보험가입자의 기준(농어업재해보험법 제7조, 동법 시행령 제9조)
재해보험에 가입할 수 있는 자는 농림업, 축산업, 양식수산업에 종사하는 개인 또는 법인으로 하고, 구체적인 보험가입자의 기준은 다음의 구분에 따른다.
• **농작물재해보험** : 농업재해보험심의회를 거쳐 농림축산식품부장관이 고시하는 농작물을 재배하는 자
• **임산물재해보험** : 농업재해보험심의회를 거쳐 농림축산식품부장관이 고시하는 임산물을 재배하는 자
• **가축재해보험** : 농업재해보험심의회를 거쳐 농림축산식품부장관이 고시하는 가축을 사육하는 자
• **양식수산물재해보험** : 중앙 수산업·어촌정책심의회를 거쳐 해양수산부장관이 고시하는 <u>양식수산물을 양식하는 자</u>

29 농어업재해보험법령상 가축재해보험의 손해평가인으로 위촉될 수 있는 자격요건을 갖춘 자는?

① 「수의사법」에 따른 수의사
② 농촌진흥청에서 가축사육분야에 관한 연구·지도 업무를 1년간 담당한 공무원
③ 「수산업협동조합법」에 따른 중앙회와 조합의 임직원으로 수산업지원 관련 업무를 3년간 담당한 경력이 있는 사람
④ 재해보험 대상 가축을 3년간 사육한 경력이 있는 농업인

정답 ①

가축재해보험의 손해평가인으로 위촉될 수 있는 자격요건(농어업재해보험법 시행령 [별표 2])

1. 재해보험 대상 가축을 5년 이상 사육한 경력이 있는 농업인
2. 공무원으로 농림축산식품부, 농촌진흥청, 통계청 또는 지방자치단체나 그 소속기관에서 가축사육 분야에 관한 연구·지도 또는 가축 통계조사 업무를 3년 이상 담당한 경력이 있는 사람
3. 교원으로 고등학교에서 가축사육 분야 관련 과목을 5년 이상 교육한 경력이 있는 사람
4. 조교수 이상으로「고등교육법」제2조에 따른 학교에서 가축사육 관련학을 3년 이상 교육한 경력이 있는 사람
5. 「보험업법」에 따른 보험회사의 임직원이나「농업협동조합법」에 따른 중앙회와 조합의 임직원으로 영농지원 또는 보험·공제 관련 업무를 3년 이상 담당하였거나 손해평가 업무를 2년 이상 담당한 경력이 있는 사람
6. 「고등교육법」제2조에 따른 학교에서 가축사육 관련학을 전공하고 축산전문 연구기관 또는 연구소에서 5년 이상 근무한 학사학위 이상 소지자
7. 「고등교육법」제2조에 따른 전문대학에서 보험 관련 학과를 졸업한 사람
8. 「학점인정 등에 관한 법률」제8조에 따라 전문대학의 보험 관련 학과 졸업자와 같은 수준 이상의 학력이 있다고 인정받은 사람이나「고등교육법」제2조에 따른 학교에서 80학점(보험 관련 과목 학점이 45학점 이상이어야 한다) 이상을 이수한 사람 등 제7호에 해당하는 사람과 같은 수준 이상의 학력이 있다고 인정되는 사람
9. 「수의사법」에 따른 수의사
10. 「국가기술자격법」에 따른 축산기사 이상의 자격을 소지한 사람

30 「농어업재해보험법령」상 손해평가사의 시험에 관한 설명으로 옳은 것은?

① 손해평가사 자격이 취소된 사람은 그 취소 처분이 있는 날부터 2년이 지나지 아니한 경우 손해평가사 자격시험에 응시하지 못한다.
②「보험업법」에 따른 손해사정사에 대하여는 손해평가사 제1차 시험을 면제할 수 없다.
③ 농림축산식품부장관은 손해평가사의 수급(需給)상 필요와 무관하게 손해평가사 자격시험을 매년 1회 실시하여야 한다.
④ 손해평가인으로 위촉된 기간이 3년 이상인 사람으로서 손해평가업무를 수행한 경력이 있는 사람은 손해평가사 제2차 시험의 일부과목을 면제한다.

①

① 농어업재해보험법 제11조의4 제4항 제2호
②「보험업법」에 따른 손해사정사에 대하여는 손해평가사 제1차 시험을 면제할 수 있다(농어업재해보험법 제11조의4 제2항, 동법 시행령 제12조의5 제1항 제2호).
③ 손해평가사 자격시험은 매년 1회 실시한다. 다만, 농림축산식품부장관이 손해평가사의 수급(需給)상 필요하다고 인정하는 경우에는 2년마다 실시할 수 있다(농어업재해보험법 시행령 제12조의2 제1항).
④ 손해평가인으로 위촉된 기간이 3년 이상인 사람으로서 손해평가업무를 수행한 경력이 있는 사람은 손해평가사 제1차 시험을 면제한다(농어업재해보험법 시행령 제12조의5 제2항).

31 「농어업재해보험법」상 손해평가사가 그 직무를 게을리 하거나 직무를 수행하면서 부적절한 행위를 하였다고 인정될 경우, 농림축산식품부장관이 손해평가사에게 명할 수 있는 업무정지의 최장 기간은?

① 6개월　　　　　　　　　　　② 1년
③ 2년　　　　　　　　　　　　④ 3년

정답 ②

해설

농림축산식품부장관은 손해평가사가 그 직무를 게을리하거나 직무를 수행하면서 부적절한 행위를 하였다고 인정하면 <u>1년 이내</u>의 기간을 정하여 업무의 정지를 명할 수 있다(농어업재해보험법 제11조의6 제1항).

32 「농어업재해보험법」상 손해평가사의 자격 취소의 사유에 해당하지 않는 것은?　　`기출+수정`

① 손해평가사가 다른 사람에게 자격증을 대여한 경우
② 손해평가사가 정당한 사유 없이 손해평가 업무를 거부한 경우
③ 손해평가사가 다른 사람에게 손해평가사의 명의를 사용하게 한 경우
④ 손해평가사가 그 자격을 부정한 방법으로 취득한 경우

정답 ②

해설

손해평가사의 자격 취소(농어업재해보험법 제11조의5 제1항)
농림축산식품부장관은 다음 각 호의 어느 하나에 해당하는 사람에 대하여 손해평가사 자격을 취소할 수 있다. 다만, 제1호 및 제5호에 해당하는 경우에는 자격을 취소하여야 한다.
1. 손해평가사의 자격을 거짓 또는 부정한 방법으로 취득한 사람
2. 거짓으로 손해평가를 한 사람
3. 다른 사람에게 손해평가사의 명의를 사용하게 하거나 그 자격증을 대여한 사람
4. 손해평가사 명의의 사용이나 자격증의 대여를 알선한 사람
5. 업무정지 기간 중에 손해평가 업무를 수행한 사람

33 농어업재해보험법령의 내용으로 옳지 않은 것은?

① 보험가입자는 재해로 인한 사고의 예방을 위하여 노력하여야 한다.
② 보험목적물이 담보로 제공된 경우에도 재해보험의 보험금을 지급받을 권리는 압류할 수 없다.
③ 재해보험가입자가 재해보험에 가입된 보험목적물을 양도하는 경우 그 양수인은 재해보험계약에 관한 양도인의 권리 및 의무를 승계한 것으로 추정한다.
④ 재해보험사업자는 손해평가인으로 위촉된 사람에 대하여 보험에 관한 기초지식, 보험약관 및 손해평가요령 등에 관한 실무교육을 하여야 한다.

정답 ②

보험목적물이 담보로 제공된 경우에는 재해보험의 보험금을 지급받을 권리를 <u>압류할 수 있다</u>(농어업재해보험법 제12조 제1항).
① 농어업재해보험법 제10조의2 제1항
③ 농어업재해보험법 제13조
④ 농어업재해보험법 시행령 제12조 제2항

34 농업재해보험 손해평가요령에 따른 손해평가반 구성에 포함될 수 있는 자를 모두 고른 것은?

> ㄱ. 손해평가인   ㄴ. 손해평가사
> ㄷ. 재물손해사정사   ㄹ. 신체손해사정사

① ㄱ, ㄴ   ② ㄴ, ㄷ
③ ㄱ, ㄴ, ㄷ   ④ ㄱ, ㄴ, ㄷ, ㄹ

정답 ④

해설

손해평가반 구성(농업재해보험 손해평가요령 제8조 제2항)
손해평가반은 다음 각 호의 어느 하나에 해당하는 자로 구성하며, 5인 이내로 한다.
1. 제2조 제2호에 따른 손해평가인
2. 제2조 제3호에 따른 손해평가사
3. 「보험업법」 제186조에 따른 손해사정사

35 농어업재해보험법상 회계구분에 관한 내용이다. ( )에 들어갈 용어는?

> ( )은(는) 재해보험사업의 회계를 다른 회계와 구분하여 회계처리함으로써 손익관계를 명확히 하여야 한다.

① 손해평가사
② 농림축산식품부장관
③ 재해보험사업자
④ 지방자치단체의 장

정답 ③

해설

(재해보험사업자)는 재해보험사업의 회계를 다른 회계와 구분하여 회계처리함으로써 손익관계를 명확히 하여야 한다(농어업재해보험법 제15조).

36 농어업재해보험법에서 사용하는 용어의 정의로 옳지 않은 것은?

① "농어업재해보험"이란 농어업재해로 발생하는 재산 피해에 따른 손해를 보상하기 위한 보험을 말한다.

② "보험료"란 보험가입자와 보험사업자간의 약정에 따라 보험가입자가 보험사업자에게 내야하는 금액을 말한다.

③ "보험가입금액"이란 보험가입자의 재산 피해에 따른 손해가 발생한 경우 보험에서 최대로 보상할 수 있는 한도액으로서 보험가입자와 보험사업자간에 약정한 금액을 말한다.

④ "보험금"이란 보험가입자에게 재해로 인한 재산 피해에 따른 손해가 발생한 경우 그 정도에 따라 정부가 보험가입자에게 지급하는 금액을 말한다.

정답 ④

해설

"보험금"이란 보험가입자에게 재해로 인한 재산 피해에 따른 손해가 발생한 경우 보험가입자와 보험사업자간의 약정에 따라 <u>보험사업자가 보험가입자에게 지급하는 금액</u>을 말한다(농어업재해보험법 제2조 제5호).

37 농어업재해보험법령상 농림축산식품부장관이 재보험에 가입하려는 재해보험사업자와 재보험약정 체결시 포함되어야 할 사항으로 옳지 않은 것은?

① 재보험수수료

② 정부가 지급하여야 할 보험금

③ 농어업재해재보험기금의 운용수익금

④ 재해보험사업자가 정부에 내야 할 보험료

정답 ③

해설

농림축산식품부장관 또는 해양수산부장관은 재보험에 가입하려는 재해보험사업자와 다음 각 호의 사항이 포함된 재보험약정을 체결하여야 한다(농어업재해보험법 제20조 제2항).
1. 재해보험사업자가 정부에 내야 할 보험료(**재보험료**)에 관한 사항
2. 정부가 지급하여야 할 보험금(**재보험금**)에 관한 사항
3. 그 밖에 재보험수수료 등 재보험약정에 관한 것으로서 대통령령으로 정하는 사항

38 농어업재해보험법령상 농어업재해재보험기금의 관리·운용에 관한 설명으로 옳지 않은 것은?

① 기금은 농림축산식품부장관이 해양수산부장관과 협의하여 관리·운용한다.

② 농림축산식품부장관은 기획재정부장관과 협의를 거쳐 기금의 관리·운용에 관한 사무의 전부를 농업정책보험금융원에 위탁할 수 있다.

③ 기금수탁관리자는 회계연도마다 기금결산보고서를 작성하여 다음 회계연도 2월 15일까지 농림축산식품부장관 및 해양수산부장관에게 제출하여야 한다.

④ 농림축산식품부장관은 해양수산부장관과 협의하여 기금의 여유자금을 「은행법」에 따른 은행에의 예치의 방법으로 운용할 수 있다.

정답 ②

해설

농림축산식품부장관은 해양수산부장관과 협의를 거쳐 기금의 관리·운용에 관한 사무의 일부를 농업정책보험금융원에 위탁할 수 있다(농어업재해보험법 제24조 제2항).

① 농어업재해보험법 제24조 제1항
③ 농어업재해보험법 시행령 제19조 제1항
④ 농어업재해보험법 시행령 제20조 제1호

39 농어업재해보험법령상 재정지원에 관한 설명으로 옳은 것은?

① 정부는 재해보험가입자가 부담하는 보험료와 재해보험사업자의 재해보험의 운영 및 관리에 필요한 비용을 지원하여야 한다.

② 지방자치단체는 재해보험사업자의 운영비를 추가로 지원하여야 한다.

③ 농림축산식품부장관·해양수산부장관 및 지방자치단체의 장은 보험료의 일부를 재해보험가입자에게 지급하여야 한다.

④ 「풍수해보험법」에 따른 풍수해보험에 가입한 자가 동일한 보험목적물을 대상으로 재해보험에 가입할 경우에는 정부가 재정지원을 하지 아니한다.

정답 ④

해설

④ 농어업재해보험법 제19조 제3항
① 정부는 예산의 범위에서 재해보험가입자가 부담하는 보험료의 일부와 재해보험사업자의 재해보험의 운영 및 관리에 필요한 비용(운영비)의 전부 또는 일부를 지원할 수 있다(농어업재해보험법 제19조 제1항).
② 지방자치단체는 예산의 범위에서 재해보험가입자가 부담하는 보험료의 일부를 추가로 지원할 수 있다(농어업재해보험법 제19조 제1항).
③ 농림축산식품부장관·해양수산부장관 및 지방자치단체의 장은 지원 금액을 재해보험사업자에게 지급하여야 한다(농어업재해보험법 제19조 제2항).

40 농어업재해보험법상 농림축산식품부장관이 농작물 재해보험사업을 효율적으로 추진하기 위하여 수행하는 업무로 옳지 않은 것은?

① 피해 관련 분쟁조정
② 손해평가인력의 육성
③ 재해보험 상품의 연구 및 보급
④ 손해평가기법의 연구·개발 및 보급

정답 ①

해설

농림축산식품부장관 또는 해양수산부장관은 재해보험사업을 효율적으로 추진하기 위하여 다음 각 호의 업무를 수행한다(농어업재해보험법 제25조의2 제1항).
1. 재해보험사업의 관리·감독
2. 재해보험 상품의 연구 및 보급
3. 재해 관련 통계 생산 및 데이터베이스 구축·분석
4. 손해평가인력의 육성
5. 손해평가기법의 연구·개발 및 보급

41 농어업재해보험법상 농작물재해보험에 관한 손해평가사 업무로 옳지 않은 것은?

① 손해액 평가
② 보험가액 평가
③ 피해사실 확인
④ 손해평가인증의 발급

정답 ④

해설

손해평가인증은 <u>재보험사업자가 발급</u>하여야 한다(농업재해보험 손해평가요령 제4조 제1항).

TIP	**손해평가사의 업무(농어업재해보험법 제11조의3)**

손해평가사는 농작물재해보험 및 가축재해보험에 관하여 다음 각 호의 업무를 수행한다.
1. 피해사실의 확인
2. 보험가액 및 손해액의 평가
3. 그 밖의 손해평가에 필요한 사항

42 농어업재해보험법령상 재해보험사업자가 수립하는 보험가입촉진계획에 포함되어야 할 사항에 해당하지 않는 것은?

① 농어업재해재보험기금 관리·운용계획
② 해당 연도의 보험상품 운영계획
③ 보험상품의 개선·개발계획
④ 전년도의 성과분석 및 해당 연도의 사업계획

정답 ①

해설

보험가입촉진계획에 포함되어야 할 사항(농어업재해보험법 시행령 제22조의2 제1항)
보험가입촉진계획에는 다음 각 호의 사항이 포함되어야 한다.
1. 전년도의 성과분석 및 해당 연도의 사업계획
2. 해당 연도의 보험상품 운영계획
3. 농어업재해보험 교육 및 홍보계획
4. 보험상품의 개선·개발계획
5. 그 밖에 농어업재해보험 가입 촉진을 위하여 필요한 사항

43 농업재해보험 손해평가요령에 따른 손해평가 업무를 원활히 수행하기 위하여 손해평가보조인을 운용할 수 있는 자를 모두 고른 것은?

ㄱ. 재해보험사업자
ㄴ. 재해보험사업자의 업무를 위탁받은 자
ㄷ. 손해평가를 요청한 보험가입자
ㄹ. 재해발생 지역의 지방자치단체

① ㄱ
② ㄷ
③ ㄱ, ㄴ
④ ㄱ, ㄷ, ㄹ

정답 ③

해설

재해보험사업자 및 재해보험사업자의 업무를 위탁받은 자는 손해평가 업무를 원활히 수행하게 하기 위하여 손해평가보조인을 운용할 수 있다(농업재해보험 손해평가요령 제4조 제3항).

44 농업재해보험 손해평가요령에 따른 농작물의 손해평가 단위는?

① 농가별
② 농지별
③ 필지(지번)별
④ 품종별

정답 ②

해설

> 손해평가 단위(농업재해보험 손해평가요령 제12조 제1항)
> 보험목적물별 손해평가 단위는 다음 각 호와 같다.
> 1. **농작물** : 농지별
> 2. **가축** : 개별가축별(단, 벌은 벌통 단위)
> 3. **농업시설물** : 보험가입 목적물별

45 농업재해보험 손해평가요령에 따른 손해평가인 위촉의 취소 사유에 해당하지 않는 것은?

① 업무수행과 관련하여 「개인정보보호법」을 위반한 경우
② 위촉 당시 피성년후견인이었음이 판명된 경우
③ 거짓 그 밖의 부정한 방법으로 손해평가인으로 위촉된 경우
④ 「농어업재해보험법」 제30조에 의하여 벌금 이상의 형을 선고받고 그 집행이 종료된 날로부터 2년이 경과되지 않은 경우

정답 ①

해설

> 업무수행과 관련하여 「개인정보보호법」을 위반한 경우에는 6개월 이내의 기간을 정하여 그 업무의 정지를 명하거나 그 위촉을 해지할 수 있다(농업재해보험 손해평가요령 제6조 제2항 제3호).

TIP | **손해평가인 위촉의 취소 사유(농업재해보험 손해평가요령 제6조 제1항)**

1. 피성년후견인
2. 파산선고를 받은 자로서 복권되지 아니한 자
3. 「농어업재해보험법」 제30조에 의하여 벌금 이상의 형을 선고받고 그 집행이 종료(집행이 종료된 것으로 보는 경우를 포함한다)되거나 집행이 면제된 날로부터 2년이 경과되지 아니한 자
4. 위촉이 취소된 후 2년이 경과하지 아니한 자
5. 거짓 그 밖의 부정한 방법으로 손해평가인으로 위촉된 자
6. 업무정지 기간 중에 손해평가업무를 수행한 자

46 농업재해보험 손해평가요령에 따른 보험가액 산정에 관한 설명으로 옳지 않은 것은?

① 농작물의 생산비보장 보험가액은 작물별로 보험가입 당시 정한 보험가액을 기준으로 산정한다. 다만, 보험가액에 영향을 미치는 가입면적 등이 가입 당시와 다를 경우 변경할 수 있다.

② 나무손해보장 보험가액은 기재된 보험목적물이 나무인 경우로 최초 보험사고발생시의 해당 농지 내에 심어져 있는 과실생산이 가능한 나무에서 피해 나무를 제외한 수에 보험가입 당시의 나무당 가입가격을 곱하여 산정한다.

③ 가축에 대한 보험가액은 보험사고가 발생한 때와 곳에서 평가한 보험목적물의 수량에 적용가격을 곱하여 산정한다.

④ 농업시설물에 대한 보험가액은 보험사고가 발생한 때와 곳에서 평가한 피해목적물의 재조달가액에서 내용연수에 따른 감가상각률을 적용하여 계산한 감가상각액을 차감하여 산정한다.

정답 ②

해설

> 나무손해보장의 보험가액은 기재된 보험목적물이 나무인 경우로 최초 보험사고발생시의 해당 농지 내에 심어져 있는 과실생산이 가능한 나무 수(피해 나무 수 포함)에 보험가입 당시의 나무당 가입가격을 곱하여 산정한다(농업재해보험 손해평가요령 제13조 제1항 제5호).
>
> ① 농업재해보험 손해평가요령 제13조 제1항 제4호
> ③ 농업재해보험 손해평가요령 제14조 제1항
> ④ 농업재해보험 손해평가요령 제15조 제1항

47 농업재해보험 손해평가요령상 농작물의 품목별·재해별·시기별 손해수량 조사방법 중 적과전 종합위험방식 상품 "사과"에 관한 기술이다. (　　)에 들어갈 내용으로 옳은 것은? [기출수정]

생육시기	재 해	조사시기	조사내용
적과후 ~ 수확기 종료	보상하는 재해	사고접수 후 지체 없이	(　　)

① 유과타박률조사
② 적과후 착과수조사
③ 낙과피해조사
④ 수확전 착과피해조사

정답 ③

해설

적과전 종합위험방식 상품 "사과"의 손해수량 조사방법

생육시기	재 해	조사내용	조사시기	조사방법
적과후 ~ 수확기 종료	보상하는 재해	(낙과피해조사)	사고접수 후 지체 없이	재해로 인하여 떨어진 피해과실수를 조사 • 낙과피해조사는 보험약관에서 정한 과실 피해분류기준에 따라 구분하여 조사 • 조사방법 : 전수조사 또는 표본조사

48 농업재해보험 손해평가요령에 따른 손해평가준비 및 평가결과 제출에 관한 설명으로 옳지 않은 것은?

① 손해평가반은 손해평가결과를 기록할 수 있도록 현지조사서를 직접 마련해야 한다.

② 손해평가반은 보험가입자가 정당한 사유 없이 서명을 거부하는 경우 보험가입자에게 손해평가 결과를 통지한 후 서명 없이 현지조사서를 재해보험사업자에게 제출하여야 한다.

③ 손해평가반은 보험가입자가 정당한 사유 없이 손해평가를 거부하여 손해평가를 실시하지 못한 경우에는 그 피해를 인정할 수 없는 것으로 평가한다는 사실을 보험가입자에게 통지한 후 현지조사서를 재해보험사업자에게 제출하여야 한다.

④ 재해보험사업자는 보험가입자가 손해평가반의 손해평가결과에 대하여 설명 또는 통지를 받은 날로부터 7일 이내에 손해평가가 잘못되었음을 증빙하는 서류 또는 사진 등을 제출하는 경우 다른 손해평가반으로 하여금 재조사를 실시하게 할 수 있다.

정답 ①

해설

재해보험사업자는 손해평가반이 실시한 손해평가결과와 손해평가업무를 수행한 손해평가반 구성원을 기록할 수 있도록 현지조사서를 마련하여야 한다(농업재해보험 손해평가요령 제10조 제1항).

② 농업재해보험 손해평가요령 제10조 제3항 단서
③ 농업재해보험 손해평가요령 제10조 제4항
④ 농업재해보험 손해평가요령 제10조 제5항

49 농업재해보험 손해평가요령상 농작물의 품목별 · 재해별 · 시기별 손해수량 조사방법 중 종합위험방식 상품인 "벼"에만 해당하는 조사내용으로 옳은 것은?

① 피해사실확인조사
② 재이앙(재직파)조사
③ 경작불능조사
④ 수확량조사

정답 ②

해설

재이앙(재직파)조사
• 품목 : 종합위험방식 상품인 "벼"에만 해당
• 조사시기 : 사고접수 후 지체 없이
• 조사방법 : 해당 농지에 보상하는 손해로 인하여 재이앙(재직파)이 필요한 면적 또는 면적비율을 조사

50 농업재해보험 손해평가요령상 농작물의 보험금 산정기준에 따른 종합위험방식 수확감소보장 "양파"의 경우, 다음의 조건으로 산정한 보험금은?

> - 보험가입금액 : 1,000만원
> - 자기부담비율 : 20%
> - 가입수확량 : 10,000kg
> - 평년수확량 : 20,000kg
> - 수확량 : 5,000kg
> - 미보상감수량 : 1,000kg

① 300만원   ② 400만원

③ 500만원   ④ 600만원

정답 ③

해설

> 보험금 = 보험가입금액 × (피해율 − 자기부담비율)
> - 피해율 = (평년수확량 − 수확량 − 미보상감수량) ÷ 평년수확량
>   = (20,000kg − 5,000kg − 1,000kg) ÷ 20,000kg = 0.7(= 70%)
> - 보험금 = 1,000만원 × (70% − 20%) = 500만원

51 과수 분류시 인과류에 속하는 것은?

① 자두
② 포도
③ 감귤
④ 사과

정답 ④

해설

인과류(꽃턱이 발달하여 과육부를 형성한 것)에 속하는 것에는 배, 사과 등이 있다. 자두는 핵과류, 포도는 장과류, 감귤은 준인과류에 속한다.

52 작물 재배에 있어서 질소(N)에 관한 설명으로 옳지 않은 것은?

① 질산태(NO_3^-)와 암모늄태(NH_4^+)로 식물에 흡수된다.
② 작물체 건물 중의 많은 함량을 차지하는 중요한 무기성분이다.
③ 콩과작물은 질소 시비량이 적고, 벼과작물은 시비량이 많다.
④ 결핍증상은 늙은 조직보다 어린 생장점에서 먼저 나타난다.

정답 ④

해설

질소화합물은 늙은 조직에서 어린 생장점으로 이동하므로 결핍증상은 늙은 조직에서 먼저 나타나며, 결국 엽록소가 소실되어 황백화 현상이 일어난다.

53 작물 재배시 건조해의 대책으로 옳지 않은 것은?

① 중경제초
② 질소비료 과용
③ 내건성 작물 및 품종 선택
④ 증발억제제 살포

정답 ②

해설

질소비료를 과용하면 착색이 불량해지고 조직이 연약해져 작물의 병충해, 서리해, 건조해에 대한 저항성도 약화된다.

- 관개
- 내건성 작물과 품종의 선택
- 토양수분의 보유력 증대와 증발억제 : 토양입단의 조성, 드라이파밍(Dry Farming), 피복, 중경제초, 증발억제제의 살포 등

54 재배시 산성토양에 가장 약한 작물은?

① 벼
② 콩
③ 감자
④ 수박

정답 ②

해설

산성토양에 강한 작물은 벼, 감자, 수박, 귀리, 기장, 호밀 등이며, 산성토양에 약한 작물은 콩, 팥, 보리, 시금치, 양파 등이다.

55 작물 재배시 습해의 대책이 아닌 것은?

① 배수
② 토양 개량
③ 황산근비료 사용
④ 내습성 작물과 품종 선택

정답 ③

해설

황산근비료의 사용을 피하고, 표층시비를 하여 뿌리를 지표면 가까이로 유도한다. 뿌리의 흡수장해가 보이면 엽면시비를 꾀한다.

56 작물의 필수원소는?

① 염소(Cl)
② 규소(Si)
③ 코발트(Co)
④ 나트륨(Na)

정답 ①

해설

작물생육에 필수원소(16원소)는 탄소(C)·산소(O)·수소(H)·질소(N)·인(P)·칼륨(K)·칼슘(Ca)·마그네슘(Mg)·황(S)·철(Fe)·망간(Mn)·구리(Cu)·아연(Zn)·붕소(B)·몰리브덴(Mo)·<u>염소(Cl)</u> 등이다.
규소(Si), 코발트(Co), 나트륨(Na)은 필수원소는 아니지만 필요에 따라 작물의 생리작용에 관여한다.

57 작물 재배시 하고(夏枯)현상으로 옳지 않은 것은?

① 화이트클로버는 피해가 크고, 레드클로버는 피해가 경미하다.
② 다년생인 북방형 목초에서 여름철에 생장이 현저히 쇠퇴하는 현상이다.
③ 고온, 건조, 장일, 병충해, 잡초무성의 원인으로 발생한다.
④ 대책으로는 관개, 혼파, 방목이 있다.

정답 ①

해설

하고(夏枯)현상이란 북방형 목초에서 여름철 무더위에 생육이 일시 정지되거나 고사하는 현상을 말하는 것으로 레드클로버는 피해가 크고, 화이트클로버는 피해가 경미하다.

58 다음이 설명하는 냉해는?

ㄱ. 냉온에 대한 저항성이 약한 시기인 감수분열기에 저온에 노출되어 수분수정이 안 되어 불임현상이 초래되는 냉해를 말한다.
ㄴ. 냉온에 의한 생육부진으로 외부 병균의 침입에 대한 저항성이 저하되어 병이 발생하는 냉해를 말한다.

	ㄱ	ㄴ
①	지연형 냉해	병해형 냉해
②	병해형 냉해	혼합형 냉해
③	장해형 냉해	병해형 냉해
④	혼합형 냉해	장해형 냉해

정답 ③

해설

냉해의 구분
• **지연형 냉해** : 생육초기부터 출수기에 걸쳐서 냉온에 의해 출수가 지연되거나 등숙이 지연되어 등숙불량을 초래하는 냉해이다.
• **장해형 냉해** : 생식세포의 감수분열기에 냉온에 의해서 정상적인 생식기관이 형성되지 못하거나 수정 등에 장해를 일으켜 불임이상이 나타나는 냉해이다.
• **혼합형 냉해** : 지연형 냉해와 장해형 냉해가 겹쳐서 발생하는 경우로 병행형 냉해라고도 한다.
• **병해형 냉해** : 냉온에서 질소대사 이상 및 광합성 감퇴로 도열병균 등이 번식하여 병이 발생하는 냉해이다.

59 다음에서 내한성(耐寒性)이 가장 강한 작물(A)과 가장 약한 작물(B)은?

① A : 사과
   B : 서양배
② A : 사과
   B : 유럽계 포도
③ A : 복숭아
   B : 서양배
④ A : 복숭아
   B : 유럽계 포도

정답 ②

해설

사과는 내한성이 강하여 −30℃까지 견딜 수 있으며, 유럽계 포도는 서양배보다도 내한성이 약하기 때문에 우리나라에서는 노지에서 경제적인 재배가 곤란하다.

TIP	내한성(耐寒性) 작물의 한계온도

사과(−30℃) > 서양배(−27℃) > 미국계 포도(−22℃) > 복숭아(−20℃) > 유럽계 포도(−15℃)

60 장일일장 조건에서 개화가 유도·촉진되는 작물을 모두 고른 것은?

ㄱ. 상추	ㄴ. 고추
ㄷ. 딸기	ㄹ. 시금치

① ㄱ, ㄴ
② ㄱ, ㄹ
③ ㄴ, ㄷ
④ ㄷ, ㄹ

정답 ②

해설

장일식물(보통 16~18시간 조명)에 해당되는 작물은 상추와 시금치이다.
고추는 중성식물이고, 딸기는 단일식물이다.

61 작물 외관의 착색에 관한 설명으로 옳지 않은 것은?

① 작물 재배시 광이 없을 때에는 에티올린(Etiolin)이라는 담황색 색소가 형성되어 황백화현상을 일으킨다.

② 엽채류에서는 적색광과 청색광에서 엽록소의 형성이 가장 효과적이다.

③ 작물 재배시 광이 부족하면 엽록소의 형성이 저해된다.

④ 과일의 안토시안은 비교적 고온에서 생성이 조장되며, 볕이 잘 쬘 때에 착색이 좋아진다.

정답 ④

해설

사과, 포도, 딸기 등의 과일에는 안토시안(Anthocyan) 색소가 형성되어 착색되는데 안토시안은 비교적 저온에서 생성이 조장되고, 자외선이나 자색광이 효과적이며, 볕이 잘 쬘 때에 착색이 좋아진다.

62 우리나라의 과수 우박피해에 관한 설명으로 옳은 것은?

> ㄱ. 피해 시기는 주로 착과기와 성숙기에 해당된다.
> ㄴ. 다음해의 안정적인 결실을 위해 피해과원의 모든 과실을 제거한다.
> ㄷ. 피해 후 2차적으로 병해를 발생시키는 간접적인 피해를 유발하기도 한다.

① ㄱ, ㄴ

② ㄱ, ㄷ

③ ㄴ, ㄷ

④ ㄱ, ㄴ, ㄷ

정답 ②

해설

ㄴ. 우박피해 후 다음해의 안정적인 결실을 위해 피해의 정도에 따라 적과와 신초 제거 등 나무의 수세를 잘 관리해야 한다. 예를 들어 30% 이상 과일이 낙과한 사과밭의 경우 열상이 많은 가지는 제거하고, 착과량은 적정 착과량의 50% 이내로 적과해야 한다.

63 과수원의 태풍피해 대책으로 옳지 않은 것은?

① 방풍림으로 교목과 관목의 혼합 식재가 효과적이다.

② 방풍림은 바람의 방향과 직각 방향으로 심는다.

③ 과수원 내의 빈 공간 확보는 태풍피해를 경감시켜 준다.

④ 왜화도가 높은 대목은 지주 결속으로 피해를 줄여준다.

정답 ③

과수원 내의 빈 공간이 있으면 바람이 통과하는 길이 되어 태풍피해가 증가한다.

64 사과 과원에서 병해충종합관리(IPM)에 해당되지 않는 것은?

① 응애류 천적 제거
② 성페로몬 이용
③ 초생재배 실시
④ 생물농약 활용

정답 ①

해설

병해충종합관리(IPM)에서는 응애류 천적을 이용하는 생물적 방제(Biological Controls)를 활용한다.

TIP 병해충종합관리(IPM)

다양한 병해충 방제기술을 동원하여 병해충 발생량을 경제적 피해수준 이하로 유지시킴으로써 병해충 방제효과와의 경제성을 확보하고 환경과 인축에 미치는 위험은 최소화시키는 병해충관리전략이다.

• **수용가능한 병해충 발생 수준** : 병해충에 의하여 발생하는 농작물의 피해가 경제적 허용한계 수준 이하로 유지될 수 있는 병해충 발생량, 즉 병해충을 박멸시키는 것을 목표로 하지 않고 병해충에 의한 피해허용 수준을 정하는 것

• **병해충 발생 감시와 기상관측** : 병해충 발생 상황에 대한 정기적인 조사(병해충 피해증상에 대한 육안조사, 해충과 병원균 포자 채집, 병원균과 해충에 대한 동정) 및 기상관측자료 수집

• **예방적 경종기술** : 재배지역에 적합한 병해충 저항성 품종 선택, 병해충 전염원의 사전 제거 및 윤작 등과 같이 병해충 발생을 예방하여 작물을 건강하게 키우는 경종기술

• **물리적 방제** : 병해충 발생 초기에 피해 식물체 제거, 해충의 습성을 이용한 유인포집기 설치, 해충 이동을 막을 수 있는 모기장 설치 등

• **생물적 방제** : 환경피해가 없고 비용이 적게 드는 천적과 유용미생물 등을 활용

• **화학적 방제** : 가능한 화학농약 사용을 최소화하여 환경을 보전하고, 안전한 농산물을 생산하기 위해 특정 병충해에 작용하는 선택적 농약을 사용

65 다음 설명의 영양번식 방법은?

• 양취법(楊取法)이라고도 한다.
• 오래된 가지를 발근시켜 떼어낼 때 사용한다.
• 발근시키고자 하는 부분에 미리 박피를 해준다.

① 성토법(盛土法)
② 선취법(先取法)
③ 고취법(高取法)
④ 당목취법(撞木取法)

정답 ③

해설 ....

> 고취법(高取法)은 가지나 줄기를 땅 속에 묻을 수 없는 경우에 높은 곳에서 발근시키는 방법으로 양취법(楊取法)이라고도 한다.
>
> ① 성토법(盛土法)은 어미 나무를 짧게 잘라 여기에서 여러 개의 가지가 나오게 한 다음, 이 새 가지에 흙을 성토하여 발근시키며, 뽕나무, 사과, 양앵두, 자두 등에 이용된다.
> ② 선취법(先取法)은 가지의 선단부를 휘어묻는 방법으로 가지의 끝부분에 상처를 내고 발근시킨다.
> ④ 당목취법(撞木取法)은 가지를 수평으로 묻는 방법으로 각 마디에서 새가지를 발근시킨다.

66 다음의 과수원 토양관리 방법은?

> • 과수원 관리가 쉽다.
> • 양분용탈이 발생한다.
> • 토양침식으로 입단형성이 어렵다.

① 초생재배   ② 피복재배

③ 부초재배   ④ 청경재배

정답 ④

해설 ....

> 청경재배는 김을 매서 잡초가 자라지 못하게 하거나, 제초제를 사용하여 잡초를 깨끗하게 제거하는 방법이다. 과수원 관리가 쉽고 노동력(비용)이 적게 드는 장점이 있는 반면, 양분용탈이 발생하고 토양침식으로 입단형성이 어려운 단점이 있다.
>
> ① 초생재배는 풀을 키워 지표면을 피복하는 방법으로 과원의 표토유실을 방지하고, 풀을 베어 퇴비로 사용함으로써 토양 유기물이 증가되어 비옥도를 높인다.
> ② 피복재배는 볏짚, 보리짚, 풀, 왕겨, 톱밥 등을 지표면에 덮어주는 방법으로 멀칭재배라고도 한다.
> ③ 부초재배는 풀이나 유기물을 이용하여 토양의 표면을 피복하는 방법으로 토양수분의 증발을 억제하고 빗방울과 빗물에 의한 표토의 유실을 방지한다.

67 작물의 육묘에 관한 설명으로 옳지 않은 것은?

① 수확기 및 출하기를 앞당길 수 있다.
② 육묘용 상토의 pH는 낮을수록 좋다.
③ 노지정식 전 경화과정(Hardening)이 필요하다.
④ 육묘와 재배의 분업화가 가능하다.

정답 ②

육묘용 상토는 물리성이 우수해야 하며, pH 5.5~6.8(약산성)이 적당하다.

68 호냉성 채소작물은?

① 상추, 가지
② 시금치, 고추
③ 오이, 토마토
④ 양배추, 딸기

정답 ④

호냉성 채소는 20℃ 안팎의 서늘한 온도에서 잘 생육되는 채소작물로, 상추, 시금치, 양배추, 딸기 등이 있다.
① · ② · ③ 가지, 고추, 오이, 토마토는 호온성 채소작물이다.

69 작물의 생육과정에서 칼슘결핍에 의해 나타나는 증상으로만 짝지어진 것은?

① 배추 잎끝마름증상, 토마토 배꼽썩음증상
② 토마토 배꼽썩음증상, 장미 로제트증상
③ 장미 로제트증상, 고추 청고증상
④ 고추 청고증상, 배추 잎끝마름증상

정답 ①

장미 로제트증상은 파이토플라스마(C. Phytoplasma)에 의한 병이고, 고추 청고증상(풋마름병)은 병원세균에
의한 병이다.

TIP 칼슘결핍으로 나타나는 증상

- **상추/백합/부추/양파/대파/마늘** : 잎끝마름증상
- **수박/고추/토마토** : 배꼽썩음병증상
- **참외** : 속이 물이 차는 물찬참외증상
- **대파/양파/벼** : 도복(쓰러짐)현상
- **배추** : 잎끝마름증상, 황화현상, 속썩음현상

---

70 채소작물 재배시 에틸렌에 의한 현상이 아닌 것은?

① 토마토 열매의 엽록소 분해를 촉진한다.

② 가지의 꼭지에서 이층(離層)형성을 촉진한다.

③ 아스파라거스의 육질 연화를 촉진한다.

④ 상추의 갈색 반점을 유발한다.

정답 ③

해설

에틸렌(Ethylene)은 과일의 숙성, 개화와 노화 및 부패, 낙엽 현상 등을 일으킨다. 에틸렌에 의한 피해는 과일의 경우 일반적으로 숙성의 진행에 따른 과육의 연화현상이 관찰되지만, 아스파라거스와 같은 줄기채소의 경우 조직이 질겨지는 <u>육질 경화를 촉진</u>한다.

71 시설 내의 온도를 낮추기 위해 시설의 벽면 위 또는 아래에서 실내로 세무(細霧)를 분사시켜 시설 상부에 설치된 풍량형 환풍기로 공기를 뽑아내는 냉각방법은?

① 팬 앤드 포그

② 팬 앤드 패드

③ 팬 앤드 덕트

④ 팬 앤드 팬

정답 ①

해설

팬 앤드 포그(fan and fog) 방식은 외부에 설치된 분무실 사이로 외부공기를 통과 냉각시킨 후 냉각공기 및 공기와 함께 이동한 작은 물입자를 실내에 유입시키는 방법으로 시설 상부에 풍량형 환풍기를 설치한다.

72 화훼작물의 플러그묘 생산에 관한 옳은 설명을 모두 고른 것은?

> ㄱ. 좁은 면적에서 대량육묘가 가능하다.
> ㄴ. 최적의 생육조건으로 다양한 규격묘 생산이 가능하다.
> ㄷ. 노동집약적이며, 관리가 용이하다.
> ㄹ. 정밀기술이 요구된다.

① ㄱ, ㄴ, ㄷ

② ㄱ, ㄴ, ㄹ

③ ㄱ, ㄷ, ㄹ

④ ㄴ, ㄷ, ㄹ

정답 ②

ㄷ. 플러그묘는 <u>노동력이 절감</u>되고, 운반이 용이하다.

73 화훼작물의 진균병이 아닌 것은?

① *Fusarium* 에 의한 시들음병
② *Botrytis* 에 의한 잿빛곰팡이병
③ *Xanthomonas* 에 의한 잎반점병
④ *Colletotrichum* 에 의한 탄저병

정답 ③

해설

Xanthomonas 에 의한 잎반점병은 세균병으로 토마토, 고추, 피망 등의 작물에서 볼 수 있다.

74 다음 과수 접목법의 분류기준은?

절접, 아접, 할접, 혀접, 호접

① 접목부위에 따른 분류
② 접목장소에 따른 분류
③ 접목시기에 따른 분류
④ 접목방법에 따른 분류

정답 ④

해설

과수 접목법의 분류기준
• **접목위치에 따른 분류** : 고접, 근두접, 복접, 근접, 이중접
• **접목장소에 따른 분류** : 거접, 양접
• **접목시기에 따른 분류** : 봄접, 여름접, 가을접
• **접목방법에 따른 분류** : 절접, 아접, 할접, 혀접(설접), 호접, 박피접, 교접 등

75 다음이 설명하는 시설재배용 플라스틱 피복재는?

> • 보온성이 떨어진다.
> • 광투과율이 높고 연질피복재이다.
> • 표면에 먼지가 잘 부착되지 않는다.
> • 약품에 대한 내성이 크고 가격이 싸다.

① 폴리에틸렌(PE)필름
② 염화비닐(PVC)필름
③ 에틸렌아세트산(EVA)필름
④ 폴리에스터(PET)필름

정답 ①

해설

시설재배용 주요 피복재

폴리에틸렌 (PE)필름	• 장파장을 많이 투과시키므로 보온성이 떨어진다. • 광투과율이 높고 연질피복재이다. • 표면에 먼지가 잘 부착되지 않는다. • 약품에 대한 내성이 크고 가격이 싸기 때문에 피복재 중 가장 많이 이용하고 있다. • 주로 하우스의 외피복, 커튼, 멀칭 및 터널 피복재료로 이용된다.
염화비닐 (PVC)필름	• 연질피복재 중 보온성이 가장 높다. • 내후성과 내한성, 인열강도, 충격강도가 양호하다. • 가소제가 용출되어 먼지가 잘 달라붙기 때문에 사용 중 광선투과율이 낮아진다. • 필름끼리 서로 달라붙는 성질이 있으며, 값이 비싸다. • 소각시 독성가스나 대기오염 원인물질을 많이 발생시킨다.
에틸렌아세트산 (EVA)필름	• PE필름보다 보온성, 내후성 및 방적성이 좋다. • 먼지가 적게 부착되어 덜 더러워지고, 비료와 약품에 대한 내성도 강한 편이다. • 내구성은 PE와 PVC의 중간 정도이다. • 가격은 PE보다는 비싸고 PVC보다는 싸다. • 가스발생 및 독성이 없는 편이다.
폴리에스터 (PET)필름	• 두께가 0.1~0.2mm 이상인 경질피복재이다. • 광선투과율은 90% 전후로 높은 편이고, 장파장이 투과되지 않으므로 보온성이 높다. • 수명이 길어 5년 이상 사용이 가능하며, 인열강도가 보강되어 있고 방적성도 좋은 편이다.

상법(보험편)

---

01 보험계약에 관한 설명으로 옳지 않은 것은?

① 보험계약은 보험자의 청약에 대하여 보험계약자가 승낙함으로써 이루어진다.

② 보험계약은 보험자의 보험금 지급책임이 우연한 사고의 발생에 달려 있으므로 사행계약의 성질을 갖는다.

③ 보험계약의 효력발생에 특별한 요식행위를 요하지 않는다.

④ 상법 보험편의 보험계약에 관한 규정은 그 성질에 반하지 아니하는 범위에서 상호보험에 준용한다.

정답 ①

해설 ....

보험계약은 <u>보험계약자</u>의 청약에 대하여 <u>보험자</u>가 승낙함으로써 이루어진다.

② 보험계약의 사행계약성
③ 보험계약의 불요식성
④ 상법 제664조

02 보험약관의 교부·설명의무에 관한 설명으로 옳은 것을 모두 고른 것은? (다툼이 있으면 판례에 따름)

> ㄱ. 고객이 약관의 내용을 충분히 잘 알고 있는 경우에는 보험자가 고객에게 그 약관의 내용을 따로 설명하지 않아도 되나, 그러한 따로 설명할 필요가 없는 특별한 사정은 이를 주장하는 보험자가 입증하여야 한다.
> ㄴ. 약관에 정하여진 중요한 사항이라면 설사 거래상 일반적이고 공통된 것이어서 보험계약자가 별도의 설명 없이도 충분히 예상할 수 있었던 사항이라 할지라도 보험자는 설명의무를 부담한다.
> ㄷ. 약관의 내용이 이미 법령에 의하여 정하여진 것을 되풀이 하는 것에 불과한 경우에는 고객에게 이를 따로 설명하지 않아도 된다.

① ㄱ

② ㄱ, ㄴ

③ ㄱ, ㄷ

④ ㄱ, ㄴ, ㄷ

③

ㄱ. (○) 약관의 규제에 관한 법률 제3조의 규정에 의하여 보험자는 보험계약을 체결할 때에 보험계약자에게 보험약관에 기재되어 있는 보험상품의 내용, 보험료율의 체계, 보험청약서상 기재사항의 변동 및 보험자의 면책사유 등 보험계약의 중요한 내용에 대하여 구체적이고 상세한 명시·설명의무를 지고 있으므로, 만일 보험자가 이러한 보험약관의 명시·설명의무에 위반하여 보험계약을 체결한 때에는 그 약관의 내용을 보험계약의 내용으로 주장할 수 없지만, 보험약관의 중요한 내용에 해당하는 사항이라 하더라도 보험계약자나 그 대리인이 그 내용을 충분히 잘 알고 있는 경우에는 당해 약관이 바로 계약 내용이 되어 당사자에 대하여 구속력을 가지므로 보험자로서는 보험계약자 또는 그 대리인에게 약관의 내용을 따로 설명할 필요가 없으며, 이 경우 보험계약자나 그 대리인이 그 약관의 내용을 충분히 잘 알고 있다는 점은 이를 주장하는 보험자 측에서 입증하여야 한다(대법원 2003.8.22. 선고 2003다27054 판결).

ㄴ. (×) 약관에 정하여진 사항이라고 하더라도 거래상 일반적이고 공통된 것이어서 보험계약자가 별도의 설명 없이도 충분히 예상할 수 있었던 사항이라면 보험자는 설명의무를 부담하지 않는다(대법원 2007.4.27. 선고 2006다87453 판결).

ㄷ. (○) 약관의 내용이 이미 법령에 의하여 정하여진 것을 되풀이하거나 부연하는 정도에 불과한 사항이라면, 보험자에게 설명의무가 없다(대법원 2007.4.27. 선고 2006다87453 판결).

03 보험증권에 관한 설명으로 옳은 것은?

① 보험기간을 정한 때에는 그 시기와 종기는 상법상 손해보험증권의 기재사항에 해당하지 않는다.

② 기존의 보험계약을 연장하는 경우에 보험자는 그 보험증권에 그 사실을 기재함으로써 보험증권의 교부에 갈음할 수 있다.

③ 보험계약의 당사자는 보험증권의 교부가 있은 날로부터 2주간 내에 한하여 그 증권내용의 정부에 관한 이의를 할 수 있음을 약정할 수 있다.

④ 보험증권을 현저하게 훼손한 때에는 보험계약자는 보험자에 대하여 증권의 재교부를 청구할 수 있는데 그 증권작성의 비용은 보험자의 부담으로 한다.

②

② 상법 제640조 제2항

① 보험기간을 정한 때에는 그 시기와 종기를 <u>손해보험증권에 기재</u>하고 보험자가 기명날인 또는 서명하여야 한다(상법 제666조 제5호).

③ 보험계약의 당사자는 보험증권의 교부가 있은 날로부터 일정한 기간 내에 한하여 그 증권내용의 정부에 관한 이의를 할 수 있음을 약정할 수 있다. 이 <u>기간은 1월을 내리지 못한다</u>(상법 제641조).

④ 보험증권을 멸실 또는 현저하게 훼손한 때에는 보험계약자는 보험자에 대하여 증권의 재교부를 청구할 수 있다. 그 <u>증권작성의 비용은 보험계약자의 부담으로 한다</u>(상법 제642조).

04 보험계약에 관한 설명으로 옳지 않은 것은?

① 보험계약 당사자 쌍방과 피보험자가 보험계약 당시 보험사고가 발생할 수 없는 것임을 알고 있었던 때에는 그 계약은 무효로 한다.

② 대리인에 의하여 보험계약을 체결한 경우에 대리인이 안 사유는 그 본인이 안 것과 동일한 것으로 한다.

③ 보험계약은 그 계약 전의 어느 시기를 보험기간의 시기로 할 수 있다.

④ 보험계약 당시에 보험사고가 이미 발생한 때에는 당사자 쌍방과 피보험자가 이를 알지 못한 때에도 그 계약은 무효이다.

[정답] ①, ④

[해설]

> ① 보험계약자 또는 피보험자가 보험계약 당시 보험사고가 발생할 수 없는 것임을 알고 있었던 때에는 그 계약은 무효로 한다(상법 제644조).
> ② 상법 제646조
> ③ 상법 제643조
> ④ 보험계약 당시에 보험사고가 이미 발생한 때에는 그 계약은 무효로 하지만, 당사자 쌍방과 피보험자가 이를 알지 못한 때에는 그러하지 아니하다(상법 제644조).

05 보험대리상 등의 권한에 관한 설명으로 옳은 것은?

① 보험계약자로부터 청약, 고지, 통지, 해지, 취소 등 보험계약에 관한 의사표시를 수령할 수 있는 보험대리상의 권한을 보험자가 제한한 경우 보험자는 그 제한을 이유로 선의의 보험계약자에게 대항하지 못한다.

② 보험자는 보험계약자로부터 보험료를 수령할 수 있는 보험대리상의 권한을 제한할 수 없다.

③ 특정한 보험자를 위하여 계속적으로 보험계약의 체결을 중개하는 자라 할지라도 보험대리상이 아니면 보험자가 작성한 보험증권을 보험계약자에게 교부할 수 있는 권한이 없다.

④ 보험대리상은 보험계약자에게 보험계약의 체결, 변경, 해지 등 보험계약에 관한 의사표시를 할 수 있는 권한이 없다.

[정답] ①

[해설]

> ① 상법 제646조의2 제1항 제3호, 제2항 단서
> ② 보험자는 보험대리상의 권한 중 일부를 제한할 수 있다(상법 제646조의2 제2항).
> ③ 보험대리상이 아니면서 특정한 보험자를 위하여 계속적으로 보험계약의 체결을 중개하는 자는 보험계약자로부터 보험료를 수령할 수 있는 권한(보험자가 작성한 영수증을 보험계약자에게 교부하는 경우만 해당한다) 및 보험자가 작성한 보험증권을 보험계약자에게 교부할 수 있는 권한이 있다(상법 제646조의2 제3항).
> ④ 보험대리상은 보험계약자에게 보험계약의 체결, 변경, 해지 등 보험계약에 관한 의사표시를 할 수 있는 권한이 있다(상법 제646조의2 제1항 제4호).

06 상법(보험편)에 관한 설명이다. 옳지 않은 것은 몇 개인가?

> - 계속보험료가 약정한 시기에 지급되지 아니한 때에는 보험자는 다른 절차 없이 바로 그 계약을 해지할 수 있다.
> - 보험계약의 당사자가 특별한 위험을 예기하여 보험료의 액을 정한 경우에 보험기간 중 그 예기한 위험이 소멸한 때에는 보험계약자는 그 후의 보험료의 감액을 청구할 수 있다.
> - 보험기간 중에 보험계약자 또는 피보험자가 사고발생의 위험이 현저하게 변경 또는 증가된 사실을 안 때에는 지체 없이 보험자에게 통지하여야 한다.

① 0개 ② 1개
③ 2개 ④ 3개

정답 ②

해설

> - (×) 계속보험료가 약정한 시기에 지급되지 아니한 때에는 보험자는 <u>상당한 기간을 정하여 보험계약자에게 최고하고</u> 그 기간 내에 지급되지 아니한 때에는 그 계약을 해지할 수 있다(상법 제650조 제2항).
> - (○) 보험계약의 당사자가 특별한 위험을 예기하여 보험료의 액을 정한 경우에 보험기간 중 그 예기한 위험이 소멸한 때에는 보험계약자는 그 후의 보험료의 감액을 청구할 수 있다(상법 제647조).
> - (○) 보험기간 중에 보험계약자 또는 피보험자가 사고발생의 위험이 현저하게 변경 또는 증가된 사실을 안 때에는 지체 없이 보험자에게 통지하여야 한다(상법 제652조 제1항).

07 고지의무에 관한 설명으로 옳지 않은 것은?

① 보험계약 당시에 보험계약자 또는 피보험자가 고의 또는 중대한 과실로 인하여 중요한 사항을 부실의 고지를 한 때에는 보험자는 그 사실을 안 날로부터 3년 내에 계약을 해지할 수 있다.
② 보험자가 서면으로 질문한 사항은 중요한 사항으로 추정한다.
③ 손해보험의 피보험자는 고지의무자에 해당한다.
④ 보험자가 계약 당시에 고지의무위반의 사실을 알았거나 중대한 과실로 인하여 알지 못한 때에는 보험자는 그 계약을 해지할 수 없다.

정답 ①

해설

> 보험계약 당시에 보험계약자 또는 피보험자가 고의 또는 중대한 과실로 인하여 중요한 사항을 고지하지 아니하거나 부실의 고지를 한 때에는 보험자는 <u>사실을 안 날로부터 1월 내에, 계약을 체결한 날로부터 3년 내에</u> 한하여 계약을 해지할 수 있다(상법 제651조).
>
> ② 상법 제651조의2
> ③ 고지의무자는 보험계약자와 피보험자이다.
> ④ 상법 제651조 단서

08 B는 A의 위임을 받아 A를 위하여 자신의 명의로 보험자 C와 손해보험계약을 체결하였다(단, B는 C에게 A를 위한 계약임을 명시하였고, A에게는 피보험이익이 존재함). 다음 설명으로 옳지 않은 것은? (다툼이 있으면 판례에 따름)

① A는 당연히 보험계약의 이익을 받는 자이므로, 특별한 사정이 없는 한 B의 동의 없이 보험금 지급청구권을 행사할 수 있다.

② B가 파산선고를 받은 경우 A가 그 권리를 포기하지 아니하는 한 A도 보험료를 지급할 의무가 있다.

③ 만일 A의 위임이 없었다면 B는 이를 C에게 고지하여야 한다.

④ A는 위험변경증가의 통지의무를 부담하지 않는다.

정답 ④

해설

타인을 위한 보험에 대한 설명이다. A는 손해보험에서는 피보험자, 인보험에서는 보험수익자이므로, 사고발생의 위험이 현저하게 변경 또는 증가된 사실을 안 때에는 지체 없이 보험자에게 통지하여야 한다(상법 제652조 제1항).

① 피보험자 또는 보험수익자는 수익의 의사를 표시하지 않더라도 당연히 그 계약의 이익을 받으므로, 보험사고가 발생하면 직접 보험자에 대하여 보험금, 그 밖의 급여청구권을 갖는다(상법 제639조 제1항).

② 보험계약자(B)가 파산선고를 받거나 보험료의 지급을 지체한 때에는 그 타인(A)이 그 권리를 포기하지 아니하는 한 그 타인도 보험료를 지급할 의무가 있다(상법 제639조 제3항).

③ 손해보험계약의 경우 타인의 위임이 없으면 보험계약자(B)는 이를 보험자(C)에게 고지하여야 한다(상법 제639조 제1항 단서).

09 상법(보험편)에 관한 설명으로 옳은 것은?

① 보험사고가 발생하기 전에 보험계약의 전부 또는 일부를 해지하는 경우에 보험계약자는 당사자간에 다른 약정이 없으면 미경과보험료의 반환을 청구할 수 없다.

② 보험계약자는 계약 체결 후 지체 없이 보험료의 전부 또는 제1회 보험료를 지급하여야 하며, 보험계약자가 이를 지급하지 아니하는 경우에는 다른 약정이 없는 한 계약 성립 후 2월이 경과하면 그 계약은 해제된 것으로 본다.

③ 고지의무위반으로 인하여 보험계약이 해지되고 해지환급금이 지급되지 아니한 경우에 보험계약자는 일정한 기간 내에 연체보험료에 약정이자를 붙여 보험자에게 지급하고 그 계약의 부활을 청구할 수 있다.

④ 보험계약의 일부가 무효인 경우에는 보험계약자와 피보험자에게 중대한 과실이 있어도 보험자에 대하여 보험료 일부의 반환을 청구할 수 있다.

정답 ②

② 상법 제650조 제1항
① 보험사고가 발생하기 전에 보험계약의 전부 또는 일부를 해지하는 경우에 보험계약자는 당사자간에 다른 약정이 없으면 미경과보험료의 반환을 청구할 수 있다(상법 제649조 제3항).
③ 계속보험료가 약정한 시기에 지급되지 아니하여 보험계약이 해지되고 해지환급금이 지급되지 아니한 경우에 보험계약자는 일정한 기간 내에 연체보험료에 약정이자를 붙여 보험자에게 지급하고 그 계약의 부활을 청구할 수 있다(상법 제650조의2).
④ 보험계약의 전부 또는 일부가 무효인 경우에 보험계약자와 피보험자가 선의이며 중대한 과실이 없는 때에는 보험자에 대하여 보험료의 전부 또는 일부의 반환을 청구할 수 있다(상법 제648조).

10 위험변경증가의 통지와 보험계약해지에 관한 설명으로 옳지 않은 것은?

① 보험기간 중에 보험계약자 또는 피보험자가 사고발생의 위험이 현저하게 변경 또는 증가된 사실을 안 때에는 지체 없이 보험자에게 통지하여야 한다.
② 보험자가 위험변경증가의 통지를 받은 때에는 1월 내에 보험료의 증액을 청구하거나 계약을 해지할 수 있다.
③ 위험변경증가의 통지를 해태한 때에는 보험자는 그 사실을 안 날로부터 1월 내에 한하여 계약을 해지할 수 있다.
④ 보험사고가 발생한 후라도 보험자가 위험변경통지의 해태로 계약을 해지하였을 때에는 보험금을 지급할 책임이 없고, 이미 지급한 보험금의 반환도 청구할 수 없다.

[정답] ④

[해설]

보험사고가 발생한 후라도 보험자가 위험변경통지의 해태(상법 제652조)에 따라 계약을 해지하였을 때에는 보험금을 지급할 책임이 없고, 이미 지급한 보험금의 반환을 청구할 수 있다(상법 제655조).

① 상법 제652조 제1항
② 상법 제652조 제2항
③ 상법 제653조

11 보험사고발생의 통지의무에 관한 설명으로 옳지 않은 것은?

① 보험사고발생의 통지의무자가 보험사고의 발생을 안 때에는 지체 없이 보험자에게 그 통지를 발송하여야 한다.
② 보험사고발생의 통지의무자는 보험계약자 또는 피보험자나 보험수익자이다.
③ 통지의 방법으로는 구두, 서면 등이 가능하다.
④ 보험자는 보험계약자가 보험사고발생의 통지의무를 해태하여 증가된 손해라도 이를 포함하여 보상할 책임이 있다.

[정답] ④

보험계약자 또는 피보험자나 보험수익자가 통지의무를 해태함으로 인하여 손해가 증가된 때에는 보험자는 그 증가된 손해를 보상할 책임이 없다(상법 제657조 제2항).

12 보험자의 보험금액 지급과 면책에 관한 설명으로 옳지 않은 것은?

① 약정기간이 없는 경우에는 보험자는 보험사고발생의 통지를 받은 후 지체 없이 지급할 보험금액을 정하여야 한다.

② 보험자가 보험금액을 정하면 정하여진 날부터 10일 내에 보험금액을 지급하여야 한다.

③ 보험사고가 전쟁 기타의 변란으로 인하여 생긴 때에는 보험자의 보험금액 지급책임에 대하여 당사자간에 다른 약정을 할 수 없다.

④ 보험사고가 보험계약자의 고의 또는 중대한 과실로 인하여 생긴 때에는 보험자는 보험금액을 지급할 책임이 없다.

정답 ③

해설

상법 제660조에 따르면, 보험사고가 전쟁 기타의 변란으로 인하여 생긴 때에는 당사자간에 다른 약정이 없으면 보험자는 보험금액을 지급할 책임이 없다고 규정되어 있다. 즉 다른 약정이 있으면, 보험자는 보험금액을 지급할 책임이 있게 된다.

① · ② 상법 제658조
④ 상법 제659조

13 상법 제662조(소멸시효)에 관한 설명으로 옳지 않은 것은?

① 보험료의 반환청구권은 2년간 행사하지 아니하면 시효의 완성으로 소멸한다.

② 적립금의 반환청구권은 3년간 행사하지 아니하면 시효의 완성으로 소멸한다.

③ 보험금청구권은 3년간 행사하지 아니하면 시효의 완성으로 소멸한다.

④ 보험료청구권은 2년간 행사하지 아니하면 시효의 완성으로 소멸한다.

정답 ①

해설

보험금청구권은 3년간, 보험료 또는 적립금의 반환청구권은 3년간, 보험료청구권은 2년간 행사하지 아니하면 시효의 완성으로 소멸한다.

14 상법 제663조(보험계약자 등의 불이익변경금지)에 관한 설명으로 옳지 않은 것은?

① 상법 보험편의 규정은 가계보험에서 당사자간의 특약으로 피보험자의 불이익으로 변경하지 못한다.

② 상법 보험편의 규정은 재보험에서 당사자간의 특약으로 피보험자의 불이익으로 변경하지 못한다.

③ 상법 보험편의 규정은 가계보험에서 당사자간의 특약으로 보험계약자의 불이익으로 변경하지 못한다.

④ 상법 보험편의 규정은 해상보험에서 당사자간의 특약으로 피보험자의 불이익으로 변경할 수 있다.

정답 ②

해설

상법 보험편의 규정은 당사자간의 특약으로 보험계약자 또는 피보험자나 보험수익자의 불이익으로 변경하지 못한다. 그러나 재보험 및 해상보험 기타 이와 유사한 보험의 경우에는 그러하지 아니하다.

15 상법 제666조(손해보험증권)의 기재사항으로 옳은 것을 모두 고른 것은?

ㄱ. 보험사고의 성질
ㄴ. 무효와 실권의 사유
ㄷ. 보험증권의 작성지와 그 작성연월일
ㄹ. 보험계약자의 주민등록번호

---

① ㄱ

② ㄴ, ㄹ

③ ㄱ, ㄴ, ㄷ

④ ㄴ, ㄷ, ㄹ

정답 ③

해설

손해보험증권의 기재사항(상법 제666조)
1. 보험의 목적
2. 보험사고의 성질
3. 보험금액
4. 보험료와 그 지급방법
5. 보험기간을 정한 때에는 그 시기와 종기
6. 무효와 실권의 사유
7. 보험계약자의 주소와 성명 또는 상호
8. 피보험자의 주소, 성명 또는 상호
9. 보험계약의 연월일
10. 보험증권의 작성지와 그 작성연월일

16 초과보험에 관한 설명으로 옳은 것은?

① 초과보험은 보험계약 목적의 가액이 보험금액을 현저하게 초과한 보험이다.

② 보험계약자의 사기로 인하여 체결된 때의 초과보험은 무효로 한다.

③ 초과보험에서 보험료의 감액은 소급하여 그 효력이 있다.

④ 보험가액이 보험기간 중에 현저하게 감소된 때에는 초과보험에 관한 규정이 적용되지 않는다.

정답 ②

해설 ‧‧‧

> ② 상법 제669조 제4항
> ① 초과보험은 보험금액이 보험계약 목적의 가액을 현저하게 초과한 보험이다.
> ③ 초과보험에서 보험료의 감액은 장래에 대하여서만 그 효력이 있다.
> ④ 보험가액이 보험기간 중에 현저하게 감소된 때에는 초과보험에 관한 규정이 적용된다(상법 제669조 제3항).

17 기평가보험과 미평가보험에 관한 설명으로 옳지 않은 것은?

① 당사자간에 보험계약 체결시 보험가액을 미리 약정하는 보험은 기평가보험이다.

② 기평가보험에서 보험가액은 사고발생시의 가액으로 정한 것으로 추정한다. 그러나 그 가액이 사고발생시의 가액을 현저하게 초과할 때에는 사고발생시의 가액을 보험가액으로 한다.

③ 미평가보험이란 보험사고의 발생 이전에는 보험가액을 산정하지 않고, 그 이후에 산정하는 보험을 말한다.

④ 미평가보험은 보험계약 체결 당시의 가액을 보험가액으로 한다.

정답 ④

해설 ‧‧‧

> 미평가보험은 사고발생시의 가액을 보험가액으로 한다(상법 제671조).

18 재보험에 관한 설명으로 옳지 않은 것은? (다툼이 있으면 판례에 따름)

① 재보험에 대하여도 제3자에 대한 보험자대위가 적용된다.

② 재보험은 원보험자가 인수한 위험의 전부 또는 일부를 분산시키는 기능을 한다.

③ 재보험계약은 원보험계약의 효력에 영향을 미친다.

④ 재보험자는 손해보험의 원보험자와 재보험계약을 체결할 수 있다.

정답 ③

해설

재보험계약은 <u>원보험계약의 효력에 영향을 미치지 아니한다</u>(상법 제661조).

① 재보험자가 원보험자에게 재보험금을 지급하면 원보험자가 취득한 제3자에 대한 권리는 지급한 재보험금의 한도에서 다시 재보험자에게 이전된다(대법원 2013.2.14. 선고 2010다94908 판결).
② 재보험은 어떤 보험자가 인수한 보험계약상의 책임의 전부 또는 일부를 다른 보험자에게 인수시키는 보험이다(상법 제661조).
④ 보험자는 원보험이 손해보험이든 인보험이든 불문하고 보험사고로 인하여 부담할 책임의 전부 또는 일부에 대하여 다른 보험자와 재보험계약을 체결할 수 있다.

19 중복보험에 관한 설명으로 옳지 않은 것은?

① 동일한 보험계약의 목적과 동일한 사고에 관하여 수개의 보험계약이 동시에 또는 순차로 체결된 경우에 그 보험가액의 총액이 보험금액을 초과한 때에는 보험자는 각자의 보험금액의 한도에서 연대책임을 진다.

② 중복보험의 경우 보험자 1인에 대한 피보험자의 권리의 포기는 다른 보험자의 권리의무에 영향을 미치지 않는다.

③ 중복보험의 경우에는 보험계약자는 각 보험자에 대하여 각 보험계약의 내용을 통지하여야 한다.

④ 사기에 의한 중복보험계약은 무효이나 보험자는 그 사실을 안 때까지의 보험료를 청구할 수 있다.

정답 ①

해설

동일한 보험계약의 목적과 동일한 사고에 관하여 수개의 보험계약이 동시에 또는 순차로 체결된 경우에 그 <u>보험금액의 총액이 보험가액을 초과한</u> 때에는 보험자는 각자의 보험금액의 한도에서 연대책임을 진다(상법 제672조 제1항).

② 상법 제673조
③ 상법 제672조 제2항
④ 상법 제672조 제3항

20 일부보험에 관한 설명으로 옳지 않은 것은?

① 일부보험이란 보험금액이 보험가액에 미달하는 보험을 말한다.

② 일부보험은 계약 체결 당시부터 의식적으로 약정하는 경우도 있고, 계약 성립 후 물가의 인상으로 인하여 자연적으로 발생하는 경우도 있다.

③ 일부보험에서는 보험자의 보상책임에 관하여 당사자간에 다른 약정을 할 수 없다.

④ 의식적 일부보험의 여부는 계약 체결시의 보험가액을 기준으로 판단한다.

정답 ③

당사자간에 <u>다른 약정이 있는 때</u>에는 보험자는 보험금액의 한도 내에서 그 손해를 보상할 책임을 진다(상법 제674조).

21 손해보험에서 손해액 산정에 관한 설명으로 옳지 않은 것은?

① 보험자가 보상할 손해액은 그 손해가 발생한 때와 곳의 가액에 의하여 산정한다. 그러나 당사 자간에 다른 약정이 있는 때에는 그 신품가액에 의하여 손해액을 산정할 수 있다.

② 보험자가 손해를 보상할 경우에 보험료의 지급을 받지 아니한 잔액이 있어도 보상할 금액에서 이를 공제할 수 없다.

③ 손해보상은 원칙적으로 금전으로 하지만 당사자의 합의로 손해의 전부 또는 일부를 현물로 보상할 수 있다.

④ 손해액의 산정에 관한 비용은 보험자의 부담으로 한다.

②

보험자가 손해를 보상할 경우에 보험료의 지급을 받지 아니한 잔액이 있으면 그 지급기일이 도래하지 아니한 때라도 보상할 금액에서 이를 <u>공제할 수 있다</u>(상법 제677조).

① 상법 제676조 제1항
③ 보험금은 금전으로 지급하는 것이 원칙이나, 당사자 사이에 특약이 있는 경우에는 현물급여 또는 다른 급여 등의 방법으로도 할 수 있다.
④ 상법 제676조 제2항

22 화재보험에 관한 설명으로 옳지 않은 것은?

① 화재보험계약의 보험자는 화재로 인하여 생긴 손해를 보상할 책임이 있다.

② 화재보험자는 화재의 소방 또는 손해의 감소에 필요한 조치로 인하여 생긴 손해를 보상할 책임이 있다.

③ 화재보험증권에는 동산을 보험의 목적으로 한 때에는 그 존치한 장소의 상태와 용도를 기재하여야 한다.

④ 집합된 물건을 일괄하여 화재보험의 목적으로 하여도 피보험자의 사용인의 물건은 보험의 목적에 포함되지 않는다.

④

집합된 물건을 일괄하여 보험의 목적으로 한 때에는 피보험자의 가족과 사용인의 물건도 보험의 목적에 포함된 것으로 한다(상법 제686조).

① 상법 제683조
② 상법 제684조
③ 상법 제685조 제2호

23 손해보험에 관한 설명으로 옳은 것을 모두 고른 것은?

> ㄱ. 보험의 목적의 성질, 하자 또는 자연소모로 인한 손해는 보험자가 이를 보상할 책임이 없다.
> ㄴ. 피보험자가 보험의 목적을 양도한 때에는 양수인은 보험계약 상의 권리와 의무를 승계한 것으로 추정한다.
> ㄷ. 보험의 목적의 양도인 또는 양수인은 보험자에 대하여 지체 없이 보험목적의 양도 사실을 통지하여야 한다.
> ㄹ. 손해의 방지와 경감을 위하여 보험계약자와 피보험자의 필요 또는 유익하였던 비용과 보상액이 보험금액을 초과한 경우에는 보험자가 이를 부담하지 아니한다.

① ㄱ
② ㄱ, ㄹ
③ ㄱ, ㄴ, ㄷ
④ ㄴ, ㄷ, ㄹ

정답 ③

해설

ㄱ. (○) 상법 제678조
ㄴ. (○) 상법 제679조 제1항
ㄷ. (○) 상법 제679조 제2항
ㄹ. (×) 손해의 방지와 경감을 위하여 보험계약자와 피보험자의 필요 또는 유익하였던 비용과 보상액이 보험금액을 초과한 경우라도 보험자가 이를 부담한다(상법 제680조 제1항).

24 보험목적에 관한 보험대위에 관한 설명으로 옳지 않은 것은?

① 약관에 보험자의 대위권 포기를 정할 수 있다.
② 보험금액의 일부를 지급한 보험자도 그 목적에 대한 피보험자의 권리를 취득한다.
③ 보험가액의 일부를 보험에 붙인 경우에는 보험자가 취득할 권리는 보험금액의 보험가액에 대한 비율에 따라 이를 정한다.
④ 사고를 당한 보험목적에 대하여 피보험자가 가지고 있던 권리는 법률 규정에 의하여 보험자에게 이전되는 것으로 물권변동의 절차를 요하지 않는다.

정답 ②

보험의 목적의 전부가 멸실한 경우에 <u>보험금액의 전부를 지급한 보험자는 그 목적에 대한 피보험자의 권리를 취득한다.</u> 그러나 보험가액의 일부를 보험에 붙인 경우에는 보험자가 취득할 권리는 보험금액의 보험가액에 대한 비율에 따라 이를 정한다(상법 제681조).

25 화재보험에 관한 설명으로 옳지 않은 것은?

① 집합된 물건을 일괄하여 화재보험의 목적으로 하여도 피보험자의 가족의 물건은 화재보험의 목적에 포함되지 않는다.

② 집합된 물건을 일괄하여 화재보험의 목적으로 한 때에는 그 목적에 속한 물건이 보험기간 중에 수시로 교체된 경우에도 보험사고의 발생시에 현존하는 물건은 화재보험의 목적에 포함된 것으로 한다.

③ 건물을 화재보험의 목적으로 한 때에는 그 소재지, 구조와 용도는 화재보험증권의 기재사항이다.

④ 유가증권은 화재보험증권에 기재하여 화재보험의 목적으로 할 수 있다.

집합된 물건을 일괄하여 보험의 목적으로 한 때에는 <u>피보험자의 가족과 사용인의 물건도 보험의 목적에 포함된 것으로 한다.</u> 이 경우에는 그 보험은 그 가족 또는 사용인을 위하여서도 체결한 것으로 본다(상법 제686조).

② 상법 제687조
③ 상법 제685조 제1호
④ 화재보험의 목적으로는 유체물로서 동산 또는 부동산도 포함되며, 유가증권·서화 등은 보험증권에 기재하여야만 보험의 목적이 된다.

26 농어업재해보험법상 용어에 관한 설명이다. (   )에 들어갈 내용은?

> "시범사업"이란 농어업재해보험사업을 전국적으로 실시하기 전에 보험의 효용성 및 보험 실시 가능성 등을 검증하기 위하여 일정기간 (   )에서 실시하는 보험사업을 말한다.

① 보험대상 지역

② 재해 지역

③ 담당 지역

④ 제한된 지역

정답 ④

해설

"시범사업"이란 농어업재해보험사업을 전국적으로 실시하기 전에 보험의 효용성 및 보험 실시 가능성 등을 검증하기 위하여 일정기간 (제한된 지역)에서 실시하는 보험사업을 말한다(농어업재해보험법 제2조 제6호).

27 농어업재해보험법령상 농업재해보험심의회 위원을 해촉할 수 있는 사유로 명시된 것이 아닌 것은?

① 심신장애로 인하여 직무를 수행할 수 없게 된 경우

② 직무와 관련 없는 비위사실이 있는 경우

③ 품위손상으로 인하여 위원으로 적합하지 아니하다고 인정되는 경우

④ 위원 스스로 직무를 수행하는 것이 곤란하다고 의사를 밝히는 경우

정답 ②

해설

농업재해보험심의회 위원의 해촉(농어업재해보험법 시행령 제3조의2)
농림축산식품부장관은 법 제3조 제4항 제1호(농림축산식품부장관이 재해보험이나 농업에 관한 학식과 경험
이 풍부하다고 인정하는 사람)에 따른 위원이 다음 각 호의 어느 하나에 해당하는 경우에는 해당 위원을 해촉
(解囑)할 수 있다. 〈2024.4.30. 개정〉
1. 심신장애로 인하여 직무를 수행할 수 없게 된 경우
2. 직무와 관련된 비위사실이 있는 경우
3. 직무태만, 품위손상이나 그 밖의 사유로 인하여 위원으로 적합하지 아니하다고 인정되는 경우
4. 위원 스스로 직무를 수행하는 것이 곤란하다고 의사를 밝히는 경우

28 농어업재해보험법상 손해평가사의 자격 취소사유에 해당하지 않는 것은?

① 손해평가사의 자격을 거짓 또는 부정한 방법으로 취득한 사람

② 거짓으로 손해평가를 한 사람

③ 다른 사람에게 손해평가사 자격증을 대여한 사람

④ 업무수행 능력과 자질이 부족한 사람

정답 ④

해설

> 손해평가사의 자격 취소(농어업재해보험법 제11조의5 제1항)
> 농림축산식품부장관은 다음 각 호의 어느 하나에 해당하는 사람에 대하여 손해평가사 자격을 취소할 수 있다.
> 다만, 제1호 및 제5호에 해당하는 경우에는 자격을 취소하여야 한다.
> 1. 손해평가사의 자격을 거짓 또는 부정한 방법으로 취득한 사람
> 2. 거짓으로 손해평가를 한 사람
> 3. 다른 사람에게 손해평가사의 명의를 사용하게 하거나 그 자격증을 대여한 사람
> 4. 손해평가사 명의의 사용이나 자격증의 대여를 알선한 사람
> 5. 업무정지 기간 중에 손해평가 업무를 수행한 사람

29 농어업재해보험법령상 재해보험에 관한 설명으로 옳지 않은 것은? [기출수정]

① 재해보험의 종류는 농작물재해보험, 임산물재해보험, 가축재해보험 및 양식수산물재해보험으로 한다.

② 재해보험에서 보상하는 재해의 범위는 해당 재해의 발생 빈도, 피해 정도 및 객관적인 손해평가방법 등을 고려하여 재해보험의 종류별로 대통령령으로 정한다.

③ 보험목적물의 구체적인 범위는 농업재해보험심의회 또는 중앙 수산업·어촌정책심의회를 거치지 않고 농업정책보험금융원장이 고시한다.

④ 자연재해, 조수해(鳥獸害), 화재 및 보험목적물별로 농림축산식품부장관이 정하여 고시하는 병충해는 농작물·임산물 재해보험이 보상하는 재해의 범위에 해당한다.

정답 ③

해설

> 보험목적물의 구체적인 범위는 보험의 효용성 및 보험 실시 가능성 등을 종합적으로 고려하여 <u>농업재해보험심의회 또는 중앙 수산업·어촌정책심의회를 거쳐</u> 농림축산식품부장관 또는 해양수산부장관이 고시한다(농어업재해보험법 제5조 제1항).
>
> ① 농어업재해보험법 제4조
> ② 농어업재해보험법 제6조 제1항
> ④ 농어업재해보험법 시행령 [별표 1] 참조

30 농어업재해보험법상 보험료율의 산정에 관한 내용이다. (   )에 들어갈 용어는?

> 농림축산식품부장관 또는 해양수산부장관과 재해보험사업의 약정을 체결한 자는 재해보험의 보험료율을 객관적이고 합리적인 통계자료를 기초로 하여 보험목적물별 또는 보상방식별로 산정하되, 행정구역 단위 또는 (   )로 산정하여야 한다.

① 지역 단위
② 권역 단위
③ 보험목적물 단위
④ 보험금액 단위

정답 ②

해설

> 농림축산식품부장관 또는 해양수산부장관과 재해보험사업의 약정을 체결한 자(이하 "재해보험사업자"라 한다)는 재해보험의 보험료율을 객관적이고 합리적인 통계자료를 기초로 하여 보험목적물별 또는 보상방식별로 산정하되, 행정구역 단위 또는 (권역 단위)로 산정하여야 한다(농어업재해보험법 제9조 제1항).

31 농어업재해보험법령상 양식수산물재해보험 손해평가인으로 위촉될 수 있는 자격요건에 해당하지 않는 자는?

① 「농수산물품질관리법」에 따른 수산물품질관리사
② 「수산생물질병관리법」에 따른 수산질병관리사
③ 「국가기술자격법」에 따른 수산양식기술사
④ 조교수로서 「고등교육법」 제2조에 따른 학교에서 수산물양식 관련학을 2년간 교육한 경력이 있는 자

정답 ④

해설

> 조교수 이상으로 「고등교육법」 제2조에 따른 학교에서 수산물양식 관련학 또는 수산생명의학 관련학을 3년 이상 교육한 경력이 있는 사람이어야 한다(농어업재해보험법 시행령 [별표 2]).

32 농어업재해보험법령상 재해보험사업자가 보험모집 및 손해평가 등 재해보험 업무의 일부를 위탁할 수 있는 자에 해당하지 않는 것은?

① 「보험업법」 제187조에 따라 손해사정을 업으로 하는 자
② 「농업협동조합법」에 따라 설립된 지역농업협동조합
③ 「수산업협동조합법」에 따라 설립된 지구별 수산업협동조합
④ 농어업재해보험 관련 업무를 수행할 목적으로 농림축산식품부장관의 허가를 받아 설립된 영리법인

정답 ④

해설 ....

농어업재해보험 관련 업무를 수행할 목적으로 「민법」 제32조에 따라 농림축산식품부장관 또는 해양수산부장관의 허가를 받아 설립된 <u>비영리법인</u>이어야 한다(농어업재해보험법 시행령 제13조 제4호).

33 농어업재해보험법령상 농업재해보험심의회 및 분과위원회에 관한 설명으로 옳지 않은 것은?

① 심의회는 위원장 및 부위원장 각 1명을 포함한 21명 이내의 위원으로 구성한다.
② 심의회의 회의는 재적위원 3분의 1 이상의 출석으로 개의(開議)하고, 출석위원 과반수의 찬성으로 의결한다.
③ 분과위원장 및 분과위원은 심의회의 위원 중에서 전문적인 지식과 경험 등을 고려하여 위원장이 지명한다.
④ 분과위원회의 회의는 위원장 또는 분과위원장이 필요하다고 인정할 때에 소집한다.

정답 ②

해설 ....

심의회의 회의는 재적위원 <u>과반수의 출석</u>으로 개의(開議)하고, 출석위원 과반수의 찬성으로 의결한다(농어업재해보험법 시행령 제3조 제3항).

① 농어업재해보험법 제3조 제2항
③ 농어업재해보험법 시행령 제4조 제4항
④ 농어업재해보험법 시행령 제4조 제5항

34 농어업재해보험법령상 농어업재해재보험기금의 기금수탁관리자가 농림축산식품부장관 및 해양수산부장관에게 제출해야 하는 기금결산보고서에 첨부해야 할 서류로 옳은 것을 모두 고른 것은?

ㄱ. 결산 개요　　　　　　　　　　　ㄴ. 수입지출결산
ㄷ. 재무제표　　　　　　　　　　　　ㄹ. 성과보고서

---

① ㄱ, ㄴ　　　　　　　　　　　　　② ㄴ, ㄷ
③ ㄱ, ㄷ, ㄹ　　　　　　　　　　　④ ㄱ, ㄴ, ㄷ, ㄹ

정답 ④

해설

기금결산보고서의 첨부서류(농어업재해보험법 시행령 제19조 제3항)
1. 결산 개요
2. 수입지출결산
3. 재무제표
4. 성과보고서
5. 그 밖에 결산의 내용을 명확하게 하기 위하여 필요한 서류

35 농어업재해보험법령상 농어업재해재보험기금에 관한 설명으로 옳지 않은 것은?

① 기금 조성의 재원에는 재보험금의 회수 자금도 포함된다.
② 농림축산식품부장관은 해양수산부장관과 협의하여 기금의 수입과 지출을 명확히 하기 위하여 한국은행에 기금계정을 설치하여야 한다.
③ 농림축산식품부장관은 해양수산부장관과 협의를 거쳐 기금의 관리·운용에 관한 사무의 일부를 농업정책보험금융원에 위탁할 수 있다.
④ 농림축산식품부장관은 기금의 관리·운용에 관한 사무를 위탁한 경우에는 해양수산부장관과 협의하여 소속 공무원 중에서 기금지출원과 기금출납원을 임명한다.

정답 ④

해설

농림축산식품부장관은 기금의 관리·운용에 관한 사무를 위탁한 경우에는 해양수산부장관과 협의하여 <u>농업정책보험금융원의 임원 중에서 기금수입담당임원과 기금지출원인행위담당임원을, 그 직원 중에서 기금지출원과 기금출납원을 각각 임명하여야 한다</u>(농어업재해보험법 제25조 제2항).

① 농어업재해보험법 제22조 제1항 제3호
② 농어업재해보험법 시행령 제17조
③ 농어업재해보험법 제24조 제2항

36 농어업재해보험법상 손해평가사가 거짓으로 손해평가를 한 경우에 해당하는 벌칙기준은?

① 1년 이하의 징역 또는 500만원 이하의 벌금
② 1년 이하의 징역 또는 1,000만원 이하의 벌금
③ 2년 이하의 징역 또는 1,000만원 이하의 벌금
④ 2년 이하의 징역 또는 2,000만원 이하의 벌금

정답 ②

해설

> 고의로 진실을 숨기거나 거짓으로 손해평가를 한 자는 <u>1년 이하의 징역 또는 1천만원 이하의 벌금</u>에 처한다(농어업재해보험법 제30조 제2항 제2호).

37 농어업재해보험법령상 농어업재해재보험기금의 결산에 관한 내용이다. ( )에 들어갈 내용을 순서대로 옳게 나열한 것은?

> • 기금수탁관리자는 회계연도마다 기금결산보고서를 작성하여 다음 회계연도 (ㄱ)까지 농림축산식품부장관 및 해양수산부장관에게 제출하여야 한다.
> • 농림축산식품부장관은 해양수산부장관과 협의하여 기금수탁관리자로부터 제출받은 기금결산보고서를 검토한 후 심의회의 회의를 거쳐 다음 회계연도 (ㄴ)까지 기획재정부장관에게 제출하여야 한다.

	ㄱ	ㄴ
①	1월 31일	2월 말일
②	1월 31일	6월 30일
③	2월 15일	2월 말일
④	2월 15일	6월 30일

정답 ③

해설

> **기금의 결산(농어업재해보험법 시행령 제19조 제1항, 제2항)**
> • 기금수탁관리자는 회계연도마다 기금결산보고서를 작성하여 다음 회계연도 **(2월 15일)**까지 농림축산식품부장관 및 해양수산부장관에게 제출하여야 한다.
> • 농림축산식품부장관은 해양수산부장관과 협의하여 기금수탁관리자로부터 제출받은 기금결산보고서를 검토한 후 심의회의 심의를 거쳐 다음 회계연도 **(2월 말일)**까지 기획재정부장관에게 제출하여야 한다.

38 농어업재해보험법령상 보험가입촉진계획의 수립과 제출 등에 관한 내용이다. (   )에 들어갈 내용을 순서대로 옳게 나열한 것은?

> 재해보험사업자는 농어업재해보험 가입 촉진을 위해 수립한 보험가입촉진계획을 해당 연도 (   )까지 (   )에게 제출하여야 한다.

① 1월 31일, 농업정책보험금융원장
② 1월 31일, 농림축산식품부장관 또는 해양수산부장관
③ 2월 말일, 농업정책보험금융원장
④ 2월 말일, 농림축산식품부장관 또는 해양수산부장관

정답 ②

해설

> 재해보험사업자는 농어업재해보험 가입 촉진을 위해 수립한 보험가입촉진계획을 해당 연도 (1월 31일)까지 (농림축산식품부장관 또는 해양수산부장관)에게 제출하여야 한다(농어업재해보험법 시행령 제22조의2 제2항).

39 농어업재해보험법령상 과태료 부과의 개별기준에 관한 설명으로 옳은 것은?

① 재해보험사업자의 발기인이 법 제18조에서 적용하는 「보험업법」 제133조에 따른 검사를 기피한 경우 : 200만원
② 법 제29조에 따른 보고 또는 관계 서류 제출을 거짓으로 한 경우 : 200만원
③ 법 제10조 제2항에서 준용하는 「보험업법」 제97조 제1항을 위반하여 보험계약의 모집에 관한 금지행위를 한 경우 : 500만원
④ 법 제10조 제2항에서 준용하는 「보험업법」 제95조를 위반하여 보험안내를 한 자로서 재해보험사업자가 아닌 경우 : 1,000만원

정답 ①

해설

> ① 농업재해보험법 시행령 [별표 3]
> ② 법 제29조에 따른 보고 또는 관계 서류 제출을 거짓으로 한 경우 : 300만원
> ③ 법 제10조 제2항에서 준용하는 「보험업법」 제97조 제1항을 위반하여 보험계약의 모집에 관한 금지행위를 한 경우 : 300만원
> ④ 법 제10조 제2항에서 준용하는 「보험업법」 제95조를 위반하여 보험안내를 한 자로서 재해 보험사업자가 아닌 경우 : 500만원

40 농업재해보험 손해평가요령에 따른 종합위험방식 상품에서 "수확감소보장 및 과실손해보장"의 「수확전」 조사내용과 조사시기를 바르게 연결한 것은? 기출수정

① 피해사실확인조사 – 결실완료 후
② 이앙(직파)불능피해조사 – 수정완료 후
③ 경작불능조사 – 사고접수 후 지체 없이
④ 재이앙(재직파)조사 – 이앙 한계일(7.31.) 이후

정답 ③

해설

① 피해사실확인조사 – 사고접수 후 지체 없이
② 이앙(직파)불능피해조사 – 이앙 한계일(7.31.) 이후
④ 재이앙(재직파)조사 – 사고접수 후 지체 없이

41 농업재해보험 손해평가요령에 따른 손해수량 조사방법과 관련하여 적과전 종합위험방식 상품 "단감"의 「6월 1일~적과전」 생육시기에 해당되는 재해를 모두 고른 것은? 기출수정

ㄱ. 우박
ㄴ. 지진
ㄷ. 가을동상해
ㄹ. 집중호우

① ㄱ, ㄴ
② ㄴ, ㄷ
③ ㄱ, ㄴ, ㄹ
④ ㄱ, ㄷ, ㄹ

정답 ③

해설

적과전 종합위험방식 상품 "단감"의 「6월 1일~적과전」 생육시기별 재해

생육시기	재 해
6월 1일~적과전	태풍(강풍), 우박, 집중호우, 화재, 지진

42 농업재해보험 손해평가요령에 따른 농업재해보험의 종류에 해당하는 것을 모두 고른 것은?

> ㄱ. 농작물재해보험
> ㄴ. 양식수산물재해보험
> ㄷ. 임산물재해보험
> ㄹ. 가축재해보험

① ㄱ, ㄴ
② ㄱ, ㄹ
③ ㄱ, ㄷ, ㄹ
④ ㄴ, ㄷ, ㄹ

정답 ③

해설

"농업재해보험"이란 농어업재해보험법 제4조에 따른 농작물재해보험, 임산물재해보험 및 가축재해보험을 말한다(농업재해보험 손해평가요령 제2조 제5호).

43 농업재해보험 손해평가요령에 따른 손해평가인 정기교육의 세부내용으로 명시되어 있지 않은 것은?

① 손해평가의 절차 및 방법
② 농업재해보험의 종류별 약관
③ 풍수해보험에 관한 기초지식
④ 피해유형별 현지조사표 작성 실습

정답 ③

해설

손해평가인 정기교육의 세부내용(농업재해보험 손해평가요령 제5조의2 제1항)
1. **농업재해보험에 관한 기초지식** : 농어업재해보험법 제정 배경·구성 및 조문별 주요내용, 농업재해보험 사업현황
2. **농업재해보험의 종류별 약관** : 농업재해보험 상품 주요내용 및 약관 일반 사항
3. **손해평가의 절차 및 방법** : 농업재해보험 손해평가 개요, 보험목적물별 손해평가 기준 및 피해유형별 보상 사례
4. **피해유형별 현지조사표 작성 실습**

44 농어업재해보험법 및 농업재해보험 손해평가요령에 따른 교차손해평가에 관한 내용으로 옳지 않은 것은?

① 교차손해평가를 위해 손해평가반을 구성할 경우 손해평가사 2인 이상이 포함되어야 한다.

② 교차손해평가의 절차·방법 등에 필요한 사항은 농림축산식품부장관 또는 해양수산부장관이 정한다.

③ 재해보험사업자는 교차손해평가가 필요한 경우 재해보험 가입규모, 가입분포 등을 고려하여 교차손해평가 대상 시·군·구(자치구를 말한다)를 선정하여야 한다.

④ 재해보험사업자는 교차손해평가 대상지로 선정한 시·군·구(자치구를 말한다) 내에서 손해평가 경력, 타 지역 조사 가능여부 등을 고려하여 교차손해평가를 담당할 지역손해평가인을 선발하여야 한다.

정답 ①

해설

교차손해평가를 위해 손해평가반을 구성할 경우에는 선발된 지역손해평가인 1인 이상이 포함되어야 한다(농업재해보험 손해평가요령 제8조의2 제3항).

② 농어업재해보험법 제11조 제3항 단서
③ 농업재해보험 손해평가요령 제8조의2 제1항
④ 농업재해보험 손해평가요령 제8조의2 제2항

45 농업재해보험 손해평가요령에 따른 보험목적물별 손해평가 단위를 바르게 연결한 것은?

> ㄱ. 소 : 개별가축별
> ㄴ. 벌 : 개체별
> ㄷ. 농작물 : 농지별
> ㄹ. 농업시설물 : 보험가입 농가별

① ㄱ, ㄴ
② ㄱ, ㄷ
③ ㄴ, ㄹ
④ ㄷ, ㄹ

정답 ②

해설

보험목적물별 손해평가 단위(농업재해보험 손해평가요령 제12조 제1항)
1. 농작물 : 농지별
2. 가축 : 개별가축별(단, 벌은 벌통 단위)
3. 농업시설물 : 보험가입 목적물별

46 농업재해보험 손해평가요령에 따른 농작물의 보험금 산정에서 종합위험방식 "벼"의 보장 범위가 아닌 것은?

① 생산비보장
② 수확불능보장
③ 이앙·직파불능보장
④ 경작불능보장

해설

생산비보장은 "브로콜리, 고추(시설 고추 제외), 배추·파·무·단호박·당근(시설 무 제외), 메밀, 시설작물"의 보장 범위에 해당한다(농업재해보험 손해평가요령 [별표 1]).

47 농업재해보험 손해평가요령에 따른 종합위험방식 「과실손해보장」에서 "오디"의 경우 다음 조건으로 산정한 보험금은?

- 보험가입금액 : 500만원
- 자기부담비율 : 20%
- 미보상감수결실수 : 20개
- 조사결실수 : 40개
- 평년결실수 : 200개

① 100만원
② 200만원
③ 250만원
④ 300만원

해설

피해율 = (평년결실수 − 조사결실수 − 미보상감수결실수) ÷ 평년결실수
= (200개 − 40개 − 20개) ÷ 200개 = 0.7(= 70%)
보험금 = 보험가입금액 × (피해율 − 자기부담비율)
= 500만원 × (70% − 20%) = 250만원

48 농업재해보험 손해평가요령에 따른 종합위험방식 상품 「수확전」 "복분자"에 해당하는 조사내용은?

① 결과모지수 및 수정불량조사
② 결실수조사
③ 피해과실수조사
④ 재파종피해조사

결과모지수 및 수정불량조사(농업재해보험 손해평가요령 [별표 2])
- **품목** : 복분자만 해당
- **조사시기** : 수정완료 후
- **조사방법** : 살아있는 결과모지수조사 및 수정불량(송이) 피해율조사(표본조사)

49 농업재해보험 손해평가요령에 따른 적과전 종합위험방식 상품 "사과, 배, 단감, 떫은감"의 조사 방법으로서 전수조사가 명시된 조사내용은? `기출＋정`

① 낙과피해조사
② 착과피해조사
③ 적과후 착과수조사
④ 피해사실확인조사

정답 ①

해설

낙과피해조사는 재해로 인하여 떨어진 피해과실수를 조사하며, 전수조사 또는 표본조사로 실시한다(농업재해 보험 손해평가요령 [별표 2]).

50 농업재해보험 손해평가요령에 따른 적과전 종합위험방식 「과실손해보장」에서 "사과"의 경우 다음 조건으로 산정한 보험금은? `기출＋정`

- 가입가격 : 1만원/kg
- 자기부담감수량 : 1,100kg
- 기준수확량 : 20,000kg
- 미보상감수량 : 0kg
- 적과종료 이후 누적감수량 : 5,000kg

① 2,000만원
② 3,900만원
③ 4,900만원
④ 5,000만원

정답 ②

해설

보험금 = (적과종료 이후 누적감수량 − 자기부담감수량) × 가입가격
= (5,000kg − 1,100kg) × 1만원/kg = 3,900만원

농학개론 중 재배학 및 원예작물학

51 과실의 구조적 특징에 따른 분류로 옳은 것은?

① 인과류 – 사과, 배
② 핵과류 – 밤, 호두
③ 장과류 – 복숭아, 자두
④ 각과류 – 포도, 참다래

정답 ①

해설

② 핵과류 – 복숭아, 자두
③ 장과류 – 포도, 참다래
④ 각과류 – 밤, 호두

52 다음이 설명하는 번식방법은?

ㄱ. 번식하고자 하는 모수의 가지를 잘라 다른 나무 대목에 붙여 번식하는 방법
ㄴ. 영양기관인 잎, 줄기, 뿌리를 모체로부터 분리하여 상토에 꽂아 번식하는 방법

	ㄱ	ㄴ
①	삽목	접목
②	취목	삽목
③	접목	분주
④	접목	삽목

정답 ④

해설

ㄱ. **접목(접붙이기)** : 식물의 가지, 눈 또는 뿌리 따위를 잘라 다른 식물에 붙여 번식시키는 방법을 말한다.
ㄴ. **삽목(꺾꽂이)** : 식물체의 일부인 잎, 줄기, 뿌리를 잘라서 뿌리를 내리게 하고, 새싹을 돋게 하여 독립된 식물체를 만드는 방법을 말한다.

TIP　용어정의

• **취목(휘묻이)** : 꺾꽂이나 접붙이기가 잘 안 되는 나무류의 번식에 주로 이용하는데, 어미나무의 가지를 흙으로 덮거나 이끼로 감싼 다음 뿌리가 내리면 떼어 내어 번식시키는 방법이다.
• **분주(포기나누기)** : 관목류와 같이 땅속에서부터 여러 개의 줄기가 올라오는 나무의 번식에 이용하는데 뿌리가 달려 있는 포기를 나누어 개체를 얻는 번식방법이다.

53 다음 A농가가 실시한 휴면타파 처리는?

> 경기도에 있는 A농가에서는 작년에 콩의 발아율이 낮아 생산량 감소로 경제적 손실을 보았다. 금년에 콩 종자의 발아율을 높이기 위해 휴면타파 처리를 하여 손실을 만회할 수 있었다.

① 훈증 처리   ② 콜히친 처리

③ 토마토톤 처리   ④ 종피파상 처리

정답 ④

해설

> 종피파상법은 콩 껍질에 상처를 내서 파종하는 방법으로, 수분 흡수를 돕고 발아를 균일하게 한다.
> ① 훈증 처리는 살충방법의 일종이다.
> ② 콜히친 처리는 씨없는 수박재배에 이용된다.
> ③ 토마토톤 처리는 토마토의 재배에서 착과제로 이용된다.

54 병해충의 물리적 방제방법이 아닌 것은?

① 천적곤충   ② 토양가열

③ 증기소독   ④ 유인포살

정답 ①

해설

> 해충의 천적을 이용하여 방제하는 방법은 생물학적 방제방법으로, 최근 환경 친화적인 방법으로 각광받고 있다.

55 다음이 설명하는 채소는?

> • 무, 치커리, 브로콜리 종자를 주로 이용한다.
> • 재배기간이 짧고 무공해로 키울 수 있다.
> • 이식 또는 정식과정 없이 재배할 수 있다.

① 조미채소   ② 뿌리채소

③ 새싹채소   ④ 과일채소

정답 ③

새싹채소는 무, 브로콜리, 클로버, 순무 등 수십여 가지의 씨앗을 가지고 빠르게는 2일, 늦게는 6~7일간 길러낸 어린 싹을 말한다.

① 조미채소는 음식에 맛을 내는데 쓰이는 채소로 마늘, 고추, 생강, 양파, 파(대파, 쪽파) 등이 있다.
② 뿌리채소는 뿌리나 줄기의 일부분이 양분저장기관으로 변형된 채소로, 무, 당근, 고구마, 감자, 연근 등이 있다.
④ 과일채소는 열매채소로 토마토, 오이, 호박, 가지 등이 있다.

56 A농가가 오이의 성 결정시기에 받은 영농지도는?

지난해 처음으로 오이를 재배했던 A농가에서 오이의 암꽃 수가 적어 주변 농가보다 생산량이 적었다. 올해 지역 농업기술센터의 영농지도를 받은 후 오이의 암꽃 수가 지난해 보다 많아져 생산량이 증가되었다.

① 고온 및 단일 환경으로 관리
② 저온 및 장일 환경으로 관리
③ 저온 및 단일 환경으로 관리
④ 고온 및 장일 환경으로 관리

정답 ③

해설

오이의 암꽃 착생에 큰 영향을 끼치는 환경 조건은 온도와 일장이다. 즉 오이의 육묘기간에 저온(야간 온도 15℃ 이하) 및 단일처리를 하면 암꽃 착생이 증가한다.

57 토마토의 생리장해에 관한 설명이다. 생리장해와 처방방법을 옳게 묶은 것은?

칼슘의 결핍으로 과실의 선단이 수침상(水浸狀)으로 썩게 된다.

① 공동과 - 엽면시비
② 기형과 - 약제 살포
③ 배꼽썩음과 - 엽면시비
④ 줄썩음과 - 약제 살포

정답 ③

해설

토마토의 배꼽썩음과는 칼슘 성분이 부족한 것이 원인이므로 석회를 충분히 잎에 뿌려준다(엽면시비).

① 토마토의 공동과는 일조부족이 가장 큰 원인이므로, 햇빛을 잘 받도록 하고 밤에 온도가 너무 올라가지 않도록 관리해야 한다.
② 토마토의 기형과는 잘못된 착과제 처리, 낮은 온도, 질소질 거름 성분의 과다, 습도가 높을 때 발생한다.
④ 토마토의 줄썩음과는 일조부족, 다온다습, 칼륨(K) 결핍 등으로 발생한다.

58 다음이 설명하는 것은?

> • 벼의 결실기에 종실이 이삭에 달린 채로 싹이 트는 것을 말한다.
> • 태풍으로 벼가 도복이 되었을 때 고온·다습 조건에서 자주 발생한다.

① 출수(出穗)
② 수발아(穗發芽)
③ 맹아(萌芽)
④ 최아(催芽)

정답 ②

해설

벼의 결실기에 벼의 이삭이 도복이나 강우로 젖은 상태가 오래 지속되면 이삭에서 싹이 트는데 이를 수발아 (穗發芽)라 한다.

① **출수(出穗)** : 벼꽃이 피는 것(이삭이 나오는 것)을 말한다.
③ **맹아(萌芽)** : 새싹이 움트거나 새싹 자체를 맹아라고 한다.
④ **최아(催芽)** : 인위적으로 종자의 싹을 틔우는 것을 말한다.

59 토양에 석회를 시용하는 주요 목적은?

① 토양 피복
② 토양 수분 증가
③ 산성 토양 개량
④ 토양생물 활성 증진

정답 ③

해설

산성 토양을 개량하기 위해서는 석회 등의 알칼리성 물질을 공급하여 토양의 반응을 교정한다. 즉 산성 토양에 석회를 시용하면 토양의 산도가 중성에 가까워져 토양 중의 미생물의 활동을 촉진시키고 흙의 구조를 떼알조 직으로 만들어 통기와 보습을 좋게 한다. 또한 석회는 식물체의 세포벽과 효소의 구성성분으로 세포벽을 견고 하게 하며, 에틸렌 발생을 억제시키고 과실의 저장력을 향상시킨다.

60 다음 설명이 틀린 것은?

① 동해는 물의 빙점보다 낮은 온도에서 발생한다.
② 일소현상, 결구장해, 조기추대는 저온장해 증상이다.
③ 온대과수는 내동성이 강한 편이나, 열대과수는 내동성이 약하다.
④ 서리피해 방지로 톱밥 및 왕겨 태우기가 있다.

정답 ②

해설

일소현상, 결구장해, 조기추대는 <u>고온장해</u> 증상이다.

61 다음과 관련되는 현상은?

> A농가는 지난해 노지에 국화를 심고 가을에 절화를 수확하여 출하하였다. 재배지 주변의 가로등이 밤에 켜져 있어 주변 국화의 꽃눈분화가 억제되어 개화가 되지 않아 경제적 손실을 입었다.

① 도장 현상　　　　　　　　　② 광중단 현상
③ 순멎이 현상　　　　　　　　④ 블라스팅 현상

정답　②

해설
....

> 국화는 단일성 식물이므로 단일처리로 꽃눈분화를 촉진시키거나, 장일처리로 꽃눈분화를 억제시킬 수 있다. 재배지 주변의 가로등이 밤에 켜져 있으면 긴 암기를 조명으로 분단하는 광중단(또는 암기중단) 현상으로 국화의 꽃눈분화가 억제되어 개화가 되지 않을 수 있다.

62 B씨가 저장한 화훼는?

> B씨가 화훼류를 수확하여 4℃ 저장고에 2주간 저장한 후 출하 · 유통하려 하였더니 저장전과 달리 저온장해가 발생하였다.

① 장미　　　　　　　　　　　② 금어초
③ 카네이션　　　　　　　　　④ 안스리움

정답　④

해설
....

> 안스리움은 고온에서 잘 자라는 관엽식물로, 저온에 노출되는 시간이 길어질수록 피해가 발생한다.
> ① 장미는 수확 직후에 5~6℃의 저온저장고에서 예냉처리를 한다.
> ② 금어초는 저온 발아성 작물로 생육최저온도는 4℃이다.
> ③ 저장전처리가 끝난 카네이션 절화는 수분유지가 가능한 상자에 포장하여 일정기간 동안 저온저장한다.

63 시설원예 자재에 관한 설명으로 옳지 않은 것은?

① 피복자재는 열전도율이 높아야 한다.
② 피복자재는 외부 충격에 강해야 한다.
③ 골격자재는 내부식성이 강해야 한다.
④ 골격자재는 철재 및 경합금재가 사용된다.

정답　①

피복자재는 광투과율이 높고, 열전도율이 낮아야 한다.

64 작물 재배시 습해 방지대책으로 옳지 않은 것은?

① 배수
② 토양개량
③ 증발억제제 살포
④ 내습성 작물 선택

정답 ③

해설

습해의 가장 큰 원인은 토양의 과습상태가 지속되어 토양의 통기 불량에 의한 산소 부족 때문이다. 따라서 배수는 습해의 기본 대책이다. '증발억제제 살포'는 토지의 수분증발을 억제하기 때문에 가뭄해의 방지대책으로 사용된다.

65 다음이 설명하는 현상은?

- 온도자극에 의해 화아분화가 촉진되는 것을 말한다.
- 추파성 밀 종자를 저온에 일정기간 둔 후 파종하면 정상적으로 출수할 수 있다.

① 춘화 현상
② 경화 현상
③ 추대 현상
④ 하고 현상

정답 ①

해설

식물체가 생육의 일정시기(주로 초기)에 저온에 의하여 화성, 즉 화아의 분화, 발육의 유도·촉진하는 것을 춘화(버널리제이션)라고 한다.

② 작물 또는 종자를 저온, 고온, 건조 환경 하에서 내동성, 내염성, 내건성을 증대시키기 위해 처리하는 것을 경화라 한다.
③ 화아분화가 진행되어 이삭이나 꽃대가 올라오는 현상을 추대(抽薹)라 한다.
④ 북방형 목초에서 여름철 무더위에 생육이 일시 정지되거나 고사하는 현상을 하고(夏枯)라 한다.

66 토양입단 파괴요인을 모두 고른 것은?

ㄱ. 유기물 시용	ㄴ. 피복작물 재배
ㄷ. 비와 바람	ㄹ. 경운

① ㄱ, ㄴ　　　　　　　　　　　　② ㄱ, ㄹ

③ ㄴ, ㄷ　　　　　　　　　　　　④ ㄷ, ㄹ

정답 ④

해설

토양입단의 형성요인 및 파괴요인

형성요인	파괴요인
• 유기물 시용 • 석회의 시용 • 토양의 피복 • 피복작물의 재배 • 토양개량제 사용	• 경운 • 입단의 팽창과 수축 • 비와 바람 • Na^+ 이온(점토결합을 분산)

67 토양 수분을 pF값이 낮은 것부터 옳게 나열한 것은?

ㄱ. 결합수
ㄴ. 모관수
ㄷ. 흡착수

① ㄱ - ㄴ - ㄷ

② ㄴ - ㄱ - ㄷ

③ ㄴ - ㄷ - ㄱ

④ ㄷ - ㄴ - ㄱ

정답 ③

해설

ㄱ. **결합수** : 점토광물에 결합되어 있어 분리시킬 수 없는 수분으로, pF 7.0 이상이다.

ㄴ. **모관수** : 표면장력에 의하여 토양 공극 내에서 중력에 저항하여 유지되는 수분으로, pF 2.7~4.5이다.

ㄷ. **흡착수** : 건토를 공기 중에 둘 때 분자간 인력에 의해서 토양 표면에 수증기가 피막상으로 응축한 수분으로, pF 4.5 이상이다.

68 사과 모양과 온도와의 관계를 설명한 것이다. (   )에 들어갈 내용을 순서대로 나열한 것은?

생육 초기에는 (   )생장이, 그 후에는 (   )생장이 왕성하므로 따뜻한 지방에서는 후기 생장이 충분히 이루어져 과실이 대체로 (   )모양이 된다.

편원형   장원형

① 종축, 횡축, 편원형
② 종축, 횡축, 장원형
③ 횡축, 종축, 편원형
④ 횡축, 종축, 장원형

정답 ①

해설

과실의 생장은 초기에는 세포분열에 의한 **종축생장**, 후기에는 세포비대에 의한 **횡축생장**으로 이루어지는데 온도가 높은 따뜻한 지역은 후기 생장이 충분히 이루어져 과실모양이 편원형이 되기 쉽고, 생육후기의 온도가 낮은 지역은 후기 생장이 일찍 정지되어 원형 또는 장원형이 된다.

69 우리나라의 우박 피해에 관한 설명으로 옳지 않은 것은?

① 사과, 배의 착과기와 성숙기에 많이 발생한다.
② 돌발적이고 단기간에 큰 피해가 발생한다.
③ 지리적 조건과 관계없이 광범위하게 분포한다.
④ 수관 상부에 그물을 씌워 피해를 경감시킬 수 있다.

정답 ③

해설

우리나라의 우박 피해는 돌발적이고 단기간에 큰 피해가 발생하며, 피해지역이 국지적인 경우가 많다.

70 다음이 설명하는 것은?

> • 경작지 표면의 흙을 그루 주변에 모아 주는 것을 말한다.
> • 일반적으로 잡초 방지, 도복 방지, 맹아 억제 등의 목적으로 실시한다.

① 멀칭
② 배토
③ 중경
④ 쇄토

정답 ②

해설

··

> ① **멀칭** : 짚, 풀, 종이, 플라스틱 필름 등으로 작물이 자라고 있는 토양의 표면을 덮어주는 것
> ③ **중경** : 씨뿌리기나 옮겨심기를 한 후 작물이 심겨진 골 사이의 흙을 갈거나 쪼아주는 것
> ④ **쇄토** : 갈아 일으킨 흙덩이를 곱게 부수고 지면을 평평하게 고르는 작업

71 과수작물에서 무기양분의 불균형으로 발생하는 생리장해는?

① 일소
② 동록
③ 열과
④ 고두병

정답 ④

해설

··

> 고두병은 과실내 칼슘 성분의 부족으로 생기는 병으로, 과실 껍질 바로 밑의 과육에 죽은 부위가 나타나고 점차 갈색 병반이 생기면서 약간 오목하게 들어간다.
>
> ① **일소** : 식물이나 작물에 맺히는 물방울이 렌즈 작용을 하게 되어 작물체가 타들어가는 현상
> ② **동록** : 과피가 매끈하지 않고 쇠에 녹이 긴 것처럼 거칠어지는 증상
> ③ **열과** : 수분장해에 의한 것으로 다량의 수분이 흡수되어 과실의 껍질이 터지는 현상

72 다음이 설명하는 해충과 천적의 연결이 옳은 것은?

> • 즙액을 빨아 먹고, 표면에 배설물을 부착시켜 그을음병을 유발시킨다.
> • 고추의 전 생육기간에 걸쳐 발생하며 CMV 등 바이러스를 옮기는 매개충이다.

① 진딧물 - 진디벌
② 잎응애류 - 칠레이리응애
③ 잎굴파리 - 굴파리좀벌
④ 총채벌레 - 애꽃노린재

정답 ①

해설

> 진딧물은 어린잎이나 잎의 뒷면에 서식하여 즙액을 빨아 식물체의 생육을 정지시키고 CMV(모자이크병) 등 식물 바이러스를 전파시킨다. 진딧물 천적에는 기생성인 진디벌과 포식성인 파리류, 무당벌레, 풀잠자리 등이 있다.
>
> ② 잎응애류는 대부분 잎의 표면에 기생하는데 천적인 칠레이리응애는 잎응애의 알, 약충, 성충 등 모든 세대의 체액을 흡즙하여 사멸시킨다.
> ③ 잎굴파리 유충은 잎이나 줄기속에서 굴을 파고 다니면서 식물체의 엽육을 갉아 먹어 피해를 준다. 잎굴파리의 천적에는 외부 기생봉인 굴파리좀벌과 내부 기생봉인 굴파리고치벌이 있다.
> ④ 총채벌레는 주로 꽃과 잎을 가해하여 작물의 생육지장, 농산물의 상품성을 저하시킬 뿐만 아니라 바이러스병 등을 매개시키는 해충이다. 천적인 애꽃노린재는 해충의 몸에 구침을 찔러 넣어 체액을 빨아먹는다.

73 작물의 로제트(rosette) 현상을 타파하기 위한 생장조절물질은?

① 옥신
② 지베렐린
③ 에틸렌
④ 아브시스산

정답 ②

해설

> 로제트(rosette) 현상이란 저온으로 인해 마디 사이가 매우 짧아지고 생장점 부근에 잎이 밀생하는 것을 말한다. 이러한 현상은 생육온도가 적온이 되면 다시 생장을 하게 된다. 로제트(rosette) 현상을 타파하기 위해 지베렐린을 처리하면 줄기의 생장을 촉진하며, 휴면 타파와 화아분화 및 개화를 촉진하기도 한다.
>
> ① 옥신은 세포분열과 세포신장을 촉진하여 생장을 촉진하는 생장조절물질이다.
> ③ 에틸렌은 작물의 숙성, 개화와 노화 및 부패, 낙엽 현상 등을 일으키는 식물호르몬이다.
> ④ 아브시스산은 식물의 생장을 억제하는 대표적인 식물호르몬이다.

74 과수재배시 일조(日照) 부족 현상은?

① 신초 웃자람
② 꽃눈 형성 촉진
③ 과실 비대 촉진
④ 사과 착색 촉진

정답 ①

해설

일조(日照)가 부족하게 되면 광합성이 저하되고, 새가지(신초)의 웃자람, 꽃눈 형성 억제, 과실 비대와 착색 지연, 과실품질이 떨어진다.

75 다음 피복재 중 보온성이 가장 높은 연질필름은?

① 폴리에틸렌(PE)필름
② 염화비닐(PVC)필름
③ 불소계수지(ETFE)필름
④ 에틸렌아세트산비닐(EVA)필름

정답 ②

해설

염화비닐(PVC)필름은 내후성과 내한성, 인열강도, 충격강도가 양호하고, 연질피복재 중 보온성이 가장 높다.

① 폴리에틸렌(PE)필름은 광투과율이 높으므로 보온성이 떨어진다.
③ 불소계수지(ETFE)필름은 비점착성, 내약품성, 광투과성, 내후성, 방오성, 내열성, 방습성, 난연성 등의 특성을 지닌 피복재이다.
④ 에틸렌아세트산비닐(EVA)필름은 폴리에틸렌(PE)필름보다 보온성, 내후성 및 방적성이 좋다.

상법(보험편)

01 보험계약에 관한 설명으로 옳지 않은 것은? (다툼이 있으면 판례에 따름)

① 보험계약은 당사자 일방이 약정한 보험료를 지급하고, 상대방은 일정한 보험금이나 그 밖의 급여를 지급할 것을 약정함으로써 효력이 발생한다.

② 보험계약은 당사자 사이의 청약과 승낙의 의사합치에 의하여 성립한다.

③ 보험계약은 요물계약이다.

④ 보험계약은 부합계약의 일종이다.

정답 ③

해설

보험계약은 계약 당사자의 의사가 합치함으로써 성립하는 <u>낙성계약</u>이며, 급여를 요건으로 하는 <u>요물계약이 아니다.</u>

① 상법 제638조
② 보험계약은 청약과 승낙이라는 당사자 쌍방의 의사표시의 합치만으로 성립하고, 아무런 급여를 요하지 않으므로 낙성계약이다.
④ 보험계약은 보험자가 미리 작성한 보통보험약관에 의하여 계약을 체결하므로 부합계약의 일종이다.

02 상법상 보험약관의 교부·설명의무에 관한 내용으로 옳은 것은? (다툼이 있으면 판례에 따름)

① 보험약관이 계약 당사자에 대하여 구속력을 갖는 것은 계약 당사자 사이에서 계약내용에 포함시키기로 합의하였기 때문이다.

② 보험계약이 성립한 후 3월 이내에 보험계약자는 보험자의 보험약관 교부·설명의무위반을 이유로 그 계약을 철회할 수 있다.

③ 보험자의 보험약관 교부·설명의무위반시 보험계약자는 해당 계약을 소급해서 무효로 할 수 있는데, 그 권리의 행사시점은 보험사고발생시부터이다.

④ 보험자는 보험계약을 체결한 후에 보험계약자에게 중요한 사항을 설명하여야 한다.

정답 ①

03 타인을 위한 보험에 관한 설명으로 옳지 않은 것은?

① 보험계약자는 위임을 받아 특정의 타인을 위하여 보험계약을 체결할 수 있다.

② 보험계약자는 위임을 받지 아니하고 불특정의 타인을 위하여 보험계약을 체결할 수 있다.

③ 타인을 위한 손해보험계약의 경우에 그 타인의 위임이 없는 때에는 이를 보험자에게 고지하여야 한다.

④ 타인을 위한 보험계약의 경우에 그 타인은 수익의 의사표시를 하여야 그 계약의 이익을 받게 된다.

정답 ④

해설

<hr>

보험수익자는 수익의 <u>의사를 표시하지 않더라도</u> 당연히 그 계약의 이익을 받는다(상법 제639조 제2항).
① · ② · ③ 상법 제639조 제1항

04 보험증권에 관한 설명으로 옳지 않은 것은?

① 보험자는 보험계약이 성립한 때에는 지체 없이 보험증권을 작성하여 보험계약자에게 교부하여야 한다. 그러나 보험계약자가 보험료의 전부 또는 최초의 보험료를 지급하지 아니한 때에는 그러하지 아니하다.

② 기존의 보험계약을 연장하거나 변경한 경우에 보험자는 그 보험증권에 그 사실을 기재함으로써 보험증권의 교부에 갈음할 수 없다.

③ 보험계약의 당사자는 보험증권의 교부가 있는 날로부터 일정한 기간 내에 한하여 그 증권내용의 정부에 관한 이의를 할 수 있음을 약정할 수 있다. 이 기간은 1월을 내리지 못한다.

④ 보험증권을 멸실 또는 현저하게 훼손한 때에는 보험계약자는 보험자에 대하여 증권의 재교부를 청구할 수 있다. 그 증권작성의 비용은 보험계약자의 부담으로 한다.

정답 ②

기존의 보험계약을 연장하거나 변경한 경우에는 보험자는 그 보험증권에 그 사실을 기재함으로써 보험증권의 교부에 갈음할 수 있다(상법 제640조 제2항).

① 상법 제640조 제1항
③ 상법 제641조
④ 상법 제642조

05 보험계약 등에 관한 설명으로 옳지 않은 것은?

① 보험계약은 그 계약 전의 어느 시기를 보험기간의 시기로 할 수 있다.
② 보험계약 당시에 보험사고가 이미 발생하였거나 또는 발생할 수 없는 것인 때에는 그 계약은 무효로 한다. 그러나 당사자 쌍방과 피보험자가 이를 알지 못한 때에는 그러하지 아니하다.
③ 대리인에 의하여 보험계약을 체결한 경우에 대리인이 안 사유는 그 본인이 안 것과 동일한 것으로 한다.
④ 최초보험료 지급 지체에 따라 보험계약이 해지된 경우 보험계약자는 그 계약의 부활을 청구할 수 있다.

④

계속보험료 지급 지체에 따라 보험계약이 해지된 경우 보험계약자는 그 계약의 부활을 청구할 수 있다.

① 상법 제643조
② 상법 제644조
③ 상법 제646조

06 보험대리상 등의 권한에 관한 설명으로 옳은 것은?

① 보험대리상은 보험계약자로부터 보험료를 수령할 권한이 없다.
② 보험대리상의 권한에 대한 일부 제한이 가능하고, 이 경우 보험자는 선의의 제3자에 대하여 대항할 수 있다.
③ 보험대리상은 보험계약자에게 보험계약의 체결, 변경, 해지 등 보험계약에 관한 의사표시를 할 수 있는 권한이 있다.
④ 보험대리상이 아니면서 특정한 보험자를 위하여 계속적으로 보험계약의 체결을 중개하는 자는 보험계약자로부터 고지를 수령할 수 있는 권한이 있다.

③

[해설]

③ 상법 제646조의2 제1항 제4호
① 보험대리상은 보험계약자로부터 보험료를 수령할 <u>권한이 있다</u>(상법 제646조의2 제1항 제1호).
② 보험자는 보험대리상의 권한 중 일부를 제한할 수 있다. 다만, 보험자는 그러한 권한 제한을 이유로 선의의 보험계약자에게 <u>대항하지 못한다</u>(상법 제646조의2 제2항).
④ 보험대리상이 아니면서 특정한 보험자를 위하여 계속적으로 보험계약의 체결을 중개하는 자는 <u>보험계약자로부터 보험료를 수령할 수 있는 권한</u>(보험자가 작성한 영수증을 보험계약자에게 교부하는 경우만 해당한다) 및 <u>보험자가 작성한 보험증권을 보험계약자에게 교부할 수 있는 권한</u>이 있다(상법 제646조의2 제3항).

TIP	보험대리상 등의 권한(상법 제646조의2 제1항)

1. 보험계약자로부터 보험료를 수령할 수 있는 권한
2. 보험자가 작성한 보험증권을 보험계약자에게 교부할 수 있는 권한
3. 보험계약자로부터 청약, 고지, 통지, 해지, 취소 등 보험계약에 관한 의사표시를 수령할 수 있는 권한
4. 보험계약자에게 보험계약의 체결, 변경, 해지 등 보험계약에 관한 의사표시를 할 수 있는 권한

07 보험계약에 관한 내용으로 옳은 것을 모두 고른 것은?

ㄱ. 보험계약의 당사자가 특별한 위험을 예기하여 보험료의 액을 정한 경우에 보험기간 중 그 예기한 위험이 소멸한 때에는 보험계약자는 그 후의 보험료의 감액을 청구할 수 있다.
ㄴ. 보험계약의 전부 또는 일부가 무효인 경우에 보험계약자와 피보험자가 선의이며, 중대한 과실이 없는 때에는 보험자에 대하여 보험료의 전부 또는 일부의 반환을 청구할 수 있다.
ㄷ. 보험사고가 발생하기 전 보험계약자나 보험자는 언제든지 보험계약을 해지할 수 있다.
ㄹ. 타인을 위한 보험계약의 경우에는 보험계약자는 그 타인의 동의를 얻지 아니 하거나 보험증권을 소지하지 아니하면 그 계약을 해지하지 못한다.

① ㄱ, ㄴ, ㄷ
② ㄱ, ㄴ, ㄹ
③ ㄱ, ㄷ, ㄹ
④ ㄴ, ㄷ, ㄹ

[정답] ②

[해설]

ㄱ. (○) 상법 제647조
ㄴ. (○) 상법 제648조
ㄷ. (×) 보험사고가 발생하기 전에 <u>보험계약자</u>는 언제든지 계약의 전부 또는 일부를 해지할 수 있다(상법 제649조 제1항). 보험자에 의한 해지에는 보험료 납입연체, 고지의무위반, 보험기간 중에 위험변경·증가에 대한 통지의무위반, 고의나 중과실로 위험변경·증가된 경우, 약관 규정에 의한 경우 등이 있다.
ㄹ. (○) 상법 제649조 제1항 단서

08 고지의무위반으로 인한 계약해지에 관한 내용으로 옳지 않은 것은?

① 보험자가 보험계약 당시에 보험계약자나 피보험자의 고지의무위반 사실을 경미한 과실로 알지 못했던 때라도 계약을 해지할 수 없다.

② 보험계약 당시에 피보험자가 중대한 과실로 부실의 고지를 한 경우에 보험자는 해지권을 행사할 수 있다.

③ 보험자가 보험계약 당시에 보험계약자나 피보험자의 고지의무위반 사실을 알았던 경우에 는 계약을 해지할 수 없다.

④ 보험계약 당시에 보험계약자가 고의로 중요한 사항을 고지하지 아니한 경우 보험자는 해지권을 행사할 수 있다.

정답 ①

해설

보험계약 당시에 보험계약자 또는 피보험자가 <u>고의 또는 중대한</u> 과실로 인하여 중요한 사항을 고지하지 아니하거나 부실의 고지를 한 때에는 보험자는 그 사실을 안 날로부터 1월 내에, 계약을 체결한 날로부터 3년 내에 한하여 <u>계약을 해지할 수 있다</u>. 그러나 보험자가 계약 당시에 그 사실을 알았거나 <u>중대한</u> 과실로 인하여 알지 못한 때에는 계약을 해지할 수 없다(상법 제651조).

09 다음 설명 중 옳은 것은?

① 상법상 보험계약자 또는 피보험자는 보험자가 서면으로 질문한 사항에 대하여만 답변하면 된다.

② 상법에 따르면 보험기간 중에 보험계약자 등의 고의로 인하여 사고발생의 위험이 현저하게 증가된 때에는 보험자는 계약 체결일로부터 3년 이내에 한하여 계약을 해지할 수 있다.

③ 보험자는 보험금액의 지급에 관하여 약정기간이 없는 경우에는 보험사고발생의 통지를 받은 후 지체 없이 보험금액을 지급하여야 한다.

④ 보험자가 파산의 선고를 받은 때에는 보험계약자는 계약을 해지할 수 있다.

정답 ④

해설

④ 상법 제654조 제1항
① 질문표상에 없는 사항이라도 보험계약자가 알고 있는 그 사실이 <u>사고발생에 영향을 줄 수 있다고 인식하는 경우에는 고지의 대상</u>이 될 수 있다.
② 보험기간 중에 보험계약자, 피보험자 또는 보험수익자의 고의 또는 중대한 과실로 인하여 사고발생의 위험이 현저하게 변경 또는 증가된 때에는 보험자는 그 사실을 안 날부터 <u>1월 내</u>에 보험료의 증액을 청구하거나 계약을 해지할 수 있다(상법 제653조).
③ 보험자는 보험금액의 지급에 관하여 약정기간이 있는 경우에는 그 기간 내에, 약정기간이 없는 경우에는 통지를 받은 후 지체 없이 지급할 보험금액을 정하고 그 정하여진 날부터 <u>10일 내</u>에 피보험자 또는 보험수익자에게 보험금액을 지급하여야 한다(상법 제658조).

10 2년간 행사하지 아니하면 시효의 완성으로 소멸하는 것은 모두 몇 개인가?

- 보험금청구권
- 보험료반환청구권
- 보험료청구권
- 적립금반환청구권

① 1개   ② 2개
③ 3개   ④ 4개

정답 ①

해설

보험금청구권은 3년간, 보험료 또는 적립금의 반환청구권은 3년간, 보험료청구권은 2년간 행사하지 아니하면 시효의 완성으로 소멸한다(상법 제662조).

11 다음 설명 중 옳은 것은?

① 손해보험계약의 보험자가 보험계약의 청약과 함께 보험료 상당액의 전부를 지급 받은 때에는 다른 약정이 없으면 2주 이내에 낙부의 통지를 발송하여야 한다.

② 손해보험계약의 보험자가 보험계약의 청약과 함께 보험료 상당액의 일부를 지급 받은 때에 상법이 정한 기간 내에 낙부의 통지를 해태한 때에는 승낙한 것으로 추정한다.

③ 손해보험계약의 보험자가 보험계약의 청약과 함께 보험료 상당액의 전부를 지급 받은 때에 다른 약정이 없으면 상법이 정한 기간 내에 낙부의 통지를 해태한 때에는 승낙한 것으로 본다.

④ 손해보험계약의 보험자가 청약과 함께 보험료 상당액의 전부를 받은 경우에 언제나 보험계약 상의 책임을 진다.

정답 ③

해설

③ 상법 제638조의2 제1항, 제2항

① 보험자가 보험계약자로부터 보험계약의 청약과 함께 보험료 상당액의 전부 또는 일부의 지급을 받은 때에는 다른 약정이 없으면 30일 내에 그 상대방에 대하여 낙부의 통지를 발송하여야 한다(상법 제638조의2 제1항).

② '~ 추정한다.'가 아니라 '~ 본다.'가 옳다(상법 제638조의2 제2항).

④ 보험자가 보험계약자로부터 보험계약의 청약과 함께 보험료 상당액의 전부 또는 일부를 받은 경우에 그 청약을 승낙하기 전에 보험계약에서 정한 보험사고가 생긴 때에는 그 청약을 거절할 사유가 없는 한 보험자는 보험계약상의 책임을 진다(상법 제638조의2 제3항).

12 가계보험의 약관조항으로 허용될 수 있는 것은?

① 약관설명의무위반시 계약 성립일부터 1개월 이내에 보험계약자가 계약을 취소할 수 있도록 한 조항

② 보험증권의 교부가 있은 날로부터 2주 내에 한하여 그 증권내용의 정부에 관한 이의를 할 수 있도록 한 조항

③ 해지환급금을 반환한 경우에도 그 계약의 부활을 청구할 수 있도록 한 조항

④ 고지의무를 위반한 사실이 보험사고발생에 영향을 미치지 아니하였음이 증명된 경우에도 보험자의 보험금 지급책임을 면하도록 한 조항

정답 ③

해설

상법상 해약환급금이 지급되지 아니한 경우에 보험계약자는 일정한 기간 내에 연체보험료에 약정이자를 붙여 보험자에게 지급하고 그 계약의 부활을 청구할 수 있다(상법 제650조의2). 그런데 해지환급금을 반환한 경우에도 그 계약의 부활을 청구할 수 있도록 한 조항은 보험계약자에게 유리한 약관조항이므로 허용될 수 있다.

① 상법 제638조의3 제2항의 규정에 의하면 약관설명의무위반시 계약 성립일부터 3개월 이내에 보험계약자가 계약을 취소할 수 있다. 그런데 그 조건이 1개월 이내로 축소되었기 때문에 보험계약자에게 불리한 약관조항이므로 허용될 수 없다.

② 상법 제641조의 규정에 의하면 보험계약의 당사자는 보험증권의 교부가 있은 날로부터 일정한 기간 내에 한하여 그 증권내용의 정부에 관한 이의를 할 수 있음을 약정할 수 있다. 이 기간은 1월을 내리지 못한다. 즉 1월 미만으로 할 수 없으므로 약관조항으로 허용될 수 없다.

④ 상법 제655조의 단서 규정에 의하면 고지의무를 위반한 사실 또는 위험이 현저하게 변경되거나 증가된 사실이 보험사고발생에 영향을 미치지 아니하였음이 증명된 경우에는 보험금을 지급할 책임이 있으므로, 이 약관조항도 허용될 수 없다.

13 다음 설명 중 옳지 않은 것은?

① 손해보험계약의 보험자는 보험사고로 인하여 생길 피보험자의 재산상의 손해를 보상할 책임이 있다.

② 손해보험증권에는 보험증권의 작성지와 그 작성연월일을 기재하여야 한다.

③ 보험사고로 인하여 상실된 피보험자가 얻을 이익이나 보수는 당사자간에 다른 약정이 없으면 보험자가 보상할 손해액에 산입하지 아니한다.

④ 집합된 물건을 일괄하여 보험의 목적으로 한 때에는 그 목적에 속한 물건이 보험기간 중에 수시로 교체된 경우에도 보험계약의 체결시에 현존한 물건은 보험의 목적에 포함된 것으로 한다.

정답 ④

집합된 물건을 일괄하여 보험의 목적으로 한 때에는 그 목적에 속한 물건이 보험기간 중에 수시로 교체된 경우에도 보험사고의 발생시에 현존한 물건은 보험의 목적에 포함된 것으로 한다(상법 제687조).

① 상법 제665조
② 상법 제666조 제9호
③ 상법 제667조

14 초과보험에 관한 설명으로 옳지 않은 것은?

① 보험금액이 보험계약 당시의 보험계약의 목적의 가액을 현저히 초과한 때를 말한다.
② 보험자 또는 보험계약자는 보험료와 보험금액의 감액을 청구할 수 있다.
③ 보험료의 감액은 보험계약 체결시에 소급하여 그 효력이 있으나, 보험금액의 감액은 장래에 대하여만 그 효력이 있다.
④ 보험계약자의 사기로 인하여 체결된 초과보험계약은 무효이며, 보험자는 그 사실을 안 때까지의 보험료를 청구할 수 있다.

정답 ③

해설

①·②·③ 보험금액이 보험계약의 목적의 가액을 현저하게 초과한 때에는 보험자 또는 보험계약자는 보험료와 보험금액의 감액을 청구할 수 있다. 그러나 보험료의 감액은 장래에 대하여서만 그 효력이 있다(상법 제669조 제1항).
④ 상법 제669조 제4항

15 상법상 기평가보험과 미평가보험에 관한 설명으로 옳은 것은?

① 당사자간에 보험가액을 정하지 아니한 때에는 계약 체결시의 가액을 보험가액으로 한다.
② 당사자간에 보험가액을 정한 때 그 가액이 사고발생시의 가액을 현저하게 초과할 때에는 사고발생시의 가액을 보험가액으로 한다.
③ 당사자간에 보험가액을 정한 때에는 그 가액은 계약 체결시의 가액으로 정한 것으로 추정한다.
④ 당사자간에 보험가액을 정한 때에는 그 가액은 사고발생시의 가액을 정한 것으로 본다.

정답 ②

해설

② 상법 제670조 단서
① 당사자간에 보험가액을 정하지 아니한 때에는 사고발생시의 가액을 보험가액으로 한다(상법 제671조).
③ 당사자간에 보험가액을 정한 때에는 그 가액은 사고발생시의 가액으로 정한 것으로 추정한다(상법 제670조).
④ '~ 본다.'가 아니라 '~ 추정한다.'가 옳다.

16 피보험이익에 관한 설명으로 옳지 않은 것은?

① 우리 상법은 손해보험뿐만 아니라 인보험에서도 피보험이익이 있을 것을 요구한다.

② 상법은 피보험이익을 보험계약의 목적이라고 표현하며, 보험의 목적과는 다르다.

③ 밀수선이 압류되어 입을 경제적 손실은 피보험이익이 될 수 없다.

④ 보험계약의 동일성을 판단하는 표준이 된다.

정답 ①

해설

> 피보험이익은 상법상 "보험계약의 목적(상법 제668조)"이며, "보험사고의 발생 여부에 관하여 가지는 경제상의 이해관계"를 의미한다. 피보험이익은 손해발생 여부를 판단하는 기준으로서 손해보험에서는 피보험이익의 가액을 한도로 보상한다. 반면에 <u>인보험에서는 원칙적으로 피보험이익의 개념이 없다.</u>

17 상법상 당사자간에 다른 약정이 있으면 허용되는 것을 모두 고른 것은?

> ㄱ. 보험사고가 전쟁 기타 변란으로 인하여 생긴 때의 위험을 담보하는 것
> ㄴ. 최초의 보험료의 지급이 없는 때에도 보험자의 책임이 개시되도록 하는 것
> ㄷ. 사고발생 전 임의해지시 미경과보험료의 반환을 청구하지 않기로 하는 것
> ㄹ. 특정한 타인을 위한 보험의 경우에 보험계약자가 보험료의 지급을 지체한 때에는 보험자가 보험계약자에게만 최고하고, 그의 지급이 없는 경우 그 계약을 해지하기로 하는 것

① ㄱ, ㄴ

② ㄴ, ㄷ

③ ㄱ, ㄴ, ㄷ

④ ㄱ, ㄷ, ㄹ

정답 ③

해설

> ㄱ. 보험사고가 전쟁 기타의 변란으로 인하여 생긴 때에는 당사자간에 <u>다른 약정이 없으면</u> 보험자는 보험금액을 지급할 책임이 없다(상법 제660조). 즉 다른 약정이 있으면 보험사고가 전쟁 기타 변란으로 인하여 생긴 때의 위험을 담보한다.
> ㄴ. 보험자의 책임은 당사자간에 <u>다른 약정이 없으면</u> 최초의 보험료의 지급을 받은 때로부터 개시한다(상법 제656조).
> ㄷ. 사고발생 전 임의해지시 보험계약자는 당사자간에 <u>다른 약정이 없으면</u> 미경과보험료의 반환을 청구할 수 있다(상법 제649조 제3항).
> ㄹ. 특정한 타인을 위한 보험의 경우에 보험계약자가 보험료의 지급을 지체한 때에는 보험자는 그 타인에게도 상당한 기간을 정하여 보험료의 지급을 최고한 후가 아니면 그 계약을 해제 또는 해지하지 못한다(상법 제650조 제3항).

18 중복보험에 관한 설명으로 옳은 것은?

① 동일한 보험계약의 목적과 동일한 사고에 관하여 수개의 보험계약이 동시에 또는 순차로 체결된 경우에 그 보험금액의 총액이 보험가액을 현저히 초과한 경우에만 상법상 중복보험에 해당한다.

② 동일한 보험계약의 목적과 동일한 사고에 관하여 수개의 보험계약을 체결하는 경우에는 보험계약자는 각 보험자에 대하여 각 보험계약의 내용을 통지하여야 한다.

③ 중복보험의 경우 보험자 1인에 대한 피보험자의 권리의 포기는 다른 보험자의 권리의무에 영향을 미친다.

④ 보험자는 보험가액의 한도에서 연대책임을 진다.

정답 ②

해설

> ② 상법 제672조 제2항
> ① 동일한 보험계약의 목적과 동일한 사고에 관하여 수개의 보험계약이 수인의 보험자와 동시에 또는 순차로 체결된 경우에 그 보험금액의 총액이 보험가액을 <u>초과한 경우</u>에 상법상 중복보험에 해당한다(상법 제672조 제1항).
> ③ 중복보험의 경우 보험자 1인에 대한 피보험자의 권리의 포기는 다른 보험자의 권리의무에 <u>영향을 미치지 아니한다</u>(상법 제673조).
> ④ 보험자는 각자의 <u>보험금액의 한도</u>에서 연대책임을 진다(상법 제672조 제1항).

19 다음 ( )에 들어갈 용어로 옳은 것은?

> (ㄱ)의 일부를 보험에 붙인 경우에는 보험자는 (ㄴ)의 (ㄷ)에 대한 비율에 따라 보상할 책임을 진다. 그러나 당사자간에 다른 약정이 있는 때에는 보험자는 (ㄹ)의 한도 내에서 그 손해를 보상할 책임을 진다.

	ㄱ	ㄴ	ㄷ	ㄹ
①	보험금액	보험가액	보험금액	보험금
②	보험금액	보험금액	보험가액	보험가액
③	보험가액	보험가액	보험금액	보험가액
④	보험가액	보험금액	보험가액	보험금액

정답 ④

해설

> (보험가액)의 일부를 보험에 붙인 경우에는 보험자는 (보험금액)의 (보험가액)에 대한 비율에 따라 보상할 책임을 진다. 그러나 당사자간에 다른 약정이 있는 때에는 보험자는 (보험금액)의 한도 내에서 그 손해를 보상할 책임을 진다(상법 제674조).

20 손해액의 산정기준 등에 관한 설명으로 옳은 것은?

① 보험의 목적에 관하여 보험자가 부담할 손해가 생긴 경우에는 그 후 그 목적이 보험자가 부담하지 아니하는 보험사고의 발생으로 인하여 멸실된 때에도 보험자는 이미 생긴 손해를 보상할 책임을 면하지 못한다.

② 당사자간에 다른 약정이 있는 때에도 이득금지의 원칙상 신품가액에 의하여 손해액을 산정할 수는 없다.

③ 보험자가 보상할 손해액은 보험계약이 체결된 때와 곳의 가액에 의하여 산정한다.

④ 손해액의 산정에 관한 비용은 보험계약자의 부담으로 한다.

 정답 ①

해설

> ① 상법 제675조
> ②·③ 보험자가 보상할 손해액은 그 <u>손해가 발생한 때와 곳의 가액</u>에 의하여 산정한다. 그러나 당사자간에 다른 약정이 있는 때에는 그 신품가액에 의하여 <u>손해액을 산정할 수 있다</u>(상법 제676조 제1항).
> ④ 손해액의 산정에 관한 비용은 <u>보험자의 부담</u>으로 한다(상법 제676조 제2항).

21 다음 ( )에 들어갈 상법 규정으로 옳은 것은?

> **상법 제679조(보험목적의 양도)**
> ① 피보험자가 보험의 목적을 양도한 때에는 양수인은 보험계약상의 권리와 의무를 승계한 것으로 추정한다.
> ② 제1항의 경우에 보험의 목적의 ( )은 보험자에 대하여 지체 없이 그 사실을 통지하여야 한다.

① 양도인

② 양수인

③ 양도인과 양수인

④ 양도인 또는 양수인

정답 ④

해설

> 상법 제679조(보험목적의 양도)
> ① 피보험자가 보험의 목적을 양도한 때에는 양수인은 보험계약상의 권리와 의무를 승계한 것으로 추정한다.
> ② 제1항의 경우에 보험의 목적의 (양도인 또는 양수인)은 보험자에 대하여 지체 없이 그 사실을 통지하여야 한다.

22 손해방지의무 등에 관한 상법 규정의 설명으로 옳은 것은?

① 피보험자뿐만 아니라 보험계약자도 손해방지의무를 부담한다.

② 손해방지비용과 보상액의 합계액이 보험금액을 초과한 때에는 보험자의 지시에 의한 경우에만 보험자가 이를 부담한다.

③ 상법은 피보험자는 보험자에 대하여 손해방지비용의 선급을 청구할 수 있다고 규정한다.

④ 손해의 방지와 경감을 위하여 유익하였던 비용은 보험자가 이를 부담하지 않는다.

정답 ①

해설

①·②·④ 보험계약자와 피보험자는 손해의 방지와 경감을 위하여 노력하여야 한다. 그러나 이를 위하여 필요 또는 유익하였던 비용과 보상액이 보험금액을 초과한 경우라도 보험자가 이를 부담한다(상법 제680조 제1항).

③ 피보험자가 손해의 확대를 방지하기 위하여 지출한 필요 또는 유익한 비용을 보험자가 부담하게 되어 있는 경우, 이는 원칙적으로 보험사고의 발생을 전제로 하는 것이므로 보험자가 보상책임을 지지 아니하는 사고에 대하여는 이 의무를 부담하지 않는다. 따라서 이로 인한 보험자의 비용부담 등의 문제도 발생할 수 없다. 즉 손해방지비용의 선급을 청구할 수 없다.

23 제3자에 대한 보험자대위에 관한 설명으로 옳지 않은 것은?

① 손해가 제3자의 행위로 인하여 발생한 경우에 보험금을 지급한 보험자는 그 지급한 금액의 한도에서 그 제3자에 대한 보험계약자 또는 피보험자의 권리를 취득한다.

② 보험자가 보상할 보험금의 일부를 지급한 경우에는 피보험자의 권리를 침해하지 아니하는 범위에서 그 권리를 행사할 수 있다.

③ 보험계약자나 피보험자의 제3자에 대한 권리가 그와 생계를 같이 하는 가족에 대한 것인 경우 보험자는 그 권리를 취득하지 못한다. 다만, 손해가 그 가족의 과실로 인하여 발생한 경우에는 그러하지 아니하다.

④ 보험계약에서 담보하지 아니하는 손해에 해당하여 보험금 지급의무가 없음에도 보험자가 피보험자에게 보험금을 지급한 경우라면, 보험자대위가 인정되지 않는다.

정답 ③

해설

보험계약자나 피보험자의 제3자에 대한 권리가 그와 생계를 같이 하는 가족에 대한 것인 경우 보험자는 그 권리를 취득하지 못한다. 다만, 손해가 그 가족의 고의로 인하여 발생한 경우에는 그러하지 아니하다(상법 제682조 제2항).

① · ② 상법 제682조 제1항

④ 상법 제682조 제1항에서 정한 보험자의 제3자에 대한 보험자대위가 인정되기 위하여는 보험자가 피보험자에게 보험금을 지급할 책임이 있는 경우라야 하고, 보험계약에서 담보하지 아니하는 손해에 해당하여 보험금 지급의무가 없는데도 보험자가 피보험자에게 보험금을 지급한 경우에는 보험자대위의 법리에 따라 피보험자의 손해배상청구권을 대위행사할 수 없는데, 이러한 이치는 상법 제729조 단서에 따른 보험자대위의 경우에도 마찬가지로 적용된다(대법원 2014.10.15. 선고 2012다88716 판결).

24 보험자가 손해를 보상할 경우에 보험료의 지급을 받지 아니한 잔액이 있는 경우, 상법 규정으로 옳은 것은?

① 보상할 금액을 전액 지급한 후 그 지급기일이 도래한 때 보험자는 잔액의 상환을 청구할 수 있다.

② 그 지급기일이 도래하지 아니한 때라도 보상할 금액에서 이를 공제할 수 있다.

③ 그 지급기일이 도래하지 아니한 때라면 보상할 금액에서 이를 공제할 수 없다.

④ 상법은 보험소비자의 보호를 위하여 어떠한 경우에도 보상할 금액에서 이를 공제할 수 없다고 규정한다.

정답 ②

해설

보험자가 손해를 보상할 경우에 보험료의 지급을 받지 아니한 잔액이 있으면 <u>그 지급기일이 도래하지 아니한 때라도 보상할 금액에서 이를 공제할 수 있다(</u>상법 제677조).

25 화재보험에 관한 설명으로 옳지 않은 것은?

① 건물을 보험의 목적으로 한 때에는 그 소재지, 구조와 용도를 화재보험증권에 기재하여야 한다.

② 동산을 보험의 목적으로 한 때에는 그 존치한 장소의 상태와 용도를 화재보험증권에 기재하여야 한다.

③ 보험가액을 정한 때에는 그 가액을 화재보험증권에 기재하여야 한다.

④ 보험계약자의 주소와 성명 또는 상호는 화재보험증권의 기재사항이 아니다.

정답 ④

해설

보험계약자의 주소와 성명 또는 상호는 화재보험증권의 기재사항이다(상법 제685조, 제666조 제7호).

> **TIP** 화재보험증권(상법 제685조)
>
> 화재보험증권에는 제666조에 게기한 사항 외에 다음의 사항을 기재하여야 한다.
> 1. 건물을 보험의 목적으로 한 때에는 그 소재지, 구조와 용도
> 2. 동산을 보험의 목적으로 한 때에는 그 존치한 장소의 상태와 용도
> 3. 보험가액을 정한 때에는 그 가액

26 농어업재해보험법령상 재보험사업에 관한 설명으로 옳은 것은?

① 정부는 재해보험에 관한 재보험사업을 할 수 없다.
② 재보험수수료 등 재보험 약정에 포함되어야 할 사항은 농림축산식품부령에서 정하고 있다.
③ 재보험약정서에는 재보험금의 지급에 관한 사항뿐 아니라 분쟁에 관한 사항도 포함되어야 한다.
④ 농림축산식품부장관이 재보험사업에 관한 업무의 일부를 농업정책보험금융원에 위탁하는 경우에는 해양수산부장관과의 협의를 요하지 않는다.

정답 ③

해설

③ 농어업재해보험법 시행령 제16조 제5호
① 정부는 재해보험에 관한 재보험사업을 <u>할 수 있다</u>(농어업재해보험법 제20조 제1항).
② 재보험수수료 등 재보험 약정에 포함되어야 할 사항은 <u>대통령령</u>에서 정하고 있다(농어업재해보험법 제20조 제2항 제3호).
④ 농림축산식품부장관은 <u>해양수산부장관과 협의를 거쳐</u> 재보험사업에 관한 업무의 일부를 「농업 · 농촌 및 식품산업 기본법」 제63조의2 제1항에 따라 설립된 농업정책보험금융원에 위탁할 수 있다(농어업재해보험법 제20조 제3항).

27 농어업재해보험법령상 농어업재해재보험기금에 관한 설명이다. (   )에 들어갈 내용을 순서대로 옳게 나열한 것은?

> 농림축산식품부장관은 (ㄱ)과 협의하여 법 제21조에 따른 농어업재해재보험기금의 수입과 지출을 명확히 하기 위하여 한국은행에 (ㄴ)을 설치하여야 한다.

	ㄱ	ㄴ
①	기획재정부장관	보험계정
②	기획재정부장관	기금계정
③	해양수산부장관	보험계정
④	해양수산부장관	기금계정

정답 ④

해설

농림축산식품부장관은 (해양수산부장관)과 협의하여 법 제21조에 따른 농어업재해재보험기금의 수입과 지출을 명확히 하기 위하여 한국은행에 (기금계정)을 설치하여야 한다(농어업재해보험법 시행령 제17조).

28 농어업재해보험법 시행령에서 정하고 있는 다음 사항에 대한 과태료 부과기준액을 모두 합한 금액은?

> - 법 제10조 제2항에서 준용하는 「보험업법」 제95조를 위반하여 보험안내를 한 자로서 재해보험사업자가 아닌 경우
> - 법 제29조에 따른 보고 또는 관계서류 제출을 하지 아니하거나 보고 또는 관계서류 제출을 거짓으로 한 경우
> - 법 제10조 제2항에서 준용하는 「보험업법」 제97조 제1항을 위반하여 보험계약의 체결 또는 모집에 관한 금지행위를 한 경우

① 1,000만원 ② 1,100만원
③ 1,200만원 ④ 1,300만원

정답 ②

해설

- 법 제10조 제2항에서 준용하는 「보험업법」 제95조를 위반하여 보험안내를 한 자로서 재해보험사업자가 아닌 경우 : 500만원
- 법 제29조에 따른 보고 또는 관계서류 제출을 하지 아니하거나 보고 또는 관계서류 제출을 거짓으로 한 경우 : 300만원
- 법 제10조 제2항에서 준용하는 「보험업법」 제97조 제1항을 위반하여 보험계약의 체결 또는 모집에 관한 금지행위를 한 경우 : 300만원
- 과태료 부과기준액 합계 = 500만원 + 300만원 + 300만원 = 1,100만원

29 농어업재해보험법령과 농업재해보험 손해평가요령상 다음의 설명 중 옳지 않은 것은?

① 손해평가사나 손해사정사가 아닌 경우에는 손해평가인이 될 수 없다.
② 농업재해보험 손해평가요령은 농림축산식품부고시의 형식을 갖추고 있다.
③ 가축재해보험도 농업재해보험의 일종이다.
④ 손해평가보조인이라 함은 손해평가 업무를 보조하는 자를 말한다.

정답 ①

해설

재해보험사업자는 보험목적물에 관한 지식과 경험을 갖춘 자 또는 그 밖의 관계 전문가를 손해평가인으로 위촉하여 손해평가를 담당하게 하거나 제11조의2에 따른 손해평가사 또는 「보험업법」 제186조에 따른 손해사정사에게 손해평가를 담당하게 할 수 있다(농어업재해보험법 제11조 제1항).

② 농업재해보험 손해평가요령은 「농어업재해보험법」 제11조 제2항에 따른 손해평가에 필요한 세부사항을 규정함을 목적으로 하며, 농림축산식품부고시의 형식을 갖추고 있다.
③ 농업재해보험 손해평가요령 제2조 제5호
④ 농업재해보험 손해평가요령 제2조 제4호

30 농어업재해보험법령상 "시범사업"을 하기 위해 재해보험사업자가 농림축산식품부장관에게 제출하여야 하는 사업계획서 내용에 해당하는 것을 모두 고른 것은?

> ㄱ. 사업지역 및 사업기간에 관한 사항
> ㄴ. 보험상품에 관한 사항
> ㄷ. 보험계약사항 등 전반적인 사업운영 실적에 관한 사항
> ㄹ. 그 밖에 금융감독원장이 필요하다고 인정하는 사항

① ㄱ, ㄴ   ② ㄱ, ㄷ
③ ㄴ, ㄷ   ④ ㄴ, ㄹ

정답 ①

해설

재해보험사업자는 법 제27조 제1항에 따른 시범사업을 하려면 다음 각 호의 사항이 포함된 사업계획서를 농림축산식품부장관 또는 해양수산부장관에게 제출하고 협의하여야 한다(농어업재해보험법 시행령 제22조 제1항).
1. 대상목적물, 사업지역 및 사업기간에 관한 사항
2. 보험상품에 관한 사항
3. 정부의 재정지원에 관한 사항
4. 그 밖에 농림축산식품부장관 또는 해양수산부장관이 필요하다고 인정하는 사항

31 농업재해보험 손해평가요령상 손해평가인의 업무가 아닌 것은?

① 손해액 평가
② 보험가액 평가
③ 보험료의 평가
④ 피해사실 확인

정답 ③

해설

손해평가 업무(농업재해보험 손해평가요령 제3조 제1항)
손해평가시 손해평가인, 손해평가사, 손해사정사는 다음 각 호의 업무를 수행한다.
1. 피해사실 확인
2. 보험가액 및 손해액 평가
3. 그 밖에 손해평가에 관하여 필요한 사항

32 농업재해보험 손해평가요령상 손해평가인의 교육에 관한 설명으로 옳지 않은 것은?

① 재해보험사업자는 위촉된 손해평가인을 대상으로 농업재해보험에 관한 손해평가의 방법 및 절차의 실무교육을 실시하여야 한다.
② 피해유형별 현지조사표 작성 실습은 손해평가인 정기교육의 내용이다.
③ 손해평가인 정기교육시 농업재해보험에 관한 기초지식의 교육내용에는 농어업재해보험법 제정 배경 및 조문별 주요내용 등이 포함된다.
④ 위촉된 손해평가인의 실무교육시 재해보험사업자에 대하여 손해평가인은 교육비를 지급한다.

[정답] ④

[해설]

> ① · ④ 재해보험사업자는 위촉된 손해평가인을 대상으로 농업재해보험에 관한 기초지식, 보험상품 및 약관, 손해평가의 방법 및 절차 등 손해평가에 필요한 실무교육을 실시하여야 하며, 손해평가인에 대하여 재해보험사업자는 소정의 교육비를 지급할 수 있다(농업재해보험 손해평가요령 제5조 제1항, 제3항).
> ② 농업재해보험 손해평가요령 제5조의2 제1항 제4호
> ③ 농업재해보험 손해평가요령 제5조의2 제1항 제1호

33 농업재해보험 손해평가요령상 재해보험사업자가 손해평가인 업무의 정지나 위촉의 해지를 할 수 있는 사항에 관한 설명으로 옳지 않은 것은?

① 손해평가인이 농업재해보험 손해평가요령의 규정을 위반한 경우 위촉을 해지할 수 있다.
② 손해평가인이 농어업재해보험법에 따른 명령을 위반한 때 3개월간 업무의 정지를 명할 수 있다.
③ 부정한 방법으로 손해평가인으로 위촉된 경우 위촉을 해지할 수 있다.
④ 업무수행과 관련하여 동의를 받지 않고 개인정보를 수집하여 「개인정보보호법」을 위반한 경우 3개월간 업무의 정지를 명할 수 있다.

[정답] ③

[해설]

> 거짓 그 밖의 부정한 방법으로 손해평가인으로 위촉된 자는 그 위촉을 취소하여야 한다(농업재해보험 손해평가요령 제6조 제1항 제5호).

TIP 손해평가인 업무의 정지나 위촉의 해지(농업재해보험 손해평가요령 제6조 제2항)
재해보험사업자는 손해평가인이 다음 각 호의 어느 하나에 해당하는 때에는 6개월 이내의 기간을 정하여 그 업무의 정지를 명하거나 그 위촉을 해지할 수 있다. 1. 법 제11조 제2항 및 이 요령의 규정을 위반 한 때 2. 법 및 이 요령에 의한 명령이나 처분을 위반한 때 3. 업무수행과 관련하여 「개인정보보호법」, 「신용정보의 이용 및 보호에 관한 법률」 등 정보보호와 관련된 법령을 위반한 때

34 농업재해보험 손해평가요령상 손해평가반 구성에 관한 설명으로 옳은 것은?

① 손해평가인은 법에 따른 손해평가를 하는 경우 손해평가반을 구성하고 손해평가반별로 평가 일정계획을 수립하여야 한다.

② 자기가 모집하지 않았더라도 자기와 생계를 같이하는 친족이 모집한 보험계약이라면 해당자는 그 보험계약에 관한 손해평가의 손해평가반 구성에서 배제되어야 한다.

③ 자기가 가입하였어도 자기가 모집하지 않은 보험계약이라면 해당자는 그 보험계약에 관한 손해평가의 손해평가반 구성에 참여할 수 있다.

④ 손해평가반에는 손해평가인, 손해평가사, 손해사정사에 해당하는 자를 2인 이상 포함시켜야 한다.

정답 ②

해설

② 농업재해보험 손해평가요령 제8조 제3항 제1호
① <u>재해보험사업자</u>는 손해평가를 하는 경우에는 손해평가반을 구성하고 손해평가반별로 평가일정계획을 수립하여야 한다(농업재해보험 손해평가요령 제8조 제1항).
③ 자기 또는 이해관계자가 모집한 보험계약에 관한 손해평가에 대하여는 <u>해당자를 손해평가반 구성에서 배제하여야 한다</u>(농업재해보험 손해평가요령 제8조 제3항 제2호).
④ 손해평가반에는 손해평가인, 손해평가사, 손해사정사에 해당하는 자로 구성하며, <u>5인 이내로 한다</u>(농업재해보험 손해평가요령 제8조 제2항).

35 농어업재해보험법상 농어업재해에 해당하지 않는 것은?

① 농작물에 발생하는 자연재해

② 임산물에 발생하는 병충해

③ 농업용 시설물에 발생하는 화재

④ 농어촌 주민의 주택에 발생하는 화재

정답 ④

해설

"농어업재해"란 농작물·임산물·가축 및 농업용 시설물에 발생하는 <u>자연재해·병충해·조수해(鳥獸害)·질병 또는 화재</u>(이하 "농업재해"라 한다)와 양식수산물 및 어업용 시설물에 발생하는 자연재해·질병 또는 화재(이하 "어업재해"라 한다)를 말한다(농어업재해보험법 제2조 제1호).

36 농어업재해보험법령상 농업재해보험심의회의 심의사항에 해당하는 것을 모두 고른 것은?

> ㄱ. 재해보험목적물의 선정에 관한 사항
> ㄴ. 재해보험사업에 대한 재정지원에 관한 사항
> ㄷ. 손해평가의 방법과 절차에 관한 사항

① ㄱ, ㄴ   ② ㄱ, ㄷ
③ ㄴ, ㄷ   ④ ㄱ, ㄴ, ㄷ

정답 ④

해설

> 농업재해보험심의회의 심의사항(법 제3조 제1항) 〈2023.10.31. 개정〉
> 1. 법 제2조의3(재해보험 등의 심의) 각 호의 사항
>   • 재해보험에서 보상하는 재해의 범위에 관한 사항
>   • <u>재해보험사업에 대한 재정지원에 관한 사항</u>
>   • <u>손해평가의 방법과 절차에 관한 사항</u>
>   • 농어업재해재보험사업에 대한 정부의 책임범위에 관한 사항
>   • 재보험사업 관련 자금의 수입과 지출의 적정성에 관한 사항
>   • 그 밖에 농업재해보험심의회의 위원장 또는 중앙 수산업·어촌정책심의회의 위원장이 재해보험 및 재보험에 관하여 회의에 부치는 사항
> 2. <u>재해보험 목적물의 선정에 관한 사항</u>
> 3. 기본계획의 수립·시행에 관한 사항
> 4. 다른 법령에서 심의회의 심의사항으로 정하고 있는 사항

37 농어업재해보험법령상 재해보험사업에 관한 내용으로 옳지 않은 것은?

① 재해보험사업을 하려는 자는 기획재정부장관과 재해보험사업의 약정을 체결하여야 한다.
② 재해보험의 종류는 농작물재해보험, 임산물재해보험, 가축재해보험 및 양식수산물재해보험으로 한다.
③ 재해보험에 가입할 수 있는 자는 농림업, 축산업, 양식수산업에 종사하는 개인 또는 법인으로 한다.
④ 재해보험에서 보상하는 재해의 범위는 해당 재해의 발생 빈도, 피해 정도 및 객관적인 손해평가방법 등을 고려하여 재해보험의 종류별로 대통령령으로 정한다.

정답 ①

해설

> 재해보험사업을 하려는 자는 <u>농림축산식품부장관 또는 해양수산부장관</u>과 재해보험사업의 약정을 체결하여야 한다(농어업재해보험법 제8조 제2항).
>
> ② 농어업재해보험법 제4조
> ③ 농어업재해보험법 제7조
> ④ 농어업재해보험법 제6조 제1항

38 농어업재해보험법령상 재해보험사업을 할 수 없는 자는?

① 「수산업협동조합법」에 따른 수산업협동조합중앙회
② 「새마을금고법」에 따른 새마을금고중앙회
③ 「보험업법」에 따른 보험회사
④ 「산림조합법」에 따른 산림조합중앙회

정답 ②

해설

재해보험사업을 할 수 있는 자(농어업재해보험법 제8조 제1항)
1. 「수산업협동조합법」에 따른 수산업협동조합중앙회
2. 「산림조합법」에 따른 산림조합중앙회
3. 「보험업법」에 따른 보험회사

39 농어업재해보험법령상 재해보험사업 및 보험료율의 산정에 관한 설명으로 옳지 않은 것은?

① 재해보험사업의 약정을 체결하려는 자는 보험료 및 책임준비금 산출방법서 등을 농림축산식품부장관 또는 해양수산부장관에게 제출하여야 한다.
② 재해보험사업자는 보험료율을 객관적이고 합리적인 통계자료를 기초로 산정하여야 한다.
③ 보험료율은 보험목적물별 또는 보상방식별로 산정한다.
④ 보험료율은 대한민국 전체를 하나의 단위로 산정하여야 한다.

정답 ④

해설

① 농어업재해보험법 제8조 제3항 제1호
②·③·④ 재해보험사업자는 재해보험의 보험료율을 객관적이고 합리적인 통계자료를 기초로 하여 보험목적물별 또는 보상방식별로 산정하되, 다음 구분에 따른 행정구역 단위 또는 권역 단위로 산정하여야 한다(농어업재해보험법 제9조 제1항).
1. **행정구역 단위** : 특별시·광역시·도·특별자치도 또는 시(특별자치시와 「제주특별자치도 설치 및 국제자유도시 조성을 위한 특별법」 제10조 제2항에 따라 설치된 행정시를 포함한다)·군·자치구. 다만, 「보험업법」 제129조에 따른 보험료율 산출의 원칙에 부합하는 경우에는 자치구가 아닌 구·읍·면·동 단위로도 보험료율을 산정할 수 있다.
2. **권역 단위** : 농림축산식품부장관 또는 해양수산부장관이 행정구역 단위와는 따로 구분하여 고시하는 지역 단위

40 농어업재해보험법령상 재해보험을 모집할 수 있는 자가 아닌 것은?

① 「수산업협동조합법」에 따라 설립된 수협은행의 임직원

② 「수산업협동조합법」의 공제규약에 따른 공제모집인으로서 해양수산부장관이 인정하는 자

③ 「산림조합법」에 따른 산림조합중앙회의 임직원

④ 「보험업법」 제83조 제1항에 따라 보험을 모집할 수 있는 자

정답 ②

해설

재해보험을 모집할 수 있는 자(농어업재해보험법 제10조 제1항)
1. 산림조합중앙회와 그 회원조합의 임직원, 수협중앙회와 그 회원조합 및 「수산업협동조합법」에 따라 설립된 수협은행의 임직원
2. 「수산업협동조합법」 제60조의 공제규약에 따른 공제모집인으로서 <u>수협중앙회장 또는 그 회원조합장이 인정하는 자</u>
3. 「산림조합법」 제48조의 공제규정에 따른 공제모집인으로서 산림조합중앙회장이나 그 회원조합장이 인정하는 자
4. 「보험업법」 제83조 제1항에 따라 보험을 모집할 수 있는 자

41 농어업재해보험법령상 손해평가사에 관한 설명으로 옳지 않은 것은?

① 농림축산식품부장관은 공정하고 객관적인 손해평가를 촉진하기 위하여 손해평가사 제도를 운영한다.

② 손해평가사 자격이 취소된 사람은 그 취소 처분이 있은 날부터 2년이 지나지 아니한 경우 손해평가사 자격시험에 응시하지 못한다.

③ 손해평가사 자격시험의 제1차 시험은 선택형으로 출제하는 것을 원칙으로 하되, 단답형 또는 기입형을 병행할 수 있다.

④ 보험목적물 또는 관련 분야에 관한 전문 지식과 경험을 갖추었다고 인정되는 대통령령으로 정하는 기준에 해당하는 사람에게는 손해평가사 자격시험 과목의 전부를 면제할 수 있다.

정답 ④

해설

보험목적물 또는 관련 분야에 관한 전문 지식과 경험을 갖추었다고 인정되는 대통령령으로 정하는 기준에 해당하는 사람에게는 손해평가사 자격시험 과목의 <u>일부를 면제할 수 있다</u>(농어업재해보험법 제11조의4 제2항).

① 농어업재해보험법 제11조의2
② 농어업재해보험법 제11조의4 제4항 제2호
③ 농어업재해보험법 시행령 제12조의3 제2항

42 농어업재해보험법령상 손해평가에 관한 설명으로 옳지 않은 것은?

① 재해보험사업자는 손해평가인을 위촉하여 손해평가를 담당하게 할 수 있다.

② 농림축산식품부장관 또는 해양수산부장관은 손해평가인간의 손해평가에 관한 기술·정보의 교환을 지원할 수 있다.

③ 농림축산식품부장관 또는 해양수산부장관은 손해평가인이 공정하고 객관적인 손해평가를 수행할 수 있도록 분기별 1회 이상 정기교육을 실시하여야 한다.

④ 농림축산식품부장관 또는 해양수산부장관은 손해평가요령을 고시하려면 미리 금융위원회와 협의하여야 한다.

정답 ③

해설

농림축산식품부장관 또는 해양수산부장관은 손해평가인이 공정하고 객관적인 손해평가를 수행할 수 있도록 <u>연 1회 이상 정기교육</u>을 실시하여야 한다(농어업재해보험법 제11조 제5항).

① 농어업재해보험법 제11조 제1항
② 농어업재해보험법 제11조 제6항
④ 농어업재해보험법 제11조 제4항

43 농어업재해보험법령상 재정지원에 관한 내용으로 옳지 않은 것은?

① 정부는 예산의 범위에서 재해보험사업자의 재해보험의 운영 및 관리에 필요한 비용의 전부 또는 일부를 지원할 수 있다.

② 「풍수해보험법」에 따른 풍수해보험에 가입한 자가 동일한 보험목적물을 대상으로 재해보험에 가입할 경우에는 정부가 재정지원을 하지 아니한다.

③ 보험료와 운영비의 지원 방법 및 지원 절차 등에 필요한 사항은 대통령령으로 정한다.

④ 지방자치단체는 예산의 범위에서 재해보험가입자가 부담하는 보험료의 일부를 추가로 지원할 수 있으며, 지방자치단체의 장은 지원 금액을 재해보험가입자에게 지급하여야 한다.

정답 ④

해설

지방자치단체는 예산의 범위에서 재해보험가입자가 부담하는 보험료의 일부를 추가로 지원할 수 있으며, 지방자치단체의 장은 지원 금액을 <u>재해보험사업자에게 지급</u>하여야 한다(농어업재해보험법 제19조 제1항, 제2항).

① 농어업재해보험법 제19조 제1항
② 농어업재해보험법 제19조 제3항
③ 농어업재해보험법 제19조 제4항

44 농업재해보험 손해평가요령상 손해평가준비 및 평가결과 제출에 관한 설명으로 옳지 않은 것은?

① 재해보험사업자는 손해평가반이 실시한 손해평가결과를 기록할 수 있는 현지조사서를 마련해야 한다.

② 손해평가반은 보험가입자가 정당한 사유 없이 손해평가를 거부하여 손해평가를 실시하지 못한 경우에는 그 피해를 인정할 수 없는 것으로 평가한다는 사실을 보험가입자에게 통지한 후 현지조사서를 재해보험사업자에게 제출하여야 한다.

③ 보험가입자가 정당한 사유 없이 손해평가반이 작성한 현지조사서에 서명을 거부한 경우에는 손해평가반은 그 피해를 인정할 수 없는 것으로 평가한다는 현지조사서를 작성하여 재해보험사업자에게 제출하여야 한다.

④ 보험가입자가 손해평가반의 손해평가결과에 대하여 설명 또는 통지를 받은 날로부터 7일 이내에 손해평가가 잘못되었음을 증빙하는 서류 또는 사진 등을 제출하는 경우 재해보험사업자는 다른 손해평가반으로 하여금 재조사를 실시하게 할 수 있다.

정답 ③

해설

손해평가반은 현지조사서에 손해평가 결과를 정확하게 작성하여 보험가입자에게 이를 설명한 후 서명을 받아 재해보험사업자에게 최종 조사일로부터 7영업일 이내에 제출하여야 한다(다만, 하우스 등 원예시설은 7영업일을 초과하여 제출할 수 있다). 또한, 보험가입자가 정당한 사유 없이 서명을 거부하는 경우 손해평가반은 보험가입자에게 손해평가 결과를 통지한 후 서명 없이 현지조사서를 재해보험사업자에게 제출하여야 한다(농업재해보험 손해평가요령 제10조 제3항). 〈2024.1.1. 개정〉

① 농업재해보험 손해평가요령 제10조 제1항
② 농업재해보험 손해평가요령 제10조 제4항
④ 농업재해보험 손해평가요령 제10조 제5항

45 농업재해보험 손해평가요령상 보험목적물별 손해평가의 단위로 옳은 것을 모두 고른 것은?

ㄱ. 벌 : 벌통 단위	ㄴ. 벼 : 농지별
ㄷ. 돼지 : 개별축사별	ㄹ. 농업시설물 : 보험가입 농가별

① ㄱ, ㄴ   ② ㄱ, ㄷ
③ ㄴ, ㄹ   ④ ㄷ, ㄹ

정답 ①

해설

보험목적물별 손해평가 단위(농업재해보험 손해평가요령 제12조 제1항)
1. **농작물** : 농지별
2. **가축** : 개별가축별(단, 벌은 벌통 단위)
3. **농업시설물** : 보험가입 목적물별

46 농업재해보험 손해평가요령상 농작물의 보험가액 산정에 관한 설명이다. (   )에 들어 갈 내용으로 옳은 것은?

> (   ) 보험가액은 보험증권에 기재된 보험목적물의 평년수확량에 보험가입 당시의 단위당 가입가격을 곱하여 산정한다. 다만, 보험가액에 영향을 미치는 가입면적, 주수, 수령, 품종 등이 가입 당시와 다를 경우 변경할 수 있다.

① 종합위험방식
② 적과전 종합위험방식
③ 생산비보장
④ 특정위험방식

정답 ①

해설

(**종합위험방식**) 보험가액은 보험증권에 기재된 보험목적물의 평년수확량에 보험가입 당시의 단위당 가입가격을 곱하여 산정한다. 다만, 보험가액에 영향을 미치는 가입면적, 주수, 수령, 품종 등이 가입 당시와 다를 경우 변경할 수 있다(농업재해보험 손해평가요령 제13조 제1항 제3호).

47 농어업재해보험법령상 정부의 재정지원에 관한 설명이다. (   )에 들어갈 내용으로 옳은 것은?

> 보험료 또는 운영비의 지원 금액을 지급받으려는 재해보험사업자는 농림축산식품부장관 또는 해양수산부장관이 정하는 바에 따라 (   )나 운영비 사용계획서를 농림축산식품부장관 또는 해양수산부장관에게 제출하여야 한다.

① 현지조사서
② 재해보험 가입현황서
③ 보험료 사용계획서
④ 기금결산보고서

정답 ②

해설

보험료 또는 운영비의 지원 금액을 지급받으려는 재해보험사업자는 농림축산식품부장관 또는 해양수산부장관이 정하는 바에 따라 (**재해보험 가입현황서**)나 운영비 사용계획서를 농림축산식품부장관 또는 해양수산부장관에게 제출하여야 한다(농어업재해보험법 시행령 제15조 제1항).

48 농업재해보험 손해평가요령상 농업시설물의 보험가액 산정에 관한 설명이다. (   )에 들어갈 내용으로 옳은 것은?

> 농업시설물에 대한 보험가액은 보험사고가 발생한 때와 곳에서 평가한 피해목적물의 (   )에서 내용 연수에 따른 감가상각률을 적용하여 계산한 감가상각액을 차감하여 산정한다.

① 재조달가액
② 보험가입금액
③ 원상복구비용
④ 손해액

①

농업시설물에 대한 보험가액은 보험사고가 발생한 때와 곳에서 평가한 피해목적물의 (재조달가액)에서 내용 연수에 따른 감가상각률을 적용하여 계산한 감가상각액을 차감하여 산정한다(농업재해보험 손해평가요령 제 15조 제1항).

49 농업재해보험 손해평가요령상 종합위험방식 상품에서 조사내용으로 「수확전 사고조사」를 하는 품목은? 기출수정

① 복분자
② 오디
③ 감귤(온주밀감류)
④ 단감

③

수확전 사고조사(농업재해보험 손해평가요령 [별표 2])
• **품목** : 감귤(온주밀감류)
• **조사시기** : 사고접수 후 지체 없이
• **조사방법** : 표본주의 과실 구분(표본조사)

50 농업재해보험 손해평가요령상 적과전 종합위험방식 상품 중 「보험계약 체결일~적과전」 생육시기에 우박으로 인한 손해수량의 조사내용인 것은? [기출수정]

① 나무피해조사
② 피해사실확인조사
③ 낙엽피해조사
④ 수확량조사

정답 ②

해설

적과전 종합위험방식 상품의 재해별·시기별 손해수량 조사방법(농업재해보험 손해평가요령 [별표 2])

생육 시기	재 해	조사내용	조사시기	조사방법	비 고
보험 계약 체결일 ~ 적과전	보상하는 재해 전부	피해사실 확인조사	사고접수 후 지체 없이	보상하는 재해로 인한 피해발생 여부 를 조사	피해사실이 명백한 경우 생략 가능
	우박		사고접수 후 지체 없이	• 우박으로 인한 유과(어린과실) 및 꽃(눈) 등의 타박비율을 조사 • 조사방법 : 표본조사	적과종료 이 전 특정위험 5종 한정보장 특약 가입건 에 한함
6월 1일 ~ 적과전	태풍(강풍), 우박, 집중호우, 화재, 지진		사고접수 후 지체 없이	• 보상하는 재해로 발생한 낙엽피해 정도를 조사 ※ 단감·떫은감에 대해서만 실시 • 조사방법 : 표본조사	

51 과실의 구조적 특징에 따른 분류로 옳은 것은?

① 인과류 – 사과, 자두
② 핵과류 – 복숭아, 매실
③ 장과류 – 포도, 체리
④ 각과류 – 밤, 키위

정답 ②

해설

① 인과류 – 사과, 배 (※ 자두 – 핵과류)
③ 장과류 – 포도, 딸기 (※ 체리 – 핵과류)
④ 각과류 – 밤, 호두 (※ 키위 – 장과류)

52 토양 입단 형성에 부정적 영향을 주는 것은?

① 나트륨 이온 첨가
② 유기물 시용
③ 콩과작물 재배
④ 피복작물 재배

정답 ①

해설

나트륨 이온을 첨가하면 점토 결합을 분산시켜 토양 입단을 파괴한다.

53 작물 재배에 있어서 질소에 관한 설명으로 옳은 것은?

① 벼과작물에 비해 콩과작물은 질소 시비량을 늘여주는 것이 좋다.
② 질산이온(NO_3^-)으로 식물에 흡수된다.
③ 결핍증상은 노엽(老葉)보다 유엽(幼葉)에서 먼저 나타난다.
④ 암모니아태 질소비료는 석회와 함께 시용하는 것이 효과적이다.

정답 ②

해설

식물 뿌리로부터 토양 속의 질산이온(NO_3^-)을 흡수하여 식물체내의 효소군에 의해 질산동화가 이루어진다.

① 콩과작물은 질소고정 능력이 있으므로 벼과작물에 비해 질소 시비량을 줄여주는 것이 좋다.
③ 결핍증상은 유엽(幼葉 ; 어린잎)보다 노엽(老葉 ; 늙은잎)에서 먼저 나타난다.
④ 암모니아태 질소비료를 석회와 함께 시용하면 휘발하는 성질이 있어 비효율적이다.

54 식물체내 물의 기능을 모두 고른 것은?

> ㄱ. 양분 흡수의 용매   ㄴ. 세포의 팽압 유지
> ㄷ. 식물체의 항상성 유지   ㄹ. 물질 합성과정의 매개

① ㄱ, ㄴ   ② ㄱ, ㄷ, ㄹ
③ ㄴ, ㄷ, ㄹ   ④ ㄱ, ㄴ, ㄷ, ㄹ

정답 ④

해설

식물체내 물의 기능
- 식물체의 구성물질
- 양분 흡수와 이동의 용매
- 세포의 팽압 유지
- 물질의 합성과 분해과정에서 용매역할
- 각종 효소활성의 촉매작용
- 식물체의 항상성 유지

55 토양 습해대책으로 옳지 않은 것은?

① 밭의 고랑재배   ② 땅속 배수시설 설치
③ 습답의 이랑재배   ④ 토양개량제 시용

정답 ①

해설

밭의 고랑재배는 <u>가뭄대책</u>에 해당한다. 습해대책으로 밭에서는 휴립휴파를 한다. 즉 이랑을 세워 이랑에 파종함으로써 습해에 대비한다.

56 작물 재배시 한해(旱害) 대책을 모두 고른 것은?

> ㄱ. 중경제초
> ㄴ. 밀식재배
> ㄷ. 토양입단 조성

① ㄱ, ㄴ   ② ㄱ, ㄷ
③ ㄴ, ㄷ   ④ ㄱ, ㄴ, ㄷ

정답 ②

ㄱ. **중경제초** : 표토를 쪼아서 모세관을 절단한 다음 잡초를 제거하면 토양의 증발·증산이 경감된다.

ㄴ. **밀식재배** : 밀식재배를 하면 작물의 내건성이 약화된다.

ㄷ. **토양입단 조성** : 토양입단을 조성하면 토양수분의 보유력이 증대하고 증발을 억제한다.

57 다음 ( )에 들어갈 내용을 순서대로 옳게 나열한 것은?

> 과수작물의 동해 및 서리피해에서 ( )의 경우 꽃이 일찍 피는 따뜻한 지역에서 늦서리 피해가 많이 일어난다. 최근에는 온난화의 영향으로 개화기가 빨라져 ( )에서 서리피해가 빈번하게 발생한다. ( )은 상층의 더운 공기를 아래로 불어내려 과수원의 기온 저하를 막아주는 방법이다.

① 사과나무, 장과류, 살수법

② 배나무, 핵과류, 송풍법

③ 배나무, 인과류, 살수법

④ 사과나무, 각과류, 송풍법

정답 ②

해설

- **배나무** : 꽃이 일찍 피는 따뜻한 지역에서 늦서리 피해가 많이 일어난다.
- **핵과류** : 늦서리 피해에 민감하다.
- **송풍법** : 지상 10m 정도 높이에서 프로펠러를 회전하여 따뜻한 공기를 지면으로 송풍하여 서리를 막는다.

58 작물의 생육적온에 관한 설명으로 옳지 않은 것은?

① 대사작용에 따라 적온이 다르다.

② 발아 후 생육단계별로 적온이 있다.

③ 품종에 따른 차이가 존재한다.

④ 주간과 야간의 적온은 동일하다.

정답 ④

해설

작물의 생육적온은 대부분 20~25℃이며, 일반적으로 주간의 생육적온이 야간의 생육적온보다 높다.

예 장미의 생육적온 : 낮 24~27℃, 밤 15~18℃

59 다음 (   )의 내용을 순서대로 옳게 나열한 것은?

> 광보상점은 광합성에 의한 이산화탄소 (   )과 호흡에 의한 이산화탄소 (   )이 같은 지점이다.
> 그리고 내음성이 (   ) 작물은 (   ) 작물보다 광보상점이 높다.

① 방출량, 흡수량, 약한, 강한
② 방출량, 흡수량, 강한, 약한
③ 흡수량, 방출량, 약한, 강한
④ 흡수량, 방출량, 강한, 약한

정답 ③

해설

> 광보상점은 작물의 광합성에 의한 이산화탄소의 (흡수량)과 호흡에 의한 이산화탄소의 (방출량)이 같은 지점의 광도를 말한다. 내음성이 (약한) 작물은 (강한) 작물보다 광보상점이 높다.
> ※ **내음성** : 식물이 광도가 낮은 조건에서 생육할 수 있는 능력

60 우리나라 우박 피해로 옳은 것을 모두 고른 것은?

> ㄱ. 전국적으로 7월에 집중적으로 발생한다.
> ㄴ. 돌발적이고 단기간에 큰 피해가 발생한다.
> ㄷ. 피해지역이 비교적 좁은 범위에 한정된다.
> ㄹ. 피해과원의 모든 과실을 제거하여 이듬해 결실률을 높인다.

① ㄱ, ㄹ　　　　　　　　　　　② ㄴ, ㄷ
③ ㄴ, ㄷ, ㄹ　　　　　　　　　④ ㄱ, ㄴ, ㄷ, ㄹ

정답 ②

해설

> ㄱ. (×) 국지적으로 5~6월에 간헐적으로 발생하고, 9~10월에도 발생한다.
> ㄴ·ㄷ. (○) 우리나라의 우박 피해는 돌발적이고 단기간에 큰 피해가 발생하며, 피해지역이 국지적인 경우가 많다.
> ㄹ. (×) 피해과원의 적과 및 신초제거 등의 수세관리로 이듬해 결실률을 높인다. 즉 우박피해가 심한 과원에서는 대부분의 잎이 파열되고 열상이 많은 가지를 제거하고 적정 착과량의 50% 이내로 적과한다. 우박피해가 경미한 과원에서는 피해를 심하게 받은 신초만 제거하고, 피해를 받은 과실도 적과하여 적정 착과량을 유지한다.

61 다음이 설명하는 재해는?

시설 재배시 토양수분의 증발량이 관수량보다 많을 때 주로 발생하며, 비료성분의 집적으로 작물의 토양수분 흡수가 어려워지고 영양소 불균형을 초래한다.

① 한해 　　　　　　　　　② 습해
③ 염해 　　　　　　　　　④ 냉해

정답 ③

해설

염해(salt stress)
• 토양수분의 증발량이 강수량보다 많을 때 발생할 수 있다.
• 시설 재배시 비료의 과용으로 생기게 된다.
• 식물체내의 수분포텐셜보다 토양의 수분포텐셜이 낮아진다.
• 토양수분 흡수가 어려워지고 작물의 영양소 불균형을 초래한다.

62 과수재배에 이용되는 생장조절물질에 관한 설명으로 옳지 않은 것은?

① 삽목시 발근촉진제로 옥신계 물질을 사용한다.
② 사과나무 적과제로 옥신계 물질을 사용한다.
③ 씨없는 포도를 만들 때 지베렐린을 사용한다.
④ 사과나무 낙과방지제로 시토키닌계 물질을 사용한다.

정답 ④

해설

사과나무 낙과방지제로 옥신계 물질(2,4-D, 2,4,5-T)을 사용한다.
※ **시토키닌(Cytokinins)** : 적정량의 옥신이 포함된 조직에서 세포분열 및 기관분화를 촉진한다.

63 다음이 설명하는 것은?

낙엽과수는 가을 노화기간에 자연적인 기온 저하와 함께 내한성 증대를 위해 점진적으로 저온에 노출되어야 한다.

① 경화 　　　　　　　　　② 동화
③ 적화 　　　　　　　　　④ 춘화

정답 ①

낙엽과수는 가을 노화기간 동안 자연적인 기온의 저하와 함께 내한성이 증대된다. 이와 같이 내한성을 증진시키기 위해서는 점진적으로 저온에 노출되어야 하는데, 이것을 순화 또는 경화라고 한다.
② 동화는 물질대사를 통해 생화학적으로 생물체 내에서 물질이 합성되는 것을 말한다.
③ 적화는 개화수가 너무 많은 때에 꽃망울이나 꽃을 솎아서 따주는 것을 말한다.
④ 춘화는 식물의 종자가 발아한 후 또는 줄기의 생장점이 발육하고 있을 때 일정기간의 저온처리를 함으로써 화성을 유도·촉진하는 것을 말한다.

64 재래육묘에 비해 플러그육묘의 장점이 아닌 것은?

① 노동·기술집약적이다.
② 계획생산이 가능하다.
③ 정식 후 생장이 빠르다.
④ 기계화 및 자동화로 대량생산이 가능하다.

정답 ①

해설

플러그육묘는 기계화 및 자동화로 대량생산이 가능하고 노동력이 절감된다.

65 육묘 재배의 이유가 아닌 것은?

① 과채류 재배시 수확기를 앞당길 수 있다.
② 벼 재배시 감자와 1년 2작이 가능하다.
③ 봄 결구배추 재배시 추대를 유도할 수 있다.
④ 맥류 재배시 생육촉진으로 생산량 증가를 기대할 수 있다.

정답 ③

해설

봄 결구배추를 보온육묘해서 이식하면 저온을 피할 수 있어 <u>추대(抽薹)를 방지할 수 있다</u>.
※ **추대(抽薹)** : 화아분화가 진행되어 이삭이나 꽃대가 올라오는 현상

66 삽목번식에 관한 설명으로 옳지 않은 것은?

① 과수의 결실연령을 단축시킬 수 있다.

② 모주의 유전형질이 후대에 똑같이 계승된다.

③ 종자번식이 불가능한 작물의 번식수단이 된다.

④ 수세를 조절하고 병해충 저항성을 높일 수 있다.

정답 ④

해설

> 수세를 조절하고 병해충 저항성을 높일 수 있는 번식 방법은 접목(접붙이기)이다.

TIP	삽목(꺾꽂이)

식물체의 일부인 잎, 줄기, 뿌리를 잘라서 뿌리를 내리게 하고, 새싹을 돋게 하여 독립된 식물체를 만드는 방법을 말한다.

- 모주의 유전형질을 그대로 이어 받는다.
- 결실이 불량한 수목의 번식에 적합하다.
- 묘목의 양성기간이 단축되고, 개화결실이 빠르다.
- 종자번식이 불가능한 작물의 번식수단이 된다.

---

67 담배모자이크 바이러스의 주요 피해작물이 아닌 것은?

① 가지

② 사과

③ 고추

④ 배추

정답 ④

해설

> 담배모자이크 바이러스는 담배, 사과, 가지과(가지, 고추, 토마토, 감자 등) 작물 등의 잎에 얼룩무늬 피해를 입힌다. 배추의 대표적인 식물병은 <u>뿌리혹병, 무름병, 노균병, 탄저병</u> 등이다.

68 식용부위에 따른 분류에서 엽경채류가 아닌 것은?

① 시금치

② 미나리

③ 마늘

④ 오이

정답 ④

해설

> 오이는 과채류(열매채소) 중 박과채소에 속한다.

TIP	채소의 분류

- **엽경채류(잎줄기채소)** : 배추, 시금치, 상추, 미나리, 브로콜리, 아스파라거스, 죽순, 마늘, 양파 등
- **근채류(뿌리채소)** : 무, 당근, 우엉, 고구마, 감자, 마, 토란 등
- **과채류(열매채소)** : 완두, 강낭콩, 오이, 호박, 가지, 토마토, 고추 등

69 다음 ( )의 내용을 순서대로 옳게 나열한 것은?

> 저온에 의하여 꽃눈형성이 유기되는 것을 ( )라 말하며, 당근·양배추 등은 ( )으로 식물체가 일정한 크기에 도달해야만 저온에 감응하여 화아분화가 이루어진다.

① 춘화, 종자춘화형

② 이춘화, 종자춘화형

③ 춘화, 녹식물춘화형

④ 이춘화, 녹식물춘화형

정답 ③

해설

> **춘화현상**
> 식물체가 생육의 일정시기(주로 초기)에 저온에 의하여 화성, 즉 화아의 분화, 발육의 유도·촉진하는 것을 (춘화)라 한다.
> - **종자춘화형** : 종자가 물을 흡수하여 배(embryo)가 활동을 개시한 이후에는 언제든지 저온에 감응하여 춘화가 일어나는 식물(무, 배추)
> - **녹식물춘화형** : 식물체가 어느 정도 영양생장을 한 다음에 저온을 받아야 춘화가 일어나는 식물(당근, 양배추, 양파)

70 다음 두 농가가 재배하고 있는 품목은?

> - A농가 : 과실이 자람에 따라 서서히 호흡이 저하되다 성숙기를 지나 완숙이 진행되는 전환기에 호흡이 일시적으로 상승하는 과실
> - B농가 : 성숙기가 되어도 특정한 변화가 일어나지 않는 과실

	A농가	B농가
①	사과	블루베리
②	살구	키위
③	포도	바나나
④	자두	복숭아

정답 ①

해설

> - A농가 : 호흡급등형 과실을 재배하며, 사과, 서양배, 살구, 자두, 복숭아, 키위, 바나나 등이 대표적인 품목이다.
> - B농가 : 호흡비급등형 과실을 재배하며, 포도, 블루베리, 동양배, 가지 등이 대표적인 품목이다.

71 도로건설로 야간 조명이 늘어나는 지역에서 개화 지연에 대한 대책이 필요한 화훼작물은?

① 국화, 시클라멘
② 장미, 페튜니아
③ 금어초, 제라늄
④ 칼랑코에, 포인세티아

정답 ④

해설

> 단일성 식물은 밤의 길이가 상대적으로 길어야 꽃이 피는데 도로 건설로 야간 조명이 켜져 있으면 긴 암기를 조명으로 분단하는 광중단(또는 암기중단) 현상으로 꽃눈분화가 억제되어 개화가 지연 될 수 있다. 단일성 식물은 대개 일조시간이 짧아지는 가을에 꽃이 피는 식물로 맨드라미, 국화, 칼랑코에, 포인세티아, 과꽃, 코스모스, 살비아 등이다.
> 장미, 시클라멘, 제라늄은 중성식물이고, 페튜니아, 금어초는 장일식물이다.

72 A농가에서 실수로 2℃에 저장하여 저온장해를 받게 될 품목은?

① 장미

② 백합

③ 극락조화

④ 국화

정답 ③

해설

극락조화는 비내한성 작물로 추위에 매우 약하다.
① 장미는 수확 직후에 5~6℃의 저온저장고에서 예냉처리를 한다.
② 백합은 저온처리를 해야 싹이 트는 저온성 작물이다.
④ 국화의 저장온도는 1~2℃가 좋고, 4~5℃에도 2주간 저장이 가능하다.

73 A농가의 하우스 오이 재배시 낙과가 발생하였다. B손해평가사가 주요 원인으로 조사할 항목은?

① 유인끈

② 재배방식

③ 일조량

④ 탄산시비

정답 ③

해설

오이 낙과의 직접적인 원인은 꽃과 과일의 생장비대가 촉진되는 시기에 일조량 부족으로 광합성에 의한 동화 양분이 부족하기 때문이다.

74 시설재배에서 연질피복재가 아닌 것은?

① 폴리에틸렌필름

② 폴리에스테르필름

③ 염화비닐필름

④ 에틸렌아세트산비닐필름

정답 ②

해설

연질피복재는 두께 0.05~0.2mm의 연질필름으로 폴리에틸렌필름, 염화비닐필름, 에틸렌아세트산비닐필름 등이 있다. 폴리에스테르필름은 광선투과율(90% 전후)이 높고 보온성이 좋은 경질피복재이다.

75 수경재배에 사용 가능한 원수는?

① 철분 함량이 높은 물

② 나트륨, 염소의 함량이 100ppm 이상인 물

③ 산도가 pH 7에 가까운 물

④ 중탄산 함량이 100ppm 이상인 물

정답 ③

해설

배양액의 적정 pH는 일반적으로 5.5~6.5 범위가 적당하나, 5.0~7.0의 범위라도 생육에 지장이 없다.

① 일반적으로 원수 중에 함유된 Fe는 $Fe(HCO_3)_2$로 용해되어 있고 공기와 접촉하면 산화되어 $Fe(OH)_3$로 되어 침전되므로 작물이 직접 이용할 수 없다. 또한 $Fe(OH)_3$는 점적 관수시 노즐을 막히게 하는 원인이 되므로 제거해야 한다.

② 일반적으로 용수 중에 나트륨과 염소의 함량이 30~40ppm 정도가 되면 문제가 발생할 가능성이 있으며, 75ppm 이상에서는 급액방법과 배액방법을 적절히 조절하여야 한다. 100ppm 이상이 되면 용수로서 장기간 이용이 곤란하다.

④ 고농도의 중탄산은 pH 상승의 원인이 되므로 산으로 중화시켜야 하며, 원수 속의 중탄산 함량은 30~50ppm 수준으로 유지하는 것이 좋다.

TIP **배양액의 구비조건**

- pH 5.5~6.5 범위에 있을 것
- 필수 무기양분을 함유할 것
- 뿌리에서 흡수하기 쉬운 물에 용해된 이온 상태일 것
- 작물에 유해한 이온을 함유하지 않을 것
- 각각의 이온이 적당한 농도로 용해되어 총이온 농도가 적절할 것
- 재배기간이 계속되어도 농도, 무기원소간의 비율 및 pH 변화가 적을 것

제6회 손해평가사 1차 시험문제

상법(보험편)

01 보험계약의 의의와 성립에 관한 설명으로 옳지 않은 것은?

① 보험계약의 성립은 특별한 요식행위를 요하지 않는다.

② 보험계약의 사행계약성으로 인하여 상법은 도덕적 위험을 방지하고자 하는 다수의 규정을 두고 있다.

③ 보험자가 상법에서 정한 낙부통지 기간 내에 통지를 해태한 때에는 청약을 거절한 것으로 본다.

④ 보험계약은 쌍무·유상계약이다.

정답 ③

해설

보험자가 보험계약자로부터 보험계약의 청약과 함께 보험료 상당액의 전부 또는 일부의 지급을 받은 때에는 다른 약정이 없으면 30일 내에 그 상대방에 대하여 낙부의 통지를 발송하여야 하며, 낙부통지 기간 내에 낙부의 통지를 해태한 때에는 <u>승낙한 것으로 본다</u>(상법 제638조의2 제1항, 제2항).

02 다음 (   )에 들어갈 기간으로 옳은 것은?

보험자가 파산의 선고를 받은 때에는 보험계약자는 계약을 해지할 수 있으며, 해지하지 아니한 보험계약은 파산선고 후 (   )을 경과한 때에는 그 효력을 잃는다.

① 10일   ② 1월

③ 3월   ④ 6월

정답 ③

해설

보험자의 파산선고와 계약해지(상법 제654조)
보험자가 파산의 선고를 받은 때에는 보험계약자는 계약을 해지할 수 있으며, 해지하지 아니한 보험계약은 파산선고 후 (3월)을 경과한 때에는 그 효력을 잃는다.

03 일부보험에 관한 설명으로 옳지 않은 것은?

① 일부보험은 보험금액이 보험가액에 미달하는 보험이다.

② 특약이 없을 경우, 일부보험에서 보험자는 보험금액의 보험가액에 대한 비율에 따라 보상할 책임을 진다.

③ 일부보험에 관하여 당사자간에 다른 약정이 있는 때에는 보험자는 실제 발생한 손해 전부를 보상할 책임을 진다.

④ 일부보험은 당사자의 의사와 상관없이 발생할 수 있다.

정답 ③

해설 ....

일부보험에 관하여 당사자간에 다른 약정이 있는 때에는 보험자는 <u>보험금액의 한도 내에서</u> 그 손해를 보상할 책임을 진다(상법 제674조).

04 손해액의 산정에 관한 설명으로 옳지 않은 것은?

① 보험자가 보상할 손해액은 그 손해가 발생한 때와 곳의 가액에 의하여 산정하는 것이 원칙이다.

② 손해액 산정에 관하여 당사자간에 다른 약정이 있는 때에는 신품가액에 의하여 산정할 수 있다.

③ 특약이 없는 한 보험자가 보상할 손해액에는 보험사고로 인하여 상실된 피보험자가 얻을 이익이나 보수를 산입하지 않는다.

④ 손해액 산정에 필요한 비용은 보험자와 보험계약자가 공동으로 부담한다.

정답 ④

해설 ....

손해액의 산정에 관한 비용은 <u>보험자의 부담</u>으로 한다(상법 제676조 제2항).

① · ② 상법 제676조 제1항
③ 상법 제667조

05 보험자가 손해를 보상할 경우에 보험료의 지급을 받지 아니한 잔액이 있을 경우와 관련하여 상법 제677조(보험료 체납과 보상액의 공제)의 내용으로 옳은 것은?

① 보험자는 보험계약에 대한 납입최고 및 해지예고 통보를 하지 않고도 보험계약을 해지 수 있다.

② 보험자는 보상할 금액에서 지급기일이 도래하지 않은 보험료는 공제할 수 없다.

③ 보험자는 보험금 전부에 대한 지급을 거절할 수 있다.

④ 보험자는 보상할 금액에서 지급기일이 도래한 보험료를 공제할 수 있다.

정답 ④

[해설]

> 보험자가 손해를 보상할 경우에 보험료의 지급을 받지 아니한 잔액이 있으면 그 <u>지급기일이 도래하지 아니한</u> <u>때라도 보상할 금액에서 이를 공제할 수 있다</u>(상법 제677조). 따라서 지급기일이 도래한 보험료를 당연히 공제할 수 있다(**보험료불가분의 원칙 적용**).

06 보험계약에 관한 설명으로 옳은 것은?

① 보험의 목적의 성질, 하자 또는 자연소모로 인한 손해는 보험자가 보상할 책임이 없다.
② 피보험자가 보험의 목적을 양도한 때에는 양수인은 보험계약상의 권리와 의무를 승계한 것으로 간주한다.
③ 손해방지의무는 보험계약자에게만 부과되는 의무이다.
④ 보험의 목적이 양도된 경우 보험의 목적의 양도인 또는 양수인은 보험자에 대하여 30일 이내에 그 사실을 통지하여야 한다.

[정답] ①

[해설]

> 보험의 목적의 성질, 하자 또는 자연소모로 인한 손해는 보험자가 이를 보상할 책임이 없다(상법 제678조).
>
> ② 피보험자가 보험의 목적을 양도한 때에는 양수인은 보험계약상의 권리와 의무를 승계한 것으로 <u>추정한다</u> (상법 제679조 제1항).
> ③ 손해방지의무는 <u>보험계약자와 피보험자에게 부과되는 의무</u>이다(상법 제680조 제1항).
> ④ 보험의 목적이 양도된 경우 보험의 목적의 양도인 또는 양수인은 보험자에 대하여 <u>지체 없이</u> 그 사실을 통지하여야 한다(상법 제679조 제2항).

07 보험목적에 관한 보험대위(잔존물대위)의 설명으로 옳지 않은 것은?

① 일부보험에서도 보험금액의 보험가액에 대한 비율에 따라 잔존물대위권을 취득할 수 있다.
② 잔존물대위가 성립하기 위해서는 보험목적의 전부가 멸실하여야 한다.
③ 피보험자는 보험자로부터 보험금을 지급받기 전에는 잔존물을 임의로 처분할 수 있다.
④ 잔존물에 대한 권리가 보험자에게 이전되는 시점은 보험자가 보험금액을 전부 지급하고, 물권변동 절차를 마무리한 때이다.

[정답] ④

[해설]

> 잔존물에 대한 권리가 보험자에게 이전되는 시점은 보험자가 <u>보험금을 전부 지급한 때</u>이며(상법 제681조), 물권변동 절차는 불필요하다. 따라서 피보험자가 보험금을 지급받기 전에 그 목적물을 임의로 처분하였을 때 지급보험금에서 그 부분만큼 공제할 수 있고, 보험금을 지급받은 후에 이를 처분한 때에는 보험자는 피보험자에게 그에 대한 손해배상을 청구할 수 있다.

08 화재보험에 관한 설명으로 옳지 않은 것은? (다툼이 있으면 판례에 따름)

① 화재보험에서는 일반적으로 위험개별의 원칙이 적용된다.

② 화재가 발생한 건물의 철거비와 폐기물처리비는 화재와 상당인과관계가 있는 건물수리비에 포함된다.

③ 화재보험계약의 보험자는 화재로 인하여 생긴 손해를 보상할 책임이 있다.

④ 보험자는 화재의 소방 또는 손해의 감소에 필요한 조치로 인하여 생긴 손해에 대해서도 보상할 책임이 있다.

정답 ①

해설

화재보험에서는 일반적으로 <u>위험보편의 원칙</u>이 적용된다. 즉 화재보험계약의 보험자는 화재로 인하여 손해가 발생한 때에는 그 화재의 원인이 무엇인지를 묻지 않고 모든 손해를 보상할 책임이 있다(상법 제683조).

② 화재로 인한 건물수리시에 지출한 철거비와 폐기물처리비는 화재와 상당인과관계가 있는 <u>건물수리비에 포함된다</u>고 보아야 할 것이고, 이를 손해액에 산입되지 아니하는 별도의 비용으로 볼 것은 아니다(대법원 2003.4.25. 선고 2002다64520 판결).

③ 상법 제683조

④ 상법 제684조

09 화재보험증권에 관한 설명으로 옳은 것은?

① 화재보험증권의 교부는 화재보험계약의 성립요건이다.

② 화재보험증권은 불요식증권의 성질을 가진다.

③ 화재보험계약에서 보험가액을 정했다면 이를 화재보험증권에 기재하여야 한다.

④ 건물을 화재보험의 목적으로 한 경우에는 건물의 소재지, 구조와 용도는 화재보험증권의 법정 기재사항이 아니다.

정답 ③

해설

화재보험증권에는 보험가액을 정한 때에는 그 가액을 기재하여야 한다(상법 제685조 제3호).

① 화재보험증권은 화재보험계약이 성립한 후에 계약 당사자의 편의를 위해 발행되는 것이므로 <u>화재보험계약의 성립요건이 아니다</u>.

② 화재보험증권은 보험계약에 관한 증거증권이며, <u>요식증권의 성질을 가진다</u>.

④ 건물을 화재보험의 목적으로 한 경우에는 건물의 소재지, 구조와 용도는 <u>화재보험증권의 법정 기재사항이다</u>(상법 제685조 제1호).

10 집합보험에 관한 설명으로 옳은 것은? (다툼이 있으면 판례에 따름)

① 집합보험에서는 피보험자의 가족과 사용인의 물건도 보험의 목적에 포함된다.

② 집합보험 중에서 보험의 목적이 특정되어 있는 것을 담보하는 보험을 총괄보험이라고 하며, 보험목적의 일부 또는 전부가 수시로 교체될 것을 예정하고 있는 보험을 특정보험이라 한다.

③ 집합된 물건을 일괄하여 보험의 목적으로 한 때에는 그 목적에 속한 물건이 보험기간 중에 수시로 교체된 경우에 보험사고의 발생시에 현존한 물건에 대해서는 보험의 목적에서 제외된 것으로 한다.

④ 집합보험에서 보험목적의 일부에 대해서 고지의무위반이 있는 경우, 보험자는 원칙적으로 계약 전체를 해지할 수 있다.

정답 ①

해설

① 상법 제686조
② 집합보험 중에서 보험의 목적이 특정되어 있는 것을 담보하는 보험을 특정보험이라고 하며, 보험목적의 일부 또는 전부가 수시로 교체될 것을 예정하고 있는 보험을 총괄보험이라 한다.
③ 집합된 물건을 일괄하여 보험의 목적으로 한 때에는 그 목적에 속한 물건이 보험기간 중에 수시로 교체된 경우에도 보험사고의 발생시에 현존한 물건은 보험의 목적에 포함된 것으로 한다(상법 제687조).
④ 보험의 목적이 된 수개의 물건 가운데 일부에 대하여만 고지의무위반이 있는 경우에 보험자는 나머지 부분에 대하여도 동일한 조건으로 그 부분만에 대하여 보험계약을 체결하지 아니하였으리라는 사정이 없는 한 그 고지의무위반이 있는 물건에 대하여만 보험계약을 해지할 수 있고, 나머지 부분에 대하여는 보험계약의 효력에 영향이 없다고 할 것이다(대법원 1999.4.23. 선고 99다8599 판결).

11 보험계약의 성립에 관한 설명으로 옳지 않은 것은?

① 보험계약은 보험계약자의 청약과 이에 대한 보험자의 승낙으로 성립한다.

② 보험계약자로부터 청약을 받은 보험자는 보험료 지급 여부와 상관없이 청약일로부터 30일 이내에 승낙의사표시를 발송하여야 한다.

③ 보험자의 승낙의사표시는 반드시 서면으로 할 필요는 없다.

④ 보험자가 보험계약자로부터 보험계약의 청약과 함께 보험료 상당액의 전부 또는 일부를 받은 경우에 그 청약을 승낙하기 전에 보험계약에서 정한 보험사고가 생긴 때에는 그 청약을 거절할 사유가 없는 한 보험자는 보험계약상의 책임을 진다.

정답 ②

해설

보험자가 보험계약자로부터 보험계약의 청약과 함께 보험료 상당액의 전부 또는 일부의 지급을 받은 때에는 다른 약정이 없으면 30일 내에 그 상대방에 대하여 낙부의 통지를 발송하여야 한다(상법 제638조의2 제1항).

12 타인을 위한 보험에 관한 설명으로 옳은 것은?

① 보험계약자는 위임을 받아야만 특정한 타인을 위하여 보험계약을 체결할 수 있다.

② 타인을 위한 손해보험계약의 경우에 보험계약자는 그 타인의 서면위임을 받아야만 보험자와 계약을 체결할 수 있다.

③ 타인을 위한 손해보험계약의 경우에 보험계약자가 그 타인에게 보험사고의 발생으로 생긴 손해의 배상을 한 때에는 타인의 권리를 해하지 않는 범위 내에서 보험자에게 보험금액의 지급을 청구할 수 있다.

④ 타인을 위해서 보험계약을 체결한 보험계약자는 보험자에게 보험료를 지급할 의무가 없다.

정답 ③

해설

③ 상법 제639조 제2항
① 보험계약자는 <u>위임을 받거나 위임을 받지 아니하고</u> 특정 또는 불특정의 타인을 위하여 보험계약을 체결할 수 있다(상법 제639조 제1항).
② 타인을 위한 손해보험계약의 경우에 그 <u>타인의 위임이 없는 때에는 보험계약자는 이를 보험자에게 고지하여야 하고</u>, 그 고지가 없는 때에는 타인이 그 보험계약이 체결된 사실을 알지 못하였다는 사유로 보험자에게 대항하지 못한다(상법 제639조 제1항 후단).
④ 타인을 위해서 보험계약을 체결한 보험계약자는 보험자에 대하여 보험료를 지급할 <u>의무가 있다</u>(상법 제639조 제3항).

13 보험증권의 교부에 관한 내용으로 옳은 것을 모두 고른 것은?

ㄱ. 보험계약이 성립하고 보험계약자가 최초의 보험료를 지급했다면 보험자는 지체 없이 보험증권을 작성하여 보험계약자에게 교부하여야 한다.
ㄴ. 보험증권을 현저하게 훼손한 때에는 보험계약자는 보험증권의 재교부를 청구할 수 있다. 이 경우에 증권작성비용은 보험자의 부담으로 한다.
ㄷ. 기존의 보험계약을 연장한 경우에는 보험자는 그 사실을 보험증권에 기재하여 보험증권의 교부에 갈음할 수 있다.

① ㄱ, ㄴ   ② ㄱ, ㄷ
③ ㄴ, ㄷ   ④ ㄱ, ㄴ, ㄷ

정답 ②

해설

ㄱ. (○) 보험계약이 성립하고 보험계약자가 최초의 보험료를 지급했다면 보험자는 지체 없이 보험증권을 작성하여 보험계약자에게 교부하여야 한다(상법 제640조 제1항).
ㄴ. (×) 증권작성의 비용은 <u>보험계약자의 부담으로 한다</u>(상법 제642조).
ㄷ. (○) 기존의 보험계약을 연장한 경우에는 보험자는 그 사실을 보험증권에 기재하여 보험증권의 교부에 갈음할 수 있다(상법 제640조 제2항).

14 보험사고의 객관적 확정의 효과에 관한 설명으로 옳은 것은?

① 보험계약 당시에 보험사고가 이미 발생하였더라도 그 계약은 무효로 하지 않는다.

② 보험계약 당시에 보험사고가 발생할 수 없는 것이라도 그 계약은 무효로 하지 않는다.

③ 보험계약 당시에 보험사고가 이미 발생하였지만 보험수익자가 이를 알지 못한 때에는 그 계약은 무효로 하지 않는다.

④ 보험계약 당시에 보험사고가 발생할 수 없는 것이었지만 당사자 쌍방과 피보험자가 그 사실을 몰랐다면 그 계약은 무효로 하지 않는다.

정답 ④

해설

보험계약 당시에 보험사고가 이미 발생하였거나 또는 발생할 수 없는 것인 때에는 그 계약은 무효로 한다. 그러나 당사자 쌍방과 피보험자가 이를 알지 못한 때에는 그 계약은 무효로 하지 않는다(상법 제644조).

15 보험대리상이 아니면서 특정한 보험자를 위하여 계속적으로 보험계약의 체결을 중개하는 자의 권한을 모두 고른 것은?

ㄱ. 보험자가 작성한 보험증권을 보험계약자에게 교부할 수 있는 권한
ㄴ. 보험자가 작성한 영수증 교부를 조건으로 보험계약자로부터 보험료를 수령할 수 있는 권한
ㄷ. 보험계약자로부터 보험계약의 취소의 의사표시를 수령할 수 있는 권한
ㄹ. 보험계약자에게 보험계약의 체결에 관한 의사표시를 할 수 있는 권한

① ㄱ, ㄴ ② ㄱ, ㄷ
③ ㄴ, ㄷ ④ ㄷ, ㄹ

정답 ①

해설

ㄷ.과 ㄹ.은 보험대리상의 권한이다(상법 제646조의2 제1항).

보험대리상이 아니면서 특정한 보험자를 위하여 계속적으로 보험계약의 체결을 중개하는 자는 다음의 권한이 있다(상법 제646조의2 제3항).
1. 보험계약자로부터 보험료를 수령할 수 있는 권한(보험자가 작성한 영수증을 보험계약자에게 교부하는 경우만 해당한다)
2. 보험자가 작성한 보험증권을 보험계약자에게 교부할 수 있는 권한

16 임의해지에 관한 설명으로 옳지 않은 것은?

① 보험계약자는 원칙적으로 보험사고가 발생하기 전에는 언제든지 계약의 전부 또는 일부를 해지할 수 있다.

② 보험사고가 발생하기 전이라도 타인을 위한 보험의 경우에 보험계약자는 그 타인의 동의를 얻지 못하거나 보험증권을 소지하지 않은 경우에는 계약의 전부 또는 일부를 해지할 수 없다.

③ 보험사고의 발생으로 보험자가 보험금액을 지급한 때에도 보험금액이 감액되지 아니하는 보험의 경우에는 보험계약자는 그 사고발생 후에도 보험계약을 해지할 수 없다.

④ 보험사고발생 전에 보험계약자가 계약을 해지하는 경우, 당사자 사이의 특약으로 미경과보험료의 반환을 제한할 수 있다.

정답 ③

해설

보험사고의 발생으로 보험자가 보험금액을 지급한 때에도 보험금액이 감액되지 아니하는 보험의 경우에는 보험계약자는 그 사고발생 후에도 보험계약을 해지할 수 있다(상법 제649조 제2항).

17 보험계약자 甲은 보험자 乙과 손해보험계약을 체결하면서 계약에 관한 사항을 고지하지 않았다. 이에 대한 보험자 乙의 상법상 계약해지권에 관한 설명으로 옳은 것은?

① 甲의 고지의무위반 사실에 대한 乙의 계약해지권은 계약 체결일로부터 최대 1년 내에 한하여 행사할 수 있다.

② 乙은 甲의 중과실을 이유로 상법상 보험계약해지권을 행사할 수 없다.

③ 乙의 계약해지권은 甲이 고지의무를 위반했다는 사실을 계약 당시에 乙이 알 수 있었는지 여부와 상관없이 행사할 수 있다.

④ 甲이 고지하지 않은 사실이 계약과 관련하여 중요하지 않은 것이라면 乙은 상법상 고지의무위반을 이유로 보험계약을 해지할 수 없다.

정답 ④

해설

甲이 고지하지 않은 사실이 계약과 관련하여 중요한 사항이어야 한다. 여기서 '중요한 사항'이란 보험자가 위험을 측정하여 보험의 인수 여부 및 보험료 산정의 표준이 되는 사항으로 보험자가 그 사실을 알았다면 계약을 체결하지 않거나 적어도 동일조건으로는 계약을 체결하지 않을 것이라고 객관적으로 생각되는 사실이다. 따라서 고지하지 않은 사실이 계약과 관련하여 중요하지 않은 것이라면 乙은 상법상 고지의무위반을 이유로 보험계약을 해지할 수 없다.

① 甲의 고지의무위반 사실에 대한 乙의 계약해지권은 고지의무위반 사실을 안 날로부터 1월 내에, 계약을 체결한 날로부터 3년 이내에 한하여 계약을 해지할 수 있다(상법 제651조).

② 乙은 甲의 중과실을 이유로 상법상 보험계약해지권을 행사할 수 있다(상법 제651조).

③ 乙의 계약해지권은 甲이 고지의무를 위반했다는 사실을 계약 당시에 乙이 알았거나 중대한 과실로 인하여 알지 못한 때에는 계약해지권을 행사할 수 없다(상법 제651조).

18 보험계약자 甲은 보험자 乙과 보험계약을 체결하면서 일정한 보험료를 매월 균등하게 10년간 지급하기로 약정하였다. 이에 관한 설명으로 옳지 않은 것은?

① 甲은 약정한 최초의 보험료를 계약 체결 후 지체 없이 납부하여야 한다.

② 甲이 계약이 성립한 후에 2월이 경과하도록 최초의 보험료를 지급하지 아니하면, 그 계약은 법률에 의거해 효력을 상실한다. 이에 관한 당사자간의 특약은 계약의 효력에 영향을 미치지 않는다.

③ 甲이 계속보험료를 약정한 시기에 지급하지 아니하여 乙이 보험계약을 해지하려면 상당한 기간을 정하여 甲에게 최고하여야 한다.

④ 甲이 계속보험료를 지급하지 않아서 乙이 계약해지권을 적법하게 행사하였더라도 해지환급 금이 지급되지 않았다면 甲은 일정한 기간 내에 연체보험료에 약정이자를 붙여 乙에게 지급하고 그 계약의 부활을 청구할 수 있다.

정답 ②

해설

> ①·② 보험계약자는 계약 체결 후 지체 없이 보험료의 전부 또는 제1회 보험료를 지급하여야 하며, 보험계약 자가 이를 지급하지 아니하는 경우에는 다른 약정이 없는 한 계약 성립 후 2월이 경과하면 그 계약은 해제된 것으로 본다(상법 제650조 제1항). 이에 관한 판례는 당사자간의 특약으로 계약의 효력이 상실된다 는 약관 규정은 무효라고 판시하였다. 즉 당사자간의 특약은 계약의 효력에 영향을 미친다.
> ③ 계속보험료가 약정한 시기에 지급되지 아니한 때에는 보험자는 상당한 기간을 정하여 보험계약자에게 최고하고, 그 기간 내에 지급되지 아니한 때에는 그 계약을 해지할 수 있다(상법 제650조 제2항).
> ④ 보험계약이 해지되고 해지환급금이 지급되지 아니한 경우에 보험계약자는 일정한 기간 내에 연체보험료 에 약정이자를 붙여 보험자에게 지급하고 그 계약의 부활을 청구할 수 있다(상법 제650조의2).

판례 | 대법원 1995.11.16. 선고 94다56852 전원합의체 판결

제650조는 보험료가 적당한 시기에 지급되지 아니한 때에는 보험자는 상당한 기간을 정하여 보험계약자에게 최고하고, 그 기간 내에 지급하지 아니한 때에는 계약을 해지할 수 있도록 규정하고, 같은 법 제663조는 위 규정을 보험당사자간의 특약으로 보험계약자 또는 보험수익자의 불이익으로 변경하지 못한다고 규정하고 있으므로, 분납 보험료가 소정의 시기에 납입되지 아니하였음을 이유로 그와 같은 절차를 거치지 아니하고 막바로 보험계약이 해지되거나 실효됨을 규정하고 보험자의 보험금 지급책임을 면하도록 규정한 보험약관은 위 상법의 규정에 위배 되어 무효이다.

19 위험변경증가와 계약해지에 관한 설명으로 옳은 것을 모두 고른 것은?

> ㄱ. 위험변경증가의 통지를 해태한 때에는 보험자는 그 사실을 안 날부터 1월 내에 보험료의 증액을 청구하거나 계약을 해지할 수 있다.
> ㄴ. 보험계약자 등의 고의나 중과실로 인하여 위험이 현저하게 변경 또는 증가된 때에는 보험자는 그 사실을 안 날부터 1월 내에 보험료의 증액을 청구하거나 계약을 해지할 수 있다.
> ㄷ. 보험사고가 발생한 후라도 보험사가 위험변경증가에 따라 계약을 해지하였을 때에는 보험금을 지급할 책임이 없고, 이미 지급한 보험금의 반환을 청구할 수 있다. 다만, 위험이 현저하게 변경되거나 증가된 사실이 보험사고발생에 영향을 미치지 아니하였음이 증명된 경우에는 보험금을 지급할 책임이 있다.

① ㄱ, ㄴ
② ㄱ, ㄷ
③ ㄴ, ㄷ
④ ㄱ, ㄴ, ㄷ

정답 ③

해설

> ㄱ. (✗) 위험변경증가의 통지를 해태한 때에는 보험자는 그 사실을 안 날부터 <u>1월 내에 한하여 계약을 해지할 수 있다</u>. 보험자가 <u>위험변경증가의 통지를 받은 때</u>에는 1월 내에 보험료의 증액을 청구하거나 계약을 해지할 수 있다(상법 제652조 제1항, 제2항).
> ㄴ. (○) 상법 제653조
> ㄷ. (○) 상법 제655조

20 다음은 중복보험에 관한 설명이다. (   )에 들어갈 용어로 옳은 것은?

> 동일한 보험계약의 목적과 동일한 사고에 관하여 수개의 보험계약이 동시에 또는 순차로 체결된 경우에 그 (ㄱ)의 총액이 (ㄴ)을 초과한 때에는 보험자는 각자의 (ㄷ)의 한도에서 연대책임을 진다.

	ㄱ	ㄴ	ㄷ
①	보험금액	보험가액	보험금액
②	보험금액	보험가액	보험가액
③	보험료	보험가액	보험금액
④	보험료	보험금액	보험금액

정답 ①

해설

> **중복보험(상법 제672조 제1항)**
> 동일한 보험계약의 목적과 동일한 사고에 관하여 수개의 보험계약이 동시에 또는 순차로 체결된 경우에 그 (**보험금액**)의 총액이 (**보험가액**)을 초과한 때에는 보험자는 각자의 (**보험금액**)의 한도에서 연대책임을 진다.

21 청구권에 관한 소멸시효 기간으로 옳지 않은 것은?

① 보험금청구권 : 3년
② 보험료청구권 : 3년
③ 적립금반환청구권 : 3년
④ 보험료반환청구권 : 3년

정답 ②

해설

보험금청구권은 3년간, 보험료 또는 적립금의 반환청구권은 3년간, 보험료청구권은 2년간 행사하지 아니하면 시효의 완성으로 소멸한다(상법 제662조).

22 손해보험에 관한 설명으로 옳지 않은 것은?

① 보험자는 보험사고로 인하여 생길 보험계약자의 재산상의 손해를 보상할 책임이 있다.
② 금전으로 산정할 수 있는 이익에 한하여 보험계약의 목적으로 할 수 있다.
③ 보험계약의 목적은 상법 보험편 손해보험 장에서 규정하고 있으나, 인보험 장에서는 그러하지 아니하다.
④ 중복보험의 경우에 보험자 1인에 대한 권리의 포기는 다른 보험자의 권리의무에 영향을 미치지 아니한다.

정답 ①

해설

손해보험계약의 보험자는 보험사고로 인하여 생길 피보험자의 재산상의 손해를 보상할 책임이 있다(상법 제665조).

② 상법 제668조
③ 상법 보험편 손해보험 장에서 보험계약의 목적은 제668조에서 규정하고 있으나, 인보험 장에서는 그러하지 아니하다. 인보험의 목적은 사람이고, 사람의 생명 · 신체에 관한 사고를 보험사고로 하는 점에서 물건이나 재산에 생기는 사고를 보험사고로 하는 손해보험과는 다르다.
④ 상법 제673조

23 초과보험에 관한 설명으로 옳지 않은 것은?

① 보험금액이 보험계약의 목적의 가액을 현저하게 초과한 경우에 성립한다.

② 보험가액이 보험기간 중 현저하게 감소된 때에도 초과보험에 관한 규정이 적용된다.

③ 보험계약자 또는 보험자는 보험료와 보험금액의 감액을 청구할 수 있으나, 보험료의 감액은 장래에 대하여서만 그 효력이 있다.

④ 계약이 보험계약자의 사기로 인하여 체결된 때에는 보험자는 그 사실을 안 날로부터 1월 내에 계약을 해지할 수 있다.

정답 ④

해설

계약이 보험계약자의 사기로 인하여 체결된 때에는 그 계약은 <u>무효로 한다</u>(상법 제669조 제4항).

24 손해보험증권의 법정 기재사항이 아닌 것은?

① 보험의 목적

② 보험금액

③ 보험료의 산출방법

④ 무효와 실권의 사유

정답 ③

해설

손해보험증권의 법정 기재사항(상법 제666조)
1. <u>보험의 목적</u>
2. 보험사고의 성질
3. <u>보험금액</u>
4. 보험료와 그 지급방법
5. 보험기간을 정한 때에는 그 시기와 종기
6. <u>무효와 실권의 사유</u>
7. 보험계약자의 주소와 성명 또는 상호
8. 피보험자의 주소, 성명 또는 상호
9. 보험계약의 연월일
10. 보험증권의 작성지와 그 작성연월일

25 보험가액에 관한 설명으로 옳지 않은 것은?

① 당사자간에 보험가액을 정한 때에는 그 가액은 사고발생시의 가액으로 정한 것으로 추정한다.

② 당사자간에 정한 보험가액이 사고발생시의 가액을 현저하게 초과할 때에는 그 원인에 따라 당사자간에 정한 보험가액과 사고발생시의 가액 중 협의하여 보험가액을 정한다.

③ 상법상 초과보험을 판단하는 보험계약의 목적의 가액은 계약 당시의 가액에 의하여 정하는 것이 원칙이다.

④ 당사자간에 보험가액을 정하지 아니한 때에는 사고발생시의 가액을 보험가액으로 한다.

정답 ②

해설

당사자간에 보험가액을 정한 때에는 그 가액은 사고발생시의 가액으로 정한 것으로 추정한다. 그러나 그 가액이 사고발생시의 가액을 현저하게 초과할 때에는 사고발생시의 가액을 보험가액으로 한다(상법 제670조).

① 상법 제670조(기평가보험)
③ 상법 제669조 제2항
④ 상법 제671조(미평가보험)

26 농어업재해보험법령상 농림축산식품부장관 또는 해양수산부장관이 재해보험사업을 하려는 자와 재해보험사업의 약정을 체결할 때에 포함되어야 하는 사항이 아닌 것은?

① 약정기간에 관한 사항

② 재해보험사업의 약정을 체결한 자가 준수하여야 할 사항

③ 국가에 대한 재정지원에 관한 사항

④ 약정의 변경·해지 등에 관한 사항

정답 ③

해설

농림축산식품부장관 또는 해양수산부장관은 재해보험사업을 하려는 자와 재해보험사업의 약정을 체결할 때에는 다음 각 호의 사항이 포함된 약정서를 작성하여야 한다(농어업재해보험법 시행령 제10조 제2항).
1. 약정기간에 관한 사항
2. 재해보험사업의 약정을 체결한 자(이하 "재해보험사업자"라 한다)가 준수하여야 할 사항
3. 재해보험사업자에 대한 재정지원에 관한 사항
4. 약정의 변경·해지 등에 관한 사항
5. 그 밖에 재해보험사업의 운영에 관한 사항

27 농어업재해보험법상 농어업재해에 관한 설명이다. (   )에 들어갈 내용을 순서대로 옳게 나열한 것은?

> "농어업재해"란 농작물·임산물·가축 및 농업용 시설물에 발생하는 자연재해·병충해·(ㄱ)·질병 또는 화재와 양식수산물 및 어업용 시설물에 발생하는 자연재해·질병 또는 (ㄴ)를 말한다.

	ㄱ	ㄴ
①	지진	조수해(鳥獸害)
②	조수해(鳥獸害)	풍수해
③	조수해(鳥獸害)	화재
④	지진	풍수해

정답 ③

해설

"농어업재해"란 농작물·임산물·가축 및 농업용 시설물에 발생하는 자연재해·병충해·조수해(鳥獸害)·질병 또는 화재(이하 "농업재해"라 한다)와 양식수산물 및 어업용 시설물에 발생하는 자연재해·질병 또는 화재(이하 "어업재해"라 한다)를 말한다(농어업재해보험법 제2조 제1호).

28 농어업재해보험법령상 농업재해보험심의회에 관한 설명으로 옳지 않은 것은? [기출+정]

① 심의회는 위원장 및 부위원장 각 1명을 포함한 21명 이내의 위원으로 구성한다.

② 심의회의 위원장은 농림축산식품부장관으로 하고, 부위원장은 위원 중에서 호선(互選)한다.

③ 심의회의 회의는 재적위원 3분의 1 이상의 요구가 있을 때 또는 위원장이 필요하다고 인정할 때에 소집한다.

④ 심의회의 회의는 재적위원 과반수의 출석으로 개의(開議)하고, 출석위원 과반수의 찬성으로 의결한다.

[정답] ②

[해설]
··

심의회의 위원장은 <u>농림축산식품부차관</u>으로 하고, 부위원장은 위원 중에서 호선(互選)한다(농어업재해보험법 제3조 제3항).

① 농어업재해보험법 제3조 제2항
③ 농어업재해보험법 시행령 제3조 제2항
④ 농어업재해보험법 시행령 제3조 제3항

29 농어업재해보험법령상 보험료율의 산정에 있어서 기준이 되는 행정구역 단위가 아닌 것은?

① 특별시
② 광역시
③ 자치구
④ 리·동

[정답] ④

[해설]
··

행정구역 단위(농어업재해보험법 제9조 제1항 제1호)
<u>특별시</u>·<u>광역시</u>·도·특별자치도 또는 시(특별자치시와「제주특별자치도 설치 및 국제자유도시 조성을 위한 특별법」제10조 제2항에 따라 설치된 행정시를 포함한다)·군·<u>자치구</u>. 다만,「보험업법」제129조에 따른 보험료율 산출의 원칙에 부합하는 경우에는 자치구가 아닌 구·읍·면·동 단위로도 보험료율을 산정할 수 있다.

30 농어업재해보험법령상 양식수산물재해보험의 손해평가인으로 위촉될 수 있는 자격요건을 갖추지 않은 자는?

① 재해보험 대상 양식수산물을 3년 동안 양식한 경력이 있는 어업인
②「고등교육법」제2조에 따른 전문대학에서 보험 관련 학과를 졸업한 사람
③「수산생물질병관리법」에 따른 수산질병관리사
④「농수산물품질관리법」에 따른 수산물품질관리사

정답 ①

해설

재해보험 대상 양식수산물을 <u>5년</u> 동안 양식한 경력이 있는 어업인이어야 한다(농어업재해보험법 시행령 [별표 2] 참조).

31 농어업재해보험법령상 재해보험사업에 관한 내용으로 옳지 않은 것은?

① 재해보험의 종류는 농작물재해보험, 임산물재해보험, 가축재해보험 및 양식수산물재해보험으로 한다.
② 재해보험에서 보상하는 재해의 범위는 해당 재해의 발생 범위, 피해 정도 및 주관적인 손해평가방법 등을 고려하여 재해보험의 종류별로 대통령령으로 정한다.
③ 정부는 재해보험에서 보상하는 재해의 범위를 확대하기 위하여 노력하여야 한다.
④ 가축재해보험에서 보상하는 재해의 범위는 자연재해, 화재 및 보험목적물별로 농림축산식품부장관이 정하여 고시하는 질병이다.

정답 ②

해설

재해보험에서 보상하는 재해의 범위는 해당 재해의 발생 빈도, 피해 정도 및 <u>객관적인 손해평가방법</u> 등을 고려하여 재해보험의 종류별로 대통령령으로 정한다(농어업재해보험법 제6조 제1항).

① 농어업재해보험법 제4조
③ 농어업재해보험법 제6조 제2항
④ 농어업재해보험법 시행령 [별표 1] 참조

32 농어업재해보험법상 손해평가사의 감독에 관한 내용이다. (   )에 들어갈 숫자는?

> 농림축산식품부장관은 손해평가사가 그 직무를 게을리 하거나 직무를 수행하면서 부적절한 행위를 하였다고 인정하면 (   )년 이내의 기간을 정하여 업무의 정지를 명할 수 있다.

① 1
② 2
③ 3
④ 5

정답 ①

해설
....

> 농림축산식품부장관은 손해평가사가 그 직무를 게을리 하거나 직무를 수행하면서 부적절한 행위를 하였다고 인정하면 (1)년 이내의 기간을 정하여 업무의 정지를 명할 수 있다(농어업재해보험법 제11조의6 제1항).

33 농어업재해보험법상 손해평가사의 자격 취소사유로 명시되지 않은 것은? [기출+정]

① 손해평가사의 자격을 거짓 또는 부정한 방법으로 취득한 사람
② 업무정지 기간 중에 손해평가 업무를 수행한 사람
③ 거짓으로 손해평가를 한 사람
④ 다른 사람에게 손해평가사의 명의를 사용하게 하거나 자격증을 대여한 사람

정답 ②

해설
....

> 출제 당시 '② 업무정지 기간 중에 손해평가 업무를 수행한 사람'은 취소사유로 명시되지 않아 정답이었으나, 2020년 2월 11일 법 개정으로 추가되었다.
>
> ※ **손해평가사의 자격 취소(농어업재해보험법 제11조의5 제1항)**
> 농림축산식품부장관은 다음 각 호의 어느 하나에 해당하는 사람에 대하여 손해평가사 자격을 취소할 수 있다. 다만, 제1호 및 제5호에 해당하는 경우에는 자격을 취소하여야 한다.
> 1. 손해평가사의 자격을 거짓 또는 부정한 방법으로 취득한 사람
> 2. 거짓으로 손해평가를 한 사람
> 3. 다른 사람에게 손해평가사의 명의를 사용하게 하거나 그 자격증을 대여한 사람
> 4. 손해평가사 명의의 사용이나 자격증의 대여를 알선한 사람
> 5. 업무정지 기간 중에 손해평가 업무를 수행한 사람

34 농어업재해보험법령상 재정지원에 관한 설명으로 옳은 것은?

① 정부는 예산의 범위에서 재해보험사업자가 지급하는 보험금의 일부를 지원할 수 있다.

② 「풍수해보험법」에 따른 풍수해보험에 가입한 자가 동일한 보험목적물을 대상으로 재해보험에 가입할 경우에는 정부가 재정지원을 하여야 한다.

③ 재해보험의 운영에 필요한 지원 금액을 지급받으려는 재해보험사업자는 농림축산식품부장관 또는 해양수산부장관이 정하는 바에 따라 재해보험 가입현황서나 운영비 사용계획서를 농림 축산식품부장관 또는 해양수산부장관에게 제출하여야 한다.

④ 농림축산식품부장관·해양수산부장관이 예산의 범위에서 지원하는 재정지원의 경우 그 지원 금액을 재해보험가입자에게 지급하여야 한다.

정답 ③

해설

③ 농어업재해보험법 시행령 제15조 제1항
① 정부는 예산의 범위에서 <u>재해보험가입자가 부담하는 보험료의 일부와 재해보험사업자의 재해보험의 운영 및 관리에 필요한 비용(이하 "운영비"라 한다)의 전부 또는 일부를</u> 지원할 수 있다(농어업재해보험법 제19 조 제1항).
② 「풍수해보험법」에 따른 풍수해보험에 가입한 자가 동일한 보험목적물을 대상으로 재해보험에 가입할 경 우에는 정부가 <u>재정지원을 하지 아니한다</u>(농어업재해보험법 제19조 제3항).
④ 농림축산식품부장관·해양수산부장관 및 지방자치단체의 장은 지원 금액을 <u>재해보험사업자에게</u> 지급하 여야 한다(농어업재해보험법 제19조 제2항).

35 농어업재해보험법상 분쟁조정에 관한 내용이다. (   )에 들어갈 법률로 옳은 것은?

기출수정

재해보험과 관련된 분쟁의 조정(調停)은 (   ) 제33조부터 제43조까지의 규정에 따른다.

① 보험업법
② 풍수해보험법
③ 금융소비자 보호에 관한 법률
④ 화재로 인한 재해보상과 보험가입에 관한 법률

정답 ③

해설

재해보험과 관련된 분쟁의 조정(調停)은 「<u>금융소비자 보호에 관한 법률</u>」 제33조부터 제43조까지의 규정에 따른다(농어업재해보험법 제17조).

36 농업재해보험 손해평가요령상 용어의 정의로 옳지 않은 것은?

① "농업재해보험"이란 「농어업재해보험법」 제4조에 따른 농작물재해보험, 임산물재해보험 및 양식수산물재해보험을 말한다.

② "손해평가인"이라 함은 「농어업재해보험법」 제11조 제1항과 농어업재해보험법 시행령 제12조 제1항에서 정한 자 중에서 재해보험사업자가 위촉하여 손해평가업무를 담당하는 자를 말한다.

③ "손해평가보조인"이라 함은 「농어업재해보험법」에 따라 손해평가인, 손해평가사 또는 손해사정사가 그 피해사실을 확인하고 평가하는 업무를 보조하는 자를 말한다.

④ "손해평가사"라 함은 「농어업재해보험법」 제11조의4 제1항에 따른 자격시험에 합격한 자를 말한다.

정답 ①

해설

"농업재해보험"이란 「농어업재해보험법」 제4조에 따른 농작물재해보험, 임산물재해보험 및 <u>가축재해보험</u>을 말한다(농업재해보험 손해평가요령 제2조 제5호).

37 농어업재해보험법령상 농어업재해재보험기금을 조성하기 위한 재원으로 옳지 않은 것은?

[기출수정]

① 재해보험사업자가 정부에 낸 보험료

② 재보험금의 회수 자금

③ 기금의 운용수익금과 그 밖의 수입금

④ 재해보험가입자가 약정에 따라 재해보험사업자에게 내야 하는 금액

정답 ④

해설

기금의 재원(농어업재해보험법 제22조 제1항)
1. <u>재해보험사업자가 정부에 내야 할 보험료(재보험료)</u>
2. 정부, 정부 외의 자 및 다른 기금으로부터 받은 출연금
3. <u>재보험금의 회수 자금</u>
4. <u>기금의 운용수익금과 그 밖의 수입금</u>
5. 차입금
6. 「농어촌구조개선 특별회계법」 제5조 제2항 제7호에 따라 농어촌구조개선 특별회계의 농어촌특별세사업 계정으로부터 받은 전입금

38 농어업재해보험법령상 시범사업의 실시에 관한 설명으로 옳은 것은?

① 기획재정부장관이 신규 보험상품을 도입하려는 경우 재해보험사업자와의 협의를 거치지 않고 시범사업을 할 수 있다.

② 재해보험사업자가 시범사업을 하려면 사업계획서를 농림축산식품부장관에게 제출하고 기획재정부장관과 협의하여야 한다.

③ 재해보험사업자는 시범사업이 끝나면 정부의 재정지원에 관한 사항이 포함된 사업결과보고서를 제출하여야 한다.

④ 농림축산식품부장관 또는 해양수산부장관은 시범사업의 사업결과보고서를 받으면 그 사업결과를 바탕으로 신규 보험상품의 도입 가능성 등을 검토·평가하여야 한다.

정답 ④

해설

④ 농어업재해보험법 시행령 제22조 제3항
① 재해보험사업자는 신규 보험상품을 도입하려는 경우 등 필요한 경우에는 농림축산식품부장관 또는 해양수산부장관과 협의하여 시범사업을 할 수 있다(농어업재해보험법 제27조 제1항).
② 재해보험사업자는 시범사업을 하려면 사업계획서를 농림축산식품부장관 또는 해양수산부장관에게 제출하고 협의하여야 한다(농어업재해보험법 시행령 제22조 제1항).
③ 정부의 재정지원에 관한 사항은 사업결과보고서가 아니라, 사업계획서에 포함된 내용이다(농어업재해보험법 시행령 제22조 제1항 제3호).

39 농어업재해보험법령상 농림축산식품부장관이 해양수산부장관과 협의하여 농어업재해재보험기금의 수입과 지출에 관한 사무를 수행하게 하기 위하여 소속 공무원 중에서 임명하는 자에 해당하지 않는 것은?

① 기금수입징수관 ② 기금출납원
③ 기금지출관 ④ 기금재무관

정답 ②

해설

농림축산식품부장관은 해양수산부장관과 협의하여 농어업재해재보험기금의 수입과 지출에 관한 사무를 수행하게 하기 위하여 소속 공무원 중에서 기금수입징수관, 기금재무관, 기금지출관 및 기금출납공무원을 임명한다(농어업재해보험법 제25조 제1항).

40 농어업재해보험법령상 농림축산식품부장관 또는 해양수산부장관으로부터 보험상품의 운영 및 개발에 필요한 통계자료의 수집·관리업무를 위탁받아 수행할 수 있는 자를 모두 고른 것은?

> ㄱ. 「수산업협동조합법」에 따른 수협은행
> ㄴ. 「보험업법」에 따른 보험회사
> ㄷ. 농업정책보험금융원
> ㄹ. 지방자치단체의 장

① ㄱ, ㄴ   ② ㄴ, ㄷ

③ ㄷ, ㄹ   ④ ㄱ, ㄴ, ㄷ

정답 ④

해설

보험상품의 운영 및 개발에 필요한 통계자료의 수집·관리업무를 위탁받아 수행할 수 있는 자(농어업재해보험법 시행령 제21조 제1항)
1. 「농업협동조합법」에 따른 농업협동조합중앙회
2. 「산림조합법」에 따른 산림조합중앙회
3. 「수산업협동조합법」에 따른 수산업협동조합중앙회 및 수협은행
4. 「정부출연연구기관 등의 설립·운영 및 육성에 관한 법률」 제8조에 따라 설립된 연구기관
5. 「보험업법」에 따른 보험회사, 보험료율산출기관 또는 보험계리를 업으로 하는 자
6. 「민법」 제32조에 따라 농림축산식품부장관 또는 해양수산부장관의 허가를 받아 설립된 비영리법인
7. 「공익법인의 설립·운영에 관한 법률」 제4조에 따라 농림축산식품부장관 또는 해양수산부장관의 허가를 받아 설립된 공익법인
8. 농업정책보험금융원

41 농어업재해보험법령상 고의로 진실을 숨기거나 거짓으로 손해평가를 한 손해평가인과 손해평가사에게 부과될 수 있는 벌칙이 아닌 것은?

① 징역 6월   ② 과태료 2,000만원

③ 벌금 500만원   ④ 벌금 1,000만원

정답 ②

해설

고의로 진실을 숨기거나 거짓으로 손해평가를 한 자는 1년 이하의 징역 또는 1천만원 이하의 벌금에 처한다(농어업재해보험법 제30조 제2항 제2호). 과태료 처분사유가 아니다.

42 농업재해보험 손해평가요령상 손해평가인의 위반행위 중 1차 위반행위에 대한 개별 처분기준의 종류가 다른 것은?

① 고의로 진실을 숨기거나 거짓으로 손해평가를 한 경우
② 검증조사 결과 부당·부실 손해평가로 확인된 경우
③ 현장조사 없이 보험금 산정을 위해 손해평가행위를 한 경우
④ 정당한 사유 없이 손해평가반 구성을 거부하는 경우

정답 ②

해설

개별 처분기준(농업재해보험 손해평가요령 [별표 3] 참조)

위반행위	처분기준		
	1차	2차	3차
검증조사 결과 부당·부실 손해평가로 확인된 경우	경 고	업무정지 3개월	위촉해지
고의로 진실을 숨기거나 거짓으로 손해평가를 한 경우	위촉해지	–	–
현장조사 없이 보험금 산정을 위해 손해평가행위를 한 경우	위촉해지	–	–
정당한 사유 없이 손해평가반 구성을 거부하는 경우	위촉해지	–	–

43 농어업재해보험법령상 재해보험사업자가 재해보험사업을 원활히 수행하기 위하여 재해보험 업무의 일부를 위탁할 수 있는 자에 해당하지 않는 것은?

① 「농업협동조합법」에 따라 설립된 지역농업협동조합·지역축산업협동조합 및 품목별·업종별 협동조합
② 「산림조합법」에 따라 설립된 지역산림조합 및 품목별·업종별 산림조합
③ 「보험업법」 제187조에 따라 손해사정을 업으로 하는 자
④ 농어업재해보험 관련 업무를 수행할 목적으로 「민법」 제32조에 따라 기획재정부장관의 허가를 받아 설립된 영리법인

정답 ④

해설

농어업재해보험 관련 업무를 수행할 목적으로 「민법」 제32조에 따라 <u>농림축산식품부장관 또는 해양수산부장관의 허가를 받아 설립된 비영리법인</u>에 해당한다(농어업재해보험법 시행령 제13조 제4호).

44 농업재해보험 손해평가요령상 손해평가에 관한 설명으로 옳지 않은 것은?

① 교차손해평가에 있어서도 평가인력 부족 등으로 신속한 손해평가가 불가피하다고 판단되는 경우에는 손해평가반구성에 지역손해평가인을 배제할 수 있다.

② 손해평가 단위와 관련하여 농지란 하나의 보험가입금액에 해당하는 토지로 필지(지번) 등과 관계없이 농작물을 재배하는 하나의 경작지를 말한다.

③ 손해평가반이 손해평가를 실시할 때에는 재해보험사업자가 해당 보험가입자의 보험계약 사항 중 손해평가와 관련된 사항을 해당 지방자치단체에 통보하여야 한다.

④ 보험가입자가 정당한 사유 없이 검증조사를 거부하는 경우 검증조사반은 검증조사가 불가능하여 손해평가 결과를 확인할 수 없다는 사실을 보험가입자에게 통지한 후 검증조사결과를 작성하여 재해보험사업자에게 제출하여야 한다.

[정답] ③

[해설]

> 손해평가반이 손해평가를 실시할 때에는 재해보험사업자가 해당 보험가입자의 보험계약사항 중 손해평가와 관련된 사항을 <u>손해평가반에게 통보</u>하여야 한다(농업재해보험 손해평가요령 제9조 제2항).
>
> ① 농업재해보험 손해평가요령 제8조의2 제3항
> ② 농업재해보험 손해평가요령 제12조 제2항
> ④ 농업재해보험 손해평가요령 제11조 제4항

45 농업재해보험 손해평가요령상 종합위험방식 상품(농업수입보장 포함)의 「수확전」 생육시기에 "오디"의 과실손해조사 시기로 옳은 것은?

① 결실완료 후　　　　　　　② 수정완료 후
③ 조사가능일　　　　　　　④ 사고접수 후 지체 없이

[정답] ①

[해설]

종합위험방식 상품(농업수입보장 포함)의 과실손해조사(농업재해보험 손해평가요령 [별표 2] 참조)

생육 시기	재 해	조사내용	조사시기	조사방법	비 고
수확전	보상하는 재해 전부	과실손해조사	수정완료 후	• 살아있는 결과모지수조사 및 수정 불량(송이) 피해율조사 • 조사방법 : 표본조사	복분자만 해당
			결실완료 후	• 결실수조사 • 조사방법 : 표본조사	오디만 해당

46 농업재해보험 손해평가요령 제10조(손해평가준비 및 평가결과 제출)의 일부이다. (   )에 들어 갈 내용을 순서대로 옳게 나열한 것은?

> 재해보험사업자는 보험가입자가 손해평가반의 손해평가 결과에 대하여 설명 또는 통지를 (ㄱ)로부 터 (ㄴ) 이내에 손해평가가 잘못되었음을 증빙하는 서류 또는 사진 등을 제출하는 경우 재해보험사 업자는 다른 손해평가반으로 하여금 재조사를 실시하게 할 수 있다.

	ㄱ	ㄴ
①	받은 날	7일
②	받은 다음 날	7일
③	받은 날	10일
④	받은 다음 날	10일

정답 ①

해설

재해보험사업자는 보험가입자가 손해평가반의 손해평가 결과에 대하여 설명 또는 통지를 (받은 날)로부터 (7일) 이내에 손해평가가 잘못되었음을 증빙하는 서류 또는 사진 등을 제출하는 경우 재해보험사업자는 다른 손해평가반으로 하여금 재조사를 실시하게 할 수 있다(농업재해보험 손해평가요령 제10조 제5항).

47 농업재해보험 손해평가요령상 "손해평가업무방법서" 및 "농업재해보험 손해평가요령의 재검토 기한"에 관한 설명이다. (   )에 들어갈 내용을 순서대로 옳게 나열한 것은? [기출+정]

> • (ㄱ)은(는) 이 요령의 효율적인 운용 및 시행을 위하여 필요한 세부적인 사항을 규정한 손해평가업 무방법서를 작성하여야 한다.
> • 농림축산식품부장관은 이 고시에 대하여 2024년 1월 1일 기준으로 매 (ㄴ)이 되는 시점마다 그 타당성을 검토하여 개선 등의 조치를 하여야 한다.

	ㄱ	ㄴ
①	손해평가반	2년
②	재해보험사업자	2년
③	손해평가반	3년
④	재해보험사업자	3년

정답 ④

해설

• (재해보험사업자)는 이 요령의 효율적인 운용 및 시행을 위하여 필요한 세부적인 사항을 규정한 손해평가업 무방법서를 작성하여야 한다(농업재해보험 손해평가요령 제16조).
• 농림축산식품부장관은 이 고시에 대하여 2024년 1월 1일 기준으로 매 (3년)이 되는 시점(매 3년째의 12월 31일까지를 말한다)마다 그 타당성을 검토하여 개선 등의 조치를 하여야 한다(농업재해보험 손해평가요령 제17조).

48 농업재해보험 손해평가요령상 농작물의 보험가액 산정에 관한 설명으로 옳지 않은 것을 모두 고른 것은? 기출수정

> ㄱ. 인삼의 특정위험방식 보험가액은 적과후 착과수조사를 통해 산정한 기준수확량에 보험가입 당시의 단위당 가입가격을 곱하여 산정한다.
> ㄴ. 적과전 종합위험방식의 보험가액은 적과후 착과수(달린 열매 수)조사를 통해 산정한 기준수확량에 보험가입 당시의 단위당 가입가격을 곱하여 산정한다.
> ㄷ. 종합위험방식 보험가액은 특별한 사정이 없는 한 보험증권에 기재된 보험목적물의 평년수확량에 최초 보험사고발생시의 단위당 가입가격을 곱하여 산정한다.

① ㄱ
② ㄷ
③ ㄱ, ㄷ
④ ㄴ, ㄷ

[정답] ③

[해설] ....

ㄱ. (×) 특정위험방식 보험가액은 적과후 착과수조사를 통해 산정한 기준수확량에 보험가입 당시의 단위당 가입가격을 곱하여 산정한다. 다만, 인삼은 가입면적에 보험가입 당시의 단위당 가입가격을 곱하여 산정하되, 보험가액에 영향을 미치는 가입면적, 연근 등이 가입 당시와 다를 경우 변경할 수 있다(농업재해보험 손해평가요령 제13조 제1항 제1호).
ㄴ. (○) 적과전 종합위험방식의 보험가액은 적과후 착과수(달린 열매 수)조사를 통해 산정한 기준수확량에 보험가입 당시의 단위당 가입가격을 곱하여 산정한다(농업재해보험 손해평가요령 제13조 제1항 제2호).
ㄷ. (×) 종합위험방식 보험가액은 보험증권에 기재된 보험목적물의 평년수확량에 보험가입 당시의 단위당 가입가격을 곱하여 산정한다. 다만, 보험가액에 영향을 미치는 가입면적, 주수, 수령, 품종 등이 가입 당시와 다를 경우 변경할 수 있다(농업재해보험 손해평가요령 제13조 제1항 제3호).

49 농어업재해보험법령과 농업재해보험 손해평가요령상 손해평가 및 손해평가인에 관한 설명으로 옳지 않은 것은?

① 농어업재해보험법의 구성 및 조문별 주요내용은 농림축산식품부장관 또는 해양수산부장관이 실시하는 손해평가인 정기교육의 세부내용에 포함된다.
② 손해평가인이 적법한 절차에 따라 위촉이 취소된 후 3년이 되었다면 새로이 손해평가인으로 위촉될 수 있다.
③ 재해보험사업자로부터 소정의 절차에 따라 손해평가 업무의 일부를 위탁받은 자는 손해평가 보조인을 운용할 수 없다.
④ 재해보험사업자는 손해평가인의 업무의 정지를 명하고자 하는 때에는 손해평가인이 청문에 응하지 않는 경우가 아닌 한 청문을 실시하여야 한다.

[정답] ③

재해보험사업자 및 손해평가 업무를 위탁받은 자는 손해평가 업무를 원활히 수행하기 위하여 손해평가보조인을 운용할 수 있다(농업재해보험 손해평가요령 제4조 제3항).

① 농업재해보험 손해평가요령 제5조의2 제1항 제1호
② 농업재해보험 손해평가요령 제6조 제1항 제4호
④ 농업재해보험 손해평가요령 제6조 제3항

50 농업재해보험 손해평가요령상 적과전 종합위험방식 상품(사과, 배, 단감, 떫은감)의 「6월 1일~적과전」 생육시기에 해당되는 재해가 아닌 것은? (단, 적과종료 이전 특정위험 5종 한정보장 특약 가입건에 한함)

① 일소
② 화재
③ 지진
④ 강풍

①

적과전 종합위험방식 상품(사과, 배, 단감, 떫은감)의 품목별·재해별·시기별 손해수량 조사방법(농업재해보험 손해평가요령 [별표 2] 참조)

생육시기	재 해	조사내용	조사시기	조사방법	비 고
보험계약 체결일 ~ 적과전	보상하는 재해 전부	피해사실 확인조사	사고접수 후 지체 없이	보상하는 재해로 인한 피해발생 여부를 조사	피해사실이 명백한 경우 생략 가능
	우박		사고접수 후 지체 없이	• 우박으로 인한 유과(어린과실) 및 꽃(눈) 등의 타박비율을 조사 • 조사방법 : 표본조사	적과종료 이전 특정위험 5종 한정보장 특약 가입건에 한함
6월 1일 ~ 적과전	태풍(강풍), 우박, 집중호우, 화재, 지진		사고접수 후 지체 없이	• 보상하는 재해로 발생한 낙엽피해 정도를 조사 • 단감·떫은감에 대해서만 실시 • 조사방법 : 표본조사	

51 인과류에 해당하는 것은?

① 과피가 밀착·건조하여 껍질이 딱딱해진 과실

② 성숙하면서 씨방벽 전체가 다육질로 되는 과즙이 많은 과실

③ 과육의 내부에 단단한 핵을 형성하여 이 속에 종자가 있는 과실

④ 꽃받기의 피층이 발달하여 과육 부위가 되고 씨방은 과실 안쪽에 위치하여 과심 부위가 되는 과실

정답 ④

해설

인과류는 꽃받기의 피층이 발달하여 과육 부위가 되고 씨방은 과실 안쪽에 위치하여 과심 부위가 되는 과실로 사과, 배가 대표적인 품종이다.

① 각과류(밤, 호두 등)
② 장과류(포도, 딸기, 무화과 등)
③ 핵과류(복숭아, 자두, 살구, 앵두 등)

52 산성 토양에 관한 설명으로 옳은 것은?

① 토양 용액에 녹아 있는 수소 이온은 치환 산성 이온이다.

② 석회를 시용하면 산성 토양을 교정할 수 있다.

③ 토양 입자로부터 치환성 염기의 용탈이 억제되면 토양이 산성화된다.

④ 콩은 벼에 비해 산성 토양에 강한 편이다.

정답 ②

해설

산성 토양은 석회질비료 등의 알칼리성 물질을 공급하여 토양을 교정할 수 있다.

① 토양 용액에 녹아 있는 수소 이온에 의한 산성을 활산성(활산도, active acidity)라 하며, 치환 산성 이온에 의한 산성을 잠산성(또는 치환 산성)이라 한다.
③ 토양 입자로부터 치환성 염기가 많이 용탈되고, 그 대신 수소 이온이 흡착되면 토양이 산성화된다.
④ 벼는 콩에 비해 산성 토양에 강한 편이다.

53 작물 생육에 영향을 미치는 토양 환경에 관한 설명으로 옳지 않은 것은?

① 유기물을 투입하면 지력이 증진된다.
② 사양토는 점토에 비해 통기성이 낮다.
③ 토양이 입단화 되면 보수성과 통기성이 개선된다.
④ 깊이갈이를 하면 토양의 물리성이 개선된다.

정답 ②

해설

점토(<0.002mm)는 사양토(모래, 미사, 점토가 고루 섞임)보다 입경이 매우 작기 때문에 통기성이 낮다.

54 가뭄이 지속될 때 작물의 잎에 나타날 수 있는 특징으로 옳지 않은 것은?

① 엽면적이 감소한다.
② 증산이 억제된다.
③ 광합성이 촉진된다.
④ 조직이 치밀해진다.

정답 ③

해설

가뭄이 지속되면 작물세포의 수분이 부족하게 되어 광합성이 감소한다.

55 A농가가 작물에 나타나는 토양 습해를 줄이기 위해 실시할 수 있는 대책으로 옳은 것을 모두 고른 것은?

> ㄱ. 이랑재배
> ㄴ. 표층 시비
> ㄷ. 토양개량제 사용

① ㄱ, ㄴ   ② ㄱ, ㄷ
③ ㄴ, ㄷ   ④ ㄱ, ㄴ, ㄷ

정답 ④

습해대책
- 배수
- 이랑재배
- 토양개량제 시용
- 표층 시비
- 과산화석회(CaO_2)의 시용
- 내습성 작물 및 품종의 선택

56 A농가가 과수작물 재배시 동해를 예방하기 위해 실시할 수 있는 조치가 아닌 것은?

① 과실 수확전 토양에 질소를 시비한다.
② 과다하게 결실이 되지 않도록 적과를 실시한다.
③ 배수 관리를 통해 토양의 과습을 방지한다.
④ 강전정을 피하고 분지 각도를 넓게 한다.

정답 ①

해설

과실 수확전 토양에 질소를 시비하면 늦게까지 자라나게 되고, 저장양분이 적게 되어 동해에 견디는 힘이 약해진다.

57 작물 생육의 일정한 시기에 저온을 경과해야 개화가 일어나는 현상은?

① 경화　　　　　　　　② 순화
③ 춘화　　　　　　　　④ 분화

정답 ③

해설

춘화란 식물의 종자가 발아한 후 또는 줄기의 생장점이 발육하고 있을 때 일정기간의 저온처리를 함으로써 화성을 유도·촉진하는 것을 말한다.

① 경화란 작물 또는 종자를 저온, 고온, 건조 환경 하에서 내동성, 내염성, 내건성을 증대시키기 위한 처리를 말한다.
② 순화란 적응한 종들이 어떤 생태조건에서 오래 생육하게 되면 그 생태조건에 더욱 잘 적응하게 되는 것을 말한다.
④ 분화란 작물이 원래의 것과 다른 여러 갈래의 것으로 갈라지는 현상을 말한다.

58 벼와 옥수수의 광합성을 비교한 내용으로 옳지 않은 것은?

① 옥수수는 벼에 비해 광포화점이 높은 광합성 특성을 보인다.

② 옥수수는 벼에 비해 온도가 높을수록 광합성이 유리하다.

③ 옥수수는 벼에 비해 이산화탄소 보상점이 높은 광합성 특성을 보인다.

④ 옥수수는 벼에 비해 수분 공급이 제한된 조건에서 광합성이 유리하다.

정답 ③

해설

> 광합성에 의한 유기물의 생성속도와 호흡에 의한 유기물의 소모속도가 같아지는 이산화탄소 농도를 이산화탄소 보상점이라고 한다. 옥수수(**C4식물**)는 벼(**C3식물**)에 비해 <u>이산화탄소 농도가 낮은</u> 환경에서도 광합성을 할 수 있다.

59 종자나 눈이 휴면에 들어가면서 증가하는 식물호르몬은?

① 옥신(auxin)

② 시토키닌(cytokinin)

③ 지베렐린(gibberellin)

④ 아브시스산(abscisic acid)

정답 ④

해설

> 아브시스산(abscisic acid)은 식물의 생장을 억제하는 대표적인 식물호르몬이다.
> 옥신(auxin), 시토키닌(cytokinin), 지베렐린(gibberellin)은 과실의 생장 과정에서 세포분열이나 비대를 촉진시키는 식물호르몬이다.

60 과수작물의 조류(鳥類) 피해방지 대책으로 옳지 않은 것은?

① 방조망 설치   ② 페로몬 트랩 설치

③ 폭음기 설치   ④ 광반사물 설치

정답 ②

해설

> 페로몬 트랩은 해충 방제에도 사용되지만, 해충의 발생밀도를 예찰(병해충의 발생이나 증가 가능성을 미리 예측하는 것)하는데 사용되고 있다.
> ※ **과수작물의 조류(鳥類) 피해방지 대책** : 방조망 설치, 광반사물 설치, 폭음기 설치 등

61 강풍으로 인해 작물에 나타나는 생리적 반응을 모두 고른 것은?

> ㄱ. 세포 팽압 증대
> ㄴ. 기공 폐쇄
> ㄷ. 작물 체온 저하

① ㄱ, ㄴ
② ㄱ, ㄷ
③ ㄴ, ㄷ
④ ㄱ, ㄴ, ㄷ

정답 ③

해설

> ㄱ. **세포 팽압 감소** : 강풍으로 수분흡수가 감소하므로 세포 팽압이 감소한다.
> ㄴ. **기공 폐쇄** : 강풍으로 기공이 닫혀 이산화탄소의 흡수가 감소되므로 광합성이 감퇴한다.
> ㄷ. **작물 체온 저하** : 강풍은 작물 체온을 저하시키고, 심하면 냉해를 유발한다.

62 육묘용 상토에 이용하는 경량 혼합 상토 중 유기물 재료는?

① 버미큘라이트(vermiculite)
② 피트모스(peatmoss)
③ 펄라이트(perlite)
④ 제올라이트(zeolite)

정답 ②

해설

육묘용 상토	
유기물 재료	피트모스, 나무껍질, 코코넛 섬유, 부엽, 왕겨, 가축분 등
무기물 재료	펄라이트, 버미큘라이트, 제올라이트, 모래, 소성점토, 마사토 등

63 작물을 육묘한 후 이식재배하여 얻을 수 있는 효과를 모두 고른 것은?

> ㄱ. 수량 증대
> ㄴ. 토지 이용률 증대
> ㄷ. 뿌리 활착 증진

① ㄱ, ㄴ
② ㄱ, ㄷ
③ ㄴ, ㄷ
④ ㄱ, ㄴ, ㄷ

정답 ④

이식재배의 효과
- **생육의 촉진 및 수량 증대** : 생육기간의 연장으로 작물의 발육이 크게 조장되어 증수를 기대할 수 있고 초기 생육촉진으로 수확을 빠르게 하여 경제적으로 유리하다.
- **토지 이용률 증대** : 본포에 전작물이 있는 경우 묘상 등에서 모의 양성으로 전작물 수확 후 또는 전작물 사이에 정식함으로써 경영을 집약화 할 수 있다.
- **숙기 단축** : 채소의 이식은 경엽의 도장을 억제하고 생육을 양호하게 하여 숙기를 빠르게 하고, 상추·양배추 등의 결구를 촉진한다.
- **뿌리 활착 증진** : 육묘 중 가식은 단근으로 새로운 세근이 밀생하여 근군을 충실하게 하므로 정식시 활착을 빠르게 하는 효과가 있다.

64 다음 (   )에 들어갈 내용으로 옳은 것은?

> 포도·무화과 등에서와 같이 생장이 중지되어 약간 굳어진 상태의 가지를 삽목하는 것을 (ㄱ)이라 하고, 사과·복숭아·감귤 등에서와 같이 1년 미만의 연한 새순을 이용하여 삽목하는 것을 (ㄴ)이라 고 한다.

	ㄱ	ㄴ
①	신초삽	숙지삽
②	신초삽	일아삽
③	숙지삽	일아삽
④	숙지삽	신초삽

정답 ④

해설

- **숙지삽(= 경지삽, 묵은가지꽂이)** : 묵은 가지를 이용해 삽목하는 것
- **신초삽(새순꽂이)** : 1년 미만의 새 가지를 이용하여 삽목하는 것
- **일아삽(一芽揷)** : 눈이 달린 가지에 삽목하는 것

65 형태에 따른 영양 번식 기관과 작물이 바르게 짝지어진 것은?

① 괴경 – 감자
② 인경 – 글라디올러스
③ 근경 – 고구마
④ 구경 – 양파

정답 ①

- **괴경(덩이줄기)** : 감자, 토란
- **괴근(덩이뿌리)** : 고구마, 달리아(다알리아)
- **인경(비늘줄기)** : 양파, 마늘, 쪽파, 백합, 튤립
- **근경(뿌리줄기)** : 둥굴레, 칸나, 연꽃(연근)
- **구경(구슬줄기)** : 글라디올러스, 프리지어

66 A농가가 요소 엽면시비를 하고자 하는 이유가 아닌 것은?

① 신속하게 영양을 공급하여 작물 생육을 회복시키고자 할 때
② 토양 해충의 피해를 받아 뿌리의 기능이 크게 저하되었을 때
③ 강우 등으로 토양의 비료 성분이 유실되었을 때
④ 작물의 생식생장을 촉진하고자 할 때

정답 ④

해설

엽면시비를 하는 이유
- 작물의 영양생장을 촉진하고자 할 때
- 미량요소의 공급
- 뿌리의 흡수력이 약해졌을 경우
- 급속한 영양회복
- 품질향상
- 비료 성분의 유실방지
- 시비의 노력 절약
- 토양시비가 곤란할 경우

67 해충 방제에 이용되는 천적을 모두 고른 것은?

| ㄱ. 애꽃노린재류 | ㄴ. 콜레마니진디벌 |
| ㄷ. 칠레이리응애 | ㄹ. 점박이응애 |

① ㄱ, ㄹ
② ㄱ, ㄴ, ㄷ
③ ㄴ, ㄷ, ㄹ
④ ㄱ, ㄴ, ㄷ, ㄹ

정답 ②

해설

점박이응애는 천적이 아니라, 대상 해충이다.

대상 해충	천적
점박이응애	칠레이리응애
	긴이리응애
	갤리포니아커스이리응애
	팔리시스이리응애
온실가루이	온실가루이좀벌
	황온좀벌
진딧물	콜레마니진디벌
총채벌레	애꽃노린재류
	오이이리응애
나방류, 잎굴파리	명충알벌
	굴파리좀벌
	굴파리고치벌

68 세균에 의해 작물에 발생하는 병해는?

① 궤양병
② 탄저병
③ 역병
④ 노균병

정답 ①

해설

병원체의 종류에 따른 분류

병원체	병의 종류
곰팡이	벼도열병, 모잘록병, 흰가루병, 녹병, 깜부기병, 잿빛곰팡이병, 역병, 탄저병, 균핵병, 노균병
세균	벼흰마름병, 풋마름병, 무름병, 둘레썩음병, **궤양병**, 반점세균병, 뿌리혹병
바이러스	모자이크병, 오갈병
선충	뿌리썩이선충병, 시스트선충병, 뿌리혹선충병
기생충	새삼, 겨우살이 등

69 시설 내에서 광 부족이 지속될 때 나타날 수 있는 박과 채소 작물의 생육 반응은?

① 낙화 또는 낙과의 발생이 많아진다.
② 잎이 짙은 녹색을 띤다.
③ 잎이 작고 두꺼워진다.
④ 줄기의 마디 사이가 짧고 굵어진다.

정답 ①

해설
··

시설 내에서 광 부족이 지속되면 광합성 억제로 잎, 뿌리, 줄기의 생장이 저조해지고, 결구지연, 과실비대불량, 낙화 또는 낙과의 발생이 많아진다.

70 백합과에 속하는 다년생 작물로 순을 이용하는 채소는?

① 셀러리   ② 아스파라거스
③ 브로콜리   ④ 시금치

정답 ②

해설
··

아스파라거스는 새로 돋아나는 어린순(줄기)을 이용하는 줄기채소이다.

① 셀러리는 미나리과의 한해살이 또는 두해살이 채소이다.
③ 브로콜리는 꽃 덩어리를 이용하는 꽃채소이다.
④ 시금치는 정상적인 잎을 이용하는 잎채소이다.

71 사과 과실에 봉지씌우기를 하여 얻을 수 있는 효과를 모두 고른 것은?

| ㄱ. 당도 증진 | ㄴ. 병해충 방지 |
| ㄷ. 과피 착색 증진 | ㄹ. 동록 방지 |

① ㄱ, ㄴ, ㄷ   ② ㄱ, ㄴ, ㄹ
③ ㄱ, ㄷ, ㄹ   ④ ㄴ, ㄷ, ㄹ

정답 ④

봉지씌우기의 효과
- 검은무늬병, 심식나방, 흡즙성나방, 탄저병 등의 병충해가 방제된다.
- 과피의 착색이 향상된다.
- 사과 등에서는 동록이 방지된다.
  ※ **동록** : 과일껍질이 매끈하지 않고 쇠에 녹이 낀 것처럼 거칠어지는 증상으로 과일 적도부(허리 부분)에 띠를 두른 것처럼 나타나기도 한다.
- 농약이 직접 과실에 부착되지 않아 상품성이 좋아진다.

72 과실의 수확 적기를 판정하는 항목으로 옳은 것을 모두 고른 것은?

> ㄱ. 만개 후 일수
> ㄴ. 당산비
> ㄷ. 단백질 함량

① ㄱ, ㄴ   ② ㄱ, ㄷ
③ ㄴ, ㄷ   ④ ㄱ, ㄴ, ㄷ

정답 ①

해설

ㄱ. **만개 후 일수** : 개화기는 꽃이 80% 이상 개화된 만개 일시를 기준으로 한다.
ㄴ. **당산비** : 당과 산의 비율로 과일의 맛은 당산비에 의해 결정한다.

TIP	과실의 수확 적기를 판정하는 항목

- 착색정도
- 만개 후부터 성숙기까지의 일수
- 당 및 산 함량비율(당산비)
- 전분의 요오드반응

73 절화의 수확 및 수확 후 관리 기술에 관한 설명으로 옳지 않은 것은?

① 스탠더드 국화는 꽃봉오리가 1/2 정도 개화하였을 때 수확하여 출하한다.

② 장미는 조기에 수확할수록 꽃목굽음이 발생하기 쉽다.

③ 글라디올러스는 수확 후 눕혀서 저장하면 꽃이 구부러지지 않는다.

④ 카네이션은 수확 후 에틸렌 작용 억제제를 사용하면 절화 수명을 연장할 수 있다.

정답 ③

해설

글라디올러스는 수확 후 눕혀서 저장하면 중력의 반대 방향으로 휘어지는 경곡현상(stem-bending)이 일어난다. 이러한 현상은 주로 체내 옥신에 의한다고 알려져 있으며, 줄기 위쪽으로 갈수록 민감하여 절화의 품질을 감소시킨다. 또한 온도가 높을 때 심하며, 이러한 현상을 방지하기 위해서는 반드시 세워서 저장한다.

① 스탠더드 국화는 꽃봉오리가 1/2 정도 개화하였을 때, 스프레이 국화는 꽃봉오리가 3~4개 정도 개화되고 전체적인 조화를 이룰 때 수확하여 출하한다.

② 절화 장미는 꽃봉오리가 너무 미숙할 때 수확을 하면 꽃목굽음(bent neck)이 많이 발생하여 완전한 개화가 불가능하다.

④ 에틸렌은 작물의 숙성, 개화 및 노화를 촉진하는 식물호르몬이므로, 카네이션의 수확 후 에틸렌 작용 억제제를 사용하면 절화 수명을 연장할 수 있다.

74 토양재배에 비해 무토양재배의 장점이 아닌 것은?

① 배지의 완충능이 높다.

② 연작재배가 가능하다.

③ 자동화가 용이하다.

④ 청정재배가 가능하다.

정답 ①

해설

배지의 완충능이 없다는 것이 단점이다.

TIP	무토양재배(양액재배)의 장·단점	

장 점	단 점
• 품질과 수량성이 좋다.	• 초기 자본 및 전문적인 지식과 기술이 필요하다.
• 농약 사용량이 적다.	• 배지의 완충능이 없다.
• 청정재배가 가능하다.	• 재배 가능한 작물의 종류가 많지 않다.
• 자동화가 용이하다.	• 작물이 병해를 입으면 치명적인 손실을 초래할 수 있다.
• 토양을 사용하지 않기 때문에 연작재배가 가능하다.	• 폐자재의 활용이 어렵다.

75 시설 내의 환경 특이성에 관한 설명으로 옳지 않은 것은?

① 위치에 따라 온도 분포가 다르다.

② 위치에 따라 광 분포가 불균일하다.

③ 노지에 비해 토양의 염류 농도가 낮아지기 쉽다.

④ 노지에 비해 토양이 건조해지기 쉽다.

정답 ③

해설

> 강우차단, 다비재배, 흡비력 약화로 인해 <u>노지에 비해 토양의 염류 농도가 높다</u>.

TIP 시설토양의 특성

- <u>노지에 비하여 염류 농도가 높다</u>.
- 위치에 따라 온도 분포가 다르고, 광 분포가 불균일하다.
- 노지에 비해 토양이 건조해지기 쉽다.
- 특정성분이 결핍되기 쉽다.
- 토양 pH가 낮다.
- 저온기에 지온은 노지보다 높지만 적정 지온유지가 안 된다.
- 공극률이 낮고, 통기성이 불량하다.
- 연작장해가 발생하기 쉽다.

손해평가사 1차 시험문제

상법(보험편)

01 보험계약에 관한 설명으로 옳지 않은 것은?

① 보험계약은 유상·쌍무계약이다.

② 보험계약은 보험자의 청약에 대하여 보험계약자가 승낙함으로써 성립한다.

③ 보험계약은 보험자의 보험금 지급책임이 우연한 사고의 발생에 달려 있으므로 사행계약의 성질을 갖는다.

④ 보험계약은 부합계약이다.

정답 ②

해설

> 보험계약은 낙성·불요식 계약으로 보험계약자의 청약에 대해서 보험자가 승낙함으로써 성립하고, 특별한 방식을 필요로 하지 않는다(상법 제638조의2).

02 상법상 보험에 관한 설명으로 옳은 것은?

① 보험증권의 멸실로 보험계약자가 증권의 재교부를 청구한 경우 증권의 작성비용은 보험자의 부담으로 한다.

② 보험기간의 시기는 보험계약 이후로만 하여야 한다.

③ 보험계약 당시에 보험사고가 이미 발생하였을 경우 당사자 쌍방과 피보험자가 이를 알지 못하였어도 그 계약은 무효이다.

④ 보험계약의 당사자는 보험증권의 교부가 있은 날로부터 일정한 기간 내에 한하여 그 증권내용의 정부(正否)에 관한 이의를 할 수 있음을 약정할 수 있다.

정답 ④

④ 상법 제641조

① 보험증권의 멸실로 보험계약자가 증권의 재교부를 청구한 경우 증권의 작성비용은 <u>보험계약자의 부담으로 한다</u>(상법 제642조).

② 보험계약은 그 <u>계약 전의 어느 시기를 보험기간의 시기로 할 수 있다</u>[상법 제643조(소급보험)].

③ 보험계약 당시에 보험사고가 이미 발생하였거나 또는 발생할 수 없는 것인 때에는 그 계약은 무효로 하지만, <u>당사자 쌍방과 피보험자가 이를 알지 못한 때에는 유효하다</u>(상법 제644조).

03 타인을 위한 보험에 관한 설명으로 옳은 것은?

① 보험계약자는 위임을 받지 아니하면 특정의 타인을 위하여 보험계약을 체결할 수 없다.

② 타인을 위한 보험계약의 경우에 그 타인은 수익의 의사표시를 하여야 그 계약의 이익을 받을 수 있다.

③ 보험계약자가 불특정의 타인을 위한 보험을 그 타인의 위임 없이 체결할 경우에는 이를 보험자에게 고지할 필요가 없다.

④ 타인을 위한 보험계약의 경우 보험계약자가 보험료의 지급을 지체한 때에는 그 타인이 그 권리를 포기하지 아니하는 한 그 타인도 보험료를 지급할 의무가 있다.

정답 ④

타인을 위한 보험계약의 경우 그 타인이 보험계약상 권리를 포기하지 않는 한 그 타인도 보험료 지급의무를 부담하므로 보험자는 그 타인에게 보험료의 지급을 청구할 수 있다(상법 제639조 제3항).

① 보험계약자는 <u>위임을 받거나 위임을 받지 아니하고</u> 특정 또는 불특정의 타인을 위하여 보험계약을 체결할 수 있다(상법 제639조 제1항).

② 타인을 위한 보험계약의 경우에 그 타인은 <u>수익의 의사표시를 하지 않아도 당연히 그 계약의 이익을 받는다</u>(상법 제639조 제2항).

③ 손해보험계약의 경우에 그 타인의 위임이 없는 때에는 보험계약자는 이를 <u>보험자에게 고지하여야 한다</u>(상법 제639조 제1항).

04 보험대리상 등의 권한에 관한 설명으로 옳지 않은 것은?

① 보험대리상은 보험계약자로부터 보험계약에 관한 청약의 의사표시를 수령할 수 있다.

② 보험자는 보험계약자로부터 보험료를 수령할 수 있는 보험대리상의 권한을 제한할 수 있다.

③ 보험대리상은 보험계약자에게 보험계약에 관한 해지의 의사표시를 할 수 없다.

④ 보험대리상이 아니면서 특정한 보험자를 위하여 계속적으로 보험계약의 체결을 중개하는 자는 보험계약자로부터 보험계약에 관한 취소의 의사표시를 수령할 수 없다.

정답 ③

해설

보험대리상은 보험계약의 체결, 변경, <u>해지 등 보험계약에 관한 의사표시를 할 수 있다</u>(상법 제646조의2 제1항 제4호).

① 상법 제646조의2 제1항 제3호
② 상법 제646조의2 제2항
④ 상법 제646조의2 제3항

05 보험계약의 해지에 관한 설명으로 옳지 않은 것은?

① 보험계약자가 보험계약을 전부 해지했을 때에는 언제든지 미경과보험료의 반환을 청구할 수 있다.

② 타인을 위한 보험의 경우를 제외하고, 보험사고가 발생하기 전에는 보험계약자는 언제든지 보험계약의 전부를 해지할 수 있다.

③ 타인을 위한 보험계약의 경우 보험사고가 발생하기 전에는 그 타인의 동의를 얻으면 그 계약을 해지할 수 있다.

④ 보험금액이 지급된 때에도 보험금액이 감액되지 아니하는 보험의 경우에는 보험계약자는 그 사고발생 후에도 보험계약을 해지할 수 있다.

정답 ①

해설

보험사고발생 전에는 보험계약자는 언제든지 계약의 전부 또는 일부를 해지할 수 있으며, 이 경우 당사자간에 <u>다른 약정이 없으면 보험계약자는 미경과보험료의 반환을 청구할 수 있다</u>(상법 제649조).

②·③ 상법 제649조 제1항
④ 상법 제649조 제2항

06 보험료의 지급과 지체의 효과에 관한 설명으로 옳은 것은?

① 보험계약자는 계약 체결 후 지체 없이 보험료의 전부 또는 제1회 보험료를 지급하여야 한다.

② 계속보험료가 약정한 시기에 지급되지 아니한 때에는 보험자는 상당한 기간을 정하여 보험계약자에게 최고하고, 그 기간 내에 지급되지 아니한 때에는 그 계약은 해지된 것으로 본다.

③ 특정한 타인을 위한 보험의 경우에 보험계약자가 보험료의 지급을 지체한 때에는 보험자는 그 계약을 해제 또는 해지할 수 있다.

④ 보험계약자가 최초보험료를 지급하지 아니한 경우에는 다른 약정이 없는 한 계약 성립 후 1월이 경과하면 그 계약은 해제된 것으로 본다.

정답 ①

해설

① 상법 제650조 제1항
② 계속보험료가 약정한 시기에 지급되지 아니한 때에는 보험자는 상당한 기간을 정하여 보험계약자에게 최고하고, 그 기간 내에 지급되지 아니한 때에는 <u>그 계약을 해지할 수 있다</u>(상법 제650조 제2항). '~**해지된 것으로 본다.**'라는 지문이 틀린 내용이다.
③ 특정한 타인을 위한 보험의 경우에 보험계약자가 보험료의 지급을 지체한 때에는 <u>보험자는 그 타인에게도 상당한 기간을 정하여 보험료의 지급을 최고한 후가 아니면</u> 그 계약을 해제 또는 해지하지 못한다(상법 제650조 제3항).
④ 보험계약자가 최초보험료를 지급하지 아니한 경우에는 다른 약정이 없는 한 계약 성립 후 <u>2월이 경과하면</u> 그 계약은 해제된 것으로 본다(상법 제650조 제1항).

07 고지의무에 관한 설명으로 옳지 않은 것은?

① 고지의무를 부담하는 자는 보험계약상의 보험계약자 또는 보험수익자이다.

② 보험계약자가 고의로 중요한 사항을 고지하지 아니한 경우, 보험자는 계약 체결일로부터 1월이 된 시점에는 계약을 해지할 수 있다.

③ 보험자가 계약 당시에 보험계약자의 고지의무위반 사실을 알았을 때에는 계약을 해지할 수 없다.

④ 보험계약자가 중대한 과실로 중요한 사항을 고지하지 아니한 경우, 보험자는 계약 체결일로부터 5년이 경과한 시점에는 계약을 해지할 수 없다.

정답 ①

고지의무를 부담하는 자는 보험계약상의 <u>보험계약자 또는 피보험자</u>이다.

②·③·④ 보험계약 당시에 보험계약자 또는 피보험자가 고의 또는 중대한 과실로 인하여 중요한 사항을 고지하지 아니하거나 부실의 고지를 한 때에는 보험자는 그 사실을 안 날로부터 <u>1월 내</u>에, 계약을 체결한 날로부터 <u>3년 내</u>에 한하여 계약을 해지할 수 있다. 그러나 보험자가 <u>계약 당시에 그 사실을 알았거나 중대한 과실로 인하여 알지 못한 때에는 그러하지 아니하</u>다(상법 제651조).

08 보험약관에 관한 설명으로 옳은 것을 모두 고른 것은? (다툼이 있으면 판례에 따름)

ㄱ. 보통보험약관이 계약 당사자에 대하여 구속력을 가지는 것은 보험계약 당사자 사이에서 계약내용에 포함시키기로 합의하였기 때문이다.
ㄴ. 보험자가 약관의 교부·설명의무를 위반한 경우에 보험계약이 성립한 날부터 3개월 이내에는 피보험자 또는 보험수익자도 그 계약을 해지할 수 있다.
ㄷ. 약관의 내용이 이미 법령에 의하여 정하여진 것을 되풀이 하는 정도에 불과한 경우, 보험자는 고객에게 이를 따로 설명하지 않아도 된다.

① ㄱ, ㄴ   ② ㄱ, ㄷ
③ ㄴ, ㄷ   ④ ㄱ, ㄴ, ㄷ

ㄱ. (○) 보통보험약관이 계약 당사자에 대하여 구속력을 갖는 것은 그 자체가 법규범 또는 법규범적 성질을 가진 약관이기 때문이 아니라 당사자가 계약내용에 포함시키기로 합의하였기 때문이다(대법원 1989.3.28. 선고 88다4645 판결).
ㄴ. (×) 보험자가 약관의 교부 및 설명의무를 위반한 경우 <u>보험계약자</u>는 보험계약이 성립한 날부터 3개월 이내에 그 <u>계약을 취소할 수 있다</u>(상법 제638조의3 제2항).
ㄷ. (○) 보험약관에 정하여진 사항이라고 하더라도 거래상 일반적이고 공통된 것이어서 보험계약자가 별도의 설명 없이도 충분히 예상할 수 있었던 사항이거나 이미 법령에 의하여 정하여진 것을 되풀이하거나 부연하는 정도에 불과한 사항이라면 그러한 사항에 대하여서까지 보험자에게 명시·설명의무가 인정된다고 할 수 없다(대법원 1998.11.27. 선고 98다32564 판결).

09 위험변경증가의 통지와 계약해지에 관한 설명으로 옳은 것은?

① 보험기간 중에 피보험자가 사고발생의 위험이 현저하게 변경 또는 증가된 사실을 안 때에는 지체 없이 보험자에게 통지하여야 한다.

② 보험계약 체결 직전에 보험계약자가 사고발생의 위험이 변경 또는 증가된 사실을 안 때에는 지체 없이 보험자에게 통지하여야 한다.

③ 보험기간 중에 위험변경증가의 통지를 받은 때에는 보험자는 3개월 내에 보험료의 증액을 청구할 수 있다.

④ 보험기간 중에 위험변경증가의 통지를 받은 때에는 보험자는 3개월 내에 계약을 해지할 수 있다.

정답 ①

해설

① 상법 제652조 제1항

② 보험기간 중에 보험계약자가 사고발생의 위험이 '현저하게' 변경 또는 증가된 사실을 안 때에는 지체 없이 보험자에게 통지하여야 한다(상법 제652조 제1항).

③ 보험기간 중에 위험변경증가의 통지를 받은 때에는 보험자는 1개월 내에 보험료의 증액을 청구할 수 있다 (상법 제652조 제2항).

④ 보험기간 중에 위험변경증가의 통지를 받은 때에는 보험자는 1개월 내에 계약을 해지할 수 있다(상법 제 652조 제2항).

10 보험사고발생의 통지의무에 관한 설명으로 옳은 것은?

① 상법은 보험사고발생의 통지의무위반시 보험자의 계약해지권을 규정하고 있다.

② 보험계약자는 보험사고의 발생을 안 때에는 상당한 기간 내에 보험자에게 그 통지를 발송하여야 한다.

③ 피보험자가 보험사고발생의 통지의무를 해태함으로 인하여 손해가 증가된 때에는 보험자는 그 증가된 손해를 보상할 책임이 없다.

④ 보험수익자는 보험사고발생의 통지의무자에 포함되지 않는다.

정답 ③

해설

③ 상법 제657조 제2항

① 보험사고발생의 통지의무위반시 보험자의 계약해지권에 대한 상법의 규정은 없다.

② 보험계약자는 보험사고의 발생을 안 때에는 지체 없이 보험자에게 그 통지를 발송하여야 한다(상법 제657 조 제1항).

④ 보험수익자도 보험사고발생의 통지의무자에 포함된다(상법 제657조 제1항).

11 보험계약자 등의 고의나 중과실로 인한 위험증가와 계약해지에 관한 설명으로 옳지 않은 것은? (다툼이 있으면 판례에 따름)

① 보험기간 중에 보험계약자의 중대한 과실로 인하여 사고발생의 위험이 현저하게 증가된 때에는 보험자는 그 사실을 안 날부터 1월 내에 보험료의 증액을 청구할 수 있다.

② 위험의 현저한 변경이나 증가된 사실과 보험사고발생과의 사이에 인과관계가 부존재한다는 점에 관한 주장·입증책임은 보험자 측에 있다.

③ 보험기간 중에 피보험자의 고의로 인하여 사고발생의 위험이 현저하게 증가된 때에는 보험자는 그 사실을 안 날부터 1월 내에 계약을 해지할 수 있다.

④ 사고발생의 위험이 현저하게 변경 또는 증가된 사실이라 함은 그 변경 또는 증가된 위험이 보험계약의 체결 당시에 존재하고 있었다면 보험자가 보험계약을 체결하지 않았거나 적어도 그 보험료로는 보험을 인수하지 않았을 것으로 인정되는 정도의 것을 말한다.

정답 ②

해설

고지의무에 위반한 사실 또는 위험의 현저한 변경이나 증가된 사실과 보험사고발생과의 사이에 인과관계가 부존재한다는 점에 관한 주장·입증책임은 보험계약자 측에 있다(대법원 1997.9.5. 선고 95다25268 판결).

① · ③ 보험기간 중에 보험계약자, 피보험자 또는 보험수익자의 고의 또는 중대한 과실로 인하여 사고발생의 위험이 현저하게 변경 또는 증가된 때에는 보험자는 그 사실을 안 날부터 1월 내에 보험료의 증액을 청구하거나 계약을 해지할 수 있다(상법 제653조).

④ 보험기간 중에 보험계약자 또는 피보험자가 사고발생의 위험이 현저하게 변경 또는 증가된 사실을 안 때에는 지체 없이 보험자에게 통지하여야 하는데(상법 제652조 제1항), 여기서 '사고발생의 위험이 현저하게 변경 또는 증가된 사실'이란 변경 또는 증가된 위험이 보험계약의 체결 당시에 존재하고 있었다면 보험자가 계약을 체결하지 않았거나 적어도 그 보험료로는 보험을 인수하지 않았을 것으로 인정되는 사실을 말하고, '사고발생의 위험이 현저하게 변경 또는 증가된 사실을 안 때'란 특정한 상태의 변경이 있음을 아는 것만으로는 부족하고 그 상태의 변경이 사고발생 위험의 현저한 변경·증가에 해당된다는 것까지 안 때를 의미한다(대법원 2014.7.24. 선고 2012다62318 판결).

12 보험자의 계약해지와 보험금청구권에 관한 설명으로 옳은 것을 모두 고른 것은?

> ㄱ. 보험사고발생 후라도 보험계약자의 계속보험료 지급 지체를 이유로 보험자가 계약을 해지하였을 때에는 보험금을 지급할 책임이 있다.
> ㄴ. 보험사고발생 후에 보험계약자가 고지의무를 위반한 사실이 보험사고발생에 영향을 미치지 아니하였음이 증명된 경우에는 보험자는 보험금을 지급할 책임이 있다.
> ㄷ. 보험수익자의 중과실로 인하여 사고발생의 위험이 현저하게 변경되거나 증가된 사실이 보험사고발생에 영향을 미치지 아니하였음이 증명된 경우에는 보험자는 보험금을 지급할 책임이 있다.

① ㄷ

② ㄱ, ㄴ

③ ㄴ, ㄷ

④ ㄱ, ㄴ, ㄷ

정답 ③

해설

> ㄱ. (×) 보험사고가 발생한 후라도 보험자가 계속보험료 지급 지체를 이유로 보험계약을 해지하였을 때에는 보험자는 <u>보험금을 지급할 책임이 없다</u>(상법 제655조).
> ㄴ. (○) 고지의무를 위반한 사실 또는 위험이 현저하게 변경되거나 증가된 사실이 보험사고발생에 영향을 미치지 아니하였음이 증명된 경우에는 보험금을 지급할 책임이 있다(상법 제655조 단서).
> ㄷ. (○) 보험수익자의 중과실로 인하여 사고발생의 위험이 현저하게 변경되거나 증가된 사실이 보험사고발생에 영향을 미치지 아니하였음이 증명된 경우에는 보험자는 보험금을 지급할 책임이 있다(상법 제655조 단서).

13 손해보험에 관한 설명으로 옳지 않은 것은? (단, 다른 약정이 없음을 전제로 함)

① 보험사고로 인하여 상실된 피보험자가 얻을 보수는 보험자가 보상할 손해액에 산입하여야 한다.

② 보험계약은 금전으로 산정할 수 있는 이익에 한하여 보험계약의 목적으로 할 수 있다.

③ 무효와 실권의 사유는 손해보험증권의 기재사항이다.

④ 당사자간에 보험가액을 정하지 아니한 때에는 사고발생시의 가액을 보험가액으로 한다.

정답 ①

해설

> 보험사고로 인하여 상실된 피보험자가 얻을 이익이나 보수는 당사자간에 다른 약정이 없으면 보험자가 보상할 <u>손해액에 산입하지 아니한다</u>(상법 제667조).
>
> ② 상법 제668조
> ③ 상법 제666조 제6호
> ④ 상법 제671조

14 보험금액의 지급에 관한 설명으로 옳지 않은 것은? (다툼이 있으면 판례에 따름)

① 보험금액의 지급에 관하여 약정기간이 있는 경우, 보험자는 그 기간 내에 보험금액을 지급하여야 한다.

② 보험금액의 지급에 관하여 약정기간이 없는 경우, 보험자는 보험사고발생의 통지를 받은 후 지체 없이 지급할 보험금액을 정하여야 한다.

③ 보험금액의 지급에 관하여 약정기간이 없는 경우, 보험금액이 정하여진 날부터 1월 내에 보험수익자에게 보험금액을 지급하여야 한다.

④ 보험계약자의 동의 없이 보험자와 피보험자 사이에 한 보험금 지급기한 유예의 합의는 유효하다.

정답 ③

해설 ....

> ①·②·③ 보험자는 보험금액의 지급에 관하여 약정기간이 있는 경우에는 그 기간 내에, 약정기간이 없는 경우에는 통지를 받은 후 지체 없이 지급할 보험금액을 정하고 그 정하여진 날부터 <u>10일 내에</u> 피보험자 또는 보험수익자에게 보험금액을 지급하여야 한다(상법 제658조).
> ④ 보험계약자의 동의 없이 보험자와 피보험자 사이에 한 보험금 지급기한 유예의 합의는 유효하다(대법원 1981.10.6. 선고 80다2699 판결).

15 상법 제662조(소멸시효)에 관한 설명으로 옳은 것은?

① 보험금청구권은 2년간 행사하지 아니하면 시효의 완성으로 소멸한다.

② 보험료의 반환청구권은 3년간 행사하지 아니하면 시효의 완성으로 소멸한다.

③ 보험료청구권은 1년간 행사하지 아니하면 시효의 완성으로 소멸한다.

④ 적립금의 반환청구권은 2년간 행사하지 아니하면 시효의 완성으로 소멸한다.

정답 ②

해설 ....

> 보험금청구권은 3년간, 보험료 또는 적립금의 반환청구권은 3년간, 보험료청구권은 2년간 행사하지 아니하면 시효의 완성으로 소멸한다(상법 제662조).

16 보험계약자 등의 불이익변경금지에 관한 설명으로 옳지 않은 것은?

① 상법 보험편의 규정은 당사자간의 특약으로 피보험자의 이익으로 변경하지 못한다.

② 상법 보험편의 규정은 당사자간의 특약으로 보험수익자의 불이익으로 변경하지 못한다.

③ 해상보험의 경우 보험계약자 등의 불이익변경금지 규정은 적용되지 아니한다.

④ 재보험의 경우 보험계약자 등의 불이익변경금지 규정은 적용되지 아니한다.

정답 ①

해설

상법 보험편의 규정은 당사자간의 특약으로 보험계약자 또는 피보험자나 보험수익자의 불이익으로 변경하지 못한다. 그러나 재보험 및 해상보험 기타 이와 유사한 보험의 경우에는 그러하지 아니하다(상법 제663조).

17 중복보험에 관한 설명으로 옳은 것을 모두 고른 것은?

ㄱ. 중복보험의 경우 보험자 1인에 대한 권리의 포기는 다른 보험자의 권리의무에 영향을 미치지 않는다.

ㄴ. 중복보험계약을 체결하는 경우에는 보험계약자는 각 보험자에 대하여 각 보험계약의 내용을 통지하여야 한다.

ㄷ. 중복보험에서 보험금액의 총액이 보험가액을 초과한 때에는 보험자는 각자의 보험금액의 한도에서 연대책임을 진다.

① ㄱ

② ㄱ, ㄴ

③ ㄴ, ㄷ

④ ㄱ, ㄴ, ㄷ

정답 ④

해설

ㄱ. (○) 중복보험의 경우 보험자 1인에 대한 권리의 포기는 다른 보험자의 권리의무에 영향을 미치지 않는다(상법 제673조).

ㄴ. (○) 중복보험계약을 체결하는 경우에는 보험계약자는 각 보험자에 대하여 각 보험계약의 내용을 통지하여야 한다(상법 제672조 제2항).

ㄷ. (○) 중복보험에서 보험금액의 총액이 보험가액을 초과한 때에는 보험자는 각자의 보험금액의 한도에서 연대책임을 진다(상법 제672조 제1항).

18 甲은 보험가액이 2억원인 건물에 대하여 보험금액을 1억원으로 하는 손해보험에 가입하였다. 이에 관한 설명으로 옳지 않은 것은? (단, 다른 약정이 없음을 전제로 함)

① 일부보험에 해당한다.
② 전손(全損)인 경우에는 보험자는 1억원을 지급한다.
③ 1억원의 손해가 발생한 경우에는 보험자는 1억원을 지급한다.
④ 8천만원의 손해가 발생한 경우에는 보험자는 4천만원을 지급한다.

정답 ③

해설

$$지급보험금 = 손해액 \times \frac{보험금액}{보험가액}$$

1억원의 손해가 발생한 경우

$$지급보험금 = 1억원 \times \frac{1억원}{2억원} = 5천만원$$

19 일부보험에 관한 설명으로 옳은 것은?

① 계약 체결의 시점에 의도적으로 보험가액보다 낮게 보험금액을 약정하는 것은 허용되지 않는다.
② 일부보험에 관한 상법의 규정은 강행규정이다.
③ 일부보험의 경우에는 잔존물대위가 인정되지 않는다.
④ 일부보험에 있어서 일부손해가 발생하여 비례보상원칙을 적용하면 손해액은 보상액보다 크다.

정답 ④

해설

일부보험은 보험금액이 보험가액에 미달하는 보험이고, 보험자는 보험금액의 보험가액에 대한 비율로 보상할 책임(비례보상원칙, 상법 제674조)이 있으므로, 손해액은 보험자의 보상액보다 크게 된다(손해액 > 보상액).

① 계약 체결의 시점에 보험료를 절감하기 위하여 <u>의도적으로 보험가액보다 낮게 보험금액을 약정하기도</u> <u>한다.</u>
② 일부보험에 관한 <u>상법의 규정(상법 제674조 단서)은 강행규정이 아니므로</u>, 당사자간의 특약으로 보험금액 의 범위 내에서 손해액의 전부를 보상하기로 약정할 수 있는데, 이를 '실손보상계약', '제1차 위험보험'이라 고 한다.
③ 일부보험의 경우에는 <u>잔존물대위가 인정된다.</u> 즉 보험가액의 일부를 보험에 붙인 경우에는 보험자가 취득 할 권리는 보험금액의 보험가액에 대한 비율에 따라 이를 정한다(상법 제681조 단서).

20 손해액 산정에 관한 설명으로 옳지 않은 것은?

① 보험사고로 인하여 상실된 피보험자가 얻을 이익은 당사자간에 다른 약정이 없으면 보험자가 보상할 손해액에 산입하지 아니한다.

② 당사자간에 다른 약정이 있는 때에는 신품가액에 의하여 보험자가 보상할 손해액을 산정할 수 있다.

③ 손해액 산정에 필요한 비용은 보험자와 보험계약자 및 보험수익자가 공동으로 부담한다.

④ 손해보상은 원칙적으로 금전으로 하지만 당사자의 합의로 손해의 전부 또는 일부를 현물로 보상할 수 있다.

정답 ③

해설

손해액 산정에 필요한 비용은 <u>보험자의 부담</u>으로 한다(상법 제676조 제2항).

① 상법 제667조
② 상법 제676조 제1항 단서
④ 손해보험의 손해보상의 방법은 특별한 규정이 없으나, 금전급여를 원칙으로 한다. 다만, 약관에 따라 현물보상을 정한 경우 손해의 전부 또는 일부를 현물로 보상할 수 있다.

21 손해보험에 관한 설명으로 옳지 않은 것은?

① 보험자가 손해를 보상할 경우에 보험료의 지급을 받지 아니한 잔액이 있으면 그 지급기일이 도래하지 아니한 때라도 보상할 금액에서 이를 공제할 수 있다.

② 보험계약자가 손해의 방지와 경감을 위하여 필요 또는 유익하였던 비용과 보상액이 보험금액을 초과한 경우에는 보험자는 보험금액의 한도 내에서 이를 부담한다.

③ 보험의 목적에 관하여 보험자가 부담할 손해가 생긴 경우에는 그 후 그 목적이 보험자가 부담하지 아니하는 보험사고의 발생으로 인하여 멸실된 때에도 보험자는 이미 생긴 손해를 보상할 책임을 면하지 못한다.

④ 보험의 목적의 자연소모로 인한 손해는 보험자가 이를 보상할 책임이 없다.

정답 ②

해설

보험계약자와 피보험자는 손해의 방지와 경감을 위하여 필요 또는 유익하였던 비용과 보상액이 <u>보험금액을 초과한 경우라도 보험자가 이를 부담한다</u>(상법 제680조 제1항).

① 상법 제677조
③ 상법 제675조
④ 상법 제678조

22 보험대위에 관한 설명으로 옳은 것은? (다툼이 있으면 판례에 따름)

① 손해가 제3자의 행위로 인하여 발생한 경우에 보험금을 지급하기 전이라도 보험자는 그 제3자에 대한 보험계약자의 권리를 취득한다.

② 잔존물대위가 성립하기 위해서는 보험목적의 전부가 멸실하여야 한다.

③ 잔존물에 대한 권리가 보험자에게 이전되는 시점은 보험자가 보험금액을 전부 지급하고, 물권변동 절차를 마무리한 때이다.

④ 재보험에 대하여는 제3자에 대한 보험자대위가 적용되지 않는다.

정답 ②

해설

> 보험목적에 대한 보험대위가 성립하기 위해선 보험계약의 체결 당시에 <u>보험목적이 가지는 경제적 가치가 전부 멸실되어야 한다.</u> 즉 일부만 멸실된 경우에는 보험목적에 대한 보험대위가 성립하지 않는다. 또한, 보험자가 보험금액의 전부를 피보험자에게 지급해야 한다(상법 제681조).
>
> ① 손해가 제3자의 행위로 인하여 발생한 경우에 <u>보험금을 지급한 보험자는 그 지급한 금액의 한도에서 그 제3자에 대한 보험계약자 또는 피보험자의 권리를 취득한다</u>(상법 제682조 제1항).
>
> ③ 잔존물에 대한 권리가 보험자에게 이전되는 시점은 보험사고가 발생한 때가 아니고, 보험금액을 전부 지급한 때이다. 즉 물권변동 절차(민법 제186조, 제188조)가 불필요하다.
>
> ④ 보험자가 피보험자에게 보험금을 지급하면 보험자대위의 법리에 따라 피보험자가 보험사고의 발생에 책임이 있는 제3자에 대하여 가지는 권리는 지급한 보험금의 한도에서 보험자에게 당연히 이전되고(상법 제682조), 이는 재보험자가 원보험자에게 재보험금을 지급한 경우에도 마찬가지이다. 따라서 재보험관계에서 재보험자가 원보험자에게 재보험금을 지급하면 원보험자가 취득한 제3자에 대한 권리는 지급한 재보험금의 한도에서 다시 재보험자에게 이전된다(대법원 2015.6.11. 선고 2012다10386 판결).

23 화재보험에 관한 설명으로 옳은 것은? (다툼이 있으면 판례에 따름)

① 화재가 발생한 건물을 수리하면서 지출한 철거비와 폐기물처리비는 화재와 상당인과관계가 있는 건물수리비에는 포함되지 않는다.

② 피보험자가 화재 진화를 위해 살포한 물로 보험목적이 훼손된 손해는 보상하지 않는다.

③ 불에 탈 수 있는 목조교량은 화재보험의 목적이 될 수 없다.

④ 보험자가 손해를 보상함에 있어서 화재와 손해간에 상당인과관계가 필요하다.

정답 ④

해설

화재보험계약에서 보험자는 화재로 인한 직접적인 손해뿐만 아니라, 인과관계가 있는 간접손해에 대하여도 책임을 진다. 즉 보험자가 보상할 손해의 범위에 관하여는 <u>화재와 손해 사이에 상당인과관계가 있어야 한다는</u> 것이 통설이다.

① 화재가 발생한 건물을 수리하면서 지출한 철거비와 폐기물처리비는 화재와 상당인과관계가 있는 <u>건물수리비에는 포함된다</u>(대법원 2003.4.25. 선고 2002다64520 판결).

② 피보험자가 화재 진화를 위해 살포한 물로 보험목적이 훼손된 손해는 <u>보상한다</u>(상법 제684조).

③ 화재보험의 목적은 건물이나 동산 이외에도 불에 탈 수 있는 <u>교량 · 입목 · 삼림 · 원료 · 기구 등 유체물이기만 하면 동산이든 부동산이든 모두 그 대상이 될 수 있다</u>.

24 건물을 화재보험의 목적으로 한 경우 화재보험증권의 법정 기재사항이 아닌 것은?

① 건물의 소재지, 구조와 용도

② 보험가액을 정한 때에는 그 가액

③ 보험기간을 정한 때에는 그 시기와 종기

④ 설계감리법인의 주소와 성명 또는 상호

정답 ④

해설

화재보험증권의 법정 기재사항(상법 제685조)
화재보험증권에는 <u>제666조에 게기한 사항(보험기간을 정한 때에는 그 시기와 종기)</u> 외에 다음의 사항을 기재하여야 한다.
1. 건물을 보험의 목적으로 한 때에는 그 <u>소재지, 구조와 용도</u>
2. 동산을 보험의 목적으로 한 때에는 그 존치한 장소의 상태와 용도
3. <u>보험가액을 정한 때에는 그 가액</u>

25 집합보험에 관한 설명으로 옳은 것은?

① 피보험자의 가족의 물건은 보험의 목적에 포함되지 않는 것으로 한다.

② 피보험자의 사용인의 물건은 보험의 목적에 포함되지 않는 것으로 한다.

③ 보험의 목적에 속한 물건이 보험기간 중에 수시로 교체된 경우에는 보험사고의 발생시에 현존한 물건이라도 보험의 목적에 포함되지 않는 것으로 한다.

④ 집합보험이란 경제적으로 독립한 여러 물건의 집합물을 보험의 목적으로 한 보험을 말한다.

[정답] ④

[해설]

집합보험은 다수의 물건을 보험의 목적으로 하는 보험이다. 특히 보험의 목적이 물건의 집합이면 '집합보험'이라 하고, 사람의 집합이면 '단체보험'이라 한다.

① · ② 피보험자의 가족과 사용인의 물건도 <u>보험의 목적에 포함된</u> 것으로 한다(상법 제686조).
③ 보험의 목적에 속한 물건이 보험기간 중에 수시로 교체된 경우에도 보험사고의 발생시에 현존한 물건은 <u>보험의 목적에 포함된</u> 것으로 한다(상법 제687조).

26 농어업재해보험법상 용어의 설명으로 옳지 않은 것은?

① "농어업재해보험"은 농어업재해로 발생하는 인명 및 재산 피해에 따른 손해를 보상하기 위한 보험을 말한다.

② "어업재해"란 양식수산물 및 어업용 시설물에 발생하는 자연재해·질병 또는 화재를 말한다.

③ "농업재해"란 농작물·임산물·가축 및 농업용 시설물에 발생하는 자연재해·병충해·조수해(鳥獸害)·질병 또는 화재를 말한다.

④ "보험료"란 보험가입자와 보험사업자간의 약정에 따라 보험가입자가 보험사업자에게 내야 하는 금액을 말한다.

정답 ①

해설

"농어업재해보험"은 농어업재해로 발생하는 <u>재산 피해에 따른 손해를 보상하기 위한 보험</u>을 말한다(농어업재해보험법 제2조 제2호). 인명 피해에 따른 손해를 보상하지 않는다.

② 농어업재해보험법 제2조 제1호
③ 농어업재해보험법 제2조 제1호
④ 농어업재해보험법 제2조 제4호

27 농어업재해보험법상 재해보험사업을 할 수 없는 자는?

① 「농업협동조합법」에 따른 농업협동조합중앙회

② 「수산업협동조합법」에 따른 수산업협동조합중앙회

③ 「보험업법」에 따른 보험회사

④ 「산림조합법」에 따른 산림조합중앙회

정답 ①

해설

재해보험사업을 할 수 있는 자(농어업재해보험법 제8조 제1항)
1. 「수산업협동조합법」에 따른 수산업협동조합중앙회(이하 "수협중앙회"라 한다)
2. 「산림조합법」에 따른 산림조합중앙회
3. 「보험업법」에 따른 보험회사

28 농어업재해보험법상 재해보험에 관한 설명으로 옳지 않은 것은?

① 재해보험에 가입할 수 있는 자는 농림업, 축산업, 양식수산업에 종사하는 개인 또는 법인으로 하고, 구체적인 보험가입자의 기준은 대통령령으로 정한다.

② 「산림조합법」의 공제규정에 따른 공제모집인으로서 산림조합중앙회장이나 그 회원조합장이 인정하는 자는 재해보험을 모집할 수 있다.

③ 재해보험사업자는 사고 예방을 위하여 보험가입자가 납입한 보험료의 일부를 되돌려 줄 수 있다.

④ 「수산업협동조합법」에 따른 조합이 그 조합원에게 재해보험의 보험료 일부를 지원하는 경우에는 「보험업법」상 해당 보험계약의 체결 또는 모집과 관련한 특별이익의 제공으로 본다.

정답 ④

해설

「농업협동조합법」, 「수산업협동조합법」, 「산림조합법」에 따른 조합이 그 조합원에게 이 법에 따른 보험상품의 보험료 일부를 지원하는 경우에는 「보험업법」 제98조에도 불구하고 해당 보험계약의 체결 또는 모집과 관련한 특별이익의 제공으로 보지 아니한다(농어업재해보험법 제10조 제2항).

① 농어업재해보험법 제7조
② 농어업재해보험법 제10조 제1항 제2호
③ 농어업재해보험법 제10조의2 제2항

29 농어업재해보험법령상 손해평가에 관한 설명으로 옳은 것은?

① 재해보험사업자는 「보험업법」에 따른 손해평가인에게 손해평가를 담당하게 할 수 있다.

② 「고등교육법」에 따른 전문대학에서 임산물재배 관련 학과를 졸업한 사람은 손해평가인으로 위촉될 자격이 인정된다.

③ 농림축산식품부장관은 손해평가사가 공정하고 객관적인 손해평가를 수행할 수 있도록 연 1회 이상 정기교육을 실시하여야 한다.

④ 농림축산식품부장관 또는 해양수산부장관은 손해평가요령을 고시하려면 미리 금융위원회와 협의하여야 한다.

정답 ④

해설

④ 농어업재해보험법 제11조 제4항
① 재해보험사업자는 보험목적물에 관한 지식과 경험을 갖춘 사람 또는 그 밖의 관계 전문가를 손해평가인으로 위촉하여 손해평가를 담당하게 하거나 손해평가사 또는 「보험업법」 제186조에 따른 손해사정사에게 손해평가를 담당하게 할 수 있다(농어업재해보험법 제11조 제1항).
② 「고등교육법」 제2조에 따른 학교에서 임산물재배 관련학을 전공하고 임업전문 연구기관 또는 연구소에서 5년 이상 근무한 학사학위 이상 소지자는 손해평가인으로 위촉될 수 있다(농어업재해보험법 시행령 [별표 2]).
③ 농림축산식품부장관 또는 해양수산부장관은 손해평가인이 공정하고 객관적인 손해평가를 수행할 수 있도록 연 1회 이상 정기교육을 실시하여야 한다(농어업재해보험법 제11조 제5항).

30 농어업재해보험법상 손해평가사에 관한 설명으로 옳은 것은?

① 농림축산식품부장관과 해양수산부장관은 공정하고 객관적인 손해평가를 촉진하기 위하여 손해평가사 제도를 운영한다.

② 임산물재해보험에 관한 피해사실의 확인은 손해평가사가 수행하는 업무에 해당하지 않는다.

③ 손해평가사 자격이 취소된 사람은 그 처분이 있은 날부터 3년이 지나지 아니한 경우 손해평가사 자격시험에 응시하지 못한다.

④ 손해평가사는 다른 사람에게 그 자격증을 대여해서는 아니 되나, 손해평가사 자격증의 대여를 알선하는 것은 허용된다.

정답 ②

해설

손해평가사는 <u>농작물재해보험 및 가축재해보험에 관한 업무</u>를 수행한다(농어업재해보험법 제11조의3).

① <u>농림축산식품부장관</u>은 공정하고 객관적인 손해평가를 촉진하기 위하여 손해평가사 제도를 운영한다(농어업재해보험법 제11조의2).

③ 손해평가사 자격이 취소된 사람은 그 처분이 있은 날부터 <u>2년이 지나지 아니한 경우</u> 손해평가사 자격시험에 응시하지 못한다(농어업재해보험법 제11조의4 제4항 제2호).

④ 손해평가사는 다른 사람에게 그 자격증을 대여해서는 안 되고, <u>손해평가사 자격증의 대여를 알선해서도 안 된다</u>(농어업재해보험법 제11조의4 제6항, 제7항).

31 농어업재해보험법상 농림축산식품부장관이 손해평가사 자격을 취소하여야 하는 대상을 모두 고른 것은?

> ㄱ. 업무정지 기간 중에 손해평가 업무를 수행한 사람
> ㄴ. 업무 수행과 관련하여 향응을 제공받은 사람
> ㄷ. 손해평가사의 자격을 부정한 방법으로 취득한 사람
> ㄹ. 손해평가요령을 준수하지 않고 손해평가를 한 사람

① ㄱ, ㄴ
② ㄱ, ㄷ
③ ㄴ, ㄹ
④ ㄷ, ㄹ

정답 ②

해설

손해평가사의 자격 취소(농어업재해보험법 제11조의5 제1항)
농림축산식품부장관은 다음 각 호의 어느 하나에 해당하는 사람에 대하여 손해평가사 자격을 취소할 수 있다. 다만, 제1호 및 제5호에 해당하는 경우에는 자격을 취소하여야 한다.
1. <u>손해평가사의 자격을 거짓 또는 부정한 방법으로 취득한 사람</u>
2. 거짓으로 손해평가를 한 사람
3. 다른 사람에게 손해평가사의 명의를 사용하게 하거나 그 자격증을 대여한 사람
4. 손해평가사 명의의 사용이나 자격증의 대여를 알선한 사람
5. <u>업무정지 기간 중에 손해평가 업무를 수행한 사람</u>

32 농어업재해보험법령상 보험금 수급권에 관한 설명으로 옳은 것은?

① 재해보험사업자는 보험금을 현금으로 지급하여야 하나, 불가피한 사유가 있을 때에는 수급권자의 신청이 없더라도 수급권자 명의의 계좌로 입금할 수 있다.

② 재해보험가입자가 재해보험에 가입된 보험목적물을 양도하는 경우 그 양수인은 재해보험계약에 관한 양도인의 권리 및 의무를 승계한다.

③ 재해보험의 보험목적물이 담보로 제공된 경우에는 보험금을 지급받을 권리를 압류할 수 있다.

④ 농작물의 재생산에 직접적으로 소요되는 비용의 보장을 목적으로 보험금수급전용계좌로 입금된 보험금의 경우 그 2분의 1에 해당하는 액수 이하의 금액에 관하여는 채권을 압류할 수 있다.

정답 ③

해설

재해보험의 보험금을 지급받을 권리는 압류할 수 없지만, 보험목적물이 담보로 제공된 경우에는 압류할 수 있다(농어업재해보험법 제12조 제1항).

① 재해보험사업자는 <u>수급권자의 신청이 있는 경우</u>에는 보험금을 수급권자 명의의 지정된 계좌(이하 "보험금 수급전용계좌"라 한다)로 입금하여야 한다(농어업재해보험법 제11조의7 제1항).

② 재해보험가입자가 재해보험에 가입된 보험목적물을 양도하는 경우 그 양수인은 재해보험계약에 관한 양도인의 권리 및 의무를 승계한 것으로 <u>추정한다</u>(농어업재해보험법 제13조).

④ 농작물의 재생산에 직접적으로 소요되는 비용의 보장을 목적으로 보험금수급전용계좌로 입금된 보험금의 경우 그 2분의 1에 해당하는 액수 이하의 금액에 관하여는 <u>채권을 압류할 수 없다</u>(농어업재해보험법 제12조 제2항, 동법 시행령 제12조의12 제2호).

33 농어업재해보험법령상 재해보험사업자가 재해보험 업무의 일부를 위탁할 수 있는 자가 아닌 것은?

① 「농업협동조합법」에 따라 설립된 지역축산업협동조합

② 「농업·농촌 및 식품산업기본법」에 따라 설립된 농업정책보험금융원

③ 「산림조합법」에 따라 설립된 품목별·업종별 산림조합

④ 「보험업법」에 따라 손해사정을 업으로 하는 자

정답 ②

해설

재해보험 업무의 일부를 위탁할 수 있는 자(농어업재해보험법 시행령 제13조)
1. 「농업협동조합법」에 따라 설립된 지역농업협동조합·<u>지역축산업협동조합</u> 및 품목별·업종별 협동조합
2. 「산림조합법」에 따라 설립된 지역산림조합 및 <u>품목별·업종별 산림조합</u>
3. 「수산업협동조합법」에 따라 설립된 지구별 수산업협동조합, 업종별 수산업협동조합, 수산물가공 수산업협동조합 및 수협은행
4. 「보험업법」 제187조에 따라 <u>손해사정을 업으로 하는 자</u>
5. 농어업재해보험 관련 업무를 수행할 목적으로 「민법」 제32조에 따라 농림축산식품부장관 또는 해양수산부장관의 허가를 받아 설립된 비영리법인

34 농어업재해보험법상 재정지원에 관한 설명으로 옳은 것은?

① 정부는 예산의 범위에서 재해보험가입자가 부담하는 보험료의 전부 또는 일부를 지원할 수 있다.

② 지방자치단체는 예산의 범위에서 재해보험사업자의 재해보험의 운영 및 관리에 필요한 비용의 전부 또는 일부를 지원할 수 있다.

③ 농림축산식품부장관은 정부의 보험료 지원 금액을 재해보험가입자에게 지급하여야 한다.

④ 「풍수해보험법」에 따른 풍수해보험에 가입한 자가 동일한 보험목적물을 대상으로 재해보험에 가입할 경우에는 정부가 재정지원을 하지 아니한다.

정답 ④

해설

④ 농어업재해보험법 제19조 제3항
① 정부는 예산의 범위에서 재해보험가입자가 부담하는 <u>보험료의 일부</u>와 재해보험사업자의 재해보험의 운영 및 관리에 필요한 비용(이하 "운영비"라 한다)의 전부 또는 일부를 지원할 수 있다(농어업재해보험법 제19조 제1항).
② 지방자치단체는 예산의 범위에서 재해보험가입자가 부담하는 <u>보험료의 일부</u>를 추가로 지원할 수 있다(농어업재해보험법 제19조 제1항 단서).
③ 농림축산식품부장관·해양수산부장관 및 지방자치단체의 장은 정부의 보험료 지원 금액을 <u>재해보험사업자에게 지급</u>하여야 한다(농어업재해보험법 제19조 제2항).

35 농어업재해보험법령상 재보험사업 및 농어업재해재보험기금(이하 "기금"이라 함)에 관한 설명으로 옳지 않은 것은?

① 기금은 기금의 관리·운용에 필요한 경비의 지출에 사용할 수 없다.

② 농림축산식품부장관은 해양수산부장관과 협의하여 기금의 수입과 지출을 명확히 하기 위하여 한국은행에 기금계정을 설치하여야 한다.

③ 재보험금의 회수 자금은 기금 조성의 재원에 포함된다.

④ 정부는 재해보험에 관한 재보험사업을 할 수 있다.

정답 ①

해설

기금은 기금의 관리·운용에 필요한 경비의 지출에 <u>사용할 수 있다</u>(농어업재해보험법 제23조 제3호).

② 농어업재해보험법 시행령 제17조
③ 농어업재해보험법 제22조 제1항 제3호
④ 농어업재해보험법 제20조 제1항

36 농어업재해보험법상 농어업재해재보험기금(이하 "기금"이라 함)에 관한 설명으로 옳지 않은 것은?

① 기금은 농림축산식품부장관이 해양수산부장관과 협의하여 관리·운용한다.

② 농림축산식품부장관은 해양수산부장관과 협의를 거쳐 기금의 관리·운용에 관한 사무의 일부를 농업정책보험금융원에 위탁할 수 있다.

③ 농림축산식품부장관은 해양수산부장관과 협의하여 기금의 수입과 지출에 관한 사무를 수행하게 하기 위하여 소속 공무원 중에서 기금수입징수관 등을 임명한다.

④ 농림축산식품부장관이 농업정책보험금융원의 임원 중에서 임명한 기금지출원인행위담당임원은 기금지출관의 업무를 수행한다.

정답 ④

해설

> 농림축산식품부장관은 기금의 관리·운용에 관한 사무를 위탁한 경우에는 해양수산부장관과 협의하여 농업정책보험금융원의 임원 중에서 기금수입담당임원과 기금지출원인행위담당임원을, 그 직원 중에서 기금지출원과 기금출납원을 각각 임명하여야 한다. 이 경우 기금수입담당임원은 기금수입징수관의 업무를, <u>기금지출원인행위담당임원은 기금재무관의 업무를</u>, 기금지출원은 기금지출관의 업무를, 기금출납원은 기금출납공무원의 업무를 수행한다(농어업재해보험법 제25조 제2항).
>
> ① 농어업재해보험법 제24조 제1항
> ② 농어업재해보험법 제24조 제2항
> ③ 농어업재해보험법 제25조 제1항

37 농어업재해보험법령상 보험가입촉진계획에 포함되어야 하는 사항을 모두 고른 것은?

> ㄱ. 전년도의 성과분석 및 해당 연도의 사업계획
> ㄴ. 해당 연도의 보험상품 운영계획
> ㄷ. 농어업재해보험 교육 및 홍보계획

① ㄱ, ㄴ   ② ㄱ, ㄷ

③ ㄴ, ㄷ   ④ ㄱ, ㄴ, ㄷ

정답 ④

해설

> **보험가입촉진계획에 포함되어야 하는 사항(농어업재해보험법 시행령 제22조의2 제1항)**
> 1. <u>전년도의 성과분석 및 해당 연도의 사업계획</u>
> 2. <u>해당 연도의 보험상품 운영계획</u>
> 3. <u>농어업재해보험 교육 및 홍보계획</u>
> 4. 보험상품의 개선·개발계획
> 5. 그 밖에 농어업재해보험 가입 촉진을 위하여 필요한 사항

38 농어업재해보험법상 벌칙에 관한 설명이다. ( )에 들어갈 내용은?

> 「보험업법」 제98조에 따른 금품 등을 제공(같은 조 제3호의 경우에는 보험금 지급의 약속을 말한다)한
> 자 또는 이를 요구하여 받은 보험가입자는 (ㄱ)년 이하의 징역 또는 (ㄴ)천만원 이하의 벌금에
> 처한다.

① ㄱ : 1, ㄴ : 1
② ㄱ : 1, ㄴ : 3
③ ㄱ : 3, ㄴ : 3
④ ㄱ : 3, ㄴ : 5

정답 ③

해설

> 「보험업법」 제98조에 따른 금품 등을 제공(같은 조 제3호의 경우에는 보험금 지급의 약속을 말한다)한 자
> 또는 이를 요구하여 받은 보험가입자는 (3)년 이하의 징역 또는 (3)천만원 이하의 벌금에 처한다(농어업
> 재해보험법 제30조 제1항).

39 농업재해보험 손해평가요령상 손해평가인 위촉에 관한 규정이다. ( )에 들어갈 내용은?

기출수정

> 재해보험사업자는 피해 발생시 원활한 손해평가가 이루어지도록 농업재해보험이 실시되는
> ( )별 보험가입자의 수 등을 고려하여 적정 규모의 손해평가인을 위촉할 수 있다.

① 시 · 도
② 읍 · 면 · 동
③ 시 · 군 · 자치구
④ 특별자치도 · 특별자치시

정답 ③

해설

> 재해보험사업자는 피해 발생시 원활한 손해평가가 이루어지도록 농업재해보험이 실시되는 (시 · 군 · 자치구)
> 별 보험가입자의 수 등을 고려하여 적정 규모의 손해평가인을 위촉할 수 있다(농업재해보험 손해평가요령
> 제4조 제2항).

40 농업재해보험 손해평가요령상 손해평가인 정기교육의 세부내용에 명시적으로 포함되어 있지 않은 것은?

① 농어업재해보험법 제정 배경
② 손해평가 관련 민원사례
③ 피해유형별 보상사례
④ 농업재해보험 상품 주요내용

정답 ②

해설

손해평가인 정기교육의 세부내용(농업재해보험 손해평가요령 제5조의2 제1항)
1. **농업재해보험에 관한 기초지식** : <u>농어업재해보험법 제정 배경·구성 및 조문별 주요내용</u>, 농업재해보험 사업현황
2. **농업재해보험의 종류별 약관** : <u>농업재해보험 상품 주요내용</u> 및 약관 일반 사항
3. **손해평가의 절차 및 방법** : 농업재해보험 손해평가 개요, 보험목적물별 손해평가 기준 및 <u>피해유형별 보상 사례</u>
4. **피해유형별 현지조사표 작성 실습**

41 농업재해보험 손해평가요령상 재해보험사업자가 손해평가인에 대하여 위촉을 취소하여야 하는 경우는? 기출수정

① 피성년후견인이 된 때
② 업무수행과 관련하여 「개인정보보호법」 등 정보보호와 관련된 법령을 위반한 때
③ 업무수행상 과실로 손해평가의 신뢰성을 약화시킨 경우
④ 현지조사서를 허위로 작성한 경우

정답 ①

해설

손해평가인 위촉의 취소(농업재해보험 손해평가요령 제6조 제1항)
재해보험사업자는 손해평가인이 다음 각 호의 어느 하나에 해당하게 되거나 위촉 당시에 해당하는 자이었음이 판명된 때에는 그 위촉을 취소하여야 한다.
1. <u>피성년후견인</u>
2. 파산선고를 받은 자로서 복권되지 아니한 자
3. 「농어업재해보험법」 제30조에 의하여 벌금 이상의 형을 선고받고, 그 집행이 종료(집행이 종료된 것으로 보는 경우를 포함한다)되거나 집행이 면제된 날로부터 2년이 경과되지 아니한 자
4. 위촉이 취소된 후 2년이 경과하지 아니한 자
5. 거짓 그 밖의 부정한 방법으로 손해평가인으로 위촉된 자
6. 업무정지 기간 중에 손해평가업무를 수행한 자

42 농업재해보험 손해평가요령상 손해평가사 甲을 손해평가반 구성에서 배제하여야 하는 경우를 모두 고른 것은?

> ㄱ. 甲의 이해관계자가 가입한 보험계약에 관한 손해평가
> ㄴ. 甲의 이해관계자가 모집한 보험계약에 관한 손해평가
> ㄷ. 甲의 이해관계자가 실시한 손해평가에 대한 검증조사

① ㄱ, ㄴ
② ㄱ, ㄷ
③ ㄴ, ㄷ
④ ㄱ, ㄴ, ㄷ

정답 ①

해설

손해평가반 구성에서 배제하여야 하는 경우(농업재해보험 손해평가요령 제8조 제3항)
다음 각 호의 어느 하나에 해당하는 손해평가에 대하여는 해당자를 손해평가반 구성에서 배제하여야 한다.
1. 자기 또는 자기와 생계를 같이 하는 친족(이하 "이해관계자"라 한다)이 가입한 보험계약에 관한 손해평가
2. 자기 또는 이해관계자가 모집한 보험계약에 관한 손해평가
3. 직전 손해평가일로부터 30일 이내의 보험가입자간 상호 손해평가
4. 자기가 실시한 손해평가에 대한 검증조사 및 재조사

43 농업재해보험 손해평가요령상 손해평가에 관한 설명으로 옳지 않은 것은? [기출수정]

① 손해평가반은 손해평가인, 손해평가사, 손해사정사 중 어느 하나에 해당하는 자로 구성하며, 5인 이내로 한다.
② 교차손해평가에 있어서 거대재해 발생 등으로 신속한 손해평가가 불가피하다고 판단되는 경우에도 손해평가반 구성에 지역손해평가인을 포함하여야 한다.
③ 재해보험사업자는 손해평가반이 실시한 손해평가결과를 기록할 수 있도록 현지조사서를 마련하여야 한다.
④ 손해평가반이 손해평가를 실시할 때에는 재해보험사업자가 해당 보험가입자의 보험계약사항 중 손해평가와 관련된 사항을 손해평가반에게 통보하여야 한다.

정답 ②

해설

교차손해평가를 위해 손해평가반을 구성할 경우에는 선발된 지역손해평가인 1인 이상이 포함되어야 하지만, 거대재해 발생, 평가인력 부족 등으로 신속한 손해평가가 불가피하다고 판단되는 경우 그러하지 아니할 수 있다(농업재해보험 손해평가요령 제8조의2 제3항).

① 농업재해보험 손해평가요령 제8조 제2항
③ 농업재해보험 손해평가요령 제10조 제1항
④ 농업재해보험 손해평가요령 제9조 제2항

44 농업재해보험 손해평가요령상 손해평가결과 검증에 관한 설명으로 옳지 않은 것은? 기출+정

① 검증조사결과 현저한 차이가 발생된 경우 해당 손해평가반이 조사한 전체 보험목적물에 대하여 검증조사를 하여야 한다.

② 보험가입자가 정당한 사유 없이 검증조사를 거부하는 경우 검증조사반은 검증조사가 불가능하여 손해평가결과를 확인할 수 없다는 사실을 보험가입자에게 통지한 후 검증조사결과를 작성하여 재해보험사업자에게 제출하여야 한다.

③ 재해보험사업자 및 농어업재해보험사업의 관리를 위탁받은 기관(이하 "사업관리위탁기관"이라 한다)은 손해평가반이 실시한 손해평가결과를 확인하기 위하여 손해평가를 실시한 보험목적물 중에서 일정수를 임의 추출하여 검증조사를 할 수 있다.

④ 농림축산식품부장관은 재해보험사업자로 하여금 검증조사를 하게 할 수 있다.

정답 ①

해설 ···

검증조사결과 현저한 차이가 발생되어 재조사가 불가피하다고 판단될 경우에는 해당 손해평가반이 조사한 전체 보험목적물에 대하여 <u>재조사를 할 수 있다</u>(농업재해보험 손해평가요령 제11조 제3항). '**~하여야 한다.**'가 틀린 문장이다. 즉 강행규정이 아니라 임의규정이다.

② 농업재해보험 손해평가요령 제11조 제4항
③ 농업재해보험 손해평가요령 제11조 제1항
④ 농업재해보험 손해평가요령 제11조 제2항

45 농업재해보험 손해평가요령상 보험목적물별 손해평가 단위이다. (   )에 들어갈 내용은?

- 농작물 : (ㄱ)
- 가축(단, 벌은 제외) : (ㄴ)
- 농업시설물 : (ㄷ)

① ㄱ : 농지별,   ㄴ : 축사별,   ㄷ : 보험가입 목적물별
② ㄱ : 품종별,   ㄴ : 축사별,   ㄷ : 보험가입자별
③ ㄱ : 농지별,   ㄴ : 개별가축별,   ㄷ : 보험가입 목적물별
④ ㄱ : 품종별,   ㄴ : 개별가축별,   ㄷ : 보험가입자별

정답 ③

해설 ···

보험목적물별 손해평가 단위(농업재해보험 손해평가요령 제12조 제1항)
1. **농작물** : <u>농지별</u>
2. **가축** : <u>개별가축별</u>(단, 벌은 벌통 단위)
3. **농업시설물** : <u>보험가입 목적물별</u>

46 농업재해보험 손해평가요령상 종합위험방식 수확감소보장(감자ㆍ복숭아 제외)에서, 다음의 조건으로 산정한 보험금은? 기출수정

- 보험가입금액 : 100만원
- 자기부담비율 : 20%
- 평년수확량 : 1,000kg
- 수확량 : 500kg
- 미보상감수량 : 50kg

① 10만원   ② 20만원

③ 25만원   ④ 45만원

정답 ③

해설

- 보험금 = 보험가입금액 × (피해율 − 자기부담비율)
- 피해율(벼) = (평년수확량 − 수확량 − 미보상감수량) ÷ 평년수확량
  = (1,000kg − 500kg − 50kg) ÷ 1,000kg
  = 0.45(= 45%)
- 보험금 = 100만원 × (45% − 20%) = **25만원**

47 농업재해보험 손해평가요령상 종합위험방식 "마늘"의 조기파종보험금 산정에 관한 내용이다. ( )에 들어갈 내용은? 기출수정

보험가입금액 × ( )% × 표준출현 피해율
단, 10a당 출현주수가 30,000주보다 작고, 10a당 30,000주 이상으로 재파종한 경우에 한함

① 10   ② 20

③ 25   ④ 35

정답 ④

해설

"마늘"의 조기파종보험금 산정

보험가입금액 × (35)% × 표준출현 피해율
단, 10a당 출현주수가 30,000주보다 작고, 10a당 30,000주 이상으로 재파종한 경우에 한함

48 농업재해보험 손해평가요령에 따른 종합위험방식 상품의 조사내용 중 "재정식조사"에 해당되는 품목은?

① 벼   ② 콩

③ 양배추   ④ 양파

정답 ③

해설

재정식조사는 해당 농지에 보상하는 손해로 인하여 재정식이 필요한 면적 또는 면적비율을 조사하며, <u>양배추 품목만 해당한다</u>(농업재해보험 손해평가요령 [별표 2] 참조).

49 농업재해보험 손해평가요령상 농작물의 품목별·재해별·시기별 손해수량 조사방법 중 적과전 종합위험방식 "떫은감"에 관한 기술이다. ( )에 들어갈 내용은?   기출수정

생육시기	재 해	조사내용	조사시기	조사방법
적과후 ~ 수확기 종료	가을동상해	(ㄱ)	(ㄴ)	• 달려있는 과실 중 재해로 인한 피해과실수를 조사 – (ㄱ)는 보험약관에서 정한 과실피해분류기준에 따라 구분하여 조사 • 조사방법 : 표본조사

① ㄱ : 피해사실 확인 조사,   ㄴ : 사고접수 후 지체 없이

② ㄱ : 피해사실 확인 조사,   ㄴ : 수확 직전

③ ㄱ : 착과피해조사,   ㄴ : 사고접수 후 지체 없이

④ ㄱ : 착과피해조사,   ㄴ : 수확 직전

정답 ④

해설

적과전 종합위험방식 "떫은감"의 품목별·재해별·시기별 손해수량 조사방법

생육시기	재 해	조사내용	조사시기	조사방법	품 목
적과후 ~ 수확기 종료	가을동상해	(착과피해조사)	(수확 직전)	• 달려있는 과실 중 재해로 인한 피해과실수를 조사 – (착과피해조사)는 보험약관에서 정한 과실피해분류기준에 따라 구분하여 조사 • 조사방법 : 표본조사	단감· 떫은감

50 농업재해보험 손해평가요령상 가축 및 농업시설물의 보험가액 및 손해액 산정에 관한 설명으로 옳은 것은?

① 가축에 대한 보험가액은 보험사고가 발생한 때와 곳에서 평가한 보험목적물의 수량에 적용가격을 곱한 후 감가상각액을 차감하여 산정한다.

② 보험가입 당시 보험가입자와 재해보험사업자가 가축에 대한 보험가액 및 손해액 산정방식을 별도로 정한 경우에는 그 방법에 따른다.

③ 농업시설물에 대한 보험가액은 보험사고가 발생한 때와 곳에서 평가한 재조달가액으로 한다.

④ 농업시설물에 대한 손해액은 보험사고가 발생한 때와 곳에서 산정한 피해목적물 수량에 적용가격을 곱하여 산정한다.

정답 ②

해설

....

② 농업재해보험 손해평가요령 제14조 제3항 단서

① 가축에 대한 보험가액은 보험사고가 발생한 때와 곳에서 평가한 <u>보험목적물의 수량에 적용가격을 곱하여 산정한다</u>(농업재해보험 손해평가요령 제14조 제1항).

③ 농업시설물에 대한 보험가액은 보험사고가 발생한 때와 곳에서 평가한 <u>피해목적물의 재조달가액에서 내 용연수에 따른 감가상각률을 적용하여 계산한 감가상각액을 차감하여 산정한다</u>(농업재해보험 손해평가요 령 제15조 제1항).

④ 농업시설물에 대한 손해액은 보험사고가 발생한 때와 곳에서 산정한 <u>피해목적물의 원상복구비용을 말한 다</u>(농업재해보험 손해평가요령 제15조 제2항).

51 채소의 식용부위에 따른 분류 중 화채류에 속하는 것은?

① 양배추

② 브로콜리

③ 우엉

④ 고추

정답 ②

해설

화채류(꽃채소) : 브로콜리, 콜리플라워 등

① **양배추** : 엽채류(잎채소)
③ **우엉** : 근채류(뿌리채소)
④ **고추** : 과채류(열매채소)

52 작물의 건물량을 생산하는데 필요한 수분량을 말하는 요수량이 가장 작은 것은?

① 호박

② 기장

③ 완두

④ 오이

정답 ②

해설

요수량
호박 > 완두 > 오이 > 감자 > 귀리 > 보리 > 밀 > 옥수수 > 수수 > 기장

53 수분과잉장해에 관한 설명으로 옳지 않은 것은?

① 생장이 쇠퇴하며 수량도 감소한다.

② 건조 후에 수분이 많이 공급되면 열과 등이 나타난다.

③ 뿌리의 활력이 높아진다.

④ 식물이 웃자라게 된다.

정답 ③

해설

수분이 많이 공급되면 뿌리 자체의 생육도 불량해지므로, <u>뿌리의 활력이 떨어진다.</u>
※ **열과** : 수분과잉장해에 의한 것으로 다량의 수분이 흡수되어 과실의 껍질이 터지는 현상

54 고온장해에 관한 증상으로 옳지 않은 것은?

① 발아불량
② 품질저하
③ 착과불량
④ 추대지연

정답 ④

해설

> **고온장해**
> • **의의** : 고온에서 생장이 억제되고 호흡이 증가하여 동화물질의 소모가 커지고 단백질변성으로 효소활성이
>   저하된다. 대사작용의 교란 및 독성물질의 축적으로 장해가 발생한다.
> • **피해증상** : 일소현상, 발아불량, 결구장해, 착과불량, 조기추대, 품질저하 등
>   ※ 조기추대는 품종에 따라 다소 차이는 있지만 모두 고온과 장일에 의해 촉진된다. 상추는 잎 수가 충분히
>   확보되기 전에 추대에 필요한 적산온도에 도달하여 단기간 내에 추대하게 된다.

55 다음에서 설명하는 냉해로 올바르게 짝지어진 것은?

> ㄱ. 작물생육기간 중 특히 냉온에 대한 저항성이 약한 시기에 저온의 접촉으로 뚜렷한 피해를 받게
>   되는 냉해
> ㄴ. 오랜 기간 동안 냉온이나 일조 부족으로 생육이 늦어지고 등숙이 충분하지 못해 감수를 초래하게
>   되는 냉해

① ㄱ : 지연형 냉해,   ㄴ : 장해형 냉해
② ㄱ : 접촉형 냉해,   ㄴ : 감수형 냉해
③ ㄱ : 장해형 냉해,   ㄴ : 지연형 냉해
④ ㄱ : 피해형 냉해,   ㄴ : 장기형 냉해

정답 ③

해설

> **냉해의 구분**
> • **지연형 냉해** : 오랜 기간 동안 냉온이나 일조 부족으로 생육이 늦어지고 등숙이 충분하지 못해 감수를 초래
>   하게 되는 냉해이다.
> • **장해형 냉해** : 작물생육기간 중 특히 냉온에 대한 저항성이 약한 시기에 저온과의 접촉으로 뚜렷한 장해를
>   받게 되는 냉해이다.
> • **혼합형 냉해** : 지연형 냉해와 장해형 냉해가 겹쳐서 발생하는 경우로 '병행형 냉해'라고도 한다.
> • **병해형 냉해** : 냉온에서 질소대사 이상 및 광합성 감퇴로 도열병균이 번식하여 병이 발생하는 냉해이다.

56 C4 작물이 아닌 것은?

① 보리　　　　　　　　　　　② 사탕수수
③ 수수　　　　　　　　　　　④ 옥수수

정답 ①

해설

- C3 작물 : 캘빈회로(Calvin cycle)인 C3 광합성 메커니즘을 수행하는 작물 예 벼, 보리, 밀, 담배 등
- C4 작물 : 4탄당(C4) 화합물이 관여하는 추가적인 경로(C4회로)를 이용해 이산화탄소(CO_2) 농도가 낮은 환경에서도 광합성 효율이 높은 작물 예 옥수수, 수수, 사탕수수 등

57 작물의 일장형에 관한 설명으로 옳지 않은 것은?

① 보통 16~18시간의 장일조건에서 개화가 유도, 촉진되는 식물을 장일식물이라고 하며, 시금치, 완두, 상추, 양파, 감자 등이 있다.
② 보통 8~10시간의 단일조건에서 개화가 유도, 촉진되는 식물을 단일식물이라고 하며, 가지, 콩, 오이, 호박 등이 있다.
③ 일장의 영향을 받지 않는 식물을 중성식물이라고 하며 토마토, 당근, 강낭콩 등이 있다.
④ 좁은 범위에서만 화성이 유도, 촉진되는 식물을 정일식물 또는 중간식물이라고 한다.

정답 ②, ③

해설

② 보통 8~10시간의 단일조건에서 개화가 유도, 촉진되는 식물을 단일식물이라고 하며, 콩, 오이, 호박, 벼, 수수, 옥수수, 담배 등이 있다. 가지는 중성식물에 해당한다.
③ 개화에 일정한 한계일장이 없고, 대단히 넓은 범위의 일장에서 개화하는 식물을 중성식물이라고 하며 토마토, 당근, 강낭콩 등이 있다.

58 과수원의 바람 피해에 관한 설명으로 옳지 않은 것은?

① 강풍은 증산작용을 억제하여 광합성을 촉진한다.
② 강풍은 매개곤충의 활동을 저하시켜 수분과 수정을 방해한다.
③ 작물의 열을 빼앗아 작물체온을 저하시킨다.
④ 해안지방은 염분 피해를 받을 수 있다.

정답 ①

해설

강풍은 잎의 증산작용을 촉진시켜 건조해 또는 가뭄해를 일으킨다. 또한 잎의 기공을 닫게 함으로써 이산화탄소의 흡수를 감소시켜 광합성 작용을 방해한다.

59 식물의 필수원소 중 엽록소의 구성성분으로 다양한 효소반응에 관여하는 것은?

① 아연(Zn)
② 몰리브덴(Mo)
③ 칼슘(Ca)
④ 마그네슘(Mg)

정답 ④

해설

> 마그네슘(Mg)은 엽록소의 구성원소이며, 광합성, 인산대사에 관여하는 효소의 활성을 높이는 작용을 한다. 마그네슘(Mg)이 결핍되면 황백화 현상이 일어나고, 줄기나 뿌리의 생장점 발육이 저해된다.
>
> ① **아연(Zn)** : 촉매 또는 반응조절물질로 작용하며, 단백질과 탄수화물의 대사에 관여한다.
> ② **몰리브덴(Mo)** : 질산환원효소의 구성성분이며, 콩과작물의 질소고정에도 필요하다.
> ③ **칼슘(Ca)** : 세포막 중간막의 주성분이며, 단백질의 합성, 물질전류에 관여한다.

60 염류 집적에 대한 대책이 아닌 것은?

① 흡비작물 재배
② 무기물 시용
③ 심경과 객토
④ 담수 처리

정답 ②

해설

> 염류 집적에 대한 대책
> 근래 하우스재배 등으로 작토층에 염류가 과잉 집적하여 작물의 생육을 저해하는 경우가 있다. 염류 집적에 대한 대책으로는 담수에 의한 제염, 흡비작물(녹비작물) 재배, 심경(깊이갈이)과 객토, <u>유기물 시용(양분보존 능 증대)</u> 등이 있다.

61 정식기에 가까워지면 묘를 외부환경에 미리 노출시켜 적응시키는 것은?

① 춘화
② 동화
③ 이화
④ 경화

정답 ④

해설

> 생육성기 이후, 특히 정식기에 가까워지면 직사광과 외부환경에 서서히 순화시키는 것을 '경화' 또는 '순화'라 한다.
>
> ① 춘화(vernalization)는 식물의 종자가 발아한 후 또는 줄기의 생장점이 발육하고 있을 때 일정기간의 저온 처리를 함으로써 화성을 유도·촉진하는 것을 말한다.
> ② 동화(anabolism)는 물질대사를 통해 생화학적으로 생물체 내에서 물질을 합성하는 것을 말한다.
> ③ 이화(catabolism)는 세포호흡을 통하여 유기분자를 분해하고 에너지를 얻는 반응을 말한다.

62 벼의 수발아에 관한 설명으로 옳지 않은 것은?

① 결실기에 종실이 이삭에 달린 채로 싹이 트는 것을 말한다.
② 결실기의 벼가 우기에 도복이 되었을 때 자주 발생한다.
③ 조생종이 만생종보다 수발아가 잘 발생한다.
④ 휴면성이 강한 품종이 약한 것보다 수발아가 잘 발생한다.

정답 ④

해설 ....

수발아는 품종의 휴면성과 밀접한 관련성이 있으며, <u>휴면성이 약한 품종이 강한 것보다 잘 발생한다.</u>

63 다음이 설명하는 번식 방법으로 올바르게 짝지어진 것은?

ㄱ. 식물의 잎, 줄기, 뿌리를 모체로부터 분리하여 상토에 꽂아 번식하는 방법
ㄴ. 뿌리 부근에서 생겨난 포기나 부정아를 나누어 번식하는 방법

① ㄱ : 삽목,   ㄴ : 분주
② ㄱ : 취목,   ㄴ : 삽목
③ ㄱ : 삽목,   ㄴ : 접목
④ ㄱ : 접목,   ㄴ : 분주

정답 ①

해설 ....

- **삽목** : 식물의 잎, 줄기, 뿌리를 잘라서 뿌리를 내리게 하고, 새싹을 돋게 하여 독립된 식물체를 만드는 방법(꺾꽂이)
- **분주** : 지상줄기에서 싹과 뿌리를 내거나 지하줄기나 뿌리에서 싹과 뿌리를 내어 포기수를 분리하는 방법(포기나누기)
- **접목** : 서로 다른 식물의 조직을 결합시켜 번식시키는 방법(접붙이기)
- **취목** : 어미나무의 가지를 흙으로 덮거나 이끼로 감싼 다음 뿌리가 내리면 떼어 내어 번식시키는 방법(휘묻이)

64 육묘에 관한 설명으로 옳지 않은 것은?

① 직파에 비해 종자가 절약된다.

② 토지이용도가 낮아진다.

③ 직파에 비해 발아가 균일하다.

④ 수확기 및 출하기를 앞당길 수 있다.

정답 ②

해설

육묘란 종자를 경작지에 직접 뿌리지 않고 뿌리가 있는 어린작물을 일정기간 시설 등에서 생육시키는 것을 말한다. 육묘이식을 하면 <u>토지이용도를 증대시킬 수 있다.</u>

65 한계일장보다 짧을 때 개화하는 식물끼리 올바르게 짝지어진 것은?

① 국화, 포인세티아

② 장미, 시클라멘

③ 카네이션, 페튜니아

④ 금잔화, 금어초

정답 ①

해설

한계일장보다 짧을 때 개화하는 식물은 <u>단일식물(예 국화, 포인세티아)</u>이다.

장미, 시클라멘은 중성식물이고, 카네이션, 페튜니아, 금잔화, 금어초는 장일식물이다.

66 4℃에 저장시 저온장해가 발생하는 절화류로 짝지어진 것은?

① 장미, 카네이션

② 백합, 금어초

③ 극락조화, 안스리움

④ 국화, 글라디올러스

정답 ③

해설

극락조화와 안스리움은 고온에서 잘 자라는 작물로, 추위에 매우 약하기 때문에 4℃에 저장시 저온장해가 발생한다.

① 장미는 수확 직후에 5~6℃의 저온저장고에서 예냉처리를 하고, 카네이션 절화는 수분유지가 가능한 상자에 포장하여 일정기간 동안 저온저장 한다.

② 백합과 금어초는 저온 발아성 작물이다.

④ 국화와 글라디올러스는 저온조건에서 개화율이 높다.

67 채소 작물의 온도 적응성에 따른 분류가 같은 것끼리 짝지어진 것은?

① 가지, 무   ② 고추, 마늘

③ 딸기, 상추   ④ 오이, 양파

정답 ③

해설

딸기, 상추, 무, 마늘, 양파는 호냉성 채소이고, 가지, 고추, 오이는 호온성 채소이다.
※ 온도 적응성에 따른 채소 작물의 분류
- **호냉성 채소** : 20℃ 안팎의 서늘한 온도에서 잘 생육되는 채소
  예 딸기, 상추, 배추, 양배추, 시금치, 파, 양파, 마늘, 무, 당근, 감자, 완두 등
- **호온성 채소** : 25℃ 안팎의 비교적 높은 온도에서 잘 생육되는 채소
  예 가지, 토마토, 고추, 수박, 참외, 오이, 멜론, 고구마, 토란, 생강 등

68 저장성을 향상시키기 위한 저장전 처리에 관한 설명으로 옳지 않은 것은?

① 수박은 고온기 수확시 품온이 높아 바로 수송할 경우 부패하기 쉬우므로 예냉을 실시한다.

② 감자는 수확시 생긴 상처를 빨리 아물게 하기 위해 큐어링을 실시한다.

③ 마늘은 휴면이 끝나면 싹이 자라 상품성이 저하될 수 있으므로 맹아 억제 처리를 한다.

④ 결구배추는 수분 손실을 줄이기 위해 수확한 후 바로 저장고에 넣어 보관한다.

정답 ④

해설

결구배추는 수확한 후 바로 저장하지 말고 살짝 말린 후 저장하는 것이 무르는 것을 막아 줄 수 있다.
※ **결구배추** : 배추 잎이 여러 겹으로 겹쳐져 둥글게 속이 꽉 차는 배추

69 식물 분류학적으로 같은 과(科)에 속하지 않는 것은?

① 배   ② 블루베리

③ 복숭아   ④ 복분자

정답 ②

해설

블루베리(Blueberry)는 쌍떡잎식물 진달래목 진달래과의 식물로, 북아메리카가 원산지이다.

① 배는 장미과의 배나무속에 속하는 과일이다.
③ 복숭아는 장미과 벚나무속에 속하는 복사나무의 열매이다.
④ 복분자는 장미과의 낙엽 관목이다.

70 멀칭의 목적으로 옳은 것은?

① 휴면 촉진
② 단일 촉진
③ 잡초발생 억제
④ 단위결과 억제

정답 ③

해설

멀칭(mulching)은 농작물을 재배할 때 경지 토양의 표면을 짚, 풀, 종이, 플라스틱필름 등으로 덮어주는 작업을 말한다. 멀칭을 하면 지온의 조절, 토양의 건조방지, 토양의 유실방지, 비료성분의 유실방지, 잡초발생 억제효과가 있다.

71 물리적 병충해 방제방법을 모두 고른 것은?

ㄱ. 토양 가열	ㄴ. 천적 곤충 이용
ㄷ. 증기 소독	ㄹ. 윤작 등 작부체계의 변경

① ㄱ, ㄷ
② ㄱ, ㄹ
③ ㄴ, ㄷ
④ ㄴ, ㄹ

정답 ①

해설

물리적 병충해 방제는 병원체를 죽이기 위한 토양 가열, 증기 소독, 물대기 등을 포함한다.
ㄴ. 천적 곤충 이용 : 생물학적 방제
ㄹ. 윤작 등 작부체계의 변경 : 재배적 방제

72 다음이 설명하는 온실형은?

> • 처마가 높고 폭이 좁은 양쪽 지붕형 온실을 연결한 형태이다.
> • 토마토, 파프리카(착색단고추) 등 과채류 재배에 적합하다.

① 양쪽 지붕형
② 터널형
③ 벤로형
④ 쓰리쿼터형

[정답] ③

[해설]

벤로형 온실은 처마가 높고 폭이 좁은 양쪽 지붕형 온실을 여러개 연결한 것으로, 연동형 온실의 결점을 보완한 것이다. 토마토, 파프리카(착색단고추), 오이 등 과채류 재배에 적합하다.

① **양쪽 지붕형** : 양쪽 지붕의 길이가 같은 온실로, 광선이 사방으로 균일하게 입사하고 통풍이 잘되는 장점이 있다. 재배관리가 편리하기 때문에 토마토, 오이 등의 열매채소와 카네이션, 국화 등의 화훼류 재배에 널리 이용되고 있다.
② **터널형** : 우리나라 시설원예 초창기의 대표적인 시설로, 형태는 반원형이며, 골격은 대나무를 많이 사용하였으나, 지금은 파이프를 주로 사용한다. 보온성이 크고 바람에 잘 견디며, 빛이 잘 드는 등의 장점이 있다.
④ **쓰리쿼터형(3/4 지붕형)** : 남쪽 지붕의 길이가 지붕 전체 길이의 3/4 정도 되는 온실로, 동서 방향으로 설치한다. 채광과 보온성이 뛰어나기 때문에 고온성 원예작물인 멜론재배에 많이 이용되고 있다.

73 과수에서 세균에 의한 병으로만 나열한 것은?

① 근두암종병, 화상병, 궤양병
② 근두암종병, 탄저병, 부란병
③ 화상병, 탄저병, 궤양병
④ 화상병, 근두암종병, 부란병

[정답] ①

[해설]

사과, 배 등 과수에서 세균에 의한 병은 근두암종병, 화상병, 궤양병이고, 탄저병과 부란병은 곰팡이에 의한 병이다.

74 다음 피복재 중 투과율이 가장 높은 연질필름은?

① 염화비닐(PVC)필름
② 불소계수지(ETFE)필름
③ 에틸렌아세트산비닐(EVA)필름
④ 폴리에틸렌(PE)필름

정답 ④

해설

> 폴리에틸렌(PE)필름은 연질피복재 중 광투과율이 높지만 장파장을 많이 투과시키므로 보온성이 떨어진다. 약품에 대한 내성이 크고 가격이 싸기 때문에 피복재 중 가장 많이 이용하고 있다.
>
> ① **염화비닐(PVC)필름** : 연질피복재 중 보온성이 가장 높지만 <u>사용 중 광투과율이 낮아진다</u>.
> ② **불소계수지(ETFE)필름** : 광투과율은 90% 전후로 높은 편이고, 두께가 0.1~0.2mm 이상인 <u>경질피복재</u>이다.
> ③ **에틸렌아세트산비닐(EVA)필름** : <u>폴리에틸렌(PE)필름보다 광투과율은 다소 낮지만</u>, 보온성, 내후성 및 방적성이 좋다.

75 담액수경의 특징에 관한 설명으로 옳은 것은?

① 산소 공급 장치를 설치해야 한다.
② 베드의 바닥에 일정한 구배를 만들어 양액이 흐르게 해야 한다.
③ 배지로는 펄라이트와 암면 등이 사용된다.
④ 베드를 높이 설치하여 작업효율을 높일 수 있다.

정답 ①

해설

> 담액수경은 뿌리가 액체배지, 즉 배양액 속에 담근 채로 재배하는 가장 단순하고 고전적인 방식이다. 배양액의 산소가 부족하기 쉬우므로 <u>산소 공급 장치를 설치해야 하며, 산소의 공급방법에 따라 유동식, 액면 저하식, 통기식 등으로 나눈다</u>.
>
> ② 베드의 바닥에 일정한 구배를 만들어 양액이 흐르게 해야 하는 것은 <u>박막수경(NFT식 수경)</u>이다.
> ③ 배지로 펄라이트와 암면 등을 사용하는 것은 <u>고형배지경(medium culture)</u>이다.
> ④ 베드의 높이는 작업효율과 작업환경을 고려하여 <u>허리높이에서 작업을 할 수 있도록 설치</u>한다.

상법(보험편)

---

01 상법상 손해보험계약에 관한 설명으로 옳은 것은?

① 피보험자는 보험계약에서 정한 불확정한 사고가 발생한 경우 보험금의 지급을 보험자에게 청구할 수 없다.

② 보험자가 보험계약자로부터 보험계약의 청약과 함께 보험료 상당액의 전부 또는 일부의 지급을 받은 때는 다른 약정이 없으면 30일 이내에 낙부통지를 발송해야 한다.

③ 보험자는 보험사고가 발생한 경우 보험금이 아닌 형태의 보험급여를 지급할 것을 약정할 수 없다.

④ 보험기간의 시기(始期)는 보험계약 체결시점과 같아야 한다.

정답 ②

해설

② 상법 제638조의2 제1항
① 보험계약은 당사자 일방이 약정한 보험료를 지급하고 재산 또는 생명이나 신체에 불확정한 사고가 발생할 경우 효력이 생기므로 피보험자는 보험금의 지급을 보험자에게 청구할 수 있다(상법 제638조).
③ 보험자는 보험사고가 발생한 경우 보험금이 아닌 형태의 보험급여를 지급할 것을 약정할 수 있다(상법 제638조).
④ 보험계약의 성립 전의 어느 시기를 보험기간의 시기(始期)로 하는 보험을 소급보험이라 하며(상법 제643조), 보험기간의 시기(始期)와 보험계약 체결시점은 반드시 일치하지 않는다.

02 甲보험회사의 화재보험약관에는 보험계약자에게 설명해야 하는 중요한 내용을 포함하고 있으나 甲회사가 이를 설명하지 않고 보험계약을 체결하였다. 이에 관한 설명으로 옳지 않은 것은? (다툼이 있으면 판례에 따름)

① 보험계약이 성립한 날로부터 1개월이 된 시점이라면 보험계약자는 보험계약을 취소할 수 있다.

② 甲보험회사는 화재보험약관을 보험계약자에게 교부해야 한다.

③ 보험계약이 성립한 날로부터 4개월이 된 시점이라면 보험계약자는 보험계약을 취소할 수 없다.

④ 보험계약자가 보험계약을 취소하지 않았다면 甲보험회사는 중요한 약관조항을 계약의 내용으로 주장할 수 있다.

정답 ④

⋯⋯⋯

「약관의 규제에 관한 법률」 제3조 제3항 전문은 "사업자는 약관에 정하여져 있는 중요한 내용을 고객이 이해할 수 있도록 설명하여야 한다"라고 정하여 사업자에게 약관의 중요한 내용에 대하여 구체적이고 상세한 설명의무를 부과하고 있고, 같은 조 제4항은 이러한 약관의 설명의무를 위반하여 계약을 체결한 때에는 <u>약관의 내용을 계약의 내용으로 주장할 수 없도록 하고 있다</u>(대법원 2019.5.30. 선고 2016다276177 판결).

① 보험계약자는 보험계약이 성립한 날로부터 3개월 이내에 보험계약을 취소할 수 있으므로 옳은 설명이다(상법 제638조의3 제2항).
② 甲보험회사는 보험계약을 체결할 때에 보험계약자에게 보험약관을 교부하고 그 약관의 중요한 내용을 설명하여야 한다(상법 제638조의3 제1항).
③ 보험계약이 성립한 날로부터 4개월이 된 시점이라면 보험계약자는 보험계약을 취소할 수 없다(상법 제638조의3 제2항).

03 상법상 보험증권에 관한 설명으로 옳은 것은?

① 보험계약자가 보험증권을 멸실한 경우에는 보험자에 대하여 증권의 재교부를 청구할 수 있으며, 그 증권 작성의 비용은 보험계약자가 부담한다.
② 기존의 보험계약을 변경한 경우 보험자는 그 보험증권에 그 사실을 기재함으로써 보험증권의 교부에 갈음할 수 없다.
③ 타인을 위한 보험계약이 성립된 경우에는 보험자는 그 타인에게 보험증권을 교부해야 한다.
④ 보험계약자가 최초의 보험료를 지급하지 아니한 경우에도 보험계약이 성립한 때에는 보험자는 지체 없이 보험증권을 작성하여 보험계약자에게 교부하여야 한다.

①

⋯⋯⋯

① 상법 제642조
② 기존의 보험계약을 변경한 경우 보험자는 그 보험증권에 그 사실을 기재함으로써 <u>보험증권의 교부에 갈음할 수 있다</u>(상법 제640조 제2항).
③ 타인을 위한 보험계약이 성립된 경우에도 보험자는 그 타인이 아닌 <u>보험계약자에게 보험증권을 교부해야한다</u>(상법 제640조 제1항).
④ 보험계약자가 <u>보험료의 전부 또는 최초의 보험료를 지급하지 아니한 경우</u>에는 보험증권을 보험계약자에게 교부하지 않아도 된다(상법 제640조 제1항 단서).

04 타인을 위한 손해보험계약(보험회사 A, 보험계약자 B, 타인 C)에서 보험사고의 객관적 확정이 있는 경우 그 보험계약의 효력에 관한 설명으로 옳지 않은 것은?

① 보험계약 당시에 보험사고가 이미 발생하였음을 B가 알고서 보험계약을 체결하였다면 그 계약은 무효이다.

② 보험계약 당시에 보험사고가 이미 발생하였음을 A와 B가 알았을지라도 C가 알지 못했다면 그 계약은 유효하다.

③ 보험계약 당시에 보험사고가 발생할 수 없음을 A가 알면서도 보험계약을 체결하였다면 그 계약은 무효이다.

④ 보험계약 당시에 보험사고가 발생할 수 없음을 A, B, C가 알지 못한 때에는 그 계약은 유효하다.

정답 ②

해설

보험계약 당시에 보험사고가 이미 발생하였거나 또는 발생할 수 없는 것인 때에는 그 계약은 무효로 한다. 그러나 당사자 쌍방(보험회사 A, 보험계약자 B)과 피보험자(타인 C)가 이를 알지 못한 때에는 유효하다(상법 제644조). 즉 보험계약 당시에 보험사고가 이미 발생하였음을 당사자 쌍방인 A와 B가 알았을지라도, 타인인 C가 알지 못했다면 그 계약은 무효이다.

05 상법상 보험대리상 등에 관한 설명으로 옳은 것은 모두 몇 개인가?

- 보험대리상은 보험계약자로부터 보험료를 수령할 수 있는 권한을 갖는다.
- 보험대리상이 아니면서 특정한 보험자를 위하여 계속적으로 보험계약의 체결을 중개하는 자는 보험자가 작성한 보험증권을 보험계약자에게 교부할 수 있는 권한을 갖는다.
- 대리인에 의하여 보험계약을 체결한 경우 대리인이 안 사유는 그 본인이 안 것과 동일한 것으로 한다.
- 보험자는 보험대리상이 보험계약자로부터 청약, 고지, 통지 등 보험계약에 관한 의사표시를 수령할 수 있는 권한을 제한할 수 없다.

① 1개　　　　　　　　　　② 2개
③ 3개　　　　　　　　　　④ 4개

정답 ③

해설

- 보험대리상은 보험계약자로부터 보험료를 수령할 수 있는 권한을 갖는다(상법 제646조의2 제1항 제1호). (○)
- 보험대리상이 아니면서 특정한 보험자를 위하여 계속적으로 보험계약의 체결을 중개하는 자는 보험자가 작성한 보험증권을 보험계약자에게 교부할 수 있는 권한을 갖는다(상법 제646조의2 제3항). (○)
- 대리인에 의하여 보험계약을 체결한 경우 대리인이 안 사유는 그 본인이 안 것과 동일한 것으로 한다(상법 제646조). (○)
- 보험자는 보험대리상이 보험계약자로부터 청약, 고지, 통지 등 보험계약에 관한 의사표시를 수령할 수 있는 권한을 제한할 수 있다(상법 제646조의2 제2항). (×)

06 상법상 보험계약자가 보험자와 보험료를 분납하기로 약정한 경우에 관한 설명으로 옳지 않은 것은?

① 보험계약 체결 후 보험계약자가 제1회 보험료를 지급하지 아니한 경우, 다른 약정이 없는 한 계약 성립 후 2월이 경과하면 보험계약은 해제된 것으로 본다.

② 계속보험료가 연체된 경우 보험자는 즉시 그 계약을 해지할 수는 없다.

③ 계속보험료가 연체된 경우 보험대리상이 아니면서 특정한 보험자를 위하여 계속적으로 보험계약의 체결을 중개하는 자는 보험계약자에 대해 해지의 의사표시를 할 수 있는 권한이 있다.

④ 보험대리상이 아니면서 특정한 보험자를 위하여 계속적으로 보험계약의 체결을 중개하는 자는 보험자가 작성한 영수증을 보험계약자에게 교부하는 경우에 한하여 보험료를 수령할 권한이 있다.

정답 ③

해설 ....

> 계속보험료가 연체된 경우 보험대리상이 아니면서 특정한 보험자를 위하여 계속적으로 보험계약의 체결을 중개하는 자는 보험계약자에 대해 해지의 의사표시를 할 수 있는 권한이 없다. 즉 보험대리상이 아니면서 특정한 보험자를 위하여 계속적으로 보험계약의 체결을 중개하는 자는 <u>보험계약자로부터 보험료를 수령할 수 있는 권한(보험자가 작성한 영수증을 보험계약자에게 교부하는 경우만 해당한다) 및 보험자가 작성한 보험증권을 보험계약자에게 교부할 수 있는 권한</u>이 있다(상법 제646조의2 제3항).
>
> ① 상법 제650조 제1항
> ② 상법 제650조 제2항
> ④ 상법 제646조의2 제3항

07 상법상 특정한 타인(이하 "A"라고 함)을 위한 손해보험계약에 관한 설명으로 옳은 것은?

① 보험계약자는 A의 동의를 얻지 아니하거나 보험증권을 소지하지 아니하면 그 계약을 해지하지 못한다.

② A가 보험계약에 따른 이익을 받기 위해서는 이익을 받겠다는 의사표시를 하여야 한다.

③ 보험계약자가 계속보험료의 지급을 지체한 때에는 보험자는 A에게 보험료 지급을 최고하지 않아도 보험계약을 해지할 수 있다.

④ 보험계약자가 A를 위해 보험계약을 체결하려면 A의 위임을 받아야 한다.

정답 ①

해설

타인을 위한 보험계약의 경우에 보험계약자는 그 타인(A)의 동의를 얻지 아니하거나 보험증권을 소지하지 아니하면 그 계약을 해지하지 못한다(상법 제649조 제1항).

② A는 의사표시를 하지 않더라도 당연히 그 계약의 이익을 받는다(상법 제639조 제2항).

③ 보험계약자가 계속보험료의 지급을 지체한 때에는 보험자는 A에게 <u>상당한 기간을 정하여 보험료의 지급을 최고한 후가 아니면</u> 그 계약을 해제 또는 해지하지 못한다(상법 제650조 제3항).

④ 보험계약자는 A의 <u>위임을 받거나, 위임을 받지 아니하고</u> A를 위해 보험계약을 체결할 수 있다(상법 제639조 제1항).

08 상법상 손해보험계약의 부활에 관한 설명으로 옳지 않은 것은?

① 제1회 보험료의 지급이 이루어지지 않아 보험계약이 해제된 경우 보험계약자는 보험계약의 부활을 청구할 수 있다.

② 계속보험료의 연체로 인하여 보험계약이 해지되고 해지환급금이 지급되지 아니한 경우 보험계약자는 보험계약의 부활을 청구할 수 있다.

③ 계속보험료의 연체로 인하여 보험계약이 해지된 경우 보험계약자가 보험계약의 부활을 청구하려면 연체보험료에 약정이자를 붙여 보험자에게 지급해야 한다.

④ 보험계약자가 상법상의 요건을 갖추어 계약의 부활을 청구하는 경우 보험자는 30일 이내에 낙부통지를 발송해야 한다.

정답 ①

해설

보험계약의 부활요건은 '<u>제1회 보험료의 부지급</u>'이 아니라 '<u>계속보험료의 부지급</u>'으로 해지된 계약이어야 한다. 즉 계속보험료의 연체로 인하여 보험계약이 해지되고 해지환급금이 지급되지 아니한 경우에 보험계약자는 일정한 기간 내에 연체보험료에 약정이자를 붙여 보험자에게 지급하고 그 계약의 부활을 청구할 수 있다(상법 제650조의2).

09 상법상 고지의무에 관한 설명으로 옳은 것은?

① 타인을 위한 손해보험계약에서 그 타인은 고지의무를 부담하지 않는다.

② 보험자가 서면으로 질문한 사항은 중요한 사항으로 본다.

③ 고지의무자가 고의 또는 중과실로 중요한 사항을 불고지 또는 부실고지 한 사실을 보험자가 보험계약 체결 직후 알게 된 경우, 보험자가 그 사실을 안 날로부터 1월이 경과하면 보험계약을 해지할 수 없다.

④ 고지의무자가 고의 또는 중과실로 중요한 사항을 불고지 또는 부실고지한 경우 보험자가 계약 당시에 그 사실을 알았을지라도 보험자는 보험계약을 해지할 수 있다.

정답 ③

보험계약 당시에 보험계약자 또는 피보험자가 고의 또는 중대한 과실로 인하여 중요한 사항을 고지하지 아니하거나 부실의 고지를 한 때에는 보험자는 그 사실을 안 날로부터 1월 내에, 계약을 체결한 날로부터 3년 내에 한하여 계약을 해지할 수 있다(상법 제651조).

① 타인을 위한 손해보험계약에서 그 타인(= 피보험자)은 고지의무를 부담한다.
② 보험자가 서면으로 질문한 사항을 중요한 사항으로 추정한다(상법 제651조의2).
④ 고지의무자가 고의 또는 중과실로 중요한 사항을 불고지 또는 부실고지한 경우 보험자가 계약 당시에 그 사실을 알았다면 보험자는 보험계약을 해지할 수 없다(상법 제651조).

10 보험기간 중 사고발생의 위험이 현저하게 변경된 경우에 관한 설명으로 옳은 것을 모두 고른 것은?

> ㄱ. 보험수익자가 이 사실을 안 때에는 지체 없이 보험자에게 통지하여야 한다.
> ㄴ. 보험자가 보험계약자로부터 위험변경의 통지를 받은 때로부터 2월이 경과하면 계약을 해지할 수 없다.
> ㄷ. 보험수익자의 고의로 인하여 위험이 현저하게 변경된 때에는 보험자는 보험료의 증액을 청구할 수 있다.
> ㄹ. 피보험자의 중대한 과실로 인하여 위험이 현저하게 변경된 때에는 보험자는 계약을 해지할 수 없다.

① ㄱ, ㄴ
② ㄴ, ㄷ
③ ㄷ, ㄹ
④ ㄱ, ㄴ, ㄷ, ㄹ

②

ㄱ. (×) 보험계약자 또는 피보험자가 이 사실을 안 때에는 지체 없이 보험자에게 통지하여야 한다(상법 제652조 제1항).
ㄴ. (○) 보험자는 보험계약자로부터 위험변경의 통지를 받은 때로부터 1월 내에 한하여 계약을 해지할 수 있으므로 2월이 경과하면 계약을 해지할 수 없다(상법 제652조 제2항).
ㄷ. (○) 보험수익자의 고의로 인하여 위험이 현저하게 변경된 때에는 보험자는 보험료의 증액을 청구할 수 있다(상법 제653조).
ㄹ. (×) 보험기간 중에 보험계약자, 피보험자 또는 보험수익자의 고의 또는 중대한 과실로 인하여 사고발생의 위험이 현저하게 변경 또는 증가된 때에는 보험자는 그 사실을 안 날부터 1월 내에 보험료의 증액을 청구하거나 계약을 해지할 수 있다(상법 제653조).

11 보험계약의 해지에 관한 설명으로 옳지 않은 것은? (다툼이 있으면 판례에 따름)

① 보험자가 파산의 선고를 받은 때에는 보험계약자는 계약을 해지할 수 있다.

② 보험자가 보험기간 중에 사고발생의 위험이 현저하게 증가하여 보험계약을 해지한 경우 이미 지급한 보험금의 반환을 청구할 수 없다.

③ 보험자가 파산의 선고를 받은 경우 해지하지 아니한 보험계약은 파산선고 후 3월을 경과한 때에는 그 효력을 잃는다.

④ 보험자가 보험기간 중 사고발생의 위험이 현저하게 변경되었음을 이유로 계약을 해지하려는 경우 그 사실을 입증하여야 한다.

정답 ②

해설

보험자가 보험기간 중에 보험자가 사고발생의 위험이 현저하게 증가하여 계약을 해지하였을 때에는 보험금을 지급할 책임이 없고 <u>이미 지급한 보험금의 반환을 청구할 수 있다</u>(상법 제655조).

① 상법 제654조 제1항
③ 상법 제654조 제2항
④ 위험의 현저한 변경·증가 사실에 대한 입증책임은 그것을 근거로 보험계약의 해지를 주장하는 보험자에게 있다(대법원 1996.7.26. 선고 95다52505 판결).

12 상법상 보험사고의 발생에 따른 보험자의 책임에 관한 설명으로 옳은 것은?

① 보험수익자가 보험사고의 발생을 안 때에는 보험자에게 그 통지를 할 의무가 없다.

② 보험사고가 보험계약자의 고의로 인하여 생긴 때에는 보험자는 보험금액을 지급할 책임이 없다.

③ 보험자는 보험금액의 지급에 관하여 약정기간이 없는 경우 지급할 보험금액이 정하여진 날로부터 5일내에 지급하여야 한다.

④ 보험자의 책임은 당사자간에 다른 약정이 없으면 보험계약자가 보험계약의 체결을 청약한 때로부터 개시한다.

정답 ②

해설

보험사고가 보험계약자 또는 피보험자나 보험수익자의 고의 또는 중대한 과실로 인하여 생긴 때에는 보험자는 보험금액을 지급할 책임이 없다(상법 제659조 제1항).

① 보험수익자는 보험사고의 발생을 안 때에는 <u>지체 없이 보험자에게 그 통지를 발송하여야 한다</u>(상법 제657조 제1항).
③ 보험자는 보험금액의 지급에 관하여 약정기간이 없는 경우 지급할 보험금액이 정하여진 날로부터 <u>10일내에 지급하여야</u> 한다(상법 제658조).
④ 보험자의 책임은 당사자간에 다른 약정이 없으면 <u>최초의 보험료의 지급을 받은 때로부터 개시한다</u>(상법 제656조).

13 상법 보험편에 관한 설명으로 옳지 않은 것은? (다툼이 있으면 판례에 따름)

① 재보험에서는 당사자간의 특약에 의하여 상법 보험편의 규정을 보험계약자의 불이익으로 변경할 수 있다.

② 보험계약자 등의 불이익변경 금지원칙은 보험계약자와 보험자가 서로 대등한 경제적 지위에서 계약조건을 정하는 기업보험에 있어서는 그 적용이 배제된다.

③ 상법 보험편의 규정은 그 성질에 반하지 아니하는 범위에서 공제에도 준용된다.

④ 상법 보험편의 규정은 약관에 의하여 피보험자나 보험수익자의 이익으로 변경할 수 없다.

정답 ④

해설

> 상법 보험편의 규정은 약관에 의하여 피보험자나 보험수익자의 <u>불이익으로 변경하지 못한다</u>.
>
> ① 상법 보험편의 규정은 당사자간의 <u>특약으로 보험계약자 또는 피보험자나 보험수익자의 불이익으로 변경하지 못한다</u>. 그러나 재보험 및 해상보험 기타 이와 유사한 보험의 경우에는 그러하지 아니하다(상법 제663조).
> ② 상법 제663조에 규정된 '보험계약자 등의 불이익변경 금지원칙'은 보험계약자와 보험자가 서로 대등한 경제적 지위에서 계약조건을 정하는 이른바 기업보험에 있어서의 보험계약 체결에 있어서는 그 적용이 배제된다(대법원 2005.8.25. 선고 2004다18903 판결).
> ③ 상법 보험편의 규정은 그 성질에 반하지 아니하는 범위에서 상호보험(相互保險), 공제(共濟), 그 밖에 이에 준하는 계약에 준용한다(상법 제664조).

14 상법상 손해보험증권에 기재되어야 하는 사항으로 옳은 것은 모두 몇 개인가?

> • 보험수익자의 주소, 성명 또는 상호
> • 무효의 사유
> • 보험사고의 성질
> • 보험금액

① 1개　　　　　　　　　　　② 2개
③ 3개　　　　　　　　　　　④ 4개

정답 ③

손해보험증권에 기재되어야 하는 사항(상법 제666조)
1. 보험의 목적
2. 보험사고의 성질
3. 보험금액
4. 보험료와 그 지급방법
5. 보험기간을 정한 때에는 그 시기와 종기
6. 무효와 실권의 사유
7. 보험계약자의 주소와 성명 또는 상호
8. 피보험자의 주소, 성명 또는 상호
9. 보험계약의 연월일
10. 보험증권의 작성지와 그 작성연월일

15 상법상 손해보험에 관한 설명으로 옳지 않은 것은?

① 당사자간에 보험가액을 정한 때에는 그 가액은 사고발생시의 가액으로 정한 것으로 본다.
② 당사자는 약정에 의하여 보험사고로 인하여 상실된 피보험자가 얻을 보수를 보험자가 보상할 손해액에 산입할 수 있다.
③ 화재보험의 보험자는 화재의 소방 또는 손해의 감소에 필요한 조치로 인하여 생긴 손해를 보상할 책임이 있다.
④ 보험계약은 금전으로 산정할 수 있는 이익에 한하여 보험계약의 목적으로 할 수 있다.

정답 ①

당사자간에 보험가액을 정한 때에는 그 가액은 사고발생시의 가액으로 정한 것으로 추정한다(상법 제670조).

② 상법 제667조
③ 상법 제684조
④ 상법 제668조

16 손해보험에서의 보험가액에 관한 설명으로 옳은 것은?

① 초과보험에 있어서 보험계약의 목적의 가액은 사고발생시의 가액에 의하여 정한다.
② 보험금액이 보험계약의 목적의 가액을 현저하게 초과한 때에는 보험계약자는 소급하여 보험료의 감액을 청구할 수 있다.
③ 보험가액이 보험계약 당시가 아닌 보험기간 중에 현저하게 감소된 때에는 보험자는 보험료와 보험금액의 감액을 청구할 수 없다.
④ 초과보험이 보험계약자의 사기로 인하여 체결된 때에는 그 계약은 무효이며, 보험자는 그 사실을 안 때까지의 보험료를 청구할 수 있다.

정답 ④

....

> ④ 상법 제669조 제4항
> ① 초과보험에 있어서 보험계약의 목적의 가액은 <u>계약 당시의 가액에 의하여 정한다</u>(상법 제669조 제2항).
> ② 보험료의 감액은 <u>장래에 대하여서만 그 효력이 있다</u>(상법 제669조 제1항).
> ③ 보험가액이 보험계약 당시가 아닌 보험기간 중에 현저하게 감소된 때에도 <u>보험자는 보험료와 보험금액의</u>
>   <u>감액을 청구할 수 있다</u>(상법 제669조 제3항).

17 상법상 소멸시효에 관하여 ( )에 들어갈 내용으로 옳은 것은?

> 보험금청구권은 (ㄱ)년간, 보험료청구권은 (ㄴ)년간, 적립금의 반환청구권은 (ㄷ)년간 행사하
> 지 아니하면 시효의 완성으로 소멸한다.

① ㄱ : 2, ㄴ : 3, ㄷ : 2
② ㄱ : 2, ㄴ : 3, ㄷ : 3
③ ㄱ : 3, ㄴ : 2, ㄷ : 3
④ ㄱ : 3, ㄴ : 3, ㄷ : 2

[정답] ③

[해설] ....

> 보험금청구권은 (3)년간, 보험료청구권은 (2)년간, 보험료 또는 적립금의 반환청구권은 (3)년간 행사
> 하지 아니하면 시효의 완성으로 소멸한다(상법 제662조).

18 상법상 중복보험에 관한 설명으로 옳지 않은 것은?

① 보험계약자가 중복보험의 체결 사실을 보험자에게 통지하지 아니한 경우 보험자는 보험계약
   을 취소할 수 있다.
② 중복보험을 체결한 경우 보험계약자는 각 보험자에 대하여 각 보험계약의 내용을 통지하여야
   한다.
③ 중복보험이라 함은 동일한 보험계약의 목적과 동일한 사고에 관하여 수개의 보험계약이 동시
   에 또는 순차로 체결된 경우를 말한다.
④ 중복보험은 하나의 보험계약을 수인의 보험자와 체결한 공동보험과 구별된다.

[정답] ①

동일한 보험계약의 목적과 동일한 사고에 관하여 수개의 보험계약을 체결하는 경우(병존보험도 포함)에 보험계약자는 각 보험자에 대하여 각 계약내용을 통지하여야 하며(상법 제672조 제2항), 통지하지 아니한 경우 사기의 목적이 있는 것으로 보아 <u>계약은 무효가 된다</u>(상법 제669조 제4항).

② 상법 제672조 제2항
③ 상법 제672조 제1항
④ 중복보험은 수인의 보험자가 동일한 피보험이익과 동일한 보험사고를 담보하는 보험을 공동으로 인수하는 공동보험, 보험자 사이에 서로 연결 없이 보험가액의 한도 내에서 보험을 인수하는 병존보험과는 구별되는 개념이다.

19 다음 사례에 관한 설명으로 옳은 것은? (단, 다른 약정이 없고, 보험사고 당시 보험가액은 보험계약 당시와 동일한 것으로 전제함)

〈사례 1〉 甲은 보험가액이 3억원인 자신의 아파트를 보험목적으로 하여 A보험회사 및 B보험회사와 보험금액을 3억원으로 하는 화재보험계약을 각각 체결하였다.
〈사례 2〉 乙은 보험가액이 10억원인 자신의 건물을 보험목적으로 하여 C보험회사와 보험금액을 5억원으로 하는 화재보험계약을 체결하였다.

① 화재로 인하여 甲의 아파트가 전부 소실된 경우 甲은 A와 B로부터 각각 3억원의 보험금을 수령할 수 있다.
② 화재로 인하여 甲의 아파트가 전부 소실된 경우 甲이 A에 대한 보험금 청구를 포기하였다면 甲에게 보험금 3억원을 지급한 B는 A에 대해 구상금을 청구할 수 없다.
③ 화재로 인하여 乙의 건물에 5억원의 손해가 발생한 경우 C는 乙에게 5억원을 보험금으로 지급하여야 한다.
④ 화재로 인하여 甲의 아파트가 전부 소실된 경우 A는 甲에 대하여 3억원의 한도에서 B와 연대책임을 부담한다.

④

[해설]

동일한 보험계약의 목적과 동일한 사고에 관하여 수개의 보험계약이 동시에 또는 순차로 체결된 경우에 그 보험금액의 총액이 보험가액을 초과한 때에는 보험자는 각자의 보험금액의 한도에서 연대책임을 진다. 이 경우에는 각 보험자의 보상책임은 각자의 보험금액의 비율에 따른다(상법 제672조 제1항).
따라서 화재로 인하여 甲의 아파트가 전부 소실된 경우 A보험회사는 甲에 대하여 3억원의 한도에서 B보험회사와 연대책임을 부담한다.

① 화재로 인하여 甲의 아파트가 전부 소실된 경우 甲은 A보험회사와 B보험회사로부터 3억원의 한도 내에서 보험금을 수령할 수 있다.
② 보험자 1인에 대한 권리포기는 다른 보험자의 권리, 의무에 영향을 미치지 아니하므로(상법 제673조), 甲이 A보험회사에 대한 보험금 청구를 포기하였다면 甲에게 보험금 3억원을 지급한 B보험회사는 A보험회사에 대해 구상금을 청구할 수 있다.
③ 보험자는 각자의 보험금액의 비율에 따라 보상책임을 지므로, 화재로 인하여 乙의 건물에 5억원의 손해가 발생한 경우 C보험회사는 乙에게 2.5억원(= 5억원 × 5억원 / 10억원)을 보험금으로 지급하여야 한다.

20 화재보험에 있어서 보험자의 보상의무에 관한 설명으로 옳지 않은 것은? (다툼이 있으면 판례에 따름)

① 보험사고의 발생은 보험금 지급을 청구하는 보험계약자 등이 입증해야 한다.
② 보험자의 보험금 지급의무는 보험기간 내에 보험사고가 발생하고 그 보험사고의 발생으로 인하여 피보험자의 피보험이익에 손해가 생기면 성립된다.
③ 손해란 피보험이익의 전부 또는 일부가 멸실됐거나 감손된 것을 말한다.
④ 보험의 목적에 관하여 보험자가 부담할 손해가 생긴 경우에는 그 후 그 목적이 보험자가 부담하지 아니하는 보험사고의 발생으로 인하여 멸실된 때에는 보험자는 이미 생긴 손해를 보상할 책임을 면한다.

[정답] ④

[해설]

보험의 목적에 관하여 보험자가 부담할 손해가 생긴 경우에는 그 후 그 목적이 보험자가 부담하지 아니하는 보험사고의 발생으로 인하여 멸실된 때에도 보험자는 이미 생긴 손해를 보상할 책임을 면하지 못한다(상법 제675조).

① 대법원 1997.9.5. 선고 95다25268 판결
②·③ 손해보험에 있어서 보험자의 보험금 지급의무는 보험기간 내에 보험사고가 발생하고 그 보험사고의 발생으로 인하여 피보험자의 피보험이익에 손해가 생기면 성립되고, 여기서 손해란 피보험이익의 전부 또는 일부가 멸실됐거나 감손된 것을 말한다(대법원 2005.12.8. 선고 2003다40729 판결).

21 상법상 손해보험에서 손해액의 산정기준 등에 관한 설명으로 옳지 않은 것은?

① 보험자가 보상할 손해액은 그 손해가 발생한 때와 곳의 가액에 의하여 산정하는 것이 원칙이다.
② 손해액의 산정에 관한 비용은 보험계약자의 부담으로 한다.
③ 보험자가 손해를 보상할 경우에 보험료의 지급을 받지 아니한 잔액이 있으면 그 지급기일이 도래하지 아니한 때라도 보상할 금액에서 이를 공제할 수 있다.
④ 보험자는 약정에 따라 신품가액에 의하여 손해액을 산정할 수 있다.

정답 ②

해설

> 손해액의 산정에 관한 비용은 <u>보험자의 부담으로 한다</u>(상법 제676조 제2항).
>
> ①·④ 상법 제676조 제2항
> ③ 상법 제677조

22 상법상 손해보험에 있어 보험자의 면책 사유로 옳은 것을 모두 고른 것은?

> ㄱ. 보험의 목적의 성질로 인한 손해
> ㄴ. 보험의 목적의 하자로 인한 손해
> ㄷ. 보험의 목적의 자연소모로 인한 손해
> ㄹ. 보험사고가 보험계약자의 고의 또는 중대한 과실로 인하여 생긴 경우

① ㄱ, ㄴ   ② ㄴ, ㄷ
③ ㄷ, ㄹ   ④ ㄱ, ㄴ, ㄷ, ㄹ

정답 ④

해설

> ㄱ, ㄴ, ㄷ. <u>보험의 목적의 성질, 하자 또는 자연소모로 인한 손해는 보험자가 이를 보상할 책임이 없다</u>(상법 제678조).
> ㄹ. 보험사고가 보험계약자 또는 피보험자나 보험수익자의 <u>고의 또는 중대한 과실</u>로 인하여 생긴 때에는 보험자는 보험금액을 지급할 책임이 없다(상법 제659조 제1항).

23 상법상 손해보험에서 손해방지의무에 관한 설명으로 옳지 않은 것은? (다툼이 있으면 판례에 따름)

① 손해방지의무의 주체는 보험계약자와 피보험자이다.

② 손해방지를 위하여 필요 또는 유익하였던 비용은 보험자가 부담한다.

③ 손해방지를 위하여 필요 또는 유익하였던 비용과 보상액이 보험금액을 초과한 경우에는 보험금액의 한도에서만 보험자가 이를 부담한다.

④ 피보험자가 손해방지의무를 고의 또는 중과실로 위반한 경우 보험자는 손해방지의무위반과 상당인과관계가 있는 손해에 대하여 배상을 청구할 수 있다.

정답 ③

해설

①·②·③ 보험계약자와 피보험자는 손해의 방지와 경감을 위하여 노력하여야 한다. 그러나 이를 위하여 필요 또는 유익하였던 비용과 보상액이 보험금액을 초과한 경우라도 보험자가 이를 부담한다(상법 제680조 제1항).

④ 보험계약자와 피보험자가 고의 또는 중대한 과실로 손해방지의무를 위반한 경우에는 보험자는 손해방지의무 위반과 상당인과관계가 있는 손해, 즉 의무위반이 없다면 방지 또는 경감할 수 있으리라고 인정되는 손해액에 대하여 배상을 청구하거나 지급할 보험금과 상계하여 이를 공제한 나머지 금액만을 보험금으로 지급할 수 있으나, 경과실로 위반한 경우에는 그러하지 아니하다(대법원 2016.1.14. 선고 2015다6302 판결).

24 보험목적에 관한 보험대위에 관한 설명이다. ( )에 들어갈 내용으로 옳은 것은?

> 보험의 목적의 전부가 멸실한 경우에 (ㄱ)의 (ㄴ)를 지급한 보험자는 그 목적에 대한 (ㄷ)의 권리를 취득한다. 그러나 (ㄹ)의 일부를 보험에 붙인 경우에는 보험자가 취득할 권리는 보험금액의 보험가액에 대한 비율에 따라 이를 정한다.

① ㄱ : 보험금액, ㄴ : 전부, ㄷ : 피보험자, ㄹ : 보험가액

② ㄱ : 보험금액, ㄴ : 일부, ㄷ : 보험계약자, ㄹ : 보험금액

③ ㄱ : 보험가액, ㄴ : 일부, ㄷ : 피보험자, ㄹ : 보험가액

④ ㄱ : 보험가액, ㄴ : 전부, ㄷ : 피보험자, ㄹ : 보험가액

정답 ①

해설

보험목적에 관한 보험대위(상법 제681조)
보험의 목적의 전부가 멸실한 경우에 (보험금액)의 (전부)를 지급한 보험자는 그 목적에 대한 (피보험자)의 권리를 취득한다. 그러나 (보험가액)의 일부를 보험에 붙인 경우에는 보험자가 취득할 권리는 보험금액의 보험가액에 대한 비율에 따라 이를 정한다.

25 제3자에 대한 보험대위에 관한 설명으로 옳지 않은 것은? (다툼이 있으면 판례에 따름)

① 제3자에 대한 보험대위의 취지는 이득금지 원칙의 실현과 부당한 면책의 방지에 있다.

② 보험자는 피보험자와 생계를 같이 하는 가족에 대한 피보험자의 권리는 취득하지 못하는 것이 원칙이다.

③ 보험금을 지급한 보험자는 그 지급한 금액의 한도에서 그 제3자에 대한 피보험자의 권리를 취득한다.

④ 보험약관상 보험자가 면책되는 사고임에도 불구하고 보험자가 보험금을 지급한 경우 피보험자의 제3자에 대한 권리를 대위취득 할 수 있다.

정답 ④

해설

피보험자의 손해가 제3자의 행위에 의하여 발생하였더라도 보험자대위가 성립하기 위해서는 보험자는 보험계약에 따라 피보험자에게 그 손해를 적법하게 보상해야만 한다. 즉 보험자가 피보험자에게 보험금을 지급할 책임이 없는데도 불구하고 임의로 보험금을 지급한 경우에는 보험자에게 대위권이 인정되지 않는다. 따라서 보험자가 면책되는 보험사고나 담보하지 않는 손해에 대하여 보험금을 지급한 경우에는 피보험자의 권리를 대위할 수 없다(대법원 1994.4.12. 선고 94다200 판결).

① 보험자대위에 관한 상법 제682조의 규정을 둔 이유는 피보험자가 보험자로부터 보험금액을 지급받은 후에도 제3자에 대한 청구권을 보유, 행사하게 하는 것은 피보험자에게 손해의 전보를 넘어서 오히려 이득을 주는 결과가 되어 손해보험제도의 원칙에 반하고 배상의무자인 제3자가 피보험자의 보험금 수령으로 인하여 그 책임을 면하는 것도 불합리하므로 이를 제거하여 보험자에게 그 이익을 귀속시키려는데 있다(대법원 1989.4.25. 선고 87다카1669 판결).

② 상법 제682조 제2항

③ 상법 제682조 제1항

26 농어업재해보험법상 재해보험 발전 기본계획에 포함되어야 하는 사항으로 명시되지 않은 것은?

① 재해보험의 종류별 가입률 제고 방안에 관한 사항

② 손해평가인의 정기교육에 관한 사항

③ 재해보험사업에 대한 지원 및 평가에 관한 사항

④ 재해보험의 대상 품목 및 대상 지역에 관한 사항

[정답] ②

[해설]

재해보험 발전 기본계획에 포함되어야 하는 사항(농어업재해보험법 제2조의2 제2항)
1. 재해보험사업의 발전 방향 및 목표
2. 재해보험의 종류별 가입률 제고 방안에 관한 사항
3. 재해보험의 대상 품목 및 대상 지역에 관한 사항
4. 재해보험사업에 대한 지원 및 평가에 관한 사항
5. 그 밖에 재해보험 활성화를 위하여 농림축산식품부장관 또는 해양수산부장관이 필요하다고 인정하는 사항

27 농어업재해보험법상 농업재해보험심의회의 심의사항에 해당되는 것을 모두 고른 것은?

ㄱ. 재해보험에서 보상하는 재해의 범위에 관한 사항
ㄴ. 손해평가의 방법과 절차에 관한 사항
ㄷ. 농어업재해재보험사업에 대한 정부의 책임범위에 관한 사항
ㄹ. 농어업재해재보험사업 관련 자금의 수입과 지출의 적정성에 관한 사항

① ㄱ, ㄴ

② ㄴ, ㄷ

③ ㄱ, ㄷ, ㄹ

④ ㄱ, ㄴ, ㄷ, ㄹ

[정답] ④

농업재해보험심의회의 심의사항(법 제3조 제1항) 〈2023.10.31. 개정〉

1. 법 제2조의3(재해보험 등의 심의) 각 호의 사항
   - 재해보험에서 보상하는 재해의 범위에 관한 사항
   - 재해보험사업에 대한 재정지원에 관한 사항
   - 손해평가의 방법과 절차에 관한 사항
   - 농어업재해재보험사업에 대한 정부의 책임범위에 관한 사항
   - 재보험사업 관련 자금의 수입과 지출의 적정성에 관한 사항
   - 그 밖에 농업재해보험심의회의 위원장 또는 중앙 수산업·어촌정책심의회의 위원장이 재해보험 및 재보험에 관하여 회의에 부치는 사항
2. 재해보험 목적물의 선정에 관한 사항
3. 기본계획의 수립·시행에 관한 사항
4. 다른 법령에서 심의회의 심의사항으로 정하고 있는 사항

---

28 농어업재해보험법상 재해보험을 모집할 수 있는 자에 해당하지 않는 것은?

① 산림조합중앙회의 임직원
② 「수산업협동조합법」에 따라 설립된 수협은행의 임직원
③ 「산림조합법」 제48조의 공제규정에 따른 공제모집인으로서 농림축산식품부장관이 인정하는 자
④ 「보험업법」 제83조 제1항에 따라 보험을 모집할 수 있는 자

[정답] ③

[해설]

재해보험을 모집할 수 있는 자(농어업재해보험법 제10조 제1항)

1. 산림조합중앙회와 그 회원조합의 임직원, 수협중앙회와 그 회원조합 및 「수산업협동조합법」에 따라 설립된 수협은행의 임직원
2. 「수산업협동조합법」 제60조의 공제규약에 따른 공제모집인으로서 수협중앙회장 또는 그 회원조합장이 인정하는 자
3. 「산림조합법」 제48조의 공제규정에 따른 공제모집인으로서 산림조합중앙회장이나 그 회원조합장이 인정하는 자
4. 「보험업법」 제83조 제1항에 따라 보험을 모집할 수 있는 자

29 농어업재해보험법상 손해평가 등에 관한 설명으로 옳은 것은?

① 재해보험사업자는 동일 시·군·구 내에서 교차손해평가를 수행할 수 없다.

② 농림축산식품부장관은 손해평가인이 공정하고 객관적인 손해평가를 수행할 수 있도록 연 1회 이상 정기교육을 실시하여야 한다.

③ 농림축산식품부장관이 손해평가요령을 정한 뒤 이를 고시하려면 미리 금융위원회의 인가를 거쳐야 한다.

④ 농림축산식품부장관은 손해평가인간의 손해평가에 관한 기술·정보의 교환을 금지하여야 한다.

정답 ②

해설

② 농어업재해보험법 제11조 제5항
① 재해보험사업자는 공정하고 객관적인 손해평가를 위하여 동일 시·군·구(자치구를 말한다) 내에서 교차 손해평가(손해평가인 상호간에 담당지역을 교차하여 평가하는 것을 말한다)를 <u>수행할 수 있다</u>(농어업재해 보험법 제11조 제3항).
③ 농림축산식품부장관 또는 해양수산부장관은 손해평가요령을 고시하려면 <u>미리 금융위원회와 협의하여야 한다</u>(농어업재해보험법 제11조 제4항).
④ 농림축산식품부장관 또는 해양수산부장관은 손해평가인간의 손해평가에 관한 기술·정보의 교환을 <u>지원할 수 있다</u>(농어업재해보험법 제11조 제6항).

30 농어업재해보험법령상 손해평가사의 자격 취소사유로 명시되지 않은 것은?

① 손해평가사의 자격을 거짓 또는 부정한 방법으로 취득한 경우

② 거짓으로 손해평가를 한 경우

③ 업무수행과 관련하여 보험계약자로부터 향응을 제공받은 경우

④ 법 제11조의4 제7항을 위반하여 손해평가사 명의의 사용이나 자격증의 대여를 알선한 경우

정답 ③

해설

손해평가사의 자격 취소(농어업재해보험법 제11조의5 제1항)
농림축산식품부장관은 다음 각 호의 어느 하나에 해당하는 사람에 대하여 손해평가사 자격을 취소할 수 있다.
다만, 제1호 및 제5호에 해당하는 경우에는 자격을 취소하여야 한다.
1. <u>손해평가사의 자격을 거짓 또는 부정한 방법으로 취득한 사람</u>
2. <u>거짓으로 손해평가를 한 사람</u>
3. 제11조의4 제6항을 위반하여 다른 사람에게 손해평가사의 명의를 사용하게 하거나 그 자격증을 대여한 사람
4. <u>제11조의4 제7항을 위반하여 손해평가사 명의의 사용이나 자격증의 대여를 알선한 사람</u>
5. 업무정지 기간 중에 손해평가 업무를 수행한 사람

31 농어업재해보험법령상 보험금의 압류 금지에 관한 조문의 일부이다. ( )에 들어갈 내용은?

> 법 제12조 제2항에서 "대통령령으로 정하는 액수"란 다음 각 호의 구분에 따른 보험금 액수를 말한다.
> 1. 농작물·임산물·가축 및 양식수산물의 재생산에 직접적으로 소요되는 비용의 보장을 목적으로 법 제11조의7 제1항 본문에 따라 보험금수급전용계좌로 입금된 보험금 : 입금된 (ㄱ)
> 2. 제1호 외의 목적으로 법 제11조의7 제1항 본문에 따라 보험금수급전용계좌로 입금된 보험금 : 입금된 (ㄴ)에 해당하는 액수

① ㄱ : 보험금의 2분의 1,   ㄴ : 보험금의 3분의 1
② ㄱ : 보험금의 2분의 1,   ㄴ : 보험금의 3분의 2
③ ㄱ : 보험금 전액,   ㄴ : 보험금의 3분의 1
④ ㄱ : 보험금 전액,   ㄴ : 보험금의 2분의 1

정답 ④

해설

> 보험금의 압류 금지(농어업재해보험법 시행령 제12조의12)
> 법 제12조 제2항에서 "대통령령으로 정하는 액수"란 다음 각 호의 구분에 따른 보험금 액수를 말한다.
> 1. 농작물·임산물·가축 및 양식수산물의 재생산에 직접적으로 소요되는 비용의 보장을 목적으로 법 제11조의7 제1항 본문에 따라 보험금수급전용계좌로 입금된 보험금 : 입금된 (보험금 전액)
> 2. 제1호 외의 목적으로 법 제11조의7 제1항 본문에 따라 보험금수급전용계좌로 입금된 보험금 : 입금된 (보험금의 2분의 1)에 해당하는 액수

32 농어업재해보험법령상 재해보험사업자가 보험모집 및 손해평가 등 재해보험 업무의 일부를 위탁할 수 있는 자에 해당하지 않는 것은?

① 「농업협동조합법」에 따라 설립된 지역농업협동조합
② 「수산업협동조합법」에 따라 설립된 지구별 수산업협동조합
③ 「보험업법」 제187조에 따라 손해사정을 업으로 하는 자
④ 농어업재해보험 관련 업무를 수행할 목적으로 「민법」에 따라 설립된 영리법인

정답 ④

해설

> 재해보험사업자가 보험모집 및 손해평가 등 재해보험 업무의 일부를 위탁할 수 있는 자(농어업재해보험법 시행령 제13조)
> 1. 「농업협동조합법」에 따라 설립된 지역농업협동조합·지역축산업협동조합 및 품목별·업종별 협동조합
> 2. 「산림조합법」에 따라 설립된 지역산림조합 및 품목별·업종별 산림조합
> 3. 「수산업협동조합법」에 따라 설립된 지구별 수산업협동조합, 업종별 수산업협동조합, 수산물가공 수산업협동조합 및 수협은행
> 4. 「보험업법」 제187조에 따라 손해사정을 업으로 하는 자
> 5. 농어업재해보험 관련 업무를 수행할 목적으로 「민법」 제32조에 따라 농림축산식품부장관 또는 해양수산부장관의 허가를 받아 설립된 비영리법인 〈2023.9.26. 개정〉

33 농어업재해보험법상 재정지원에 관한 설명으로 옳지 않은 것은?

① 정부는 재해보험사업자의 재해보험의 운영 및 관리에 필요한 비용의 전부를 지원하여야 한다.

② 지방자치단체는 예산의 범위에서 재해보험가입자가 부담하는 보험료의 일부를 추가로 지원할 수 있다.

③ 「풍수해보험법」에 따른 풍수해보험에 가입한 자가 동일한 보험목적물을 대상으로 재해보험에 가입할 경우에는 정부가 재정지원을 하지 아니한다.

④ 법 제19조 제1항에 따른 보험료와 운영비의 지원 방법 및 지원 절차 등에 필요한 사항은 대통령령으로 정한다.

정답 ①

해설

정부는 예산의 범위에서 재해보험가입자가 부담하는 보험료의 일부와 재해보험사업자의 재해보험의 운영 및 관리에 필요한 비용(이하 "운영비"라 한다)의 전부 또는 일부를 지원할 수 있다. 이 경우 지방자치단체는 예산의 범위에서 재해보험가입자가 부담하는 보험료의 일부를 추가로 지원할 수 있다(농어업재해보험법 제19조 제1항).

34 농어업재해보험법령상 손해평가인의 자격요건에 관한 내용의 일부이다. (   )에 들어갈 숫자는?

「학점인정 등에 관한 법률」 제8조에 따라 전문대학의 보험 관련 학과 졸업자와 같은 수준 이상의 학력이 있다고 인정받은 사람이나 「고등교육법」 제2조에 따른 학교에서 (ㄱ)학점(보험 관련 과목 학점이 (ㄴ)학점 이상이어야 한다) 이상을 이수한 사람 등 제7호에 해당하는 사람과 같은 수준 이상의 학력이 있다고 인정되는 사람

① ㄱ : 60, ㄴ : 40

② ㄱ : 60, ㄴ : 45

③ ㄱ : 80, ㄴ : 40

④ ㄱ : 80, ㄴ : 45

정답 ④

해설

손해평가인의 자격요건(농어업재해보험법 시행령 [별표 2])
「학점인정 등에 관한 법률」 제8조에 따라 전문대학의 보험 관련 학과 졸업자와 같은 수준 이상의 학력이 있다고 인정받은 사람이나 「고등교육법」 제2조에 따른 학교에서 (80)학점[보험 관련 과목 학점이 (45)학점 이상이어야 한다] 이상을 이수한 사람 등 제7호에 해당하는 사람과 같은 수준 이상의 학력이 있다고 인정되는 사람

35 농어업재해보험법상 농어업재해재보험기금의 재원에 포함되는 것을 모두 고른 것은?

> ㄱ. 재해보험가입자가 재해보험사업자에게 내야 할 보험료의 회수 자금
> ㄴ. 정부, 정부 외의 자 및 다른 기금으로부터 받은 출연금
> ㄷ. 농어업재해재보험기금의 운용수익금
> ㄹ. 「농어촌구조개선 특별회계법」 제5조 제2항 제7호에 따라 농어촌구조개선 특별회계의 농어촌특
>   별세사업계정으로부터 받은 전입금

① ㄱ, ㄴ, ㄷ　　　　　　　　　　　② ㄱ, ㄴ, ㄹ
③ ㄱ, ㄷ, ㄹ　　　　　　　　　　　④ ㄴ, ㄷ, ㄹ

정답 ④

해설

> 농어업재해재보험기금의 재원(농어업재해보험법 제22조 제1항)
> 1. 정부가 재해보험사업자로부터 받은 재보험료
> 2. <u>정부, 정부 외의 자 및 다른 기금으로부터 받은 출연금</u>
> 3. 재보험금의 회수 자금
> 4. <u>기금의 운용수익금과 그 밖의 수입금</u>
> 5. 차입금
> 6. 「농어촌구조개선 특별회계법」 제5조 제2항 제7호에 따라 <u>농어촌구조개선 특별회계의 농어촌특별세사업
>   계정으로부터 받은 전입금</u>

36 농어업재해보험법령상 농어업재해재보험기금(이하 "기금"이라 한다)에 관한 설명으로 옳은 것은?

① 농림축산식품부장관은 행정안전부장관과 협의를 거쳐 기금의 관리·운용에 관한 사무의 일부를 농업정책보험금융원에 위탁할 수 있다.

② 농림축산식품부장관은 기금의 수입과 지출을 명확히 하기 위하여 농업정책보험금융원에 기금계정을 설치하여야 한다.

③ 기금의 관리·운용에 필요한 경비의 지출은 기금의 용도에 해당한다.

④ 기금은 농림축산식품부장관이 환경부장관과 협의하여 관리·운용한다.

정답 ③

해설

> ③ 농어업재해보험법 제23조 제3호
> ① 농림축산식품부장관은 <u>해양수산부장관</u>과 협의를 거쳐 기금의 관리·운용에 관한 사무의 일부를 농업정책
>   보험금융원에 위탁할 수 있다(농어업재해보험법 제24조 제2항).
> ② 농림축산식품부장관은 해양수산부장관과 협의하여 농어업재해재보험기금의 수입과 지출을 명확히 하기
>   위하여 <u>한국은행에 기금계정을 설치</u>하여야 한다(농어업재해보험법 시행령 제17조).
> ④ 기금은 농림축산식품부장관이 <u>해양수산부장관</u>과 협의하여 관리·운용한다(농어업재해보험법 제24조 제1항).

37 농어업재해보험법상 보험사업의 관리에 관한 설명으로 옳지 않은 것은?

① 농림축산식품부장관 또는 해양수산부장관은 재해보험사업을 효율적으로 추진하기 위하여 손해평가인력의 육성 업무를 수행한다.

② 농림축산식품부장관은 손해평가사의 업무정지 처분을 하는 경우 청문을 하지 않아도 된다.

③ 농림축산식품부장관은 손해평가사 자격시험의 실시 및 관리에 관한 업무를 「한국산업인력공단법」에 따른 한국산업인력공단에 위탁할 수 있다.

④ 정부는 농어업인의 재해대비의식을 고양하고 재해보험의 가입을 촉진하기 위하여 교육·홍보 및 보험가입자에 대한 정책자금 지원, 신용보증 지원 등을 할 수 있다.

정답 ②

해설

농림축산식품부장관은 손해평가사의 업무정지 처분을 하려면 청문을 하여야 한다(농어업재해보험법 제29조의2 제2호).

① 농어업재해보험법 제25조의2 제1항 제4호
③ 농어업재해보험법 제25조의2 제3항
④ 농어업재해보험법 제28조

38 농어업재해보험법상 손해평가사의 자격을 취득하지 아니하고 그 명의를 사용하거나 자격증을 대여받은 자에게 부과될 수 있는 벌칙은?

① 과태료 5백만원　　　　　　　　② 벌금 2천만원

③ 징역 6월　　　　　　　　　　　④ 징역 2년

정답 ③

해설

손해평가사의 명의를 사용하거나 그 자격증을 대여받은 자 또는 명의의 사용이나 자격증의 대여를 알선한 자는 1년 이하의 징역 또는 1천만원 이하의 벌금에 처한다(농어업재해보험법 제30조 제2항 제4호).

39 농업재해보험 손해평가요령상 용어의 정의에 관한 내용의 일부이다. (　　)에 들어갈 내용은?

> "(　　)"(이)라 함은 「농어업재해보험법」 제11조 제1항과 「농어업재해보험법 시행령」 제12조 제1항에서 정한 자 중에서 재해보험사업자가 위촉하여 손해평가 업무를 담당하는 자를 말한다.

① 손해평가인　　　　　　　　　　② 손해평가사

③ 손해사정사　　　　　　　　　　④ 손해평가보조인

정답 ①

"(손해평가인)"이라 함은 법 제11조 제1항과 「농어업재해보험법 시행령」 제12조 제1항에서 정한 자 중에서 재해보험사업자가 위촉하여 손해평가 업무를 담당하는 자를 말한다(농업재해보험 손해평가요령 제2조 제2호).

40 농업재해보험 손해평가요령상 손해평가 업무로 명시되지 않은 것은? 기출+정

① 보험가액 평가
② 보험료율 산정
③ 피해사실 확인
④ 손해액 평가

정답 ②

해설

손해평가 업무(농업재해보험 손해평가요령 제3조 제1항)
1. 피해사실 확인
2. 보험가액 및 손해액 평가
3. 그 밖에 손해평가에 관하여 필요한 사항

41 농업재해보험 손해평가요령상 손해평가인의 위촉과 교육에 관한 설명으로 옳은 것은?

① 손해평가인 정기교육의 세부내용 중 농업재해보험 상품 주요내용은 농업재해보험에 관한 기초지식에 해당한다.
② 손해평가인 정기교육의 세부내용에 피해유형별 현지조사표 작성 실습은 포함되지 않는다.
③ 재해보험사업자 및 「농어업재해보험법」 제14조에 따라 손해평가 업무를 위탁받은 자는 손해평가 업무를 원활히 수행하기 위하여 손해평가보조인을 운용할 수 있다.
④ 실무교육에 참여하는 손해평가인은 재해보험사업자에게 교육비를 납부하여야 한다.

정답 ③

해설

③ 농업재해보험 손해평가요령 제4조 제3항
① 손해평가인 정기교육의 세부내용 중 농업재해보험 상품 주요내용은 농업재해보험의 종류별 약관에 해당한다(농업재해보험 손해평가요령 제5조의2 제1항 제2호).
② 손해평가인 정기교육의 세부내용에 피해유형별 현지조사표 작성 실습은 포함된다(농업재해보험 손해평가요령 제5조의2 제1항 제4호).
④ 손해평가인에 대하여 재해보험사업자는 소정의 교육비를 지급할 수 있다(농업재해보험 손해평가요령 제5조 제3항).

42 농업재해보험 손해평가요령상 손해평가인 위촉의 취소에 관한 설명이다. (   )에 들어갈 내용은?

재해보험사업자는 손해평가인이 「농어업재해보험법」 제30조에 의하여 벌금 이상의 형을 선고받고 그 집행이 종료(집행이 종료된 것으로 보는 경우를 포함한다)되거나 집행이 면제된 날로부터 (ㄱ)년이 경과되지 아니한 자 또는 (ㄴ) 기간 중에 손해평가업무를 수행한 자인 경우 그 위촉을 취소하여야 한다.

① ㄱ : 1,   ㄴ : 자격정지
② ㄱ : 2,   ㄴ : 업무정지
③ ㄱ : 1,   ㄴ : 업무정지
④ ㄱ : 3,   ㄴ : 자격정지

정답 ②

해설

손해평가인 위촉의 취소(농업재해보험 손해평가요령 제6조 제1항 제3호, 제6호)
재해보험사업자는 손해평가인이 「농어업재해보험법」 제30조에 의하여 벌금 이상의 형을 선고받고 그 집행이 종료(집행이 종료된 것으로 보는 경우를 포함한다)되거나 집행이 면제된 날로부터 (2)년이 경과되지 아니한 자 또는 (업무정지) 기간 중에 손해평가업무를 수행한 자인 경우 그 위촉을 취소하여야 한다.

43 농업재해보험 손해평가요령상 손해평가반 구성에 관한 설명으로 옳은 것은?

① 자기가 실시한 손해평가에 대한 검증조사 및 재조사에 해당하는 손해평가의 경우 해당자를 손해평가반 구성에서 배제하여야 한다.
② 자기가 가입하였어도 자기가 모집하지 않은 보험계약에 관한 손해평가의 경우 해당자는 손해평가반 구성에 참여할 수 있다.
③ 손해평가인은 손해평가를 하는 경우에는 손해평가반을 구성하고 손해평가반별로 평가일정계획을 수립하여야 한다.
④ 손해평가반은 손해평가인을 3인 이상 포함하여 7인 이내로 구성한다.

정답 ①

해설

① 농업재해보험 손해평가요령 제8조 제3항 제4호
② 자기가 가입한 보험계약에 관한 손해평가의 경우 해당자는 손해평가반 구성에 참여할 수 없다(농업재해보험 손해평가요령 제8조 제3항 제1호).
③ 재해보험사업자는 손해평가를 하는 경우에는 손해평가반을 구성하고 손해평가반별로 평가일정계획을 수립하여야 한다(농업재해보험 손해평가요령 제8조 제1항).
④ 손해평가반은 손해평가인, 손해평가사, 손해사정사의 어느 하나에 해당하는 자로 구성하며, 5인 이내로 한다(농업재해보험 손해평가요령 제8조 제2항).

44 농업재해보험 손해평가요령상 손해평가준비 및 평가결과 제출에 관한 설명으로 옳은 것은?

① 손해평가반은 재해보험사업자가 실시한 손해평가결과를 기록할 수 있도록 현지조사서를 마련하여야 한다.

② 손해평가반은 손해평가를 실시하기 전에 현지조사서를 재해보험사업자에게 배부하고 손해평가에 임하여야 한다.

③ 손해평가반은 보험가입자가 7일 이내에 손해평가가 잘못되었음을 증빙하는 서류 등을 제출하는 경우 다른 손해평가반으로 하여금 재조사를 실시하게 할 수 있다.

④ 손해평가반은 보험가입자가 정당한 사유 없이 손해평가를 거부하여 손해평가를 실시하지 못한 경우에는 그 피해를 인정할 수 없는 것으로 평가한다는 사실을 보험가입자에게 통지한 후 현지조사서를 재해보험사업자에게 제출하여야 한다.

정답 ④

해설

④ 농업재해보험 손해평가요령 제10조 제4항
① 재해보험사업자는 손해평가반이 실시한 손해평가결과와 손해평가업무를 수행한 손해평가반 구성원을 기록할 수 있도록 현지조사서를 마련하여야 한다(농업재해보험 손해평가요령 제10조 제1항).
② 재해보험사업자는 손해평가를 실시하기 전에 현지조사서를 손해평가반에 배부하고 손해평가시의 주의사항을 숙지시킨 후 손해평가에 임하도록 하여야 한다(농업재해보험 손해평가요령 제10조 제2항).
③ 재해보험사업자는 보험가입자가 손해평가반의 손해평가결과에 대하여 설명 또는 통지를 받은 날로부터 7일 이내에 손해평가가 잘못되었음을 증빙하는 서류 또는 사진 등을 제출하는 경우 재해보험사업자는 다른 손해평가반으로 하여금 재조사를 실시하게 할 수 있다(농업재해보험 손해평가요령 제10조 제5항).

45 농업재해보험 손해평가요령상 손해평가결과 검증에 관한 설명으로 옳은 것은? **기출+정**

① 재해보험사업자 및 농어업재해보험사업의 관리를 위탁받은 기관(이하 "사업관리위탁기관"이라 한다)은 손해평가반이 실시한 손해평가결과를 확인하기 위하여 손해평가를 실시한 보험목적물 중에서 일정수를 임의 추출하여 검증조사를 할 수 있다.

② 손해평가반은 농림축산식품부장관으로 하여금 검증조사를 하게 할 수 있다.

③ 손해평가결과와 임의 추출조사의 결과에 차이가 발생하면 해당 손해평가반이 조사한 전체 보험목적물에 대하여 재조사를 하여야 한다.

④ 보험가입자가 검증조사를 거부하는 경우 검증조사반은 손해평가 검증을 강제할 수 있다는 사실을 보험가입자에게 통지하여야 한다.

정답 ①

① 농업재해보험 손해평가요령 제11조 제1항
② 농림축산식품부장관은 재해보험사업자로 하여금 검증조사를 하게 할 수 있다(농업재해보험 손해평가요령 제11조 제2항).
③ 검증조사결과 현저한 차이가 발생되어 재조사가 불가피하다고 판단될 경우에는 해당 손해평가반이 조사한 전체 보험목적물에 대하여 재조사를 할 수 있다(농업재해보험 손해평가요령 제11조 제3항).
④ 보험가입자가 정당한 사유 없이 검증조사를 거부하는 경우 검증조사반은 검증조사가 불가능하여 손해평가 결과를 확인할 수 없다는 사실을 보험가입자에게 통지한 후 검증조사결과를 작성하여 재해보험사업자에게 제출하여야 한다(농업재해보험 손해평가요령 제11조 제4항).

46 농업재해보험 손해평가요령상 특정위험방식 중 "인삼"의 경우, 다음의 조건으로 산정한 보험금은?

- 보험가입금액 : 1,000만원
- 피해율 : 50%
- 보험가액 : 1,000만원
- 자기부담비율 : 20%

① 200만원
② 300만원
③ 500만원
④ 700만원

정답 ②

해설

보험금 = 보험가입금액 × (피해율 – 자기부담비율)
= 1,000만원 × (50% – 20%) = 300만원

47 농업재해보험 손해평가요령상 종합위험방식 「이앙·직파불능보장」에서 "벼"의 경우, 보험가입금액이 1,000만원이고 보험가액이 1,500만원이라면 산정한 보험금은? (단, 다른 사정은 고려하지 않음)

① 100만원
② 150만원
③ 250만원
④ 375만원

정답 ②

해설

보험금 = 보험가입금액 × 15%
= 1,000만원 × 15% = 150만원

48 농업재해보험 손해평가요령상 종합위험방식 상품의 조사내용 중 "착과수조사"에 해당되는 품목은?

① 사과

② 감귤(온주밀감류)

③ 자두

④ 단감

정답 ③

해설

착과수조사 [별표 2]
- **품목** : 포도, 복숭아, 자두, 감귤(만감류)만 해당
- **조사시기** : 수확 직전
- **조사방법** : 해당 농지의 최초 품종 수확 직전 총 착과수를 조사하며, 피해와 관계없이 전 과수원 조사(표본조사)

49 농업재해보험 손해평가요령상 농작물의 품목별·재해별·시기별 손해수량 조사방법 중 종합위험방식 상품에 관한 표의 일부이다. (   )에 들어갈 내용은?

생육시기	재 해	조사내용	조사시기	조사방법	비 고
수확 시작 후 ~ 수확 종료	태풍(강풍), 우박	(ㄱ)	사고접수 후 지체 없이	전체 열매수(전체 개화수) 및 수확 가능 열매수 조사 •6월 1일~6월 20일 사고 건에 한함 •조사방법 : 표본조사	(ㄴ)만 해당

① ㄱ : 과실손해조사, ㄴ : 복분자

② ㄱ : 과실손해조사, ㄴ : 무화과

③ ㄱ : 수확량조사, ㄴ : 복분자

④ ㄱ : 수확량조사, ㄴ : 무화과

정답 ①

해설

농작물의 품목별·재해별·시기별 손해수량 조사방법 [별표 2]

생육시기	재 해	조사내용	조사시기	조사방법	비 고
수확 시작 후 ~ 수확 종료	태풍(강풍), 우박	(과실손해조사)	사고접수 후 지체 없이	전체 열매수(전체 개화수) 및 수확 가능 열매수 조사 •6월 1일~6월 20일 사고 건에 한함 •조사방법 : 표본조사	(복분자)만 해당

50 농업재해보험 손해평가요령상 농업시설물의 보험가액 및 손해액 산정에 관한 설명이다. (   )
에 들어갈 내용은?

> • 농업시설물에 대한 보험가액은 보험사고가 발생한 때와 곳에서 평가한 피해목적물의 (ㄱ)에서
>   내용연수에 따른 감가상각률을 적용하여 계산한 감가상각액을 (ㄴ)하여 산정한다.
> • 농업시설물에 대한 손해액은 보험사고가 발생한 때와 곳에서 산정한 피해목적물의 (ㄷ)을 말한다.

① ㄱ : 시장가격,   ㄴ : 곱,   ㄷ : 시장가격
② ㄱ : 시장가격,   ㄴ : 차감,   ㄷ : 원상복구비용
③ ㄱ : 재조달가액, ㄴ : 곱,   ㄷ : 시장가격
④ ㄱ : 재조달가액, ㄴ : 차감,   ㄷ : 원상복구비용

[정답] ④

[해설] ....

> 농업시설물의 보험가액 및 손해액 산정(농업재해보험 손해평가요령 제15조 제1항, 제2항)
> • 농업시설물에 대한 보험가액은 보험사고가 발생한 때와 곳에서 평가한 피해목적물의 (재조달가액)에서 내용
>   연수에 따른 감가상각률을 적용하여 계산한 감가상각액을 (차감)하여 산정한다.
> • 농업시설물에 대한 손해액은 보험사고가 발생한 때와 곳에서 산정한 피해목적물의 (원상복구비용)을 말한다.

농학개론 중 재배학 및 원예작물학

51 작물 분류학적으로 과명(family name)별 작물의 연결이 옳은 것은?

① 백합과 – 수선화　　　　　② 가지과 – 감자

③ 국화과 – 들깨　　　　　　④ 장미과 – 블루베리

정답 ②

해설 . . . .

> 가지과 : 가지, 고추, 토마토, 감자 등
>
> ① 백합과 – 백합, 튤립, 마늘, 양파, 부추 등(※ 수선화 – 수선화과)
> ③ 국화과 – 상추, 쑥갓, 우엉, 취나물 등(※ 들깨 – 꿀풀과)
> ④ 장미과 – 사과, 배, 매실, 살구, 자두, 복숭아, 복분자 등(※ 블루베리 – 진달래과)

52 토양침식이 우려될 때 재배법으로 옳지 않은 것은?

① 점토함량이 높은 식토 경지에서 재배한다.

② 토양의 입단화를 유지한다.

③ 경사지에서는 계단식 재배를 한다.

④ 녹비작물로 초생재배를 한다.

정답 ①

해설 . . . .

> 점토함량이 높은 식토는 빗물의 흡수능이 작아서 토양침식이 되기 쉽다.

53 토양의 생화학적 환경에 관한 내용이다. (　　)에 들어갈 내용으로 옳은 것은?

> 높은 강우 또는 관수량의 토양에서는 용탈작용으로 토양의 (ㄱ)가 촉진되고, 이 토양에서는 아연과 망간의 흡수율이 (ㄴ)진다. 반면, 탄질비가 높은 유기물 토양에서는 미생물 밀도가 높아져 부숙시 토양 질소함량이 (ㄷ)하게 된다.

① ㄱ : 산성화,　ㄴ : 높아,　ㄷ : 감소

② ㄱ : 염기화,　ㄴ : 낮아,　ㄷ : 증가

③ ㄱ : 염기화,　ㄴ : 높아,　ㄷ : 감소

④ ㄱ : 산성화,　ㄴ : 낮아,　ㄷ : 증가

정답 ①

- 토양의 (산성화)는 높은 강우 또는 관수량으로 토양의 양분이 용탈(leaching)되기 때문이다.
- 산성토양에서는 아연, 망간, 알루미늄, 철, 구리, 니켈 등의 흡수율이 (높아)지며, 이런 중금속으로 인해 작물에 생육장해를 준다.
- 탄질비가 높은 유기물 토양에서는 미생물 밀도가 높아지며, 미생물은 토양으로부터 질소를 흡수하기 때문에 토양 질소함량이 (감소)하게 된다.
  ※ **탄질비** : C(탄소)/N(질소) 비

54 토양수분 스트레스를 줄이기 위한 재배방법으로 옳지 않은 것은?

① 요수량이 낮은 품종을 재배한다.
② 칼륨결핍이 발생하지 않도록 재배한다.
③ 질소과용이 발생하지 않도록 한다.
④ 밭 재배시 재식밀도를 높여 준다.

정답 ④

해설

칼륨결핍이나 질소과용은 토양수분 스트레스(부족)를 더욱 촉진하며, 밭 재배시 재식밀도를 낮춤으로써 토양 수분 스트레스(부족)를 줄일 수 있다.

55 내건성 작물의 생육특성을 모두 고른 것은?

> ㄱ. 기공 크기의 증가
> ㄴ. 지상부보다 근권부 발달
> ㄷ. 낮은 호흡에 따른 저장물질의 소실 감소

① ㄱ, ㄴ ② ㄱ, ㄷ
③ ㄴ, ㄷ ④ ㄱ, ㄴ, ㄷ

정답 ③

해설

내건성 작물은 가뭄에 강한 작물로 기공의 크기가 작고, 지상부에 비하여 근군(뿌리의 무리)의 발달이 좋다. 건조할 때 낮은 호흡에 따른 저장물질의 소실이 늦다.

56 다음 (   )에 들어갈 내용으로 옳은 것은?

> 저온에서 일정기간 이상 경과하게 되면 식물체내 화아분화가 유기되는 것을 (ㄱ)라 말하며, 이 후 25~30℃에 3~4주 정도 노출시켜 이미 받은 저온감응을 다시 상쇄시키는 것을 (ㄴ)라 한다.

① ㄱ : 춘화,   ㄴ : 일비
② ㄱ : 이춘화,   ㄴ : 춘화
③ ㄱ : 춘화,   ㄴ : 이춘화
④ ㄱ : 이춘화,   ㄴ : 일비

정답 ③

해설

- **춘화** : 식물체가 생육의 일정시기(주로 초기)에 저온에 의하여 화성, 즉 화아의 분화, 발육의 유도·촉진하는 것을 말한다.
- **이춘화** : 저온춘화 한 작물을 고온에 노출시켜 춘화처리 효과가 상쇄되는 현상을 말한다.

57 A손해평가사가 어떤 농가에게 다음과 같은 조언을 하고 있다. 다음 (   )에 들어갈 내용으로 옳은 것은?

> - 농가 : 저희 농가의 딸기가 최근 2℃ 이하에서 생육스트레스를 받았습니다.
> - A : 딸기의 (ㄱ)를 잘 이해해야 합니다. 그리고 30℃를 넘지 않도록 관리해야 됩니다.
> - 농가 : 그럼, 30℃는 딸기 생육의 (ㄴ)라고 생각해도 되는군요.

① ㄱ : 생육가능온도,   ㄴ : 최적적산온도
② ㄱ : 생육최적온도,   ㄴ : 최적한계온도
③ ㄱ : 생육가능온도,   ㄴ : 최고한계온도
④ ㄱ : 생육최적온도,   ㄴ : 최고적산온도

정답 ③

해설

작물의 <u>생육가능온도</u>는 최저한계온도, 생육최적온도, 최고한계온도로 구분할 수가 있다.
딸기는 호냉성 채소작물로 재배의 최저한계온도는 5℃이고 생육최적온도는 평균 18~23℃이며, 25℃ 이상이 되면 생육이 지연되고 <u>최고한계온도</u>인 30℃ 이상에서는 생육이 정지된다.

58 광도가 증가함에 따라 작물의 광합성이 증가하는데 일정 수준 이상에 도달하게 되면 더 이상 증가하지 않는 지점은?

① 광순화점 ② 광보상점
③ 광반응점 ④ 광포화점

정답 ④

해설

광포화점은 작물의 광합성량이 더 이상 증가하지 않을 때의 빛의 세기이다.

59 과수재배에 있어 생장조절물질에 관한 설명으로 옳지 않은 것은?

① 지베렐린 – 포도의 숙기촉진과 과실비대에 이용
② 루톤분제 – 대목용 삽목 번식시 발근 촉진
③ 아브시스산 – 휴면 유도
④ 에틸렌 – 과실의 낙과 방지

정답 ④

해설

에틸렌은 작물의 숙성, 개화와 노화 및 부패, 과실의 낙과를 유도하는 식물호르몬이다.

60 도복 피해를 입은 작물에 대한 피해 경감대책으로 옳지 않은 것은?

① 왜성품종 선택
② 질소질 비료 시용
③ 맥류에서의 높은 복토
④ 밀식재배 지양

정답 ②

해설

질소질 비료 시용, 칼륨부족, 규산부족, 밀식재배 등은 도복을 유발한다.

61 정식기에 어린 묘를 외부환경에 미리 적응시켜 순화시키는 과정은?

① 경화 ② 왜화
③ 이화 ④ 동화

정답 ①

'경화(순화)'란 생육성기 이후, 특히 정식기에 직사광과 외부환경에 서서히 적응시켜 순화시키는 과정을 말한다.

62 무성생식에 비해 종자번식이 갖는 상업적 장점이 아닌 것은?

① 대량생산 용이   ② 결실연령 단축

③ 원거리이동 용이   ④ 우량종 개발

②

개화와 과수의 결실연령을 단축시킬 수 있는 것은 무성생식(영양번식)의 특징이다.

63 P손해평가사는 '가지'의 종자발아율이 낮아 고민하고 있는 육묘 농가를 방문하였다. 이 농가에서 잘못 적용한 영농법은?

① 보수성이 좋은 상토를 사용하였다.

② 통기성이 높은 상토를 사용하였다.

③ 광투과가 높도록 상토를 복토하였다.

④ pH가 교정된 육묘용 상토를 사용하였다.

③

'가지'는 혐광성 종자이므로 광투과가 되지 않도록 상토를 복토해야 한다. 반면에 '상추'와 같은 호광성 종자는 광투과가 높도록 상토를 복토하지 않거나 얇게 복토한다.

64 토양 표면을 피복해 주는 멀칭의 효과가 아닌 것은?

① 잡초 억제

② 로제트 발생

③ 토양수분 조절

④ 지온 조절

②

멀칭(mulching)은 농작물을 재배할 때 경지 토양의 표면을 덮어주는 작업이다. 멀칭을 하면 지온 조절, 토양수분 조절, 토양의 유실방지, 비료성분의 유실방지, 잡초발생 억제효과가 있다.

※ 로제트(rosette) 현상이란 저온으로 인해 마디사이가 매우 짧아지고 생장점 부근에 잎이 밀생하는 것을 말한다. 로제트(rosette)는 여름의 고온 후 저온에 의해 유도된다.

65 경종적 방제차원의 병충해 방제가 아닌 것은?

① 내병성 품종선택
② 무병주 묘 이용
③ 콜히친 처리
④ 접목재배

정답 ③

해설

> **경종적(생태적) 방제**
> 병충해와 잡초 및 <u>작물의 생리 · 생태적 특성(내병성 품종선택, 접목재배, 윤작, 무병주 묘 이용 등)</u>을 이용하여 병충해와 잡초의 경합력을 저하시키고, 작물의 경합력을 높여 피해를 경감시키는 방법이다.
> ※ 콜히친(colchicine)은 저농도에서 세포의 핵분열을 교란시켜 배수체 육종에 쓰이고 있는 약제이다.

66 농가에서 널리 이용하는 엽삽에 유리한 작물이 아닌 것은?

① 렉스베고니아
② 글록시니아
③ 페페로미아
④ 메리골드

정답 ④

해설

꺾꽂이(삽목)의 종류

꺾꽂이의 종류		작물의 종류
줄기꽂이 (지삽 또는 경삽)	새순꽂이 (신초삽)	국화, 카네이션, 콜레우스, 제라늄, 베고니아, 드라세나
	푸른가지꽂이 (녹지삽)	동백나무, 치자나무, 회양목, 철쭉류, 사철나무, 수국, 포인세티아, **메리골드**
	묵은가지꽂이 (숙지삽)	석류나무, 무궁화, 배롱나무, 남천, 개나리, 포도, 무화과, 장미, 향나무
잎꽂이(엽삽)		산세베리아, **렉스베고니아**, **페페로미아**, **글록시니아**, 아프리칸바이올렛
잎눈꽂이(엽아삽)		국화, 고무나무, 동백나무, 몬스테라, 감귤류, 치자나무
뿌리꽂이(근삽)		사과나무, 배나무, 명자나무, 자두나무, 라일락

67 화훼작물에 있어 진균에 의한 병이 아닌 것은?

① 잘록병
② 역병
③ 잿빛곰팡이병
④ 무름병

정답 ④

해설

병원체	식물병의 종류
곰팡이	벼도열병, **잘록병**, 흰가루병, 녹병, 깜부기병, **잿빛곰팡이병**, 역병, 탄저병, 균핵병, 노균병
세균	벼흰마름병, 풋마름병, **무름병**, 둘레썩음병, 궤양병, 반점세균병, 뿌리혹병
바이러스	모자이크병, 오갈병
선충	뿌리썩이선충병, 시스트선충병, 뿌리혹선충병
기생충	새삼, 겨우살이 등

병원체의 종류에 따른 식물병의 종류

68 '잎들깨'를 생산하는 농가에서 생산량 증대를 위해 야간 인공조명을 설치하였다. 이 야간 조명으로 인하여 옆 농가에서 피해가 있을 법한 작물은?

① 장미
② 칼랑코에
③ 페튜니아
④ 금잔화

정답 ②

해설

재배지 주변에 야간 인공조명이 켜져 있으면 긴 암기를 인공조명으로 분단하는 광중단(또는 암기중단) 현상 때문에 암기가 길어야 개화하는 단일식물의 경우 피해를 입을 수 있다.
문제 지문에서 칼랑코에는 단일식물이고, 장미는 중성식물이며, 페튜니아, 금잔화는 장일식물이다.

69 오이의 암꽃 수를 증가시킬 수 있는 육묘 관리법은?

① 지베렐린 처리
② 질산은 처리
③ 저온 단일조건
④ 고온 장일조건

정답 ③

┈┈┈

오이는 보통 8~10시간의 단일조건에서 개화가 유도, 촉진되는 단일식물이다. 오이의 암꽃 착생에 큰 영향을 끼치는 환경조건은 온도와 일장이다. 육묘기간 중 야간 온도를 15℃ 이하로 하면 암꽃 착생률이 높아지며, 일조시간을 8시간 정도 짧게 하면(단일처리) 암꽃 착생을 촉진시킬 수 있다.

70 다음의 해충 방제법은?

친환경농산물을 생산하는 농가가 최근 엽채류에 해충이 발생하여 제충국에서 살충성분('피레트린')을 추출 및 살포하여 진딧물 해충을 방제하였다.

① 화학적 방제법
② 물리적 방제법
③ 페로몬 방제법
④ 생물적 방제법

정답 ①

해설 ┈┈┈

화학적 방제법은 화학물질을 이용하여 해충을 방제하는 방법으로, 가장 널리 사용되는 것은 살충제이다. 제충국에서 추출된 피레트린은 온혈동물인 사람이나 가축에는 무해하며, 곤충에만 독성이 강하여 운동신경을 마비시키는 안전한 생물농약이라고 할 수 있다.

② **물리적 방제법** : 시설내 온도처리, 방충망을 이용하여 해충의 유입을 막는 방법, 빛에 끌리는 특성을 이용하여 해충을 유인하는 방법 등
③ **페로몬 방제법** : 해충의 페로몬을 이용하여 방제하는 방법
④ **생물적 방제법** : 해충의 천적을 이용하여 방제하는 방법

71 다음이 설명하는 과수의 병은?

• 기공이나 상처 및 표피를 뚫고 작물내 침입
• 일정기간 또는 일생을 기생하면서 병 유발
• 시들음, 부패 등의 병징 발견

① 포도 근두암종병
② 사과 탄저병
③ 감귤 궤양병
④ 대추나무 빗자루병

정답 ②

[해설]

사과 탄저병

진균에 의한 과수의 병으로 기공이나 상처를 통하거나 표피를 직접 뚫고 침입하여 일정 기간 또는 일생을 기생하면서 사과에 병을 일으킨다. 괴사, 시들음, 부패 등의 병징이 나타난다.

※ **진균에 의한 과수의 주요 병** : 탄저병, 점무늬낙엽병, 갈색무늬병, 검은별무늬병, 부란병

① **포도 근두암종병** : 세균에 의한 과수의 병으로 주로 상처를 통하여 침입한다. 반점, 고사, 시들음, 궤양 등의 병징이 나타난다.

③ **감귤 궤양병** : 세균에 의한 과수의 병으로 세균이 빗물과 섞여 비산하며, 잎의 기공이나 상처를 통해 침입한다. 잎과 과실에 괴사 병징이 나타나며, 조기낙엽 및 낙과현상이 발생한다.

④ **대추나무 빗자루병** : 대추나무 빗자루병은 모무늬매미충이 전염시키는 세균의 일종인 파이토플라스마(Phytoplasma)에 의해 발생한다. 초기에는 꽃이 잎으로 변하는 엽상화 증상을 보이다가 병이 진전하면서 잎이 빗자루처럼 변하는 징후가 나타난다.

72 과수의 결실에 관한 설명으로 옳지 않은 것은?

① 타가수분을 위해 수분수는 20% 내외로 혼식한다.
② 탄질비(C/N ratio)가 높을수록 결실률이 높아진다.
③ 꽃가루관의 신장은 저온조건에서 빨라지므로 착과율이 높아진다.
④ 엽과비(leaf/fruit ratio)가 높을수록 과실의 크기가 커진다.

[정답] ③

[해설]

꽃가루관의 신장은 고온조건에서 빨라지므로 착과율이 높아진다.

① 타가수분을 위해 최소한 수정혼식률은 20%는 되어야 한다.
② 유기물 중의 탄소와 질소의 함량비를 탄질비(C/N ratio)라고 한다. 미생물은 유기물을 분해하여 탄소는 에너지원으로, 질소는 영양원으로 섭취하여 세포를 구성한다. 탄질비가 높을수록 에너지원이 많아지고 영양원이 적어지므로 결실률이 높아진다.
④ 과실 1개당 잎 수인 엽과비(leaf/fruit ratio)가 높을수록 과실의 크기가 커진다.

73 종자춘화형에 속하는 작물은?

① 양파, 당근
② 당근, 배추
③ 양파, 무
④ 배추, 무

[정답] ④

[해설]

춘화현상
• **종자춘화형** : 종자가 물을 흡수하여 배(embryo)가 활동을 개시한 이후에는 언제든지 저온에 감응하여 춘화가 일어나는 식물 예 무, 배추
• **녹식물춘화형** : 식물체가 어느 정도 영양생장을 한 다음에 저온을 받아야 춘화가 일어나는 식물 예 당근, 양배추, 양파

74 A농가가 선택한 피복재는?

A농가는 재배시설의 피복재에 물방울이 맺혀 광투과율의 저하와 병해 발생이 증가하였다. 그래서 계면활성제가 처리된 필름을 선택하여 필름의 표면장력을 낮춤으로써 물방울의 맺힘 문제를 해결하였다.

① 광파장변환필름
② 폴리에틸렌필름
③ 해충기피필름
④ 무적필름

정답 ④

해설

무적필름
재배시설의 피복재에 물방울이 맺히면 광투과율이 낮아지고, 맺혀있는 물방울이 커져 작물에 떨어지게 되면 병해 발생의 원인이 되기도 한다. 따라서 계면활성제가 처리된 <u>무적(물방울 맺힘 방지)</u>필름을 사용하면 물방울의 맺힘 문제를 해결할 수 있다. 무적필름은 계면활성제를 폴리에틸렌 수지에 일정량 배합하여 만드는 필름으로, 계면활성제는 필름 표면의 표면장력을 약하게 함으로써 물방울이 맺히지 않고 흘러내리게 한다.

75 다음이 설명하는 재배법은?

• 양액재배 베드를 허리높이까지 설치
• 딸기 '설향' 재배에 널리 활용
• 재배 농가의 노동환경 개선 및 청정재배사 관리

① 고설재배
② 토경재배
③ 고랭지재배
④ NFT재배

정답 ①

해설

고설재배
고설재배는 땅에서 허리높이(1m 정도) 베드에 딸기를 재배하며, 정해진 영양액을 일정한 간격으로 공급해주는 방식이다. 허리를 굽히고 몸을 웅크리고 앉아 작업해야 하는 토경재배에 비해 허리를 펴고 편안하게 작업할 수 있다.

② **토경재배** : 노지에 정식하고 멀칭을 한 후 재배·수확하는 방식
③ **고랭지재배** : 해발 고도(600m)가 높은 산간 지방에서 평지보다 낮은 기온을 이용하여 재배하는 방식
④ **NFT재배** : 플라스틱 필름으로 만든 베드 내에서 작물을 생육시키고, 그 안에 배양액을 계속 흘려보내는 방식

제9회 손해평가사 1차 시험문제

상법(보험편)

01 상법상 보험자가 보험계약자로부터 손해보험계약의 청약과 함께 보험료 상당액의 전부 또는 일부를 받은 경우 이 보험계약에 관한 설명으로 옳지 않은 것은?

① 보험계약은 낙성계약이므로 보험자가 승낙하면 성립한다.
② 다른 약정이 없으면 보험자는 30일 내에 보험계약자에 대하여 낙부의 통지를 발송하여야 한다.
③ 보험자가 상법이 정하는 낙부의 통지기간 내에 그 통지를 해태한 때에는 승낙한 것으로 본다.
④ 승낙하기 전에 발생한 보험사고에 대해서 청약을 거절할 사유가 있더라도 보험자는 보험계약상의 책임을 진다.

정답 ④

해설

> 보험자가 보험계약자로부터 보험계약의 청약과 함께 보험료 상당액의 전부 또는 일부를 받은 경우에 그 청약을 승낙하기 전에 보험계약에서 정한 보험사고가 생긴 때에는 그 청약을 거절할 사유가 없는 한 보험자는 보험계약상의 책임을 진다(상법 제638조의2 제3항). 즉 청약을 거절할 사유가 없어야 한다.

02 상법상 타인을 위한 보험에 관한 설명으로 옳지 않은 것은?

① 보험계약자는 보험자에 대하여 보험료를 지급할 의무가 있다.
② 보험계약자는 위임을 받지 아니하고 타인을 위하여 보험계약을 체결할 수 있다.
③ 타인은 계약 성립시 특정되어야 한다.
④ 보험계약자가 파산선고를 받은 때에는 그 타인이 그 권리를 포기하지 아니하는 한 그 타인도 보험료를 지급할 의무가 있다.

정답 ③

해설

> 보험계약자는 위임을 받거나 위임을 받지 아니하고 특정 또는 불특정의 타인을 위하여 보험계약을 체결할 수 있다(상법 제639조 제1항). 즉 타인은 계약 성립시 특정되지 않아도 된다.

03 상법상 보험증권에 관한 설명으로 옳은 것은?

① 기존의 보험계약을 변경한 경우 보험자는 그 보험증권에 그 사실을 기재함으로써 보험증권의 교부에 갈음할 수 있다.

② 보험자는 보험계약자의 청약이 있는 경우 보험료의 지급 여부와 상관없이 지체 없이 보험증권을 작성하여 보험계약자에게 교부하여야 한다.

③ 보험계약의 당사자는 보험증권의 교부가 있는 날부터 14일 내에 한하여 그 증권내용의 정부(正否)에 관한 이의를 할 수 있음을 약정할 수 있다.

④ 보험계약자가 보험증권을 멸실한 경우 보험계약자는 보험자에게 증권의 재교부를 청구할 수 있으며, 그 증권작성의 비용은 보험자의 부담으로 한다.

정답 ①

해설

① 상법 제640조 제2항
② 보험자는 <u>보험계약이 성립한</u> 때에는 지체 없이 보험증권을 작성하여 보험계약자에게 교부하여야 한다(상법 제640조 제1항). 즉 보험계약자로부터 보험계약의 청약과 함께 보험료 상당액의 전부 또는 일부의 지급을 받아야 한다.
③ 보험계약의 당사자는 보험증권의 교부가 있는 날로부터 일정한 기간 내에 한하여 그 증권내용의 정부에 관한 이의를 할 수 있음을 약정할 수 있다. 이 기간은 <u>1월을 내리지 못한다</u>(상법 제641조).
④ 보험증권을 멸실 또는 현저하게 훼손한 때에는 보험계약자는 보험자에 대하여 증권의 재교부를 청구할 수 있다. 그 증권작성의 비용은 <u>보험계약자의 부담</u>으로 한다(상법 제642조).

04 상법상 보험사고 등에 관한 설명으로 옳지 않은 것은?

① 보험계약은 그 계약 전의 어느 시기를 보험기간의 시기(始期)로 할 수 있다.

② 보험계약 당시에 보험사고가 발생할 수 없음이 객관적으로 확정된 경우 당사자 쌍방과 피보험자가 이를 알았는지 여부에 관계없이 그 계약은 무효로 한다.

③ 자기를 위한 보험계약에서 보험사고가 발생하기 전에는 언제든지 보험계약자는 계약의 전부 또는 일부를 해지할 수 있다.

④ 피보험자는 보험사고의 발생을 안 때에는 지체 없이 보험자에게 그 통지를 발송하여야 한다.

정답 ②

해설

보험계약 당시에 보험사고가 이미 발생하였거나 또는 발생할 수 없는 것인 때에는 그 계약은 무효로 한다. 그러나 당사자 쌍방과 피보험자가 이를 알지 못한 때에는 그러하지 아니하다(상법 제644조).

① 상법 제643조
③ 상법 제649조 제1항
④ 상법 제657조 제1항

05 甲은 보험대리상이 아니면서 특정한 보험자 乙을 위하여 계속적으로 보험계약의 체결을 중개하는 자로서 丙이 乙과 보험계약을 체결하도록 중개하였다. 甲의 권한에 관한 설명으로 옳지 않은 것은?

① 甲은 자신이 작성한 영수증을 丙에게 교부하는 경우 丙으로부터 보험료를 수령할 권한이 있다.

② 甲은 乙이 작성한 보험증권을 丙에게 교부할 수 있는 권한이 있다.

③ 甲은 丙으로부터 청약, 고지, 통지, 해지, 취소 등 보험계약에 관한 의사표시를 수령할 수 있는 권한이 없다.

④ 甲은 丙에게 보험계약의 체결, 변경, 해지 등 보험계약에 관한 의사표시를 할 수 있는 권한이 없다.

정답 ①

해설

보험대리상이 아니면서 특정한 보험자를 위하여 계속적으로 보험계약의 체결을 중개하는 자는 보험계약자로부터 보험료를 수령할 수 있는 권한(보험자가 작성한 영수증을 보험계약자에게 교부하는 경우만 해당한다) 및 보험자가 작성한 보험증권을 보험계약자에게 교부할 수 있는 권한이 있다(상법 제646조의2 제3항). 즉 甲은 보험자 乙이 작성한 영수증을 보험계약자 丙에게 교부하는 경우 丙으로부터 보험료를 수령할 권한이 있다.

06 상법상 보험료의 지급 및 반환 등에 관한 설명으로 옳은 것은?

① 보험사고가 발생하기 전에 보험계약자가 계약을 해지한 경우 당사자간에 약정을 한 경우에 한해 보험계약자는 미경과보험료의 반환을 청구할 수 있다.

② 보험계약자가 계약 체결 후 제1회 보험료를 지급하지 아니하는 경우 다른 약정이 없는 한 보험자가 계약 성립 후 2월 이내에 그 계약을 해제하지 않으면 그 계약은 존속한다.

③ 계속보험료가 약정한 시기에 지급되지 아니한 때에는 보험자는 보험계약자에 대하여 최고 없이 그 계약을 해지할 수 있다.

④ 특정한 타인을 위한 보험의 경우에 보험계약자가 보험료의 지급을 지체한 때에는 보험자는 그 타인에게 상당한 기간을 정하여 보험료의 지급을 최고한 후가 아니면 그 계약을 해제 또는 해지하지 못한다.

정답 ④

④ 상법 제650조 제3항

① 보험사고가 발생하기 전에는 보험계약자는 언제든지 계약의 전부 또는 일부를 해지할 수 있으며, 이 경우에 보험계약자는 당사자간에 다른 약정이 없으면 미경과보험료의 반환을 청구할 수 있다(상법 제649조 제1항, 제3항).

② 보험계약자는 계약 체결 후 지체 없이 보험료의 전부 또는 제1회 보험료를 지급하여야 하며, 보험계약자가 이를 지급하지 아니하는 경우에는 다른 약정이 없는 한 계약 성립 후 2월이 경과하면 그 계약은 해제된 것으로 본다(상법 제650조 제1항).

③ 계속보험료가 약정한 시기에 지급되지 아니한 때에는 보험자는 상당한 기간을 정하여 보험계약자에게 최고하고 그 기간 내에 지급되지 아니한 때에는 그 계약을 해지할 수 있다(상법 제650조 제2항).

---

07 상법상 보험계약자가 부활을 청구할 수 있는 경우는 모두 몇 개인가? (단, 어느 경우든 해지환급금은 지급되지 않음)

- 보험계약자가 계속보험료를 지급하지 않아 보험자가 계약을 해지한 경우
- 피보험자의 고지의무위반을 이유로 보험자가 계약을 해지한 경우
- 위험이 현저하게 변경되어 보험자가 계약을 해지한 경우
- 위험이 현저하게 증가하여 보험자가 계약을 해지한 경우

① 1개   ② 2개

③ 3개   ④ 4개

①

보험계약자가 계속보험료를 지급하지 않아 보험계약이 해지되고 해지환급금이 지급되지 아니한 경우에 보험계약자는 일정한 기간 내에 연체보험료에 약정이자를 붙여 보험자에게 지급하고 그 계약의 부활을 청구할 수 있다(상법 제650조의2).

---

08 상법상 고지의무에 관한 설명으로 옳은 것은?

① 보험수익자는 고지의무를 부담한다.

② 보험계약 당시에 고지의무와 관련 보험자가 서면으로 질문한 사항은 중요한 사항으로 의제한다.

③ 고지의무자의 고지의무위반을 이유로 보험자가 계약을 해지한 경우 보험자는 이미 받은 보험료의 전부를 반환하여야 한다.

④ 고지의무자가 고지의무를 위반한 사실이 보험사고 발생에 영향을 미치지 아니하였음이 증명된 경우 보험자는 보험금을 지급할 책임이 있다.

④

④ 상법 제655조 단서
① 고지의무자는 보험계약자 또는 피보험자이며, 보험수익자는 고지의무를 부담하지 않는다.
② 보험자가 서면으로 질문한 사항은 중요한 사항으로 추정한다(상법 제651조의2).
③ 고지의무자의 고지의무위반을 이유로 보험자가 계약을 해지한 경우 보험자는 보험료의 반환의무가 없다 (상법 제655조 본문).

09 상법상 보험계약 관련 소멸시효의 기간으로 옳은 것은?

① 보험금청구권 : 2년
② 보험료청구권 : 3년
③ 보험료의 반환청구권 : 2년
④ 적립금의 반환청구권 : 3년

정답 ④

보험금청구권은 3년간, 보험료 또는 적립금의 반환청구권은 3년간, 보험료청구권은 2년간 행사하지 아니하면 시효의 완성으로 소멸한다(상법 제662조).

10 상법상 손해보험증권에 관한 설명으로 옳지 않은 것은?

① 보험사고의 성질을 기재하여야 한다.
② 보험증권의 작성지를 기재하여야 한다.
③ 보험계약자가 기명날인하여야 한다.
④ 무효와 실권의 사유를 기재하여야 한다.

정답 ③

손해보험증권 보험자가 기명날인 또는 서명하여야 한다(상법 제666조).

11 상법상 초과보험에 관한 설명으로 옳은 것은?

① 보험자 또는 보험계약자는 보험료와 보험금액의 감액을 청구할 수 있다.

② 보험계약자가 청구한 보험료의 감액은 계약 체결일부터 소급하여 그 효력이 있다.

③ 보험가액이 보험기간 중에 현저하게 감소된 때에도 보험계약자는 보험료의 감액을 청구할 수 없다.

④ 보험계약자의 사기로 인하여 체결된 초과보험의 경우 보험자는 그 계약을 체결한 날부터 1월 내에 계약을 해지할 수 있다.

정답 ①

해설

① 상법 제669조 제1항
② 보험계약자가 청구한 보험료의 감액은 장래에 대하여서만 그 효력이 있다(상법 제669조 제1항).
③ 보험가액이 보험기간 중에 현저하게 감소된 때에도 보험계약자는 보험료의 감액을 청구할 수 있다(상법 제669조 제3항).
④ 보험계약자의 사기로 인하여 체결된 초과보험의 경우 그 계약은 무효로 한다(상법 제669조 제4항).

12 상법상 보험가액에 관한 설명으로 옳지 않은 것은?

① 보험가액이란 피보험이익을 금전적으로 산정 또는 평가한 액수이다.

② 당사자간에 보험가액을 정한 때에는 그 가액은 사고발생시의 가액으로 정한 것으로 본다.

③ 당사자간에 보험가액을 정하지 아니한 때에는 사고발생시의 가액을 보험가액으로 한다.

④ 기평가보험에서 당사자간에 정한 보험가액이 사고발생시의 가액을 현저하게 초과할 때에는 사고발생시의 가액을 보험가액으로 한다.

정답 ②

해설

당사자간에 보험가액을 정한 때에는 그 가액은 사고발생시의 가액으로 정한 것으로 추정한다(상법 제670조).

13 상법상 손해보험계약에서 보험금액의 지급에 관한 설명으로 옳지 않은 것은?

① 보험자는 보험금액의 지급에 관하여 약정기간이 있는 경우에는 그 기간 내에 지급할 보험금액을 정하여야 한다.

② 보험사고가 전쟁으로 인하여 생긴 때에도 당사자간에 다른 약정이 없으면 보험자는 보험금액을 지급할 책임이 있다.

③ 보험사고가 피보험자의 중대한 과실로 인하여 생긴 때에는 보험자는 보험금액을 지급할 책임이 없다.

④ 보험자는 보험금액의 지급에 관하여 약정기간이 없는 경우에는 보험사고 발생의 통지를 받은 후 지체 없이 지급할 보험금액을 정하고 그 정하여진 날부터 10일 내에 피보험자에게 보험금액을 지급하여야 한다.

정답 ②

해설

보험사고가 전쟁 기타의 변란으로 인하여 생긴 때에는 당사자간에 다른 약정이 없으면 보험자는 보험금액을 지급할 책임이 없다(상법 제660조).

① · ④ 상법 제658조
③ 상법 제659조 제1항

14 상법 제663조(보험계약자 등의 불이익변경금지) 규정이다. (   )에 들어갈 내용은?

이 편의 규정은 당사자간의 특약으로 보험계약자 또는 피보험자나 보험수익자의 불이익으로 변경하지 못한다. 그러나 (ㄱ) 및 (ㄴ) 기타 이와 유사한 보험의 경우에는 그러하지 아니하다.

① ㄱ : 책임보험, ㄴ : 해상보험
② ㄱ : 책임보험, ㄴ : 화재보험
③ ㄱ : 재보험,　 ㄴ : 해상보험
④ ㄱ : 재보험,　 ㄴ : 화재보험

정답 ③

해설

보험계약자 등의 불이익변경금지(상법 제663조)
이 편의 규정은 당사자간의 특약으로 보험계약자 또는 피보험자나 보험수익자의 불이익으로 변경하지 못한다. 그러나 (재보험) 및 (해상보험) 기타 이와 유사한 보험의 경우에는 그러하지 아니하다.

15 상법상 보험기간 중에 사고발생의 위험이 현저하게 변경 또는 증가된 경우에 관한 설명으로 옳은 것은?

① 보험수익자가 사고발생의 위험이 현저하게 변경된 사실을 안 때에는 지체 없이 보험자에게 통지하여야 한다.

② 통지의무자가 사고발생의 위험이 현저하게 증가된 사실의 통지를 해태한 때에는 보험자는 그 사실을 안 날부터 3월 내에 한하여 계약을 해지할 수 있다.

③ 보험수익자의 중대한 과실로 인하여 사고발생의 위험이 현저하게 증가된 때에는 보험자는 그 사실을 안 날부터 2월 내에 계약을 해지할 수 있다.

④ 보험자가 사고발생의 위험변경증가의 통지를 받은 때에는 1월 내에 보험료의 증액을 청구할 수 있다.

[정답] ④

[해설]

> 보험자가 위험변경증가의 통지를 받은 때에는 1월 내에 보험료의 증액을 청구하거나 계약을 해지할 수 있다 (상법 제652조 제2항).
>
> ① 보험계약자 또는 피보험자가 사고발생의 위험이 현저하게 변경된 사실을 안 때에는 지체 없이 보험자에게 통지하여야 한다(상법 제652조 제1항).
> ② 통지의무자가 사고발생의 위험이 현저하게 증가된 사실의 통지를 해태한 때에는 보험자는 그 사실을 안 날로부터 1월 내에 한하여 계약을 해지할 수 있다(상법 제652조 제1항).
> ③ 보험수익자의 고의 또는 중대한 과실로 인하여 사고발생의 위험이 현저하게 변경 또는 증가된 때에는 보험자는 그 사실을 안 날부터 1월 내에 보험료의 증액을 청구하거나 계약을 해지할 수 있다(상법 제653조).

16 상법상 보험계약해지 및 보험사고발생에 관한 설명으로 옳지 않은 것은?

① 보험자가 파산의 선고를 받은 때에는 보험계약자는 계약을 해지할 수 있다.

② 보험수익자는 보험사고의 발생을 안 때에는 지체 없이 보험계약자에게 그 통지를 발송하여야 한다.

③ 보험계약자가 사고발생의 통지의무를 해태함으로 인하여 손해가 증가된 때에는 보험자는 그 증가된 손해를 보상할 책임이 없다.

④ 보험자의 파산선고에도 불구하고 보험계약자가 해지하지 아니한 보험계약은 파산선고 후 3월을 경과한 때에는 그 효력을 잃는다.

[정답] ②

> 보험계약자 또는 피보험자나 보험수익자는 보험사고의 발생을 안 때에는 지체 없이 보험자에게 그 통지를 발송하여야 한다(상법 제657조 제1항).
>
> ① 상법 제654조 제1항
> ③ 상법 제657조 제2항
> ④ 상법 제654조 제2항

17 상법상 손해보험에 관한 설명으로 옳은 것은?

① 보험자는 보험사고로 인하여 생길 보험수익자의 재산상의 손해를 보상할 책임이 있다.
② 보험사고로 인하여 상실된 피보험자가 얻을 이익이나 보수는 보험자가 보상할 손해액에 산입한다.
③ 대리인에 의하여 손해보험계약을 체결한 경우에 대리인이 안 사유는 그 본인이 안 것과 동일한 것으로 할 수 없다.
④ 보험계약은 금전으로 산정할 수 있는 이익에 한하여 보험계약의 목적으로 할 수 있다.

정답 ④

해설

> ④ 상법 제668조
> ① 손해보험계약의 보험자는 보험사고로 인하여 생길 피보험자의 재산상의 손해를 보상할 책임이 있다(상법 제665조).
> ② 보험사고로 인하여 상실된 피보험자가 얻을 이익이나 보수는 당사자간에 다른 약정이 없으면 보험자가 보상할 손해액에 산입하지 아니한다(상법 제667조).
> ③ 대리인에 의하여 보험계약을 체결한 경우에 대리인이 안 사유는 그 본인이 안 것과 동일한 것으로 한다(상법 제646조).

18 상법상 손해보험에서 중복보험에 관한 설명으로 옳지 않은 것은?

① 중복보험은 동일한 보험계약의 목적과 동일한 사고에 관하여 수개의 보험계약이 동시에 또는 순차로 체결되는 방식으로 성립할 수 있다.
② 중복보험에서 그 보험금액의 총액이 보험가액을 초과한 때에는 보험자는 각자의 보험금액의 한도에서 연대책임을 지며, 이 경우 각 보험자의 보상책임은 각자의 보험금액의 비율에 따른다.
③ 보험계약자의 사기로 인하여 중복보험 계약이 체결된 경우 보험자는 그 사실을 안 때까지의 보험료를 청구할 수 없다.
④ 보험자 1인에 대한 권리의 포기는 다른 보험자의 권리의무에 영향을 미치지 아니한다.

정답 ③

> 보험계약자의 사기로 인하여 중복보험 계약이 체결된 경우 그 계약은 무효로 한다. 그러나 보험자는 <u>그 사실을 안 때까지의 보험료를 청구할 수 있다</u>(상법 제672조 제4항).
>
> ①·② 동일한 보험계약의 목적과 동일한 사고에 관하여 수개의 보험계약이 동시에 또는 순차로 체결된 경우에 그 보험금액의 총액이 보험가액을 초과한 때에는 보험자는 각자의 보험금액의 한도에서 연대책임을 진다. 이 경우에는 각 보험자의 보상책임은 각자의 보험금액의 비율에 따른다(상법 제672조 제1항).
> ④ 중복보험에 의해 수개의 보험계약을 체결한 경우에 보험자 1인에 대한 권리의 포기는 다른 보험자의 권리의무에 영향을 미치지 아니한다(상법 제673조).

19 상법상 손해보험에서 일부보험에 관한 설명으로 옳은 것은?

① 일부보험이란 보험가액이 보험금액에 미달되는 경우를 말한다.
② 당사자간에 다른 약정이 없는 한 보험자는 보험가액의 보험금액에 대한 비율에 따라 보상할 책임을 진다.
③ 보험자는 보험금액의 한도 내에서 그 손해를 전부 보상할 책임을 지는 내용의 약정을 할 수 있다.
④ 전부보험계약 체결 후 물가등귀로 인하여 보험가액이 현저히 인상되더라도 일부보험은 발생하지 아니한다.

정답 ③

해설

> 보험가액의 일부를 보험에 붙인 경우에는 보험자는 보험금액의 보험가액에 대한 비율에 따라 보상할 책임을 진다. 그러나 당사자간에 다른 약정이 있는 때에는 보험자는 보험금액의 한도 내에서 그 손해를 보상할 책임을 진다(상법 제674조).
>
> ① 일부보험이란 <u>보험금액이 보험가액에 미달되는 경우</u>를 말한다.
> ② 당사자간에 다른 약정이 없는 한 보험자는 <u>보험금액의 보험가액에 대한 비율</u>에 따라 보상할 책임을 진다.
> ④ 전부보험계약 체결 후 <u>물가상승으로 보험가액이 현저히 인상되어 자연적으로 일부보험이 발생할 수도 있다</u>(자연적 일부보험).

20 상법상 손해보험에서 손해액의 산정기준 등에 관한 설명으로 옳지 않은 것은?

① 보험자가 보상할 손해액의 산정에 관한 비용은 보험자의 부담으로 한다.
② 당사자간에 다른 약정이 없는 경우 보험자가 보상할 손해액은 그 손해가 발생한 때의 보험계약 체결지의 가액에 의하여 산정한다.
③ 당사자간의 약정에 의하여 보험의 목적의 신품가액에 의하여 손해액을 산정할 수 있다.
④ 보험의 목적의 성질, 하자 또는 자연소모로 인한 손해는 보험자가 이를 보상할 책임이 없다.

정답 ②

보험자가 보상할 손해액은 그 손해가 발생한 때와 곳의 가액에 의하여 산정한다. 그러나 당사자간에 다른 약정이 있는 때에는 그 신품가액에 의하여 손해액을 산정할 수 있다(상법 제676조 제1항).

① 상법 제676조 제2항
③ 상법 제676조 제1항
④ 상법 제678조

21 甲이 자기 소유 건물에 대하여 A보험회사와 화재보험을 체결한 경우에 관한 설명으로 옳지 않은 것은?

① A보험회사가 甲으로부터 보험료의 지급을 받지 아니한 잔액이 있더라도 그 지급기일이 아직 도래하지 아니한 때에는, A보험회사는 甲에게 손해를 보상할 경우에 보상할 금액에서 그 잔액을 공제하여서는 아니 된다.

② A보험회사는 보험사고로 인하여 부담할 책임에 대하여 다른 보험자와 재보험계약을 체결할 수 있다.

③ 甲이 보험의 목적인 건물을 乙에게 양도한 때에는 乙은 보험계약상의 권리와 의무를 승계한 것으로 추정한다.

④ 甲이 보험의 목적인 건물을 乙에게 양도한 경우 甲 또는 乙은 A보험회사에 대하여 지체 없이 그 사실을 통지하여야 한다.

정답 ①

해설

보험자가 손해를 보상할 경우에 보험료의 지급을 받지 아니한 잔액이 있으면 그 지급기일이 도래하지 아니한 때라도 보상할 금액에서 이를 공제할 수 있다(상법 제677조). 즉 A보험회사가 甲으로부터 보험료의 지급을 받지 아니한 잔액이 있으면 그 지급기일이 아직 도래하지 아니한 때라도 A보험회사가 甲에게 손해를 보상할 경우에 보상할 금액에서 그 잔액을 공제할 수 있다.

② 상법 제661조
③ 상법 제679조 제1항
④ 상법 제679조 제2항

22 다음 사례와 관련하여 손해방지의무 등에 관한 설명으로 옳지 않은 것은?

> 甲은 乙이 소유한 창고(시가 1억원)에 대하여 A보험회사와 화재보험계약(보험금액 1억원)을 체결하였다. 이후 보험기간 중 해당 창고에 화재가 발생하였는데 화재사고 당시 甲은 창고의 연소로 인한 손해방지를 위한 비용을 1천만원 지출하였고, 乙은 창고의 연소로 인한 손해의 경감을 위하여 비용을 3천만원 지출하였다.

① 甲과 乙모두 손해의 방지와 경감을 위하여 노력하여야 한다.
② 甲이 지출한 1천만원이 손해방지를 위하여 필요하였던 비용일 경우 A보험회사는 甲이 지출한 1천만원의 비용을 부담한다.
③ 乙이 지출한 3천만원이 손해경감을 위하여 유익하였던 비용일 경우 A보험회사는 乙이 지출한 3천만원의 비용을 부담한다.
④ 위 사고로 인하여 乙에 대한 보상액이 8천만원으로 책정될 경우 A보험회사는 甲 및 乙이 지출한 비용과 보상액을 합쳐서 1억원의 한도에서 부담한다.

정답 ④

해설

> 보험계약자와 피보험자는 손해의 방지와 경감을 위하여 노력하여야 한다. 그러나 이를 위하여 필요 또는 유익하였던 비용과 보상액이 보험금액을 초과한 경우라도 보험자가 이를 부담한다(상법 제680조 제1항). 즉 A보험회사는 甲 및 乙이 지출한 비용과 보상액을 합쳐서 1억원을 초과하더라도 부담한다.

23 다음 사례와 관련하여 보험자대위에 관한 설명으로 옳은 것은?

> 보리 농사를 대규모로 영위하는 甲은 금년에 수확하여 팔고남은 보리를 자신의 창고에 보관하면서, 해당 보리 재고를 보험목적으로 하고 자신을 피보험자로 하는 화재보험계약을 A보험회사와 체결하였다. 그런데 甲의 창고를 방문한 乙이 화재를 일으켰고 그 결과 위 보리 재고가 전소되었다. 이에 A보험회사는 甲에게 보험금을 전액 지급하였다.

① 중과실로 화재를 일으킨 乙이 甲의 이웃집 친구일 경우, A보험회사는 乙에게 보험금 지급사실의 통지를 발송하는 시점에 乙에 대한 甲의 권리를 취득한다.
② 경과실로 화재를 일으킨 乙이 甲의 거래처 지인일 경우, A보험회사는 그 지급한 금액의 한도에서 乙에 대한 甲의 권리를 취득한다.
③ 중과실로 화재를 일으킨 乙이 甲과 생계를 달리 하는 자녀일 경우, A보험회사는 乙에 대한 甲의 권리를 취득하지 못한다.
④ 고의로 방화한 乙이 甲과 생계를 같이 하는 배우자일 경우, A보험회사는 乙에 대한 甲의 권리를 취득하지 못한다.

정답 ②

손해가 제3자의 행위로 인하여 발생한 경우에 보험금을 지급한 보험자는 그 지급한 금액의 한도에서 그 제3자에 대한 보험계약자 또는 피보험자의 권리를 취득한다(상법 제682조 제1항). 따라서 경과실로 화재를 일으킨 乙이 甲의 거래처 지인일 경우, A보험회사는 그 지급한 금액의 한도에서 乙에 대한 甲의 권리를 취득한다.

① A보험회사의 권리취득시기는 보험금 지급시점에 법률상 당연히 취득하므로, 중과실로 화재를 일으킨 乙이 甲의 이웃집 친구일 경우, A보험회사는 乙에게 보험금을 지급한 시점에 乙에 대한 甲의 권리를 취득한다.

③ 보험계약자나 피보험자의 제3자에 대한 보험대위에 따른 권리가 그와 생계를 같이 하는 가족에 대한 것인 경우 보험자는 그 권리를 취득하지 못한다(상법 제682조 제2항). 즉 乙이 甲과 생계를 달리 하는 자녀이므로 A보험회사는 乙에 대한 甲의 권리를 취득한다.

④ 손해가 그 가족의 고의로 인하여 발생한 경우에는 제3자에 대한 보험대위에 따른 권리를 취득한다(상법 제682조 제2항 단서). 즉 고의로 방화한 乙이 甲과 생계를 같이 하는 배우자이므로 A보험회사는 乙에 대한 甲의 권리를 취득한다.

24 상법상 화재보험계약에 관한 설명으로 옳지 않은 것은?

① 보험자는 화재와 상당인과관계에 있는 손해를 보상하여야 한다.
② 보험자는 화재의 소방 또는 손해의 감소에 필요한 조치로 인하여 생긴 손해를 보상할 책임이 있다.
③ 동일한 건물에 관한 화재보험계약일 경우 그 소유자와 담보권자가 갖는 피보험이익은 같다.
④ 연소 작용이 아닌 열의 작용으로 발생한 손해는 보험자가 보상하지 아니한다.

③

동일한 건물에 대한 화재보험계약시 소유주의 피보험이익(건물손실), 임차인의 피보험이익(점포휴업), 목적물 담보권자의 피보험이익(채권보전)이 존재한다.

① 보험자가 보상하여야 할 손해는 화재와 상당인과관계가 있는 모든 손해를 포함한다.
② 상법 제684조
④ 연소 작용이 아닌 열의 작용으로 인한 것은 보상하는 '화재'가 아니므로 보험자는 보상하지 아니한다.

25 상법상 집합된 물건을 일괄하여 화재보험의 목적으로 한 경우 해당 화재보험에 관한 설명으로 옳은 것을 모두 고른 것은?

> ㄱ. 집합된 물건에 피보험자의 가족의 물건이 있는 경우 해당 물건도 보험의 목적에 포함된 것으로 한다.
> ㄴ. 집합된 물건에 피보험자의 사용인의 물건이 있는 경우 그 보험은 그 사용인을 위하여서도 체결한 것으로 본다.
> ㄷ. 보험의 목적에 속한 물건이 보험기간 중에 수시로 교체된 경우 보험계약의 체결시에 현존한 물건은 그 보험의 목적에 포함된 것으로 한다.

① ㄱ, ㄴ ② ㄱ, ㄷ
③ ㄴ, ㄷ ④ ㄱ, ㄴ, ㄷ

정답 ①

해설

ㄱ·ㄴ. (O) 집합된 물건을 일괄하여 보험의 목적으로 한 때에는 피보험자의 가족과 사용인의 물건도 보험의 목적에 포함된 것으로 한다. 이 경우에는 그 보험은 그 가족 또는 사용인을 위하여서도 체결한 것으로 본다(상법 제686조).

ㄷ. (×) 집합된 물건을 일괄하여 보험의 목적으로 한 때에는 그 목적에 속한 물건이 보험기간 중에 수시로 교체된 경우에도 보험사고의 발생시에 현존한 물건은 보험의 목적에 포함된 것으로 한다(상법 제687조).

26 농어업재해보험법상 용어의 정의로 옳지 않은 것은?

① "농업재해"란 농작물·임산물·가축 및 농업용 시설물에 발생하는 자연재해·병충해·조수해(鳥獸害)·질병 또는 화재를 말한다.

② "농어업재해보험"이란 농어업재해로 발생하는 재산 피해에 따른 손해를 보상하기 위한 보험을 말한다.

③ "보험금"이란 보험가입자와 보험사업자간의 약정에 따라 보험가입자가 보험사업자에게 내야 하는 금액을 말한다.

④ "보험가입금액"이란 보험가입자의 재산 피해에 따른 손해가 발생한 경우 보험에서 최대로 보상할 수 있는 한도액으로서 보험가입자와 보험사업자간에 약정한 금액을 말한다.

정답 ③

해설

> "보험금"이란 보험가입자에게 재해로 인한 재산 피해에 따른 손해가 발생한 경우 보험가입자와 보험사업자간의 약정에 따라 <u>보험사업자가 보험가입자에게 지급하는 금액</u>을 말한다(농어업재해보험법 제2조 제5호).
>
> ① 농어업재해보험법 제2조 제1호
> ② 농어업재해보험법 제2조 제2호
> ④ 농어업재해보험법 제2조 제3호

27 농어업재해보험법령상 농업재해보험심의회에 관한 설명으로 옳지 않은 것은? **기출수정**

① 심의회는 위원장 및 부위원장 각 1명을 포함한 21명 이내의 위원으로 구성한다.

② 심의회의 위원장은 농림축산식품부장관이 위촉한다.

③ 심의회는 그 심의 사항을 검토·조정하고, 심의회의 심의를 보조하게 하기 위하여 심의회에 분과위원회를 둔다.

④ 심의회의 회의는 재적위원 과반수의 출석으로 개의(開議)하고, 출석위원 과반수의 찬성으로 의결한다.

정답 ②

해설

> 심의회의 위원장은 <u>농림축산식품부차관</u>으로 하고, 부위원장은 위원 중에서 호선(互選)한다(농어업재해보험법 제3조 제3항).
>
> ① 농어업재해보험법 제3조 제2항
> ③ 농어업재해보험법 제3조 제6항 〈2023.3.28. 개정〉
> ④ 농어업재해보험법 시행령 제3조 제3항

28 농어업재해보험법상 재해보험에 관한 설명으로 옳지 않은 것은?

① 재해보험에서 보상하는 재해의 범위는 해당 재해의 발생 빈도, 피해 정도 및 객관적인 손해평가방법 등을 고려하여 재해보험의 종류별로 대통령령으로 정한다.

② 양식수산업에 종사하는 법인은 재해보험에 가입할 수 없다.

③ 「수산업협동조합법」에 따른 수산업협동조합중앙회는 재해보험사업을 할 수 있다.

④ 정부는 재해보험에서 보상하는 재해의 범위를 확대하기 위하여 노력하여야 한다.

정답 ②

해설

재해보험에 가입할 수 있는 자는 <u>농림업, 축산업, 양식수산업에 종사하는 개인 또는 법인</u>으로 하고, 구체적인 보험가입자의 기준은 대통령령으로 정한다(농어업재해보험법 제7조). 즉 양식수산업에 종사하는 법인은 재해보험에 가입할 수 있다.

① 농어업재해보험법 제6조 제1항
③ 농어업재해보험법 제8조 제1항 제2호
④ 농어업재해보험법 제6조 제2항

29 농어업재해보험법상 보험료율의 산정에 관한 내용이다. ( )에 들어갈 용어는?

농림축산식품부장관 또는 해양수산부장관과 재해보험사업의 약정을 체결한 자는 재해보험의 보험료율을 객관적이고 합리적인 통계자료를 기초로 하여 (ㄱ) 또는 (ㄴ)로 산정하되, 행정구역과 권역의 구분에 따른 단위로 산정하여야 한다.

① ㄱ : 보험목적물별,   ㄴ : 보상방식별
② ㄱ : 보험방식별,   ㄴ : 보험종류별
③ ㄱ : 보험종류별,   ㄴ : 보험가입금액별
④ ㄱ : 보험가입금액별, ㄴ : 보험료별

정답 ①

해설

보험료율의 산정(농어업재해보험법 제9조 제1항) 〈2023.3.28. 개정〉
농림축산식품부장관 또는 해양수산부장관과 재해보험사업의 약정을 체결한 자(이하 "재해보험사업자"라 한다)는 재해보험의 보험료율을 객관적이고 합리적인 통계자료를 기초로 하여 (보험목적물별) 또는 (보상방식별)로 산정하되, 행정구역과 권역의 구분에 따른 단위로 산정하여야 한다.

30 농어업재해보험법령상 농작물재해보험 손해평가인의 자격요건에 관한 내용의 일부이다. ( ) 에 들어갈 숫자는?

> 「보험업법」에 따른 보험회사의 임직원이나 「농업협동조합법」에 따른 중앙회와 조합의 임직원으로 영농 지원 또는 보험·공제 관련 업무를 (ㄱ)년 이상 담당하였거나 손해평가 업무를 (ㄴ)년 이상 담당한 경력이 있는 사람

① ㄱ : 2, ㄴ : 1
② ㄱ : 1, ㄴ : 2
③ ㄱ : 3, ㄴ : 2
④ ㄱ : 2, ㄴ : 3

정답 ③

해설
....

손해평가인의 자격요건(농어업재해보험법 시행령 [별표 2] 참조)
「보험업법」에 따른 보험회사의 임직원이나 「농업협동조합법」에 따른 중앙회와 조합의 임직원으로 영농 지원 또는 보험·공제 관련 업무를 (3)년 이상 담당하였거나 손해평가 업무를 (2)년 이상 담당한 경력이 있는 사람

31 농어업재해보험법령상 손해평가사의 시험 등에 관한 설명으로 옳은 것은?

① 금융감독원에서 손해사정 관련 업무에 2년 종사한 경력이 있는 사람에게는 손해평가사 자격 시험 과목의 일부를 면제할 수 있다.
② 농림축산식품부장관은 부정한 방법으로 시험에 응시한 사람에 대하여는 그 시험을 정지시키 고 그 처분 사실을 14일 이내에 알려야 한다.
③ 농림축산식품부장관은 시험에서 부정한 행위를 한 사람에 대하여는 그 시험을 취소하고 그 처분 사실을 7일 이내에 알려야 한다.
④ 손해평가사는 다른 사람에게 그 명의를 사용하게 하거나 다른 사람에게 그 자격증을 대여해서 는 아니 된다.

정답 ④

해설
....

④ 농어업재해보험법 제11조의4 제6항
① 금융감독원에서 손해사정 관련 업무에 3년 종사한 경력이 있는 사람에게는 손해평가사 자격시험 과목의 일부를 면제할 수 있다(농어업재해보험법 시행령 제12조의5 제1항 제3호).
② 농림축산식품부장관은 부정한 방법으로 시험에 응시한 사람에 대하여는 그 시험을 정지시키거나 무효로 하고 그 처분 사실을 지체 없이 알려야 한다(농어업재해보험법 제11조의4 제3항 제1호).
③ 농림축산식품부장관은 시험에서 부정한 행위를 한 사람에 대하여는 그 시험을 정지시키거나 무효로 하고 그 처분 사실을 지체 없이 알려야 한다(농어업재해보험법 제11조의4 제3항 제2호).

32 농어업재해보험법령상 손해평가사의 자격 취소사유에 해당하지 않은 것은?

① 심신장애로 인하여 직무를 수행할 수 없게 된 경우

② 거짓으로 손해평가를 한 경우

③ 업무정지 기간 중에 손해평가 업무를 수행한 경우

④ 손해평가사의 자격을 거짓 또는 부정한 방법으로 취득한 경우

정답 ①

해설

> **손해평가사의 자격 취소(농어업재해보험법 제11조의5 제1항)**
> 농림축산식품부장관은 다음 각 호의 어느 하나에 해당하는 사람에 대하여 손해평가사 자격을 취소할 수 있다.
> 다만, 제1호 및 제5호에 해당하는 경우에는 자격을 취소하여야 한다.
> 1. 손해평가사의 자격을 거짓 또는 부정한 방법으로 취득한 사람
> 2. 거짓으로 손해평가를 한 사람
> 3. 다른 사람에게 손해평가사의 명의를 사용하게 하거나 그 자격증을 대여한 사람
> 4. 손해평가사 명의의 사용이나 자격증의 대여를 알선한 사람
> 5. 업무정지 기간 중에 손해평가 업무를 수행한 사람

33 농어업재해보험법상 재해보험사업에 관한 설명으로 옳은 것은?

① 농림축산식품부장관은 손해평가사가 그 직무를 수행하면서 부적절한 행위를 하였다고 인정하면 1년 이상의 기간을 정하여 업무의 정지를 명할 수 있다.

② 재해보험사업자는 정보통신장애나 그 밖에 대통령령으로 정하는 불가피한 사유로 보험금을 보험금수급계좌로 이체할 수 없을 때에는 현금으로 보험금을 지급할 수 있다.

③ 보험목적물이 담보로 제공된 경우에는 이를 압류할 수 없다.

④ 재해보험가입자가 재해보험에 가입된 보험목적물을 양도하는 경우 재해보험계약에 관한 양도인의 의무는 그 양수인에게 승계되지 않는다.

정답 ②

해설

> ② 농어업재해보험법 제11조의7 제1항 단서
> ① 농림축산식품부장관은 손해평가사가 그 직무를 게을리하거나 직무를 수행하면서 부적절한 행위를 하였다고 인정하면 1년 이내의 기간을 정하여 업무의 정지를 명할 수 있다(농어업재해보험법 제11조의6 제1항).
> ③ 재해보험의 보험금을 지급받을 권리는 압류할 수 없다. 다만, 보험목적물이 담보로 제공된 경우에는 압류할 수 있다(농어업재해보험법 제12조 제1항).
> ④ 재해보험가입자가 재해보험에 가입된 보험목적물을 양도하는 경우 그 양수인은 재해보험계약에 관한 양도인의 권리 및 의무를 승계한 것으로 추정한다(농어업재해보험법 제13조).

34 농어업재해보험법령상 재보험 약정에 포함되는 사항을 모두 고른 것은?

> ㄱ. 재보험 약정의 변경·해지 등에 관한 사항
> ㄴ. 재보험 책임범위에 관한 사항
> ㄷ. 재보험금 지급 및 분쟁에 관한 사항

① ㄱ, ㄴ

② ㄱ, ㄷ

③ ㄴ, ㄷ

④ ㄱ, ㄴ, ㄷ

정답 ④

해설

재보험 약정에 포함되는 사항(농어업재해보험법 제20조 제2항)
1. 재해보험사업자가 정부에 내야 할 보험료(이하 "재보험료"라 한다)에 관한 사항
2. 정부가 지급하여야 할 보험금(이하 "재보험금"이라 한다)에 관한 사항
3. 그 밖에 재보험수수료 등 재보험 약정에 관한 것으로서 대통령령으로 정하는 사항(동법 시행령 제16조)
   • 재보험수수료에 관한 사항
   • 재보험 약정기간에 관한 사항
   • 재보험 책임범위에 관한 사항
   • 재보험 약정의 변경·해지 등에 관한 사항
   • 재보험금 지급 및 분쟁에 관한 사항
   • 그 밖에 재보험의 운영·관리에 관한 사항

35 농어업재해보험법상 과태료 부과대상인 것은?

① 거짓으로 손해평가를 한 손해평가사
② 재해보험을 모집할 수 없는 자로서 모집을 한 자
③ 다른 사람에게 손해평가사 자격증을 대여한 손해평가사
④ 농림축산식품부장관이 재해보험사업에 관한 업무처리 상황을 보고하게 하였으나 보고하지 아니한 재해보험사업자

정답 ④

해설

농림축산식품부장관이 재해보험사업에 관한 업무처리 상황을 보고하게 하였으나 보고하지 아니한 재해보험사업자에게는 500만원 이하의 과태료를 부과한다(농어업재해보험법 제32조 제3항).

① 1년 이하의 징역 또는 1천만원 이하의 벌금(농어업재해보험법 제30조 제2항 제2호).
② 1년 이하의 징역 또는 1천만원 이하의 벌금(농어업재해보험법 제30조 제2항 제1호)
③ 1년 이하의 징역 또는 1천만원 이하의 벌금(농어업재해보험법 제30조 제2항 제3호)

36 농어업재해보험법령상 농어업재해재보험기금에 관한 사항으로 농림축산식품부장관과 해양수산부장관이 협의하여 하는 것이 아닌 것은?

① 기금의 설치

② 기금의 관리·운용

③ 기금의 부담으로 금융기관으로부터 자금을 차입하는 것

④ 기금의 결산

 정답 모두 정답

해설

① 농림축산식품부장관은 해양수산부장관과 협의하여 공동으로 재보험사업에 필요한 재원에 충당하기 위하여 농어업재해재보험기금을 설치한다(농어업재해보험법 제21조).

② 기금은 농림축산식품부장관이 해양수산부장관과 협의하여 관리·운용한다(농어업재해보험법 제24조 제1항).

③ 농림축산식품부장관은 기금의 운용에 필요하다고 인정되는 경우에는 해양수산부장관과 협의하여 기금의 부담으로 금융기관, 다른 기금 또는 다른 회계로부터 자금을 차입할 수 있다(농어업재해보험법 제22조 제2항).

④ 농림축산식품부장관은 해양수산부장관과 협의하여 기금수탁관리자로부터 제출받은 기금결산보고서를 검토한 후 심의회의 심의를 거쳐 다음 회계연도 2월 말일까지 기획재정부장관에게 제출하여야 한다(농어업재해보험법 시행령 제19조 제2항).

37 농어업재해보험법령상 보험사업의 관리에 관한 설명으로 옳은 것은?

① 농림축산식품부장관 또는 해양수산부장관은 손해평가사제도 운용 관련 업무를 농업정책보험금융원에 위탁할 수 있다.

② 정부가 하는 재해보험 가입 촉진을 위한 조치로서 신용보증 지원을 할 수 없다.

③ 농림축산식품부장관은 손해평가인의 자격요건에 대하여 매년 그 타당성을 검토하여야 한다.

④ 농림축산식품부장관은 보험가입촉진계획을 매년 수립한다.

정답 모두 정답

해설

① 농어업재해보험 제11조의2에 따르면 농림축산식품부장관은 손해평가사제도 운용 관련 업무를 농업정책보험금융원에 위탁할 수 있다(농어업재해보험법 제25조의2 제2항 제3호).

② 정부는 농어업인의 재해대비의식을 고양하고 재해보험의 가입을 촉진하기 위하여 교육·홍보 및 보험가입자에 대한 정책자금 지원, 신용보증 지원 등을 할 수 있다(농어업재해보험법 제28조).

③ 농림축산식품부장관 또는 해양수산부장관은 손해평가인의 자격요건에 대하여 2018년 1월 1일을 기준으로 3년마다(매 3년이 되는 해의 1월 1일 전까지를 말한다) 그 타당성을 검토하여 개선 등의 조치를 하여야 한다(농어업재해보험법 시행령 제22조의4 제1항).

④ 재해보험사업자는 농어업재해보험 가입 촉진을 위하여 보험가입촉진계획을 매년 수립하여 농림축산식품부장관 또는 해양수산부장관에게 제출하여야 한다(농어업재해보험법 제28조의2).

38 농업재해보험 손해평가요령상 손해평가반의 구성에 관한 설명으로 옳지 않은 것은?

① 손해평가반은 재해보험사업자가 구성한다.

②「보험업법」제186조에 따른 손해사정사는 손해평가반에 포함될 수 있다.

③ 손해평가인 2인과 손해평가보조인 3인으로는 손해평가반을 구성할 수 없다.

④ 자기 또는 이해관계자가 모집한 보험계약에 관한 손해평가에 대하여는 해당자를 손해평가반 구성에서 배제하여야 한다.

정답 ③

해설

손해평가반은 손해평가인, 손해평가사, 손해사정사에 해당하는 자로 구성하며, 5인 이내로 한다(농업재해보험 손해평가요령 제8조 제2항). 따라서 손해평가인 2인과 손해평가보조인 3인으로는 손해평가반을 구성할 수 있다. 단, 손해사정사의 보조인은 손해평가반 구성원에 포함되지 않는다.

① 농업재해보험 손해평가요령 제8조 제1항
② 농업재해보험 손해평가요령 제8조 제2항 제3호
④ 농업재해보험 손해평가요령 제8조 제3항 제2호

39 농업재해보험 손해평가요령상 손해평가인에 관한 설명으로 옳지 않은 것은? 　기출수정

① 손해평가인은 농업재해보험이 실시되는 시·군·자치구별 보험가입자의 수 등을 고려하여 적정 규모로 위촉할 수 있다.

② 손해평가인증은 농림축산식품부장관 또는 해양수산부장관이 발급한다.

③ 재해보험사업자는 손해평가 업무를 원활히 수행하기 위하여 손해평가보조인을 운용할 수 있다.

④ 재해보험사업자는 실무교육을 받는 손해평가인에 대하여 소정의 교육비를 지급할 수 있다.

정답 ②

해설

재해보험사업자는 손해평가인을 위촉한 경우에는 그 자격을 표시할 수 있는 손해평가인증을 발급하여야 한다(농업재해보험 손해평가요령 제4조 제1항). 즉 손해평가인증은 재해보험사업자가 발급한다.

① 농업재해보험 손해평가요령 제4조 제2항
③ 농업재해보험 손해평가요령 제4조 제3항
④ 농업재해보험 손해평가요령 제5조 제3항

40 농업재해보험 손해평가요령상 농업재해보험의 종류에 해당하지 않는 것은?

① 농작물재해보험　　　　　　② 양식수산물재해보험

③ 가축재해보험　　　　　　　④ 임산물재해보험

정답 ②

> "농업재해보험"이란 농작물재해보험, 임산물재해보험 및 가축재해보험을 말한다(농업재해보험 손해평가요령
> 제2조 제5호).

41 농업재해보험 손해평가요령상 손해평가인의 업무에 해당하는 것은?

① 피해사실 확인   ② 재해보험사업의 약정 체결

③ 보험료율의 산정   ④ 재해보험상품의 연구와 보급

정답 ①

해설

> 손해평가 업무(농업재해보험 손해평가요령 제3조 제1항)
> 1. 피해사실 확인
> 2. 보험가액 및 손해액 평가
> 3. 그 밖에 손해평가에 관하여 필요한 사항

42 농업재해보험 손해평가요령상 손해평가인 위촉의 취소사유에 해당하는 것은?   `기출수정`

① 업무수행과 관련하여 「개인정보보호법」을 위반한 경우

② 업무수행과 관련하여 보험사업자로부터 금품 또는 향응을 제공받은 경우

③ 손해평가인이 피성년후견인이 된 경우

④ 손해평가인 위촉이 취소된 후 3년이 경과한 때에 다시 손해평가인으로 위촉된 경우

정답 ③

해설

> 손해평가인 위촉의 취소사유(농업재해보험 손해평가요령 제6조 제1항)
> 1. <u>피성년후견인</u>
> 2. 파산선고를 받은 자로서 복권되지 아니한 자
> 3. 벌금 이상의 형을 선고받고 그 집행이 종료(집행이 종료된 것으로 보는 경우를 포함한다)되거나 집행이
>   면제된 날로부터 2년이 경과되지 아니한 자
> 4. 동 조에 따라 위촉이 취소된 후 2년이 경과하지 아니한 자
> 5. 거짓 그 밖의 부정한 방법으로 손해평가인으로 위촉된 자
> 6. 업무정지 기간 중에 손해평가업무를 수행한 자

43 농업재해보험 손해평가요령상 교차손해평가에 관한 설명으로 옳지 않은 것은?

① 평가인력 부족 등으로 신속한 손해평가가 불가피하다고 판단되는 경우 손해평가반의 구성에 지역손해평가인을 포함시키지 않을 수 있다.

② 교차손해평가를 위해 손해평가반을 구성할 경우 농업재해보험 손해평가요령에 따라 선발된 지역손해평가인 2인 이상이 포함되어야 한다.

③ 재해보험사업자가 교차손해평가를 담당할 지역손해평가인을 선발할 때 타지역 조사가능 여부는 고려사항이다.

④ 재해보험사업자는 교차손해평가가 필요한 경우 재해보험 가입규모, 가입분포 등을 고려하여 교차손해평가 대상 시·군·구를 선정하여야 한다.

정답 ②

해설

교차손해평가를 위해 손해평가반을 구성할 경우에는 선발된 지역손해평가인 1인 이상이 포함되어야 한다(농업재해보험 손해평가요령 제8조의2 제3항).

① 농업재해보험 손해평가요령 제8조의2 제3항 단서
③ 농업재해보험 손해평가요령 제8조의2 제2항
④ 농업재해보험 손해평가요령 제8조의2 제1항

44 농업재해보험 손해평가요령상 손해평가결과 검증에 관한 설명으로 옳지 않은 것은?

① 농림축산식품부장관은 재해보험사업자로 하여금 검증조사를 하게 할 수 있으며, 재해보험사업자는 특별한 사유가 없는 한 이에 응하여야 한다.

② 보험가입자가 정당한 사유 없이 검증조사를 거부하는 경우 검증조사반은 검증조사가 불가능하여 손해평가 결과를 확인할 수 없다는 사실을 지체 없이 농림축산식품부장관에게 보고하여야 한다.

③ 검증조사결과 현저한 차이가 발생되어 재조사가 불가피하다고 판단될 경우에는 해당 손해평가반이 조사한 전체 보험목적물에 대하여 재조사를 할 수 있다.

④ 재해보험사업자 및 농어업재해보험사업의 관리를 위탁받은 기관(이하 "사업관리위탁기관"이라 한다)은 손해평가반이 실시한 손해평가 결과를 확인하기 위하여 손해평가를 실시한 보험목적물 중에서 일정수를 임의 추출하여 검증조사를 할 수 있다.

정답 ②

보험가입자가 정당한 사유 없이 검증조사를 거부하는 경우 검증조사반은 검증조사가 불가능하여 손해평가
결과를 확인할 수 없다는 사실을 <u>보험가입자에게 통지</u>한 후 검증조사 결과를 작성하여 재해보험사업자에게
제출하여야 한다(농업재해보험 손해평가요령 제11조 제4항).

① 농업재해보험 손해평가요령 제11조 제2항
③ 농업재해보험 손해평가요령 제11조 제3항
④ 농업재해보험 손해평가요령 제11조 제1항

45 농업재해보험 손해평가요령상 보험목적물별 손해평가 단위로 옳은 것을 모두 고른 것은?

ㄱ. 농작물 : 농지별(농지라 함은 하나의 보험가입금액에 해당하는 토지로 필지에 따라 구획된 경작지
　　를 말함)
ㄴ. 가축 : 개별가축별(단, 벌은 벌통 단위)
ㄷ. 농업시설물 : 보험가입 목적물별

① ㄱ, ㄴ
② ㄱ, ㄷ
③ ㄴ, ㄷ
④ ㄱ, ㄴ, ㄷ

정답 ③

ㄱ. **농작물**(×) : 농지별(농지라 함은 하나의 보험가입금액에 해당하는 토지로 <u>필지(지번) 등과 관계없이 농작
물을 재배하는 하나의 경작지</u>를 말함).

46 농업재해보험 손해평가요령상 '농작물의 품목별·재해별·시기별 손해수량 조사방법' 중 '특정위험방식 상품(인삼)'에 관한 것으로 (　　)에 들어갈 내용은?

생육시기	재 해	조사내용	조사시기
보험기간	태풍(강풍)	수확량 조사	(　　)

① 수확 직전
② 사고접수 후 지체 없이
③ 수확완료 후 보험 종기 전
④ 피해 확인이 가능한 시기

정답 ④

특정위험방식 상품(인삼)

생육시기	재 해	조사내용	조사시기	조사방법
보험기간	태풍(강풍)·폭설 ·집중호우·침수 ·화재·우박· 냉해·폭염	수확량 조사	(피해 확인이 가능한 시기)	• 보상하는 재해로 인하여 감소된 수확량 조사 • 조사방법 : 전수조사 또는 표본조사

47 농업재해보험 손해평가요령상 종합위험방식의 과실손해보장 보험금 산정시 피해율로 옳지 않은 것은? 기출수정

① 감귤(온주밀감류) : (등급내 피해과실수 + 등급외 피해과실수 × 50%) ÷ 기준과실수 × (1 − 미보상비율)

② 복분자 : 고사결과모지수 ÷ 평년결과모지수

③ 오디 : (평년결실수 − 조사결실수 − 미보상감수결실수) ÷ 평년결실수

④ 7월 31일 이전에 사고가 발생한 무화과 : (1 − 수확전 사고피해율) × 경과비율 × 결과지피해율

정답 ④

해설

과실손해보장 보험금 산정(무화과)

보험가입금액 × (피해율 − 자기부담비율)

• 피해율(7월 31일 이전에 사고가 발생한 경우)
(평년수확량 − 수확량 − 미보상감수량) ÷ 평년수확량

• 피해율(8월 1일 이후에 사고가 발생한 경우)
(1 − 수확전 사고피해율) × 경과비율 × 결과지피해율

48 농업재해보험 손해평가요령상 가축의 보험가액 및 손해액 산정 등에 관한 설명으로 옳은 것은?

① 가축에 대한 보험가액은 보험사고가 발생한 때와 곳에서 평가한 보험목적물의 수량에 시장가격을 곱하여 산정한다.

② 가축에 대한 손해액 산정시 보험가입 당시 보험가입자와 재해보험사업자가 별도로 정한 방법은 고려하지 않는다.

③ 가축에 대한 보험가액 산정시 보험목적물에 대한 감가상각액을 고려해야 한다.

④ 가축에 대한 손해액은 보험사고가 발생한 때와 곳에서 폐사 등 피해를 입은 보험목적물의 수량에 적용가격을 곱하여 산정한다.

정답 ④

④ 농업재해보험 손해평가요령 제14조 제2항
① 가축에 대한 보험가액은 보험사고가 발생한 때와 곳에서 평가한 보험목적물의 수량에 <u>적용가격을 곱하여</u>
   <u>산정한다</u>(농업재해보험 손해평가요령 제14조 제1항).
② 보험가입 당시 보험가입자와 재해보험사업자가 보험가액 및 손해액 산정 방식을 <u>별도로 정한 경우에는</u>
   <u>그 방법에 따른다</u>(농업재해보험 손해평가요령 제14조 제3항 단서).
③ 가축에 대한 보험가액 산정시 보험목적물에 대한 감가상각액을 고려해야 한다는 규정은 없다. <u>감가상각</u>
   <u>액을 고려해야 하는 것은 '농업시설물에 대한 보험가액 산정'시이다</u>(농업재해보험 손해평가요령 제15조
   제1항).

49 농업재해보험 손해평가요령상 농작물의 보험가액 산정에 관한 설명이다. (   )에 들어갈 내용은?

기출수정

> 적과전 종합위험방식의 보험가액은 적과후 착과수(달린 열매 수)조사를 통해 산정한 (ㄱ)에 보험가
> 입 당시의 단위당 (ㄴ)을 곱하여 산정한다.

① ㄱ : 기준수확량,   ㄴ : 가입가격
② ㄱ : 보장수확량,   ㄴ : 가입가격
③ ㄱ : 기준수확량,   ㄴ : 시장가격
④ ㄱ : 보장수확량,   ㄴ : 시장가격

①

농작물의 보험가액 산정(농업재해보험 손해평가요령 제13조 제1항 제2호)
적과전 종합위험방식의 보험가액은 적과후 착과수(달린 열매 수)조사를 통해 산정한 (기준수확량)에 보험가입
당시의 단위당 (가입가격)을 곱하여 산정한다.

50 농업재해보험 손해평가요령에 관한 설명으로 옳은 것은?

① 농림축산식품부장관은 요령에 대하여 매년 그 타당성을 검토하여 개선 등의 조치를 하여야한다.

② 농업시설물에 대한 손해액은 보험사고가 발생한 때와 곳에서 산정한 피해목적물의 원상복구비용을 말한다.

③ 농업시설물에 대한 보험가액은 보험사고가 발생한 때와 곳에서 평가한 피해목적물의 재조달가액으로 한다.

④ 농림축산식품부장관은 요령의 효율적인 운용 및 시행을 위하여 필요한 세부적인 사항을 규정한 손해평가업무방법서를 작성하여야 한다.

[정답] ②

[해설]

② 농업재해보험 손해평가요령 제15조 제2항

① 농림축산식품부장관은 이 고시에 대하여 2024년 1월 1일 기준으로 매 3년이 되는 시점(매 3년째의 12월 31일까지를 말한다)마다 그 타당성을 검토하여 개선 등의 조치를 하여야 한다(농업재해보험 손해평가요령 제17조).

③ 농업시설물에 대한 보험가액은 보험사고가 발생한 때와 곳에서 평가한 피해목적물의 재조달가액에서 내용연수에 따른 감가상각률을 적용하여 계산한 감가상각액을 차감하여 산정한다(농업재해보험 손해평가요령 제15조 제1항).

④ 재해보험사업자는 이 요령의 효율적인 운용 및 시행을 위하여 필요한 세부적인 사항을 규정한 손해평가업무방법서를 작성하여야 한다(농업재해보험 손해평가요령 제16조).

51 작물 분류학적으로 가지과에 해당하는 것을 모두 고른 것은?

> ㄱ. 고추   ㄴ. 토마토
> ㄷ. 감자   ㄹ. 딸기

① ㄱ, ㄹ   ② ㄱ, ㄴ, ㄷ
③ ㄴ, ㄷ, ㄹ   ④ ㄱ, ㄴ, ㄷ, ㄹ

정답 ②

해설

> 가지과 작물 : 가지, 고추, 토마토, 감자 등
> ㄹ. 딸기는 장미과 딸기속에 속하는 과채류이다.

52 콩과작물의 작황부족으로 어려움을 겪고 있는 농가를 찾은 A손해평가사의 재배지에 대한 판단으로 옳은 것은?

> • 작물의 칼슘 부족증상이 발생했다.
> • 근류균 활력이 떨어졌다.
> • 작물의 망간 장해가 발생했다.

① 재배지의 온도가 높다.
② 재배지에 질소가 부족하다.
③ 재배지의 일조량이 부족하다.
④ 재배지가 산성화되고 있다.

정답 ④

해설

> 콩과작물은 다른 작물에 비하여 산성 토양에 약하므로 재배지가 산성화되면 작황이 어려울 수 있다. 문제 지문에서 작물의 칼슘 부족증상이 발생하였고, 근류균 활력이 떨어졌다면 재배지가 산성화되고 있다고 판단할 수 있다. 재배지가 산성화되면 알루미늄 이온과 망간 이온이 용출되어 작물에 해를 주게 된다.

53 작물의 질소에 관한 내용이다. ( )에 들어갈 내용을 순서대로 옳게 나열한 것은?

> 작물재배에서 ( )작물에 비해 ( )작물은 질소 시비량을 늘려 주는 것이 좋으며, 잎의 질소 결핍
> 증상은 ( )보다 ( )에서 먼저 나타난다.

① 콩과, 벼과, 유엽, 성엽
② 벼과, 콩과, 유엽, 성엽
③ 콩과, 벼과, 성엽, 유엽
④ 벼과, 콩과, 성엽, 유엽

정답 ①

해설

작물의 질소 시비량

> 작물재배에서 (**콩과**)작물에 비해 (**벼과**)작물은 질소 시비량을 늘려 주는 것이 좋으며, 잎의 질소 결핍증상은
> (**유엽**)보다 (**성엽**)에서 먼저 나타난다.

- 콩과작물은 질소고정 능력이 있으므로 벼과작물에 비해 질소 시비량을 줄여 주고, 벼과작물은 질소 시비량
  을 늘려 주는 것이 좋다.
- 질소화합물은 성엽에서 유엽으로 이동하므로 질소 결핍증상은 유엽보다 성엽에서 먼저 나타난다.

54 한해피해 조사를 마친 A손해평가사가 농가에 설명한 작물내 물의 역할로 옳은 것은 몇 개인가?

- 물질 합성과정의 매개
- 양분 흡수의 용매
- 세포의 팽압 유지
- 체내의 항상성 유지

① 1개　　　　　　　　　　② 2개
③ 3개　　　　　　　　　　④ 4개

정답 ④

해설

작물내 물의 역할
- 물질의 합성과 분해과정의 매개
- 양분 흡수와 이동의 용매
- 세포의 팽압 유지
- 식물체내의 항상성 유지
- 각종 효소활성의 촉매작용

55 과수작물의 서리피해에 관한 내용이다. 밑줄 친 부분이 옳은 것을 모두 고른 것은?

> 최근 지구온난화에 따른 기상이변으로 개화기가 빠른 (ㄱ)핵과류에서 피해가 빈번하게 발생한다. 특히, 과수원이 (ㄴ)강이나 저수지 옆에 있을 때 발생률이 높다. 따라서 일부 농가에서는 상층의 더운 공기를 아래로 불어내려 과수원의 기온 저하를 막아주는 (ㄷ)송풍법을 사용하고 있다.

① ㄱ
② ㄱ, ㄴ
③ ㄴ, ㄷ
④ ㄱ, ㄴ, ㄷ

정답 ④

해설

> **서리피해**
> ㄱ. (O) 최근 지구온난화에 따른 기상이변으로 개화기가 빠른 (핵과류)에서 서리피해가 빈번하게 발생한다.
>   ※ **핵과류** : 복숭아, 살구, 자두 등
> ㄴ. (O) 강이나 저수지는 지역 특성상 안개가 자주 발생하기 때문에 과수원이 (강이나 저수지 옆)에 있다면 서리피해 발생률도 높아진다.
> ㄷ. (O) (송풍법)은 상층의 더운 공기를 아래로 불어내려 과수원의 기온 저하를 막아주는 방법이다.

56 작물의 생장에 영향을 주는 광질에 관한 내용이다. (   )에 들어갈 내용을 순서대로 옳게 나열한 것은?

> 가시광선 중에서 (   )은 광합성·광주기성·광발아성 종자의 발아를 주도하는 중요한 광선이다. 근적외선은 식물의 신장을 촉진하여 적색광과 근적외선의 비가 (   ) 절간신장이 촉진되어 초장이 커진다.

① 청색광, 작으면
② 적색광, 크면
③ 적색광, 작으면
④ 청색광, 크면

정답 ③

해설

> 가시광선 중에서 (**적색광**)은 광합성·광주기성·광발아성 종자의 발아를 주도하는 중요한 광선이다. 근적외선은 식물의 신장을 촉진하여 적색광과 근적외선의 비가 (**작으면**) 절간신장이 촉진되어 초장이 커진다.

- **광합성** : 650~700nm의 적색광이 가장 효과적이다.
- **광주기성(일장효과)** : 일장에 따라 식물의 개화를 결정하는 것으로, 600~680nm의 적색광이 최대의 효과를 가진다.
- **광발아성 종자의 발아(꽃눈의 분화)** : 670nm 부근의 적색광이 촉진한다.
- **적색광과 근적외선의 비(R/Fr ratio)** : 근적외선은 식물의 신장을 촉진하며, 적색광과 근적외선의 비(R/Fr ratio)가 작으면 절간신장이 촉진되어 식물의 신장이 커지고, 적색광과 근적외선의 비가 크면 식물의 신장을 억제한다.
  ※ **절간신장** : 식물의 마디가 자라는 것

57 생육적온이 달라 동일 재배사에서 함께 재배할 경우 재배효율이 떨어지는 조합은?

① 상추, 고추

② 당근, 시금치

③ 가지, 호박

④ 오이, 토마토

정답 ①

해설

상추는 저온성 작물이고, 고추는 대표적인 고온성 작물이다. 상추의 생육적온은 10~18℃로 비교적 낮은 온도에서 잘 자라며, 고온에서는 생육이 나쁘다. 고추의 생육적온은 낮에는 25~28℃, 밤에는 18~22℃이다.

58 소비자의 기호 변화로 씨가 없는 샤인머스캣 포도가 인기를 모으고 있다. 샤인머스캣을 무핵화하고 과립비대를 위해 처리하는 생장조절물질은?

① 아브시스산

② 지베렐린

③ 옥신

④ 에틸렌

정답 ②

해설

지베렐린은 샤인머스캣 재배시 무핵화, 숙기 촉진, 과립비대의 목적으로 처리하는 생장조절물질이다. 지베렐린의 1차 처리는 수정 작용이 일어나지 못하게 하여 무핵화를 위한 것이고, 2차 처리는 과립비대 및 성숙을 촉진시키기 위한 것이다.

작용기작	사용농도 (ppm)	사용시기	사용방법
• 무핵화 • 과립비대 촉진	• 1차 : 25ppm • 2차 : 25ppm	• 1차 : 만개 3~4일 후, 완전 개화(70% 처리 가능 시기) ※ 3~4일 후 나머지 30% 처리 • 2차 : 1차 처리 후 7~10일 후	• 1차 : 화방침지 • 2차 : 과방침지 또는 살포 (일시에 살포)

① **아브시스산** : 식물의 생장을 억제하는 대표적인 식물호르몬이다. 주요 기능은 식물의 휴면 유도와 낙엽촉진이다.

③ **옥신** : 세포분열과 세포신장을 촉진하여 생장을 촉진하는 생장조절물질이다(발근촉진제, 착과촉진제, 제초제).

④ **에틸렌** : 과일의 숙성, 개화와 노화 및 부패, 낙엽 현상 등을 일으키는 식물호르몬이다.

59 저온자극을 통해 화아분화가 촉진되는 작물이 아닌 것은?

① 양파

② 상추

③ 배추

④ 무

정답 ②

저온자극에 의해 화아분화가 촉진되는 것을 춘화(버널리제이션)라고 한다. 상추의 경우 저온에서는 발아가 늦어지고 30℃ 이상의 고온에서는 발아율이 떨어지며, 초기생육에도 지장을 준다. 따라서, 저온시에는 반드시 온상을 설치해서 파종해야 발아가 일정하고 생육상태가 좋아서 우량묘를 육성할 수 있다. 즉 <u>상추는 고온자극을 통해 화아분화가 촉진되는 작물이다.</u>

① 양파는 녹식물춘화형 작물(식물체 생장후 저온감응)이다.
③·④ 배추와 무는 종자춘화형 작물(종자 때부터 저온감응)이다.

60 식물의 생육과정에서 강풍의 외부환경에 따른 영향으로 옳지 않은 것은?

① 화분매개곤충의 활동을 억제한다.
② 상처를 유발하여 호흡량을 증가시킨다.
③ 증산작용은 억제되나 광합성은 촉진된다.
④ 상처를 통한 병해충의 발생을 촉진한다.

③

증산작용은 잎의 기공을 통하여 일어나며, 일반적으로 바람이 불면 <u>증산작용이 활발해진다.</u> 다만, 강풍은 잎의 기공을 닫게 함으로써 이산화탄소의 흡수를 감소시켜 <u>광합성 작용을 방해한다.</u>

61 식물의 종자 또는 눈이 휴면에 들어가면서 증가하는 것은?

① 호흡량　　　　　　　　　　② 옥신
③ 지베렐린　　　　　　　　　④ 아브시스산

④

종자 또는 눈이 휴면에 들어가면서 증가하는 것은 아브시스산(abscisic acid)이다. 아브시스산(abscisic acid)은 식물의 생장을 억제하는 대표적인 식물호르몬이다.

62 시설재배 농가를 찾은 A손해평가사의 육묘에 관한 조언으로 옳지 않은 것은?

① 출하기 조절이 가능하다.
② 유기질 육묘상토로 피트모스를 추천하였다.
③ 단위면적당 생산량을 증가시킬 수 있다.
④ 공간활용도를 높이기 위해 이동식 벤치보다 고정식 벤치를 추천하였다.

④

공간활용도를 높이기 위해서는 <u>고정식 벤치보다 이동식 벤치를 추천해야 한다.</u>

63 수박재배 농가에서 대목을 사용하는 접목재배로 방제할 수 있는 것은?

① 덩굴쪼김병 ② 애꽃노린재
③ 진딧물 ④ 잎오갈병

정답 ①

해설

수박은 연작장해의 방지, 저온 신장성 증대, 내병성을 강화하기 위해 접목재배를 하고 있다.
수박재배시 호박 대목을 사용하는 접목재배로 <u>덩굴쪼김병</u> 등과 같은 토양감염성 병해를 방제할 수 있다.

② 애꽃노린재는 해충인 총채벌레의 천적이다.
③ 과채류의 해충인 진딧물의 천적에는 기생성인 진디벌과 포식성인 파리류, 무당벌레, 풀잠자리 등이 있다.
④ 잎오갈병은 주로 복숭아에서 발생하는 병해이다.

64 최종 적과 후 우박피해를 입은 사과농가의 대처로 옳은 것을 모두 고른 것은?

- A농가 – 피해 정도가 심한 가지에는 도포제를 발라준다.
- B농가 – 수세가 강한 피해 나무에 질소 엽면시비를 한다.
- C농가 – 90% 이상의 과실이 피해를 입은 나무의 과실은 모두 제거한다.
- D농가 – 병해충 방제를 위해 살균제를 살포한다.

① A, C ② A, D
③ B, C ④ B, D

정답 ②

해설

- A농가(○) : 피해 정도가 심한 가지는 잘라 절단면에 도포제를 발라준다.
- B농가(×) : <u>수세가 약한 피해 나무에 요소 엽면시비를 한다.</u>
- C농가(×) : 우박피해를 입은 나무의 과실은 모두 제거해서는 안 된다. <u>우박피해를 입은 나무의 피해 과실을 제거하되 수세안정을 고려하여 일정한 과실을 남겨두어야 한다.</u>
- D농가(○) : 병해충 방제를 위해 살균제를 살포하여 상처 부위에 2차 감염이 일어나지 않도록 해야 한다.

65 다음은 벼의 수발아에 관한 내용이다. (   )에 들어갈 내용을 순서대로 옳게 나열한 것은?

> 수발아는 (   )에 종실이 이삭에 달린 채로 싹이 트는 것을 말하며, 벼가 우기에 도복이 되었을 때 자주 발생한다. 또한 (   )이 (   )보다 수발아가 잘 발생한다.

① 수잉기, 조생종, 만생종
② 결실기, 조생종, 만생종
③ 수잉기, 만생종, 조생종
④ 결실기, 만생종, 조생종

정답 ②

해설

수발아
• 수발아는 (결실기)에 종실이 이삭에 달린 채로 싹이 트는 것을 말한다.
• 태풍으로 벼가 도복이 되었을 때 고온 · 다습 조건에서 자주 발생한다.
• (조생종)이 (만생종)보다 수발아가 잘 발생한다.
• 휴면성이 약한 품종이 강한 품종보다 잘 발생한다.

66 전염성 병해가 아닌 것은?

① 토마토 배꼽썩음병
② 벼 깨씨무늬병
③ 배추 무름병
④ 사과나무 화상병

정답 ①

해설

토마토 배꼽썩음병
배꼽썩음병은 토마토의 배꼽 부위가 흑갈색으로 함몰되어 말라버리거나 썩는 증상을 말한다. 배꼽썩음병은 개화 후 2~3주에 칼슘결핍 상황에서 주로 발생하는 생리장해이다.

② **벼 깨씨무늬병** : 사질토나 노후화 논에서 전 생육기에 발생하며, 잎에 병원균의 감염으로 갈색의 깨알 같은 점무늬를 형성한다.
③ **배추 무름병** : 초기 잎의 밑동에 물에 젖은 듯한 반점이 나타나고 이것이 옅은 갈색 반점으로 변해 썩으면서 점점 위쪽으로 번진다. 감염 부위는 물러지고, 썩어 악취가 나며, 심하면 배추 전체가 물러 썩게 된다. 무름병의 병원균은 토양으로 전염된다.
④ **사과나무 화상병** : 사과, 배 등 과수에서 발병하는 세균성 병해의 일종으로 전염성이 강하여 한번 발생하면 나무 전체가 고사될 수 있다.

67 0℃에서 저장할 경우 저온장해가 발생하는 채소만을 나열한 것은?

① 배추, 무 　　　　　　　　　② 마늘, 양파

③ 당근, 시금치 　　　　　　　　④ 가지, 토마토

정답 ④

해설

열대 및 아열대 원산의 가지, 토마토, 오이, 고추 등은 호온성 채소로 0℃에서 저장할 경우 저온장해가 발생한다.

①·②·③ 배추, 무, 마늘, 양파, 당근, 시금치는 서늘한 온도에서 잘 자라는 호냉성 채소이다.

68 다음 (　　　)에 들어갈 필수원소에 관한 내용을 순서대로 옳게 나열한 것은?

> (　　　)원소인 (　　　)은 엽록소의 구성성분으로 부족시 잎이 황화된다.

① 다량, 마그네슘 　　　　　　　② 다량, 몰리브덴

③ 미량, 마그네슘 　　　　　　　④ 미량, 몰리브덴

정답 ①

해설

마그네슘과 몰리브덴
- **마그네슘** : (다량)원소인 (마그네슘)은 엽록소의 구성원소이며, 결핍하면 황백화 현상이 일어나고 줄기나 뿌리의 생장점의 발육이 저해된다.
- **몰리브덴** : 미량원소인 몰리브덴은 질산환원효소의 구성성분이며, 결핍하면 황백화 현상이 일어난다.

69 자가수분으로 수분수가 필요 없는 과수는?

① 신고 배 　　　　　　　　　　② 후지 사과

③ 캠벨얼리 포도 　　　　　　　④ 미백도 복숭아

정답 ③

해설

캠벨얼리 포도는 곤충과 관계없이 자연적으로 수분되는 자가수분을 한다. 품종에 따라서는 씨가 없어도 결실되는 단위결실성 품종도 있다.

70 다음 설명에 해당하는 해충은?

> • 흡즙성 해충이다.
> • 포도나무 가지와 잎을 주로 가해한다.
> • 약충이 하얀 솜과 같은 왁스 물질로 덮여 있다.

① 꽃매미   ② 미국선녀벌레
③ 포도유리나방   ④ 포도호랑하늘소

정답 ②

해설

미국선녀벌레(pruinosa)
• 연간 1세대 발생하며, 기주의 나뭇가지 틈에서 알로 월동한다.
• 월동한 알은 5월 중・하순경에 부화하며, 약충은 5령을 거쳐 60~70일 후에 성충이 된다.
• 성충은 7월에서 10월까지 발생한다.
• 약충도 선녀벌레처럼 흰색의 물질을 분비해 잎과 가지, 열매 등에 달라붙는다.
• 약충과 성충이 기주식물을 흡즙하여 직접적인 피해를 주며, 왁스 물질을 분비한다.
• 포도나무, 감귤나무, 살구나무, 복숭아나무 등의 과일나무를 포함해 단풍나무나 버드나무, 느릅나무와 같은 활엽수에도 서식한다.

71 장미의 블라인드 현상의 직접적인 원인은?

① 수분 부족   ② 칼슘 부족
③ 일조량 부족   ④ 근권부 산소 부족

정답 ③

해설

블라인드(blind) 현상
블라인드는 꽃눈이 정상적인 꽃으로 자라지 못하고 퇴화해버리는 현상을 말한다. 블라인드 피해를 받은 장미는 정상 개화 가지에 비해 가늘고 짧으며, 잎의 수가 적고 생장이 느리다. 블라인드의 피해는 품종에 따라 다르지만 대부분 햇빛이 부족하고 저온인 겨울 재배에서 많이 나타난다(**일조량 부족**). 또한, 나무의 세력이 나쁘고 영양 상태가 불균형해도 블라인드 현상이 발생할 수 있다.

72 근경으로 영양번식을 하는 화훼작물은?

① 칸나, 독일붓꽃   ② 시클라멘, 다알리아
③ 튤립, 글라디올러스   ④ 백합, 라넌큘러스

정답 ①

영양번식을 하는 화훼작물
- **근경(뿌리줄기)** : 칸나, 독일붓꽃
- **괴경(덩이줄기)** : 시클라멘
- **괴근(덩이뿌리)** : 다알리아, 라넌큘러스
- **구경(구슬줄기)** : 글라디올러스
- **인경(비늘줄기)** : 튤립, 백합

73 유리온실내 지면으로부터 용마루까지의 길이를 나타내는 용어는?

① 간고

② 동고

③ 측고

④ 헌고

②

- **동고** : 지면으로부터 용마루까지의 길이(온실높이)
- **간고(측고)** : 처마높이

74 베드의 바닥에 일정한 크기의 기울기로 얇은 막상의 양액이 흘러 순환하도록 하고 그 위에 작물의 뿌리 일부가 닿게 하여 재배하는 방식은?

① 매트재배

② 심지재배

③ NFT재배

④ 담액재배

③

NFT재배
재배상을 대신하여 필름 또는 피막을 이용하여 작물의 뿌리를 싸서 2mm~2cm의 깊이로 배양액을 흘려보내는 방법으로 박막수경이라고도 한다. 뿌리에 산소가 충분히 공급되도록 뿌리 사이에 흐르는 양액은 얇은 막을 형성하도록 하며, 그 위에 작물의 뿌리 일부가 닿게 하여 재배하는 방식이다. 기본 구조는 베드, 탱크, 급·배액 장치 등으로 구성된다.
- **장점** : 배양액이 계속 순환하므로 수분부족과 산소부족을 쉽게 해결할 수 있다. 또한 설치비용이 적고 설비와 관리 작업이 간단하다.
- **단점** : 최소한의 양액만이 투입되므로 외기온도의 변화에 매우 민감하다. 또한 사용되는 양액의 양이 작으므로 배양액 관리를 철저히 해야 한다.

① **매트재배** : 흙을 대신하는 다공성 매트(capillary mat)에 식물을 식재한 후 양액을 공급하는 방식이다.
② **심지재배** : 흙을 대신하는 부직포 심지에 식물을 식재한 후 양액을 공급하는 방식으로 가장 단순한 수경재배 형태이지만, 식물이 충분한 물과 영양소를 흡수하는 데에 제한적이다.
④ **담액재배** : 식물뿌리를 항상 양액 속에 담근 채로 재배하는 방식으로, 산소를 공급하는 장치가 필요하다.

75 시설재배에서 필름의 가시광선 투과율이 큰 것부터 작은 것 순으로 옳게 나타낸 것은?

① PE > EVA > PVC

② EVA > PE > PVC

③ PE > PVC > EVA

④ PVC > PE > EVA

정답 모두 정답

해설

> 피복재 중 폴리에틸렌필름(PE), 에틸렌아세트산필름(EVA), 염화비닐필름(PVC)은 연질필름으로 가시광선(380~760nm) 투과율은 비슷하므로 출제 오류문제이다. 보온성과 관계가 깊은 5,000~30,000nm 파장의 광투과율은 폴리에틸렌필름(PE)이 가장 높고 염화비닐필름(PVC)이 가장 낮으며, 에틸렌아세트산필름(EVA)은 중간정도이다.
> - **폴리에틸렌필름(PE)** : 다른 연질필름보다 자외선과 적외선을 많이 투과시키며, 특히 장파장을 많이 투과시키므로 보온성이 떨어진다.
> - **에틸렌아세트산필름(EVA)** : 폴리에틸렌필름(PE)보다 광투과율은 다소 낮지만, 보온성, 내후성 및 방적성이 좋다.
> - **염화비닐필름(PVC)** : 내구성을 증가시키기 위해 자외선 흡수제를 함유시켜 자외선이 투과되지 않도록 만들어진 필름이다. 연질필름 중 사용이 편리하고, 보온성이 가장 높지만 광투과율은 가장 낮다.

제10회 손해평가사 1차 시험문제

상법(보험편)

---

01 상법상 보험계약 관계자에 관한 설명으로 옳지 않은 것은?

① 손해보험의 보험자는 보험사고가 발생한 경우 보험금 지급의무를 지는 자이다.

② 손해보험의 보험계약자는 자기명의로 보험계약을 체결하고 보험료 지급의무를 지는 자이다.

③ 손해보험의 피보험자는 피보험이익의 주체로서 보험사고가 발생한 때에 보험금을 받을 자이다.

④ 손해보험의 보험수익자는 보험사고가 발생한 때에 보험금을 지급받을 자로 지정된 자이다.

[정답] ④

[해설]

보험수익자란 보험사고발생시 보험금을 지급받을 자로서 <u>인보험에서만 존재한다.</u>

---

02 상법상 보험계약의 체결에 관한 설명으로 옳은 것은?

① 보험계약은 청약과 승낙에 의한 합의와 보험증권의 교부로 성립한다.

② 기존의 보험계약을 연장하거나 변경한 경우에는 보험자는 그 보험증권에 그 사실을 기재함으로써 보험증권의 교부에 갈음할 수 있다.

③ 보험자는 보험계약이 성립된 후 보험계약자에게 보험약관을 교부하고, 그 약관의 중요한 내용을 설명하여야 한다.

④ 보험자가 보험계약자로부터 보험계약의 청약과 함께 보험료 상당액의 전부 또는 일부의 지급을 받은 때에는 계약이 성립한 것으로 본다.

[정답] ②

[해설]

② 상법 제640조 제2항

① 보험계약은 낙성·불요식 계약으로 <u>보험계약자의 청약과 보험자의 승낙이 있으면 성립한다</u>(상법 제638조의2). 보험증권의 교부는 보험계약의 성립조건이 아니다.

③ 보험자는 <u>보험계약을 체결할 때에</u> 보험계약자에게 보험약관을 교부하고, 그 약관의 중요한 내용을 설명하여야 한다(상법 제638조의2).

④ 보험자가 보험계약자로부터 보험계약의 청약과 함께 보험료 상당액의 전부 또는 일부의 지급을 받은 때에는 다른 약정이 없는 한 <u>30일 내에</u> 그 상대방에 대하여 낙부의 통지를 발송해야 한다(상법 제638조의2 제1항). 보험자가 위 기간 내에 <u>낙부의 통지를 해태(懈怠)한 때에는 승낙한 것으로 본다</u>(상법 제638조의2 제2항).

03 상법상 보험증권에 관한 설명으로 옳지 않은 것은?

① 타인을 위한 보험계약이 성립된 경우에는 보험자는 그 타인에게 보험증권을 교부해야 한다.
② 보험계약의 당사자는 보험증권의 교부가 있은 날로부터 일정한 기간 내에 한하여 그 증권내용의 정부(正否)에 관한 이의를 할 수 있음을 약정할 수 있다. 이 기간은 1월을 내리지 못한다.
③ 보험증권을 멸실 또는 현저하게 훼손한 때에는 보험계약자는 보험자에 대하여 증권의 재교부를 청구할 수 있고, 그 증권작성의 비용은 보험계약자의 부담으로 한다.
④ 보험자는 보험계약이 성립한 때에는 지체 없이 보험증권을 작성하여 보험계약자에게 교부하여야 한다.

정답 ①

해설

타인을 위한 보험계약이 성립된 경우에도 보험자는 지체 없이 <u>보험계약자</u>에게 보험증권을 교부해야 한다(상법 제640조 제1항). 지문에서 '타인'이란 보험계약상의 이익을 받을 자로 손해보험에서는 피보험자, 인보험에서는 보험수익자를 말한다.

② 상법 제641조
③ 상법 제642조
④ 상법 제640조 제1항

04 보험설계사가 가진 상법상 권한으로 옳은 것은?

① 보험계약자로부터 고지에 관한 의사표시를 수령할 수 있는 권한
② 보험계약자에게 영수증을 교부하지 않고 보험료를 수령할 수 있는 권한
③ 보험자가 작성한 보험증권을 보험계약자에게 교부할 수 있는 권한
④ 보험계약자로부터 통지에 관한 의사표시를 수령할 수 있는 권한

정답 ③

해설

보험설계사는 보험자의 사용인으로서 한 회사에 소속되어 보험에 가입할 자에 대하여 보험계약의 청약을 인수하는 자를 말한다. 보험설계사는 고지수령권(①), 보험료영수권(②), 통지수령권(④), 보험계약체결권이 없다. 다만, 보험계약자로부터 보험료를 수령할 수 있는 권한(<u>보험자가 작성한 영수증을 보험계약자에게 교부하는 경우만 해당한다</u>) 및 <u>보험자가 작성한 보험증권을 보험계약자에게 교부할 수 있는 권한</u>이 있다(상법 제646조의2 제3항).

05 상법상 보험료에 관한 설명으로 옳은 것을 모두 고른 것은?

> ㄱ. 보험계약의 당사자가 특별한 위험을 예기하여 보험료의 액을 정한 경우에 보험기간 중 그 예기한
>   위험이 소멸한 때에는 보험계약자는 그 후의 보험료의 감액을 청구할 수 있다.
> ㄴ. 보험계약의 전부 또는 일부가 무효인 경우에 보험계약자와 피보험자가 선의이며 중대한 과실이
>   없는 때에는 보험자에 대하여 보험료의 전부 또는 일부의 반환을 청구할 수 있다.
> ㄷ. 보험계약자는 계약 체결 후 지체 없이 보험료의 전부 또는 제1회 보험료를 지급하여야 하며, 이를
>   지급하지 아니하는 경우에는 보험자는 다른 약정이 없는 한 계약 성립 후 2월이 경과하면 그 계약
>   을 해제할 수 있다.
> ㄹ. 계속보험료가 약정한 시기에 지급되지 아니한 때에는 보험자는 상당한 기간을 정하여 보험계약자
>   에게 최고하고, 그 기간 내에 지급되지 아니한 때에는 그 계약은 해지된 것으로 본다.

① ㄱ, ㄴ
② ㄱ, ㄷ
③ ㄴ, ㄹ
④ ㄷ, ㄹ

정답 ①

해설

> ㄱ. (○) 상법 제647조
> ㄴ. (○) 상법 제648조
> ㄷ. (×) 보험계약자는 계약 체결 후 지체 없이 보험료의 전부 또는 제1회 보험료를 지급하여야 하며, 보험계약
>   자가 이를 지급하지 아니하는 경우에는 다른 약정이 없는 한 계약 성립 후 2월이 경과하면 <u>그 계약은
>   해제된 것으로 본다</u>(상법 제650조 제1항).
> ㄹ. (×) 계속보험료가 약정한 시기에 지급되지 아니한 때에는 보험자는 상당한 기간을 정하여 보험계약자에게
>   최고하고, 그 기간 내에 지급되지 아니한 때에는 <u>그 계약을 해지할 수 있다</u>(상법 제650조 제2항).

06 甲이 乙소유의 농장에 대해 乙의 허락 없이 乙을 피보험자로 하여 A보험회사와 화재보험계약을
체결한 경우, 그 법률관계에 관한 설명으로 옳지 않은 것은?

① 보험계약 체결시 A보험회사가 서면으로 질문한 사항은 중요한 사항으로 추정한다.
② 보험사고가 발생하기 전에는 甲은 언제든지 계약의 전부 또는 일부를 해지할 수 있다.
③ 甲이 乙의 위임이 없음을 A보험회사에게 고지하지 않은 때에는 乙이 그 보험계약이 체결된
   사실을 알지 못하였다는 사유로 A보험회사에게 대항하지 못한다.
④ 보험계약 당시에 甲 또는 乙이 고의 또는 중대한 과실로 인하여 중요한 사항을 고지하지 아니
   하거나 부실의 고지를 한 때에는 A보험회사는 그 사실을 안 날로부터 1월 내에, 계약을 체결한
   날로부터 3년 내에 한하여 계약을 해지할 수 있다.

정답 ②

> 문제의 경우 '타인을 위한 보험(상법 제639조)'에 해당하므로 보험계약자는 그 타인의 동의를 얻지 아니하거나 보험증권을 소지하지 아니하면 그 계약을 해지하지 못한다(상법 제649조 제1항). 즉 <u>보험사고가 발생하기 전에 甲은 乙의 동의 없이 계약의 전부 또는 일부를 해지할 수 없다.</u>
>
> ① 상법 제651조의2
> ③ 상법 제639조 제1항 단서
> ④ 상법 제651조

07 상법상 보험사고에 관한 설명으로 옳지 않은 것은?

① 보험계약 당시에 보험사고가 이미 발생하였거나 또는 발생할 수 없는 것인 때에는 그 계약은 무효로 한다.

② 보험계약 당시에 보험사고가 발생할 수 없는 것이었지만 당사자 쌍방과 피보험자가 이를 알지 못한 때에는 그 계약은 유효하다.

③ 보험사고의 발생으로 보험자가 보험금액을 지급한 때에도 보험금액이 감액되지 아니하는 보험의 경우에는 보험계약자는 그 사고발생 후에도 보험계약을 해지할 수 있다.

④ 보험사고가 발생하기 전에 보험계약을 해지한 보험계약자는 미경과보험료의 반환을 청구할 수 없다.

> 보험사고가 발생하기 전에 보험계약을 해지한 보험계약자는 당사자간에 다른 약정이 없으면 <u>미경과보험료의 반환을 청구할 수 있다</u>(상법 제649조 제3항).
>
> ①·② 보험계약 당시에 보험사고가 이미 발생하였거나 또는 발생할 수 없는 것인 때에는 그 계약은 무효로 한다. 그러나 당사자 쌍방과 피보험자가 이를 알지 못한 때에는 그러하지 아니하다(상법 제644조).
> ③ 상법 제649조 제2항

08 상법상 보험대리상의 권한을 모두 고른 것은?

> ㄱ. 보험료수령권한 ㄴ. 고지수령권한
> ㄷ. 보험계약의 해지권한 ㄹ. 보험금수령권한

① ㄱ, ㄴ, ㄷ
② ㄱ, ㄴ, ㄹ
③ ㄱ, ㄷ, ㄹ
④ ㄴ, ㄷ, ㄹ

 정답 ①

해설
....

> 보험대리상의 권한(상법 제646조의2 제1항)
> 1. 보험계약자로부터 보험료를 수령할 수 있는 권한 (ㄱ)
> 2. 보험자가 작성한 보험증권을 보험계약자에게 교부할 수 있는 권한
> 3. 보험계약자로부터 청약, 고지, 통지, 해지, 취소 등 보험계약에 관한 의사표시를 수령할 수 있는 권한 (ㄴ)
> 4. 보험계약자에게 보험계약의 체결, 변경, 해지 등 보험계약에 관한 의사표시를 할 수 있는 권한 (ㄷ)

09 보험기간 중에 보험사고의 발생 위험이 현저하게 변경 또는 증가된 경우의 법률관계에 관한 설명으로 옳은 것은?

① 보험수익자의 고의로 인하여 사고발생의 위험이 현저하게 증가된 때에는 보험자는 그 사실을 안 날로부터 1월 내에 보험계약을 해지할 수 있을 뿐이고, 보험료의 증액을 청구할 수는 없다.
② 보험계약자가 지체 없이 위험변경증가의 통지를 한 때에는 보험자는 1월 내에 보험료 증액을 청구할 수 있을 뿐이고 보험계약을 해지할 수는 없다.
③ 보험계약자가 위험변경증가의 통지를 해태한 때에는 보험자는 그 사실을 안 날로부터 1월 내에 한하여 계약을 해지할 수 있다.
④ 타인을 위한 손해보험의 타인이 사고발생 위험이 현저하게 변경 또는 증가된 사실을 알게 된 경우 이를 보험자에게 통지할 의무는 없다.

 정답 ③

해설
....

> ③ 상법 제652조 제1항
> ① 보험수익자의 고의 또는 중대한 과실로 인하여 사고발생의 위험이 현저하게 변경 또는 증가된 때에는 보험자는 그 사실을 안 날부터 1월 내에 <u>보험료의 증액을 청구하거나 계약을 해지할 수 있다</u>(상법 제653조).
> ② 보험계약자가 지체 없이 위험변경증가의 통지를 한 때에는 보험자는 1월 내에 <u>보험료의 증액을 청구하거나 계약을 해지할 수 있다</u>(상법 제652조 제2항).
> ④ 보험기간 중에 보험계약자 또는 피보험자(타인을 위한 손해보험의 타인)가 사고발생의 위험이 현저하게 변경 또는 증가된 사실을 안 때에는 지체 없이 <u>보험자에게 통지하여야 한다</u>(상법 제652조 제1항).

10 보험사고가 발생한 경우 그 법률관계에 관한 설명으로 옳지 않은 것은?

① 보험수익자가 보험사고의 발생을 안 때에는 지체 없이 보험자에게 그 통지를 발송하여야 한다.

② 보험계약자가 보험사고의 발생을 알았음에도 지체 없이 보험자에게 그 통지를 발송하지 않은 경우 보험자는 계약을 해지할 수 있다.

③ 보험계약 당사자간에 다른 약정이 없으면 최초보험료를 보험자가 지급받은 때로부터 보험자의 책임이 개시된다.

④ 위험이 현저하게 변경 또는 증가된 사실이 보험사고발생에 영향을 미친 경우, 보험자가 위험변경증가의 통지를 못 받았음을 이유로 유효하게 계약을 해지하면 보험금을 지급할 책임이 없다.

정답 ②

해설

보험계약자가 보험사고의 발생을 알았음에도 지체 없이 보험자에게 그 통지를 발송하지 않은 경우 보험자는 계약을 해지할 수 있는 것이 아니라, <u>그 증가된 손해를 보상할 책임이 없다</u>(상법 제657조 제2항).

① 상법 제657조 제1항
③ 상법 제656조
④ 상법 제652조, 상법 제655조

11 보험자의 보험금액의 지급에 관한 설명으로 옳지 않은 것은?

① 보험수익자의 중과실로 인하여 보험사고가 생긴 때에는 보험자는 보험금액을 지급할 책임이 없다.

② 보험계약자의 고의로 보험사고가 생긴 때에는 보험자는 보험금액을 지급할 책임이 없다.

③ 보험금액의 지급에 관하여 약정기간이 없는 경우에는 보험자는 보험사고발생의 통지를 받은 후 지체 없이 지급할 보험금액을 정해야 한다.

④ 보험자가 파산선고를 받았으나 보험계약자가 계약을 해지하지 않은 채 3월이 경과한 후에 보험사고가 발생하여도 보험자는 보험금액 지급책임이 있다.

정답 ④

해설

보험자가 파산선고를 받았으나 보험계약자가 계약을 해지하지 않은 채 3월이 경과하면 보험계약은 그 효력을 잃으므로, <u>보험자는 보험금액 지급책임이 없다</u>(상법 제654조 제2항).

①·② 보험사고가 보험계약자 또는 피보험자나 보험수익자의 고의 또는 중대한 과실로 인하여 생긴 때에는 <u>보험자는 보험금액을 지급할 책임이 없다</u>(상법 제659조 제1항).
③ 보험자는 보험금액의 지급에 관하여 약정기간이 있는 경우에는 그 기간 내에, <u>약정기간이 없는 경우에는 보험사고발생의 통지를 받은 후 지체 없이 지급할 보험금액을 정하고</u>, 그 정하여진 날부터 10일 내에 피보험자 또는 보험수익자에게 보험금액을 지급하여야 한다(상법 제658조).

12 甲은 자기 소유의 건물에 대해 A보험회사와 화재보험계약을 체결하였고, A보험회사는 이 화재보험계약으로 인하여 부담할 책임에 대하여 B보험회사와 재보험계약을 체결한 경우 그 법률관계에 관한 설명으로 옳은 것은?

① 화재보험계약의 보험기간 개시 전에 화재가 발생한 경우 B보험회사는 A보험회사에게 보험금 지급의무가 없다.

② 甲의 고의로 화재보험계약의 보험기간 중에 화재가 발생한 경우 B보험회사는 A보험회사에게 보험금 지급의무가 있다.

③ A보험회사의 B보험회사에 대한 보험금청구권은 1년간 행사하지 아니하면 시효의 완성으로 소멸한다.

④ B보험회사의 A보험회사에 대한 보험료청구권은 6개월간 행사하지 아니하면 시효의 완성으로 소멸한다.

정답 ①

해설

화재보험계약의 보험기간 중에 화재가 발생한 경우 보험금 지급의무가 발생하므로 보험기간 개시 전에 화재가 발생한 경우에는 보험금 지급의무가 없다.

② 甲의 고의로 화재보험계약의 보험기간 중에 화재가 발생한 경우 B보험회사는 A보험회사에게 보험금 지급의무가 없다.
③ A보험회사의 B보험회사에 대한 보험금청구권은 3년간 행사하지 아니하면 시효의 완성으로 소멸한다.
④ B보험회사의 A보험회사에 대한 보험료청구권은 2년간 행사하지 아니하면 시효의 완성으로 소멸한다.

13 가계보험의 약관조항 중 상법상 불이익변경금지원칙에 위반되지 않는 것은?

① 보험계약자가 계약 체결시 과실 없이 중요한 사항을 불고지한 경우에도 보험자의 해지권을 인정한 약관조항

② 보험료청구권의 소멸시효기간을 단축하는 약관조항

③ 보험수익자가 보험계약 체결시 고지의무를 부담하도록 하는 약관조항

④ 보험사고발생 전이지만 일정한 기간 동안 보험계약자의 계약 해지를 금지하는 약관조항

정답 ②

해설

불이익변경금지원칙(상법 제663조)의 규정은 당사자간의 특약으로 보험계약자 또는 피보험자나 보험수익자의 불이익으로 변경하지 못한다는 것이다.

② 보험료청구권의 소멸시효기간을 단축하는 약관조항은 보험계약자 등에게 유리한 조항이므로 불이익변경금지원칙에 위반되지 않는다.
①·③·④ 보험계약자 등에게 불리한 조항이므로 불이익변경금지원칙에 위반된다.

14 상법상 손해보험증권에 기재해야 할 사항으로 옳지 않은 것은?

① 피보험자의 주민등록번호

② 보험기간을 정한 경우 그 시기와 종기

③ 보험료와 그 지급방법

④ 무효와 실권의 사유

정답 ①

해설

> 손해보험증권의 기재사항(상법 제666조)
> 1. 보험의 목적
> 2. 보험사고의 성질
> 3. 보험금액
> 4. <u>보험료와 그 지급방법</u>
> 5. <u>보험기간을 정한 때에는 그 시기와 종기</u>
> 6. <u>무효와 실권의 사유</u>
> 7. 보험계약자의 주소와 성명 또는 상호
> 7의2. 피보험자의 주소, 성명 또는 상호
> 8. 보험계약의 연월일
> 9. 보험증권의 작성지와 그 작성연월일

15 상법상 물건보험의 보험가액에 관한 설명으로 옳지 않은 것은?

① 보험가액과 보험금액은 일치하지 않을 수 있다.

② 보험계약 당사자간에 보험가액을 정하지 아니한 때에는 사고발생시의 가액을 보험가액으로 한다.

③ 보험계약의 당사자간에 보험가액을 정한 경우 그 가액이 사고발생시의 가액을 현저하게 초과할 경우 보험계약은 무효이다.

④ 보험계약의 당사자간에 보험가액을 정한 경우 그 가액은 사고발생시의 가액으로 정한 것으로 추정한다.

정답 ③

해설

> 당사자간에 보험가액을 정한 때에는 그 가액은 사고발생시의 가액으로 정한 것으로 추정한다. 그러나 <u>그 가액이 사고발생시의 가액을 현저하게 초과할 때에는 사고발생시의 가액을 보험가액으로 한다</u>(상법 제670조).

16 상법상 초과보험에 관한 설명으로 옳은 것을 모두 고른 것은?

> ㄱ. 보험계약자의 사기에 의하여 보험금액이 보험가액을 현저하게 초과하는 보험계약이 체결된 경우 보험기간 중에 보험사고가 발생하면 보험자는 보험가액의 한도 내에서 보험금 지급의무가 있다.
>
> ㄴ. 보험계약 체결 이후 보험기간 중에 보험가액이 보험금액에 비해 현저하게 감소된 때에는 보험자 또는 보험계약자는 보험료와 보험금액의 감액을 청구할 수 있다.
>
> ㄷ. 보험계약 체결 이후 보험기간 중에 보험가액이 보험금액에 비해 현저하게 감소된 때에는 보험자 또는 보험계약자는 보험계약을 취소할 수 있다.
>
> ㄹ. 보험계약자의 사기에 의하여 보험금액이 보험가액을 현저하게 초과하는 계약이 체결된 경우 보험자는 그 사실을 안 때까지의 보험료를 청구할 수 있다.

① ㄱ, ㄷ   ② ㄱ, ㄹ

③ ㄴ, ㄷ   ④ ㄴ, ㄹ

정답 ④

해설

> ㄱ. (✕) 보험계약자의 사기에 의하여 보험금액이 보험가액을 현저하게 초과하는 보험계약이 체결된 경우 그 계약은 무효로 하므로 보험자는 보험금 지급의무가 없다(상법 제669조 제4항).
>
> ㄴ. (○) 상법 제669조 제1항
>
> ㄷ. (✕) 보험계약 체결 이후 보험기간 중에 보험가액이 보험금액에 비해 현저하게 감소된 때에는 보험자 또는 보험계약자는 보험료와 보험금액의 감액을 청구할 수 있다(상법 제669조 제3항).
>
> ㄹ. (○) 상법 제669조 제4항

17 甲이 가액이 10억원인 자기 소유의 재산에 대해 A, B보험회사와 보험기간이 동일하고, 보험금액 10억원인 화재보험계약을 순차적으로 각각 체결한 경우 그 법률관계에 관한 설명으로 옳지 않은 것은? (甲의 사기는 없었음)

① 만약 甲이 사기에 의하여 두 개의 화재보험계약을 체결하였다면 보험계약은 무효이다.

② 보험기간 중 화재가 발생하여 甲의 재산이 전소되어 10억원의 손해를 입은 경우 甲은 A, B보험회사에게 각각 5억원까지 보험금청구권을 행사할 수 있다.

③ 甲은 B보험회사와 화재보험계약을 체결할 때 A보험회사와의 화재보험계약의 내용을 통지할 의무가 있다.

④ 甲이 A보험회사에 대한 권리를 포기하더라도 B보험회사의 권리의무에 영향을 미치지 않는다.

정답 ②

> 보험회사는 각자의 보험금액 한도에서 연대책임을 지고, 각 보험회사의 보상책임은 각자의 보험금액의 비율에 따른다(상법 제672조 제1항). 즉, 甲의 재산이 전소되어 10억원의 손해를 입은 경우 <u>甲은 A, B보험회사에게 10억원의 한도 내에서 보험금청구권을 행사할 수 있다.</u>
>
> ① 상법 제672조 제3항, 상법 제669조 제4항
> ③ 상법 제672조 제2항
> ④ 상법 제673조

18 손해보험의 목적에 관한 설명으로 옳은 것은?

① 피보험자가 보험의 목적을 양도한 때에는 양수인은 보험계약상의 권리와 의무를 승계한 것으로 본다.

② 금전으로 산정할 수 있는 이익에 한하여 보험의 목적으로 할 수 있다.

③ 보험의 목적에 관하여 보험자가 부담할 손해가 생긴 경우에는 그 후 그 목적이 보험자가 부담하지 아니하는 보험사고의 발생으로 인하여 멸실된 때에도 보험자는 이미 생긴 손해를 보상할 책임을 면하지 못한다.

④ 보험의 목적의 성질, 하자 또는 자연소모로 인한 손해는 보험자가 이를 보상할 책임이 있다.

> ③ 상법 제675조
> ① 피보험자가 보험의 목적을 양도한 때에는 양수인은 보험계약상의 권리와 의무를 승계한 것으로 <u>추정한다</u>(상법 제679조 제1항).
> ② 금전으로 산정할 수 있는 이익에 한하여 <u>보험계약의 목적</u>으로 할 수 있다(상법 제668조).
> ④ 보험의 목적의 성질, 하자 또는 자연소모로 인한 손해는 보험자가 이를 <u>보상할 책임이 없다</u>(상법 제678조).

19 손해보험에서 손해액의 산정에 관한 설명으로 옳은 것은?

① 보험자가 보상할 손해액은 보험계약을 체결한 때와 곳의 가액에 의하여 산정한다.

② 보험사고로 인하여 상실된 피보험자가 얻을 이익이나 보수는 보험자가 보상할 손해액에 산입하여야 한다.

③ 손해액의 산정에 관한 비용은 보험계약자의 부담으로 한다.

④ 당사자간에 다른 약정이 있는 때에는 그 신품가액에 의하여 손해액을 산정할 수 있다.

④ 상법 제676조 제1항 단서
① 보험자가 보상할 손해액은 그 손해가 발생한 때와 곳의 가액에 의하여 산정한다(상법 제676조 제1항).
② 보험사고로 인하여 상실된 피보험자가 얻을 이익이나 보수는 당사자간에 다른 약정이 없으면 보험자가 보상할 손해액에 산입하지 아니한다(상법 제667조).
③ 손해액의 산정에 관한 비용은 보험자의 부담으로 한다(상법 제676조 제2항).

20 보험자가 손해를 보상할 때에 보험료의 지급을 받지 아니한 잔액이 있는 경우에 관한 설명으로 옳은 것은?

① 보험자는 보험료의 지급을 받지 아니한 잔액이 있으면 보험계약을 즉시 해지할 수 있다.

② 보험자는 지급기일이 도래하였으나 지급받지 않은 보험료 잔액을 보상할 금액에서 공제하여야 한다.

③ 보험자는 지급받지 않은 보험료 잔액이 있으면 그 지급기일이 도래하지 아니한 때라도 보상할 금액에서 이를 공제할 수 있다.

④ 보험자는 지급기일이 도래한 보험료 잔액의 지급이 있을 때까지 그 손해보상을 전부 거절할 수 있다.

정답 ③

해설

① 보험계약을 즉시 해지하는 것이 아니라, 보험자는 상당한 기간을 정하여 보험계약자에게 최고하고 그 기간 내에 지급되지 아니한 때에 그 계약을 해지할 수 있다(상법 제650조 제2항).
②·③·④ 보험자가 손해를 보상할 경우에 보험료의 지급을 받지 아니한 잔액이 있으면 그 지급기일이 도래하지 아니한 때라도 보상할 금액에서 이를 공제할 수 있다(상법 제677조).

21 상법상 손해방지의무에 관한 설명으로 옳은 것은? (다툼이 있으면 판례에 따름)

① 손해방지의무는 보험계약자는 부담하지 않고 피보험자만 부담하는 의무이다.

② 손해방지의무의 이행을 위하여 필요 또는 유익하였던 비용과 보상액이 보험금액을 초과한 경우라도 보험자가 이를 부담한다.

③ 손해방지의무는 보험사고가 발생하기 이전에 부담하는 의무이다.

④ 손해방지의무의 이행을 위하여 필요 또는 유익하였던 비용은 실제로 손해의 방지와 경감에 유효하게 영향을 준 경우에만 보험자가 이를 부담한다.

정답 ②

> ② 상법 제680조 제1항
> ① 손해방지의무는 보험계약자와 피보험자가 부담하는 의무이다(상법 제680조 제1항).
> ③ 손해방지의무는 보험사고가 발생했을 때 부담하는 의무이다.
> ④ 보험사고발생시 또는 보험사고가 발생한 것과 같게 볼 수 있는 경우에 피보험자의 법률상 책임 여부가 판명되지 아니한 상태에서 피보험자가 손해확대방지를 위한 긴급한 행위를 하였다면 이로 인하여 발생한 필요·유익한 비용도 상법 제680조 제1항의 규정에 따라 보험자가 부담하여야 한다(대법원 2003.6.27. 선고 2003다6958 판결).

22 보험목적에 관한 보험대위(잔존물대위)의 설명으로 옳지 않은 것은?

① 보험의 목적의 전부가 멸실한 경우에 보험대위가 인정된다.

② 피보험자가 보험자로부터 보험금액의 전부를 지급받은 후에는 잔존물을 임의로 처분할 수 없다.

③ 일부보험의 경우에는 잔존물대위가 인정되지 않는다.

④ 보험자가 보험금액의 전부를 지급한 때 잔존물에 대한 권리는 물권변동절차 없이 보험자에게 이전된다.

정답 ③

해설

> 보험의 목적물에 전손이 생긴 경우에는 일부보험인 경우라도 잔존물대위가 인정된다. 이 경우 보험자는 보험 금액의 보험가액에 대한 비율에 따라 피보험자의 보험목적에 대한 권리를 취득하게 된다(상법 제681조 단서).
>
> ① 상법 제681조
> ② 보험자는 피보험자가 보험의 목적에 대하여 가졌던 모든 권리를 취득하므로, 피보험자는 그 목적에 대하여 특약이 없는 한 아무런 권리도 없고 임의로 처분하지 못한다.
> ④ 보험자대위는 당사자의 의사표시에 따른 양도행위의 효과가 아니라 법률상 인정한 당연한 효과로서, 대위 의 요건이 충족되면 당사자의 의사표시와 상관없이 당연히 권리가 보험자에게 이전된다. 따라서 보험자가 보험금액의 전부를 지급한 때 잔존물에 대한 권리는 인도·등기를 요하는 물권변동의 절차(민법 제186조, 제188조) 없이 보험자에게 이전된다.

23 화재보험자가 보상할 손해에 관한 설명으로 옳은 것을 모두 고른 것은?

> ㄱ. 화재가 발생한 건물의 철거비와 폐기물처리비
> ㄴ. 화재의 소방 또는 손해의 감소에 필요한 조치로 인하여 생긴 손해
> ㄷ. 화재로 인하여 다른 곳에 옮겨놓은 물건의 도난으로 인한 손해

① ㄱ, ㄴ
② ㄱ, ㄷ
③ ㄴ, ㄷ
④ ㄱ, ㄴ, ㄷ

정답 ①

해설

> ㄱ. (○) 화재가 발생한 건물을 수리하면서 지출한 철거비와 폐기물처리비는 화재와 상당인과관계가 있는 건물수리비에 포함되므로 보상한다(대법원 2003.4.25. 선고 2002다64520 판결).
> ㄴ. (○) 보험자는 화재의 소방 또는 손해의 감소에 필요한 조치로 인하여 생긴 손해를 보상할 책임이 있다(상법 제684조).
> ㄷ. (×) 화재로 인하여 다른 곳에 옮겨놓은 물건의 도난으로 인한 손해는 보상하지 않는다(화재보험표준약관 제4조 제2호).

24 화재보험에 관한 설명으로 옳지 않은 것은?

① 건물을 보험의 목적으로 한 때에는 그 소재지, 구조와 용도를 화재보험증권에 기재하여야 한다.
② 동산을 보험의 목적으로 한 때에는 그 존치한 장소의 상태와 용도를 화재보험증권에 기재하여야 한다.
③ 동일한 건물에 대하여 소유권자와 저당권자는 각각 다른 피보험이익을 가지므로, 각자는 독립한 화재보험계약을 체결할 수 있다.
④ 건물을 보험의 목적으로 한 때 그 보험가액의 일부를 보험에 붙인 경우, 당사자간에 다른 약정이 없다면 보험자는 보험금액의 한도 내에서 그 손해를 보상할 책임을 진다.

정답 ④

해설

> 보험가액의 일부를 보험에 붙인 경우에는 보험자는 보험금액의 보험가액에 대한 비율에 따라 보상할 책임을 진다. 그러나 당사자간에 다른 약정이 있는 때에는 보험자는 보험금액의 한도 내에서 그 손해를 보상할 책임을 진다(상법 제674조).
>
> ① 상법 제685조 제1호
> ② 상법 제685조 제2호
> ③ 피보험이익이 다르면 동일한 목적물에 대한 보험계약이라도 별개의 보험계약이 된다. 동일한 건물에 대하여 소유권자와 저당권자는 각자 다른 피보험이익을 가지므로 독립한 보험계약을 체결할 수 있다.

25 집합보험에 관한 설명으로 옳지 않은 것은?

① 집합보험은 집합된 물건을 일괄하여 보험의 목적으로 한다.

② 보험의 목적에 속한 물건이 보험기간 중에 수시로 교체된 경우에도 보험계약의 체결시에 현존한 물건은 보험의 목적에 포함된 것으로 한다.

③ 피보험자의 가족과 사용인의 물건도 보험의 목적에 포함된 것으로 한다.

④ 보험의 목적에 피보험자의 가족의 물건이 포함된 경우, 그 보험은 피보험자의 가족을 위하여서도 체결한 것으로 본다.

정답 ②

해설

집합된 물건을 일괄하여 보험의 목적으로 한 때에는 그 목적에 속한 물건이 보험기간 중에 수시로 교체된 경우에도 <u>보험사고의 발생시에</u> 현존한 물건은 보험의 목적에 포함된 것으로 한다(상법 제687조).

① · ③ · ④ 집합된 물건을 일괄하여 보험의 목적으로 한 때에는 피보험자의 가족과 사용인의 물건도 보험의 목적에 포함된 것으로 한다. 이 경우에는 그 보험은 그 가족 또는 사용인을 위하여서도 체결한 것으로 본다(상법 제686조).

26 농어업재해보험법령상 농업재해보험심의회(이하 '심의회')에 관한 설명으로 옳지 않은 것은?

① 심의회의 위원장은 농림축산식품부차관으로 하고, 부위원장은 위원 중에서 농림축산식품부차관이 지명한다.

② 심의회의 회의는 재적위원 과반수의 출석으로 개의(開議)하고, 출석위원 과반수의 찬성으로 의결한다.

③ 심의회는 위원장 및 부위원장 각 1명을 포함한 21명 이내의 위원으로 구성한다.

④ 심의회의 회의는 재적위원 3분의 1 이상의 요구가 있을 때 또는 위원장이 필요하다고 인정할 때에 소집한다.

정답 ①

해설

심의회의 위원장은 농림축산식품부차관으로 하고, <u>부위원장은 위원 중에서 호선(互選)한다</u>(농어업재해보험법 제3조 제3항). 〈2023.10.31. 개정〉

② 농어업재해보험법 시행령 제3조 제3항
③ 농어업재해보험법 제3조 제2항
④ 농어업재해보험법 시행령 제3조 제2항

27 농어업재해보험법령상 재해보험의 종류 등에 관한 설명으로 옳지 않은 것은?

① 재해보험의 종류는 농작물재해보험, 임산물재해보험, 가축재해보험 및 양식수산물재해보험으로 한다.

② 가축재해보험의 보험목적물은 가축 및 축산시설물이다.

③ 양식수산물재해보험과 관련된 사항은 농림축산식품부장관이 관장한다.

④ 정부는 보험목적물의 범위를 확대하기 위하여 노력하여야 한다.

정답 ③

해설

양식수산물재해보험과 관련된 사항은 <u>해양수산부장관이</u> 관장한다(농어업재해보험법 제4조).

① 농어업재해보험법 제4조
② 농어업재해보험법 제5조 제1항 제2호
④ 농어업재해보험법 제5조 제2항

28 농어업재해보험법령상 재해보험사업을 할 수 있는 자를 모두 고른 것은?

> ㄱ. 「수산업협동조합법」에 따른 수산업협동조합중앙회
> ㄴ. 「산림조합법」에 따른 산림조합중앙회
> ㄷ. 「보험업법」에 따른 보험회사
> ㄹ. 「새마을금고법」에 따른 새마을금고중앙회

① ㄱ, ㄹ

② ㄱ, ㄴ, ㄷ

③ ㄴ, ㄷ, ㄹ

④ ㄱ, ㄴ, ㄷ, ㄹ

정답 ②

해설

> 보험사업자(농어업재해보험법 제8조 제1항)
> 재해보험사업을 할 수 있는 자는 다음 각 호와 같다.
> 1. 「수산업협동조합법」에 따른 수산업협동조합중앙회(이하 "수협중앙회"라 한다)
> 2. 「산림조합법」에 따른 산림조합중앙회
> 3. 「보험업법」에 따른 보험회사

29 농어업재해보험법령상 손해평가사의 정기교육에 관한 설명이다. (   )에 들어갈 숫자로 옳은 것은?

> • 농림축산식품부장관 또는 해양수산부장관은 손해평가인이 공정하고 객관적인 손해평가를 수행할
>   수 있도록 연 (ㄱ)회 이상 정기교육을 실시하여야 한다.
> • 정기교육의 교육시간은 (ㄴ)시간 이상으로 한다.

① ㄱ : 1, ㄴ : 4

② ㄱ : 1, ㄴ : 5

③ ㄱ : 2, ㄴ : 4

④ ㄱ : 2, ㄴ : 6

정답 ①

해설

> 손해평가사의 정기교육
> • 농림축산식품부장관 또는 해양수산부장관은 손해평가인이 공정하고 객관적인 손해평가를 수행할 수 있도
>   록 연 (1)회 이상 정기교육을 실시하여야 한다(농어업재해보험법 제11조 제5항).
> • 정기교육의 교육시간은 (4)시간 이상으로 한다(농어업재해보험법 시행령 제12조 제3항).

30 농어업재해보험법령상 손해평가사의 자격취소 사유에 해당하는 위반행위를 한 경우, 1회 위반시에는 자격취소를 하지 않고 시정명령을 하는 경우는?

① 손해평가사의 자격을 거짓 또는 부정한 방법으로 취득한 경우
② 거짓으로 손해평가를 한 경우
③ 다른 사람에게 손해평가사의 명의를 사용하게 하거나 그 자격증을 대여한 경우
④ 업무정지 기간 중에 손해평가 업무를 수행한 경우

정답 ②

해설

손해평가사 자격취소 처분의 세부기준(농어업재해보험법 시행령 [별표 2의3])

위반행위	처분기준	
	1회 위반	2회 이상 위반
손해평가사의 자격을 거짓 또는 부정한 방법으로 취득한 경우	자격취소	
거짓으로 손해평가를 한 경우	시정명령	자격취소
다른 사람에게 손해평가사의 명의를 사용하게 하거나 그 자격증을 대여한 경우	자격취소	
손해평가사 명의의 사용이나 자격증의 대여를 알선한 경우	자격취소	
업무정지 기간 중에 손해평가 업무를 수행한 경우	자격취소	

31 농어업재해보험법령상 보험금 수급권 등에 관한 설명으로 옳지 않은 것은?

① 재해보험의 보험목적물이 담보로 제공된 경우 보험금을 지급받을 권리는 압류할 수 없다.
② 재해보험사업자는 정보통신장애로 보험금을 보험금수급계좌로 이체할 수 없을 때에는 현금지급 등 대통령령으로 정하는 바에 따라 보험금을 지급할 수 있다.
③ 보험금수급전용계좌의 해당 금융기관은 「농어업재해보험법」에 따른 보험금만이 보험금수급전용계좌에 입금되도록 관리하여야 한다.
④ 재해보험가입자가 재해보험에 가입된 보험목적물을 양도하는 경우 그 양수인은 재해보험계약에 관한 양도인의 권리 및 의무를 승계한 것으로 추정한다.

정답 ①

해설

재해보험의 보험목적물이 담보로 제공된 경우 보험금을 지급받을 권리는 압류할 수 있다(농어업재해보험법 제12조 제1항).

② 농어업재해보험법 제11조의7 제1항 단서
③ 농어업재해보험법 제11조의7 제2항
④ 농어업재해보험법 제13조

32 농어업재해보험법령상 재해보험사업자가 재해보험 업무의 일부를 위탁할 수 있는 자에 해당하지 않는 자는?

① 「수산업협동조합법」에 따라 설립된 수산물가공 수산업협동조합
② 「농업협동조합법」에 따라 설립된 품목별·업종별 협동조합
③ 「산림조합법」에 따라 설립된 지역산림조합
④ 「보험업법」 제83조 제1항에 따라 보험을 모집할 수 있는 자

정답 ④

해설

재해보험 업무의 일부를 위탁할 수 있는 자(농어업재해보험법 시행령 제13조) 〈2023.9.26. 개정〉
1. 「농업협동조합법」에 따라 설립된 지역농업협동조합·지역축산업협동조합 및 품목별·업종별 협동조합
2. 「산림조합법」에 따라 설립된 지역산림조합 및 품목별·업종별 산림조합
3. 「수산업협동조합법」에 따라 설립된 지구별 수산업협동조합, 업종별 수산업협동조합, 수산물가공 수산업협동조합 및 수협은행
4. 「보험업법」 제187조에 따라 손해사정을 업으로 하는 자
5. 농어업재해보험 관련 업무를 수행할 목적으로 「민법」 제32조에 따라 농림축산식품부장관 또는 해양수산부장관의 허가를 받아 설립된 비영리법인

33 농어업재해보험법령상 재정지원에 관한 설명으로 옳은 것은?

① 정부는 예산의 범위에서 재해보험가입자가 부담하는 보험료의 전부를 지원할 수 있다.
② 지방자치단체는 정부의 재정지원 외에 예산의 범위에서 재해보험사업자의 재해보험의 운영 및 관리에 필요한 비용 일부를 추가로 지원할 수 있다.
③ 지방자치단체의 장은 정부의 재정지원 외에 보험료의 일부를 추가 지원하려는 경우 재해보험 가입현황서와 보험가입자의 기준 등을 확인하여 보험료의 지원금액을 결정·지급한다.
④ 「풍수해·지진재해보험법」에 따른 풍수해·지진재해보험에 가입한 자가 동일한 보험목적물을 대상으로 재해보험에 가입할 경우에는 정부가 재정지원을 할 수 있다.

정답 ③

해설

③ 농어업재해보험법 시행령 제15조 제3항
① 정부는 예산의 범위에서 재해보험가입자가 부담하는 보험료의 일부와 재해보험사업자의 재해보험의 운영 및 관리에 필요한 비용(이하 "운영비"라 한다)의 전부 또는 일부를 지원할 수 있다(농어업재해보험법 제19조 제1항).
② 지방자치단체는 예산의 범위에서 재해보험가입자가 부담하는 보험료의 일부를 추가로 지원할 수 있다(농어업재해보험법 제19조 제1항 후단).
④ 「풍수해·지진재해보험법」에 따른 풍수해·지진재해보험에 가입한 자가 동일한 보험목적물을 대상으로 재해보험에 가입할 경우에는 정부가 재정지원을 하지 아니한다(농어업재해보험법 제19조 제3항).
〈2024.2.13. 개정〉

34 농어업재해보험법령상 농림축산식품부장관이 농어업재해재보험기금(이하 '기금')의 관리·운용에 관한 사무를 농업정책보험금융원에 위탁한 경우 기금의 관리·운용에 관한 설명으로 옳지 않은 것은?

① 농림축산식품부장관은 해양수산부장관과 협의하여 농업정책보험금융원의 임원 중에서 기금수입담당임원과 기금지출원인행위담당임원을 임명하여야 한다.

② 기금수입담당임원은 기금수입징수관의 업무를, 기금지출원인행위담당임원은 기금지출관의 업무를 담당한다.

③ 농림축산식품부장관은 해양수산부장관과 협의하여 농업정책보험금융원의 직원 중에서 기금지출원과 기금출납원을 임명하여야 한다.

④ 기금출납원은 기금출납공무원의 업무를 수행한다.

정답 ②

해설

> ②·④ 기금수입담당임원은 기금수입징수관의 업무를, <u>기금지출원인행위담당임원은 기금재무관의 업무를</u>, 기금지출원은 기금지출관의 업무를, 기금출납원은 기금출납공무원의 업무를 수행한다(농어업재해보험법 제25조 제2항 후단).
>
> ①·③ 농림축산식품부장관은 기금의 관리·운용에 관한 사무를 위탁한 경우에는 해양수산부장관과 협의하여 농업정책보험금융원의 <u>임원 중에서 기금수입담당임원과 기금지출원인행위담당임원을</u>, 그 <u>직원 중에서 기금지출원과 기금출납원을</u> 각각 임명하여야 한다(농어업재해보험법 제25조 제2항).

35 농어업재해보험법령상 농어업재해보험사업의 관리에 관한 설명으로 옳지 않은 것은?

① 농림축산식품부장관 또는 해양수산부장관은 보험상품의 운영 및 개발에 필요한 통계자료를 수집·관리하여야 한다.

② 농림축산식품부장관 및 해양수산부장관은 보험상품의 운영 및 개발에 필요한 통계의 수집·관리, 조사·연구 등에 관한 업무를 대통령령으로 정하는 자에게 위탁할 수 있다.

③ 재해보험사업자는 농어업재해보험 가입 촉진을 위하여 보험가입촉진계획을 3년 단위로 수립하여 농림축산식품부장관 또는 해양수산부장관에게 제출하여야 한다.

④ 농림축산식품부장관이 손해평가사의 자격 취소를 하려면 청문을 하여야 한다.

정답 ③

해설

> 재해보험사업자는 농어업재해보험 가입 촉진을 위하여 보험가입촉진계획을 <u>매년 수립</u>하여 농림축산식품부장관 또는 해양수산부장관에게 제출하여야 한다(농어업재해보험법 제28조의2 제1항).
>
> ① 농어업재해보험법 제26조 제1항
> ② 농어업재해보험법 제26조 제4항
> ④ 농어업재해보험법 제29조의2 제1호

36 농어업재해보험법령상 재보험사업 및 농어업재해재보험기금(이하 '기금')에 관한 설명으로 옳지 않은 것은?

① 정부는 재해보험에 관한 재보험사업을 할 수 있다.

② 농림축산식품부장관은 해양수산부장관과 협의를 거쳐 재보험사업에 관한 업무의 일부를 농업정책보험금융원에 위탁할 수 있다.

③ 농림축산식품부장관은 해양수산부장관과 협의하여 공동으로 재보험사업에 필요한 재원에 충당하기 위하여 기금을 설치한다.

④ 농림축산식품부장관은 해양수산부장관과 협의하여 기금의 수입과 지출을 명확하게 하기 위하여 대통령령으로 정하는 시중 은행에 기금계정을 설치하여야 한다.

정답 ④

해설

농림축산식품부장관은 해양수산부장관과 협의하여 농어업재해재보험기금(이하 "기금"이라 한다)의 수입과 지출을 명확히 하기 위하여 <u>한국은행</u>에 기금계정을 설치하여야 한다(농어업재해보험법 시행령 제17조).

① 농어업재해보험법 제20조 제1항
② 농어업재해보험법 제20조 제3항
③ 농어업재해보험법 제21조

37 농어업재해보험법령상 "재해보험사업자는 재해보험사업의 회계를 다른 회계와 구분하여 회계처리함으로써 손익관계를 명확히 하여야 한다."라는 규정을 위반하여 회계를 처리한 자에 대한 벌칙은?

① 500만원 이하의 과태료

② 500만원 이하의 벌금

③ 1,000만원 이하의 벌금

④ 1년 이하의 징역

정답 ②

해설

농어업재해보험법 제15조(재해보험사업자는 재해보험사업의 회계를 다른 회계와 구분하여 회계처리함으로써 손익관계를 명확히 하여야 한다)를 위반하여 회계를 처리한 자는 <u>500만원 이하의 벌금</u>에 처한다(농어업재해보험법 제30조 제3항).

38 농어업재해보험법령상 과태료 부과권자가 금융위원회인 경우는?

① 「보험업법」 제133조에 따른 검사를 거부·방해 또는 기피한 재해보험사업자의 임원에게 과태료를 부과하는 경우

② 「보험업법」 제95조를 위반하여 보험안내를 한 자로서 재해보험사업자가 아닌 자에게 과태료를 부과하는 경우

③ 「보험업법」 제97조 제1항을 위반하여 보험계약의 체결 또는 모집에 관한 금지행위를 한 자에게 과태료를 부과하는 경우

④ 재해보험사업에 관한 업무 처리 상황의 보고 또는 관계 서류 제출을 하지 아니하거나 보고 또는 관계 서류 제출을 거짓으로 한 자에게 과태료를 부과하는 경우

정답 ①

해설

과태료 부과권자(농어업재해보험법 제32조 제4항)

위반행위	부과권자
「보험업법」 제95조를 위반하여 보험안내를 한 자로서 재해보험사업자가 아닌 자에게 과태료를 부과하는 경우	농림축산식품부장관 또는 해양수산부장관
「보험업법」 제97조 제1항을 위반하여 보험계약의 체결 또는 모집에 관한 금지행위를 한 자에게 과태료를 부과하는 경우	
재해보험사업에 관한 업무 처리 상황의 보고 또는 관계 서류 제출을 하지 아니하거나 보고 또는 관계 서류 제출을 거짓으로 한 자에게 과태료를 부과하는 경우	
「보험업법」 제133조에 따른 검사를 거부·방해 또는 기피한 재해보험사업자의 임원에게 과태료를 부과하는 경우	금융위원회
「보험업법」 제131조 제1항·제2항 및 제4항에 따른 명령을 위반하여 과태료를 부과하는 경우	

39 농어업재해보험법령상 용어의 정의에 따를 때 "보험가입자와 보험사업자간의 약정에 따라 보험가입자가 보험사업자에게 내야 하는 금액"은?

① 보험금 　　　　　　　　　　　　　② 보험료
③ 보험가액 　　　　　　　　　　　　④ 보험가입금액

정답 ②

해설

"보험료"란 보험가입자와 보험사업자간의 약정에 따라 보험가입자가 보험사업자에게 내야 하는 금액을 말한다(농어업재해보험법 제2조 제4호).

① **보험금** : 보험가입자에게 재해로 인한 재산 피해에 따른 손해가 발생한 경우 보험가입자와 보험사업자간의 약정에 따라 보험사업자가 보험가입자에게 지급하는 금액을 말한다.
③ **보험가액** : 재산보험에 있어 피보험이익을 금전으로 평가한 금액으로 보험목적에 발생할 수 있는 최대 손해액을 말한다.
④ **보험가입금액** : 보험가입자의 재산 피해에 따른 손해가 발생한 경우 보험에서 최대로 보상할 수 있는 한도액으로서 보험가입자와 보험사업자간에 약정한 금액을 말한다.

40 농업재해보험 손해평가요령상 손해평가인의 손해평가 업무에 관한 설명으로 옳지 않은 것은?

① 손해평가인은 피해사실 확인, 보험료율의 산정 등의 업무를 수행한다.
② 재해보험사업자가 손해평가인을 위촉한 경우에는 그 자격을 표시할 수 있는 손해평가인증을 발급하여야 한다.
③ 재해보험사업자는 손해평가인을 대상으로 농업재해보험에 관한 기초지식, 보험상품 및 약관 등 손해평가에 필요한 실무교육을 실시하여야 한다.
④ 재해보험사업자는 실무교육을 받는 손해평가인에 대하여 소정의 교육비를 지급할 수 있다.

정답 ①

해설

손해평가인은 피해사실 확인, 보험가액 및 손해액 평가, 그 밖에 손해평가에 관하여 필요한 사항 등의 업무를 수행한다(농업재해보험 손해평가요령 제3조 제1항).

② 농업재해보험 손해평가요령 제4조 제1항
③ 농업재해보험 손해평가요령 제5조 제1항
④ 농업재해보험 손해평가요령 제5조 제2항

41 농업재해보험 손해평가요령상 손해평가인 위촉 취소에 관한 설명이다. (   )에 들어갈 내용으로 옳은 것은?

> 재해보험사업자는 손해평가인이 「농어업재해보험법」 제30조에 의하여 벌금 이상의 형을 선고받고 그 집행이 종료되거나 집행이 면제된 날로부터 (ㄱ)이 경과되지 아니한 자, 위촉이 취소된 후 (ㄴ)이 경과되지 아니한 자 또는 (ㄷ) 기간 중에 손해평가업무를 수행한 자에 해당되거나 위촉 당시에 해당하는 자이었음이 판명된 때에는 그 위촉을 취소하여야 한다.

① ㄱ : 2년, ㄴ : 2년, ㄷ : 업무정지
② ㄱ : 2년, ㄴ : 3년, ㄷ : 업무정지
③ ㄱ : 3년, ㄴ : 2년, ㄷ : 자격정지
④ ㄱ : 3년, ㄴ : 3년, ㄷ : 자격정지

정답 ①

해설

> **손해평가인 위촉 취소(농업재해보험 손해평가요령 제6조 제1항 제3호, 제4호, 제6호)**
>
> 재해보험사업자는 손해평가인이 「농어업재해보험법」 제30조에 의하여 벌금 이상의 형을 선고받고 그 집행이 종료되거나 집행이 면제된 날로부터 (2년)이 경과되지 아니한 자, 위촉이 취소된 후 (2년)이 경과되지 아니한 자 또는 (업무정지) 기간 중에 손해평가업무를 수행한 자에 해당되거나 위촉 당시에 해당하는 자이었음이 판명된 때에는 그 위촉을 취소하여야 한다.

42 농업재해보험 손해평가요령상 손해평가반에 관한 설명으로 옳지 않은 것은?

① 재해보험사업자는 손해평가를 하는 경우 손해평가반을 구성하고 손해평가반별로 평가일정계획을 수립하여야 한다.
② 손해평가반은 손해평가인, 손해평가사, 손해사정사, 손해평가보조인 중 어느 하나에 해당하는 자로 구성한다.
③ 손해평가반은 5인 이내로 구성한다.
④ 손해평가반이 손해평가를 실시할 때에는 재해보험사업자가 해당 보험가입자의 보험계약사항 중 손해평가와 관련된 사항을 손해평가반에게 통보하여야 한다.

정답 ②

해설

> ② · ③ 손해평가반은 <u>손해평가인, 손해평가사, 손해사정사</u> 중 어느 하나에 해당하는 자로 구성하며, 5인 이내로 한다(농업재해보험 손해평가요령 제8조 제2항).
> ① 농업재해보험 손해평가요령 제8조 제1항
> ④ 농업재해보험 손해평가요령 제9조 제2항

43 농어업재해보험법 및 농업재해보험 손해평가요령상 교차손해평가에 관한 설명으로 옳지 않은 것을 모두 고른 것은?

> ㄱ. 교차손해평가란 공정하고 객관적인 손해평가를 위하여 재해보험사업자 상호간에 농어업재해로 인한 손해를 교차하여 평가하는 것을 말한다.
> ㄴ. 동일 시·군·구(자치구를 말한다) 내에서는 교차손해평가를 수행할 수 없다.
> ㄷ. 교차손해평가를 위해 손해평가반을 구성할 때, 거대재해 발생으로 신속한 손해평가가 불가피하다고 판단되는 경우에는 지역손해평가인을 포함하지 않을 수 있다.

① ㄱ, ㄴ
② ㄱ, ㄷ
③ ㄴ, ㄷ
④ ㄱ, ㄴ, ㄷ

정답 ①

해설

> ㄱ. (×) 교차손해평가란 공정하고 객관적인 손해평가를 위하여 <u>손해평가인 상호간에 담당지역을 교차하여 평가하는 것을 말한다</u>(농어업재해보험법 제11조 제3항).
> ㄴ. (×) 동일 시·군·구(자치구를 말한다) 내에서는 교차손해평가를 수행할 수 있다(농어업재해보험법 제11조 제3항).
> ㄷ. (○) 교차손해평가를 위해 손해평가반을 구성할 경우에는 선발된 지역손해평가인 1인 이상이 포함되어야 한다. 다만, <u>거대재해 발생, 평가인력 부족 등으로 신속한 손해평가가 불가피하다고 판단되는 경우 그러하지 아니할 수 있다</u>(농업재해보험 손해평가요령 제8조의2 제3항).

44 농업재해보험 손해평가요령상 손해평가결과 검증에 관한 설명으로 옳은 것은?

① 재해보험사업자 이외의 자는 검증조사를 할 수 없다.
② 손해평가반이 실시한 손해평가결과를 확인하기 위하여 검증조사를 할 때 손해평가를 실시한 보험목적물 중에서 일정수를 임의 추출하여 검증조사를 하여서는 아니 된다.
③ 검증조사결과 현저한 차이가 발생되어 재조사가 불가피하다고 판단될 경우에는 해당 손해평가반이 조사한 전체 보험목적물에 대하여 재조사를 할 수 있다.
④ 보험가입자가 정당한 사유 없이 검증조사를 거부하는 경우 검증조사반은 검증조사가 불가능하여 손해평가결과를 확인할 수 없다는 사실을 재해보험사업자에게 통지한 후 검증조사결과를 작성하여 농림축산식품부장관에게 제출하여야 한다.

정답 ③

[해설]

③ 농업재해보험 손해평가요령 제11조 제3항

① 재해보험사업자 외에 법 제25조의2에 따라 농어업재해보험사업의 관리를 위탁받은 기관(이하 "사업관리위탁기관"이라 한다)도 검증조사를 할 수 있다(농업재해보험 손해평가요령 제11조 제1항).

② 손해평가반이 실시한 손해평가결과를 확인하기 위하여 손해평가를 실시한 보험목적물 중에서 일정수를 임의 추출하여 검증조사를 할 수 있다(농업재해보험 손해평가요령 제11조 제1항).

④ 보험가입자가 정당한 사유 없이 검증조사를 거부하는 경우 검증조사반은 검증조사가 불가능하여 손해평가결과를 확인할 수 없다는 사실을 보험가입자에게 통지한 후 검증조사결과를 작성하여 재해보험사업자에게 제출하여야 한다(농업재해보험 손해평가요령 제11조 제4항).

---

45 농업재해보험 손해평가요령상 보험목적물별 손해평가 단위가 농지인 경우에 관한 설명으로 옳은 것은? (단, 농지는 하나의 보험가입금액에 해당하는 토지임)

① 농작물을 재배하는 하나의 경작지의 필지가 2개 이상인 경우에는 하나의 농지가 될 수 없다.

② 농작물을 재배하는 하나의 경작지가 농로에 의해 구획된 경우 구획된 토지는 각각 하나의 농지로 한다.

③ 농작물을 재배하는 하나의 경작지의 지번이 2개 이상인 경우에는 하나의 농지가 될 수 없다.

④ 경사지에서 보이는 돌담 등으로 구획되어 있는 면적이 극히 작은 것은 동일 작업 단위 등으로 정리하여 하나의 농지에 포함할 수 있다.

[정답] ④

[해설]

농지라 함은 하나의 보험가입금액에 해당하는 토지로 필지(지번) 등과 관계없이 농작물을 재배하는 하나의 경작지를 말하며, 방풍림, 돌담, 도로(농로 제외) 등에 의해 구획된 것 또는 동일한 울타리, 시설 등에 의해 구획된 것을 하나의 농지로 한다. 다만, 경사지에서 보이는 돌담 등으로 구획되어 있는 면적이 극히 작은 것은 동일 작업 단위 등으로 정리하여 하나의 농지에 포함할 수 있다(농업재해보험 손해평가요령 제12조 제2항).

---

46 농업재해보험 손해평가요령상 농작물의 보험가액 산정에 관한 조문의 일부이다. (   )에 들어갈 내용으로 옳은 것은?

> 적과전 종합위험방식의 보험가액은 적과후착과수(달린 열매 수)조사를 통해 산정한 (   )수확량에 보험가입 당시의 단위당 가입가격을 곱하여 산정한다.

① 평년   ② 기준

③ 피해   ④ 적용

[정답] ②

적과전 종합위험방식의 보험가액은 적과후착과수(달린 열매 수)조사를 통해 산정한 (기준)수확량에 보험가입 당시의 단위당 가입가격을 곱하여 산정한다(농업재해보험 손해평가요령 제13조 제1항 제2호).

47 농업재해보험 손해평가요령상 종합위험방식의 과실손해보장 보험금 산정을 위한 피해율 계산식이 "고사결과모지수 ÷ 평년결과모지수"인 농작물은?

① 오디
② 감귤
③ 무화과
④ 복분자

정답 ④

해설

과실손해보장 복분자 품목의 보험금 산정(농업재해보험 손해평가요령 [별표 1])
보험가입금액 × (피해율 – 자기부담비율)
※ 피해율 = 고사결과모지수 ÷ 평년결과모지수

① 오디 피해율 = (평년결실수 – 조사결실수 – 미보상감수결실수) ÷ 평년결실수
② 감귤(온주밀감류) 피해율 = (등급내 피해과실수 + 등급외 피해과실수 × 50%) ÷ 기준과실수 × (1 – 미보상비율)
③ 무화과
 • 7월 31일 이전에 사고가 발생한 경우
  피해율 = (평년수확량 – 수확량 – 미보상감수량) ÷ 평년수확량
 • 8월 1일 이후에 사고가 발생한 경우
  피해율 = (1 – 수확전 사고피해율) × 경과비율 × 결과지피해율

48 농업재해보험 손해평가요령상 농작물의 품목별·재해별·시기별 손해수량 조사방법 중 종합위험방식 상품에 관한 표의 일부이다. (　)에 들어갈 농작물에 해당하지 않는 것은?

② 수확감소보장·과실손해보장 및 농업수입보장

생육 시기	재 해	조사내용	조사시기	조사방법	비 고
수확전	보상하는 재해 전부	경작불능 조사	사고접수 후 지체 없이	해당 농지의 피해면적비율 또는 보험목적인 식물체 피해율 조사	(　)만 해당

① 벼
② 밀
③ 차(茶)
④ 복분자

정답 ③

생육 시기	재 해	조사내용	조사시기	조사방법	비 고
수확전	보상하는 재해 전부	경작불능 조사	사고접수 후 지체 없이	해당 농지의 피해면적비율 또는 보험목적인 식물체 피해율 조사	벼·밀, 밭작물 [차(茶) 제외], 복분자만 해당

수확감소보장·과실손해보장 및 농업수입보장(농업재해보험 손해평가요령 [별표 2])

49 농업재해보험 손해평가요령상 가축의 보험가액 및 손해액 산정에 관한 설명이다. (   )에 들어갈 내용으로 옳은 것은?

- 가축에 대한 보험가액은 보험사고가 발생한 때와 곳에서 평가한 보험목적물의 수량에 (ㄱ)을 곱하여 산정한다.
- 가축에 대한 손해액은 보험사고가 발생한 때와 곳에서 폐사 등 피해를 입은 보험목적물의 수량에 (ㄴ)을 곱하여 산정한다.

① ㄱ : 시장가격, ㄴ : 시장가격
② ㄱ : 시장가격, ㄴ : 적용가격
③ ㄱ : 적용가격, ㄴ : 시장가격
④ ㄱ : 적용가격, ㄴ : 적용가격

정답 ④

해설

가축의 보험가액 및 손해액 산정(농업재해보험 손해평가요령 제14조 제1항, 제2항)
- 가축에 대한 보험가액은 보험사고가 발생한 때와 곳에서 평가한 보험목적물의 수량에 (적용가격)을 곱하여 산정한다.
- 가축에 대한 손해액은 보험사고가 발생한 때와 곳에서 폐사 등 피해를 입은 보험목적물의 수량에 (적용가격)을 곱하여 산정한다.

50 농업재해보험 손해평가요령상 농업시설물의 손해액 산정에 관한 설명이다. (   )에 들어갈 내용으로 옳은 것은?

> 보험가입 당시 보험가입자와 재해보험사업자가 손해액 산정 방식을 별도로 정한 경우를 제외하고는, 농업시설물에 대한 손해액은 보험사고가 발생한 때와 곳에서 산정한 피해목적물의 (   )을 말한다.

① 감가상각액　　　　　　　　　　② 재조달가액
③ 보험가입금액　　　　　　　　　　④ 원상복구비용

정답　④

해설　..

　농업시설물의 손해액 산정(농업재해보험 손해평가요령 제15조 제2항, 제3항)
　보험가입 당시 보험가입자와 재해보험사업자가 손해액 산정 방식을 별도로 정한 경우를 제외하고는, 농업시설물에 대한 손해액은 보험사고가 발생한 때와 곳에서 산정한 피해목적물의 (원상복구비용)을 말한다.

51 작물의 분류에서 공예작물에 해당하는 것을 모두 고른 것은?

ㄱ. 목화	ㄴ. 아마
ㄷ. 모시풀	ㄹ. 수세미

① ㄱ, ㄹ   ② ㄱ, ㄴ, ㄷ

③ ㄴ, ㄷ, ㄹ   ④ ㄱ, ㄴ, ㄷ, ㄹ

정답 ④

해설

생산물을 가공하여 이용하는 '공예작물' 중 섬유작물에는 목화, 삼, 아마, 모시풀, 왕골, 수세미, 닥나무 등이 있다.

52 장기간 재배한 시설내 토양의 일반적인 특성으로 옳지 않은 것은?

① 강우의 차단으로 염류농도가 높다.

② 노지에 비해 염류집적으로 토양 pH가 낮아진다.

③ 연작장해가 발생하기 쉽다.

④ 답압과 잦은 관수로 토양통기가 불량하다.

정답 ②

해설

노지에 비해 염류집적으로 토양 pH가 높아진다. 염류집적은 작물이 흡수하고 남은 비료 성분이 토양에 과도하게 쌓이는 것으로, 식물의 뿌리에 장해를 일으킨다.

53 토양 환경에 관한 설명으로 옳은 것은?

① 사양토는 점토에 비해 통기성이 낮다.

② 토양이 입단화되면 보수성이 감소된다.

③ 퇴비를 투입하면 지력이 감소된다.

④ 깊이갈이를 하면 토양의 물리성이 개선된다.

정답 ④

깊이갈이는 생육환경을 개선하는 것을 목적으로 한다. 깊이갈이를 하면 공기와 수분이 차지하는 공간이 넓어져 토양의 물리성이 개선된다.

① 점토는 사양토에 비해 입경이 매우 작기 때문에 통기성이 낮다.
② 토양이 입단화되면 보수성과 통기성이 개선된다.
③ 퇴비를 투입하면 지력이 증진된다.

54 작물의 요수량에 관한 설명으로 옳은 것은?

① 작물의 건물 1kg을 생산하는데 소비되는 수분량(g)을 말한다.
② 내건성이 강한 작물이 약한 작물보다 요수량이 더 많다.
③ 호박은 기장에 비해 요수량이 높다.
④ 요수량이 작은 작물은 생육 중 많은 양의 수분을 요구한다.

정답 ③

해설

작물의 요수량은 호박>완두>오이>감자>귀리>보리>밀>옥수수>수수>기장 순으로 높다.

① 작물의 건물 1g을 생산하는데 소비되는 수분량(g)을 말한다.
② 내건성이 강한 작물이 약한 작물보다 요수량이 더 적다.
④ 요수량이 큰 작물은 생육 중 많은 양의 수분을 요구한다.

55 플라스틱 파이프나 튜브에 미세한 구멍을 뚫어 물이 소량씩 흘러나와 근권부의 토양에 집중적으로 관수하는 방법은?

① 점적관수   ② 분수관수
③ 고랑관수   ④ 저면급수

정답 ①

해설

점적관수는 플라스틱 파이프나 튜브에 미세한 구멍을 뚫어 물이 소량씩 흘러나와 근권부의 토양에 집중적으로 관수하는 방법으로 가장 이상적인 관수방법이다.

② 분수관수 : 일정 간격으로 구멍이 나 있는 플라스틱 파이프나 튜브에 압력이 가해진 물을 분출시켜 일정 범위의 표면을 적시는 관수방법이다.
③ 고랑관수 : 시설 내의 고랑에 물을 대주어 근군(根群)에 수분을 공급하는 관수방법이다.
④ 저면급수(저면관수) : 아래서부터 물을 주는 관수방법이다.

56 다음 ( )에 들어갈 내용을 순서대로 옳게 나열한 것은?

> 작물에서 저온장해의 초기 증상은 지질성분의 이중층으로 구성된 ( )에서 상전환이 일어나며 지질성분에 포함된 포화지방산의 비율이 상대적으로 ( )수록 저온에 강한 경향이 있다.

① 세포막, 높을 ② 세포벽, 높을
③ 세포막, 낮을 ④ 세포벽, 낮을

정답 ③

해설

> 작물에서 저온장해의 초기 증상은 지질성분의 이중층으로 구성된 (**세포막**)에서 상전환이 일어나며 지질성분에 포함된 포화지방산의 비율이 상대적으로 (**낮을**)수록 저온에 강한 경향이 있다.

- 저온장해를 받으면 세포막의 상(相)전환(액상 → 고상), 세포질의 누출, 원형질분리 등이 일어난다.
- 저온환경에서는 불포화지방산의 비율이 포화지방산의 비율보다 높아지는 경향이 있다. 즉 포화지방산의 비율이 상대적으로 낮을수록 저온에 강한 경향이 있다.

57 식물 생육에서 광에 관한 설명으로 옳지 않은 것은?

① 광포화점은 상추보다 토마토가 더 높다.
② 광보상점은 글록시니아보다 초롱꽃이 더 낮다.
③ 광포화점이 낮은 작물은 고온기에 차광을 해주어야 한다.
④ 광도가 증가할수록 작물의 광합성량이 비례적으로 계속 증가한다.

정답 ④

해설

> 광도가 증가할수록 작물의 광합성량이 비례적으로 계속 증가하다가, 광포화점에 오면 광도가 증가해도 더 이상 광합성량이 증가하지 않는다.

① 광포화점은 상추보다 토마토가 더 높다(상추 25,000lx / 토마토 70,000lx).
② 양지식물(글록시니아)은 음지식물(초롱꽃)에 비하여 광보상점이 높다.
③ 광포화점이 낮은 작물은 고온기에 과다한 일사량을 차단하기 차광을 해주어야 한다.

58 A지역에서 2차생장에 의한 벌마늘 피해가 일어났다. 이와 같은 현상이 일어나는 원인이 아닌 것은?

① 겨울철 이상고온
② 2~3월경의 잦은 강우
③ 흐린 날씨에 의한 일조량 감소
④ 흰가루병 조기출현

정답 ④

해설

벌마늘 피해 원인은 겨울철 이상고온와 마늘 생육기에 잦은 강우 및 일조량 부족 때문이다.
2차생장에 의한 벌마늘 피해는 2024년 2~3월경 제주와 전남 등 남부 지역을 중심으로 폭증하자 정부는 농업재해로 인정하였다.

59 다음이 설명하는 식물호르몬은?

- 극성수송 물질이다.
- 합성물질로 4-CPA, 2,4-D 등이 있다.
- 측근 및 부정근의 형성을 촉진한다.

① 옥신   ② 지베렐린
③ 시토키닌   ④ 아브시스산

정답 ①

해설

옥신(Auxin)
- 줄기의 선단부에서 기부를 향하여 수송하는 극성수송 물질이다.
- 체내의 천연물질인 IAA(indoleacetic acid, 인돌초산)이 있고, 합성물질로 4-CPA(토마토톤), 2,4-D 등이 있다.
- 생장조절물질로 측근 및 부정근의 형성을 촉진한다.

60 공기의 조성성분 중 광합성의 주원료이며, 호흡에 의해 발생되는 것은?

① 이산화탄소　　　　　　　② 질소
③ 산소　　　　　　　　　　④ 오존

정답 ①

해설

공기의 조성성분 중 <u>이산화탄소</u>는 광합성의 주원료로 식물 생육에 필수적인 성분이다. 식물은 호흡을 통해 산소를 흡수하고, 이산화탄소를 방출한다.

61 채소 육묘에 관한 설명으로 옳은 것을 모두 고른 것은?

> ㄱ. 직파에 비해 종자가 절약된다.
> ㄴ. 토지이용도가 높아진다.
> ㄷ. 수확기 및 출하기를 앞당길 수 있다.
> ㄹ. 유묘기의 환경관리 및 병해충 방지가 어렵다.

① ㄱ, ㄷ　　　　　　　　　② ㄴ, ㄹ
③ ㄱ, ㄴ, ㄷ　　　　　　　④ ㄱ, ㄴ, ㄷ, ㄹ

정답 ③

해설

ㄹ. 육묘이식을 하면 직파하는 것보다 집약관리가 가능하여 병충해·한해·냉해 등을 방지하기가 쉽다.

TIP	육묘의 필요성

- 직파에 비해 종자가 절약된다.
- 직파에 비해 발아가 균일하다.
- 토지이용도가 높아진다.
- 수확기 및 출하기를 앞당길 수 있다.
- 유묘기의 환경관리 및 병해충 방지가 쉽다.
- 추대(抽薹 ; 화아 분화가 진행되어 이삭이나 꽃대가 올라오는 현상)를 방지할 수 있다.

62 파종방법 중 조파(드릴파)에 관한 설명으로 옳은 것은?

① 포장 전면에 종자를 흩어 뿌리는 방법이다.

② 뿌림 골을 만들고 그곳에 줄지어 종자를 뿌리는 방법이다.

③ 일정한 간격을 두고 하나 내지 여러 개의 종자를 띄엄띄엄 파종하는 방법이다.

④ 점파할 때 한 곳에 여러 개의 종자를 파종하는 방법이다.

정답 ②

해설

조파(條播 ; 줄뿌림)는 뿌림 골을 만들고 그곳에 줄지어 종자를 뿌리는 방법이며, 골 사이가 비어 있으므로 수분·양분의 공급이 좋고 통풍·통광도 좋으며, 관리 작업도 편리하다.

① 산파(散播 ; 흩어뿌림)
③ 점파(點播 ; 점뿌림)
④ 적파(摘播)

63 다음이 설명하는 취목 번식방법으로 올바르게 짝지어진 것은?

ㄱ. 고무나무와 같은 관상 수목에서 줄기나 가지를 땅속에 휘어 묻을 수 없는 경우에 높은 곳에서 발근시켜 취목하는 방법
ㄴ. 모식물의 기부에 새로운 측지가 나오게 한 후 끝이 보일 정도로 흙을 덮어서 뿌리가 내리면 잘라서 번식시키는 방법

① ㄱ : 고취법, ㄴ : 성토법
② ㄱ : 보통법, ㄴ : 고취법
③ ㄱ : 고취법, ㄴ : 선취법
④ ㄱ : 선취법, ㄴ : 성토법

정답 ①

해설

ㄱ. **고취법(양취법)** : 가지나 줄기를 땅속에 묻을 수 없는 경우에 높은 곳에서 발근시키는 방법이다.
ㄴ. **성토법** : 어미나무를 잘라 여러 개의 가지가 나오게 한 다음, 새 가지에 흙을 북돋아쌓고 발근시킨 후 뿌리와 함께 가지를 떼어내어 새 개체를 만드는 방법이다.
※ **선취법(先取法 ; 휘묻이)** : 가지의 선단부를 휘어묻는 방법으로 가지의 끝부분에 상처를 내고 발근시킨다.

64 다음은 탄질비(C/N율)에 관한 내용이다. (   )에 들어갈 내용을 순서대로 옳게 나열한 것은?

> 작물체내의 탄수화물과 질소의 비율을 C/N율이라 하며, 과수재배에서 환상박피를 함으로써 환상박피 윗부분의 C/N율이 (   ), (   )이/가 (   )된다.

① 높아지면, 영양생장, 촉진
② 낮아지면, 영양생장, 억제
③ 높아지면, 꽃눈분화, 촉진
④ 낮아지면, 꽃눈분화, 억제

정답 ③

해설

탄질비(C/N율)
식물체내의 탄수화물과 질소의 비율을 C/N율이라 한다. C/N율이 높은 경우 식물의 영양생장이 다소 저하되고, 꽃눈분화가 활성화 되어 이듬해 결실이 좋아지게 된다. 따라서 과수재배에서 환상박피를 함으로써 환상박피 윗부분의 C/N율이 (높아지면), (꽃눈분화)가 (촉진)된다.
※ **환상박피** : 나무의 줄기 또는 가지에 환상(원형 띠 모양)으로 껍질을 벗기는 작업이다.

65 질소비료의 유효성분 중 유기태 질소가 아닌 것은?

① 단백태 질소
② 시안아미드태 질소
③ 질산태 질소
④ 아미노태 질소

정답 ③

해설

질소질 비료의 형태는 크게 무기태 질소와 유기태 질소로 구분하는데 무기태 질소의 대표적인 종류는 질산태 질소와 암모늄태 질소가 있다.
유기태 질소의 대부분은 단백태 질소로 나뭇잎이나 동물이 부식되어서 만들어진 퇴비 등으로 이들이 식물체 내로 흡수되기 위해서는 토양 중의 미생물에 의해 분해과정을 거쳐 무기태 질소, 즉 질산태 질소와 암모니아태 질소로 변환해야 한다.
① 단백태 질소, ② 시안아미드태, ④ 아미노태 질소는 모두 유기태 질소의 종류이다.

66 채소작물에서 진균에 의한 병끼리 짝지어진 것은?

① 역병, 모잘록병
② 노균병, 무름병
③ 균핵병, 궤양병
④ 탄저병, 근두암종병

정답 ①

해설

> 진균에 의한 병 : 역병, 모잘록병, 노균병, 균핵병, 탄저병, 시들음병, 흰가루병, 잿빛곰팡이병 등
> ②·③·④ 무름병, 궤양병, 근두암종병은 세균에 의한 병이다.

67 식용부위에 따른 분류에서 화채류끼리 짝지어진 것은?

① 양배추, 시금치
② 죽순, 아스파라거스
③ 토마토, 파프리카
④ 브로콜리, 콜리플라워

정답 ④

해설

> 화채류(꽃채소) : 브로콜리, 콜리플라워 등
>
> ① 양배추, 시금치 : 잎채소
> ② 죽순, 아스파라거스 : 줄기채소
> ③ 토마토, 파프리카 : 열매채소

68 다음이 설명하는 과수의 병은?

> • 세균에 의한 병
> • 전염성이 강하고, 5~6월경 주로 발생
> • 꽃, 잎, 줄기 등이 검게 변하며 서서히 고사

① 대추나무 빗자루병　　　　　　　② 포도 갈색무늬병
③ 배 화상병　　　　　　　　　　　④ 사과 부란병

정답 ③

배 화상병

세균에 의한 병으로 주로 개화기 때 곤충(진딧물, 벌 등)에 의하여 매개되며, 꽃, 잎, 줄기, 열매 등 배나무 전체에서 발생한다. 병이 발생한 나무는 잎이 시들어 검게 변해 고사하며, 마치 불에 타서 화상처럼 보인다.

① 대추나무 빗자루병 : 세균의 일종인 파이토플라스마(Phytoplasma)에 의해 발생하며, 초기에는 꽃이 잎으로 변하는 엽상화 증상을 보이다가 병이 진전하면서 잎이 빗자루처럼 변하는 징후가 나타난다.

② 포도 갈색무늬병 : 8~9월경 캠벨얼리 품종에 많이 발생하는 병으로 잎에만 발생한다. 잎에 흑갈색의 반점이 생기고 갈색으로 변하다가 잎이 떨어진다.

④ 사과 부란병 : 부란병은 세균에 의한 병으로 주로 가지나 줄기의 상처 부위에서에 발생한다. 감염되면 나무껍질이 갈색으로 변하고 약간 부풀어 오르며 쉽게 벗겨지고 시큼한 냄새가 난다.

69 블루베리 작물에 관한 설명으로 옳지 않은 것은?

[기출수정]

① 과실은 포도와 유사하게 일정기간의 비대정체기를 가진다.

② pH 5 정도의 산성토양에서 생육이 불량하다.

③ 묘목을 키우는 방법에는 삽목, 취목, 조직배양 등이 있다.

④ 한줄기 신장지에 작은 꽃자루가 있고 여기에 꽃이 붙는 단일화서이다.

[정답] ②, ④

[해설]

② 블루베리 작물은 pH 5 정도의 산성토양에서 생육이 적합하다.

④ 꽃은 일반적으로 총상꽃차례이고, 한줄기 신장지에 작은 꽃자루가 있고 여기에 꽃이 붙는 단일화서이다.

TIP	블루베리(Blueberry) 작물

- 쌍떡잎식물 진달래목 진달래과에 속하는 관목성 식물이다.
- 과실은 포도, 매실, 복숭아, 무화과 등과 유사하게 일정기간의 비대정체기를 가진다.
- 묘목을 키우는 방법에는 대부분 삽목(꺾꽂이)으로 이루어지나, 그 밖에 접목, 취목, 조직배양 등이 이용되고 있다.
- 꽃은 일반적으로 총상꽃차례이고, 한줄기 신장지에 작은 꽃자루가 있고 여기에 꽃이 붙는 단일화서이다.
- ※ **총상꽃차례** : 긴 꽃대에 꽃자루가 있는 여러개의 꽃이 어긋나게 달려 아래쪽에서 위쪽으로 피어 올라가는 꽃차례
- ※ **신장지** : 뿌리 부근에서부터 새로 올라오는 가지

70 호흡급등형 과실인 것은?

① 포도

② 딸기

③ 사과

④ 감귤

정답 ③

해설

- 호흡급등형 과실은 성숙과 숙성과정에서는 호흡이 급격하게 증가하는 과실이며, <u>사과, 토마토, 복숭아, 참다래, 바나나 등</u>이 대표적인 과실이다.
- 호흡비급등형 과실은 성숙과 숙성과정에서 호흡의 변화가 없는 과실이며, <u>포도, 딸기, 감귤, 오렌지, 레몬 등</u>이 대표적인 과실이다.

71 절화 장미의 수명연장을 위해 자당을 사용하는 주된 목적은?

① pH 조절

② 미생물 억제

③ 과산화물가(POV) 증가

④ 양분 공급

정답 ④

해설

절화는 모체로부터 분리되어 뿌리가 없이 줄기로 양분, 수분을 흡수하므로 절취하지 않은 꽃보다 쉽게 노화된다. 양분 공급이 차단된 절화에서는 꽃이 작고 개화가 잘 안되며, 수명이 짧아진다. <u>일반적으로 절화의 수명연장을 위한 에너지원으로 '자당(sucrose)'을 사용한다.</u>

TIP	**과산화물가(peroxide value, POV)**

과산화물가(peroxide value, POV)는 유지 중에 존재하는 과산화물의 함량을 측정하는 것으로, 유지 1kg에 함유된 과산화물의 밀리몰수 또는 밀리 당량수로 표시한다.

72 관목성 화목류끼리 짝지어진 것은?

① 철쭉, 목련, 산수유
② 라일락, 배롱나무, 이팝나무
③ 장미, 동백나무, 노각나무
④ 진달래, 무궁화, 개나리

정답 ④

해설

관목성 화목류
지표로부터 여러 개의 줄기가 갈라져 나와 원줄기와 가지의 구별이 분명하지 않으며, 키가 작게 자라는 나무 중에서 관상 가치가 큰 꽃을 피우는 나무류
예 진달래, 무궁화, 개나리, 장미, 철쭉, 산수유, 라일락, 명자꽃나무, 박태기나무, 조팝나무 등

TIP	교목성 화목류

곧은 줄기가 1개이고, 키가 높게 자라는 화목류
예 벚나무, 꽃사과나무, 목련, 배롱나무, 동백나무, 산딸나무, 노각나무, 이팝나무 등

73 온실의 처마가 높고 폭이 좁은 양지붕형 온실을 연결한 형태의 온실형은?

① 둥근 지붕형   ② 벤로형
③ 터널형   ④ 쓰리쿼터형

정답 ②

해설

벤로형 온실은 처마가 높고 너비가 좁은 양쪽 지붕형 온실을 여러 개 연결한 것으로 연동형 온실의 결점을 보완한 것이다. 토마토, 오이, 피망 등의 키가 큰 호온성 열매채소류를 재배하는데 적합하다.

① **둥근 지붕형** : 곡선유리를 사용하여 지붕을 둥글게 만든 온실로 내부에 그늘이 덜 생기고 밝아 식물원의 전시용으로 많이 이용되고 있다. 지붕이 높아 대형식물이나 열대성 관상식물의 재배에 알맞다.
③ **터널형** : 시설원예 초기의 비닐하우스 형태로, 지붕 모양이 터널 또는 반원형인 온실이다. 보온성이 크고 내풍성이 강하며 빛이 잘 드는 반면에, 환기시설의 설치가 어려워 환기 능률이 떨어지고 폭설에 약하다.
④ **쓰리쿼터형(3/4 지붕형)** : 남쪽 지붕의 길이가 지붕 전체 길이의 3/4 정도 되는 온실로, 동서 방향으로 설치한다. 채광과 보온성이 뛰어나기 때문에 고온성 원예작물인 멜론재배에 많이 이용되고 있다.

74 다음이 설명하는 양액 재배방식은?

> • 고형배지를 사용하지 않음
> • 베드의 바닥에 일정한 기울기를 만들어 양액을 흘려보내는 방식
> • 뿌리의 일부는 공중에 노출하고, 나머지는 양액에 닿게 하여 재배

① 담액수경   ② 박막수경
③ 암면경   ④ 펄라이트경

정답 ②

해설

박막수경(NFT)
• 플라스틱필름으로 만든 베드 내에서 생육시키고 그 안에 배양액을 계속 흘려보내는 방식이다.
• 양액이 잘 순환될 수 있도록 베드의 바닥에 일정한 기울기(1/60~1/80)를 만들어 양액을 흘려보내는 방식이다.
• 베드내 뿌리의 윗부분이 공기 중에 노출되고, 밑부분은 흐르는 양액에 닿게 하여 재배하는 방식이다.
• 기본 구조는 베드, 탱크, 급·배액 장치 등으로 구성된다.

① **담액수경** : 뿌리를 항상 양액 속에 담근 채로 재배하는 방식으로, 뿌리에 산소를 공급하기 위해서 산소 공급 장치를 설치해야 한다.
③ **암면경** : 고형배지인 암면배지를 이용하며, 그 곳에 양액을 떨어뜨리면서 재배하는 방식이다.
④ **펄라이트경** : 펄라이트를 배지로 이용하여 재배하는 방식이다. 수분이 빨리 빠져나가 비료의 집적이 거의 없어 수분피해와 염류장해가 적지만 물과 비료의 소모가 크다.

75 시설원예 피복자재에 관한 설명으로 옳지 않은 것은?

① 연질필름 중 PVC필름의 보온성이 가장 낮다.
② PE필름, PVC필름, EVA필름은 모두 연질필름이다.
③ 반사필름, 부직포는 커튼보온용 추가피복에 사용된다.
④ 한랭사는 차광피복재로 사용된다.

정답 ①

해설

연질필름 중 PVC필름의 보온성이 가장 높고, 내후성과 내한성, 인열강도, 충격강도가 양호하다.

"간절"하면 이루어지는 것이 아니라,

"하면" 이루어지는 것이다.

– 작가 이동영 –

얄팍한 사람은 행운을 믿으며,
강한 사람은 원인과 결과를 믿는다.

– 랠프 월도 에머슨 –

부록

관계법령

01 | 보험계약법(상법 제4편 보험편)

[시행 2020.12.29.] [법률 제17764호, 2020.12.29., 일부개정]

제1장 통 칙

제638조(보험계약의 의의) 보험계약은 당사자 일방이 약정한 보험료를 지급하고 재산 또는 생명이나 신체에 불확정한 사고가 발생할 경우에 상대방이 일정한 보험금이나 그 밖의 급여를 지급할 것을 약정함으로써 효력이 생긴다.

[전문개정 2014.3.11.]

제638조의2(보험계약의 성립) ① 보험자가 보험계약자로부터 보험계약의 청약과 함께 보험료 상당액의 전부 또는 일부의 지급을 받은 때에는 다른 약정이 없으면 30일 내에 그 상대방에 대하여 낙부의 통지를 발송하여야 한다. 그러나 인보험계약의 피보험자가 신체검사를 받아야 하는 경우에는 그 기간은 신체검사를 받은 날부터 기산한다.

② 보험자가 제1항의 규정에 의한 기간 내에 낙부의 통지를 해태한 때에는 승낙한 것으로 본다.

③ 보험자가 보험계약자로부터 보험계약의 청약과 함께 보험료 상당액의 전부 또는 일부를 받은 경우에 그 청약을 승낙하기 전에 보험계약에서 정한 보험사고가 생긴 때에는 그 청약을 거절할 사유가 없는 한 보험자는 보험계약 상의 책임을 진다. 그러나 인보험계약의 피보험자가 신체검사를 받아야 하는 경우에 그 검사를 받지 아니한 때에는 그러하지 아니하다.

[본조신설 1991.12.31.]

제638조의3(보험약관의 교부·설명 의무) ① 보험자는 보험계약을 체결할 때에 보험계약자에게 보험약관을 교부하고 그 약관의 중요한 내용을 설명하여야 한다.

② 보험자가 제1항을 위반한 경우 보험계약자는 보험계약이 성립한 날부터 3개월 이내에 그 계약을 취소할 수 있다.

[전문개정 2014.3.11.]

제639조(타인을 위한 보험) ① 보험계약자는 위임을 받거나 위임을 받지 아니하고 특정 또는 불특정의 타인을 위하여 보험계약을 체결할 수 있다. 그러나 손해보험계약의 경우에 그 타인의 위임이 없는 때에는 보험계약자는 이를 보험자에게 고지하여야 하고, 그 고지가 없는 때에는 타인이 그 보험계약이 체결된 사실을 알지 못하였다는 사유로 보험자에게 대항하지 못한다. 〈개정 1991.12.31.〉

② 제1항의 경우에는 그 타인은 당연히 그 계약의 이익을 받는다. 그러나 손해보험계약의 경우에 보험계약자가 그 타인에게 보험사고의 발생으로 생긴 손해의 배상을 한 때에는 보험계약자는 그 타인의 권리를 해하지 아니하는 범위안에서 보험자에게 보험금액의 지급을 청구할 수 있다. 〈신설 1991.12.31.〉

③ 제1항의 경우에는 보험계약자는 보험자에 대하여 보험료를 지급할 의무가 있다. 그러나 보험계약자가 파산선고를 받거나 보험료의 지급을 지체한 때에는 그 타인이 그 권리를 포기하지 아니하는 한 그 타인도 보험료를 지급할 의무가 있다. 〈개정 1991.12.31.〉

제640조(보험증권의 교부) ① 보험자는 보험계약이 성립한 때에는 지체 없이 보험증권을 작성하여 보험계약자에게 교부하여야 한다. 그러나 보험계약자가 보험료의 전부 또는 최초의 보험료를 지급하지 아니한 때에는 그러하지 아니하다. 〈개정 1991.12.31.〉

② 기존의 보험계약을 연장하거나 변경한 경우에는 보험자는 그 보험증권에 그 사실을 기재함으로써 보험증권의 교부에 갈음할 수 있다. 〈신설 1991.12.31.〉

제641조(증권에 관한 이의약관의 효력) 보험계약의 당사자는 보험증권의 교부가 있는 날로부터 일정한 기간내에 한하여 그 증권내용의 정부에 관한 이의를 할 수 있음을 약정할 수 있다. 이 기간은 1월을 내리지 못한다.

제642조(증권의 재교부청구) 보험증권을 멸실 또는 현저하게 훼손한 때에는 보험계약자는 보험자에 대하여 증권의 재교부를 청구할 수 있다. 그 증권작성의 비용은 보험계약자의 부담으로 한다.

제643조(소급보험) 보험계약은 그 계약 전의 어느 시기를 보험기간의 시기로 할 수 있다.

제644조(보험사고의 객관적 확정의 효과) 보험계약 당시에 보험사고가 이미 발생하였거나 또는 발생할 수 없는 것인 때에는 그 계약은 무효로 한다. 그러나 당사자 쌍방과 피보험자가 이를 알지 못한 때에는 그러하지 아니하다.

제645조 삭제 〈1991.12.31.〉

제646조(대리인이 안 것의 효과) 대리인에 의하여 보험계약을 체결한 경우에 대리인이 안 사유는 그 본인이 안 것과 동일한 것으로 한다.

제646조의2(보험대리상 등의 권한) ① 보험대리상은 다음 각 호의 권한이 있다.

1. 보험계약자로부터 보험료를 수령할 수 있는 권한
2. 보험자가 작성한 보험증권을 보험계약자에게 교부할 수 있는 권한
3. 보험계약자로부터 청약, 고지, 통지, 해지, 취소 등 보험계약에 관한 의사표시를 수령할 수 있는 권한
4. 보험계약자에게 보험계약의 체결, 변경, 해지 등 보험계약에 관한 의사표시를 할 수 있는 권한

② 제1항에도 불구하고 보험자는 보험대리상의 제1항 각 호의 권한 중 일부를 제한할 수 있다. 다만, 보험자는 그러한 권한 제한을 이유로 선의의 보험계약자에게 대항하지 못한다.

③ 보험대리상이 아니면서 특정한 보험자를 위하여 계속적으로 보험계약의 체결을 중개하는 자는 제1항 제1호(보험자가 작성한 영수증을 보험계약자에게 교부하는 경우만 해당한다) 및 제2호의 권한이 있다.

④ 피보험자나 보험수익자가 보험료를 지급하거나 보험계약에 관한 의사표시를 할 의무가 있는 경우에는 제1항부터 제3항까지의 규정을 그 피보험자나 보험수익자에게도 적용한다.

[본조신설 2014.3.11.]

제647조(특별위험의 소멸로 인한 보험료의 감액청구) 보험계약의 당사자가 특별한 위험을 예기하여 보험료의 액을 정한 경우에 보험기간 중 그 예기한 위험이 소멸한 때에는 보험계약자는 그 후의 보험료의 감액을 청구할 수 있다.

제648조(보험계약의 무효로 인한 보험료반환청구) 보험계약의 전부 또는 일부가 무효인 경우에 보험계약자와 피보험자가 선의이며 중대한 과실이 없는 때에는 보험자에 대하여 보험료의 전부 또는 일부의 반환을 청구할 수 있다. 보험계약자와 보험수익자가 선의이며 중대한 과실이 없는 때에도 같다.

제649조(사고발생 전의 임의해지) ① 보험사고가 발생하기 전에는 보험계약자는 언제든지 계약의 전부 또는 일부를 해지할 수 있다. 그러나 제639조의 보험계약의 경우에는 보험계약자는 그 타인의 동의를 얻지 아니하거나 보험증권을 소지하지 아니하면 그 계약을 해지하지 못한다. 〈개정 1991.12.31.〉

② 보험사고의 발생으로 보험자가 보험금액을 지급한 때에도 보험금액이 감액되지 아니하는 보험의 경우에는 보험계약자는 그 사고발생 후에도 보험계약을 해지할 수 있다. 〈신설 1991.12.31.〉

③ 제1항의 경우에는 보험계약자는 당사자간에 다른 약정이 없으면 미경과보험료의 반환을 청구할 수 있다. 〈개정 1991.12.31.〉

제650조(보험료의 지급과 지체의 효과) ① 보험계약자는 계약 체결 후 지체 없이 보험료의 전부 또는 제1회 보험료를 지급하여야 하며, 보험계약자가 이를 지급하지 아니하는 경우에는 다른 약정이 없는 한 계약 성립 후 2월이 경과하면 그 계약은 해제된 것으로 본다.

② 계속보험료가 약정한 시기에 지급되지 아니한 때에는 보험자는 상당한 기간을 정하여 보험계약자에게 최고하고 그 기간 내에 지급되지 아니한 때에는 그 계약을 해지할 수 있다.

③ 특정한 타인을 위한 보험의 경우에 보험계약자가 보험료의 지급을 지체한 때에는 보험자는 그 타인에게도 상당한 기간을 정하여 보험료의 지급을 최고한 후가 아니면 그 계약을 해제 또는 해지하지 못한다.

[전문개정 1991.12.31.]

제650조의2(보험계약의 부활) 제650조 제2항에 따라 보험계약이 해지되고 해지환급금이 지급되지 아니한 경우에 보험계약자는 일정한 기간 내에 연체보험료에 약정이자를 붙여 보험자에게 지급하고 그 계약의 부활을 청구할 수 있다. 제638조의2의 규정은 이 경우에 준용한다.

[본조신설 1991.12.31.]

제651조(고지의무위반으로 인한 계약해지) 보험계약 당시에 보험계약자 또는 피보험자가 고의 또는 중대한 과실로 인하여 중요한 사항을 고지하지 아니하거나 부실의 고지를 한 때에는 보험자는 그 사실을 안 날로부터 1월 내에, 계약을 체결한 날로부터 3년 내에 한하여 계약을 해지할 수 있다. 그러나 보험자가 계약 당시에 그 사실을 알았거나 중대한 과실로 인하여 알지 못한 때에는 그러하지 아니하다. 〈개정 1991.12.31.〉

제651조의2(서면에 의한 질문의 효력) 보험자가 서면으로 질문한 사항은 중요한 사항으로 추정한다.

[본조신설 1991.12.31.]

제652조(위험변경증가의 통지와 계약해지) ① 보험기간 중에 보험계약자 또는 피보험자가 사고발생의 위험이 현저하게 변경 또는 증가된 사실을 안 때에는 지체 없이 보험자에게 통지하여야 한다. 이를 해태한 때에는 보험자는 그 사실을 안 날로부터 1월 내에 한하여 계약을 해지할 수 있다.

② 보험자가 제1항의 위험변경증가의 통지를 받은 때에는 1월 내에 보험료의 증액을 청구하거나 계약을 해지할 수 있다. 〈신설 1991.12.31.〉

제653조(보험계약자 등의 고의나 중과실로 인한 위험증가와 계약해지) 보험기간 중에 보험계약자, 피보험자 또는 보험수익자의 고의 또는 중대한 과실로 인하여 사고발생의 위험이 현저하게 변경 또는 증가된 때에는 보험자는 그 사실을 안 날부터 1월 내에 보험료의 증액을 청구하거나 계약을 해지할 수 있다. 〈개정 1991.12.31.〉

제654조(보험자의 파산선고와 계약해지) ① 보험자가 파산의 선고를 받은 때에는 보험계약자는 계약을 해지할 수 있다.

② 제1항의 규정에 의하여 해지하지 아니한 보험계약은 파산선고 후 3월을 경과한 때에는 그 효력을 잃는다. 〈개정 1991.12.31.〉

제655조(계약해지와 보험금청구권) 보험사고가 발생한 후라도 보험자가 제650조, 제651조, 제652조 및 제653조에 따라 계약을 해지하였을 때에는 보험금을 지급할 책임이 없고 이미 지급한 보험금의 반환을 청구할 수 있다. 다만, 고지의무(告知義務)를 위반한 사실 또는 위험이 현저하게 변경되거나 증가된 사실이 보험사고발생에 영향을 미치지 아니하였음이 증명된 경우에는 보험금을 지급할 책임이 있다.
[전문개정 2014.3.11.]

제656조(보험료의 지급과 보험자의 책임개시) 보험자의 책임은 당사자 간에 다른 약정이 없으면 최초의 보험료의 지급을 받은 때로부터 개시한다.

제657조(보험사고발생의 통지의무) ① 보험계약자 또는 피보험자나 보험수익자는 보험사고의 발생을 안 때에는 지체 없이 보험자에게 그 통지를 발송하여야 한다.

② 보험계약자 또는 피보험자나 보험수익자가 제1항의 통지의무를 해태함으로 인하여 손해가 증가된 때에는 보험자는 그 증가된 손해를 보상할 책임이 없다. 〈신설 1991.12.31.〉

제658조(보험금액의 지급) 보험자는 보험금액의 지급에 관하여 약정기간이 있는 경우에는 그 기간 내에 약정기간이 없는 경우에는 제657조 제1항의 통지를 받은 후 지체 없이 지급할 보험금액을 정하고 그 정하여진 날부터 10일 내에 피보험자 또는 보험수익자에게 보험금액을 지급하여야 한다.
[전문개정 1991.12.31.]

제659조(보험자의 면책사유) ① 보험사고가 보험계약자 또는 피보험자나 보험수익자의 고의 또는 중대한 과실로 인하여 생긴 때에는 보험자는 보험금액을 지급할 책임이 없다.

② 삭제 〈1991.12.31.〉

제660조(전쟁위험 등으로 인한 면책) 보험사고가 전쟁 기타의 변란으로 인하여 생긴 때에는 당사자 간에 다른 약정이 없으면 보험자는 보험금액을 지급할 책임이 없다.

제661조(재보험) 보험자는 보험사고로 인하여 부담할 책임에 대하여 다른 보험자와 재보험계약을 체결할 수 있다. 이 재보험계약은 원보험계약의 효력에 영향을 미치지 아니한다.

제662조(소멸시효) 보험금청구권은 3년간, 보험료 또는 적립금의 반환청구권은 3년간, 보험료청구권은 2년간 행사하지 아니하면 시효의 완성으로 소멸한다.
[전문개정 2014.3.11.]

제663조(보험계약자 등의 불이익변경금지) 이 편의 규정은 당사자 간의 특약으로 보험계약자 또는 피보험자나 보험수익자의 불이익으로 변경하지 못한다. 그러나 재보험 및 해상보험 기타 이와 유사한 보험의 경우에는 그러하지 아니하다. 〈개정 1991.12.31.〉

제664조(상호보험, 공제 등에의 준용) 이 편(編)의 규정은 그 성질에 반하지 아니하는 범위에서 상호보험(相互保險), 공제(共濟), 그 밖에 이에 준하는 계약에 준용한다.
[전문개정 2014.3.11.]

제2장 손해보험

제1절 통 칙

제665조(손해보험자의 책임) 손해보험계약의 보험자는 보험사고로 인하여 생길 피보험자의 재산 상의 손해를 보상할 책임이 있다.

제666조(손해보험증권) 손해보험증권에는 다음의 사항을 기재하고 보험자가 기명날인 또는 서명하여야 한다. 〈개정 1991.12.31., 2014.3.11.〉

1. 보험의 목적
2. 보험사고의 성질
3. 보험금액
4. 보험료와 그 지급방법
5. 보험기간을 정한 때에는 그 시기와 종기
6. 무효와 실권의 사유
7. 보험계약자의 주소와 성명 또는 상호
7의2. 피보험자의 주소, 성명 또는 상호
8. 보험계약의 연월일
9. 보험증권의 작성지와 그 작성년월일

제667조(상실이익 등의 불산입) 보험사고로 인하여 상실된 피보험자가 얻을 이익이나 보수는 당사자 간에 다른 약정이 없으면 보험자가 보상할 손해액에 산입하지 아니한다.

제668조(보험계약의 목적) 보험계약은 금전으로 산정할 수 있는 이익에 한하여 보험계약의 목적으로 할 수 있다.

제669조(초과보험) ① 보험금액이 보험계약의 목적의 가액을 현저하게 초과한 때에는 보험자 또는 보험계약자는 보험료와 보험금액의 감액을 청구할 수 있다. 그러나 보험료의 감액은 장래에 대하여서만 그 효력이 있다.
② 제1항의 가액은 계약 당시의 가액에 의하여 정한다. 〈개정 1991.12.31.〉
③ 보험가액이 보험기간 중에 현저하게 감소된 때에도 제1항과 같다.
④ 제1항의 경우에 계약이 보험계약자의 사기로 인하여 체결된 때에는 그 계약은 무효로 한다. 그러나 보험자는 그 사실을 안 때까지의 보험료를 청구할 수 있다.

제670조(기평가보험) 당사자 간에 보험가액을 정한 때에는 그 가액은 사고발생 시의 가액으로 정한 것으로 추정한다. 그러나 그 가액이 사고발생 시의 가액을 현저하게 초과할 때에는 사고발생 시의 가액을 보험가액으로 한다.

제671조(미평가보험) 당사자 간에 보험가액을 정하지 아니한 때에는 사고발생 시의 가액을 보험가액으로 한다.

제672조(중복보험) ① 동일한 보험계약의 목적과 동일한 사고에 관하여 수개의 보험계약이 동시에 또는 순차로 체결된 경우에 그 보험금액의 총액이 보험가액을 초과한 때에는 보험자는 각자의 보험금액의 한도에서 연대책임을 진다. 이 경우에는 각 보험자의 보상책임은 각자의 보험금액의 비율에 따른다. 〈개정 1991.12.31.〉
② 동일한 보험계약의 목적과 동일한 사고에 관하여 수개의 보험계약을 체결하는 경우에는 보험계약자는 각 보험자에 대하여 각 보험계약의 내용을 통지하여야 한다. 〈개정 1991.12.31.〉
③ 제669조 제4항의 규정은 제1항의 보험계약에 준용한다.

제673조(중복보험과 보험자 1인에 대한 권리포기) 제672조의 규정에 의한 수개의 보험계약을 체결한 경우에 보험자 1인에 대한 권리의 포기는 다른 보험자의 권리의무에 영향을 미치지 아니한다. 〈개정 1991.12.31.〉

제674조(일부보험) 보험가액의 일부를 보험에 붙인 경우에는 보험자는 보험금액의 보험가액에 대한 비율에 따라 보상할 책임을 진다. 그러나 당사자 간에 다른 약정이 있는 때에는 보험자는 보험금액의 한도 내에서 그 손해를 보상할 책임을 진다. 〈개정 1991.12.31.〉

제675조(사고발생 후의 목적멸실과 보상책임) 보험의 목적에 관하여 보험자가 부담할 손해가 생긴 경우에는 그 후 그 목적이 보험자가 부담하지 아니하는 보험사고의 발생으로 인하여 멸실된 때에도 보험자는 이미 생긴 손해를 보상할 책임을 면하지 못한다. 〈개정 1962.12.12.〉

제676조(손해액의 산정기준) ① 보험자가 보상할 손해액은 그 손해가 발생한 때와 곳의 가액에 의하여 산정한다. 그러나 당사자 간에 다른 약정이 있는 때에는 그 신품가액에 의하여 손해액을 산정할 수 있다. 〈개정 1991.12.31.〉

② 제1항의 손해액의 산정에 관한 비용은 보험자의 부담으로 한다. 〈개정 1991.12.31.〉

제677조(보험료체납과 보상액의 공제) 보험자가 손해를 보상할 경우에 보험료의 지급을 받지 아니한 잔액이 있으면 그 지급기일이 도래하지 아니한 때라도 보상할 금액에서 이를 공제할 수 있다.

제678조(보험자의 면책사유) 보험의 목적의 성질, 하자 또는 자연소모로 인한 손해는 보험자가 이를 보상할 책임이 없다.

제679조(보험목적의 양도) ① 피보험자가 보험의 목적을 양도한 때에는 양수인은 보험계약 상의 권리와 의무를 승계한 것으로 추정한다. 〈개정 1991.12.31.〉

② 제1항의 경우에 보험의 목적의 양도인 또는 양수인은 보험자에 대하여 지체 없이 그 사실을 통지하여야 한다. 〈신설 1991.12.31.〉

제680조(손해방지의무) ① 보험계약자와 피보험자는 손해의 방지와 경감을 위하여 노력하여야 한다. 그러나 이를 위하여 필요 또는 유익하였던 비용과 보상액이 보험금액을 초과한 경우라도 보험자가 이를 부담한다. 〈개정 1991.12.31.〉

② 삭제 〈1991.12.31.〉

제681조(보험목적에 관한 보험대위) 보험의 목적의 전부가 멸실한 경우에 보험금액의 전부를 지급한 보험자는 그 목적에 대한 피보험자의 권리를 취득한다. 그러나 보험가액의 일부를 보험에 붙인 경우에는 보험자가 취득할 권리는 보험금액의 보험가액에 대한 비율에 따라 이를 정한다.

제682조(제3자에 대한 보험대위) ① 손해가 제3자의 행위로 인하여 발생한 경우에 보험금을 지급한 보험자는 그 지급한 금액의 한도에서 그 제3자에 대한 보험계약자 또는 피보험자의 권리를 취득한다. 다만, 보험자가 보상할 보험금의 일부를 지급한 경우에는 피보험자의 권리를 침해하지 아니하는 범위에서 그 권리를 행사할 수 있다.

② 보험계약자나 피보험자의 제1항에 따른 권리가 그와 생계를 같이 하는 가족에 대한 것인 경우 보험자는 그 권리를 취득하지 못한다. 다만, 손해가 그 가족의 고의로 인하여 발생한 경우에는 그러하지 아니하다.

[전문개정 2014.3.11.]

제2절 화재보험

제683조(화재보험자의 책임) 화재보험계약의 보험자는 화재로 인하여 생긴 손해를 보상할 책임이 있다.

제684조(소방 등의 조치로 인한 손해의 보상) 보험자는 화재의 소방 또는 손해의 감소에 필요한 조치로 인하여 생긴 손해를 보상할 책임이 있다.

제685조(화재보험증권) 화재보험증권에는 제666조에 게기한 사항 외에 다음의 사항을 기재하여야 한다.
1. 건물을 보험의 목적으로 한 때에는 그 소재지, 구조와 용도
2. 동산을 보험의 목적으로 한 때에는 그 존치한 장소의 상태와 용도
3. 보험가액을 정한 때에는 그 가액

제686조(집합보험의 목적) 집합된 물건을 일괄하여 보험의 목적으로 한 때에는 피보험자의 가족과 사용인의 물건도 보험의 목적에 포함된 것으로 한다. 이 경우에는 그 보험은 그 가족 또는 사용인을 위하여서도 체결한 것으로 본다.

제687조(동전) 집합된 물건을 일괄하여 보험의 목적으로 한 때에는 그 목적에 속한 물건이 보험기간 중에 수시로 교체된 경우에도 보험사고의 발생시에 현존한 물건은 보험의 목적에 포함된 것으로 한다.

제3절 운송보험

제688조(운송보험자의 책임) 운송보험계약의 보험자는 다른 약정이 없으면 운송인이 운송물을 수령한 때로부터 수하인에게 인도할 때까지 생길 손해를 보상할 책임이 있다.

제689조(운송보험의 보험가액) ① 운송물의 보험에 있어서는 발송한 때와 곳의 가액과 도착지까지의 운임 기타의 비용을 보험가액으로 한다.
② 운송물의 도착으로 인하여 얻을 이익은 약정이 있는 때에 한하여 보험가액 중에 산입한다.

제690조(운송보험증권) 운송보험증권에는 제666조에 게기한 사항 외에 다음의 사항을 기재하여야 한다.
1. 운송의 노순과 방법
2. 운송인의 주소와 성명 또는 상호
3. 운송물의 수령과 인도의 장소
4. 운송기간을 정한 때에는 그 기간
5. 보험가액을 정한 때에는 그 가액

제691조(운송의 중지나 변경과 계약효력) 보험계약은 다른 약정이 없으면 운송의 필요에 의하여 일시운송을 중지하거나 운송의 노순 또는 방법을 변경한 경우에도 그 효력을 잃지 아니한다.

제692조(운송보조자의 고의, 중과실과 보험자의 면책) 보험사고가 송하인 또는 수하인의 고의 또는 중대한 과실로 인하여 발생한 때에는 보험자는 이로 인하여 생긴 손해를 보상할 책임이 없다.

제4절 해상보험

제693조(해상보험자의 책임) 해상보험계약의 보험자는 해상사업에 관한 사고로 인하여 생길 손해를 보상할 책임이 있다. 〈개정 1991.12.31.〉

제694조(공동해손분담액의 보상) 보험자는 피보험자가 지급할 공동해손의 분담액을 보상할 책임이 있다. 그러나 보험의 목적의 공동해손분담가액이 보험가액을 초과할 때에는 그 초과액에 대한 분담액은 보상하지 아니한다. 〈개정 1991.12.31.〉

제694조의2(구조료의 보상) 보험자는 피보험자가 보험사고로 인하여 발생하는 손해를 방지하기 위하여 지급할 구조료를 보상할 책임이 있다. 그러나 보험의 목적물의 구조료분담가액이 보험가액을 초과할 때에는 그 초과액에 대한 분담액은 보상하지 아니한다.
[본조신설 1991.12.31.]

제694조의3(특별비용의 보상) 보험자는 보험의 목적의 안전이나 보존을 위하여 지급할 특별비용을 보험금액의 한도 내에서 보상할 책임이 있다.
[본조신설 1991.12.31.]

제695조(해상보험증권) 해상보험증권에는 제666조에 게기한 사항 외에 다음의 사항을 기재하여야 한다. 〈개정 1991.12.31.〉
1. 선박을 보험에 붙인 경우에는 그 선박의 명칭, 국적과 종류 및 항해의 범위
2. 적하를 보험에 붙인 경우에는 선박의 명칭, 국적과 종류, 선적항, 양륙항 및 출하지와 도착지를 정한 때에는 그 지명
3. 보험가액을 정한 때에는 그 가액

제696조(선박보험의 보험가액과 보험목적) ① 선박의 보험에 있어서는 보험자의 책임이 개시될 때의 선박가액을 보험가액으로 한다.
② 제1항의 경우에는 선박의 속구, 연료, 양식 기타 항해에 필요한 모든 물건은 보험의 목적에 포함된 것으로 한다. 〈개정 1991.12.31.〉

제697조(적하보험의 보험가액) 적하의 보험에 있어서는 선적한 때와 곳의 적하의 가액과 선적 및 보험에 관한 비용을 보험가액으로 한다. 〈개정 1962.12.12.〉

제698조(희망이익보험의 보험가액) 적하의 도착으로 인하여 얻을 이익 또는 보수의 보험에 있어서는 계약으로 보험가액을 정하지 아니한 때에는 보험금액을 보험가액으로 한 것으로 추정한다.

제699조(해상보험의 보험기간의 개시) ① 항해단위로 선박을 보험에 붙인 경우에는 보험기간은 하물 또는 저하의 선적에 착수한 때에 개시한다.
② 적하를 보험에 붙인 경우에는 보험기간은 하물의 선적에 착수한 때에 개시한다. 그러나 출하지를 정한 경우에는 그 곳에서 운송에 착수한 때에 개시한다.
③ 하물 또는 저하의 선적에 착수한 후에 제1항 또는 제2항의 규정에 의한 보험계약이 체결된 경우에는 보험기간은 계약이 성립한 때에 개시한다.
[전문개정 1991.12.31.]

제700조(해상보험의 보험기간의 종료) 보험기간은 제699조 제1항의 경우에는 도착항에서 하물 또는 저하를 양륙한 때에, 동조 제2항의 경우에는 양륙항 또는 도착지에서 하물을 인도한 때에 종료한다. 그러나 불가항력으로 인하지 아니하고 양륙이 지연된 때에는 그 양륙이 보통종료될 때에 종료된 것으로 한다. 〈개정 1991.12.31.〉

제701조(항해변경의 효과) ① 선박이 보험계약에서 정하여진 발항항이 아닌 다른 항에서 출항한 때에는 보험자는 책임을 지지 아니한다.
② 선박이 보험계약에서 정하여진 도착항이 아닌 다른 항을 향하여 출항한 때에도 제1항의 경우와 같다.
③ 보험자의 책임이 개시된 후에 보험계약에서 정하여진 도착항이 변경된 경우에는 보험자는 그 항해의 변경이 결정된 때부터 책임을 지지 아니한다.
[전문개정 1991.12.31.]

제701조의2(이로) 선박이 정당한 사유 없이 보험계약에서 정하여진 항로를 이탈한 경우에는 보험자는 그때부터 책임을 지지 아니한다. 선박이 손해발생 전에 원항로로 돌아온 경우에도 같다.
[본조신설 1991.12.31.]

제702조(발항 또는 항해의 지연의 효과) 피보험자가 정당한 사유 없이 발항 또는 항해를 지연한 때에는 보험자는 발항 또는 항해를 지체한 이후의 사고에 대하여 책임을 지지 아니한다.
[전문개정 1991.12.31.]

제703조(선박변경의 효과) 적하를 보험에 붙인 경우에 보험계약자 또는 피보험자의 책임있는 사유로 인하여 선박을 변경한 때에는 그 변경후의 사고에 대하여 책임을 지지 아니한다. 〈개정 1991.12.31.〉

제703조의2(선박의 양도 등의 효과) 선박을 보험에 붙인 경우에 다음의 사유가 있을 때에는 보험계약은 종료한다. 그러나 보험자의 동의가 있는 때에는 그러하지 아니하다.
1. 선박을 양도할 때
2. 선박의 선급을 변경한 때
3. 선박을 새로운 관리로 옮긴 때
[본조신설 1991.12.31.]

제704조(선박미확정의 적하예정보험) ① 보험계약의 체결 당시에 하물을 적재할 선박을 지정하지 아니한 경우에 보험계약자 또는 피보험자가 그 하물이 선적되었음을 안 때에는 지체 없이 보험자에 대하여 그 선박의 명칭, 국적과 하물의 종류, 수량과 가액의 통지를 발송하여야 한다. 〈개정 1991.12.31.〉
② 제1항의 통지를 해태한 때에는 보험자는 그 사실을 안 날부터 1월 내에 계약을 해지할 수 있다. 〈개정 1991.12.31.〉

제705조 삭제 〈1991.12.31.〉

제706조(해상보험자의 면책사유) 보험자는 다음의 손해와 비용을 보상할 책임이 없다. 〈개정 1991.12.31.〉
1. 선박 또는 운임을 보험에 붙인 경우에는 발항당시 안전하게 항해를 하기에 필요한 준비를 하지 아니하거나 필요한 서류를 비치하지 아니함으로 인하여 생긴 손해
2. 적하를 보험에 붙인 경우에는 용선자, 송하인 또는 수하인의 고의 또는 중대한 과실로 인하여 생긴 손해
3. 도선료, 입항료, 등대료, 검역료, 기타 선박 또는 적하에 관한 항해 중의 통상비용

제707조 삭제 〈1991.12.31.〉

제707조의2(선박의 일부손해의 보상) ① 선박의 일부가 훼손되어 그 훼손된 부분의 전부를 수선한 경우에는 보험자는 수선에 따른 비용을 1회의 사고에 대하여 보험금액을 한도로 보상할 책임이 있다.

② 선박의 일부가 훼손되어 그 훼손된 부분의 일부를 수선한 경우에는 보험자는 수선에 따른 비용과 수선을 하지 아니함으로써 생긴 감가액을 보상할 책임이 있다.

③ 선박의 일부가 훼손되었으나 이를 수선하지 아니한 경우에는 보험자는 그로 인한 감가액을 보상할 책임이 있다.

[본조신설 1991.12.31.]

제708조(적하의 일부손해의 보상) 보험의 목적인 적하가 훼손되어 양륙항에 도착한 때에는 보험자는 그 훼손된 상태의 가액과 훼손되지 아니한 상태의 가액과의 비율에 따라 보험가액의 일부에 대한 손해를 보상할 책임이 있다.

제709조(적하매각으로 인한 손해의 보상) ① 항해 도중에 불가항력으로 보험의 목적인 적하를 매각한 때에는 보험자는 그 대금에서 운임 기타 필요한 비용을 공제한 금액과 보험가액과의 차액을 보상하여야 한다.

② 제1항의 경우에 매수인이 대금을 지급하지 아니한 때에는 보험자는 그 금액을 지급하여야 한다. 보험자가 그 금액을 지급한 때에는 피보험자의 매수인에 대한 권리를 취득한다. 〈개정 1991.12.31.〉

제710조(보험위부의 원인) 다음의 경우에는 피보험자는 보험의 목적을 보험자에게 위부하고 보험금액의 전부를 청구할 수 있다. 〈개정 1991.12.31.〉

1. 피보험자가 보험사고로 인하여 자기의 선박 또는 적하의 점유를 상실하여 이를 회복할 가능성이 없거나 회복하기 위한 비용이 회복하였을 때의 가액을 초과하리라고 예상될 경우

2. 선박이 보험사고로 인하여 심하게 훼손되어 이를 수선하기 위한 비용이 수선하였을 때의 가액을 초과하리라고 예상될 경우

3. 적하가 보험사고로 인하여 심하게 훼손되어서 이를 수선하기 위한 비용과 그 적하를 목적지까지 운송하기 위한 비용과의 합계액이 도착하는 때의 적하의 가액을 초과하리라고 예상될 경우

제711조(선박의 행방불명) ① 선박의 존부가 2월간 분명하지 아니한 때에는 그 선박의 행방이 불명한 것으로 한다. 〈개정 1991.12.31.〉

② 제1항의 경우에는 전손으로 추정한다. 〈개정 1991.12.31.〉

제712조(대선에 의한 운송의 계속과 위부권의 소멸) 제710조 제2호의 경우에 선장이 지체 없이 다른 선박으로 적하의 운송을 계속한 때에는 피보험자는 그 적하를 위부할 수 없다. 〈개정 1991.12.31.〉

제713조(위부의 통지) ① 피보험자가 위부를 하고자 할 때에는 상당한 기간 내에 보험자에 대하여 그 통지를 발송하여야 한다. 〈개정 1991.12.31.〉

② 삭제 〈1991.12.31.〉

제714조(위부권행사의 요건) ① 위부는 무조건이어야 한다.

② 위부는 보험의 목적의 전부에 대하여 이를 하여야 한다. 그러나 위부의 원인이 그 일부에 대하여 생긴 때에는 그 부분에 대하여서만 이를 할 수 있다.

③ 보험가액의 일부를 보험에 붙인 경우에는 위부는 보험금액의 보험가액에 대한 비율에 따라서만 이를 할 수 있다.

제715조(다른 보험계약 등에 관한 통지) ① 피보험자가 위부를 함에 있어서는 보험자에 대하여 보험의 목적에 관한 다른 보험계약과 그 부담에 속한 채무의 유무와 그 종류 및 내용을 통지하여야 한다.

② 보험자는 제1항의 통지를 받을 때까지 보험금액의 지급을 거부할 수 있다. 〈개정 1991.12.31.〉

③ 보험금액의 지급에 관한 기간의 약정이 있는 때에는 그 기간은 제1항의 통지를 받은 날로부터 기산한다.

제716조(위부의 승인) 보험자가 위부를 승인한 후에는 그 위부에 대하여 이의를 하지 못한다.

제717조(위부의 불승인) 보험자가 위부를 승인하지 아니한 때에는 피보험자는 위부의 원인을 증명하지 아니하면 보험금액의 지급을 청구하지 못한다.

제718조(위부의 효과) ① 보험자는 위부로 인하여 그 보험의 목적에 관한 피보험자의 모든 권리를 취득한다.

② 피보험자가 위부를 한 때에는 보험의 목적에 관한 모든 서류를 보험자에게 교부하여야 한다.

제5절 책임보험

제719조(책임보험자의 책임) 책임보험계약의 보험자는 피보험자가 보험기간 중의 사고로 인하여 제3자에게 배상할 책임을 진 경우에 이를 보상할 책임이 있다.

제720조(피보험자가 지출한 방어비용의 부담) ① 피보험자가 제3자의 청구를 방어하기 위하여 지출한 재판상 또는 재판 외의 필요비용은 보험의 목적에 포함된 것으로 한다. 피보험자는 보험자에 대하여 그 비용의 선급을 청구할 수 있다.

② 피보험자가 담보의 제공 또는 공탁으로써 재판의 집행을 면할 수 있는 경우에는 보험자에 대하여 보험금액의 한도 내에서 그 담보의 제공 또는 공탁을 청구할 수 있다.

③ 제1항 또는 제2항의 행위가 보험자의 지시에 의한 것인 경우에는 그 금액에 손해액을 가산한 금액이 보험금액을 초과하는 때에도 보험자가 이를 부담하여야 한다. 〈개정 1991.12.31.〉

제721조(영업책임보험의 목적) 피보험자가 경영하는 사업에 관한 책임을 보험의 목적으로 한 때에는 피보험자의 대리인 또는 그 사업감독자의 제3자에 대한 책임도 보험의 목적에 포함된 것으로 한다.

제722조(피보험자의 배상청구 사실 통지의무) ① 피보험자가 제3자로부터 배상청구를 받았을 때에는 지체 없이 보험자에게 그 통지를 발송하여야 한다.

② 피보험자가 제1항의 통지를 게을리하여 손해가 증가된 경우 보험자는 그 증가된 손해를 보상할 책임이 없다. 다만, 피보험자가 제657조 제1항의 통지를 발송한 경우에는 그러하지 아니하다.

[전문개정 2014.3.11.]

제723조(피보험자의 변제 등의 통지와 보험금액의 지급) ① 피보험자가 제3자에 대하여 변제, 승인, 화해 또는 재판으로 인하여 채무가 확정된 때에는 지체 없이 보험자에게 그 통지를 발송하여야 한다.

② 보험자는 특별한 기간의 약정이 없으면 전항의 통지를 받은 날로부터 10일 내에 보험금액을 지급하여야 한다.

③ 피보험자가 보험자의 동의 없이 제3자에 대하여 변제, 승인 또는 화해를 한 경우에는 보험자가 그 책임을 면하게 되는 합의가 있는 때에도 그 행위가 현저하게 부당한 것이 아니면 보험자는 보상할 책임을 면하지 못한다.

제724조(보험자와 제3자와의 관계) ① 보험자는 피보험자가 책임을 질 사고로 인하여 생긴 손해에 대하여 제3자가 그 배상을 받기 전에는 보험금액의 전부 또는 일부를 피보험자에게 지급하지 못한다.

② 제3자는 피보험자가 책임을 질 사고로 입은 손해에 대하여 보험금액의 한도 내에서 보험자에게 직접 보상을 청구할 수 있다. 그러나 보험자는 피보험자가 그 사고에 관하여 가지는 항변으로써 제3자에게 대항할 수 있다. 〈개정 1991.12.31.〉

③ 보험자가 제2항의 규정에 의한 청구를 받은 때에는 지체 없이 피보험자에게 이를 통지하여야 한다. 〈신설 1991.12.31.〉

④ 제2항의 경우에 피보험자는 보험자의 요구가 있을 때에는 필요한 서류·증거의 제출, 증언 또는 증인의 출석에 협조하여야 한다. 〈신설 1991.12.31.〉

제725조(보관자의 책임보험) 임차인 기타 타인의 물건을 보관하는 자가 그 지급할 손해배상을 위하여 그 물건을 보험에 붙인 경우에는 그 물건의 소유자는 보험자에 대하여 직접 그 손해의 보상을 청구할 수 있다.

제725조의2(수개의 책임보험) 피보험자가 동일한 사고로 제3자에게 배상책임을 짐으로써 입은 손해를 보상하는 수개의 책임보험계약이 동시 또는 순차로 체결된 경우에 그 보험금액의 총액이 피보험자의 제3자에 대한 손해배상액을 초과하는 때에는 제672조와 제673조의 규정을 준용한다.
[본조신설 1991.12.31.]

제726조(재보험에의 준용) 이 절(節)의 규정은 그 성질에 반하지 아니하는 범위에서 재보험계약에 준용한다.
[전문개정 2014.3.11.]

제6절 자동차보험

제726조의2(자동차보험자의 책임) 자동차보험계약의 보험자는 피보험자가 자동차를 소유, 사용 또는 관리하는 동안에 발생한 사고로 인하여 생긴 손해를 보상할 책임이 있다.
[본조신설 1991.12.31.]

제726조의3(자동차 보험증권) 자동차 보험증권에는 제666조에 게기한 사항 외에 다음의 사항을 기재하여야 한다.
1. 자동차소유자와 그 밖의 보유자의 성명과 생년월일 또는 상호
2. 피보험자동차의 등록번호, 차대번호, 차형년식과 기계장치
3. 차량가액을 정한 때에는 그 가액
[본조신설 1991.12.31.]

제726조의4(자동차의 양도) ① 피보험자가 보험기간 중에 자동차를 양도한 때에는 양수인은 보험자의 승낙을 얻은 경우에 한하여 보험계약으로 인하여 생긴 권리와 의무를 승계한다.

② 보험자가 양수인으로부터 양수사실을 통지받은 때에는 지체 없이 낙부를 통지하여야 하고 통지받은 날부터 10일 내에 낙부의 통지가 없을 때에는 승낙한 것으로 본다.
[본조신설 1991.12.31.]

제7절 보증보험 〈신설 2014.3.11.〉

제726조의5(보증보험자의 책임) 보증보험계약의 보험자는 보험계약자가 피보험자에게 계약 상의 채무불이행 또는 법령상의 의무불이행으로 입힌 손해를 보상할 책임이 있다.

[본조신설 2014.3.11.]

제726조의6(적용 제외) ① 보증보험계약에 관하여는 제639조 제2항 단서를 적용하지 아니한다.

② 보증보험계약에 관하여는 보험계약자의 사기, 고의 또는 중대한 과실이 있는 경우에도 이에 대하여 피보험자에게 책임이 있는 사유가 없으면 제651조, 제652조, 제653조 및 제659조 제1항을 적용하지 아니한다.

[본조신설 2014.3.11.]

제726조의7(준용규정) 보증보험계약에 관하여는 그 성질에 반하지 아니하는 범위에서 보증채무에 관한 「민법」의 규정을 준용한다.

[본조신설 2014.3.11.]

제3장 인보험

제1절 통 칙

제727조(인보험자의 책임) ① 인보험계약의 보험자는 피보험자의 생명이나 신체에 관하여 보험사고가 발생할 경우에 보험계약으로 정하는 바에 따라 보험금이나 그 밖의 급여를 지급할 책임이 있다. 〈개정 2014.3.11.〉

② 제1항의 보험금은 당사자 간의 약정에 따라 분할하여 지급할 수 있다. 〈신설 2014.3.11.〉

[제목개정 2014.3.11.]

제728조(인보험증권) 인보험증권에는 제666조에 게기한 사항 외에 다음의 사항을 기재하여야 한다. 〈개정 1991.12.31.〉

1. 보험계약의 종류
2. 피보험자의 주소·성명 및 생년월일
3. 보험수익자를 정한 때에는 그 주소·성명 및 생년월일

제729조(제3자에 대한 보험대위의 금지) 보험자는 보험사고로 인하여 생긴 보험계약자 또는 보험수익자의 제3자에 대한 권리를 대위하여 행사하지 못한다. 그러나 상해보험계약의 경우에 당사자 간에 다른 약정이 있는 때에는 보험자는 피보험자의 권리를 해하지 아니하는 범위 안에서 그 권리를 대위하여 행사할 수 있다. 〈개정 1991.12.31.〉

제2절 생명보험

제730조(생명보험자의 책임) 생명보험계약의 보험자는 피보험자의 사망, 생존, 사망과 생존에 관한 보험사고가 발생할 경우에 약정한 보험금을 지급할 책임이 있다. 〈개정 2014.3.11.〉

[제목개정 2014.3.11.]

제731조(타인의 생명의 보험) ① 타인의 사망을 보험사고로 하는 보험계약에는 보험계약 체결 시에 그 타인의 서면(「전자서명법」 제2조 제2호에 따른 전자서명이 있는 경우로서 대통령령으로 정하는 바에 따라 본인 확인 및 위조·변조 방지에 대한 신뢰성을 갖춘 전자문서를 포함한다)에 의한 동의를 얻어야 한다. 〈개정 2020.6.9.〉

② 보험계약으로 인하여 생긴 권리를 피보험자가 아닌 자에게 양도하는 경우에도 제1항과 같다. 〈개정 1991.12.31.〉

제732조(15세 미만자 등에 대한 계약의 금지) 15세 미만자, 심신상실자 또는 심신박약자의 사망을 보험사고로 한 보험계약은 무효로 한다. 다만, 심신박약자가 보험계약을 체결하거나 제735조의3에 따른 단체보험의 피보험자가 될 때에 의사능력이 있는 경우에는 그러하지 아니하다. 〈개정 2014.3.11.〉

제732조의2(중과실로 인한 보험사고 등) ① 사망을 보험사고로 한 보험계약에서는 사고가 보험계약자 또는 피보험자나 보험수익자의 중대한 과실로 인하여 발생한 경우에도 보험자는 보험금을 지급할 책임을 면하지 못한다.

② 둘 이상의 보험수익자 중 일부가 고의로 피보험자를 사망하게 한 경우 보험자는 다른 보험수익자에 대한 보험금 지급책임을 면하지 못한다.

[전문개정 2014.3.11.]

제733조(보험수익자의 지정 또는 변경의 권리) ① 보험계약자는 보험수익자를 지정 또는 변경할 권리가 있다.

② 보험계약자가 제1항의 지정권을 행사하지 아니하고 사망한 때에는 피보험자를 보험수익자로 하고 보험계약자가 제1항의 변경권을 행사하지 아니하고 사망한 때에는 보험수익자의 권리가 확정된다. 그러나 보험계약자가 사망한 경우에는 그 승계인이 제1항의 권리를 행사할 수 있다는 약정이 있는 때에는 그러하지 아니하다. 〈개정 1991.12.31.〉

③ 보험수익자가 보험존속 중에 사망한 때에는 보험계약자는 다시 보험수익자를 지정할 수 있다. 이 경우에 보험계약자가 지정권을 행사하지 아니하고 사망한 때에는 보험수익자의 상속인을 보험수익자로 한다.

④ 보험계약자가 제2항과 제3항의 지정권을 행사하기 전에 보험사고가 생긴 경우에는 피보험자 또는 보험수익자의 상속인을 보험수익자로 한다. 〈신설 1991.12.31.〉

제734조(보험수익자지정권 등의 통지) ① 보험계약자가 계약 체결 후에 보험수익자를 지정 또는 변경할 때에는 보험자에 대하여 그 통지를 하지 아니하면 이로써 보험자에게 대항하지 못한다.

② 제731조 제1항의 규정은 제1항의 지정 또는 변경에 준용한다. 〈개정 1991.12.31.〉

제735조 삭제 〈2014.3.11.〉

제735조의2 삭제 〈2014.3.11.〉

제735조의3(단체보험) ① 단체가 규약에 따라 구성원의 전부 또는 일부를 피보험자로 하는 생명보험계약을 체결하는 경우에는 제731조를 적용하지 아니한다.

② 제1항의 보험계약이 체결된 때에는 보험자는 보험계약자에 대하여서만 보험증권을 교부한다.

③ 제1항의 보험계약에서 보험계약자가 피보험자 또는 그 상속인이 아닌 자를 보험수익자로 지정할 때에는 단체의 규약에서 명시적으로 정하는 경우 외에는 그 피보험자의 제731조 제1항에 따른 서면 동의를 받아야 한다. 〈신설 2014.3.11., 2017.10.31.〉

[본조신설 1991.12.31.]

제736조(보험적립금반환의무 등) ① 제649조, 제650조, 제651조 및 제652조 내지 제655조의 규정에 의하여 보험계약이 해지된 때, 제659조와 제660조의 규정에 의하여 보험금액의 지급책임이 면제된 때에는 보험자는 보험수익자를 위하여 적립한 금액을 보험계약자에게 지급하여야 한다. 그러나 다른 약정이 없으면 제659조 제1항의 보험사고가 보험계약자에 의하여 생긴 경우에는 그러하지 아니하다. 〈개정 1991.12.31.〉

② 삭제 〈1991.12.31.〉

제3절 상해보험

제737조(상해보험자의 책임) 상해보험계약의 보험자는 신체의 상해에 관한 보험사고가 생길 경우에 보험금액 기타의 급여를 할 책임이 있다.

제738조(상해보험증권) 상해보험의 경우에 피보험자와 보험계약자가 동일인이 아닐 때에는 그 보험증권기재사항중 제728조 제2호에 게기한 사항에 갈음하여 피보험자의 직무 또는 직위만을 기재할 수 있다.

제739조(준용규정) 상해보험에 관하여는 제732조를 제외하고 생명보험에 관한 규정을 준용한다.

제4절 질병보험 〈신설 2014.3.11.〉

제739조의2(질병보험자의 책임) 질병보험계약의 보험자는 피보험자의 질병에 관한 보험사고가 발생할 경우 보험금이나 그 밖의 급여를 지급할 책임이 있다.

[본조신설 2014.3.11.]

제739조의3(질병보험에 대한 준용규정) 질병보험에 관하여는 그 성질에 반하지 아니하는 범위에서 생명보험 및 상해보험에 관한 규정을 준용한다.

[본조신설 2014.3.11.]

02 | 농어업재해보험법 및 시행령

[농어업재해보험법]

[시행 2024.5.14.] [법률 제20275호, 2024.2.13., 타법개정]

제1장 총 칙

제1조(목적) 이 법은 농어업재해로 인하여 발생하는 농작물, 임산물, 양식수산물, 가축과 농어업용 시설물의 피해에 따른 손해를 보상하기 위한 농어업재해보험에 관한 사항을 규정함으로써 농어업 경영의 안정과 생산성 향상에 이바지하고 국민경제의 균형 있는 발전에 기여함을 목적으로 한다. 〈개정 2011.7.25.〉

제2조(정의) 이 법에서 사용하는 용어의 뜻은 다음과 같다. 〈개정 2013.3.23.〉

1. "농어업재해"란 농작물·임산물·가축 및 농업용 시설물에 발생하는 자연재해·병충해·조수해(鳥獸害)·질병 또는 화재(이하 "농업재해"라 한다)와 양식수산물 및 어업용 시설물에 발생하는 자연재해·질병 또는 화재(이하 "어업재해"라 한다)를 말한다.

2. "농어업재해보험"이란 농어업재해로 발생하는 재산 피해에 따른 손해를 보상하기 위한 보험을 말한다.

3. "보험가입금액"이란 보험가입자의 재산 피해에 따른 손해가 발생한 경우 보험에서 최대로 보상할 수 있는 한도액으로서 보험가입자와 보험사업자 간에 약정한 금액을 말한다.

4. "보험료"란 보험가입자와 보험사업자 간의 약정에 따라 보험가입자가 보험사업자에게 내야 하는 금액을 말한다.

5. "보험금"이란 보험가입자에게 재해로 인한 재산 피해에 따른 손해가 발생한 경우 보험가입자와 보험사업자 간의 약정에 따라 보험사업자가 보험가입자에게 지급하는 금액을 말한다.

6. "시범사업"이란 농어업재해보험사업(이하 "재해보험사업"이라 한다)을 전국적으로 실시하기 전에 보험의 효용성 및 보험 실시 가능성 등을 검증하기 위하여 일정 기간 제한된 지역에서 실시하는 보험사업을 말한다.

제2조의2(기본계획 및 시행계획의 수립·시행) ① 농림축산식품부장관과 해양수산부장관은 농어업재해보험(이하 "재해보험"이라 한다)의 활성화를 위하여 제3조에 따른 농업재해보험심의회 또는 「수산업·어촌 발전 기본법」 제8조 제1항에 따른 중앙 수산업·어촌정책심의회의 심의를 거쳐 재해보험 발전 기본계획(이하 "기본계획"이라 한다)을 5년마다 수립·시행하여야 한다. 〈개정 2023.10.31.〉

② 기본계획에는 다음 각 호의 사항이 포함되어야 한다.

1. 재해보험사업의 발전 방향 및 목표

2. 재해보험의 종류별 가입률 제고 방안에 관한 사항

3. 재해보험의 대상 품목 및 대상 지역에 관한 사항

4. 재해보험사업에 대한 지원 및 평가에 관한 사항

5. 그 밖에 재해보험 활성화를 위하여 농림축산식품부장관 또는 해양수산부장관이 필요하다고 인정하는 사항

③ 농림축산식품부장관과 해양수산부장관은 기본계획에 따라 매년 재해보험 발전 시행계획(이하 "시행계획"이라 한다)을 수립·시행하여야 한다.

④ 농림축산식품부장관과 해양수산부장관은 기본계획 및 시행계획을 수립하고자 할 경우 제26조에 따른 통계자료를 반영하여야 한다.

⑤ 농림축산식품부장관 또는 해양수산부장관은 기본계획 및 시행계획의 수립·시행을 위하여 필요한 경우에는 관계 중앙행정기관의 장, 지방자치단체의 장, 관련 기관·단체의 장에게 관련 자료 및 정보의 제공을 요청할 수 있다. 이 경우 자료 및 정보의 제공을 요청받은 자는 특별한 사유가 없으면 그 요청에 따라야 한다.

⑥ 그 밖에 기본계획 및 시행계획의 수립·시행에 필요한 사항은 대통령령으로 정한다.

[본조신설 2021.11.30.]

제2조의3(재해보험 등의 심의) 재해보험 및 농어업재해재보험(이하 "재보험"이라 한다)에 관한 다음 각 호의 사항은 제3조에 따른 농업재해보험심의회 또는 「수산업·어촌 발전 기본법」 제8조 제1항에 따른 중앙 수산업·어촌정책심의회의 심의를 거쳐야 한다.

1. 재해보험에서 보상하는 재해의 범위에 관한 사항
2. 재해보험사업에 대한 재정지원에 관한 사항
3. 손해평가의 방법과 절차에 관한 사항
4. 농어업재해재보험사업(이하 "재보험사업"이라 한다)에 대한 정부의 책임범위에 관한 사항
5. 재보험사업 관련 자금의 수입과 지출의 적정성에 관한 사항
6. 그 밖에 제3조에 따른 농업재해보험심의회의 위원장 또는 「수산업·어촌 발전 기본법」 제8조 제1항에 따른 중앙 수산업·어촌정책심의회의 위원장이 재해보험 및 재보험에 관하여 회의에 부치는 사항

[본조신설 2023.10.31.]

제3조(농업재해보험심의회) ① 농업재해보험 및 농업재해재보험에 관한 다음 각 호의 사항을 심의하기 위하여 농림축산식품부장관 소속으로 농업재해보험심의회(이하 이 조에서 "심의회"라 한다)를 둔다. 〈개정 2023.10.31.〉

1. 제2조의3 각 호의 사항
2. 재해보험 목적물의 선정에 관한 사항
3. 기본계획의 수립·시행에 관한 사항
4. 다른 법령에서 심의회의 심의사항으로 정하고 있는 사항

② 심의회는 위원장 및 부위원장 각 1명을 포함한 21명 이내의 위원으로 구성한다.

③ 심의회의 위원장은 농림축산식품부차관으로 하고, 부위원장은 위원 중에서 호선(互選)한다. 〈개정 2023.10.31.〉

④ 심의회의 위원은 다음 각 호의 어느 하나에 해당하는 사람 중에서 농림축산식품부장관이 임명하거나 위촉하는 사람으로 한다. 이 경우 다음 각 호에 해당하는 사람이 각각 1명 이상 포함되어야 한다. 〈개정 2023.10.31.〉

1. 농림축산식품부장관이 재해보험이나 농업에 관한 학식과 경험이 풍부하다고 인정하는 사람
2. 농림축산식품부의 재해보험을 담당하는 3급 공무원 또는 고위공무원단에 속하는 공무원
3. 자연재해 또는 보험 관련 업무를 담당하는 기획재정부·행정안전부·해양수산부·금융위원회·산림청의 3급 공무원 또는 고위공무원단에 속하는 공무원
4. 농림축산업인단체의 대표
5. 삭제 〈2023.10.31.〉

⑤ 제4항 제1호의 위원의 임기는 3년으로 한다.

⑥ 심의회는 그 심의 사항을 검토·조정하고, 심의회의 심의를 보조하게 하기 위하여 심의회에 다음 각 호의 분과위원회를 둔다. 〈개정 2023.3.28.〉

1. 농작물재해보험분과위원회

2. 임산물재해보험분과위원회

3. 가축재해보험분과위원회

4. 삭제 〈2023.10.31.〉

5. 그 밖에 대통령령으로 정하는 바에 따라 두는 분과위원회

⑦ 심의회는 제1항 각 호의 사항을 심의하기 위하여 필요한 경우에는 농업재해보험에 관하여 전문지식이 있는 자, 농업인 또는 이해관계자의 의견을 들을 수 있다. 〈개정 2023.10.31.〉

⑧ 제1항부터 제7항까지에서 규정한 사항 외에 심의회 및 분과위원회의 구성과 운영 등에 필요한 사항은 대통령령으로 정한다. 〈개정 2020.12.8.〉

[제목개정 2023.10.31.]

제2장 재해보험사업

제4조(재해보험의 종류 등) 재해보험의 종류는 농작물재해보험, 임산물재해보험, 가축재해보험 및 양식수산물재해보험으로 한다. 이 중 농작물재해보험, 임산물재해보험 및 가축재해보험과 관련된 사항은 농림축산식품부장관이, 양식수산물재해보험과 관련된 사항은 해양수산부장관이 각각 관장한다. 〈개정 2013.3.23.〉

[제목개정 2013.3.23.]

제5조(보험목적물) ① 보험목적물은 다음 각 호의 구분에 따르되, 그 구체적인 범위는 보험의 효용성 및 보험 실시 가능성 등을 종합적으로 고려하여 제3조에 따른 농업재해보험심의회 또는 「수산업·어촌 발전 기본법」 제8조 제1항에 따른 중앙 수산업·어촌정책심의회를 거쳐 농림축산식품부장관 또는 해양수산부장관이 고시한다. 〈개정 2023.10.31.〉

1. 농작물재해보험 : 농작물 및 농업용 시설물

1의2. 임산물재해보험 : 임산물 및 임업용 시설물

2. 가축재해보험 : 가축 및 축산시설물

3. 양식수산물재해보험 : 양식수산물 및 양식시설물

② 정부는 보험목적물의 범위를 확대하기 위하여 노력하여야 한다. 〈신설 2023.3.28.〉

제6조(보상의 범위 등) ① 재해보험에서 보상하는 재해의 범위는 해당 재해의 발생 빈도, 피해 정도 및 객관적인 손해평가방법 등을 고려하여 재해보험의 종류별로 대통령령으로 정한다. 〈개정 2016.12.2.〉

② 정부는 재해보험에서 보상하는 재해의 범위를 확대하기 위하여 노력하여야 한다. 〈신설 2016.12.2.〉

[제목개정 2016.12.2.]

제7조(보험가입자) 재해보험에 가입할 수 있는 자는 농림업, 축산업, 양식수산업에 종사하는 개인 또는 법인으로 하고, 구체적인 보험가입자의 기준은 대통령령으로 정한다.

제8조(보험사업자) ① 재해보험사업을 할 수 있는 자는 다음 각 호와 같다. 〈개정 2011.7.25.〉

1. 삭제 〈2011.3.31.〉

2. 「수산업협동조합법」에 따른 수산업협동조합중앙회(이하 "수협중앙회"라 한다)

2의2. 「산림조합법」에 따른 산림조합중앙회

3. 「보험업법」에 따른 보험회사

② 제1항에 따라 재해보험사업을 하려는 자는 농림축산식품부장관 또는 해양수산부장관과 재해보험사업의 약정을 체결하여야 한다. 〈개정 2013.3.23.〉

③ 제2항에 따른 약정을 체결하려는 자는 다음 각 호의 서류를 농림축산식품부장관 또는 해양수산부장관에게 제출하여야 한다. 〈개정 2013.3.23.〉

1. 사업방법서, 보험약관, 보험료 및 책임준비금산출방법서

2. 그 밖에 대통령령으로 정하는 서류

④ 제2항에 따른 재해보험사업의 약정을 체결하는 데 필요한 사항은 대통령령으로 정한다.

제9조(보험료율의 산정) ① 제8조 제2항에 따라 농림축산식품부장관 또는 해양수산부장관과 재해보험사업의 약정을 체결한 자(이하 "재해보험사업자"라 한다)는 재해보험의 보험료율을 객관적이고 합리적인 통계자료를 기초로 하여 보험목적물별 또는 보상방식별로 산정하되, 다음 각 호의 구분에 따른 단위로 산정하여야 한다. 〈개정 2023.3.28.〉

1. 행정구역 단위 : 특별시·광역시·도·특별자치도 또는 시(특별자치시와 「제주특별자치도 설치 및 국제자유도시 조성을 위한 특별법」 제10조 제2항에 따라 설치된 행정시를 포함한다)·군·자치구. 다만, 「보험업법」 제129조에 따른 보험료율 산출의 원칙에 부합하는 경우에는 자치구가 아닌 구·읍·면·동 단위로도 보험료율을 산정할 수 있다.

2. 권역 단위 : 농림축산식품부장관 또는 해양수산부장관이 행정구역 단위와는 따로 구분하여 고시하는 지역 단위

② 재해보험사업자는 보험약관안과 보험료율안에 대통령령으로 정하는 변경이 예정된 경우 이를 공고하고 필요한 경우 이해관계자의 의견을 수렴하여야 한다. 〈신설 2023.3.28.〉

[제목개정 2017.11.28.]

제10조(보험모집) ① 재해보험을 모집할 수 있는 자는 다음 각 호와 같다. 〈개정 2016.5.29.〉

1. 산림조합중앙회와 그 회원조합의 임직원, 수협중앙회와 그 회원조합 및 「수산업협동조합법」에 따라 설립된 수협은행의 임직원

2. 「수산업협동조합법」 제60조(제108조, 제113조 및 제168조에 따라 준용되는 경우를 포함한다)의 공제규약에 따른 공제모집인으로서 수협중앙회장 또는 그 회원조합장이 인정하는 자

2의2. 「산림조합법」 제48조(제122조에 따라 준용되는 경우를 포함한다)의 공제규정에 따른 공제모집인으로서 산림조합중앙회장이나 그 회원조합장이 인정하는 자

3. 「보험업법」 제83조 제1항에 따라 보험을 모집할 수 있는 자

② 제1항에 따라 재해보험의 모집 업무에 종사하는 자가 사용하는 재해보험 안내자료 및 금지행위에 관하여는 「보험업법」 제95조·제97조, 제98조 및 「금융소비자 보호에 관한 법률」 제21조를 준용한다. 다만, 재해보험사업자가 수협중앙회, 산림조합중앙회인 경우에는 「보험업법」 제95조 제1항 제5호를 준용하지 아니하며, 「농업협동조합법」, 「수산업협동조합법」, 「산림조합법」에 따른 조합이 그 조합원에게 이 법에 따른 보험상품의 보험료 일부를 지원하는 경우에는 「보험업법」 제98조에도 불구하고 해당 보험계약의 체결 또는 모집과 관련한 특별이익의 제공으로 보지 아니한다. 〈개정 2020.3.24.〉

제10조의2(사고예방의무 등) ① 보험가입자는 재해로 인한 사고의 예방을 위하여 노력하여야 한다.

② 재해보험사업자는 사고 예방을 위하여 보험가입자가 납입한 보험료의 일부를 되돌려줄 수 있다.

〈개정 2020.2.11.〉

[본조신설 2016.12.2.]

제11조(손해평가 등) ① 재해보험사업자는 보험목적물에 관한 지식과 경험을 갖춘 사람 또는 그 밖의 관계 전문가를 손해평가인으로 위촉하여 손해평가를 담당하게 하거나 제11조의2에 따른 손해평가사(이하 "손해평가사"라 한다) 또는 「보험업법」 제186조에 따른 손해사정사에게 손해평가를 담당하게 할 수 있다. 〈개정 2020.2.11.〉

② 제1항에 따른 손해평가인과 손해평가사 및 「보험업법」 제186조에 따른 손해사정사는 농림축산식품부장관 또는 해양수산부장관이 정하여 고시하는 손해평가 요령에 따라 손해평가를 하여야 한다. 이 경우 공정하고 객관적으로 손해평가를 하여야 하며, 고의로 진실을 숨기거나 거짓으로 손해평가를 하여서는 아니 된다. 〈개정 2016.12.2.〉

③ 재해보험사업자는 공정하고 객관적인 손해평가를 위하여 동일 시·군·구(자치구를 말한다) 내에서 교차손해평가(손해평가인 상호간에 담당지역을 교차하여 평가하는 것을 말한다. 이하 같다)를 수행할 수 있다. 이 경우 교차손해평가의 절차·방법 등에 필요한 사항은 농림축산식품부장관 또는 해양수산부장관이 정한다. 〈신설 2016.12.2.〉

④ 농림축산식품부장관 또는 해양수산부장관은 제2항에 따른 손해평가 요령을 고시하려면 미리 금융위원회와 협의하여야 한다. 〈개정 2016.12.2.〉

⑤ 농림축산식품부장관 또는 해양수산부장관은 제1항에 따른 손해평가인이 공정하고 객관적인 손해평가를 수행할 수 있도록 연 1회 이상 정기교육을 실시하여야 한다. 〈신설 2016.12.2.〉

⑥ 농림축산식품부장관 또는 해양수산부장관은 손해평가인간의 손해평가에 관한 기술·정보의 교환을 지원할 수 있다. 〈신설 2016.12.2.〉

⑦ 제1항에 따라 손해평가인으로 위촉될 수 있는 사람의 자격 요건, 제5항에 따른 정기교육, 제6항에 따른 기술·정보의 교환 지원 및 손해평가 실무교육 등에 필요한 사항은 대통령령으로 정한다. 〈개정 2020.2.11.〉
[제목개정 2016.12.2.]

제11조의2(손해평가사) 농림축산식품부장관은 공정하고 객관적인 손해평가를 촉진하기 위하여 손해평가사 제도를 운영한다.
[본조신설 2014.6.3.]

제11조의3(손해평가사의 업무) 손해평가사는 농작물재해보험 및 가축재해보험에 관하여 다음 각 호의 업무를 수행한다.
1. 피해사실의 확인
2. 보험가액 및 손해액의 평가
3. 그 밖의 손해평가에 필요한 사항
[본조신설 2014.6.3.]

제11조의4(손해평가사의 시험 등) ① 손해평가사가 되려는 사람은 농림축산식품부장관이 실시하는 손해평가사 자격시험에 합격하여야 한다.

② 보험목적물 또는 관련 분야에 관한 전문 지식과 경험을 갖추었다고 인정되는 대통령령으로 정하는 기준에 해당하는 사람에게는 손해평가사 자격시험 과목의 일부를 면제할 수 있다.

③ 농림축산식품부장관은 다음 각 호의 어느 하나에 해당하는 사람에 대하여는 그 시험을 정지시키거나 무효로 하고 그 처분 사실을 지체 없이 알려야 한다. 〈신설 2015.8.11.〉
1. 부정한 방법으로 시험에 응시한 사람
2. 시험에서 부정한 행위를 한 사람

④ 다음 각 호에 해당하는 사람은 그 처분이 있은 날부터 2년이 지나지 아니한 경우 제1항에 따른 손해평가사 자격시험에 응시하지 못한다. 〈개정 2015.8.11.〉

1. 제3항에 따라 정지·무효 처분을 받은 사람

2. 제11조의5에 따라 손해평가사 자격이 취소된 사람

⑤ 제1항 및 제2항에 따른 손해평가사 자격시험의 실시, 응시수수료, 시험과목, 시험과목의 면제, 시험방법, 합격기준 및 자격증 발급 등에 필요한 사항은 대통령령으로 정한다. 〈개정 2015.8.11.〉

⑥ 손해평가사는 다른 사람에게 그 명의를 사용하게 하거나 다른 사람에게 그 자격증을 대여해서는 아니 된다. 〈신설 2020.2.11.〉

⑦ 누구든지 손해평가사의 자격을 취득하지 아니하고 그 명의를 사용하거나 자격증을 대여받아서는 아니 되며, 명의의 사용이나 자격증의 대여를 알선해서도 아니 된다. 〈신설 2020.2.11.〉

[본조신설 2014.6.3.]

제11조의5(손해평가사의 자격취소) ① 농림축산식품부장관은 다음 각 호의 어느 하나에 해당하는 사람에 대하여 손해평가사 자격을 취소할 수 있다. 다만, 제1호 및 제5호에 해당하는 경우에는 자격을 취소하여야 한다. 〈개정 2020.2.11.〉

1. 손해평가사의 자격을 거짓 또는 부정한 방법으로 취득한 사람

2. 거짓으로 손해평가를 한 사람

3. 제11조의4 제6항을 위반하여 다른 사람에게 손해평가사의 명의를 사용하게 하거나 그 자격증을 대여한 사람

4. 제11조의4 제7항을 위반하여 손해평가사 명의의 사용이나 자격증의 대여를 알선한 사람

5. 업무정지 기간 중에 손해평가 업무를 수행한 사람

② 제1항에 따른 자격취소 처분의 세부기준은 대통령령으로 정한다. 〈신설 2020.2.11.〉

[본조신설 2014.6.3.]

제11조의6(손해평가사의 감독) ① 농림축산식품부장관은 손해평가사가 그 직무를 게을리하거나 직무를 수행하면서 부적절한 행위를 하였다고 인정하면 1년 이내의 기간을 정하여 업무의 정지를 명할 수 있다. 〈개정 2020.2.11.〉

② 제1항에 따른 업무정지 처분의 세부기준은 대통령령으로 정한다. 〈신설 2020.2.11.〉

[본조신설 2014.6.3.]

제11조의7(보험금수급전용계좌) ① 재해보험사업자는 수급권자의 신청이 있는 경우에는 보험금을 수급권자 명의의 지정된 계좌(이하 "보험금수급전용계좌"라 한다)로 입금하여야 한다. 다만, 정보통신장애나 그 밖에 대통령령으로 정하는 불가피한 사유로 보험금을 보험금수급계좌로 이체할 수 없을 때에는 현금 지급 등 대통령령으로 정하는 바에 따라 보험금을 지급할 수 있다.

② 보험금수급전용계좌의 해당 금융기관은 이 법에 따른 보험금만이 보험금수급전용계좌에 입금되도록 관리하여야 한다.

③ 제1항에 따른 신청의 방법·절차와 제2항에 따른 보험금수급전용계좌의 관리에 필요한 사항은 대통령령으로 정한다.

[본조신설 2020.2.11.]

제11조의8(손해평가에 대한 이의신청) ① 제11조 제2항에 따른 손해평가 결과에 이의가 있는 보험가입자는 재해보험사업자에게 재평가를 요청할 수 있으며, 재해보험사업자는 특별한 사정이 없으면 재평가 요청에 따라야 한다.

② 제1항의 재평가를 수행하였음에도 이의가 해결되지 아니하는 경우 보험가입자는 농림축산식품부장관 또는 해양수산부장관이 정하는 기관에 이의신청을 할 수 있다.

③ 신청요건, 절차, 방법 등 이의신청 처리에 관한 구체적인 사항은 농림축산식품부장관 또는 해양수산부장관이 정하여 고시한다.

[본조신설 2023.3.28.]

제12조(수급권의 보호) ① 재해보험의 보험금을 지급받을 권리는 압류할 수 없다. 다만, 보험목적물이 담보로 제공된 경우에는 그러하지 아니하다. 〈개정 2020.2.11.〉

② 제11조의7 제1항에 따라 지정된 보험금수급전용계좌의 예금 중 대통령령으로 정하는 액수 이하의 금액에 관한 채권은 압류할 수 없다. 〈신설 2020.2.11.〉

제13조(보험목적물의 양도에 따른 권리 및 의무의 승계) 재해보험가입자가 재해보험에 가입된 보험목적물을 양도하는 경우 그 양수인은 재해보험계약에 관한 양도인의 권리 및 의무를 승계한 것으로 추정한다.

제14조(업무 위탁) 재해보험사업자는 재해보험사업을 원활히 수행하기 위하여 필요한 경우에는 보험모집 및 손해평가 등 재해보험 업무의 일부를 대통령령으로 정하는 자에게 위탁할 수 있다.

제15조(회계 구분) 재해보험사업자는 재해보험사업의 회계를 다른 회계와 구분하여 회계처리함으로써 손익관계를 명확히 하여야 한다.

제16조 삭제 〈2015.8.11.〉

제17조(분쟁조정) 재해보험과 관련된 분쟁의 조정(調停)은 「금융소비자 보호에 관한 법률」 제33조부터 제43조까지의 규정에 따른다. 〈개정 2020.3.24.〉

제18조(「보험업법」 등의 적용) ① 이 법에 따른 재해보험사업에 대하여는 「보험업법」 제104조부터 제107조까지, 제118조 제1항, 제119조, 제120조, 제124조, 제127조, 제128조, 제131조부터 제133조까지, 제134조 제1항, 제136조, 제162조, 제176조 및 제181조 제1항을 적용한다. 이 경우 "보험회사"는 "보험사업자"로 본다. 〈개정 2020.3.24.〉

② 이 법에 따른 재해보험사업에 대해서는 「금융소비자 보호에 관한 법률」 제45조를 적용한다. 이 경우 "금융상품직접판매업자"는 "보험사업자"로 본다. 〈신설 2020.3.24.〉

[제목개정 2020.3.24.]

제19조(재정지원) ① 정부는 예산의 범위에서 재해보험가입자가 부담하는 보험료의 일부와 재해보험사업자의 재해보험의 운영 및 관리에 필요한 비용(이하 "운영비"라 한다)의 전부 또는 일부를 지원할 수 있다. 이 경우 지방자치단체는 예산의 범위에서 재해보험가입자가 부담하는 보험료의 일부를 추가로 지원할 수 있다. 〈개정 2011.7.25.〉

② 농림축산식품부장관·해양수산부장관 및 지방자치단체의 장은 제1항에 따른 지원 금액을 재해보험사업자에게 지급하여야 한다. 〈개정 2013.3.23.〉

③ 「풍수해·지진재해보험법」에 따른 풍수해·지진재해보험에 가입한 자가 동일한 보험목적물을 대상으로 재해보험에 가입할 경우에는 제1항에도 불구하고 정부가 재정지원을 하지 아니한다. 〈개정 2024.2.13.〉

④ 제1항에 따른 보험료와 운영비의 지원 방법 및 지원 절차 등에 필요한 사항은 대통령령으로 정한다.

제3장 재보험사업 및 농어업재해재보험기금

제20조(재보험사업) ① 정부는 재해보험에 관한 재보험사업을 할 수 있다.

② 농림축산식품부장관 또는 해양수산부장관은 재보험에 가입하려는 재해보험사업자와 다음 각 호의 사항이 포함된 재보험 약정을 체결하여야 한다. 〈개정 2013.3.23.〉

1. 재해보험사업자가 정부에 내야 할 보험료(이하 "재보험료"라 한다)에 관한 사항
2. 정부가 지급하여야 할 보험금(이하 "재보험금"이라 한다)에 관한 사항
3. 그 밖에 재보험수수료 등 재보험 약정에 관한 것으로서 대통령령으로 정하는 사항

③ 농림축산식품부장관은 해양수산부장관과 협의를 거쳐 재보험사업에 관한 업무의 일부를 「농업·농촌 및 식품산업 기본법」 제63조의2 제1항에 따라 설립된 농업정책보험금융원(이하 "농업정책보험금융원"이라 한다)에 위탁할 수 있다. 〈신설 2014.6.3., 2017.3.14.〉

제21조(기금의 설치) 농림축산식품부장관은 해양수산부장관과 협의하여 공동으로 재보험사업에 필요한 재원에 충당하기 위하여 농어업재해재보험기금(이하 "기금"이라 한다)을 설치한다. 〈개정 2013.3.23.〉

제22조(기금의 조성) ① 기금은 다음 각 호의 재원으로 조성한다. 〈개정 2016.12.2.〉

1. 제20조 제2항 제1호에 따라 받은 재보험료
2. 정부, 정부 외의 자 및 다른 기금으로부터 받은 출연금
3. 재보험금의 회수 자금
4. 기금의 운용수익금과 그 밖의 수입금
5. 제2항에 따른 차입금
6. 「농어촌구조개선 특별회계법」 제5조 제2항 제7호에 따라 농어촌구조개선 특별회계의 농어촌특별세사업계정으로부터 받은 전입금

② 농림축산식품부장관은 기금의 운용에 필요하다고 인정되는 경우에는 해양수산부장관과 협의하여 기금의 부담으로 금융기관, 다른 기금 또는 다른 회계로부터 자금을 차입할 수 있다. 〈개정 2013.3.23.〉

제23조(기금의 용도) 기금은 다음 각 호에 해당하는 용도에 사용한다. 〈개정 2013.3.23.〉

1. 제20조 제2항 제2호에 따른 재보험금의 지급
2. 제22조 제2항에 따른 차입금의 원리금 상환
3. 기금의 관리·운용에 필요한 경비(위탁경비를 포함한다)의 지출
4. 그 밖에 농림축산식품부장관이 해양수산부장관과 협의하여 재보험사업을 유지·개선하는 데에 필요하다고 인정하는 경비의 지출

제24조(기금의 관리·운용) ① 기금은 농림축산식품부장관이 해양수산부장관과 협의하여 관리·운용한다. 〈개정 2013.3.23.〉

② 농림축산식품부장관은 해양수산부장관과 협의를 거쳐 기금의 관리·운용에 관한 사무의 일부를 농업정책보험금융원에 위탁할 수 있다. 〈개정 2017.3.14.〉

③ 제1항 및 제2항에서 규정한 사항 외에 기금의 관리·운용에 필요한 사항은 대통령령으로 정한다.

제25조(기금의 회계기관) ① 농림축산식품부장관은 해양수산부장관과 협의하여 기금의 수입과 지출에 관한 사무를 수행하게 하기 위하여 소속 공무원 중에서 기금수입징수관, 기금재무관, 기금지출관 및 기금출납공무원을 임명한다. 〈개정 2013.3.23.〉

② 농림축산식품부장관은 제24조 제2항에 따라 기금의 관리·운용에 관한 사무를 위탁한 경우에는 해양수산부장관과 협의하여 농업정책보험금융원의 임원 중에서 기금수입담당임원과 기금지출원인행위담당임원을, 그 직원 중에서 기금지출원과 기금출납원을 각각 임명하여야 한다. 이 경우 기금수입담당임원은 기금수입징수관의 업무를, 기금지출원인행위담당임원은 기금재무관의 업무를, 기금지출원은 기금지출관의 업무를, 기금출납원은 기금출납공무원의 업무를 수행한다. 〈개정 2017.3.14.〉

제4장 보험사업의 관리

제25조의2(농어업재해보험사업의 관리) ① 농림축산식품부장관 또는 해양수산부장관은 재해보험사업을 효율적으로 추진하기 위하여 다음 각 호의 업무를 수행한다. 〈개정 2020.2.11., 2020.5.26.〉

1. 재해보험사업의 관리·감독
2. 재해보험 상품의 연구 및 보급
3. 재해 관련 통계 생산 및 데이터베이스 구축·분석
4. 손해평가인력의 육성
5. 손해평가기법의 연구·개발 및 보급

② 농림축산식품부장관 또는 해양수산부장관은 다음 각 호의 업무를 농업정책보험금융원에 위탁할 수 있다. 〈개정 2020.5.26.〉

1. 제1항 제1호부터 제5호까지의 업무
2. 제8조 제2항에 따른 재해보험사업의 약정 체결 관련 업무
3. 제11조의2에 따른 손해평가사 제도 운용 관련 업무
4. 그 밖에 재해보험사업과 관련하여 농림축산식품부장관 또는 해양수산부장관이 위탁하는 업무

③ 농림축산식품부장관은 제11조의4에 따른 손해평가사 자격시험의 실시 및 관리에 관한 업무를 「한국산업인력공단법」에 따른 한국산업인력공단에 위탁할 수 있다. 〈신설 2017.3.14.〉

[본조신설 2014.6.3.]

[제목개정 2020.5.26.]

제26조(통계의 수집·관리 등) ① 농림축산식품부장관 또는 해양수산부장관은 보험상품의 운영 및 개발에 필요한 다음 각 호의 지역별, 재해별 통계자료를 수집·관리하여야 하며, 이를 위하여 관계 중앙행정기관 및 지방자치단체의 장에게 필요한 자료를 요청할 수 있다. 〈개정 2023.10.31.〉

1. 보험대상의 현황
2. 보험확대 예비품목(제3조 제1항 제2호에 따라 선정한 보험목적물 도입예정 품목을 말한다)의 현황
3. 피해 원인 및 규모
4. 품목별 재배 또는 양식 면적과 생산량 및 가격
5. 그 밖에 농림축산식품부장관 또는 해양수산부장관이 필요하다고 인정하는 통계자료

② 제1항에 따라 자료를 요청받은 경우 관계 중앙행정기관 및 지방자치단체의 장은 특별한 사유가 없으면 요청에 따라야 한다.

③ 농림축산식품부장관 또는 해양수산부장관은 재해보험사업의 건전한 운영을 위하여 재해보험 제도 및 상품 개발 등을 위한 조사·연구, 관련 기술의 개발 및 전문인력 양성 등의 진흥 시책을 마련하여야 한다. 〈개정 2013.3.23.〉

④ 농림축산식품부장관 및 해양수산부장관은 제1항 및 제3항에 따른 통계의 수집·관리, 조사·연구 등에 관한 업무를 대통령령으로 정하는 자에게 위탁할 수 있다. 〈개정 2013.3.23.〉

제27조(시범사업) ① 재해보험사업자는 신규 보험상품을 도입하려는 경우 등 필요한 경우에는 농림축산식품부장 관 또는 해양수산부장관과 협의하여 시범사업을 할 수 있다. 〈개정 2013.3.23.〉

② 정부는 시범사업의 원활한 운영을 위하여 필요한 지원을 할 수 있다.

③ 제1항 및 제2항에 따른 시범사업 실시에 관한 구체적인 사항은 대통령령으로 정한다.

제28조(보험가입의 촉진 등) 정부는 농어업인의 재해대비의식을 고양하고 재해보험의 가입을 촉진하기 위하여 교육·홍보 및 보험가입자에 대한 정책자금 지원, 신용보증 지원 등을 할 수 있다. 〈개정 2016.12.2.〉

제28조의2(보험가입촉진계획의 수립) ① 재해보험사업자는 농어업재해보험 가입 촉진을 위하여 보험가입촉진 계획을 매년 수립하여 농림축산식품부장관 또는 해양수산부장관에게 제출하여야 한다.

② 보험가입촉진계획의 내용 및 그 밖에 필요한 사항은 대통령령으로 정한다.

[본조신설 2016.12.2.]

제29조(보고 등) 농림축산식품부장관 또는 해양수산부장관은 재해보험의 건전한 운영과 재해보험가입자의 보호 를 위하여 필요하다고 인정되는 경우에는 재해보험사업자에게 재해보험사업에 관한 업무 처리 상황을 보고하 게 하거나 관계 서류의 제출을 요구할 수 있다. 〈개정 2013.3.23.〉

제29조의2(청문) 농림축산식품부장관은 다음 각 호의 어느 하나에 해당하는 처분을 하려면 청문을 하여야 한다.
 1. 제11조의5에 따른 손해평가사의 자격 취소
 2. 제11조의6에 따른 손해평가사의 업무 정지

[본조신설 2014.6.3.]

제5장 벌 칙

제30조(벌칙) ① 제10조 제2항에서 준용하는 「보험업법」 제98조에 따른 금품 등을 제공(같은 조 제3호의 경우에 는 보험금 지급의 약속을 말한다)한 자 또는 이를 요구하여 받은 보험가입자는 3년 이하의 징역 또는 3천만원 이하의 벌금에 처한다. 〈개정 2017.11.28.〉

② 다음 각 호의 어느 하나에 해당하는 자는 1년 이하의 징역 또는 1천만원 이하의 벌금에 처한다. 〈개정 2020.2.11.〉
 1. 제10조 제1항을 위반하여 모집을 한 자
 2. 제11조 제2항 후단을 위반하여 고의로 진실을 숨기거나 거짓으로 손해평가를 한 자
 3. 제11조의4 제6항을 위반하여 다른 사람에게 손해평가사의 명의를 사용하게 하거나 그 자격증을 대여한 자
 4. 제11조의4 제7항을 위반하여 손해평가사의 명의를 사용하거나 그 자격증을 대여받은 자 또는 명의의 사용 이나 자격증의 대여를 알선한 자

③ 제15조를 위반하여 회계를 처리한 자는 500만원 이하의 벌금에 처한다.

제31조(양벌규정) 법인의 대표자나 법인 또는 개인의 대리인, 사용인, 그 밖의 종업원이 그 법인 또는 개인의 업무에 관하여 제30조의 위반행위를 하면 그 행위자를 벌하는 외에 그 법인 또는 개인에게도 해당 조문의 벌금형을 과(科)한다. 다만, 법인 또는 개인이 그 위반행위를 방지하기 위하여 해당 업무에 관하여 상당한 주의와 감독을 게을리하지 아니한 경우에는 그러하지 아니하다.

제32조(과태료) ① 재해보험사업자가 제10조 제2항에서 준용하는 「보험업법」 제95조를 위반하여 보험안내를 한 경우에는 1천만원 이하의 과태료를 부과한다.

② 재해보험사업자의 발기인, 설립위원, 임원, 집행간부, 일반간부직원, 파산관재인 및 청산인이 다음 각 호의 어느 하나에 해당하면 500만원 이하의 과태료를 부과한다. 〈개정 2020.3.24.〉

1. 제18조 제1항에서 적용하는 「보험업법」 제120조에 따른 책임준비금과 비상위험준비금을 계상하지 아니하거나 이를 따로 작성한 장부에 각각 기재하지 아니한 경우
2. 제18조 제1항에서 적용하는 「보험업법」 제131조 제1항·제2항 및 제4항에 따른 명령을 위반한 경우
3. 제18조 제1항에서 적용하는 「보험업법」 제133조에 따른 검사를 거부·방해 또는 기피한 경우

③ 다음 각 호의 어느 하나에 해당하는 자에게는 500만원 이하의 과태료를 부과한다. 〈개정 2020.3.24.〉

1. 제10조 제2항에서 준용하는 「보험업법」 제95조를 위반하여 보험안내를 한 자로서 재해보험사업자가 아닌 자
2. 제10조 제2항에서 준용하는 「보험업법」 제97조 제1항 또는 「금융소비자 보호에 관한 법률」 제21조를 위반하여 보험계약의 체결 또는 모집에 관한 금지행위를 한 자
3. 제29조에 따른 보고 또는 관계 서류 제출을 하지 아니하거나 보고 또는 관계 서류 제출을 거짓으로 한 자

④ 제1항, 제2항 제1호 및 제3항에 따른 과태료는 농림축산식품부장관 또는 해양수산부장관이, 제2항 제2호 및 제3호에 따른 과태료는 금융위원회가 대통령령으로 정하는 바에 따라 각각 부과·징수한다. 〈개정 2013.3.23.〉

부칙 〈법률 제19807호, 2023.10.31.〉 (행정기관 소속 위원회 정비를 위한 농어업재해보험법 등 13개 법률의 일부개정에 관한 법률)

제1조(시행일) 이 법은 공포 후 6개월이 경과한 날부터 시행한다.

제2조(「농어업재해보험법」의 개정에 관한 경과조치) 이 법 시행 당시 종전의 「농어업재해보험법」 제2조의2 제1항, 제3조 및 제5조에 따라 어업재해보험심의회에 심의 요청된 사항은 같은 법 제2조의2 제1항, 제2조의3 및 제5조의 개정규정에 따라 「수산업·어촌 발전 기본법」에 따른 중앙 수산업·어촌정책심의회에 심의 요청된 것으로 본다.

부칙 〈법률 제20275호, 2024.2.13.〉 (풍수해·지진재해보험법)

제1조(시행일) 이 법은 공포 후 3개월이 경과한 날부터 시행한다.

제2조(다른 법률의 개정) ① 생략

② 농어업재해보험법 일부를 다음과 같이 개정한다.

제19조 제3항 중 "「풍수해보험법」"을 "「풍수해·지진재해보험법」"으로, "풍수해보험"을 "풍수해·지진재해보험"으로 한다.

[농어업재해보험법 시행령]

[시행 2024.5.1.] [대통령령 제34474호, 2024.4.30., 일부개정]

제1조(목적) 이 영은 「농어업재해보험법」에서 위임된 사항과 그 시행에 필요한 사항을 규정함을 목적으로 한다.

제2조(위원장의 직무) ① 「농어업재해보험법」(이하 "법"이라 한다) 제3조에 따른 농업재해보험심의회(이하 "심의회"라 한다)의 위원장(이하 "위원장"이라 한다)은 심의회를 대표하며, 심의회의 업무를 총괄한다. 〈개정 2024.4.30.〉

② 심의회의 부위원장은 위원장을 보좌하며, 위원장이 부득이한 사유로 직무를 수행할 수 없을 때에는 그 직무를 대행한다.

제3조(회의) ① 위원장은 심의회의 회의를 소집하며, 그 의장이 된다.

② 심의회의 회의는 재적위원 3분의 1 이상의 요구가 있을 때 또는 위원장이 필요하다고 인정할 때에 소집한다.

③ 심의회의 회의는 재적위원 과반수의 출석으로 개의(開議)하고, 출석위원 과반수의 찬성으로 의결한다.

제3조의2(위원의 해촉) 농림축산식품부장관은 법 제3조 제4항 제1호에 따른 위원이 다음 각 호의 어느 하나에 해당하는 경우에는 해당 위원을 해촉(解囑)할 수 있다. 〈개정 2024.4.30.〉

1. 심신장애로 인하여 직무를 수행할 수 없게 된 경우
2. 직무와 관련된 비위사실이 있는 경우
3. 직무태만, 품위손상이나 그 밖의 사유로 인하여 위원으로 적합하지 아니하다고 인정되는 경우
4. 위원 스스로 직무를 수행하는 것이 곤란하다고 의사를 밝히는 경우

[본조신설 2016.1.22.]

제4조(분과위원회) ① 법 제3조 제6항 제5호에 따른 분과위원회는 농업인안전보험분과위원회로 한다. 〈개정 2024.4.30.〉

② 법 제3조 제6항 각 호에 따른 분과위원회(이하 "분과위원회"라 한다)는 다음 각 호의 구분에 따른 사항을 검토·조정하여 심의회에 보고한다. 〈개정 2024.4.30.〉

1. 농작물재해보험분과위원회 : 법 제3조 제1항에 따른 심의사항 중 농작물재해보험에 관한 사항
2. 임산물재해보험분과위원회 : 법 제3조 제1항에 따른 심의사항 중 임산물재해보험에 관한 사항
3. 가축재해보험분과위원회 : 법 제3조 제1항에 따른 심의사항 중 가축재해보험에 관한 사항
4. 삭제 〈2024.4.30.〉
5. 농업인안전보험분과위원회 : 「농어업인의 안전보험 및 안전재해예방에 관한 법률」 제5조에 따른 심의사항 중 농업인안전보험에 관한 사항
6. 삭제 〈2024.4.30.〉
7. 삭제 〈2024.4.30.〉

③ 분과위원회는 분과위원장 1명을 포함한 9명 이내의 분과위원으로 성별을 고려하여 구성한다. 〈개정 2016.1.22.〉

④ 분과위원장 및 분과위원은 심의회의 위원 중에서 전문적인 지식과 경험 등을 고려하여 위원장이 지명한다.

⑤ 분과위원회의 회의는 위원장 또는 분과위원장이 필요하다고 인정할 때에 소집한다.

⑥ 제1항부터 제5항까지에서 규정한 사항 외에 분과위원장의 직무 및 분과위원회의 회의에 관해서는 제2조 제1항 및 제3조 제1항·제3항을 준용한다.

제5조(수당 등) 심의회 또는 분과위원회에 출석한 위원 또는 분과위원에게는 예산의 범위에서 수당, 여비 또는 그 밖에 필요한 경비를 지급할 수 있다. 다만, 공무원인 위원 또는 분과위원이 그 소관 업무와 직접 관련하여 심의회 또는 분과위원회에 출석한 경우에는 그러하지 아니하다.

제6조(운영세칙) 제2조, 제3조, 제3조의2, 제4조 및 제5조에서 규정한 사항 외에 심의회 또는 분과위원회의 운영에 필요한 사항은 심의회의 의결을 거쳐 위원장이 정한다. 〈개정 2016.1.22.〉

제7조 삭제 〈2016.1.22.〉

제8조(재해보험에서 보상하는 재해의 범위) 법 제6조 제1항에 따라 재해보험에서 보상하는 재해의 범위는 [별표 1]과 같다. 〈개정 2017.5.29.〉

제9조(보험가입자의 기준) 법 제7조에 따른 보험가입자의 기준은 다음 각 호의 구분에 따른다.
〈개정 2017.5.29.〉
1. 농작물재해보험 : 법 제5조에 따라 농림축산식품부장관이 고시하는 농작물을 재배하는 자
1의2. 임산물재해보험 : 법 제5조에 따라 농림축산식품부장관이 고시하는 임산물을 재배하는 자
2. 가축재해보험 : 법 제5조에 따라 농림축산식품부장관이 고시하는 가축을 사육하는 자
3. 양식수산물재해보험 : 법 제5조에 따라 해양수산부장관이 고시하는 양식수산물을 양식하는 자

제10조(재해보험사업의 약정체결) ① 법 제8조 제2항에 따라 재해보험 사업의 약정을 체결하려는 자는 농림축산식품부장관 또는 해양수산부장관이 정하는 바에 따라 재해보험사업 약정체결신청서에 같은 조 제3항 각 호에 따른 서류를 첨부하여 농림축산식품부장관 또는 해양수산부장관에게 제출하여야 한다.
〈개정 2013.3.23.〉
② 농림축산식품부장관 또는 해양수산부장관은 법 제8조 제2항에 따라 재해보험사업을 하려는 자와 재해보험사업의 약정을 체결할 때에는 다음 각 호의 사항이 포함된 약정서를 작성하여야 한다.
〈개정 2013.3.23.〉
1. 약정기간에 관한 사항
2. 재해보험사업의 약정을 체결한 자(이하 "재해보험사업자"라 한다)가 준수하여야 할 사항
3. 재해보험사업자에 대한 재정지원에 관한 사항
4. 약정의 변경·해지 등에 관한 사항
5. 그 밖에 재해보험사업의 운영에 관한 사항
③ 법 제8조 제3항 제2호에서 "대통령령으로 정하는 서류"란 정관을 말한다.
④ 제1항에 따른 제출을 받은 농림축산식품부장관 또는 해양수산부장관은 「전자정부법」 제36조 제1항에 따른 행정정보의 공동이용을 통하여 법인 등기사항증명서를 확인하여야 한다. 〈개정 2010.5.4., 2013.3.23.〉

제11조(변경사항의 공고) 법 제9조 제2항에서 "대통령령으로 정하는 변경이 예정된 경우"란 다음 각 호의 어느 하나에 해당하는 경우를 말한다.
1. 보험가입자의 권리가 축소되거나 의무가 확대되는 내용으로 보험약관안의 변경이 예정된 경우
2. 보험상품을 폐지하는 내용으로 보험약관안의 변경이 예정된 경우
3. 보험상품의 변경으로 기존 보험료율보다 높은 보험료율안으로의 변경이 예정된 경우
[본조신설 2023.9.26.]

제12조(손해평가인의 자격요건 등) ① 법 제11조에 따른 손해평가인으로 위촉될 수 있는 사람의 자격요건은 [별표 2]와 같다.

② 재해보험사업자는 제1항에 따른 손해평가인으로 위촉된 사람에 대하여 보험에 관한 기초지식, 보험약관 및 손해평가요령 등에 관한 실무교육을 하여야 한다.

③ 법 제11조 제5항에 따른 정기교육에는 다음 각 호의 사항이 포함되어야 하며, 교육시간은 4시간 이상으로 한다. 〈신설 2017.5.29.〉

1. 농어업재해보험에 관한 기초지식

2. 농어업재해보험의 종류별 약관

3. 손해평가의 절차 및 방법

4. 그 밖에 손해평가에 필요한 사항으로서 농림축산식품부장관 또는 해양수산부장관이 정하는 사항

④ 제3항에서 규정한 사항 외에 정기교육의 운영에 필요한 사항은 농림축산식품부장관 또는 해양수산부장관이 정하여 고시한다. 〈신설 2017.5.29.〉

제12조의2(손해평가사 자격시험의 실시 등) ① 법 제11조의4 제1항에 따른 손해평가사 자격시험(이하 "손해평가사 자격시험"이라 한다)은 매년 1회 실시한다. 다만, 농림축산식품부장관이 손해평가사의 수급(需給)상 필요하다고 인정하는 경우에는 2년마다 실시할 수 있다.

② 농림축산식품부장관은 손해평가사 자격시험을 실시하려면 다음 각 호의 사항을 시험 실시 90일 전까지 인터넷 홈페이지 등에 공고해야 한다. 〈개정 2020.8.12.〉

1. 시험의 일시 및 장소

2. 시험방법 및 시험과목

3. 응시원서의 제출방법 및 응시수수료

4. 합격자 발표의 일시 및 방법

5. 선발예정인원(농림축산식품부장관이 수급상 필요하다고 인정하여 선발예정인원을 정한 경우만 해당한다)

6. 그 밖에 시험의 실시에 필요한 사항

③ 손해평가사 자격시험에 응시하려는 사람은 농림축산식품부장관이 정하여 고시하는 응시원서를 농림축산식품부장관에게 제출하여야 한다.

④ 손해평가사 자격시험에 응시하려는 사람은 농림축산식품부장관이 정하여 고시하는 응시수수료를 내야 한다.

⑤ 농림축산식품부장관은 다음 각 호의 어느 하나에 해당하는 경우에는 제4항에 따라 받은 수수료를 다음 각 호의 구분에 따라 반환하여야 한다.

1. 수수료를 과오납한 경우 : 과오납한 금액 전부

2. 시험일 20일 전까지 접수를 취소하는 경우 : 납부한 수수료 전부

3. 시험관리기관의 귀책사유로 시험에 응시하지 못하는 경우 : 납부한 수수료 전부

4. 시험일 10일 전까지 접수를 취소하는 경우 : 납부한 수수료의 100분의 60

[본조신설 2014.12.3.]

제12조의3(손해평가사 자격시험의 방법) ① 손해평가사 자격시험은 제1차 시험과 제2차 시험으로 구분하여 실시한다. 이 경우 제2차 시험은 제1차 시험에 합격한 사람과 제12조의5에 따라 제1차 시험을 면제받은 사람을 대상으로 시행한다.

② 제1차 시험은 선택형으로 출제하는 것을 원칙으로 하되, 단답형 또는 기입형을 병행할 수 있다.

③ 제2차 시험은 서술형으로 출제하는 것을 원칙으로 하되, 단답형 또는 기입형을 병행할 수 있다.

[본조신설 2014.12.3.]

제12조의4(손해평가사 자격시험의 과목) 손해평가사 자격시험의 제1차 시험 과목 및 제2차 시험 과목은 [별표 2의2]와 같다.

[본조신설 2014.12.3.]

제12조의5(손해평가사 자격시험의 일부 면제) ① 법 제11조의4 제2항에서 "대통령령으로 정하는 기준에 해당하는 사람"이란 다음 각 호의 어느 하나에 해당하는 사람을 말한다.

1. 법 제11조 제1항에 따른 손해평가인으로 위촉된 기간이 3년 이상인 사람으로서 손해평가 업무를 수행한 경력이 있는 사람
2. 「보험업법」 제186조에 따른 손해사정사
3. 다음 각 목의 기관 또는 법인에서 손해사정 관련 업무에 3년 이상 종사한 경력이 있는 사람
   가. 「금융위원회의 설치 등에 관한 법률」에 따라 설립된 금융감독원
   나. 「농업협동조합법」에 따른 농업협동조합중앙회. 이 경우 법률 제10522호 농업협동조합법 일부개정법률 제134조의5의 개정규정에 따라 농협손해보험이 설립되기 전까지의 농업협동조합중앙회에 한정한다.
   다. 「보험업법」 제4조에 따른 허가를 받은 손해보험회사
   라. 「보험업법」 제175조에 따라 설립된 손해보험협회
   마. 「보험업법」 제187조 제2항에 따른 손해사정을 업(業)으로 하는 법인
   바. 「화재로 인한 재해보상과 보험가입에 관한 법률」 제11조에 따라 설립된 한국화재보험협회

② 제1항 각 호의 어느 하나에 해당하는 사람에 대해서는 손해평가사 자격시험 중 제1차 시험을 면제한다.

③ 제2항에 따라 제1차 시험을 면제받으려는 사람은 농림축산식품부장관이 정하여 고시하는 면제신청서에 제1항 각 호의 어느 하나에 해당하는 사실을 증명하는 서류를 첨부하여 농림축산식품부장관에게 신청해야 한다. 〈신설 2019.12.10.〉

④ 제3항에 따른 면제 신청을 받은 농림축산식품부장관은 「전자정부법」 제36조 제1항에 따른 행정정보의 공동이용을 통하여 신청인의 고용보험 피보험자격 이력내역서, 국민연금가입자가입증명 또는 건강보험 자격득실확인서를 확인해야 한다. 다만, 신청인이 확인에 동의하지 않는 경우에는 그 서류를 첨부하도록 해야 한다. 〈신설 2019.12.10.〉

⑤ 제1차 시험에 합격한 사람에 대해서는 다음 회에 한정하여 제1차 시험을 면제한다. 〈개정 2019.12.10.〉

[본조신설 2014.12.3.]

제12조의6(손해평가사 자격시험의 합격기준 등) ① 손해평가사 자격시험의 제1차 시험 합격자를 결정할 때에는 매 과목 100점을 만점으로 하여 매 과목 40점 이상과 전 과목 평균 60점 이상을 득점한 사람을 합격자로 한다.

② 손해평가사 자격시험의 제2차 시험 합격자를 결정할 때에는 매 과목 100점을 만점으로 하여 매 과목 40점 이상과 전 과목 평균 60점 이상을 득점한 사람을 합격자로 한다.

③ 제2항에도 불구하고 농림축산식품부장관이 손해평가사의 수급상 필요하다고 인정하여 제12조의2 제2항 제5호에 따라 선발예정인원을 공고한 경우에는 매 과목 40점 이상을 득점한 사람 중에서 전(全) 과목 총득점이 높은 사람부터 차례로 선발예정인원에 달할 때까지에 해당하는 사람을 합격자로 한다.

④ 제3항에 따라 합격자를 결정할 때 동점자가 있어 선발예정인원을 초과하는 경우에는 해당 동점자 모두를 합격자로 한다. 이 경우 동점자의 점수는 소수점 이하 둘째자리(셋째자리 이하 버림)까지 계산한다.

⑤ 농림축산식품부장관은 손해평가사 자격시험의 최종합격자가 결정되었을 때에는 이를 인터넷 홈페이지에 공고하여야 한다.

[본조신설 2014.12.3.]

제12조의7(손해평가사 자격증의 발급) 농림축산식품부장관은 손해평가사 자격시험에 합격한 사람에게 농림축산 식품부장관이 정하여 고시하는 바에 따라 손해평가사 자격증을 발급하여야 한다.

[본조신설 2014.12.3.]

제12조의8(손해평가 등의 교육) 농림축산식품부장관은 손해평가사의 손해평가 능력 및 자질 향상을 위하여 교육을 실시할 수 있다.

[본조신설 2014.12.3.]

제12조의9(손해평가사 자격취소 처분의 세부기준) 법 제11조의5 제1항에 따른 손해평가사 업무정지 처분의 세부기준은 [별표 2의3]과 같다.

[본조신설 2020.8.12.]

제12조의10(손해평가사 업무정지 처분의 세부기준) 법 제11조의6 제1항에 따른 손해평가사 자격취소 처분의 세부기준은 [별표 2의4]과 같다.

[본조신설 2020.8.12.]

제12조의11(보험금수급전용계좌의 신청 방법·절차 등) ① 법 제11조의7 제1항 본문에 따라 보험금을 수급권자 명의의 지정된 계좌(이하 "보험금수급전용계좌"라 한다)로 받으려는 사람은 재해보험사업자가 정하는 보험금 지급청구서에 수급권자 명의의 보험금수급전용계좌를 기재하고, 통장의 사본(계좌번호가 기재된 면을 말한다)을 첨부하여 재해보험사업자에게 제출해야 한다. 보험금수급전용계좌를 변경하는 경우에도 또한 같다.
② 법 제11조의7 제1항 단서에서 "대통령령으로 정하는 불가피한 사유"란 보험금수급전용계좌가 개설된 금융기관의 폐업·업무정지 등으로 정상영업이 불가능한 경우를 말한다.
③ 재해보험사업자는 법 제11조의7 제1항 단서에 따른 사유로 보험금을 이체할 수 없을 때에는 수급권자의 신청에 따라 다른 금융기관에 개설된 보험금수급전용계좌로 이체해야 한다. 다만, 다른 보험금수급전용계좌로도 이체할 수 없는 경우에는 수급권자 본인의 주민등록증 등 신분증명서의 확인을 거쳐 보험금을 직접 현금으로 지급할 수 있다.

[본조신설 2020.8.12.]

제12조의12(보험금의 압류 금지) 법 제12조 제2항에서 "대통령령으로 정하는 액수"란 다음 각 호의 구분에 따른 보험금 액수를 말한다.

1. 농작물·임산물·가축 및 양식수산물의 재생산에 직접적으로 소요되는 비용의 보장을 목적으로 법 제11조의7 제1항 본문에 따라 보험금수급전용계좌로 입금된 보험금 : 입금된 보험금 전액
2. 제1호 외의 목적으로 법 제11조의7 제1항 본문에 따라 보험금수급전용계좌로 입금된 보험금 : 입금된 보험금의 2분의 1에 해당하는 액수

[본조신설 2020.8.12.]

제13조(업무 위탁) 법 제14조에서 "대통령령으로 정하는 자"란 다음 각 호의 자를 말한다.

〈개정 2023.9.26.〉

1. 「농업협동조합법」에 따라 설립된 지역농업협동조합·지역축산업협동조합 및 품목별·업종별 협동조합
1의2. 「산림조합법」에 따라 설립된 지역산림조합 및 품목별·업종별 산림조합
2. 「수산업협동조합법」에 따라 설립된 지구별 수산업협동조합, 업종별 수산업협동조합, 수산물가공 수산업협동조합 및 수협은행
3. 「보험업법」 제187조에 따라 손해사정을 업으로 하는 자

4. 농어업재해보험 관련 업무를 수행할 목적으로「민법」제32조에 따라 농림축산식품부장관 또는 해양수산부장관의 허가를 받아 설립된 비영리법인

제14조 삭제 〈2017.5.29.〉

제15조(보험료 및 운영비의 지원) ① 법 제19조 제1항 전단 및 제2항에 따라 보험료 또는 운영비의 지원금액을 지급받으려는 재해보험사업자는 농림축산식품부장관 또는 해양수산부장관이 정하는 바에 따라 재해보험 가입현황서나 운영비 사용계획서를 농림축산식품부장관 또는 해양수산부장관에게 제출하여야 한다. 〈개정 2011.12.28., 2013.3.23.〉

② 제1항에 따른 재해보험 가입현황서나 운영비 사용계획서를 제출받은 농림축산식품부장관 또는 해양수산부장관은 제9조에 따른 보험가입자의 기준 및 제10조 제2항 제3호에 따른 재해보험사업자에 대한 재정지원에 관한 사항 등을 확인하여 보험료 또는 운영비의 지원금액을 결정·지급한다. 〈개정 2013.3.23.〉

③ 법 제19조 제1항 후단 및 같은 조 제2항에 따라 지방자치단체의 장은 보험료의 일부를 추가 지원하려는 경우 재해보험 가입현황서와 제9조에 따른 보험가입자의 기준 등을 확인하여 보험료의 지원금액을 결정·지급한다. 〈신설 2011.12.28.〉

제16조(재보험 약정서) 법 제20조 제2항 제3호에서 "대통령령으로 정하는 사항"이란 다음 각 호의 사항을 말한다.
1. 재보험수수료에 관한 사항
2. 재보험 약정기간에 관한 사항
3. 재보험 책임범위에 관한 사항
4. 재보험 약정의 변경·해지 등에 관한 사항
5. 재보험금 지급 및 분쟁에 관한 사항
6. 그 밖에 재보험의 운영·관리에 관한 사항

제16조의2 삭제 〈2017.5.29.〉

제17조(기금계정의 설치) 농림축산식품부장관은 해양수산부장관과 협의하여 법 제21조에 따른 농어업재해재보험기금(이하 "기금"이라 한다)의 수입과 지출을 명확히 하기 위하여 한국은행에 기금계정을 설치하여야 한다. 〈개정 2013.3.23.〉

제18조(기금의 관리·운용에 관한 사무의 위탁) ① 농림축산식품부장관은 해양수산부장관과 협의하여 법 제24조 제2항에 따라 기금의 관리·운용에 관한 다음 각 호의 사무를「농업·농촌 및 식품산업 기본법」제63조의2에 따라 설립된 농업정책보험금융원(이하 "농업정책보험금융원"이라 한다)에 위탁한다. 〈개정 2017.5.29.〉
1. 기금의 관리·운용에 관한 회계업무
2. 법 제20조 제2항 제1호에 따른 재보험료를 납입받는 업무
3. 법 제20조 제2항 제2호에 따른 재보험금을 지급하는 업무
4. 제20조에 따른 여유자금의 운용업무
5. 그 밖에 기금의 관리·운용에 관하여 농림축산식품부장관이 해양수산부장관과 협의를 거쳐 지정하여 고시하는 업무

② 제1항에 따라 기금의 관리·운용을 위탁받은 농업정책보험금융원(이하 "기금수탁관리자"라 한다)은 기금의 관리 및 운용을 명확히 하기 위하여 기금을 다른 회계와 구분하여 회계처리하여야 한다. 〈개정 2017.5.29.〉

③ 제1항 각 호의 사무처리에 드는 경비는 기금의 부담으로 한다.

제19조(기금의 결산) ① 기금수탁관리자는 회계연도마다 기금결산보고서를 작성하여 다음 회계연도 2월 15일까지 농림축산식품부장관 및 해양수산부장관에게 제출하여야 한다. 〈개정 2013.3.23.〉

② 농림축산식품부장관은 해양수산부장관과 협의하여 기금수탁관리자로부터 제출받은 기금결산보고서를 검토한 후 심의회의 심의를 거쳐 다음 회계연도 2월 말일까지 기획재정부장관에게 제출하여야 한다. 〈개정 2013.3.23.〉

③ 제1항의 기금결산보고서에는 다음 각 호의 서류를 첨부하여야 한다.

1. 결산 개요
2. 수입지출결산
3. 재무제표
4. 성과보고서
5. 그 밖에 결산의 내용을 명확하게 하기 위하여 필요한 서류

제20조(여유자금의 운용) 농림축산식품부장관은 해양수산부장관과 협의하여 기금의 여유자금을 다음 각 호의 방법으로 운용할 수 있다. 〈개정 2013.3.23.〉

1. 「은행법」에 따른 은행에의 예치
2. 국채, 공채 또는 그 밖에 「자본시장과 금융투자업에 관한 법률」 제4조에 따른 증권의 매입

제20조의2 삭제 〈2017.5.29.〉

제21조(통계의 수집·관리 등에 관한 업무의 위탁) ① 농림축산식품부장관 또는 해양수산부장관은 법 제26조 제4항에 따라 같은 조 제1항 및 제3항에 따른 통계의 수집·관리, 조사·연구 등에 관한 업무를 다음 각 호의 어느 하나에 해당하는 자에게 위탁할 수 있다. 〈개정 2023.9.26.〉

1. 「농업협동조합법」에 따른 농업협동조합중앙회
1의2. 「산림조합법」에 따른 산림조합중앙회
2. 「수산업협동조합법」에 따른 수산업협동조합중앙회 및 수협은행
3. 「정부출연연구기관 등의 설립·운영 및 육성에 관한 법률」 제8조에 따라 설립된 연구기관
4. 「보험업법」에 따른 보험회사, 보험료율산출기관 또는 보험계리를 업으로 하는 자
5. 「민법」 제32조에 따라 농림축산식품부장관 또는 해양수산부장관의 허가를 받아 설립된 비영리법인
6. 「공익법인의 설립·운영에 관한 법률」 제4조에 따라 농림축산식품부장관 또는 해양수산부장관의 허가를 받아 설립된 공익법인
7. 농업정책보험금융원

② 농림축산식품부장관 또는 해양수산부장관은 제1항에 따라 업무를 위탁한 때에는 위탁받은 자 및 위탁업무의 내용 등을 고시하여야 한다. 〈개정 2016.11.8.〉

제22조(시범사업 실시) ① 재해보험사업자는 법 제27조 제1항에 따른 시범사업을 하려면 다음 각 호의 사항이 포함된 사업계획서를 농림축산식품부장관 또는 해양수산부장관에게 제출하고 협의하여야 한다. 〈개정 2013.3.23.〉

1. 대상목적물, 사업지역 및 사업기간에 관한 사항
2. 보험상품에 관한 사항
3. 정부의 재정지원에 관한 사항
4. 그 밖에 농림축산식품부장관 또는 해양수산부장관이 필요하다고 인정하는 사항

② 재해보험사업자는 시범사업이 끝나면 지체 없이 다음 각 호의 사항이 포함된 사업결과보고서를 작성하여 농림축산식품부장관 또는 해양수산부장관에게 제출하여야 한다. 〈개정 2013.3.23.〉

1. 보험계약사항, 보험금 지급 등 전반적인 사업운영 실적에 관한 사항
2. 사업 운영과정에서 나타난 문제점 및 제도개선에 관한 사항
3. 사업의 중단·연장 및 확대 등에 관한 사항

③ 농림축산식품부장관 또는 해양수산부장관은 제2항에 따른 사업결과보고서를 받으면 그 사업결과를 바탕으로 신규 보험상품의 도입 가능성 등을 검토·평가하여야 한다. 〈개정 2013.3.23.〉

제22조의2(보험가입촉진계획의 제출 등) ① 법 제28조의2 제1항에 따른 보험가입촉진계획에는 다음 각 호의 사항이 포함되어야 한다.

1. 전년도의 성과분석 및 해당 연도의 사업계획
2. 해당 연도의 보험상품 운영계획
3. 농어업재해보험 교육 및 홍보계획
4. 보험상품의 개선·개발계획
5. 그 밖에 농어업재해보험 가입 촉진을 위하여 필요한 사항

② 재해보험사업자는 법 제28조의2 제1항에 따라 수립한 보험가입촉진계획을 해당 연도 1월 31일까지 농림축산식품부장관 또는 해양수산부장관에게 제출하여야 한다.

[본조신설 2017.5.29.]

제22조의3(고유식별정보의 처리) ① 재해보험사업자는 법 제7조에 따른 재해보험가입자 자격 확인에 관한 사무를 수행하기 위하여 불가피한 경우 「개인정보보호법 시행령」 제19조 제1호에 따른 주민등록번호가 포함된 자료를 처리할 수 있다.

② 재해보험사업자(법 제8조 제1항 제3호에 따른 보험회사는 제외한다)는 「상법」 제639조에 따른 타인을 위한 보험계약의 체결, 유지·관리, 보험금의 지급 등에 관한 사무를 수행하기 위하여 불가피한 경우 「개인정보보호법 시행령」 제19조 제1호에 따른 주민등록번호가 포함된 자료를 처리할 수 있다.

③ 농림축산식품부장관(법 제25조의2 제2항에 따라 농림축산식품부장관의 업무를 위탁받은 자를 포함한다)은 다음 각 호의 사무를 수행하기 위하여 불가피한 경우 「개인정보보호법 시행령」 제19조 제1호에 따른 주민등록번호가 포함된 자료를 처리할 수 있다. 〈신설 2014.12.3., 2017.5.29., 2020.8.12.〉

1. 법 제11조의4에 따른 손해평가사 자격시험에 관한 사무
2. 법 제11조의5에 따른 손해평가사의 자격 취소에 관한 사무
3. 법 제11조의6에 따른 손해평가사의 감독에 관한 사무
4. 법 제25조의2 제1항 제1호에 따른 재해보험사업의 관리·감독에 관한 사무

[본조신설 2014.8.6.]

제22조의4(규제의 재검토) ① 농림축산식품부장관 또는 해양수산부장관은 제12조 및 [별표 2]에 따른 손해평가인의 자격요건에 대하여 2018년 1월 1일을 기준으로 3년마다(매 3년이 되는 해의 1월 1일 전까지를 말한다) 그 타당성을 검토하여 개선 등의 조치를 하여야 한다. 〈신설 2017.12.12.〉

② 삭제 〈개정 2020.3.3.〉

[전문개정 2016.12.30.]

제23조(과태료의 부과기준) 법 제32조 제1항부터 제3항까지의 규정에 따른 과태료의 부과기준은 [별표 3]과 같다.

부칙 〈대통령령 제34474호, 2024.4.30.〉

이 영은 2024년 5월 1일부터 시행한다.

[별표 1] 재해보험에서 보상하는 재해의 범위(제8조 관련) 〈개정 2016.1.22.〉

재해보험의 종류	보상하는 재해의 범위
1. 농작물·임산물 재해보험	자연재해, 조수해(鳥獸害), 화재 및 보험목적물별로 농림축산식품부장관이 정하여 고시하는 병충해
2. 가축 재해보험	자연재해, 화재 및 보험목적물별로 농림축산식품부장관이 정하여 고시하는 질병
3. 양식수산물 재해보험	자연재해, 화재 및 보험목적물별로 해양수산부장관이 정하여 고시하는 수산질병

비고 : 재해보험사업자는 보험의 효용성 및 보험 실시 가능성 등을 종합적으로 고려하여 위의 대상 재해의 범위에서 다양한 보험상품을 운용할 수 있다.

[별표 2] 손해평가인의 자격요건(제12조 제1항 관련) 〈개정 2020.12.29.〉

재해보험의 종류	손해평가인의 자격요건
농작물 재해보험	1. 재해보험 대상 농작물을 5년 이상 경작한 경력이 있는 농업인 2. 공무원으로 농림축산식품부, 농촌진흥청, 통계청 또는 지방자치단체나 그 소속기관에서 농작물재배 분야에 관한 연구·지도, 농산물 품질관리 또는 농업 통계조사 업무를 3년 이상 담당한 경력이 있는 사람 3. 교원으로 고등학교에서 농작물재배 분야 관련 과목을 5년 이상 교육한 경력이 있는 사람 4. 조교수 이상으로 「고등교육법」 제2조에 따른 학교에서 농작물재배 관련학을 3년 이상 교육한 경력이 있는 사람 5. 「보험업법」에 따른 보험회사의 임직원이나 「농업협동조합법」에 따른 중앙회와 조합의 임직원으로 영농 지원 또는 보험·공제 관련 업무를 3년 이상 담당하였거나 손해평가 업무를 2년 이상 담당한 경력이 있는 사람 6. 「고등교육법」 제2조에 따른 학교에서 농작물재배 관련학을 전공하고 농업전문 연구기관 또는 연구소에서 5년 이상 근무한 학사학위 이상 소지자 7. 「고등교육법」 제2조에 따른 전문대학에서 보험 관련 학과를 졸업한 사람 8. 「학점인정 등에 관한 법률」 제8조에 따라 전문대학의 보험 관련 학과 졸업자와 같은 수준 이상의 학력이 있다고 인정받은 사람이나 「고등교육법」 제2조에 따른 학교에서 80학점(보험 관련 과목 학점이 45학점 이상이어야 한다) 이상을 이수한 사람 등 제7호에 해당하는 사람과 같은 수준 이상의 학력이 있다고 인정되는 사람 9. 「농수산물 품질관리법」에 따른 농산물품질관리사 10. 재해보험 대상 농작물 분야에서 「국가기술자격법」에 따른 기사 이상의 자격을 소지한 사람
임산물 재해보험	1. 재해보험 대상 임산물을 5년 이상 경작한 경력이 있는 임업인 2. 공무원으로 농림축산식품부, 농촌진흥청, 산림청, 통계청 또는 지방자치단체나 그 소속기관에서 임산물재배 분야에 관한 연구·지도 또는 임업 통계조사 업무를 3년 이상 담당한 경력이 있는 사람 3. 교원으로 고등학교에서 임산물재배 분야 관련 과목을 5년 이상 교육한 경력이 있는 사람 4. 조교수 이상으로 「고등교육법」 제2조에 따른 학교에서 임산물재배 관련학을 3년 이상 교육한 경력이 있는 사람 5. 「보험업법」에 따른 보험회사의 임직원이나 「산림조합법」에 따른 중앙회와 조합의 임직원으로 산림경영 지원 또는 보험·공제 관련 업무를 3년 이상 담당하였거나 손해평가 업무를 2년 이상 담당한 경력이 있는 사람 6. 「고등교육법」 제2조에 따른 학교에서 임산물재배 관련학을 전공하고 임업전문 연구기관 또는 연구소에서 5년 이상 근무한 학사학위 이상 소지자

	7. 「고등교육법」 제2조에 따른 전문대학에서 보험 관련 학과를 졸업한 사람 8. 「학점인정 등에 관한 법률」 제8조에 따라 전문대학의 보험 관련 학과 졸업자와 같은 수준 이상의 학력이 있다고 인정받은 사람이나 「고등교육법」 제2조에 따른 학교에서 80학점(보험 관련 과목 학점이 45학점 이상이어야 한다) 이상을 이수한 사람 등 제7호에 해당하는 사람과 같은 수준 이상의 학력이 있다고 인정되는 사람 9. 재해보험 대상 임산물 분야에서 「국가기술자격법」에 따른 기사 이상의 자격을 소지한 사람
가축 재해보험	1. 재해보험 대상 가축을 5년 이상 사육한 경력이 있는 농업인 2. 공무원으로 농림축산식품부, 농촌진흥청, 통계청 또는 지방자치단체나 그 소속기관에서 가축사육 분야에 관한 연구·지도 또는 가축 통계조사 업무를 3년 이상 담당한 경력이 있는 사람 3. 교원으로 고등학교에서 가축사육 분야 관련 과목을 5년 이상 교육한 경력이 있는 사람 4. 조교수 이상으로 「고등교육법」 제2조에 따른 학교에서 가축사육 관련학을 3년 이상 교육한 경력이 있는 사람 5. 「보험업법」에 따른 보험회사의 임직원이나 「농업협동조합법」에 따른 중앙회와 조합의 임직원으로 영농 지원 또는 보험·공제 관련 업무를 3년 이상 담당하였거나 손해평가 업무를 2년 이상 담당한 경력이 있는 사람 6. 「고등교육법」 제2조에 따른 학교에서 가축사육 관련학을 전공하고 축산전문 연구기관 또는 연구소에서 5년 이상 근무한 학사학위 이상 소지자 7. 「고등교육법」 제2조에 따른 전문대학에서 보험 관련 학과를 졸업한 사람 8. 「학점인정 등에 관한 법률」 제8조에 따라 전문대학의 보험 관련 학과 졸업자와 같은 수준 이상의 학력이 있다고 인정받은 사람이나 「고등교육법」 제2조에 따른 학교에서 80학점(보험 관련 과목 학점이 45학점 이상이어야 한다) 이상을 이수한 사람 등 제7호에 해당하는 사람과 같은 수준 이상의 학력이 있다고 인정되는 사람 9. 「수의사법」에 따른 수의사 10. 「국가기술자격법」에 따른 축산기사 이상의 자격을 소지한 사람
양식 수산물 재해보험	1. 재해보험 대상 양식수산물을 5년 이상 양식한 경력이 있는 어업인 2. 공무원으로 해양수산부, 국립수산과학원, 국립수산물품질관리원 또는 지방자치단체에서 수산물양식 분야 또는 수산생명의학 분야에 관한 연구 또는 지도업무를 3년 이상 담당한 경력이 있는 사람 3. 교원으로 수산계 고등학교에서 수산물양식 분야 또는 수산생명의학 분야의 관련 과목을 5년 이상 교육한 경력이 있는 사람 4. 조교수 이상으로 「고등교육법」 제2조에 따른 학교에서 수산물양식 관련학 또는 수산생명의학 관련학을 3년 이상 교육한 경력이 있는 사람 5. 「보험업법」에 따른 보험회사의 임직원이나 「수산업협동조합법」에 따른 수산업협동조합중앙회, 수협은행 및 조합의 임직원으로 수산업지원 또는 보험·공제 관련 업무를 3년 이상 담당하였거나 손해평가 업무를 2년 이상 담당한 경력이 있는 사람 6. 「고등교육법」 제2조에 따른 학교에서 수산물양식 관련학 또는 수산생명의학 관련학을 전공하고 수산전문 연구기관 또는 연구소에서 5년 이상 근무한 학사학위 소지자 7. 「고등교육법」 제2조에 따른 전문대학에서 보험 관련 학과를 졸업한 사람 8. 「학점인정 등에 관한 법률」 제8조에 따라 전문대학의 보험 관련 학과 졸업자와 같은 수준 이상의 학력이 있다고 인정받은 사람이나 「고등교육법」 제2조에 따른 학교에서 80학점(보험 관련 과목 학점이 45학점 이상이어야 한다) 이상을 이수한 사람 등 제7호에 해당하는 사람과 같은 수준 이상의 학력이 있다고 인정되는 사람 9. 「수산생물질병 관리법」에 따른 수산질병관리사 10. 재해보험 대상 양식수산물 분야에서 「국가기술자격법」에 따른 기사 이상의 자격을 소지한 사람 11. 「농수산물 품질관리법」에 따른 수산물품질관리사

[별표 2의2] 손해평가사 자격시험의 과목(제12조의4 관련) 〈개정 2023.9.26.〉

구 분	과 목
1. 제1차 시험	가. 「상법」 보험편 나. 농어업재해보험법령(「농어업재해보험법」, 「농어업재해보험법 시행령」 및 농림축산식품부장관이 고시하는 손해평가 요령을 말한다) 다. 농학개론 중 재배학 및 원예작물학
2. 제2차 시험	가. 농작물재해보험 및 가축재해보험의 이론과 실무 나. 농작물재해보험 및 가축재해보험 손해평가의 이론과 실무

[별표 2의3] 손해평가사 자격취소 처분의 세부기준(제12조의9 관련) 〈신설 2020.8.12.〉

1. 일반기준

　가. 위반행위의 횟수에 따른 행정처분의 가중된 처분 기준은 최근 3년간 같은 위반행위로 행정처분을 받은 경우에 적용한다. 이 경우 기간의 계산은 위반행위에 대해 행정처분을 받은 날과 그 처분 후에 다시 같은 위반행위를 하여 적발된 날을 기준으로 한다.

　나. 가목에 따라 가중된 행정처분을 하는 경우 가중처분의 적용 차수는 그 위반행위 전 행정처분 차수(가목에 따른 기간 내에 행정처분이 둘 이상 있었던 경우에는 높은 차수를 말한다)의 다음 차수로 한다.

　다. 위반행위가 둘 이상인 경우로서 그에 해당하는 각각의 처분기준이 다른 경우에는 그중 무거운 처분기준에 따른다.

2. 개별기준

위반행위	근거 법 조문	처분기준	
		1회 위반	2회 이상 위반
가. 손해평가사의 자격을 거짓 또는 부정한 방법으로 취득한 경우	법 제11조의5 제1항 제1호	자격취소	
나. 거짓으로 손해평가를 한 경우	법 제11조의5 제1항 제2호	시정명령	자격취소
다. 법 제11조의4 제6항을 위반하여 다른 사람에게 손해평가사의 명의를 사용하게 하거나 그 자격증을 대여한 경우	법 제11조의5 제1항 제3호	자격취소	
라. 법 제11조의4 제7항을 위반하여 손해평가사 명의의 사용이나 자격증의 대여를 알선한 경우	법 제11조의5 제1항 제4호	자격취소	
마. 업무 정지 기간 중에 손해평가 업무를 수행한 경우	법 제11조의5 제1항 제5호	자격취소	

[별표 2의4] 손해평가사 업무정지 처분의 세부기준(제12조의10 관련) 〈신설 2020.8.12.〉

1. 일반기준

　　가. 위반행위의 횟수에 따른 행정처분의 가중된 처분 기준은 최근 3년간 같은 위반행위로 행정처분을 받은 경우에 적용한다. 이 경우 기간의 계산은 위반행위에 대해 행정처분을 받은 날과 그 처분 후에 다시 같은 위반행위를 하여 적발된 날을 기준으로 한다.

　　나. 가목에 따라 가중된 행정처분을 하는 경우 가중처분의 적용 차수는 그 위반행위 전 행정처분 차수(가목에 따른 기간 내에 행정처분이 둘 이상 있었던 경우에는 높은 차수를 말한다)의 다음 차수로 한다.

　　다. 위반행위가 둘 이상인 경우로서 그에 해당하는 각각의 처분기준이 다른 경우에는 그중 가장 무거운 처분 기준에 따르고, 가장 무거운 처분기준의 2분의 1까지 그 기간을 늘릴 수 있다. 다만, 기간을 늘리는 경우에도 법 제11조의6 제1항에 따른 업무정지 기간의 상한을 넘을 수 없다.

　　라. 농림축산식품부장관은 다음의 어느 하나에 해당하는 경우에는 제2호에 따른 처분기준의 2분의 1의 범위에서 그 기간을 줄일 수 있다.

　　　　1) 위반행위가 사소한 부주의나 오류로 인한 것으로 인정되는 경우

　　　　2) 위반의 내용·정도가 경미하다고 인정되는 경우

　　　　3) 위반행위자가 법 위반상태를 바로 정정하거나 시정하여 해소한 경우

　　　　4) 그 밖에 위반행위의 내용, 정도, 동기 및 결과 등을 고려하여 업무정지 처분의 기간을 줄일 필요가 있다고 인정되는 경우

2. 개별기준

위반행위	근거 법 조문	처분기준		
		1회 위반	2회 위반	3회 이상 위반
가. 업무 수행과 관련하여 「개인정보보호법」, 「신용정보의 이용 및 보호에 관한 법률」 등 정보 보호와 관련된 법령을 위반한 경우	법 제11조의6 제1항	업무정지 6개월	업무정지 1년	업무정지 1년
나. 업무 수행과 관련하여 보험계약자 또는 보험사업자로부터 금품 또는 향응을 제공받은 경우	법 제11조의6 제1항	업무정지 6개월	업무정지 1년	업무정지 1년
다. 자기 또는 자기와 생계를 같이 하는 4촌 이내의 친족(이하 "이해관계자"라 한다)이 가입한 보험계약에 관한 손해평가를 한 경우	법 제11조의6 제1항	업무정지 3개월	업무정지 6개월	업무정지 6개월
라. 자기 또는 이해관계자가 모집한 보험계약에 대해 손해평가를 한 경우	법 제11조의6 제1항	업무정지 3개월	업무정지 6개월	업무정지 6개월
마. 법 제11조 제2항 전단에 따른 손해평가요령을 준수하지 않고 손해평가를 한 경우	법 제11조의6 제1항	경고	업무정지 1개월	업무정지 3개월
바. 그 밖에 손해평가사가 그 직무를 게을리하거나 직무를 수행하면서 부적절한 행위를 했다고 인정되는 경우	법 제11조의6 제1항	경고	업무정지 1개월	업무정지 3개월

[별표 3] 과태료의 부과기준(제23조 관련) 〈개정 2021.3.23.〉

1. 일반기준

농림축산식품부장관, 해양수산부장관 또는 금융위원회는 위반행위의 정도, 위반횟수, 위반행위의 동기와 그 결과 등을 고려하여 개별기준에 따른 해당 과태료 금액을 2분의 1의 범위에서 줄이거나 늘릴 수 있다. 다만, 늘리는 경우에도 법 제32조 제1항부터 제3항까지의 규정에 따른 과태료 금액의 상한을 초과할 수 없다.

2. 개별기준

위반행위	해당 법 조문	과태료
가. 재해보험사업자가 법 제10조 제2항에서 준용하는 「보험업법」 제95조를 위반하여 보험안내를 한 경우	법 제32조 제1항	1,000만원
나. 법 제10조 제2항에서 준용하는 「보험업법」 제95조를 위반하여 보험안내를 한 자로서 재해보험사업자가 아닌 경우	법 제32조 제3항 제1호	500만원
다. 법 제10조 제2항에서 준용하는 「보험업법」 제97조 제1항 또는 「금융소비자 보호에 관한 법률」 제21조를 위반하여 보험계약의 체결 또는 모집에 관한 금지행위를 한 경우	법 제32조 제3항 제2호	300만원
라. 재해보험사업자의 발기인, 설립위원, 임원, 집행간부, 일반간부직원, 파산관재인 및 청산인이 법 제18조에서 적용하는 「보험업법」 제120조에 따른 책임준비금 또는 비상위험준비금을 계상하지 아니하거나 이를 따로 작성한 장부에 각각 기재하지 아니한 경우	법 제32조 제2항 제1호	500만원
마. 재해보험사업자의 발기인, 설립위원, 임원, 집행간부, 일반간부직원, 파산관재인 및 청산인이 법 제18조에서 적용하는 「보험업법」 제131조 제1항·제2항 및 제4항에 따른 명령을 위반한 경우	법 제32조 제2항 제2호	300만원
바. 재해보험사업자의 발기인, 설립위원, 임원, 집행간부, 일반간부직원, 파산관재인 및 청산인이 법 제18조에서 적용하는 「보험업법」 제133조에 따른 검사를 거부·방해 또는 기피한 경우	법 제32조 제2항 제3호	200만원
사. 법 제29조에 따른 보고 또는 관계 서류 제출을 하지 아니하거나 보고 또는 관계 서류 제출을 거짓으로 한 경우	법 제32조 제3항 제3호	300만원

03 | 농업재해보험 손해평가요령

[시행 2024.3.29.] [농림축산식품부고시 제2024-25호, 2024.3.29., 일부개정]

제1조(목적) 이 요령은 「농어업재해보험법」 제11조 제2항에 따른 손해평가에 필요한 세부사항을 규정함을 목적으로 한다.

제2조(용어의 정의) 이 요령에서 사용하는 용어의 정의는 다음 각 호와 같다.

1. "손해평가"라 함은 「농어업재해보험법」(이하 "법"이라 한다) 제2조 제1호에 따른 피해가 발생한 경우 법 제11조 및 제11조의3에 따라 손해평가인, 손해평가사 또는 손해사정사가 그 피해사실을 확인하고 평가하는 일련의 과정을 말한다.
2. "손해평가인"이라 함은 법 제11조 제1항과 「농어업재해보험법 시행령」(이하 "시행령"이라 한다) 제12조 제1항에서 정한 자 중에서 재해보험사업자가 위촉하여 손해평가업무를 담당하는 자를 말한다.
3. "손해평가사"라 함은 법 제11조의4 제1항에 따른 자격시험에 합격한 자를 말한다.
4. "손해평가보조인"이라 함은 제1호에서 정한 손해평가 업무를 보조하는 자를 말한다.
5. "농업재해보험"이란 법 제4조에 따른 농작물재해보험, 임산물재해보험 및 가축재해보험을 말한다.

제3조(손해평가 업무) ① 손해평가시 손해평가인, 손해평가사, 손해사정사는 다음 각 호의 업무를 수행한다.

1. 피해사실 확인
2. 보험가액 및 손해액 평가
3. 그 밖에 손해평가에 관하여 필요한 사항

② 손해평가인, 손해평가사, 손해사정사는 제1항의 임무를 수행하기 전에 보험가입자("피보험자"를 포함한다. 이하 동일)에게 손해평가인증, 손해평가사자격증, 손해사정사등록증 등 신분을 확인할 수 있는 서류를 제시하여야 한다.

제4조(손해평가인 위촉) ① 재해보험사업자는 법 제11조 제1항과 시행령 제12조 제1항에 따라 손해평가인을 위촉한 경우에는 그 자격을 표시할 수 있는 손해평가인증을 발급하여야 한다.

② 재해보험사업자는 피해 발생시 원활한 손해평가가 이루어지도록 농업재해보험이 실시되는 시·군·자치구별 보험가입자의 수 등을 고려하여 필요한 규모의 손해평가인을 위촉할 수 있다.

③ 재해보험사업자 및 법 제14조에 따라 손해평가 업무를 위탁받은 자는 손해평가 업무를 원활히 수행하기 위하여 손해평가보조인을 운용할 수 있다.

제5조(손해평가인 실무교육) ① 재해보험사업자는 제4조에 따라 위촉된 손해평가인을 대상으로 농업재해보험에 관한 기초지식, 보험상품 및 약관, 손해평가의 방법 및 절차 등 손해평가에 필요한 실무교육을 실시하여야 한다.

② 삭제

③ 제1항에 따른 손해평가인에 대하여 재해보험사업자는 소정의 교육비를 지급할 수 있다.

제5조의2(손해평가인 정기교육) ① 법 제11조 제5항에 따른 손해평가인 정기교육의 세부내용은 다음 각 호와 같다.

1. 농업재해보험에 관한 기초지식 : 농어업재해보험법 제정 배경·구성 및 조문별 주요내용, 농업재해보험 사업현황
2. 농업재해보험의 종류별 약관 : 농업재해보험 상품 주요내용 및 약관 일반 사항
3. 손해평가의 절차 및 방법 : 농업재해보험 손해평가 개요, 보험목적물별 손해평가 기준 및 피해유형별 보상 사례
4. 피해유형별 현지조사표 작성 실습

② 재해보험사업자는 정기교육 대상자에게 소정의 교육비를 지급할 수 있다.

제6조(손해평가인 위촉의 취소 및 해지 등) ① 재해보험사업자는 손해평가인이 다음 각 호의 어느 하나에 해당하게 되거나 위촉 당시에 해당하는 자이었음이 판명된 때에는 그 위촉을 취소하여야 한다.

1. 피성년후견인
2. 파산선고를 받은 자로서 복권되지 아니한 자
3. 법 제30조에 의하여 벌금이상의 형을 선고받고 그 집행이 종료(집행이 종료된 것으로 보는 경우를 포함한다)되거나 집행이 면제된 날로부터 2년이 경과되지 아니한 자
4. 동 조에 따라 위촉이 취소된 후 2년이 경과하지 아니한 자
5. 거짓 그 밖의 부정한 방법으로 제4조에 따라 손해평가인으로 위촉된 자
6. 업무정지 기간 중에 손해평가업무를 수행한 자

② 재해보험사업자는 손해평가인이 다음 각 호의 어느 하나에 해당하는 때에는 6개월 이내의 기간을 정하여 그 업무의 정지를 명하거나 위촉 해지 등을 할 수 있다.

1. 법 제11조 제2항 및 이 요령의 규정을 위반 한 때
2. 법 및 이 요령에 의한 명령이나 처분을 위반한 때
3. 업무수행과 관련하여 「개인정보보호법」, 「신용정보의 이용 및 보호에 관한 법률」 등 정보보호와 관련된 법령을 위반한 때

③ 재해보험사업자는 제1항 및 제2항에 따라 위촉을 취소하거나 업무의 정지를 명하고자 하는 때에는 손해평가인에게 청문을 실시하여야 한다. 다만, 손해평가인이 청문에 응하지 아니할 경우에는 서면으로 위촉을 취소하거나 업무의 정지를 통보할 수 있다.

④ 재해보험사업자는 손해평가인을 해촉하거나 손해평가인에게 업무의 정지를 명한 때에는 지체 없이 이유를 기재한 문서로 그 뜻을 손해평가인에게 통지하여야 한다.

⑤ 제2항에 따른 업무정지와 위촉 해지 등의 세부기준은 [별표 3]과 같다.

⑥ 재해보험사업자는 「보험업법」 제186조에 따른 손해사정사가 「농어업재해보험법」 등 관련 규정을 위반한 경우 적정한 제재가 가능하도록 각 제재의 구체적 적용기준을 마련하여 시행하여야 한다.

제7조 삭제

제8조(손해평가반 구성 등) ① 재해보험사업자는 제2조 제1호의 손해평가를 하는 경우에는 손해평가반을 구성하고 손해평가반별로 평가일정계획을 수립하여야 한다.

② 제1항에 따른 손해평가반은 다음 각 호의 어느 하나에 해당하는 자로 구성하며, 5인 이내로 한다.

1. 제2조 제2호에 따른 손해평가인

2. 제2조 제3호에 따른 손해평가사

3. 「보험업법」 제186조에 따른 손해사정사

③ 제2항의 규정에도 불구하고 다음 각 호의 어느 하나에 해당하는 손해평가에 대하여는 해당자를 손해평가반 구성에서 배제하여야 한다.

1. 자기 또는 자기와 생계를 같이 하는 친족(이하 "이해관계자"라 한다)이 가입한 보험계약에 관한 손해평가

2. 자기 또는 이해관계자가 모집한 보험계약에 관한 손해평가

3. 직전 손해평가일로부터 30일 이내의 보험가입자간 상호 손해평가

4. 자기가 실시한 손해평가에 대한 검증조사 및 재조사

제8조의2(교차손해평가) ① 재해보험사업자는 공정하고 객관적인 손해평가를 위하여 교차손해평가가 필요한 경우 재해보험 가입규모, 가입분포 등을 고려하여 교차손해평가 대상 시·군·구(자치구를 말한다. 이하 같다)를 선정하여야 한다.

② 재해보험사업자는 제1항에 따라 선정한 시·군·구 내에서 손해평가 경력, 타지역 조사가능 여부 등을 고려하여 교차손해평가를 담당할 지역손해평가인을 선발하여야 한다.

③ 교차손해평가를 위해 손해평가반을 구성할 경우에는 제2항에 따라 선발된 지역손해평가인 1인 이상이 포함되어야 한다. 다만, 거대재해 발생, 평가인력 부족 등으로 신속한 손해평가가 불가피하다고 판단되는 경우 그러하지 아니할 수 있다.

제9조(피해사실 확인) ① 보험가입자가 보험책임기간 중에 피해발생 통지를 한 때에는 재해보험사업자는 손해평가반으로 하여금 지체 없이 보험목적물의 피해사실을 확인하고 손해평가를 실시하게 하여야 한다.

② 손해평가반이 손해평가를 실시할 때에는 재해보험사업자가 해당 보험가입자의 보험계약사항 중 손해평가와 관련된 사항을 손해평가반에게 통보하여야 한다.

제10조(손해평가준비 및 평가결과 제출) ① 재해보험사업자는 손해평가반이 실시한 손해평가결과와 손해평가업무를 수행한 손해평가반 구성원의 소속 및 자격과 성명을 기록할 수 있도록 현지조사서를 마련하여야 한다.

② 재해보험사업자는 손해평가를 실시하기 전에 제1항에 따른 현지조사서를 손해평가반에 배부하고 손해평가시의 주의사항을 숙지시킨 후 손해평가에 임하도록 하여야 한다.

③ 손해평가반은 현지조사서에 손해평가결과를 정확하게 작성하여 보험가입자에게 이를 설명한 후 서명을 받아 재해보험사업자에게 최종 조사일로부터 7영업일 이내에 제출하여야 한다(다만, 하우스 등 원예시설은 7영업일을 초과하여 제출할 수 있다). 또한, 보험가입자가 정당한 사유 없이 서명을 거부하는 경우 손해평가반은 보험가입자에게 손해평가결과를 통지한 후 서명 없이 현지조사서를 재해보험사업자에게 제출하여야 한다.

④ 손해평가반은 보험가입자가 정당한 사유 없이 손해평가를 거부하여 손해평가를 실시하지 못한 경우에는 그 피해를 인정할 수 없는 것으로 평가한다는 사실을 보험가입자에게 통지한 후 현지조사서를 재해보험사업자에게 제출하여야 한다.

⑤ 재해보험사업자는 보험가입자가 손해평가반의 손해평가결과에 대하여 설명 또는 통지를 받은 날로부터 7일 이내에 손해평가가 잘못되었음을 증빙하는 서류 또는 사진 등을 제출하는 경우 재해보험사업자는 다른 손해평가반으로 하여금 재조사를 실시하게 할 수 있다.

제11조(손해평가결과 검증) ① 재해보험사업자 및 법 제25조의2에 따라 농어업재해보험사업의 관리를 위탁받은 기관(이하 "사업관리위탁기관"이라 한다)은 손해평가반이 실시한 손해평가결과를 확인하기 위하여 손해평가를 실시한 보험목적물 중에서 일정수를 임의 추출하여 검증조사를 할 수 있다.

② 농림축산식품부장관은 재해보험사업자로 하여금 제1항의 검증조사를 하게 할 수 있으며, 재해보험사업자는 특별한 사유가 없는 한 이에 응하여야 하고, 그 결과를 농림축산식품부장관에게 제출하여야 한다.

③ 제1항 및 제2항에 따른 검증조사결과 현저한 차이가 발생되어 재조사가 불가피하다고 판단될 경우에는 해당 손해평가반이 조사한 전체 보험목적물에 대하여 재조사를 할 수 있다.

④ 보험가입자가 정당한 사유 없이 검증조사를 거부하는 경우 검증조사반은 검증조사가 불가능하여 손해평가결과를 확인할 수 없다는 사실을 보험가입자에게 통지한 후 검증조사결과를 작성하여 재해보험사업자에게 제출하여야 한다.

⑤ 사업관리위탁기관이 검증조사를 실시한 경우 그 결과를 재해보험사업자에게 통보하고, 재해보험사업자와 그에 따른 조치를 실시해야 한다.

제12조(손해평가 단위) ① 보험목적물별 손해평가 단위는 다음 각 호와 같다.

1. 농작물 : 농지별
2. 가축 : 개별가축별(단, 벌은 벌통 단위)
3. 농업시설물 : 보험가입 목적물별

② 제1항 제1호에서 정한 농지라 함은 하나의 보험가입금액에 해당하는 토지로 필지(지번) 등과 관계없이 농작물을 재배하는 하나의 경작지를 말하며, 방풍림, 돌담, 도로(농로 제외) 등에 의해 구획된 것 또는 동일한 울타리, 시설 등에 의해 구획된 것을 하나의 농지로 한다. 다만, 경사지에서 보이는 돌담 등으로 구획되어 있는 면적이 극히 작은 것은 동일 작업 단위 등으로 정리하여 하나의 농지에 포함할 수 있다.

제13조(농작물의 보험가액 및 보험금 산정) ① 농작물에 대한 보험가액 산정은 다음 각 호와 같다.

1. 특정위험방식 보험가액은 적과후착과수조사를 통해 산정한 기준수확량에 보험가입 당시의 단위당 가입가격을 곱하여 산정한다. 다만, 인삼은 가입면적에 보험가입 당시의 단위당 가입가격을 곱하여 산정하되, 보험가액에 영향을 미치는 가입면적, 연근 등이 가입 당시와 다를 경우 변경할 수 있다.
2. 적과전종합위험방식의 보험가액은 적과후 착과수(달린 열매 수)조사를 통해 산정한 기준수확량에 보험가입 당시의 단위당 가입가격을 곱하여 산정한다.
3. 종합위험방식 보험가액은 보험증권에 기재된 보험목적물의 평년수확량에 보험가입 당시의 단위당 가입가격을 곱하여 산정한다. 다만, 보험가액에 영향을 미치는 가입면적, 주수, 수령, 품종 등이 가입 당시와 다를 경우 변경할 수 있다.
4. 생산비보장의 보험가액은 작물별로 보험가입 당시 정한 보험가액을 기준으로 산정한다. 다만, 보험가액에 영향을 미치는 가입면적 등이 가입 당시와 다를 경우 변경할 수 있다.
5. 나무손해보장의 보험가액은 기재된 보험목적물이 나무인 경우로 최초 보험사고발생 시의 해당 농지 내에 심어져 있는 과실생산이 가능한 나무 수(피해 나무 수 포함)에 보험가입 당시의 나무당 가입가격을 곱하여 산정한다.

② 농작물에 대한 보험금 산정은 [별표 1]과 같다.

③ 농작물의 손해수량에 대한 품목별·재해별·시기별 조사방법은 [별표 2]와 같다.

④ 재해보험사업자는 손해평가반으로 하여금 재해발생 전부터 보험품목에 대한 평가를 위해 생육상황을 조사하게 할 수 있다. 이때 손해평가반은 조사결과 1부를 재해보험사업자에게 제출하여야 한다.

제14조(가축의 보험가액 및 손해액 산정) ① 가축에 대한 보험가액은 보험사고가 발생한 때와 곳에서 평가한 보험목적물의 수량에 적용가격을 곱하여 산정한다.

② 가축에 대한 손해액은 보험사고가 발생한 때와 곳에서 폐사 등 피해를 입은 보험목적물의 수량에 적용가격을 곱하여 산정한다.

③ 제1항 및 제2항의 적용가격은 보험사고가 발생한 때와 곳에서의 시장가격 등을 감안하여 보험약관에서 정한 방법에 따라 산정한다. 다만, 보험가입 당시 보험가입자와 재해보험사업자가 보험가액 및 손해액 산정 방식을 별도로 정한 경우에는 그 방법에 따른다.

제15조(농업시설물의 보험가액 및 손해액 산정) ① 농업시설물에 대한 보험가액은 보험사고가 발생한 때와 곳에서 평가한 피해목적물의 재조달가액에서 내용연수에 따른 감가상각률을 적용하여 계산한 감가상각액을 차감하여 산정한다.

② 농업시설물에 대한 손해액은 보험사고가 발생한 때와 곳에서 산정한 피해목적물의 원상복구비용을 말한다.

③ 제1항 및 제2항에도 불구하고 보험가입 당시 보험가입자와 재해보험사업자가 보험가액 및 손해액 산정 방식을 별도로 정한 경우에는 그 방법에 따른다.

제16조(손해평가업무방법서) 재해보험사업자는 이 요령의 효율적인 운용 및 시행을 위하여 필요한 세부적인 사항을 규정한 손해평가업무방법서를 작성하여야 한다.

제17조(재검토기한) 농림축산식품부장관은 이 고시에 대하여 2024년 1월 1일 기준으로 매 3년이 되는 시점(매 3년째의 12월 31일까지를 말한다)마다 그 타당성을 검토하여 개선 등의 조치를 하여야 한다.

부칙

이 고시는 공포한 날부터 시행한다.

[별표 1] 농작물의 보험금 산정

구 분	보장 범위	산정내용	비 고
특정위험방식	작물특정위험보장	보험가입금액 × (피해율 – 자기부담비율) ※ 피해율 $= \left(1 - \dfrac{수확량}{연근별\ 기준수확량}\right) \times \dfrac{피해면적}{재배면적}$	인삼
적과전 종합위험방식	착과감소	(착과감소량 – 미보상감수량 – 자기부담감수량) × 가입가격 × 보장수준(50%, 70%)	
	과실손해	(적과종료 이후 누적감수량 – 자기부담감수량) × 가입가격	
	나무손해보장	보험가입금액 × (피해율 – 자기부담비율) ※ 피해율 = 피해주수(고사된 나무) ÷ 실제결과주수	

종합위험방식	해가림시설	• 보험가입금액이 보험가액과 같거나 클 때 :
		  보험가입금액을 한도로 손해액에서 자기부담금을 차감한 금액
		• 보험가입금액이 보험가액보다 작을 때 :
		  (손해액 – 자기부담금) × (보험가입금액 ÷ 보험가액)
			인삼

	비가림시설	Min(손해액 – 자기부담금, 보험가입금액)	

	수확감소	보험가입금액 × (피해율 – 자기부담비율)
		※ 피해율(감자 · 복숭아 제외)
		  = (평년수확량 – 수확량 – 미보상감수량) ÷ 평년수확량
		※ 피해율(감자 · 복숭아)
		  = {(평년수확량 – 수확량 – 미보상감수량) + 병충해감수량} ÷ 평년수확량
			옥수수 외

	수확감소	Min(보험가입금액, 손해액) – 자기부담금 ※ 손해액 = 피해수확량 × 가입가격 ※ 자기부담금 = 보험가입금액 × 자기부담비율	옥수수
	수확량감소 추가보장	보험가입금액 × (피해율 × 10%) 단, 피해율이 자기부담비율을 초과하는 경우에 한함 ※ 피해율 = (평년수확량 – 수확량 – 미보상감수량) ÷ 평년수확량	
	나무손해	보험가입금액 × (피해율 – 자기부담비율) ※ 피해율 = 피해주수(고사된 나무) ÷ 실제결과주수	
	이앙 · 직파불능	보험가입금액 × 15%	벼
	재이앙 · 재직파	보험가입금액 × 25% × 면적피해율 단, 면적피해율이 10%를 초과하고 재이앙(재직파) 한 경우 ※ 면적피해율 = 피해면적 ÷ 보험가입면적	벼
	재정식 · 재파종	보험가입금액 × 20% × 면적피해율 단, 면적피해율이 자기부담비율을 초과하고, 재정식 · 재파종한 경우에 한함 ※ 면적피해율 = 피해면적 ÷ 보험가입면적	마늘 외
	조기파종	보험가입금액 × 35% × 표준출현 피해율 단, 10a당 출현주수가 30,000주보다 작고, 10a당 30,000주 이상으로 재파종한 경우에 한함 ※ 표준출현 피해율(10a 기준) = (30,000 – 출현주수) ÷ 30,000	마늘

종합위험방식	경작불능	보험가입금액 × 일정비율 단, 식물체 피해율이 65%(가루쌀 60%) 이상이고, 계약자가 경작불능 보험금을 신청한 경우에 한함 ※ 자기부담비율에 따라 적용 비율 상이						사료용 옥수수, 조사료용 벼 외

자기부담비율별	10%형	15%형	20%형	30%형	40%형
보험가입금액 대비 비율	45%	42%	40%	35%	30%

보험가입금액 × 보장비율 × 경과비율
단, 식물체 피해율이 65% 이상이고, 계약자가 경작불능보험금을 신청한 경우에 한함
※ 경과비율은 사고발생일이 속한 월에 따라 다름

월 별	5월	6월	7월	8월
벼	80%	85%	90%	100%
옥수수	80%	80%	90%	100%

(사료용 옥수수, 조사료용 벼)

수확불능

보험가입금액 × 일정비율
단, 제현율이 65%(가루쌀 70%) 미만으로 떨어져 정상 벼로서 출하가 불가능하게 되고, 계약자가 수확불능보험금을 신청한 경우에 한함
※ 자기부담비율에 따라 적용 비율 상이

자기부담비율별	10%형	15%형	20%형	30%형	40%형
보험가입금액 대비 비율	60%	57%	55%	50%	45%

(벼)

생산비보장

(잔존보험가입금액 × 경과비율 × 피해율) – 자기부담금
※ 잔존보험가입금액 = 보험가입금액 – 보상액(기발생 생산비보장 보험금 합계액)
※ 자기부담금 = 잔존보험가입금액 × 계약시 선택한 비율

(브로콜리)

• 병충해가 없는 경우
  (잔존보험가입금액 × 경과비율 × 피해율) – 자기부담금
• 병충해가 있는 경우
  (잔존보험가입금액 × 경과비율 × 피해율 × 병충해 등급별 인정비율) – 자기부담금
※ 피해율 = 피해비율 × 손해정도비율 × (1 – 미보상비율)
※ 자기부담금 = 잔존보험가입금액 × 계약시 선택한 비율

(고추 (시설 고추 제외))

보험가입금액 × (피해율 – 자기부담비율)
※ 피해율(단호박, 당근, 양상추)
  = 피해비율 × 손해정도비율 × (1 – 미보상비율)
※ 피해율(배추, 무, 파, 시금치)
  = 면적피해율 × 평균손해정도비율 × (1 – 미보상비율)
※ 피해율(메밀) = 면적피해율 × (1 – 미보상비율)

> 면적피해율 : 피해면적(m^2) ÷ 재배면적(m^2)
> * 피해면적 : [도복(쓰러짐)으로 인한 피해면적 × 70%] + [도복(쓰러짐) 이외의 피해면적 × 평균손해정도비율)

(배추, 파, 무, 단호박, 당근 (시설 무 제외), 메밀)

부록

종합위험방식	생산비보장	피해작물 재배면적 × 단위면적당 보장생산비 × 경과비율 × 피해율 ※ 피해율 = 피해비율 × 손해정도비율 × (1 − 미보상비율) ※ 단, 장미, 부추, 시금치, 파, 무, 쑥갓, 버섯은 별도로 구분하여 산출	시설작물
	농업시설물· 버섯재배사· 부대시설	한 사고마다 재조달가액(재조달가액보장 특약 미가입시 시가) 기준 으로 계산한 손해액에서 자기부담금을 차감한 금액을 보험가입금액 내에서 보상 ※ 단, 수리·복구를 하지 않은 경우 시가로 손해액 계산	
	과실손해보장	보험가입금액 × (피해율 − 자기부담비율) ※ 피해율(7월 31일 이전에 사고가 발생한 경우) (평년수확량 − 수확량 − 미보상감수량) ÷ 평년수확량 ※ 피해율(8월 1일 이후에 사고가 발생한 경우) (1 − 수확전 사고피해율) × 경과비율 × 결과지피해율	무화과
		보험가입금액 × (피해율 − 자기부담비율) ※ 피해율 = 고사결과모지수 ÷ 평년결과모지수	복분자
		보험가입금액 × (피해율 − 자기부담비율) ※ 피해율 = (평년결실수 − 조사결실수 − 미보상감수결실수) ÷ 평년 결실수	오디
		과실손해보험금 = 손해액 − 자기부담금 ※ 손해액 = 보험가입금액 × 피해율 ※ 자기부담금 = 보험가입금액 × 자기부담비율 ※ 피해율 = (등급내 피해과실수 + 등급외 피해과실수 × 50%) ÷ 기 준과실수 × (1 − 보상비율)	감귤 (온주밀감류)
		동상해손해보험금 = 손해액 − 자기부담금 ※ 손해액 = {보험가입금액 − (보험가입금액 × 기사고 피해율)} × 수확기 잔존비율 × 동상해피해율 × (1 − 미보상비율) ※ 자기부담금 = |보험가입금액 × Min(주계약피해율 − 자기부담비율, 0)| ※ 동상해 피해율 = {(동상해 80%형 피해과실수 합계 × 80%) + (동상해 100%형 피해과실수 합계 × 100%)} ÷ 기준과실수	
	과실손해 추가보장	보험가입금액 × (주계약피해율 × 10%) 단, 손해액이 자기부담금을 초과하는 경우에 한함 ※ 피해율 = (등급내 피해과실수 + 등급외 피해과실수 × 50%) ÷ 기준과실 수 × (1 − 미보상비율)	감귤 (온주밀감류)
	농업수입감소	보험가입금액 × (피해율 − 자기부담비율) ※ 피해율 = (기준수입 − 실제수입) ÷ 기준수입	

* 다만, 보험가액이 보험가입금액보다 적을 경우에는 보험가액에 의하며, 기타 세부적인 내용은 재해보험사업자가 작성한
손해평가 업무방법서에 따름

[별표 2] 농작물의 품목별·재해별·시기별 손해수량 조사방법

1. 특정위험방식 상품(인삼)

생육시기	재 해	조사내용	조사시기	조사방법	비 고
보험 기간	태풍(강풍), 폭설, 집중호우, 침수, 화재, 우박, 냉해, 폭염	수확량 조사	피해 확인이 가능한 시기	보상하는 재해로 인하여 감소된 수확량 조사 • 조사방법 : 전수조사 또는 표본조사	

2. 적과전 종합위험방식 상품(사과, 배, 단감, 떫은감)

생육시기	재 해	조사내용	조사시기	조사방법	비 고
보험계약 체결일 ~ 적과전	보상하는 재해 전부	피해사실 확인조사	사고접수 후 지체 없이	보상하는 재해로 인한 피해발생 여부 조사	피해사실이 명 백한 경우 생략 가능
	우박		사고접수 후 지체 없이	우박으로 인한 유과(어린과실) 및 꽃(눈) 등의 타박비율 조사 • 조사방법 : 표본조사	적과종료 이전 특정위험 5종 한정보장 특약 가입 건에 한함
6월 1일 ~ 적과전	태풍(강풍), 우박, 집중호우, 화재, 지진		사고접수 후 지체 없이	보상하는 재해로 발생한 낙엽피해 정도 조사 • 단감·떫은감에 대해서만 실시 • 조사방법 : 표본조사	
적과후	–	적과후 착과수조사	적과종료 후	보험가입금액의 결정 등을 위하여 해당 농지의 적과종료 후 총 착과수를 조사 • 조사방법 : 표본조사	피해와 관계없 이 전 과수원 조사
적과후 ~ 수확기 종료	보상하는 재해	낙과피해 조사	사고접수 후 지체 없이	재해로 인하여 떨어진 피해과실수 조사 • 낙과피해조사는 보험약관에서 정한 과 실피해분류기준에 따라 구분하여 조사 • 조사방법 : 전수조사 또는 표본조사	
				낙엽률 조사(우박 및 일소 제외) • 낙엽피해 정도 조사 • 조사방법 : 표본조사	단감·떫은감
	우박, 일소, 가을동상해	착과피해 조사	수확 직전	달려있는 과실 중 재해로 인한 피해과실 수 조사 • 착과피해조사는 보험약관에서 정한 과 실피해분류기준에 따라 구분하여 조사 • 조사방법 : 표본조사	
수확완료 후 ~ 보험종기	보상하는 재해 전부	고사나무 조사	수확완료 후 보험종기 전	보상하는 재해로 고사되거나 또는 회생 이 불가능한 나무수를 조사 • 특약 가입 농지만 해당 • 조사방법 : 전수조사	수확완료 후 추가 고사나무 가 없는 경우 생략 가능

* 전수조사는 조사대상 목적물을 전부 조사하는 것을 말하며, 표본조사는 손해평가의 효율성 제고를 위해 재해보험사업자
가 통계이론을 기초로 산정한 조사표본에 대해 조사를 실시하는 것을 말함.

3. 종합위험방식 상품(농업수입보장 포함)

① 해가림시설·비가림시설 및 원예시설

생육시기	재 해	조사내용	조사시기	조사방법	비 고
보험 기간 내	보상하는 재해 전부	해가림시설 조사	사고접수 후 지체 없이	보상하는 재해로 인하여 손해를 입은 시설 조사 • 조사방법 : 전수조사	인삼
		비가림시설 조사			
		시설 조사			원예시설, 버섯재배사

② 수확감소보장·과실손해보장 및 농업수입보장

생육시기	재 해	조사내용	조사시기	조사방법	비 고
수확전	보상하는 재해 전부	피해사실 확인조사	사고접수 후 지체 없이	보상하는 재해로 인한 피해발생 여부 조사 (피해사실이 명백한 경우 생략 가능)	
		이앙(직파) 불능피해 조사	이앙 한계일 (7.31) 이후	이앙(직파)불능 상태 및 통상적인 영농활동 실시 여부 조사	벼만 해당
		재이앙 (재직파) 조사	사고접수 후 지체 없이	해당 농지에 보상하는 손해로 인하여 재이앙(재직파)이 필요한 면적 또는 면 적비율 조사	벼만 해당
		재파종조사	사고접수 후 지체 없이	해당 농지에 보상하는 손해로 인하여 재파종이 필요한 면적 또는 면적비율 조사	마늘만 해당
		재정식조사	사고접수 후 지체 없이	해당 농지에 보상하는 손해로 인하여 재정식이 필요한 면적 또는 면적비율 조사	양배추만 해당
		경작불능 조사	사고접수 후 지체 없이	해당 농지의 피해면적비율 또는 보험 목적인 식물체 피해율 조사	벼·밀, 밭작물[차(茶) 제외], 복분자만 해당
		과실손해 조사	수정완료 후	살아있는 결과모지수 조사 및 수정불 량(송이) 피해율 조사 • 조사방법 : 표본조사	복분자만 해당
			결실완료 후	결실수 조사 • 조사방법 : 표본조사	오디만 해당
		수확전 사고조사	사고접수 후 지체 없이	표본주의 과실 구분 • 조사방법 : 표본조사	감귤(온주밀 감류)만 해당

		착과수 조사	수확 직전	해당 농지의 최초 품종 수확 직전 총 착과수를 조사 • 피해와 관계없이 전 과수원 조사 • 조사방법 : 표본조사	포도, 복숭아, 자두, 감귤 (온주밀감류) 만 해당
수확 직전	보상하는 재해 전부	수확량조사	수확 직전	사고발생 농지의 수확량조사 • 조사방법 : 전수조사 또는 표본조사	
		과실손해 조사	수확 직전	사고발생 농지의 과실피해조사 • 조사방법 : 표본조사	무화과, 감귤(온주밀 감류)만 해당
수확 시작 후 ~ 수확 종료	보상하는 재해 전부	수확량조사	조사 가능일	사고발생 농지의 수확량조사 • 조사방법 : 표본조사	차(茶)만 해당
			사고접수 후 지체 없이	사고발생 농지의 수확 중의 수확량 및 감수량의 확인을 통한 수확량조사 • 조사방법 : 전수조사 또는 표본조사	
		동상해 과실손해 조사	사고접수 후 지체 없이	표본주의 착과피해 조사 • 12월 21일~익년 2월 말일 사고 건에 한함 • 조사방법 : 표본조사	감귤(온주밀 감류)만 해당
		수확불능 확인조사	조사 가능일	사고발생 농지의 제현율 및 정상 출하 불가 확인 조사 • 조사방법 : 전수조사 또는 표본조사	벼만 해당
	태풍(강풍), 우박	과실손해 조사	사고접수 후 지체 없이	전체 열매수(전체 개화수) 및 수확 가능 열매수 조사 • 6월 1일~6월 20일 사고 건에 한함 • 조사방법 : 표본조사	복분자만 해당
				표본주의 고사 및 정상 결과지수 조사 • 조사방법 : 표본조사	무화과만 해당
수확완료 후 ~ 보험종기	보상하는 재해 전부	고사나무 조사	수확완료 후 보험종기 전	보상하는 재해로 고사되거나 또는 회생이 불가능한 나무수를 조사 • 특약 가입 농지만 해당 • 조사방법 : 전수조사	수확완료 후 추가 고사나무가 없는 경우 생략 가능

③ 생산비 보장

생육시기	재 해	조사내용	조사시기	조사방법	비 고
정식(파종) ~ 수확 종료	보상하는 재해 전부	생산비 피해조사	사고발생시 마다	① 재배일정 확인 ② 경과비율 산출 ③ 피해율 산정 ④ 병충해 등급별 인정비율 확인 　(노지 고추만 해당)	
수확전	보상하는 재해 전부	피해사실 확인조사	사고접수 후 지체 없이	보상하는 재해로 인한 피해발생 여부 조사(피해사실이 명백한 경우 생략 가능)	메밀, 단호박, 노지 배추, 노지 당근, 노지 파, 노지 무만 해당
		재파종 조사	사고접수 후 지체 없이	해당 농지에 보상하는 손해로 인하여 재파종이 필요한 면적 또는 면적비율 조사 • 월동무, 쪽파, 시금치, 메밀만 해당	
		재정식 조사	사고접수 후 지체 없이	해당 농지에 보상하는 손해로 인하여 재정식이 필요한 면적 또는 면적비율 조사 • 가을배추, 월동배추, 브로콜리, 양상추만 해당	
		경작불능 조사	사고접수 후 지체 없이	해당 농지의 피해면적비율 또는 보험목적인 식물체 피해율 조사 • 조사방법 : 전수조사 또는 표본조사	
수확 직전		생산비 피해조사	수확 직전	사고발생 농지의 피해비율 및 손해정도 비율 확인을 통한 피해율 조사 • 조사방법 : 표본조사	

[별표 3] 업무정지·위촉해지 등 제재조치의 세부기준

1. 일반기준

가. 위반행위가 둘 이상인 경우로서 각각의 처분기준이 다른 경우에는 그중 무거운 처분기준을 적용한다. 다만, 각각의 처분기준이 업무정지인 경우에는 무거운 처분기준의 2분의 1까지 가중할 수 있으며, 이 경우 업무정지 기간은 6개월을 초과할 수 없다.

나. 위반행위의 횟수에 따른 제재조치의 기준은 최근 1년간 같은 위반행위로 제재조치를 받는 경우에 적용한다. 이 경우 제재조치 기준의 적용은 같은 위반행위에 대하여 최초로 제재조치를 한 날과 다시 같은 위반행위로 적발한 날을 기준으로 한다.

다. 위반행위의 내용으로 보아 고의성이 없거나 특별한 사유가 인정되는 경우에는 그 처분을 업무정지의 경우에는 2분의 1의 범위에서 경감할 수 있고, 위촉해지인 경우에는 업무정지 6개월로, 경고인 경우에는 주의 처분으로 경감할 수 있다.

2. 개별기준

위반행위	근거조문	처분기준		
		1차	2차	3차
1. 법 제11조 제2항 및 이 요령의 규정을 위반한 때	제6조 제2항 제1호			
1) 고의 또는 중대한 과실로 손해평가의 신뢰성을 크게 약화 시킨 경우		위촉해지		
2) 고의로 진실을 숨기거나 거짓으로 손해평가를 한 경우		위촉해지		
3) 정당한 사유 없이 손해평가반 구성을 거부하는 경우		위촉해지		
4) 현장조사 없이 보험금 산정을 위해 손해평가행위를 한 경우		위촉해지		
5) 현지조사서를 허위로 작성한 경우		위촉해지		
6) 검증조사 결과 부당·부실 손해평가로 확인된 경우		경고	업무정지 3개월	위촉해지
7) 기타 업무수행상 과실로 손해평가의 신뢰성을 약화시킨 경우		주의	경고	업무정지 3개월
2. 법 및 이 요령에 의한 명령이나 처분을 위반한 때	제6조 제2항 제2호	업무정지 6개월	위촉해지	
3. 업무수행과 관련하여 「개인정보보호법」, 「신용정보의 이용 및 보호에 관한 법률」 등 정보보호와 관련된 법령을 위반한 때	제6조 제2항 제3호	위촉해지		

너의 길을 가라.

남들이 무엇이라 하든지 내버려 두라.

― A.단테 ―

2025 시대에듀 손해평가사 1차 10개년 기출문제해설 한권으로 끝내기

개정2판1쇄 발행	2024년 08월 30일(인쇄 2024년 07월 18일)
초 판 발 행	2022년 09월 15일(인쇄 2022년 08월 12일)
발 행 인	박영일
책 임 편 집	이해욱
편 저	손해평가연구회
편 집 진 행	서정인
표 지 디 자 인	하연주
편 집 디 자 인	윤준하 · 하한우
발 행 처	(주)시대고시기획
출 판 등 록	제10-1521호
주 소	서울시 마포구 큰우물로 75 [도화동 538 성지 B/D] 9F
전 화	1600-3600
팩 스	02-701-8823
홈 페 이 지	www.sdedu.co.kr
I S B N	979-11-383-7482-8 (13320)
정 가	26,000원

최고의 순간은 아직 오지 않았다.

− 제리 로이스터 −

손해평가사
시험의 처음과 끝

손해평가사 1차
한권으로 끝내기(4x6배판)

손해평가사 1차
기출문제해설(4x6배판)

손해평가사 2차
기출문제해설(4x6배판)

손해평가사 2차 [문제편]
한권으로 끝내기(4x6배판)

손해평가사 2차 [이론편]
한권으로 끝내기(4x6배판)

※ 본 도서의 이미지는 변경될 수 있습니다.